Über dieses Buch Die hier vollständig in deutscher Sprache vorliegenden Tagebücher von Sofja Andrejewna Tolstaja, mit vorzüglichen Kommentaren versehen, sind nicht nur eine bedeutende Ergänzung zu den Werken Tolstois, sondern auch von hohem kulturgeschichtlichen Interesse als Sittenbild adeligen Lebens wie als Beitrag zur russischen Geistesgeschichte des ausgehenden 19. und beginnenden 20. Jahrhunderts. Vor allem aber gewähren sie Einblicke in die Höhen und Tiefen einer 48 Jahre währenden Ehe und in die Privatsphäre eines großen Dichters und seiner Familie.
Der zweite Band umfaßt die Zeit von 1898–1910. Für Sofja A. Tolstaja sind es Jahre der Enttäuschung und Verzweiflung. Das Tagebuch dient ihr als „Selbstgespräch des Herzens", wenn sie sich mutlos, mißverstanden oder verlassen fühlt. Am 13. März 1902 schreibt sie: „Einem Genie muß eine friedliche, angenehme Umgebung geschaffen werden, ein Genie muß man verpflegen, man muß ihn lieben, darf keinen Anlaß zur Eifersucht geben, damit er seine Ruhe hat, man muß die zahllosen Kinder, die das Genie in die Welt setzt, großfüttern und erziehen, denn für ihn wäre es ja lästig, sich mit ihnen abzuplagen, und außerdem hat er ja keine Zeit, denn er muß ja mit Epiktet, Sokrates, Buddha und dgl. Umgang pflegen und muß selbst danach trachten, ihnen gleich zu werden." Der Streit um den Nachlaß, den Tolstoi seinem Anhänger Tschertkow vermachen will, führt zum endgültigen Bruch dieser Ehe. Als Tolstoi nach seiner Flucht aus Jasnaja Poljana im Sterben liegt, weigert er sich, seine Frau noch einmal zu sehen. Damit enden die Aufzeichnungen der Sofja A. Tolstaja, die ihren Mann um neun Jahre überlebt.

Sofja Andrejewna Tolstaja
Tagebücher 1898–1910

Aus dem Russischen von
Johanna Renate Döring-Smirnov
und Rosemarie Tietze

Fischer Taschenbuch Verlag

Aus dem Russischen übersetzt von Rosemarie Tietze (1. Januar 1898–30. Dezember 1902) und Johanna Renate Döring-Smirnow (1. Januar 1903–4. November 1910).

Ungekürzte Ausgabe
Veröffentlicht im Fischer Taschenbuch Verlag GmbH,
Frankfurt am Main, September 1986

Lizenzausgabe mit freundlicher Genehmigung
der Athenäum Verlag GmbH, Königstein / Ts.
Titel des russischen Originals:
S. A. Tolstaja: „Dnevniki v dvuch tomach."
Sostavlenie, podgotovka teksta i kommentarii
N. I. Azarovoj, O. A. Golinenko, I. A. Pokrovskoj,
S. R. Rozanovoj, B. M. Šumovoj.
Serija literaturnych memuarov.
Moskva „Chudožestvennaja literatura" 1978

Umschlaggestaltung: Jan Buchholz/Reni Hinsch
Druck und Bindung: Clausen & Bosse, Leck
Printed in Germany
1680-ISBN-3-596-25655-0

Tagebücher

1898–1910

1898

1. Januar. Gestern feierten Lew Nikolajewitsch, Andrjuscha, Mischa, Mitja Djakow, die beiden Danilewski-Jungen und ich Silvester. Danilewskaja war plötzlich erkrankt, und so mußten die Jungen zu uns kommen, anstatt zu Hause zu feiern. Der Abend war sehr nett, voller Eintracht, friedlich und schön. Wir tranken Don-Sekt, Lew Nikolajewitsch Tee mit Mandelmilch.

Heute morgen habe ich Klavier gespielt und auf Mischa aufgepaßt, damit er lernte. Dann fuhr ich zur alten Tante Wera Alexandrowna Schidlowskaja, plauderte mit ihr und meinen Kusinen; war außerdem noch bei den Istomins. Aß mit Lew Nikolajewitsch allein zu Mittag. Sein Befinden macht ihm immer noch zu schaffen, er hat wenig gegessen, bloß Pilzsuppe mit Reis und Grießbrei mit Mandelmilch, und Kaffee getrunken. Er ist schlapp und unleidig, denn er ist es nicht gewohnt, krank und schwach zu sein. Wie werden ihm Schwäche und Kräfteverfall künftig noch zusetzen! Und wie verlangt es ihn noch nach Leben und Tatkraft! Aber er wird bald siebzig diesen August schon, also in einem halben Jahr. Ständig sitzt er allein oben in seinem Arbeitskabinett, liest und schreibt ab und zu Briefe; heute besuchte er den kranken Russanow, der ihn vergöttert. Auf dem Sofa in seinem Kabinett liegt der schwarze Pudel, den Gräfin Subowa unlängst Tanja schenkte. Diesen Pudel nahm er auf seinen Gang mit.

Morgen kommt unsere Mascha angereist, um den Arzt zu konsultieren. Tanja und Sascha sind immer noch auf dem Land; morgen treffen sie wahrscheinlich bei Ljowa und Dora in Jasnaja Poljana ein. Möchte auch nach Jasnaja Poljana fahren. Wie sehr ich diesen Ort liebe, wieviel Schönes ich dort erlebt habe!

3. Januar. Gestern morgen trafen Stassow, der Bildhauer Ginzburg, ein junger Künstler und Wereschtschagin (der schlechte Schriftsteller) bei uns ein. Stassow machte es sich zunutze, daß er schon vierundsiebzig ist, küßte mich stürmisch und sagte: „Wie rosig und schlank Sie sind!" Ich wurde verlegen und wußte nicht, wie ich mich ihm entziehen sollte. Wir gingen nach oben in den Salon und unterhielten uns über Lew Nikolajewitschs Aufsatz „Über die Kunst". Stassow sagte, L. N. habe alles auf den Kopf gestellt.[1] Das wußte ich auch ohne ihn, schließlich hat L. N. es ja darauf angelegt!

Zu einem unangenehmen kleinen Zusammenstoß mit L. N. kam es, als ich ihm vorwarf, das Publikum habe das „Journal filossofii i psichologii" für zwei Jahre abonnieren müssen, um L. N.s Aufsatz zu lesen, da er im November-Dezember-Heft und im Februar-März-Heft erscheint; wenn ich jedoch so etwas in der Gesamtausgabe seiner Werke herausbrächte, würde ich es für fünfzig Kopeken verkaufen, und alle könnten es lesen. Da schrie L. N. mich vor allen Anwesenden an: „Ich und nichts hergeben! Ich geb's doch der Allgemeinheit! Aber seit ich alles umsonst weggebe, macht man mir Vorwürfe!"

Gar nichts gibt er mir: „Herr und Knecht" hat er heimlich an den „Sewerny westnik" geschickt[2], ebenso heimlich vor kurzem auch seine „Einführung", die er jedoch wieder zurückholte[3]; auch den Aufsatz über die Kunst hat er mir sorgfältig vorenthalten. Sei's drum! Er ist im Recht – *seine* Werke sind und bleiben *sein* Eigentum; aber anzuschreien braucht er mich trotzdem nicht.

Gestern abend ist Mascha mit Kolja eingetroffen. Sie ist nur noch für ihren Mann da, wir existieren für sie nur noch am Rande; aber sie für uns eigentlich auch. Ich freute mich, sie wiederzusehen; schade, daß sie so mager ist; und ich freute mich, daß sie ganz in ihrer Liebe aufgeht, das ist ein großes Glück! Auch ich bin lange in dieser einfältigen Liebe aufgegangen, ohne Vorbehalte und Kritik. Ich bedauere es, daß ich sehend wurde und in vielem enttäuscht. Besser, ich wäre bis ans Ende meiner Tage in blinder und einfältiger Liebe befangen geblieben. Was ich bei meinem Mann als Liebe zu deuten suchte, war Sinnlichkeit, die bisweilen abflaute, sich in schroffe, mürrische Strenge verkehrte, dann jedoch wieder zunahm und sich in Ansprüchen, Eifersucht, aber auch Zärtlichkeit äußerte. Jetzt verlangt es mich nach friedlicher, gütiger Freundschaft; nach Reisen mit einem stillen, herzlichen Freund, nach Teilnahme, Ruhe ...

Abends war ich in „Sadko"[4]. Eine schöne, unterhaltsame Oper, die

Musik stellenweise gut, zeugt von Talent. Der Komponist wurde endlos hervorgerufen, bekam gewaltige Ovationen. Mir gefiel es, aber auch Musikhören wäre schöner, wenn neben mir, wie bei vielen anderen, ein stiller, guter Freund und Gatte sitzen würde.

Muß unentwegt Visiten abstatten und entgegennehmen, das fällt mir sehr zur Last ...

Abends. Zu Tisch waren Stassow, Kassatkin, Ginzburg und Maté bei uns – der eine Bildhauer, der andere Graveur[5]. Nach dem Essen kam Muromzewa, blumengeschmückt und in einem gelben Atlaskleid, aber nicht mehr nüchtern, und ich war entsetzt, wie immer, wenn ich Menschen sehe, die nicht ganz bei sich sind. Später traf Rimski-Korsakow[6] mit seiner Frau ein, und Muromzewa fuhr wieder ab.

Es kam zu sehr hitzigen und lautstarken Gesprächen über Kunst. Stassow schwieg, L. N. schrie, und Rimski-Korsakow verteidigte ungestüm die *Schönheit* in der Kunst und daß man gebildet sein müsse, um sie zu verstehen. Darum geht es in L. N.s Aufsatz.[7] L. N. lehnt die Schönheit ab und auch, daß man zum Verständnis der Kunst eine gewisse Bildung haben müsse; keiner von uns gab ihm darin recht. Die Korsakows kamen ein paarmal auf Sergei Iwanowitsch zu sprechen, und zwar mit der gleichen Hochachtung und Liebe, die jeder für ihn empfindet, außer meinem rabiaten Mann. Wie ist er bei der Unterhaltung heute in die Luft gegangen! Ich habe immer Angst, daß er mit seiner Grobheit jemanden beleidigt.

Bin müde von diesem ganzen Tag unter Menschen ... Die Jungen sind bei den Luginins zum Tanz.

5. Januar. War gestern auf einer morgendlichen Tanzveranstaltung im Hause Schtscherbatow, wo sich die ganze sogenannte Moskauer *Gesellschaft* eingefunden hatte. Ging Saschas wegen hin, die frühmorgens mit Tanja von den Brüdern auf dem Land zurückgekehrt war, und um zuzuschauen, wie meine Söhne tanzen. Es war eine sehr fröhliche Veranstaltung, und so harmonisch, ohne Mißtöne.

Spätabends fuhr ich noch zur Abendeinladung von Muromzewa, um diese nicht zu kränken, und dort wurde ich sehr achtungsvoll empfangen; es wurde gesungen, musiziert, und das war angenehm. Aber dieser Strudel gesellschaftlicher Verpflichtungen macht mich völlig benommen. Außerdem sind alle drei Töchter krank: Mascha hat entsetzliche Kopfschmerzen mit hysterischen Anfällen, Sascha hatte einen Abszeß im Ohr, der sehr weh tat und aufplatzte, und Tanja hat eine dicke Backe, fiebert ein wenig und hat nur noch Suchotin im Kopf, der morgen kommt.

Lew Nikolajewitsch ist wieder gesund, geht spazieren und ist freundlich zu mir. Besuchte heute zu Fuß eine Ausstellung von Kunststudenten, die schrecklich schlecht war, nur einige Landschaften ganz passabel, weckten schöne Erinnerungen an Sommer, Wald und Wasser ... Repin hat heute bei uns gespeist und den ganzen Tag hier verbracht. Außer ihm noch zahlreiche andere Gäste.

6. Januar. War Schlittschuhlaufen auf den Patriarchenteichen, lief lange mit den Maklakows und Natascha Kolokolzewa. Es taute und regnete. Ist sehr lustig und gesund, dieses Schlittschuhlaufen. Abends las ich, saß bei Sascha und lauschte der Musik eines unbekannten jungen Mannes, Pol aus Kiew, der Lew Nikolajewitsch und uns seine Werke vorspielte; sehr begabt.[8] L. N. ist mißgestimmt, da ihm die Arbeit immer noch nicht von der Hand geht. Er war auch Schlittschuhlaufen, in irgendeinem Heim für obdachlose Minderjährige, und das nicht zum ersten Mal. Morgens habe ich geweint, mußte an Wanetschka denken, und gegen Abend überfiel mich wieder die Sehnsucht nach so vielem, was man im Leben gerne möchte, nicht hat und auch niemals haben wird ...

L. N. liest die ganze Zeit Materialien über das Leben im Kaukasus, über die Natur und alles, was mit dem Kaukasus zusammenhängt.[9]

8. Januar. Gestern war Repin beim Essen zu Gast, er bat Lew Nikolajewitsch wiederholt, ihm ein Thema für ein Gemälde zu stellen. Er sagte, er wolle seine letzten Lebenskräfte auf ein gutes Kunstwerk verwenden, das die Mühe lohne. Lew Nikolajewitsch hat ihm noch keinen Rat gegeben, denkt aber nach.[10] Ihm selbst geht die Arbeit noch nicht von der Hand. Ein entsetzliches Wetter: fürchterlicher Wind, überall steht das Wasser, schlimmer als im Moskauer Frühjahr; drei Grad über Null, trübe.

Gestern las ich eine lobende Kritik von Kaschkin über die Oper „Sadko“[11], die mir ungeheuer gefällt, und ich wäre zu gerne wieder hingegangen. L. N. redete so gütig auf mich ein, ich solle es doch tun, daß ich wegen meines Leichtsinns ein noch schlechteres Gewissen hatte. Ich hätte mich sogar gefreut, wenn ich keine Karte bekommen hätte. Doch was passiert: an der Kasse war meine Karte die *letzte*. Ich hatte dritte Reihe Sperrsitz, wollte aber Balkon. So ging ich nach oben und bat, jemand möge mit mir tauschen: unten sei es so laut, und ich hätte Ohrenschmerzen. Da rief mich jemand beim Namen: es war Saschas Lehrerin Kaschkina. Sie schickte ihren Bruder nach unten und plazierte mich zwischen sich und ihre Mutter. In der Pause sprach mich noch A. I. Maslowa an. Sie hatte ebenfalls Balkon, aber weiter hinten als ich, und war mit ihrer Kusine und Sergei Iwanowitsch da. Ich erstarrte regelrecht, da ich an L. N.s gütiges Zureden denken mußte. Mir spielt das Schicksal immer solche Streiche. Das Theater faßt dreitausend Leute; ich bin entsetzlich kurzsichtig, kann selbst auf zwei Schritt Entfernung niemanden erkennen; vom Parterre aus zu sehen, wer in der zweiten Reihe Balkon sitzt, ist unmöglich – und trotzdem landete ich schließlich in Sergei Iwanowitschs Nähe. Als wir unsere Pelze holten, wechselten wir einige Worte, er sagte, er habe seine Sinfonie für Orchester abgeschlossen und besuche uns in den nächsten Tagen.

Daheim wollte ich L. N. sagen, daß ich Sergei Iwanowitsch gesehen hatte, brachte es aber einfach nicht über mich. Als ich in sein Zimmer trat, kam mir L. N.s Gesicht so hager und traurig vor, daß ich am liebsten auf ihn zugestürzt wäre und ihm gesagt hätte, ich könne niemanden mehr lieben als ihn; ich sei bereit, alles auf der Welt zu tun, damit er seine Ruhe habe und glücklich sei; aber das wäre zu befremdlich gewesen, und außerdem, wer garantiert mir denn, ob er nicht wie Mascha schlecht über mich gedacht hätte, ob er nicht gemeint hätte, daß ich etwas wußte, daß es arrangiert und abgesprochen war ...

Sascha ist krank, sie hat einen Abszeß im Ohr; mir tut die junge Freundin meines jetzigen Lebens sehr leid. Tanja liebe ich innig wie eh und je, bedaure sie und beobachte schmerzerfüllt den Kampf ihrer Gefühle. Andrjuscha ist nach Twer gefahren, Mischa im Lyzeum. L. N. wollte gerade ausreiten, aber das Pferd lahmt, und so ist er zu Fuß fort.

10. Januar. War mit Marussja Maklakowa in einer der regelmäßig veranstalteten Gemäldeausstellungen[12]; es gab zwar wenig gute Bilder, aber ich liebe eben die Kunst. A propos Kunst: Gestern sagte A. Stachowitsch, der Adjutant des Großfürsten Sergei Alexandrowitsch, beim Großfürsten habe man Lew Nikolajewitschs Aufsatz „Über die Kunst" gelesen und zutiefst bedauert, daß „dies aus der genialen Feder Lew Tolstois geflossen ist". Dann sprach man noch über unsere Familie, und der Großfürst, der mir am Mittwoch bei Glebowa begegnet war, sagte zu Stachowitsch, er sei von meinem ungewöhnlich jugendlichen Aussehen frappiert gewesen. Ich bin schon so an dieses Kompliment gewöhnt, und es ist auch so billig, daß ich ihm keinerlei Bedeutung mehr beimesse. Wenn ich doch nur *ein bißchen* mehr wäre als bloß die *jugendlich aussehende* Frau von Lew Tolstoi, wie wäre ich froh! Ich denke dabei an die geistigen Qualitäten.

L. N. ist ruhig, gesund, kann aber immer noch nicht arbeiten. Wir sind einträchtig, unser Verhältnis ist so unkompliziert wie schon lange nicht mehr. Ich bin so froh! Doch ob das wohl anhält?

13. Januar. Gestern hatte Tanja Namenstag. Von morgens an bereiteten wir die Abendgesellschaft vor. Erst verschickte Tanja Einladungen, dann löste ich sie ab. Das sind wir unseren gesellschaftlichen Verpflichtungen *schuldig.* Als ich mittags – noch in der Morgenjacke, zerzaust und ohne etwas zu hören – gerade eine Schachtel auspackte, da standen auf einmal Sergei Iwanowitsch und Juscha Pomeranzew vor mir. Ich regte mich furchtbar auf, wurde überrot und brachte kein Wort heraus. Ich hatte geheißen, niemanden zu empfangen, aber die beiden wurden aus irgendeinem Grund hereingelassen. Wir unterhielten uns fast eine Stunde, sprachen über „Sadko", Rimski-Korsakow u. a. Als Sergei Iwanowitsch ging, befiel mich eine lähmende Traurigkeit, weil ich, um L. N. zu beruhigen, diesen Menschen hassen oder zumindest mich ihm gegenüber wie zu einem Fremden verhalten müßte – aber das ist unmöglich.

Auf der Abendgesellschaft gab es Gesang von Muromzewa-Klimentowa und Stachowitsch, Klavierspiel von Igumnow und Goldenweiser, Licht und reichlich zu essen, einen General, Fürstinnen, junge Damen – und es war weder lustig noch langweilig. Eher schwierig. L. N. spielte Wint mit Stolypin, meinem Bruder Sascha u. a.

Mascha und Kolja sind heute abgefahren.

14. Januar. Lew Nikolajewitsch ist in den letzten beiden Tagen munterer geworden.

Sascha ist, Gott sei Dank, wieder gesund und hat mit dem Lernen begonnen. Mischa ist heute ebenfalls endlich darangegangen und dann ins Maly Theater gefahren, um sich die „Kämpfer“ von M. Tschaikowski anzuschauen.

Bemühe mich, *recht* zu leben, doch häufig erfüllt tiefe Verzweiflung mein Herz ... Herr, steh mir bei!

16. Januar. Tanja will nach Petersburg. Ich machte eine Andeutung, ich würde gerne zur Aufführung der Wagner-Opern nach Petersburg fahren, doch Lew Nikolajewitsch überschüttete mich darauf mit so bösen Vorwürfen, ließ sich so giftig über meine verrückte Liebe zur Musik, meine Unfähigkeit, Dummheit usw. aus, daß mir alle Lust vergangen ist.

Saß den ganzen Tag mit dem Kontordiener an der Buchführung und habe sehr sorgfältig alles geordnet, was die Bücher, die Kinder und den Haushalt anbetrifft, bin jedoch nun sehr müde und habe Kopfweh. Spätabends war ich mit Lew Nikolajewitsch spazieren, wir brachten Marussja Maklakowa nach Hause, Bruder Stjopa und Dunajew waren auch dabei.

Serjoscha und Ilja sind eingetroffen. Spät am Abend kam es zu einem bedrückenden Gespräch mit Lew Nikolajewitsch. Mit seinen Verdächtigungen, seiner Eifersucht und seinem Despotismus wird es immer schlimmer. Jeder selbständige Schritt, den ich unternehme, jede Lustbarkeit, und sei sie auch noch so unschuldig, jede Stunde, die ich am Klavier verbringe, macht ihn gereizt.

Tanja und Marussja Maklakowa haben sich heute die Photographien verschiedener Männer angesehen und darüber geredet, welchen davon sie heiraten würden. Als sie zu Lew Nikolajewitschs Porträt kamen, riefen beide aus: „Unter gar keinen Umständen!“ Ja, es ist schon schwer genug, unter Despotismus zu leben, aber wenn noch Eifersucht hinzukommt – das ist entsetzlich!

17. Januar. Bis spät in die Nacht hinein hackte L. N. auf mir herum: Er bitte, ihn aufs Land *ziehen zu lassen,* ich brauchte ihn nicht, das Leben in Moskau bringe ihn um – und so fort.[13] Der Ausdruck *ziehen lassen* hat keinerlei Bedeutung, denn *halten* kann ich ihn sowieso nicht. Daß er nach Moskau kam, wollte ich deshalb, weil es für mich nur natürlich und eine Freude ist, mit meinem Mann zusammenzusein, den zu lieben und für den zu sorgen ich gewohnt bin. Ich habe alles getan, damit ihn nicht die Eifersucht quält, und habe trotzdem sein Vertrauen nicht errungen. Wenn er aufs Land führe, würde er sich noch mehr quälen; und falls wir alle abführen – was soll dann aus Mischa und Sascha werden, sollen sie denn nichts lernen? Da zerbricht man sich den Kopf ... Lew Nikolajewitschs Gleichgültigkeit und Untätigkeit in der Erziehung seiner Kinder war mir immer eine Last, und das mache ich ihm zum Vorwurf. Wie viele Väter erziehen ihre Kinder nicht nur selbst, sondern ernähren sie auch durch ihrer Hände Arbeit, wie mein Vater es getan hat! L. N. aber meint, sogar mit der Familie zu *leben* bringe ihn um.

War morgens geschäftlich auf der Bank und einkaufen. Ein fürchterlicher Wind, sechs Grad unter Null. Iljuscha ist zu einer Hunde-Ausstellung und des Geldes wegen gekommen; auch Serjoscha ist hier. Bruder Stjopa ist abgefahren, Sonja Mamonowa eingetroffen.

Als ich heute auf der Bank warten mußte, las ich Zeitung; die Geschichte der Arbeiter, die durch eine Gasexplosion auf der Makejew-Zeche im Gouvernement Charkow umgekommen sind, rührte mich zu Tränen. Die Beerdigung, das Leid der Angehörigen, die erschlagenen Pferde, die verstümmelten Menschen – das alles ist schrecklich! Umgekommen sind Menschen, die ohne Licht, ohne Freude und unablässig arbeitend ein schweres, mühseliges Leben unter Tage führten! Und gleich daneben wird voller Erregung über die Dreyfus-Affäre in Paris berichtet. Wie kam sie mir doch nichtig vor im Vergleich zu der russischen Katastrophe!

18. Januar. Lew Nikolajewitsch hat Schnee geräumt, die Eisbahn im Garten mit Wasser begossen und viele Briefe geschrieben. Er ist sehr schweigsam und wenig umgänglich; nachdem er mich erst gekränkt hat, beschwert er sich jetzt bestimmt über mich in den Briefen an seine Freunde.

20. Januar. Sascha sammelte gestern morgen milde Gaben für den Sohn des Lakaien Iwan, der uns verläßt. Der kleine Ljonja hat sich mit heißem Wasser aus dem Samowar verbrüht und liegt im Krankenhaus.

Vorgestern ist etwas Erstaunliches passiert. Meine Söhne waren im Theater, Serjoscha wollte sich „Sadko“ im Solodownikow-Theater anschauen. Auf einmal packte mich die Angst, das Theater werde abbrennen, und ich sagte noch zu Lew Nikolajewitsch, mir schwane, es gebe einen Theaterbrand. Und tatsächlich, in derselben Nacht, als das Publikum auseinandergegangen war, brannte das Theater ab und stürzte das Dach ein.

War heute mit Sascha in der Stadt, kaufte ihr Schuhe und ein Korsett. Fegte dann im Garten den Schnee von der Eisbahn; Lew Nikolajewitsch kam hinzu, und wir fegten gemeinsam Schnee, dann fuhr er Schlittschuh, und ich setzte mich ans Klavier und übte anderthalb Stunden.

Der Abend verschaffte mir einen großen Kunstgenuß. Marija Nikolajewna Muromzewa brachte den jungen Pianisten Gabrilowitsch mit, und er spielte uns den ganzen Abend ausgezeichnet vor: eine Ballade und ein Nocturne von Chopin, ein Impromptu von Schubert und ein Rondo von Beethoven. Mischa Olsufjew und Marussja Maklakowa kamen auch. Lew Nikolajewitsch hatte großes Vergnügen an der Musik und bedankte sich bei dem fröhlichen, gutherzigen und begabten zwanzigjährigen Jungen.

Mit Sonja Mamonowa, die bei uns zu Gast ist, las ich eine Rezension von L. N.s Aufsatz „Über die Kunst". Alle Kritiker äußern sich zurückhaltend über diesen Aufsatz.[14]

21. Januar. Wollte für die neue Ausgabe von „Kindheit und Knabenjahre" Korrektur lesen und fing auch damit an, doch da stellte sich heraus, daß es nicht die richtige Schrift war, und ich schickte alles an die Druckerei zurück und ließ neu setzen.[15]

Abends übte ich eifrig eine Beethoven-Sonate ein. Dann war ich müde, ging nach oben zu Lew Nikolajewitsch, doch bei ihm saßen ein Fabrikarbeiter, ein Soldat und einer von den Finsterlingen. Puh, wie lästig, ewig diese Wand, die die verschiedensten Besucher (und was für welche!) zwischen mir und meinem Mann bilden.

Den ganzen Tag kam es zwischen Sonja Mamonowa, Lew Nikolajewitsch und mir immer wieder zu Gesprächen über die Herausgabe einer Zeitung für das Volk auf dem Lande. Das Ziel wäre, dem Volk eine *interessante* Lektüre zu verschaffen.[16] Also zum Beispiel Meldungen über ein Eisenbahnunglück, eine Schiffskollision, eine Grubenkatastrophe oder die Ankunft chinesischer, abessinischer und anderer ausländischer Gäste; metereologische, agronomische und historische Berichte, außerdem Nachrichten über unseren Zaren und die Zarenfamilie, kurze Beschreibungen der Feiertage und, als leichte

Lektüre, etwas Unterhaltendes. Lew Nikolajewitsch begeisterte sich so sehr für diese Idee, daß er Sytin (den Verleger von Büchern und Bildern für das Volk) brieflich zu sich bat, um über die finanzielle Seite der Angelegenheit zu sprechen. Vor allem: L. N. will *mich* für diese Zeitung heranziehen. Ich bin sehr angetan von dieser Idee, aber mit *ihm* könnte ich die Sache nicht angehen, wir sind zu unterschiedlich eingestellt, und unpraktisch, wie L. N. ist, würde er mir alles verderben. Nicht als Redakteur, nur als Mitarbeiter für Belletristik würde ich Lew Nikolajewitsch einsetzen.

Bin müde, schwermütig, gehe schlafen und mich in meine Seele und Gedanken versenken – in jenes Leben, das ich in der Wirklichkeit nicht führe. Ich schlafe wenig, aber dafür denke ich ständig nach, gebe mich Erinnerungen hin, sogar über die Zukunft denke ich noch nach und erwarte etwas von ihr.

Mischa hat heute das Halbjahresexamen in Griechisch bestanden.

22. Januar. Habe den ganzen Morgen Klavier gespielt, bin nervös bis in die Fingerspitzen, habe die ganze letzte Nacht nicht geschlafen; lag mit offenen Augen im Dunkeln und fürchtete, meinen Mann aufzuwecken und zu beunruhigen. Wie ich heute am Klavier saß, kam mir auf einmal in den Sinn, L. N. könne sterben, man hat ja angedroht, ihn umzubringen[17], und plötzlich brach ich in Tränen aus ... So streng er auch mit mir sein mag, doch wieviel Liebe zu ihm ist noch in meinem Herzen!

Abends im Konzert – ein Quartett von Professoren des Wiener Konservatoriums.

L. N. ging morgens mit Tanjas schwarzem Pudel im Garten spazieren; seine Eisbahn ist aufgetaut. Dann bekam er den Brief einer Dame aus dem Gouvernement Woronesch, daß dort Hungersnot herrsche, und sie bitte um Rat und Hilfe. L. N. schrieb über die Hungersnot einen Brief an die „Russkije wedomosti", aber die werden ihn wohl kaum veröffentlichen.[18] Abends besuchte er den kranken Russanow. Popow kam, er fährt zu Birjukow und bringt ihm etwas von L. N. Birjukow fährt von Bausk nach England.[19] Dorthin ist gestern auch Winer abgereist, die frühere Lebensgefährtin des ebenfalls verbannten Fürsten Chilkow.

26. Januar. War die ganzen letzten Tage krank. Hatte erst eine starke Neuralgie in der rechten Kopfhälfte, dann starkes Fieber, später Halsschmerzen. Der Arzt kam, der junge Ussow, er befürchtete Diphtherie, was sich aber bei der Untersuchung nicht bestätigte. Diese jungen Ärzte sind schon erstaunlich: Maljutin behandelte Sascha – und nahm kein Geld, und Ussow nahm auch keines. Ich habe ihnen L. N.s Werke geschickt, von ihm persönlich gezeichnet. Tanja ist immer noch in Petersburg, und L. N. hat mir auf rührende Weise den Rachen gepinselt, so richtig eifrig und ungeschickt. Meine Krankheit hat ihm einen Schrecken eingejagt, und auf einmal ist er ganz alt und verzagt geworden. Wie seltsam wir doch alle lieben! Er zum Beispiel ist ruhig und glücklich, wenn ich dumpf und gelangweilt zu Hause sitze und arbeite oder lese. Wenn ich aber rege bin, etwas unternehme oder mit jemandem verkehre, packt ihn die Unruhe, und dann ärgert er sich und behandelt mich schlecht. Mir fällt es aber manchmal sehr schwer, ständig die heftigen Anwandlungen meines lebhaften, leicht beeindruckbaren Naturells zu unterdrücken!

Gestern lag ich im Bett, und zu L. N. kamen wieder drei Molokanen aus Samara und baten um Empfehlungsschreiben für Petersburg. Sie wollen sich noch einmal wegen der Kinder bemühen, die ihnen von der Regierung weggenommen und in Klöster gesteckt wurden.[20] Die armen Kinder und Mütter! Und welch ein barbarisches Mittel, um Menschen zum orthodoxen Glauben zu bekehren! Das überzeugt niemanden, im Gegenteil.

Heute traf meine Schwester Lisa aus Petersburg ein. Sie las uns ihre Aufsätze über Tarife, Finanzen und bäuerliches Gemeinwesen vor. Wie es einer Frau einfallen kann, sich mit solchen Problemen abzugeben! Sie hat sich mit Leib und Seele dem Finanzwesen Rußlands verschrieben und hat ständigen Umgang mit Minister Witte. L. N. und Dunajew fanden vieles sehr klug, besonders, was sie über den Tarif schreibt, der erst kürzlich in Rußland eingeführt wurde und sich bereits als völlig untauglich erwiesen hat.[21]

War heute zu einem Musikabend bei Muromzewa eingeladen, konnte aber nicht hingehen. Am Samstag versäumte ich das Sinfoniekonzert; um Beethovens „Egmont“-Ouvertüre ist es mir leid. Überließ Serjoscha meine Karte und freue mich, daß er es schön fand.

Habe gestern im Bett und auch heute die Korrekturfahnen der „Kindheit“ gelesen, die mich jedesmal wieder ergreift. Habe Rükkenschmerzen, bin schwach, und unablässig nagt an meinem Herzen die Schwermut.

Eben kam L. N. und sagte: „Will ein wenig bei dir sitzen." Er zeigte mir zwei Siebenpfund-Hanteln, die er heute gekauft hat und mit denen er Gymnastik machen will. Er ist sehr schlapp und sagt ein ums andere Mal: „Als wäre ich schon siebzig." Dabei wird er ja im August siebzig, also in einem halben Jahr. Mittags lief er Schlittschuh und fegte den Schnee weg. Aber er kommt mit seiner geistigen Arbeit nicht voran, und das bekümmert ihn am meisten.

27. Januar. Mittags Korrekturlesen, abends Gäste: Zurikow, der alte Boborykin, der ehemalige Gouverneur von Orjol, Professor Grot, Sulerschizki, Gorbunow u. a. Bin noch krank, und es erschöpfte mich sehr, konnte weder an den Gesprächen noch an sonst etwas teilnehmen. L. N. fuhr ein wenig Schlittschuh und korrigierte die Fahnen der „Kunst".[22]

28. Januar. Konnte nur mit Mühe aufstehen, so schlecht geht es mir: Übelkeit, Gliederreißen am ganzen Körper und Kopfschmerzen. Habe trotzdem lange an den Korrekturen und den Finanzen der Kinder gesessen; gestern und heute übertrug ich die Posten aus dem allgemeinen Ausgabenbuch in die einzelnen von Andrjuscha, Mischa und Ljowa. Die liebe M. J. Leontjewa besuchte mich, und wir führten ein offenherziges Gespräch über ernste Lebensprobleme.

Sergei Iwanowitsch schickte seine liebe alte Kinderfrau Pelageja Wassiljewna vorbei, um sich nach meinem Befinden zu erkundigen.

L. M. hat sich beim Schneeräumen und Schlittschuhlaufen wieder zu sehr angestrengt. Die Übungen mit den Hanteln haben auch begonnen. All das zusammen hat bewirkt, daß ihm die Galle wieder zu schaffen macht; er hat zur Unzeit eine Menge Linsen und Haferbrei gegessen und danach überhaupt nichts zu Mittag. Habe gerade Emser holen lassen und ihm zu trinken gegeben, was er auch bereitwillig tat. Er sitzt und liest; ich lese zur Zeit „Désastre" von Paul Margueritte und seinem Bruder. Der Roman spielt offenbar in der Zeit des französisch-preußischen Krieges.[23]

Zu Lew Nikolajewitsch kam eine Dame namens Kogan, und es ergab sich ein Gespräch über philosophische Fragen, über die Bestimmung des Menschen, das Glück und die Wege, die dahin führen.

Das Abschreiben und die Korrektur der – bisher noch nicht

umfangreichen – neuen Arbeiten hat jetzt Sulerschizki übernommen, ein kluger, begabter und ungezwungener junger Mann, der früher einmal mit Tanja in der Schule an der Mjasnizkaja Malerei studiert hat. L. N. ist sehr zufrieden mit seiner Arbeit.

29. Januar. Tanja ist aus Petersburg zurückgekehrt. Sie war wegen der Kunstalben hingefahren, die sie herausgibt[24], und hat eine sehr angenehme Zeit verbracht. Zugunsten der Kinder, die man den Molokanen im Gouvernement Samara weggenommen hat, war sie bei Pobedonoszew. Er sagte, der dortige Bischof habe den Bogen überspannt, und fügte hinzu, er werde dem Gouverneur von Samara schreiben und *hoffe, die Sache werde beigelegt.* Wie durchtrieben! Er tat so, als wisse er nicht, daß Tanja die Tochter von Lew Nikolajewitsch ist, und als sie schon die Treppe hinunterstieg, da fragte er: „Sind Sie die Tochter von Lew Nikolajewitsch?" Sie sagte: „Ja." – „Dann sind Sie die berühmte Tatjana Lwowna?" Worauf ihm Tanja erwiderte: „Daß ich berühmt bin, das habe ich allerdings nicht gewußt."[25]

Bruder Stjopa ist mit seiner kranken, schwerhörigen und bedauernswerten Frau eingetroffen. Serjoscha und er haben den Kauf eines Gutes im Gouvernement Minsk zu einem Ende gebracht. Fragt sich nur, ob es einträglich ist. M. Stachowitsch war zum Essen da. Lew Nikolajewitsch korrigierte den ganzen Tag die Fahnen des Aufsatzes „Was ist Kunst?". Jetzt ist Abend, er war mit dem schwarzen Pudel spazieren, nun ißt er Hafersuppe mit Wasser und trinkt Tee.

Den ganzen Tag war Schneesturm, drei bis fünf Grad unter Null. Fühle mich immer noch unpäßlich, habe Rückenschmerzen. Spielte zwei Stunden Klavier, ging viele Walzer, Nocturnes und Préludes von Chopin durch. Doch welch eine Stümperei! Wieviel Mühe es kostet, um einigermaßen anständig zu spielen, und ich spiele so schlecht und komme so langsam voran!

30. Januar. Heute muß ich mir eingestehen, daß Sergei Iwanowitsch unzweifelhaft Einfluß und Wirkung auf mich ausübt. Er hat mich heute besucht, wir unterhielten uns jedoch nur kurz allein. Bruder Stjopa und Sohn Serjoscha waren dabei; aber als Sergei Iwanowitsch wieder ging, empfand ich eine solche Nervenberuhigung, solch stille Freude wie schon lange nicht mehr. Ob das übel ist? Dabei sprachen wir nur über Musik, über seine Werke und über Alt-,

Sopran- und Tenorschlüssel. Er erläuterte mir und Serjoscha den Unterschied zwischen diesen Schlüsseln. Dann sprachen wir darüber, wie man sein Gewissen beruhigt, wenn man strenge Maßstäbe an sich selbst anlegt; daß nach dem Tod eines nahestehenden Menschen alles, worin man sich vor ihm schuldig fühlt, besonders schwer auf einem lastet. Sergei Iwanowitsch fragte mich voller Teilnahme nach meiner Krankheit, nach den Kindern und meinen Beschäftigungen der letzten Zeit – das war alles so schlicht, so ruhig und herzlich, daß ich es geradezu als ein übermäßiges Glück empfand. Wie schade, daß Lew Nikolajewitschs Eifersucht sowohl unsere Freundschaft als auch die von L. N. und der ganzen Familie mit diesem wunderbaren, idealen Menschen unmöglich macht! Serjoscha war zu Sergei Iwanowitsch sehr nett, freundschaftlich und ungekünstelt. Er hat ihn gelobt und würde ihn lieben, wenn der Vater nicht wäre. Von sich selbst hat Sergei Iwanowitsch erzählt, er bearbeite seine Oper, befasse sich mit der Idee eines neuen Quartetts[26] und habe seine Sinfonie nach Petersburg geschickt, wo sie am 18. oder 20. März aufgeführt wird. Könnte ich doch hinfahren!

Stjopas Frau war da; ihre Schwerhörigkeit ist sehr schlimm. Habe für Lew Nikolajewitsch neue Korrekturen in den Aufsatz „Über die Kunst“ übertragen, was drei Stunden in Anspruch nahm. Dann aß Marussja Maklakowa bei uns zu Mittag und las mir die Korrekturfahnen von „Kindheit“ vor. Haben den „Rodnik“ mit Ljowas Artikel „Jascha Poljanow“ („Erinnerungen an die Kindheit“) erhalten.[27] Es rührt mich sehr, diese Erinnerungen aus der Sicht meiner Kinder zu lesen, der Artikel hat mir vieles aus dem reinen, arbeitsamen Leben mit den Kindern und im Dienst an meinem Mann, das ich meine ganze Jugend über geführt habe, wieder ins Gedächtnis gerufen. Ich würde jene Zeit jedoch nicht *zurückholen* mögen. Wieviel *Traurigkeit,* wieviel *Tragik* lag doch in jenem entsagungsvollen Leben voller Anspannung, Mühe und Liebe, ohne daß sich jemand um *mich,* um meine jugendlichen Lebensfreuden oder wenigstens eine *Ruhepause* gekümmert hätte ... Ganz zu schweigen von meiner geistigen Entwicklung oder von meinen ästhetischen Freuden ...

31. Januar. War zum ersten Mal nach meiner Krankheit außer Haus. Zahlte für Iljuscha tausend Rubel bei der Adelsbank ein, hob Zinsen ab und tätigte verschiedene Überweisungen. Lästige, aber unumgängliche *Geschäfte.* Andrjuscha traf ein, wieder Geldgespräche, daß er immer mehr und mehr braucht. Wann endlich kommt der glückliche Moment, da ich die Geldplagereien meiner Kinder los bin! Ich dachte, die Teilung würde mich davor bewahren; doch gerade sie hat meine Kinder zugrunde gerichtet.[28]

L. N. korrigierte den ganzen Morgen die Fahnen des „Kunst"-Aufsatzes, dann räumte er eifrig den Schnee von der Eisbahn, zog Schlittschuhe an und fuhr. Abends sitzt er jetzt gewöhnlich gerne bei den Gästen, manchmal zieht er sich zum Lesen und Ausruhen zurück.

1. Februar. Habe schlecht geschlafen, bin spät aufgestanden, habe Korrektur gelesen und die gestrigen Geldgeschäfte in die Kontobücher eingetragen. Überwand meine Trägheit und fuhr zu den Patriarchenteichen, wo Sascha, Andrjuscha und Mischa Schlittschuh liefen. Traf außerdem noch viele Bekannte dort an. Später kamen auch noch meine Ältesten, Serjoscha und Tanja. Mit großem Vergnügen liefen wir alle Schlittschuh. Am schönsten war es mit Juscha Pomeranzew. Wie nett, lustig, offen und begabt dieser Juscha Pomeranzew doch ist! Ich liebe ihn sehr, er hat wertvolle Eigenschaften und eine vielversprechende Zukunft.

Meine Kinder genierte es zunächst, daß ich auf Schlittschuhen stand, besonders die Jungen; doch als sie sahen, wie unauffällig und leicht ich laufe, beruhigten sie sich anscheinend, und Andrjuscha drehte sogar eine Runde mit mir.

Das Schlittschuhlaufen hatte mich doch erschöpft, und so schlief ich nach dem Mittagessen, was ich sonst nie tue. Als ich erwachte, waren Gäste da: Butenew, Maslow, der Maler Kassatkin und Baratynskaja. Wir unterhielten uns sehr gut über die Slawjanophilen, die Kunst, die Sektierer und Tanjas Reise nach Petersburg. Lew Nikolajewitsch hatte wieder Schmerzen an Magen und Galle, er meint, die Äpfel wären schuld, aber ich bin überzeugt, daß es vom zu anstrengenden gestrigen Schneeräumen herkommt. Er hat nicht einmal zu Mittag gegessen. Sehe voller Leid, daß er abnimmt; wenn er schläft, sieht er so klein aus im Bett, und an Schultern und Rücken zeichnen sich alle Knochen ab. Sein Gesicht hat zur Zeit eine frische Farbe, er ist munter und kraftvoll in den Bewegungen, aber mager. Mühe mich sehr, ihn möglichst gut zu verköstigen, doch das ist schwierig;

gestern ließ ich ihm Spargel und eine leichte Cremesuppe vorsetzen, und trotzdem fühlt er sich heute nicht wohl. Bemühe mich außerdem, ihn nicht zu verstimmen, widerspreche ihm nie und gehe nirgends hin.

Als wir heute über Kunst sprachen, führte L. N. verschiedene Werke an, die er für echte Kunstwerke hält, zum Beispiel „Die Magd" von Schewtschenko, die Romane von Victor Hugo und die Zeichnung von Kramskoi, wie ein Regiment vorüberzieht und eine junge Frau, ein Kind und eine Amme aus dem Fenster schauen[29]; dann Surikows Zeichnung zu L. N.s Erzählung „Gott sieht die Wahrheit" – wie in Sibirien Zwangsarbeiter schlafen, und dazwischen sitzt ein Greis. Außerdem erwähnte er noch eine Erzählung, ich weiß nicht mehr von wem (wahrscheinlich ebenfalls von Hugo), wie eine Fischersfrau Zwillinge zur Welt brachte und starb, und eine andere Fischersfrau, die schon fünf Kinder hatte, nahm die beiden auf, und als ihr Mann nach Hause kam, berichtete sie zaghaft von dem Tod jener Mutter und der Geburt der Zwillinge, worauf der Mann sagte: „Dann müssen wir sie eben nehmen." Da zog die Frau den Vorhang beiseite und zeigte ihm, daß sie die Kinder bereits aufgenommen hatte.[30] Und auch anderes noch kam des längeren zur Sprache.

Trotz seines schlechten Befindens fuhr L. N. im Garten Schlittschuh und ging mit Dunajew ein wenig spazieren.

Ohne Musik ist mir öde, doch – was tun!

2. Februar. Gestern gingen wir spät zu Bett, und ich schlief fast die ganze Nacht nicht. Schon lange war ich nicht mehr so tief religiös gestimmt. In meiner Seele wurde jenes Gefühl wach, das ich nach Wanetschkas Tod empfunden hatte, und zog mich ganz in seinen Bann. Als ob ich den Vorhang angehoben und einen ernsten Blick ins Jenseits geworfen hätte, d. h. auf jenen körperlosen, rein geistigen Zustand, bei dem alles Irdische belanglos wird. Diese Stimmung brachte mich zum Beten, und das Gebet brachte mir Ruhe.

Las morgens Korrektur, ging dann Ofrossimowa (Stolypina) besuchen und erfuhr, daß sie schon am 31. Januar wohlbehalten einen Sohn zur Welt gebracht hat. Darauf begab ich mich zu meiner alten Tante Schidlowskaja und saß ein wenig bei ihr. Zum Essen waren die jungen Maklakows bei uns. Abends gingen Tanja, Sascha und Marussja in „Sadko". Ich wollte mich ans Klavier setzen, aber da kam Andrjuscha, er tat mir leid, und wir führten zusammen ein schönes Gespräch. Später, als der Arme wieder zu seinem Regiment nach Twer aufgebrochen war, spielte ich doch noch anderthalb Stunden. L. N. saß tagsüber an der Arbeit, abends las er Briefe von den Duchoborzen und ein Buch über Mary Urussowa, das ihre Mutter geschrieben hat.[31] Dann schrieb er Briefe und war sehr froh, allein zu sein.

Erhielt Briefe von Mascha und Ljowa.[32] Es ist kalt, windig; zwölf Grad unter Null.

3. Februar. Heute hat die Kinderfrau Namenstag, und wir vermieden es, einander zu begegnen, um nicht, wie in den letzten beiden Jahren, in Tränen auszubrechen bei der Erinnerung an Wanetschka, der sich immer so rührend bemüht hat, den Namenstag der Kinderfrau *auszurichten,* wie er sich ausdrückte, und ihr eine Tasse, ein Tuch oder Süßigkeiten kaufen ließ. Den ganzen Tag ertrug ich standhaft den Kummer, der mir die Kehle zuschnürte, und sprach mit keinem Menschen darüber, erst abends setzte ich mich ans Klavier, um mein Herzeleid mit jenen Musikstücken *wegzuspielen,* mit denen der mir dafür so teure Mensch meinen Kummer eingedämmt hat.

Bei Lew Nikolajewitsch versammelte sich abends sein Freundeskreis: Gorbunow, Popow, Menschikow aus Petersburg und noch zwei neue: der eine ein Freund von Boulanger, wie der andere heißt, weiß ich nicht.[33] Alles höchst wortkarge Leute. Interessante Gespräche gab es keine, sie redeten über Kunst, erwähnten einige gehaltvolle Bilder. L. N. hat Schnupfen. Beim Lesen der Korrekturfahnen von „Kunst" fiel ihm morgens plötzlich auf, daß ein Stück ausgelassen war; darauf ging er erst zu Grot, dann in die Redaktion des „Journal filossofii i psichologii" und ließ das Stück wieder einfügen.

4. Februar. Nahm eine Musikstunde bei Miss Welsh, spielte lange. Abends war Menschikow da. Ich nickte im Salon ein, darauf ging ich zu Bett.

5. Februar. War in einem Konzert von Studenten des Konservatoriums. Kam leider zu spät, da ich nicht wußte, daß es um acht Uhr begann. Saß das ganze Konzert über neben Sergei Iwanowitsch; ich habe es gerne, wenn er fast zu jedem Musikstück seine Erläuterungen und Kommentare gibt. Fuhr ihn dann nach Hause, und er freute sich wie ein Kind, weil das Pferd so flott lief.

Daheim wurde mir auf einmal ganz grauenhaft zumute, als ob ich etwas Frevelhaftes verheimlichte. Mir hatte Sergei Iwanowitsch einfach leid getan, in seinem dünnen Mantel, bei Wind und Kälte; ihn heimzubringen war nur natürlich. Und außerdem geht er am Stock, hinkt auf einem Bein.

Morgen wird er uns mit Goldenweiser vierhändig seine Sinfonie und die „Orestie" vorspielen.

6. Februar. Ein gezwungener und ziemlich schwieriger Abend. Sergei Iwanowitsch und Goldenweiser spielten vierhändig die sinfonische Ouvertüre der „Orestie", eine Komposition von Tanejew. Die Meinigen hörten alle mit herablassender Gleichgültigkeit zu. Es war peinlich, niemand äußerte Lob; Lew Nikolajewitsch sei Dank, daß er aufgrund seiner Wohlerzogenheit wenigstens sagte, das Thema gefalle ihm. Aufgewühlt und zufrieden waren nur Anna Iwanowna Maslowa und ich. Wir haben die „Orestie" wie auch die Ouvertüre bereits mit Orchester gehört, die Klavierdarbietung war für uns nur eine Gedächtnisstütze.

L. N. habe ich heute wenig gesehen. Er las, brachte Korrekturfahnen von „Kunst" zu Grot, schrieb viele Briefe, und abends saß er bei uns. Er ist wieder wohlauf, aber da gibt es etwas, was er verheimlicht. Weiß nicht, wo er das letzte Heft seines Tagebuchs hingetan hat, fürchte, er hat es Tschertkow geschickt.[34] Fürchte mich aber auch, ihn zu fragen. O mein Gott! Unser ganzes Leben haben wir gemeinsam verbracht; meine ganze Liebe, meine ganze Jugend – alles habe ich L. N. gegeben. Und das Ergebnis ist, daß ich ihn *fürchte!* Ihn fürchte, ohne in irgendeiner Weise vor ihm schuldig zu sein! Wenn ich dieses Gefühl der *Furcht* zu analysieren beginne, dann gebe ich die Analyse sehr bald wieder auf. Im Laufe der Jahre habe ich vieles nur zu gut begreifen gelernt.

Schon allein, daß er mich in seinen Tagebüchern beharrlich und geschickt angeschwärzt, daß er nur meine schwachen Seiten in kurzen, boshaften Strichen festgehalten hat, schon allein das beweist, wie *geschickt* er sich die Märtyrerkrone flicht und mich zur zänkischen Xanthippe macht.

O Herr! Du allein wirst uns richten!

7. Februar. Habe fast den ganzen Tag mit Marussja Maklakowa die Korrekturfahnen von „Knabenjahre“ und „Was ist Kunst?“ gelesen. Lew Nikolajewitsch sitzt immer noch an den Korrekturen von „Kunst“. Serjoscha hat abends lange gespielt, stellenweise sehr schön. Schlimmer Schneesturm den ganzen Tag.

8. Februar. L. N. klagt wieder über Unwohlsein. Der Rücken tut ihm vom Hals ab weh, und den ganzen Tag ist ihm speiübel. Was für eine Kost er zu sich nimmt – einfach schrecklich! Heute aß er gesalzene Pilze, marinierte Pilze und zweimal gekochtes Dörrobst – das liegt alles schwer im Magen, nährt aber überhaupt nicht, und so magert er ab. Abends bat er um Pfefferminztee und trank ein wenig. Außerdem verfällt er davon in Trübsinn. Heute sagte er, sein Leben neige sich dem Ende zu, die Maschine sei kaputt, es sei an der Zeit; dabei sehe ich doch, daß er eine sehr feindselige Einstellung zum Tod hat. Heute hat er mich an seine Tante Pelageja Iljinitschna Juschkowa erinnert, die in unserem Haus gestorben ist. Sie wollte auch nicht sterben und stand dem Tod feindselig, ja mit Ingrimm gegenüber, als sie begriff, daß er nahe war. L. N. hat dergleichen nicht ausgesprochen, aber sein Trübsinn und seine völlige Interesselosigkeit zeigen, daß der Gedanke an den Tod auch für ihn bitter ist. Den ganzen Tag war er nicht draußen, mittags schlief er in seinem Kabinett, korrigierte Fahnen und las. Jetzt ist Abend; Grot, der Professor, sitzt bei ihm, er hat ihm wieder Korrekturfahnen von „Kunst“ gebracht. L. N. sehnte sich die ganze Zeit danach, Wint zu spielen, aber da ihm ständig übel war, konnte er es noch nicht tun.

Schaute abends noch einmal zu L. N. hinein; mir völlig fremde Leute saßen bei ihm: ein Bauer, ein Fabrikarbeiter und ein *Finsterling*. Das ist jene Wand, die sich in den letzten Jahren zwischen mir und meinem Mann aufgerichtet hat. Ich hörte ihren Gesprächen zu. Der Fabrikarbeiter fragte naiv: „L. N., und was halten Sie denn so von der Wiederkunft unseres Herrn Jesus Christus?“

Mein Mischa ist schon den ganzen Tag verschwunden, und ich bin sehr unzufrieden über seine ständige Abwesenheit von zu Hause. Aber als achtzehnjähriger Springinsfeld langweilt er sich eben bei Fabrikarbeitern, alten Leuten und ohne Jugend. Die schwerfällige und eingebildete Sascha ist zu jung und als Gefährtin für ihn nicht interessant. Da war die lebhafte, teilnahmsvolle und kluge Tanja ganz anders.

9. Februar. Heute unterhielt sich Bruder Stjopa mit Lew Nikolajewitsch und Serjoscha. Ich trat ein – und sie verstummten. Ich fragte, wovon sie geredet hätten. Sie wurden verlegen ...

Ja, ich bin schon arm dran! Ihn hat immer an mir gestört, daß ich alles Erlesene, daß ich die *Reinheit* liebe – innerlich wie auch äußerlich. Das alles brauchte er nicht. Er brauchte eine passive, gesunde, stumme und willenlose *Frau.* Und jetzt ist meine Musik ihm eine Qual, er verurteilt meine Blumen im Zimmer, und meine Liebe zu jeglicher Kunst, zur Lektüre von Beethovens Biographie[35] oder der Philosophie Senecas verspottet er ... Je nun, ich habe mein Leben gelebt, es führt zu nichts, die alten Wunden im Herzen wieder aufzureißen.

12. Februar. Zwei Tage nichts eingetragen. Habe in dieser Zeit viel an den Korrekturbogen des Aufsatzes „Was ist Kunst?“ gearbeitet. Fügte fremdsprachige Zitate und Korrekturen ein; die Korrekturen von „Kindheit und Knabenjahre“ brachte ich zum Abschluß. Vorgestern abend ging L. N. zu Russanow, zu mir kamen seine Nichten Lisa Obolenskaja und Warja Nagornowa, und der Maler Kassatkin brachte großartige Zeichnungen: Illustrationen des Evangeliums von dem französischen Maler Tissot. Mit Tanja zusammen betrachteten wir diese Zeichnungen, die sehr interessant und originell, in ethnographischer Hinsicht bemerkenswert und voller Phantasie sind.[36]

Gestern war ich zu Fuß am Kusnezki-Most; als ich heimkam, sah ich L. N. im Garten Schlittschuh laufen. Darauf zog ich flugs meine Schlittschuhe an und lief mit ihm. Nach den Patriarchenteichen kommt es einem in unserem Garten jedoch eng und nicht sehr lustig vor. L. N. läuft sehr sicher und gut Schlittschuh; seit drei Tagen ist er wieder munterer und fröhlicher. Als ich gestern ins Konzert fuhr, führte ich mir so richtig deutlich die Not des Volkes aufgrund von Mißernten und Brotmangel vor Augen; allerorts wird davon bereits gesprochen. So klar sah ich alles vor mir, als hätte ich es gerade mit eigenen Augen gesehen: die Kinder, die um Brot bitten, es gibt aber keines, die Mütter, die beim Anblick der hungrigen Kinder leiden und selbst ebenfalls hungrig sind – und da packte mich das Entsetzen, eine Art hilfloser Verzweiflung ... Nichts macht mich mehr leiden als der Gedanke an hungernde Kinder. Wahrscheinlich deshalb, weil damals, als ich meine Kinder stillte, dieser Gedanke, das Kind könne Hunger haben, mich ständig plagte, und jetzt tun mir nicht mehr meine eigenen Kinder leid, sondern alle Kinder auf der Welt.

Heute morgen kam es zu einer höchst unerfreulichen Szene mit Mischa. Er hatte nicht zu Hause übernachtet, ich machte ihm Vorwürfe, er gab barsche Antworten, und ich geriet in Zorn; dann ging er hinaus und pfiff vor sich hin. Das verstimmte mich vollends, ich brach in Tränen aus und sagte zu ihm: „Deine Mutter weint, und du pfeifst, hast du denn gar kein Herz?" Er war betroffen und zeigte Reue. Um Nerven und Herz zu beruhigen, spielte ich Beethovens „Pathétique". Anderthalb Stunden spielte ich Klavier, übte auch noch eine andere Sonate ein; da kam L. N. herein; ich fing an, von Mischa zu sprechen, doch das interessierte ihn nicht, er brachte mir Arbeit: Korrekturen zu dem Aufsatz „Was ist Kunst?" vom einen Exemplar ins andere übertragen.

Das nahm zwei Stunden in Anspruch. Dann brachte er diese Korrekturbogen zur Druckerei, und ich richtete mit Werotschka das Zimmer für Dora und Ljowa her.

Nach dem Essen spielte ich noch ein wenig; Ljowa und Dora trafen ein. Wir saßen beisammen und unterhielten uns, Grot kam, und wir sprachen über den Aufsatz; er gefällt niemandem. Mich empörte heute, wie in diesem Aufsatz Beethoven abgeurteilt wird. Als ich kürzlich seine Biographie las, lernte ich diesen genialen Menschen noch höher schätzen und lieben. Aber jede Zuneigung meinerseits ruft in Lew Nikolajewitsch augenblicklich Haß hervor, sogar gegenüber Toten. Ich weiß noch, als ich Seneca las und von ihm begeistert war, sagte er sogleich, das sei ein aufgeblasener, dummer Römer gewesen, der sich in schönem Geschwätz gefallen habe.[37] Alle seine Gefühle muß man verbergen.

Die arme Tanja ist irgendwie niedergedrückt; sie war mit Sascha Schlittschuhlaufen, aber das heiterte sie nicht auf. Serjoscha ist zu den Olsufjews gefahren, er fehlt mir, ich liebe ihn sehr.

Erhielt einen herzlichen Brief von Andrjuscha. Gestern schrieb ich Mascha; sie hat heute Geburtstag, wird siebenundzwanzig. Dabei ist sie mein *fünftes* Kind! Kann mich einfach nicht alt fühlen. Alles ist jung geblieben: mein Empfindungsvermögen, mein Arbeitseifer, die

Fähigkeit zu lieben und zu leiden, die heftige Neigung zur Musik und die Lust am Schlittschuhlaufen oder einem geselligen Abend. Und ebenso leicht ist auch mein Gang und mein Körper gesund, bloß das Gesicht ist gealtert ...

13. Februar. War den ganzen Abend mit den Korrekturfahnen beschäftigt, trug in den „Kunst"-Aufsatz Korrekturen und fremdsprachige Zitate ein. Gestern gab ich L. N. die Erlaubnis, sein Vorwort zu Serjoschas Übersetzung von Carpenters Aufsatz über die Bedeutung der Wissenschaft an Gurewitsch zu schicken, für den „Sewerny westnik". Die Erlaubnis gab ich ihm deshalb, weil ich im 15. Band der Gesamtausgabe nach dem „Kunst"-Aufsatz diese Abhandlung über die Wissenschaft abdrucken möchte; dem Sinn nach ist sie nämlich eine Fortsetzung des Aufsatzes.[38] L. N. war über meine Zustimmung sehr erfreut.

Abends schrieb L. N. unendlich viele Briefe. Schon den zweiten Abend nimmt er Soda ein, da er sich mit trockenen Pfannkuchen den Magen vollgeschlagen hat. Der Arme, aus Prinzip rührt er weder Butter noch Kaviar an. Diese Enthaltsamkeit ist zwar sehr schön, aber wenn man dabei der Versuchung widerstehen muß, das ist dann weniger schön.

14. Februar. Der Trubel der Butterwoche. Machte Einkäufe für den Abend, dann fuhren Tanja, Sascha, Ljowa und ich zum Schlittschuhlaufen, Dora kam nur zum Zuschauen mit, da sie schwanger ist. Zu Mittag saßen wir im Familienkreis, alle waren so guter, gelöster Stimmung, und das war angenehm. L. N. arbeitet noch immer an den Korrekturen des „Kunst"-Aufsatzes. Abends ging er einen Kaufmann besuchen, einen zweiundsiebzigjährigen Anhänger von ihm, der Leberkrebs hat.[39] Dieser Kaufmann beklagte sich bei L. N., wie lästig ihm das Leben mit seiner Familie sei, Frau und Sohn beteten *Holzbretter* (d. h. Ikonen) an.

Abends trafen sehr viele Kinder ein, vor allem Jungen; erst saßen alle träge herum, dann spielten sie Gesellschaftsspiele und Scharaden, sangen im Chor und machten gymnastische Übungen vor; ein paar Jungen spielten Wint. Mitten am Abend tauchten Leute in Domino-Kostümen und Masken auf (später erfuhren wir, daß es die Kalatschows und Ustinows waren, mit denen wir nicht bekannt sind). Wie immer kam bei dem Abend nichts heraus.

Bedauere sehr, daß ich Ljowa und Dora keinerlei Unterhaltung bieten kann.

Meine Stimmung und mein *Innen*leben sind nach wie vor gleich: Immer wieder bricht der Gram um Wanetschka auf. Wie ich gestern den Nowinski-Boulevard entlangfuhr, stand mir auf einmal wieder *jener* schreckliche Tag vor Augen, als L. N. und ich Wanetschkas kleinen Sarg über diese Straße fortbrachten ... Dabei bete ich jedesmal, Gott möge mir helfen, vor dem Ableben meine Seele zu läutern, damit ich mich mit meinen verstorbenen Kleinen in Gott vereinen kann ...

Und noch immer empfinde ich die gleiche Liebe zur Musik, sie allein hält mein seelisches Gleichgewicht aufrecht und hilft mir zu leben. Und noch immer spüre ich die gleiche Herzensneigung zu gewissen Menschen, die mir meinen Glauben an die guten Eigenschaften der Menschen erhalten, wie auch an jene Hilfe, die sie einem durch ihre hohen inneren Werte spenden.

Der Abend endete damit, daß Goldenweiser ein Nocturne von Chopin, eine Etüde von Liszt und ein Scherzo von Chopin spielte.

15. Februar. Von morgens an Schneetreiben und Dämmerlicht; im Haus Stille. Andrjuscha erzählte mir entsetzliche Dinge über Ausschweifungen und gefallene Frauen. Zu traurig, daß ihn so etwas interessiert. L. N. saß wieder an den Korrekturen. Tanja ist bedrückt, Sascha unpäßlich. War den ganzen Tag mit der Gutswirtschaft beschäftigt, bestellte Samen, was immer viel Überlegung und Aufmerksamkeit erfordert. Ging nicht außer Haus. Versuchte zu spielen, wurde aber ständig gestört. Glebowa kam mit P. Stachowitsch zu Besuch. Will jetzt über niemanden den Stab brechen und bitte nur den Herrn: „Laß mich *meiner* Sünden gewahr werden und nicht meinen Bruder richten." Zu Tisch waren Wera Sologub und Ljowa Suchotin bei uns, Andrjuscha und Mischa waren da, es war sehr gemütlich und schön. Abends schrieb ich; die Belski-Mädchen und Butenews kamen, Vater mit Tochter. L. N. spielte mit ihnen und den Mädchen Federball: er ist gesund und fröhlich. Wir unterhielten uns über die Dekabristen; als L. N. über sie schreiben wollte, las er viel darüber, und was er noch weiß, hat er uns erzählt.[40]

Serjoscha kehrte von den Olsufjews zurück; der arme Andrjuscha ist wieder nach Twer. Wie ungern er abfuhr! Während des Federballspiels mußte ich wieder voll Wehmut an Wanetschka denken. Wie merkwürdig, je weniger Musik ich höre, desto mehr sehne ich mich nach Wanteschka, und je mehr Musik ich höre, desto weniger sehne ich mich. Sergei Iwanowitschs Musik vertreibt die Wehmut vollkommen. Genau wie bei einer Waage: wo man die Gewichte hinschiebt, da senkt sie sich.

16. Februar. Montag der ersten Fastenwoche. Ich liebe diese Zeit, diese Stimmung geschäftiger Stille und religiöser Einkehr. Früher liebte ich sie auch wegen der Nähe des Frühlings – jetzt ist mir dieses Gefühl abhanden gekommen. Wozu brauche ich den Frühling! Er erhöht mein Wohlbefinden nicht, sondern schmälert es nur, da er ein rastloses Suchen und Sehnen nach einem Glück mit sich bringt, das ich doch nicht mehr erleben werde.

Änderte morgens ein Kleid von Sascha; dann spielte ich zweieinhalb Stunden Klavier; vor dem Essen besuchte ich S. A. Filossofowa und plauderte mit ihr über die Kinder, die Enkel, über Unglücksfälle und verschiedene Verwandte. Als ich aus ihrem Haus trat, hatte ich ein solches Verlangen nach Bewegung, Luft, Einsamkeit und Freiheit – daß ich zu Fuß heimging. Kam zu spät zum Essen; die Meinigen schalten mich gutmütig, alle saßen schon am Tisch, und ich verzehrte schleunigst meine Fastenspeise. So Gott will, werde ich die gesamten Fasten einhalten. Nach dem Essen schaute ich mir die Bilder in einer Zeitschrift an, die L. N. aus Philadelphia geschickt bekommen hat. Wir unterhielten uns über den Ankauf von Gütern. Dann schrieb ich das Ende von L. N.s Aufsatz über die Kunst ab, um es nach England zu senden; zwei Stunden saß ich daran.[41]

L. N. las abends Schillers „Räuber" und war davon begeistert.[42] Habe auf seinem Schreibtisch heute ein schwarzes Wachstuchheft gesehen, in dem er – das weiß ich – belletristische Erzählungen angefangen hat.[43]

17. Februar. Morgens gelang es mir, über zwei Stunden zu spielen. Dann kaufte ich einen Sattel, den ich Ljowa morgen zum Namenstag schenken werde, und für Lew Nikolajewitsch will ich noch Honig, Datteln, eine besondere Sorte getrockneter Pflaumen, Birnen und gesalzene Pilze besorgen. Er hat auf dem Fensterbrett gerne einen Mundvorrat, und wenn er Hunger hat, ißt er Datteln und Dörrobst einfach mit Brot. Heute hat er viel geschrieben, was, weiß ich nicht, er spricht nicht darüber.[44] Dann fuhr er mit Sohn Ljowa Schlittschuh. Das Mittagessen verlief fröhlich und unbeschwert. Abends war Dunajew da, ich stickte, denn an irgendwelche Arbeit ist überhaupt nicht zu denken, wenn Gäste da sind. Und was für Gäste man mir heute auf den Hals geladen hat! Ein gewisser Aristow wollte zu L. N., Lew Nikolajewitsch war jedoch ins Schwitzbad gegangen und zwei Stunden lang mit Sergejenko irgendwo verschollen, so daß ich mir von diesem Herrn endlose Geschichten über das Bewässern von Feldern, über Fischzucht und seine Familienangelegenheiten anhören und auch noch mit ihm beratschlagen mußte, ob er seine zweiundzwanzigjährige Tochter einem reichen Fünfzigjährigen zur Frau geben solle. Ein merkwürdiges Ansinnen an eine ihm so völlig fremde Frau wie mich! Später berichtete mir Sergejenko, er wolle ein Buch über Lew Nikolajewitsch herausbringen, mit Porträts von ihm, seiner Familie, mit Bildern aus seinem Leben usw.[45] Das ist peinlich, solange wir noch am Leben sind.

18. Februar. Lew Nikolajewitschs und Ljowas Namenstag. L. N. will ja grundsätzlich nichts von Festen wissen, und von Namenstagen schon gar nicht. Ljowa schenkte ich einen sehr guten englischen Sattel von Zimmermann. Saß den ganzen Tag an der Arbeit: erst änderte und flickte ich Lew Nikolajewitschs grauen Flanellkittel; dann stickte ich einen Streifen auf weißes Tuch – eine schöne, alberne Arbeit, die ich schon vor langem angefangen habe. Wenn ständig Gäste kommen, so ist Sticken dabei noch das beste, sonst ermüdet es sehr.

Zu Mittag aßen wir im Familienkreis; Onkel Kostja Islawin und Lew Nikolajewitschs Nichten Lisa Obolenskaja und Warja Nagornowa waren gekommen. Viele von den Kindern hatten sich eingefunden: Serjoscha, Tanja, Ljowa und Dora, Mischa und Sascha; ich habe es gerne, wenn die Familienfeste gefeiert werden.

Mit Don-Sekt tranken wir auf die Gesundheit der Namenstagskinder. Aber insgesamt blieb von dem Tag ein Gefühl der Leere zurück.

L. N. brachte Korrekturfahnen von „Kunst“ in die Redaktion, dann korrigierte er das Carpenter-Vorwort für den „Sewerny westnik“[46].

Gestern abend machte mich das, was L. N. zur Frauenfrage sagte, sehr betroffen. Schon immer war er gegen die Freiheit und die sogenannte *Gleichberechtigung* der Frau; gestern aber äußerte er auf einmal, daß eine Frau, wie auch immer sie tätig sein möge – als Lehrerin, in Medizin oder Kunst –, doch nur ein einziges Ziel kenne: die geschlechtliche Liebe. Und sobald sie es erreicht habe, sei's um all ihre Tätigkeit im Handumdrehn geschehen.

Ich war über diese Ansicht schrecklich empört und machte Lew Nikolajewitsch Vorwürfe wegen seiner unverändert zynischen Einstellung gegenüber Frauen – wieviel habe ich darunter leiden müssen! Ich sagte zu ihm, er habe deshalb solch eine Meinung von den Frauen, weil er bis zum Alter von vierunddreißig Jahren mit keiner einzigen anständigen Frau näher bekannt gewesen sei. Dieser völlige Mangel an Freundschaft und seelischer – nicht körperlicher – Zuneigung, diese Gleichgültigkeit gegenüber meinem geistigen und Innenleben, die mich bis heute so quält und erbittert und die sich mir mit den Jahren immer klarer enthüllt hat – das eben hat mir das Leben vergällt, mich ernüchtert und läßt mich nun meinen Mann weniger lieben.

19. Februar. Sergejenko verbrachte den ganzen Tag bei uns: er schreibt mit Tanja ein Drama[47], vor allem aber stellt er einen biographischen Band über Lew Nikolajewitsch zusammen und fragt uns deshalb aus. L. N. zeichnete ihm heute den Plan des Hauses, das früher in Jasnaja Poljana stand, in dem L. N. zur Welt gekommen und aufgewachsen war und das er selbst einer Spielschuld halber an den Gutsbesitzer Gorochow im Dorf Dolgoje verkauft hat. Dort steht es auch heute noch, halb zerfallen, und Sergejenko will mit einem Photographen hinfahren und die Photographie in seinen Band aufnehmen.[48]

Als L. N. den Plan dieses Hauses zeichnete, hatte er einen ganz gerührten, schönen Gesichtsausdruck. Er erinnerte sich: hier war das Kinderzimmer, dort wohnte Praskowja Sawischna, da war das große Kabinett des Vaters, da der Saal, der Raum für die *Junggesellen*, der für die Aufwärter, das Diwanzimmer usf. Es war ein großes Haus. Sergejenko befragte mich, womit man Lew Nikolajewitsch zu seinem Geburtstag in diesem Jahr, am 28. August, eine Freude machen könne; da wird L. N. siebzig. Er hatte die Idee, dieses Haus zu kaufen, es nach Jasnaja Poljana überführen und so, wie es früher war, wieder aufbauen zu lassen. Oder darin einen Hort für kleine Kinder einzurichten, deren Mütter zum Arbeiten außer Haus gehen ... Wir kamen zu keinem Schluß, offenbar ist dafür jedoch Geld vorhanden.

L. N. hält sein Tagebuch sorgfältig versteckt. Früher erriet ich immer, wo es war, oder fand es zufällig. Jetzt kann ich es absolut nicht finden und habe nicht die geringste Ahnung, wo er es aufbewahrt.

20. Februar. Schon drei Tage Schneesturm, das schlägt aufs Gemüt. Unsere Beschäftigungen sind noch die gleichen: Lew Nikolajewitsch bearbeitet eifrig das 20. Kapitel der „Kunst", und ich spiele unentwegt Klavier.

Mischa bereitet sich im Lyzeum aufs Abendmahl vor, ich aber war diese Woche kein einziges Mal in der Kirche, und das ist mir unangenehm.

Bei L. N. waren Besucher, zwei Bauern – was er mit denen bloß zu reden hat! Jetzt ist Mitternacht, er aber wollte soeben Korrekturbogen zu Grot auf den Nowinski-Boulevard bringen; nur mit Mühe konnten wir ihn davon abhalten.

21. Februar. Morgens eine Musikstunde mit Miss Welsh. Danach spielte ich weiter. Immer noch Schneesturm. War spazieren, anderthalb Stunden lang. L. N. sitzt immer noch an den Korrekturen des 20. Kapitels. Heute fuhr er mit Enkelin Annotschka ins Rumjanzew-Museum und zeigte ihr die Gemälde, die ethnographische Sammlung und die Wachsfiguren mit russischen Trachten aus den verschiedenen Gouvernements. Abends Gäste in hellen Scharen: zu Mischa kamen junge Burschen, zu Sascha und Annotschka Kinder; Sulerschizki sang, ein gewisser Saz vom Konservatorium spielte Cello, Nagornow Klavier. Die Musik brachte einige angenehme Minuten, doch ich war sehr erschöpft.

22. Februar. Besuchte den kranken Russanow, und wir sprachen über L. N., den Vegetarianismus und Tschertkow, den die Russanows nicht schätzen; sie sagen, er sei nicht normal, habe Anfälle von Geistesverwirrung, was als Mißtrauen, Redseligkeit, Despotismus und Geschäftigkeit zutage trete. Überhaupt sei wenig Güte in ihm. Dann war ich noch bei Filossofowa. Wieder aßen alle bei uns zu Mittag, es gab Pfannkuchen. Als ich eine halbe Stunde vor dem Essen heimkam, sagte man mir, Graf Olsufjew und Sergei Iwanowitsch Tanejew seien da. Ich freute mich sehr und stürzte nach oben. Sie unterhielten sich mit Tanja, die auf der Couchette lag. Sergei Iwanowitsch brachte mir seinen „Sonnenaufgang“, eine Komposition für vier Stimmen nach einem Gedicht von Tjutschew[49], und spielte sie mir vor. Ein wunderbar komponiertes Werk, das zwei Stimmungen wiedergibt: das Warten auf die Sonne und ihr triumphales Erscheinen.

Wir sahen uns nur kurz und redeten nur wenig. Zu Gesprächen zwischen uns wird es erst wieder an jenen einsamen Abenden kommen, wenn ich mit Mischa und Sascha, aber ohne Lew Nikolajewitsch und ohne Tanja hier sein werde. Tanja sagte mir gestern eine Menge böser Dinge anläßlich Sergei Iwanowitschs Besuch. Was kann ein freundschaftliches Verhältnis den anderen eigentlich ausmachen?

23. Februar. Wanetschkas Todestag. Drei Jahre ist es her. Gleich nach dem Aufstehen ging ich in die Kirche, betete und dachte an meine verstorbenen Kinder, Eltern und Freunde. Ließ eine Seelenmesse lesen. Dann besuchte ich Mascha, die Frau des Kochs. Sie hat heute im Gebärhaus einen Sohn zur Welt gebracht. Dann ging ich zu Schiljajewa, einer armen Gutsbesitzerin aus der Kursker Gegend, deren außergewöhnlich musikalischer Sohn bei Sergei Iwanowitsch Unterricht hat. Traf sie nicht an, wollte herausbekommen, in welchen Verhältnissen sie lebt. Kaufte Blumen und arrangierte sie um Wanetschkas Porträt. Der Kinderfrau kaufte ich Honig und Kringel. Als ich heimkam, räumte L. N. gerade den Schnee von der Eisbahn im Garten. Dann lief er Schlittschuh und wurde so müde, daß er das Mittagessen verschlief und später allein aß. Er hat die Korrekturen abgeschlossen und will sich nun nicht mehr mit „Kunst“ befassen. Er möchte eine neue Arbeit anfangen; angefangen ist im übrigen sehr vieles, aber ob diese Anfänge auch zu einem Ende kommen!

Abends spielte L. N. mit dem Grafen Olsufjew, meinem Bruder Sascha und S. A. Filossofowa Wint. Sonja und Annotschka half ich heute bei der Abreise nach Hause. Serjoscha ist für einen Tag aus Tula gekommen.

Den ganzen Tag war mir ungemein schwer ums Herz. Als ich heute zur Kirche kam, da fingen auf einmal die Vögel an zu zwitschern, die es sich am Dach und beim Tor der Kirche in der Sonne wohl sein ließen. Und trotz des Frostes schien die Sonne hell und schon frühlingshaft. Dabei fielen mir Lermontows Worte ein: „...

und die Natur, die gleichgültige, in ihrer ewigen Schönheit strahlt!"[50] Eben, gleichgültig ist sie, trotz aller menschlichen Gefühle, trotz unserer verwirrten, gequälten, aber alles andere als gleichgültigen Herzen.

24. Februar. Wieder hat Lew Nikolajewitsch mit dem Magen zu tun; er klagt über Sodbrennen, Kopfschmerzen und Mattigkeit. Heute beim Essen habe ich mir voll Entsetzen angeschaut, was er aß: erst gesalzene Milchpilze, die aneinanderklebten, weil sie gefroren waren; dann vier große geröstete Buchweizenschnitten mit Suppe, sauren Kwas und Schwarzbrot. Und alles in großen Mengen.

Ich esse zur Zeit das gleiche wie er, d. h. alles, was eine Fastenspeise ist, und habe ständig Verdauungsschwierigkeiten, dabei esse ich nur halb so viel wie er. Was das erst für ihn, den Neunundsechzigjährigen, heißt, diese blähende Kost ohne Nährwert zu sich zu nehmen!

Von Sergei Nikolajewitsch kam ein Brief, der L. N. wie auch uns beunruhigt. Seine Tochter Wera scheint die Schwindsucht zu haben.[51] Noch ein Opfer von L. N.s Prinzipien! Sie hat nie genug gegessen und wurde schwach; die Schule, wo sie Bauernjungen unterrichtet hat, ging über ihre Kräfte, sie überanstrengte ihre Stimme, wenn sie den Kindern die Laterna Magica erläuterte; und nun geht sie wie auch unsere Mascha an Krankheit und Schwäche, an Vegetarianismus und Erschöpfung zugrunde. Ich habe beide stets gewarnt, besonders Mascha, sie hätten im Ernstfall nicht genug Kraft, eine Krankheit durchzustehen. Und so ist es auch gekommen.

L. N. las Material über den Kaukasus, er möchte eine kaukasische Novelle schreiben, hat aber keine Kraft und Energie.[52] Und ob es wohl um sein Gemüt gut bestellt ist? Von seinen Anhängern hört man nichts anderes, als daß wieder einer verbannt wurde, wieder einer krank oder von Kräften ist. Heute erfuhren wir, daß Saint-John aus Tiflis ausgewiesen und in seine Heimat zurückgeschickt wurde. Das ist auch einer seiner Anhänger, ein Engländer, der den Duchoborzen Geld überbrachte und L. N.s Prinzipien verkündet.[53]

Übte heute den „Sonnenaufgang", einen Chor nach einem Gedicht von Tjutschew in der Musik von Tanejew. Ist sehr schön und feierlich, gibt die Gedanken in zwei Augenblicken unterschiedlicher Stimmung wieder.

25. Februar. L. N. lief Schlittschuh und schrieb sehr viele Briefe:

an Birjukow, seinen Bruder, einen Bauern u. a.[54] Morgens hatte ich eine lange Musikstunde mit Miss Welsh (die zweite). Den ganzen Abend korrigierte ich „Was ist Kunst?“ für meinen 15. Band. Ob die Zensur ihn mir durchläßt? Bewältigte sechs Druckbogen und war sehr erschöpft. Sulerschizki erzählte interessante Dinge von seiner Weltreise. Den Tee tranken wir friedlich im Familienkreis: Lew Nikolajewitsch, Mischa, Sascha, Tanja und ich, dazu noch Sulerschizki.

26. Februar. Erhielt morgens den „Russki listok“, in dem der Korrespondent, der dieser Tage Lew Nikolajewitsch auf den Leib gerückt war, sein Gespräch mit ihm beschreibt. Einen sehr unangenehmen Eindruck hat dabei auf mich gemacht, daß erwähnt wird, Pobedonoszew habe auf Tanjas Bitte versprochen, die Sache mit den Molokanen in Ordnung zu bringen; es wird bloß nicht gesagt, welche Sache. Außerdem steht darin, was L. N. über Zola, Dreyfus und diese ganze Geschichte denkt.[55]

Ich wollte L. N. über das Konzert berichten, in dem ich war, da schnitt er mir auf unangenehme Weise das Wort ab und sagte, das sei alles Unsinn, oder so etwas Ähnliches. Ich verstummte. Dann sagte er, Grot sei bei ihm gewesen, und sie hätten zu zweit einen sehr angenehmen Abend verbracht.

27. Februar. Habe gräßliche Schmerzen an der Hand, eine Ader ist dick geschwollen, muß mich regelrecht zusammennehmen, um nicht zu weinen.

Abends spielte Igumnow die Barkarole und eine Phantasie von Chopin, eine Polonaise von Liszt und Schubert-Variationen. Neuerdings spielt er wunderbar, ist auch gescheiter geworden, ein netter Junge. War lange geschäftlich und zum Einkaufen unterwegs: bestellte Kisten für das Rumjanzew-Museum, um weitere Tagebücher, Manuskripte und Briefe von Lew Nikolajewitsch dort unterzubringen.

Lew Nikolajewitsch habe ich heute wenig gesehen. Abends hatte er Besuch: Gorbunow, Doktor Butkewitsch und noch jemand, der sich ein wenig um den „Posrednik“ kümmert.

1. März. Vorgestern nacht, als Tanja und ich uns bereits auskleideten und alle Dienstboten schon schliefen, ertönte auf einmal, lange und unheildrohend, die elektrische Klingel. Tanja ging zur

Haustür, sperrte auf – und dann war es lange Zeit still. Ich rief sie, sie trat leise in mein Schlafzimmer und reichte mir ein Telegramm:

„Unsere Lisa gestorben. *Olsufjews.*"

Welchen Eindruck diese Nachricht hervorrief, werde ich niemals vergessen. Tiefer Gram, daß ich dieses lichte, liebe Geschöpf, das unserer ganzen Familie so teuer war, nie mehr wiedersehen werde; Schmerz um die Eltern in ihrem Leid; schieres Entsetzen, wieso dieses in jeder Hinsicht wertvolle, von allen geliebte Wesen dahingehen mußte – all dies wird noch jahrelang immer wieder in meinem Gedächtnis aufsteigen und schmerzliche Spuren hinterlassen.

Tanja und Serjoscha sind gestern hingefahren. Die Einzelheiten wissen wir noch nicht; gestorben ist Lisa Olsufjewa an Scharlach, wie mein Wanetschka.

Ich habe viel geweint, und auch jetzt noch wollen mir ständig die Tränen in die Augen steigen. Tanja weinte nicht, sie war wie erstarrt, auch Serjoscha wurde still, gestern saß er eine Stunde am Klavier, glitt mit den Fingern über die Tasten und hatte dabei ein tieftrauriges Gesicht ...

Ja, *was* ist der Tod? Wir alle entschwinden irgendwohin, gehen wieder in die Ewigkeit ein, und alles nach dem Willen Dessen, der uns auch hier auf Erden weilen ließ.

Lew Nikolajewitsch ist ebenfalls betrübt.[56] Seltsam, daß unser Leben aus Gewohnheit seinen alten Gang geht.

Abends war ich bei einem Vortrag des Petersburger Professors Dokutschajew über das schwierige Problem des einfachen Aufbaus der Erde, über das Gesetz der Anziehung und Abstoßung, das sich daraus ableitende Gesetz des Kampfes, der Liebe usw. Wieder daheim, traf ich die gesamte Butenew-Familie, Pissarew mit Frau, S. A. Filossofowa und Kassatkin bei uns an, außerdem den Grafen Nakaschidse, der wegen seiner Beziehungen zu den Duchoborzen aus dem Kaukasus verbannt worden ist. Wir plauderten bis spät in die Nacht; doch das sind alles außerordentlich anständige und angenehme Menschen, ich freute mich über ihren Besuch.

L. N. hat zusammen mit Iwan die Eisbahn im Garten freigeräumt, ist dann Schlittschuh gelaufen und vor dem Essen ausgeritten. Abends schlief er und saß danach mit Vergnügen bei den Gästen. Er hat Briefe geschrieben und an seinem Aufsatz „Was ist Kunst?"

wieder etwas umgeändert und hinzugefügt, nun bereits für meine Ausgabe.[57]

4. März. Habe diese ganzen Tage um Lisa getrauert und geweint. War in der Klinik; Professor Lewschin und seine Assistenten schauten mit Hilfe von Röntgenstrahlen nach, ob in meiner Hand, die so weh tut, nicht vielleicht Nadeln steckten. Sie fanden zwar keine Nadeln, dafür ein Aneurysma der Arterie; sie machten mir einen Verband und wollen es aufschneiden. Professor Dokutschajew kam mit mir und verbrachte den Abend bei uns. Ein nicht mehr normaler, geistig kranker Mensch; heute kam er, um meine Photographien anzusehen, und erbat sich einige davon. War auch noch in der Kirche, bei der Seelenmesse für Lisa, wo ihre Moskauer Verwandten und Freunde zusammenkamen.

Gestern abend war ich so sehr mit den Nerven am Ende, daß ich es daheim nicht mehr aushielt und zu den lieben alten Maslowas fuhr. Dort sah ich Sergei Iwanowitsch, aber nur kurz. Er aß auf sehr unästhetische Weise Wurst, zu einem Gespräch mit ihm kam es nicht, er brach bald auf. Daß er mich meidet, das steht – meine ich – außer Zweifel. Doch aus welchem Grund? In dem Konzert von Verdis „Requiem“ hatte er eine Karte für Parterre, ging dann aber auf die Galerie hinauf ... Vielleicht, weil das gesamte „high life“ der Gesellschaft zugegen war, und das meidet er.

Abends entwickelte ich Photographien von Lew Nikolajewitsch beim Schlittschuhlaufen. Sind schlecht geraten.

Eine unangenehme Nachricht über den „Kunst“-Aufsatz. Die weltliche Zensur hat ihn durchgelassen, aus Petersburg kam jedoch ein Telegramm, er solle der geistlichen vorgelegt werden.[58] Damit ist der Aufsatz, d. h. sein zweiter Teil, ein für allemal zu Fall gebracht. Wie ärgerlich! Und ich habe ihn schon setzen lassen und Korrektur gelesen – alles umsonst. Dann wird er im Ausland veröffentlicht.

7. März. L. N. ist schlapp und nörglerisch. Die Arbeit geht ihm nicht von der Hand, und die – häufig völlig überflüssigen – Besucher ermüden ihn sehr; meinen Bitten, sie nicht zu empfangen, sondern sich Mußestunden zu gönnen, widersetzt er sich jedoch hartnäckig; in ihm steckt eine *Neugier,* die ihn empfangen läßt, wer auch immer kommt, außerdem ein unwandelbarer Starrsinn, Widerspruchsgeist und Protest gegen mich.

Heute ist mir klar geworden, daß alle seine Werke der letzten Jahre ein einziger Widerspruch, ein einziger *Protest* sind. Wenn er gegen die *ganze* Menschheit protestiert, gegen die gesamte bestehende Ordnung, wie sollte er dann nicht auch gegen mich, eine schwache Frau protestieren?

Habe beim Konzert von Goldenweiser Sergei Iwanowitsch gesehen. Heute kam ein Billett von ihm, er bittet, ihm und M. I. Tschaikowski, den er dieser Tage in Klin besucht, den zweiten Teil von L. N.s Aufsatz zur Lektüre zu überlassen.[59]

Heute morgen kam es zu einer Auseinandersetzung mit L. N. Er möchte immer neue Zusätze zu seinem Aufsatz machen, ich aber fürchte, daß die Zensur diese Zusätze zum Anlaß nimmt und wieder das Erscheinen des Buches unterbindet, ich würde aber gerne 30 000 Exemplare drucken lassen. Ein Wort gab das andere, wir machten uns gegenseitig Vorwürfe; ich warf ihm vor, daß ich keine Freiheit habe und er mich nicht nach Petersburg läßt; er warf mir vor, daß ich seine Bücher verkaufe; darauf sagte ich, in den Genuß dieser Gelder käme nicht ich, sondern vor allem seine Kinder, die er vernachlässigt, nicht erzogen und nicht zur Arbeit angehalten habe. Dann sagte ich noch, sein Reitpferd, sein Spargel und sein Obst, seine wohltätigen Spenden, Fahrräder usw. – das alles ermöglichte ich ihm für eben dieses Geld, von dem ich selbst am allerwenigsten ausgäbe ... Das hätte ich ihm allerdings nicht gesagt, wenn er mich nicht angeschrien hätte, ich vergriffe mich im Ton, er könne mir *verbieten*, die Bücher zu verkaufen. Darauf ich: wunderbar, verbiete es nur, dann gehe ich und lebe von meiner Hände Arbeit, als Anstandsdame in einem Mädchenpensionat, Korrektorin o. ä. Ich arbeite gern, führe aber nur ungern dieses Leben, das so gar nicht nach meinem Geschmack abläuft, sondern seinen gewohnten Gang geht, wie es die Familie – Mann und Kinder – einmal eingerichtet haben.

Photographierte L. N. hoch zu Roß und gab mich auch sonst noch mit Photographieren ab. Schnitt ein Kleid für Sascha zu und probierte es ihr an. Mit S. A. Filossofowa stattete ich dem alten Onkel Kostja einen Besuch ab.

L. N.s Aufsatz „Was ist Kunst?“ soll aus der geistlichen Zensur zurückgekommen sein. Ein paar Stellen haben sie gestrichen, den Aufsatz aber durchgehen lassen. Habe mich mit L. N. nicht länger gezankt. Im Gegenteil, wir schämten uns und versöhnten uns wieder.

8. März. Beim Tee sprachen L. N., Serjoscha, Stjopa und ich über die Furcht vor dem Tode – teils aufgrund von Tokarskis Artikel „Die Furcht vor dem Tode“, teils aus Anlaß von Lisa Olsufjewas Tod. L. N. sagte, es gebe vier Arten von Todesfurcht: die Furcht vor dem Leiden, die Furcht vor den Höllenqualen, die Furcht vor dem Verlust der Lebensfreuden und die Furcht vor der Vernichtung. Ich fürchte von alledem wenig: habe ein bißchen Angst vor dem Leiden, vor allem aber graut mir vor *der Grube, dem Sargdeckel, der Finsternis* ... Ich liebe Licht, Reinheit und Schönheit. Das Grab aber heißt: Finsternis, der Schmutz der Erde und die Abscheulichkeit des Leichnams.

L. N. war zu Pferd bei Grot und bei uns an den Patriarchenteichen. Er liest Bücher über den Kaukasus; ob er schreibt, weiß ich nicht, habe Angst zu fragen.

Den Aufsatz hat man durchgehen lassen, bloß zwei Druckbogen gestrichen.[60] S. Trubezkoi hatte sich dafür eingesetzt und ist nun empört über die Niedertracht, das Intrigantentum und nachgerade die Bestechlichkeit der Popen von der geistlichen Zensur.

Heute hat es getaut; die Temperatur um den Gefrierpunkt.

In meinem Herzen tobt ein Kampf: einerseits der leidenschaftliche Wunsch, zu Wagner und anderen Konzerten nach Petersburg zu fahren, andererseits die Furcht, Lew Nikolajewitsch zu erbittern und dies auf mein Gewissen laden zu müssen. Nachts habe ich geweint über meine *Unfreiheit,* an der ich immer schwerer trage. Rein praktisch bin ich natürlich frei: ich habe Geld, Pferde, Kleider – alles; ich bräuchte nur zu packen und abzureisen. Ich bin frei, Korrektur zu lesen, L. N. Äpfel zu kaufen, Sascha Kleider und meinem Mann Kittel zu nähen, ihn in allen Posen zu photographieren, das Mittagessen anzuordnen, die Geschäfte der ganzen Familie zu führen – ich bin frei, zu essen, zu schlafen, zu schweigen und mich zu fügen. Aber ich bin nicht frei, zu *denken,* wie es mir paßt, zu *lieben,* was und wen ich mir selbst ausgesucht habe, zu gehen oder zu fahren, wohin meine geistigen Interessen mich ziehen; ich bin nicht frei, mich mit Musik abzugeben, nicht frei, die Unmengen überflüssiger, lästiger und häufig sehr übler Leute aus meinem Haus hinauszujagen und statt dessen gute, begabte, kluge und interessante Menschen zu empfangen. Dergleichen braucht man in unserem Hause nicht – man müßte diese Menschen ja ernst nehmen und als gleichberechtigt behandeln; bei uns aber knechtet und predigt man lieber ...

Und so ist mein Leben nicht fröhlich, sondern schwierig ... Da habe ich nicht das rechte Wort benutzt: ein *fröhliches* Leben brauche ich gar nicht, vielmehr ein *gehaltvolles, ruhiges* Leben, das meinige ist jedoch voll Unrast, schwierig und wenig gehaltvoll.

9. März. Der Tag der vierzig Märtyrer, Frühlingsanfang. In meiner Kindheit und in der meiner Kinder buken an diesem Tag Trifonowna, unsere alte Köchin in meinem Vaterhaus, und Nikolai, der Koch in Jasnaja Poljana, frühmorgens wohlschmeckende Vögelchen aus Butterteig, Lerchen genannt, mit schwarzen Korinthen als Augen und braun gebackenen Schnäbelchen. Und darin lag Poesie. Dann kamen auch die echten Lerchen angeflogen, setzten sich auf die braunen Hügel, wo der Schnee schon aufgetaut war, und stiegen mit ihrem silberhellen, lieblichen Gesang zum Himmel auf. Auf dem Lande liebte ich den Frühling. Doch damals brachte er auch jedesmal freudige, grundlose Hoffnungen auf Künftiges mit sich ... Jetzt aber bringt er traurige Erinnerungen und ein ohnmächtiges Verlangen nach Unerfüllbarem ... Ach, das Alter ist ein Kreuz!

Abends gab mir L. N. „Hadschi Murat“, seine Erzählung aus dem kaukasischen Leben, zum Abschreiben, was mich sehr, sehr freute. Ich schrieb voll Eifer, trotz der Schmerzen in meiner rechten Hand, doch mich störte Sergejenko; dann kamen Dunajew, Onkel Kostja, Bruder Stjopa und Serjoscha. Wir sprachen lange über die Staatsgeschäfte, über den Kauf der Flotte für 90 Millionen. Sergejenko berichtete, die Flotte sei von den Japanern für 130 Millionen bei den Engländern in Auftrag gegeben worden, die Japaner hätten aber nicht fristgerecht zahlen können, da sie das Geld von der Chinesisch-Russischen Bank bekommen mußten, die es nicht rechtzeitig herausgab. Die Vertragsfrist lief ab, und darauf bot die russische Regierung 90 Millionen und kaufte den Engländern die fertige Flotte ab.

L. N. ritt abends zu Miss Shanks, um sich einen Brief ins Englische übersetzen zu lassen, den er an jemanden in Amerika geschrieben hat.[61] Überhaupt hat er viele Briefe geschrieben, und das fällt ihm zur Last.[62]

10. März. Habe nachts kein Auge zugetan. Gegen Morgen schlief ich für zwei Stunden ein und stand spät auf. Oh, diese Nächte! Mit erschreckender Klarheit enthüllen sie den Zustand der Seele! Bin völlig zermürbt. Tagsüber zieht einen das Leben in seinen Strudel, man kommt nicht zur Besinnung. Und dann wieder eine Nacht ohne Schlaf, mit Gedanken, mit Qualen ...

Schrieb mit großem Vergnügen L. N.s kaukasische Novelle „Hadschi Murat" ab. Ich glaube, sie wird sehr gut: ein episches Werk *ohne* – wie ich hoffe – *Eifer und heimliche Polemik.*

Meine kranke rechte Hand war sehr erschöpft, und so beschloß ich, abends in ein Kammerkonzert zu gehen. Zwei Trios von Beethoven und eine Violinsonate c-Moll wurden gegeben. War sehr angenehm, überhaupt nicht ermüdend. Marussja Maklakowa war mit dabei. Wieder daheim, traf ich Sergejenko, Prof. Preobraschenski, Sulerschizki und Nakaschidse an, und Lew Nikolajewitsch sah sehr abgespannt aus. Heute hat er wieder Briefe geschrieben, gelesen und Korrekturbogen von „Kunst" für meine Ausgabe durchgesehen. Er ist ruhig und gesund.

14. März. Erinnere mich nicht mehr, was alles war. Wieder lange, schlaflose Nächte. Eine Nacht saß ich bis halb fünf Uhr morgens und schrieb mit großem Vergnügen für L. N. „Hadschi Murat" ab. Tagsüber saß ich immer zu Hause an der Arbeit, an den Fahnen, oder war zum Einkaufen von Sommersachen unterwegs. L. N. schreibt unablässig die verschiedensten Briefe, was ihm sehr zur Last fällt, und liest viel, vor allem Sammelbände über den Kaukasus, die F. I. Maslow ihm besorgt hat.[63] Die drei Abende habe ich so unterschiedlich verbracht, daß man sich bei meinem eintönig erscheinenden Familienleben nur wundern kann, welche Aufregungen einem das Innenleben bringt. L. N. war wieder einmal so zärtlich und gütig zu mir wie schon lange nicht mehr. Am nächsten Tag änderte sich sein Ton jedoch abrupt. Ich war schrecklich beschäftigt mit den Korrekturen zum 15. Band, arbeitete den ganzen Tag und achtete nicht auf seine Stimmung. Abends setzte ich mit kurzen Ruhepausen meine Arbeit fort (mußte 12 Druckbogen durchlesen), und da ich wußte, die Schlaflosigkeit würde mich sowieso nicht zur Ruhe kommen lassen, bat ich meinen Mann, ohne mich zu Bett zu gehen; ich kleidete mich aus, zog Morgenmantel und Pantoffeln an und versprach, leise zu kommen, wenn ich die Korrekturen beendet hätte. Da packte L. N. der Eigensinn: geh zu Bett, und Punktum! Meine Arbeit war dringend, am nächsten Morgen mußte sie in die Druckerei, so gehorchte ich nicht und arbeitete weiter. Er sprang aus dem Bett, zog den Schlafrock an und ging nach oben in sein Kabinett. Ich las weiter, ohne zu wissen, daß er fort war. Nach einer halben Stunde kam er und fing an mich anzuschreien, ich peinigte ihn, er wolle schlafen, ich ließe ihn aber nicht, und er habe Kopfschmerzen. Ich saß nur da, hörte widerspruchslos zu, und schließlich ging ich, ohne den letzten Bogen beendet zu haben, ins Schlafzimmer (ich hatte nebenan im Eßzimmer gesessen) und legte mich ins Bett. Aber da hielten meine Nerven nicht durch. Die anstrengende Arbeit, die Unstimmigkeiten, vor allem jedoch die ungerechte Behandlung durch meinen Mann – dies rief in meiner ohnehin schon kranken Seele eine solche Verzweiflung hervor, daß ich auf einmal einen krampfhaften Schmerz in Herz und Brust spürte und gerade noch – das Licht war bereits gelöscht – mühsam hervorstoßen konnte „ich sterbe", dann bekam ich keine Luft mehr, das Herzklopfen wurde stärker, ich hatte Angst vor dem Ende, Herzkrämpfe – es war grauenhaft. Einen solchen Erstickungsanfall habe ich noch nie gehabt. Kaltes Wasser und mein Bemühen um Selbstbeherrschung ließen mich den Anfall überwinden. Lew Nikolajewitsch verlor den Kopf, begann selbst zu zittern und zu schluchzen ... Wir schliefen schlecht, waren beide erschöpft – und weshalb, *wozu* das Ganze! Herrgott, steh mir bei, bis zum Ende meinen Mann zu schonen und alles zu ertragen ... Am nächsten Morgen ging ich zu ihm und drückte ihm mein Bedauern über das Vorgefallene aus. Er bat quasi um Entschuldigung, jedenfalls war der Friede wiederhergestellt. Für wie lange?

Gestern kam S. I. Tanejew. Wie beruhigend und gut seine Anwesenheit gleich auf mich wirkte! Ein gütiger, ruhiger, ausgeglichener und hochbegabter Mensch. Er spielte seine wunderbare Sinfonie und fragte Lew Nikolajewitsch nach seiner Meinung. L. N. ging ernst und achtungsvoll darauf ein und schilderte seine Eindrücke. Nämlich, in dieser Sinfonie gebe es, wie auch in der gesamten neuen

Musik, überhaupt keinen durchgehenden Ablauf: weder in der Melodie noch im Rhythmus, nicht einmal in der Harmonie. Kaum folge man einer Melodie, da breche sie auch schon ab; kaum habe man sich einen Rhythmus angeeignet, da schlage er um. Man fühle sich die ganze Zeit unbefriedigt; bei einem echten Kunstwerk habe man dagegen das Gefühl, daß es *anders* gar nicht sein könne, daß eines sich aus dem anderen ergebe, und man denke „ich selbst hätte es genauso gemacht". Sergei Iwanowitsch hörte aufmerksam und achtungsvoll zu, offenbar betrübte es ihn aber doch, daß seine Sinfonie L. N. nicht gefiel. Heute fährt er nach Petersburg, dort wird seine Sinfonie mit Orchester aufgeführt.[64]

Gestern morgen, nach unseren nächtlichen Mißhelligkeiten, stand ich völlig zerschlagen auf, da kam L. N. auf einmal mit dem Enkel Mischa herein. Ich freute mich sehr über dieses reine, frische Element – dieses gesunde, liebe, kluge Kind. Den ganzen Tag gab ich mich gestern mit ihm ab: ging mit ihm in den Zoo, in Spielzeuggeschäfte, in eine Konditorei und in den Kreml. Er war über alles erfreut, doch über nichts verwundert. So daß mir der gestrige Tag wie vom Himmel gesandt war, als Vergeltung für die nächtlichen Mißhelligkeiten mit meinem Mann.

17. März. Gestern schrieb ich Lew Nikolajewitschs Brief „Über die Hilfe für die Duchoborzen" ab; sie wollen auswandern. L. N. meint, die „Peterburgskije wedomosti" würden den Brief veröffentlichen, doch ich bin sicher, daß sie es nicht tun. Doppelte Hilfe wäre vonnöten: eine Gegend, wo sie ansiedeln können, müßte gefunden und dafür Geld gesammelt werden.[65] Es sind zehntausend Menschen; wieviel Geld wohl gebraucht wird?

Abends war der berühmte Bildhauer Antokolski da. Man sprach über Kunst, L. N. von seinem Aufsatz; Antokolski sagte, vornehmste Aufgabe der Kunst sei es, die *Seele* des Menschen darzustellen.[66] Habe immer noch mit den Korrekturen für den 15. Band zu tun, heute sind noch keine Fahnen gebracht worden; bald bin ich durch. Habe noch einmal L. N.s Brief abgeschrieben, er hatte wieder alles durchgestrichen. Bin bereits mit Erledigungen und Kleiderkäufen für den Sommer beschäftigt. Das Verhältnis zu L. N. ist sehr einträchtig und gut. Für wie lange? Will für ein paar Tage nach Petersburg, um mir Wagner und die Sinfonie von Sergei Iwanowitsch Tanejew anzuhören. Am 21. wird sie zum ersten Mal aufgeführt, und es ist seine erste Sinfonie.

Andrjuscha ist eingetroffen. Ilja und der kleine Enkel Mischa sind schon vorgestern abend wieder aufgebrochen, und ich war über die Trennung von Mischa sehr traurig; sollte aber zu Kindern keine Zuneigung mehr fassen, sie zu verlieren ist zu schmerzlich, falls sie sterben müssen.

L. N. sagte heute: bin zweiunddreißig, habe vorzüglich geschlafen und einen klaren Kopf. Schade, daß er seine geistigen Kräfte für Briefe verausgabt!

Die rechte Inspiration zum Schreiben hat er jedoch immer noch nicht! Wahrscheinlich ist es das Alter, das stört.

Noch immer herrscht strenger Winter. Heute früh hatten wir zehn Grad unter Null, es windete und war kalt, trotz der Sonne.

18. März. Alles geht gut, wir leben einträchtig. Heute las ich die Korrekturfahnen von Lew Nikolajewitschs „Vorwort" zu Carpenters „Moderner Wissenschaft", und da sah ich auf einmal, daß sich alles geändert hat. Ich war sehr verwundert und gekränkt. Als der Aufsatz für den „Sewerny westnik" gesetzt wurde, bat ich L. N., mir die *letzten* Korrekturfahnen zu geben, damit ich für den 15. Band den Aufsatz in seiner endgültigen Form zum Satz geben könne. Nun warf ich L. N. ziemlich gelassen vor, er habe mich betrogen; er wurde entsetzlich böse. Diese Geschichten rühren an alte Wunden, und das macht es unerträglich. Er hat die letzten Korrekturen vor mir verborgen gehalten, um dem „Sewerny westnik" einen Vorteil zu gönnen und sein Erscheinen nicht aufzuhalten. Dabei hätte die Übertragung in mein Exemplar nicht mehr als einen Tag in Anspruch genommen.

Abends waren ungemein viele Gäste da: Belskaja mit Tochter, Toliwerowa und Tochter, Maklakow mit Schwester, Warja Nagornowa und Gorbunow. Toliwerowa, die Herausgeberin von „Igruschetschka", möchte „Schenskoje delo", eine Frauenzeitschrift, herausbringen, und so kam es zu einem Gespräch über die Frauenfrage. L. N. sagte, bevor man über die Ungleichheit der Frau und ihre Unterdrückung sprechen könne, müsse man die Frage nach der Ungleichheit aller Menschen stellen. Dann sagte er, wenn eine Frau sich selbst diese Frage stelle, so liege darin etwas Unbescheidenes,

Unweibliches und deshalb Unverfrorenes. Ich glaube, daß er recht hat. Nicht *Freiheit* brauchen wir Frauen, sondern *Hilfe*. Hauptsächlich Hilfe bei der Erziehung der Söhne, damit sie auf den rechten Lebensweg geleitet werden, arbeiten können und mannhaft, selbständig und rechtschaffen werden. Die Mutter allein kann die Söhne nicht erziehen, daher ist auch die junge Generation so schlecht, weil die Väter schlecht sind, zur Erziehung zu faul, sie stürzen sich lieber auf tausend andere Dinge und drücken sich vor dem Wichtigsten – der Erziehung künftiger Generationen, welche doch das Werk der gesamten Menschheit weiterführen sollen.

2. April. Zwei Wochen sind seit meinem letzten Tagebucheintrag vergangen! Weshalb geht das Leben nun so schnell und fast unbewußt vorüber – wie ein Traum? Wäre ich besser beisammen, würde ich *bewußter* und gehaltvoller leben. Wenn ich später einmal zurückblicke, wie man das immer tut, werde ich alles Vergangene begreifen, werde (wie man das auch immer tut) der Vergangenheit *nachtrauern* und *bedauern*, daß ich sie nicht recht zu nutzen verstand. Und so geht das ganze Leben, mit wenigen Ausnahmen, im Verlangen und Bedauern auf.

Morgen ist der Tag, der in dem anonymen Brief für den Mord an Lew Nikolajewitsch festgesetzt wurde. Natürlich bin ich unruhig, glaube allerdings kaum, daß es geschehen könnte. Zu L. N. sind Duchoborzen gekommen, zwei hochgewachsene Männer von körperlicher und geistiger Kraft. Wir schickten sie zu Graf Uchtomski und zu Suworin nach Petersburg, damit diese beiden Redakteure einflußreicher Zeitungen ihnen Rat und Hilfe gewähren. Sie haben es versprochen, werden aber wohl kaum etwas tun.[67]

L. N. verfaßt eine Bittschrift an den Zaren, damit man sie auswandern läßt – und zwar alle Duchoborzen, die verbannten wie die wehrpflichtigen und inhaftierten.[68] Das alles macht mir angst, wenn wir nur nicht auch noch ausgewiesen werden! Die beiden Duchoborzen sitzen jetzt bei L. N., und mit ihnen der junge Fabrikarbeiter Bulachow, der mit der Bittschrift und dreihundert Rubel zu Werigin, dem verbannten Führer der Duchoborzen geschickt wird.

War vier Tage in Petersburg. Seit Herbst bewegte mich der Gedanke, hinzufahren, um Tanejews Sinfonie, die er mir mehrfach auf dem Klavier vorgespielt hat, mit Orchester zu hören. Ich hatte den

Eindruck, sie müßte großartig sein. Außerdem war es schon lange mein Traum, einmal Wagner zu hören, und in Petersburg wurde er gerade von einem deutschen Opernensemble aufgeführt. Erst ließ L. N. mich nicht fort; dieser Widerstand hatte bei mir Melancholie, schlaflose Nächte und Apathie zur Folge. Dann ließ man mich mit Freuden ziehen, und ich hatte an der Reise überhaupt kein Vergnügen. Es regnete ununterbrochen; Tanejews Sinfonie wurde von Glasunow abscheulich dirigiert und ebenso abscheulich gespielt; Wagner habe ich nicht gehört; meine Gesundheit ist zerrüttet; der Aufenthalt bei meiner Schwester Behrs mit ihrem üblen Verhältnis zu ihrem Mann und den Dienstboten und mit ihrem einseitigen Interesse an der Entwicklung der Finanzen Rußlands (ein seltsames Interesse für eine Frau) – dies alles war niederdrückend, war ein Fehlschlag, und ich war so glücklich, zu L. N. heimzukehren, in mein – dem Geiste unseres Hauses entsprechend – freies Leben, daß der Wunsch wegzufahren mich jetzt nicht mehr so bald befallen wird.

Jeden Abend haben wir Besuch: einmal war Professor Storoschenko da, der viel über die ausländische Literatur und ihre Novitäten erzählte; dann der junge Zinger, ein kluger und lebendiger Mann. An einem anderen Abend saßen Grot, Sergejenko (aus irgendeinem Grunde traue ich diesem Menschen nicht) und Je. F. Junge bei uns; über sie sagt L. N. mit den Worten von Anatole France: „Une laideur terrible et grande." Sie ist jedoch eine begabte, lebhafte und kluge Frau. Dann noch der junge Graf Urussow, Serjoscha, der Sohn des Verstorbenen, den ich so geliebt habe. Auch Goldenweiser kam einmal, er spielte Chopins wundervolle Sonate mit Marche funèbre, außerdem Préludes und Nocturnes.

Seit heute früh sind die Bohnermänner am Werk, die Schlösser werden gereinigt, überall Lärm, Besucher kommen, die Duchoborzen sind da, Sulerschizki. Im Garten spielen Kinder in der Sonne das Butterlochspiel, Sascha singt mit den Fridman-Kindern, klimpert Tänze auf dem Klavier. L. N. unterhält sich mit den Duchoborzen und schreibt eine lange Bittschrift an den Zaren, ich habe sie abgeschrieben. Die ganzen letzten Tage war ich mit L. N.s Kleidung beschäftigt. Zeichnete mit Plattstich seine Taschentücher aus, nähte ihm einen neuen Kittel und will ihm jetzt noch Hosen nähen. Meine Bekannten fragen mich, warum ich so *lasch*, so schweigsam, still und traurig sei. Ich antworte ihnen: „Schaut meinen Mann an, wie munter, fröhlich und zufrieden er dagegen ist."

Und niemand begreift, daß wenn ich *lebhaft* bin, mich mit Kunst abgebe, mich für Musik, Menschen, ein Buch begeistere – daß dann mein Mann unglücklich, unruhig und verdrossen ist. Wenn ich aber, wie jetzt, ihm Kittel nähe, abschreibe und still und traurig verkümmere – dann ist er ruhig und glücklich, sogar fröhlich. Das ist es, woran mein Herz zerbricht! Um des Glücks meines Mannes willen muß ich alles Lebendige in mir unterdrücken, mein heißes Temperament eindämmen, einschlafen und – nicht leben, sondern „durer", wie Seneca ein gehaltloses Leben genannt hat. Heute ist der 15. Band mit „Über die Kunst" aus der Zensur zurückgekommen, und ich verfaßte die Anzeigen für die Zeitungen.[69]

3. April. Also, fast ist der Tag vorüber, es ist schon elf Uhr nachts. Auf L. N.s Leben wurde keinerlei Anschlag verübt. Morgens nähte ich für ihn Hosen, schnitt sie zu und steppte sie auf der Maschine. Dann wollte L. N. spazierengehen, ich ging mit, um mich zu Hause nicht aufzuregen. Wir schauten bei dem alten General Boborykin vorbei, er kam mit uns und machte mich mit seinem Gerede nervös – im Gehen, beim Lärm der Kutschen. Dann gingen wir zur Redaktion der „Russkije wedomosti"[70], dann Galoschen kaufen, und danach zu den Russanows auf die Ostoschenka. Ich war völlig zermürbt und erschöpft und fuhr mit der Droschke nach Hause. Wenn ich mit L. N. zu Fuß unterwegs bin, ist mir das immer eine Qual, winters wie sommers und das ganze Leben lang. Er nimmt überhaupt keine Rücksicht auf seine Begleiter: hält man sich für einen Moment auf, rennt er trotzdem weiter, man muß sich sputen, ihn einzuholen, er wartet nicht, man kommt außer Atem – die reinste Strafe. Zu seinem Schutz waren noch Sergejenko und Sulerschizki dabei, abends traf Menschikow aus Petersburg ein, und die Brüder Gorbunow, Nakaschidse und Dunajew kamen. Sehr ermüdend, ständig so viele Leute. Der ganze Tag verging in Gesprächen mit den vielen Gästen. Ach, wie abgespannt meine Nerven sind: erst die Duchoborzen – gestern sind sie abgefahren –, dann die Angst um Lew Nikolajewitschs Leben. Und nun noch die Jugend, die den ganzen Abend beim Wint-Spielen lärmte. Das ganze Leben läuft nicht nach meinem Geschmack ab. L. N. führt sein Leben für sich und hat besondere Interessen, welche die Kinder nicht berühren; schließlich können sie sich ja nicht für Sektierer, d. h. die Duchoborzen, die Verneinung der Kunst oder die Erörterung des Nichtwiderstehens interessieren. Sie brauchen ein eigenes Leben, nach ihren eigenen Vorstellungen. Da ihr Vater sie nicht anleitet, da sie keine Ideale haben, die ihren Kräften entsprächen, führen sie ein zügelloses Leben mit Kartenspiel, Leere und Zerstreuungen, anstatt sich mit etwas Ernsthaftem oder der Kunst zu befassen. Meine Kräfte und Fertigkeiten reichen nicht aus, um sie ein besseres Leben führen zu lassen – was ja auch gar nicht möglich wäre, bei dem *alles* verneinenden Vater!

5. April. Ostersonntag, das Fest der Auferstehung Christi. Früher einmal war das ein bedeutsamer, freudiger Tag. Dieses Jahr war ich überhaupt nicht in *Stimmung*. Gestern abend saß ich schweigend beim Nähen; L. N. las, Sascha war mit Marussja Maklakowa zur Messe ins Waisenhaus gegangen, Tanja arbeitete ebenfalls, und ich dachte darüber nach, daß früher, in der Jugendzeit, das Leben sich in Perioden zwischen bedeutsamen – oder zumindest so erscheinenden – Ereignissen unterteilte: erst die Feiertage, dann die Übersiedelung nach Jasnaja Poljana, oder, noch wichtiger, ein Kind kam zur Welt, oder sonst etwas. Jetzt zerfließt alles unter der Hand in der rasch dahinjagenden Zeit – und nichts ist mehr von Bedeutung, alles ist einem gleich, wenn es bloß keine Aufregungen oder Kummer gibt. Sehr schwierig und aufreibend war mein Leben in den letzten drei Jahren, nach dem Tod meines Engels, des lieben Wanetschka.

Heute morgen gab es eine schlimme Szene mit Mischa und Andrjuscha. Sie forderten Geld, obwohl ich ihnen erst 15 Rubel geschenkt hatte. Ich wurde zornig, dann brach ich in Tränen aus. Mischa zeigte Reue, Andrjuscha aber ging Besuche machen, als wäre nichts geschehen, dumm dreinblickend und mit einem neuen Überrock angetan. Nachts zogen sie mit Freunden auf den großen Platz, um sich das Glockengeläute anzuhören und die Prozession um die Kirchen herum anzuschauen. Wie töricht sie ihr Leben vergeuden, ohne einmal in Gedanken innezuhalten und ohne sich moralische Fragen zu stellen!

Als sie mich so erzürnt hatten, ging ich zu L. N. und bat ihn verzweifelt und unter Tränen um einen Rat, was ich mit den Söhnen machen solle, die Geld fordern und frech zu mir sind. Es war wie immer: der ganzen Welt verkündet er irgendwelche Wahrheiten, aber er kann kein einziges Wort zu seiner Familie sagen und seiner Frau helfen.

War bei Kolokolzewa, dann schrieb ich den ganzen Abend Lew Nikolajewitschs Novelle „Hadschi Murat“ ab. Bewältigte zwanzig Seiten oder sogar mehr. L. N. fröstelt es ständig, und er klagt über Unpäßlichkeit, aber als alle außer Haus waren, fuhr er mit Mischas Fahrrad.

6. April. Widmete meine Zeit den Kindern. War mit Sascha, Werotschka (dem Zimmermädchen), zwei Kindern der Litwinows und denen der Kolokolzews auf dem Jahrmarkt. Wir schauten uns die Marionetten an, waren im Theater, fuhren Rutschbahn und Karussell. Nach dem Mittagessen spielten wir Eierrollen, und die Kinder waren alle sehr zufrieden. Tanja ist krank, sie hat Fieber und eine geschwollene Backe. Ein Brief von Mascha. Die Jungen machten Besuche. Nach dem Mittagessen spielte ich mit W. Nagornowa vierhändig Tanejews Quartett; je weiter man in seine Musik eindringt, desto mehr liebt man sie wie auch ihn selbst, um seines edlen, tiefen Gemütes willen.

L. N. fuhr vor dem Essen Fahrrad, vormittags schrieb er über den Krieg[71], abends ritt er zu dem Kaufmann Braschnin, der im Sterben liegt. Ihn treibt die *Neugier* zu sehen, wie Menschen sterben, er ist ja selbst nicht mehr weit davon weg, und außerdem tut es gut, einen Sterbenden durch Teilnahme zu trösten.

7. April. Koni war da, morgen kommt er zum Essen. Es nieselt, ist wärmer geworden. Ein interessanter Brief von Menschikow. Er schreibt, die Regierung sei wegen der Duchoborzen beunruhigt; daß Lew Nikolajewitsch mit der Sache in Verbindung stehe, habe jedoch alle schrecklich erbost.[72] Die Polizei hat an die Redaktion der „Russkije wedomosti“ ein Schriftstück geschickt, das verbietet, in Lew Nikolajewitschs Namen Geld für die Duchoborzen anzunehmen.[73] Trotzdem wurden heute aus der Redaktion 300 Rubel gebracht. L. N. ist sehr gütig und freundlich, in meinem Herzen sieht es jedoch unruhig und freudlos aus.

9. April. Gestern war ein glücklicher, froher Tag. Stand früh auf, fuhr mit Sascha zur Probe des Nikisch-Konzertes. Die „Freischütz“-Ouvertüre wurde mit solcher Vollendung gespielt, daß ich einfach weinen mußte vor Rührung.

Zu Fuß machten wir uns auf den Rückweg: Sergei Iwanowitsch, Goldenweiser, Konjus, Igumnow, Sascha, ich und Professor Preobraschenski. Wir plauderten vergnügt, die Sonne kam hervor, und es war so schön, noch unter dem Eindruck der Musik bei diesem Frühlingswetter mit fröhlichen Menschen zusammen zu sein! Zum Essen waren Anatoli Fjodorowitsch Koni, Professor Grot, Bruder Sascha, Den mit Frau und Miss Welsh zu Gast. Koni erzählte vortrefflich von dem verstorbenen I. F. Gorbunow, dem bekannten Erzähler, gab humoristische Geschichten von ihm zum besten und außerdem Fälle aus seiner Gerichtspraxis. Er berichtete über die Selbstmordstatistik, sagte, der Hauptanteil entfalle auf Witwer und Witwen, auf die Frühlingsmonate und die Bevölkerung im Norden ...

Abends ging ich dann mit Sascha und Marussja Maklakowa in Nikischs Konzert. Es war mir ein Hochgenuß. L. N. verbrachte den Tag mit den Gästen; morgens konnte er nicht arbeiten, schrieb Briefe, fuhr Fahrrad und ritt aus. Jener alte Kaufmann Braschnin ist gestorben, den er so oft besucht hat, und heute sagte Lew Nikolajewitsch, er wäre doch *neugierig*, etwas über dessen letzte Stunden zu erfahren. Die ganze Zeit hat ihn die *Neugier* getrieben, dem Sterben des alten Mannes zuzuschauen.

L. N. sagte heute auch, Doktor Rachmanow interessiere sich sehr für seine Novelle („Auferstehung"), über die er vor langer Zeit mit ihm gesprochen habe, und da habe er sie ihm zu lesen gegeben und sie dann selbst durchgelesen und sich überlegt, wenn man sie überall drucken lasse, könne man damit einen Erlös von 100 000 Rubel für die Duchoborzen und deren Übersiedelung erzielen. Allerdings habe er sich das nur überlegt, machen könne man das im Grunde ja nicht. Ich sagte keinen Ton. Es ist *sein* Recht, nicht das meinige, obwohl es für jede Familie merkwürdig wäre, daß wir uns nach sechsunddreißig gemeinsam verbrachten Jahren über *Rechte* auseinandersetzen müssen. Seine Kinder werden Not leiden, das Arbeiten hat er ihnen nicht beigebracht; ich dagegen weiß mir immer zu helfen. Das ist es auch gar nicht, was ich brauche. Nicht im Geld liegt zur Zeit mein Glück, o nein, im Geld gewiß nicht!

10. April. Wenn ich leben müßte wie Lew Nikolajewitsch, verlöre ich den Verstand. Morgens schreibt er, d. h. ermüdet er geistig, und abends ist er ununterbrochen am Reden oder vielmehr am Predigen, denn seine Zuhörer kommen größtenteils, um Ratschläge oder Lehren zu erhalten.

Heute waren nach dem Essen ungefähr dreizehn Leute da: zwei Fabrikarbeiter, drei junge Schullehrer, eine Dame, die russische Volkskunst in England vertreibt, der Doktor, ein Korrespondent des „Kurier", Sergejenko, Dunajew u. a.

Serjoscha traf heute ein, er sitzt am Klavier und komponiert. Tanja ist krank: die Schwellung der Backe ist noch nicht abgeklungen, und der Bauch tut ihr weh. Andrjuscha ist gestern abgefahren. Den ganzen Tag regnet es. Fuhr wieder zum Billigmarkt, kaufte Möbelstoff. Zu Hause befaßte ich mich mit den *Geschäften*, mit Rechnungen, dem Bankverkehr, der Rechenschaftslegung in Sachen Vormundschaft für die Kinder, schrieb Briefe usw. Habe weder das Klavier noch meine Novelle[74] angerührt.

Für Augenblicke stieg in meinem Herzen der bekannte Schmerz dieser letzten Jahre auf, von dem ich wohl kaum mehr genesen werde. Waretschka war da.

15. April. Tage voller äußerer Ereignisse: am 11. hielt A. F. Koni einen sehr guten Vortrag über Odojewski.[75] Dabei kam er auch auf andere Dinge zu sprechen – alles sehr klug, treffend, scharfsinnig und glaubwürdig.

Abends hatten wir Gäste; Prof. Preobraschenski photographierte uns mit Magnesiumblitz und hielt einen ganzen Vortrag über Sinnestäuschungen durch Licht und Farbe. Ich war erschöpft und schläfrig, was mir selten passiert. Nachmittags war ich mit Sascha auf der Ausstellung der Peredwischniki gewesen; keine herausragenden Gemälde, schön die letzten Landschaftsbilder von Schischkin, ansonsten verblüffte die Dürftigkeit der Themen und Inhalte.[76] Gestern verbrachte ich zweieinhalb Stunden auf der Ausstellung der Petersburger Maler, dort gab es ein riesiges Bild von Siemiradzki: eine Märtyrerin, an einen Stier festgebunden, Nero, der Zirkus usw.[77]

Diese Ausstellung habe ich mir mit Vergnügen angesehen. Eine große Vielfalt von Landschaften, die mich nach Italien, auf die Krim, an den Dnjepr, auf die Insel Capri oder in wilde östliche Länder versetzten, auch in russische oder kleinrussische Dörfer oder den Kaukasus. War alles außerordentlich interessant, vor allem für mich, die ich nie gereist bin. Die Bilder waren gut gemalt, fast alle mit Sorgfalt, doch nicht alle mit Talent. „Die Christin Circea in Neros Zirkus“ ist ein riesiges Bild, eine ganze Wand. Man spricht darüber mit Vorsicht, die Meinungen gehen auseinander. Ich finde es schön und eindrucksvoll, die Gruppierung der Personen und die Anordnung der Farben ist harmonisch und geschickt; aber das Ganze ist kalt, die gemarterte Christin tut einem nicht leid, ebensowenig der Stier mit seinem wunderschönen Kopf; man ist nicht aufgebracht gegen Nero, spürt nicht, welchen Eindruck es aufs Publikum macht. Aber insgesamt war mir die Ausstellung ein großer Genuß.

Habe heute einiges erledigt: brachte Kleider zum Flicken und Ändern, Bücher zum Einbinden usw. Abends war Fürst Trubezkoi bei uns, der Bildhauer, der in Italien lebt, auch dort geboren und aufgewachsen ist. Ein erstaunlicher Mensch: ungewöhnlich begabt, aber vollkommen unkultiviert. Hat überhaupt nichts gelesen, kennt nicht einmal „Krieg und Frieden“, war auf keiner Schule, ist naiv, ein wenig ungeschliffen und geht mit Leib und Seele in seiner Kunst auf. Morgen wird er Lew Nikolajewitsch modellieren und bei uns speisen.

Sergei Iwanowitsch war da, wieder war das Gespräch mit ihm schön und ruhig, ohne Aufhebens. Er sprach in meinem Zimmer mit Serjoscha über die Übersetzung eines Musikbuches; Serjoscha hatte ihm einige Fragen gestellt.[78]

L. N. erklärte heute, er werde übermorgen zu Iljuscha aufs Land fahren, es falle ihm schwer, in der Stadt zu leben, und er habe 1400 Rubel, die er an Bedürftige verteilen wolle. Das ist ja alles richtig, aber mir kam es so traurig und einsam vor, mit der schlimmen Sascha und mit Mischa, der nie daheim ist, allein zu sein, daß ich einfach in Tränen ausbrach und Lew Nikolajewitsch anflehte, mich nicht allein zu lassen, sondern wenigstens eine Woche noch bei mir zu bleiben. Wenn er wüßte, wie kleinmütig ich bin, wie sehr ich ständig Angst habe – vor dem Selbstmord, vor der Verzweiflung, vor meinem Wunsch nach Zerstreuung! Vor allem habe ich *Angst*, am meisten aber vor mir selbst ... Weiß nicht, ob er meine Bitte erhört. Auch wenn er da ist, kommt mir das Leben häufig so schwierig vor, ohne Lichtblick. In der Familie und dem Verhältnis zu L. N. gibt es so viele *wunde Punkte*, und ich bin so *erschöpft* von dem ewigen

Kampf, der unablässigen Arbeit: die Geschäfte, der Haushalt, die Erziehung der Kinder, die Herausgabe der Bücher, die Verwaltung von den Gütern der Kinder, die Versorgung meines Mannes und die Wahrung des Gleichgewichts in der Familie ... Das alles ist für einen Außenstehenden überhaupt nicht wahrnehmbar, doch wie *sehr* nimmt mein abgekämpftes Herz es wahr! Ist das denn etwa keine schwierige Situation: L. N. gibt mir ständig zu verstehen, er lebe *meinetwegen* in Moskau, und das sei ihm eine Qual! Das heißt, daß ich ihn quäle. In Jasnaja Poljana ist er jedoch viel schlechter gelaunt, auch für ihn ist das Leben in der Stadt interessanter und bietet mehr Zerstreuung, und nur manchmal ermüdet es ihn.

16. April. Fürst Trubezkoi, aus Italien angereister Bildhauer, der sogar italienischer Untertan ist, hat heute Lew Nikolajewitsch modelliert. Er gilt offenbar als guter Bildhauer. Vorerst ist noch nichts zu sehen, er hat eine sehr große Büste angefangen. L. N. ist wieder freundlich zu mir, wir haben ein gutes Verhältnis. Gestern abend waren meine Nerven in einem schlimmen, fast krankhaften Zustand.

18. April. Ljowa kam angereist, er hat ganz plötzlich über einen Kommissionär unser Haus zum Verkauf angeboten, ohne mir vorher etwas zu sagen. Mir graute vor der Veränderung, den Laufereien, es war mir leid um unser Haus, und so übernahm ich es;[79] habe jetzt fast kein Geld mehr, dazu noch die Schulden für die neue Ausgabe. Das Haus kommt mich sehr teuer, an die 58 000 Rubel. Trubezkoi hat wieder Lew Nikolajewitsch modelliert, und jetzt kann ich sehen, daß er ungewöhnlich begabt ist.

19. April. Tanja mußte sich einer sehr schmerzhaften Operation an der Nase unterziehen: ein Zahn wurde gezogen, durch die Öffnung die Nase aufgebohrt und der Eiter abgelassen. Sie hat starke Schmerzen, ist sehr blaß und schwach; sie tut mir so leid, möchte sie am liebsten streicheln, bedauern, küssen, aber das tut man dann doch nicht, ist nur bekümmert. Habe heute Mlle. Aubert gekündigt und für die zur Zeit wieder folgsamere Sascha bereits eine andere Gouvernante eingestellt. Trubezkoi modelliert immer noch Lew Nikolajewitsch, und die Büste wird sehr gut – imposant, charakteristisch und wahrheitsgetreu. Naiv ist dieser Trubezkoi, geht ganz in seiner Kunst auf, hat nichts gelesen und an nichts Interesse außer der Bildhauerei.

S.T. Morosow war bei uns, ein kränkelnder Kaufmann, der die Universität besucht hat und ein besseres Leben führen möchte. Er gab Lew Nikolajewitsch 1000 Rubel für hungerleidende Bauern. Am Mittwoch fahren L. N. und ich zu Ilja nach Grinjowka, wo L. N. eine Zeitlang bleiben und den Bauern der Umgebung in ihrer Not helfen will.

20. April. Wieder ein Leben voll Unrast. Zum Kauf des Hauses bin ich regelrecht genötigt worden; ich sah, wie es Lew Nikolajewitsch und den Kindern um das Haus leid war, und L. N., der doch sonst nie seine Meinung äußert, hat mir direkt zu dem Kauf geraten und sogar gesagt: „Wäre schade, es zu verkaufen." Mir ist das Haus zwar lieb, aber nicht gerade zuträglich. Ich habe hier zwei Kinder verloren und war in den letzten Jahren nicht sonderlich glücklich hier. Mehr Glück fand ich in Jasnaja Poljana, in der ersten Hälfte meines Ehelebens.

War den ganzen Tag auf den Banken, verkaufte Wertpapiere und überschrieb Ljowa mein Geld. Mußte sehr aufpassen, um die Wertpapiere nicht zu billig abzustoßen und keine Verluste zu haben. Als ich zum Essen heimkam, war wieder eine Unmenge Leute da: Preobraschenski, Trubezkoi, Butenew, Sonja Mamonowa, Mischa Kusminski; abends dann noch die Fürstinnen Trubezkaja, die Kolokolzews und Suchotin!

L. N. schrieb einen Brief über den Krieg – die Antwort an einen Italiener.[80] Schöngeistiges will ihm nicht gelingen, es fällt ihm bereits schwer; außerdem hat er sich so sehr das *Predigen* angewöhnt, daß er es schon nicht mehr lassen kann. Nach dem Essen steht er jetzt immer dem Bildhauer Trubezkoi Modell. Die Büste ist in ihrer Anlage sehr künstlerisch, der Anfang vorzüglich. L. N. drängt jedoch leider zur Abreise, und so bleibt die Büste unvollendet. Übermorgen reisen wir; ich kehre später nach Moskau zurück, und L. N. fährt nach Jasnaja Poljana. Es ist immer noch kalt.

21. April. Wollte morgen mit L. N. nach Grinjowka und Nikolskoje zu den Söhnen fahren, freute mich sehr auf diese Reise, den Frühling und die Enkel. Doch die Reise ist noch einmal verschoben worden, auf den Abend, da die Büste noch nicht ganz fertig ist und es schade wäre, sie nicht zu vollenden, sie ist sehr gut. Die Kopfhaltung, der Charakter der ganzen Gestalt, die Augen – alles ist ausdrucksstark und wunderbar angelegt, obschon die Unfertigkeit, über die sich der Bildhauer freut, mich beunruhigt. Lew Nikolajewitsch drängt vor allem deshalb zur Abreise, weil er gespendetes Geld hat, 2000 Rubel, mit denen er den Bauern jener Gegend helfen will, wo die Not am größten ist.

War morgens beim Notar und auf der Bank; wieder zurück, packte ich für mich und meinen Mann. Kaufte vegetarische Verpflegung ein, Brot u. a. Abends kam Sergei Iwanowitsch, und es ergab sich eine sehr interessante und sogar lebhafte Unterhaltung zwischen ihm und L. N.; Trubezkoi nahm ebenfalls teil. Sie sprachen über Kunst, die Situation am Konservatorium, die Kürze des Lebens und die Notwendigkeit, seine Zeit so einteilen zu können, daß jede Minute sinnvoll genutzt wird: für die Arbeit, für die Menschen und – füge ich hinzu – für das Glück.

Ich freute mich sehr, daß L. N. aufgehört hat, diesem wundervollen Menschen feindlich gesinnt zu sein. Zur Zeit ist er mit verschiedenen Veröffentlichungen beschäftigt, in denen es um sein geliebtes Konservatorium geht, dabei attackiert er den Direktor Safonow, weil er nicht die rechte Einstellung zum Konservatorium habe; furchtlos und ohne sich mit jemandem zu verzanken dient er, von seinem rechtschaffenen und ungewöhnlich begründeten Standpunkt aus, einzig und allein der Sache.

Dann kam W. Maklakow, und ich philosophierte mit ihm über das Glück. Gestern war ich mit Sonja Mamonowa zu dem gleichen Schluß gekommen wie heute mit Maklakow: Glück ist etwas Zufälliges und Seltenes; man muß es nehmen, wie es kommt, dem Schicksal für die seltenen Glücksaugenblicke dankbar sein; man darf es nicht zu halten suchen, ihm nicht nachtrauern und muß immer vorwärts gewandt leben; sogar im Alltagsleben mit seinen Unbilden kann man durchaus Befriedigung finden, wenn man ein ruhiges Gewissen hat, wenn man für seine Arbeit lebt und für die anderen da ist, nichts Schändliches oder Unmoralisches tut und nichts zu bereuen braucht.

Es gibt noch ein anderes Glück – die Selbstvervollkommnung, das Hinstreben zu einem religiösen und sittlichen Ideal. Ich richte jedoch ungern meine Blicke in mich hinein, ich liebe die Menschen und nicht mich selbst, darum fällt mir das schwer.

P. I. Bartenew war zu Besuch, er brachte mir ein Buch, Briefe von meinem Urgroßvater, dem Grafen Sawadowski[81], auf den er ein Loblied sang. Interessant, dieses wandelnde Archiv – Pjotr Iwanytsch Bartenew. Er kennt alle Welt, alle Ahnentafeln, alle Hofintrigen aus der Regierungszeit jedes russischen Zaren, alle Wappen, Verwandtschaftsbeziehungen, Landsitze usw.

29. April. Am 23. vollendete Trubezkoi die Büste von Lew Nikolajewitsch.[82] Sie ist sehr gut. Abends brach ich mit L. N. nach Grinjowka auf. Dunajew, Maslow, meine Sascha und Sonja Kolokolzewa begleiteten uns. Wir fuhren 1. Klasse, der Zug war so voll. Unterwegs wärmte ich L. N. seinen Haferbrei, den ich bereits gekocht mitgenommen hatte. Er wollte selber Hand anlegen, ergriff den heißen Topfdeckel und verbrannte sich drei Finger. Ich schlug ihm vor, den Schmerz durch Wasser zu lindern, was er störrisch ablehnte. Darauf brachte ich ihm trotzdem schweigend einen Becher Wasser, und als er die Finger hineintauchte, ging es ihm sogleich besser. Dennoch hat er nachts deshalb schlecht geschlafen.

In Grinjowka holten uns die Söhne Ilja und Andrjuscha zu Pferd und die Enkel Annotschka und Mischa zu Fuß ab. Es war eine Freude, sie wiederzusehen und aufs Land zu kommen. L. N. ging sogleich ans Werk; er fuhr die Dörfer ab und untersuchte, wo Hunger herrscht. Am schlimmsten ist es in Nikolskoje und gegen den Landkreis Mzensk zu. Brot gibt es nur einmal am Tag, und auch dann nicht genug. Das Vieh wurde verkauft oder geschlachtet, oder es ist nur noch Haut und Knochen. Krankheiten gehen keine um. L. N. richtet Garküchen ein.[83] Andrjuscha wurde nach Orjol geschickt, um sich nach den Getreidepreisen zu erkundigen. In Grinjowka gingen wir viel spazieren; ich las mit Annotschka französisch, nähte für die Jungen, paßte auf alle vier Kinder auf, malte und zeichnete mit ihnen; und ich kümmerte mich darum, daß der unfähige Koch für Lew Nikolajewitsch kein zu schlechtes Essen kochte. Im Haushalt von Ilja und Sonja geht es allerdings sehr kärglich zu; *mir* ist das ja gleich, aber ich fürchte, daß Lew Nikolajewitschs Magen das schlechte Essen nicht verträgt und er krank wird.

Ilja hat mir in seinem Verhalten zu Hause gar nicht gefallen. Er gibt sich überhaupt nicht mit den Kindern ab, ist zu den Leuten nicht gut und geht keiner ernsthaften Beschäftigung nach, er liebt bloß Pferde. Sonja dagegen ist gut zu den Leuten, behandelt sie, wenn sie krank sind, hilft ihnen mit Lebensmitteln, gibt den Kindern und Frauen Mehl und Grütze.

Wir waren auch bei Sohn Serjoscha in Nikolskoje. Er macht noch immer einen sehr bedauernswerten Eindruck. Er befaßt sich viel mit Musik und hat eine wunderschöne Romanze komponiert, die uns Sonja mit ihrer jungen, sympathischen Stimme vortrug.

L. N. war nicht heiter gestimmt. Etwas Niederdrückendes, Unausgesprochenes belastete unser Verhältnis, und das bekümmerte mich sehr.[84] Rücksichtsvoller und sanftmütiger, als ich die ganze letzte Zeit zu L. N. war, kann man gar nicht sein.

Und es tat mir so leid, ihn in Grinjowka zurücklassen zu müssen. Doch vielleicht ist es besser, sich eine Weile zu trennen!

So fuhr ich kurz nach Jasnaja Poljana und war, nach Grinjowka, von der dortigen Umgebung und der Natur begeistert. Ich lief im Garten herum, ging in den Wald, pflückte blaue Schlüsselblumen im Tschepysch, pflanzte Bäumchen im Garten und Blumen auf den Beeten; im Haus schaffte ich Ordnung und richtete Lew Nikolajewitschs Zimmer her.

Gestern, am 28., war der erste Donner zu hören, und der Kuckuck rief. Die Bäume werden schon ein wenig grün; überall wird munter und rege gearbeitet, im Gemüsegarten wird gesät, um die Apfelbäume herum die Erde aufgeworfen, und die Gärten werden freigeräumt. Dora und Ljowa leben glücklich und einträchtig. Sie ist eine wundervolle Frau, ausgeglichen und hoch gebildet. Beide machen sich ebenfalls in ihrem neuangelegten Gärtchen zu schaffen, streichen das Haus und bereiten sich auf ihre Entbindung und die Ankunft ihrer Eltern vor.

Heute früh bin ich nach Moskau zurückgekehrt – hier ist es trostlos. Sergei Nikolajewitsch ist mit seiner Tochter Mascha zu Besuch. Ljowotschka wird es leid tun, daß er seinen Bruder nicht gesehen hat.

1. Mai. Gestern nichts eingetragen, der Tag war inhaltslos. Heute in der Frühe kam der Gymnasiast Wessjolkin vom I. Gymnasium und brachte 18 Rubel 50, die er und seine Kameraden gesammelt haben. Das rührt einen zu Tränen, wenn junge Gemüter oder arme Leute für die Hungernden Opfer bringen. Dann kam Braschnins Witwe mit 203 Rubel, und aus Zürich sandte mir eine gewisse

Koptewa noch 200 Rubel. Schicke alles an Lew Nikolajewitsch weiter.

Erhielt heute einen Brief von Sonja, die mir mitteilt, L. N. sei gesund und munter und fahre und wandere auch weiterhin durch die notleidenden Dörfer[85]; von ihm selbst kam jedoch noch keine Zeile. Mein so inniges Verhältnis zu ihm kühlt allmählich wieder ab; ich habe ihm zwei Briefe geschrieben, beide erfüllt von aufrichtiger Liebe und dem Wunsch nach geistiger Annäherung – und er mir keine Zeile!

Tranken heute gegen Abend den Tee im Garten, viele Gäste waren versammelt: Kolokolzews, Maklakows, Aristow, Dunajew, unsere Obolenskis und Tolstois, Gorbunows, Butenew, Sascha Behrs, Marja Alex. Schmidt und S. I. Tanejew. Die Jugend sprang übermütig im Garten herum und fand faules Holz, das leuchtete; Marussja und Sergei Iwanowitsch führten ein Gespräch über die Liebe und lachten aus vollem Hals. Alles niederdrückend, lärmend und eitel. Mußte unwillkürlich an das ernsthafte Leben in Grinjowka denken, mit der Erziehung der Kinder, der Hilfe für die Hungernden, der Aussaat, dem Haushalt usw. Dann Jasnaja Poljana mit den Frühjahrsarbeiten, der ruhigen, erhabenen Natur und dem Interesse an der Geburt eines neuen Kindes bei Dora.

Mlle. Aubert ist heute abgereist, sie tut mir leid, doch nicht allzusehr, sie war schon ein sehr armseliges, innerlich leeres Wesen!

3. Mai. War in Petrowsko-Rasumowskoje, habe den kleinen Sohn von Manja und Serjoscha gesehen und mich sehr aufgeregt. Sehr liebe Augen hat dieses Kind. Stieß in Petrowsko-Rasumowskoje zufällig auf ein Picknick verschiedener Bekannter aus der besseren Gesellschaft, und Sascha war gekränkt, daß man sie nicht eingeladen hatte. Wir gingen im Park und im Wald spazieren. Zu Mittag aßen wir bei der alten Tante Schidlowskaja, sie ist siebenundsiebzig und noch sehr rüstig. Abends bei den Kolokolzews. Welche Tragik liegt doch in der Mutterschaft! Diese zärtliche Liebe zu den Kleinen (wie ich es heute bei Manja gesehen habe), dann die Anspannung und Sorge, um die Kinder gesund aufwachsen zu lassen; darauf das Bemühen, sie zu bilden, Kummer und Aufregung, wenn sie faul sind und man eine leere, tatenlose Zukunft vor ihnen sieht – und dann die Entfremdung, die Vorwürfe, Flegeleien von seiten der Kinder, und eine Art Verzweiflung, daß das ganze Leben, die ganze Jugend, die ganzen Mühen umsonst waren.

Bekomme häufig Briefe von L. N. Er verköstigt jetzt wenigstens ein paar Hundert Hungernde.[86] Sonst wäre ihm die Sünde nicht zu verzeihen, daß er seine Kinder vernachlässigt hat.

5. Mai. Erhielt heute zwei Briefe von L. N. Gott sei Dank, er ist gesund und munter. Er schreibt, er habe acht Garküchen eröffnet und jetzt kein Geld mehr.[87] Ich hatte immer den Eindruck, wenn man einen oder zwei Menschen verköstigte, so wäre das schon etwas, von ein paar Hundert ganz zu schweigen. Heute aber kamen mir die neun Garküchen so geringfügig vor gegenüber den Millionen Bedürftiger. Wir haben nicht zu Spenden aufgerufen, eine größere Arbeit würde L. N.s Kräfte bereits übersteigen; hätten wir es getan, wäre uns viel Geld geschickt worden.

9. Mai. Sonja Mamonowa bat mich heute, Sergei Iwanowitsch zu schreiben, er möge abends kommen, um sie zu treffen. Er kam auch, und – endlich wurde mir dieses Glück wieder zuteil – er spielte: eine Sonate von Beethoven („Quasi una fantasia“) und ein Nocturne von Chopin. Welch ein Glück, ihm zuzuhören, und *wie* er spielte! Er war heute besonders weicher Stimmung, und in seinem Spiel lag so etwas Tiefes, Gehaltvolles, Vielsagendes ... Ich weiß, daß er für mich spielte, und war ihm so dankbar! Doch wozu wieder das Herz aufrühren, das eine Zeitlang dieser erregenden Eindrücke entwöhnt war! Es schmerzt zu sehr ...

Schrieb an Lew Nikolajewitsch[88] und bewegte in meinem Sinn schmerzliche Gedanken. Jener Genuß, den mir Sergei Iwanowitschs Spiel bereitet, läßt meinen Mann leiden. Und dieser Gedanke ist quälend. Warum kann man nicht alles vereinbaren, mit allen glücklich sein, alle lieben; und von jedem das Quentchen Freude nehmen, das zu geben er imstande ist.

Serjoscha ist eingetroffen; er spielte Sergei Iwanowitsch seine Romanze vor und spielte dann mit ihm Schach.

10. Mai. Morgens las ich Korrektur, ging dann Theaterkarten kaufen und zu Dunajew, um für Lew Nikolajewitsch eine Helferin in der Hungersnot zu suchen.[89] Strachow ist vorgeschlagen worden, und das wäre gut. Las heute einen Brief Tschertkows an L. N., da ich etwas über Škarvan erfahren wollte, der im Sterben liegt.[90] Der ganze

Brief ist unnatürlich, stets die gleichen Auslassungen über den Kampf gegen das schwache Fleisch, über das Geld und die Sünde, es zu besitzen; dabei hat er überall Schulden und hat Tanja gebeten, ihm 10 000 Rubel zu leihen.[91]

Alles die pure Heuchelei, und gerade *das* ertrage ich nicht. Wer kämpft denn nicht mit seinen Leidenschaften! Und *wie* alles kämpft! Bisweilen hat man das Gefühl, als hätte dieser Kampf einen die letzten Kräfte gekostet, mehr hat man nicht. Und was haben *die* schon für Leidenschaften! Die sind doch alle so geradlinig und langweilig ... Hast du Leidenschaften, dann schweig stille, und trompete es nicht in alle Welt hinaus.

Abends war ich mit Serjoscha, Andrjuscha und Sascha im Theater. Die Studenten des Konservatoriums gaben den „Freischütz" als Benefiz für die Hungernden. Ich saß in der zweiten Reihe Sperrsitz, bei Sergei Iwanowitsch.

19. Mai Jasnaja Poljana. Viel Hin und Her die letzten Tage: ich packte und überführte den ganzen Moskauer Haushalt, mit Sascha und ihrer neuen Gouvernante, Mlle. Kothing, einer Schweizerin. Das gesamte Personal fuhr am 15. ab, Sascha und ich kamen am 16. morgens in Jasnaja Poljana in dem leeren Haus an. Das zweite Jahr, daß ich so übersiedele! Am gleichen Tag trafen die Pferde, die Kuh, der Flügel und alle Kisten ein, und wir packten eifrig aus und räumten ein; mittags und abends aßen wir im Hause Doras und Ljowas, die beide sehr gastfreundlich waren. Am 17. morgens reiste ich bereits zu Lew Nikolajewitsch nach Grinjowka weiter und freute mich ungemein, ihn, die Kinder und die Enkel wiederzusehen. Doch meinen heftigen Gefühlswallungen wird jedesmal ein Dämpfer aufgesetzt. Bei Lew Nikolajewitsch saß gerade ein Sektierer, dem er seinen Aufsatz vorlas; meine Ankunft störte die Lektüre, und das verdroß L. N. ein wenig, obgleich er es zu verbergen suchte. Ich ging mit Mischa und Andrjuscha, den lieben Enkelchen, in den Garten, und wir waren lange spazieren, streiften überall umher, und ich erzählte ihnen viel von den Blumen, den Apfelbäumen, den Insekten oder einfach Geschichten aus dem Leben. So vergnügte ich mich drei Stunden mit ihnen. Als ich nach dem Essen wieder in Lew Nikolajewitschs Zimmer trat, saß der Sektierer wieder bei ihm und las ihm lange geistliche Gedichte vor, die den Sektierern als Liturgie dienen;

diesmal schickte mich L. N. voll Verdruß regelrecht hinaus. Ich ging und brach in Tränen aus; fast drei Wochen hatten wir uns nicht gesehen, doch weder unser Leben in Moskau noch die Kinder, weder Mischas Examen noch Tanja oder sonst jemand – nichts interessiert ihn. Als L. N. merkte, daß ich mich grämte, suchte er mich und rechtfertigte sich verlegen.

In Grinjowka herrscht reges Leben, und es tat mir leid, daß ich nicht daran teilhaben kann. Zwanzig Garküchen sind eröffnet, außerdem wird Mehl ausgegeben; den ganzen Tag kommen Fuhrwerke mit Säcken: die gekauften Güter – Mehl, Kartoffeln, Weizen – werden angeliefert, oder die Wochenration wird ausgegeben und in alle Richtungen abtransportiert. Während ich da war, wurden Kartoffeln gebracht und für die Garküchen eingelagert. Iljas Frau Sonja arbeitet eifrig mit, wenn auch L. N. ihr bisweilen Begriffsstutzigkeit vorwirft. L. N. ließ sich von mir nochmals hundert Rubel geben, das ist schon der vierte Hunderter, mehr Geld kann ich nicht hergeben. Diesen Hunderter bekam Serjoscha für die Hilfe in Nikolskoje. Die Obrigkeit hat einen Wirrwarr heraufbeschworen: Trubnikow, der Gouverneur von Orjol, übergab Ilja ein offizielles Schreiben, das gestattet, *Garküchen* zu eröffnen, und sprach sogar seinen Dank dafür aus. Der Landeshauptmann verbietet es jedoch, er sagt, er habe eine geheime Anordnung, keine Garküchen zuzulassen, sondern jeden, der unter dem Volk lebt und ihm helfen will, zu verhaften und auszuweisen.[92] Eine schöne Regierung! Wer führt da wen hinters Licht?

Heute bin ich nach Jasnaja Poljana zurückgekehrt, unterwegs war ich vier Stunden geschäftlich in Tula: wegen Bibikows Klage bezüglich des Landeigentums[93], wegen des an der Tscherner Chaussee weggespülten Dammes und der Brücke, wegen der Übertragung der Vollmacht, der Landmessung usw. Alles lästig und schrecklich ermüdend! Sascha war mit der Gouvernante allein, und heute tat sie mir leid.

Abends tranken wir alle zusammen auf der Terrasse Tee, dann gingen wir Doras Eltern abholen, die aber erst später, in der Nacht, ankamen.

L. N. fühlte sich in Grinjowka nicht ganz wohl, er hatte Sodbrennen und Schmerzen an den oberen Rückenwirbeln. Heute ging es ihm besser. Er legt großen Wert auf die Entwicklung seiner Muskeln; er treibt mit den Hanteln Gymnastik, geht im Teich baden und wäscht sich am Ufer. Doch er ißt wenig und dazu noch schlechte Kost – und dann beklagt er sich, erschrickt, stöhnt, wickelt sich in seinen wattierten Schlafrock und redet vom Tod, den er fürchtet.

Es ist klar und kalt geworden, vor allem nachts. Der Mond steht am wolkenlosen Himmel, wieder ist es trocken und staubig. Das gibt wieder eine schlechte Ernte!

Ein Telegramm von Tanja, sie trifft morgen ein. Mischa kommt auch weiterhin bei den Examen durch, Gott sei Dank! Übermorgen fahre ich zu ihm.

20. Mai. Jasnaja Poljana. Welch eine Pracht, welche Schönheit des Frühlings! Klare Sonnentage, Mondnächte, der Flieder blüht ungewöhnlich üppig dieses Jahr, besonders der weiße; die abfallenden Apfelblüten, die Nachtigallen – alles berauscht und entzückt, man hascht nach diesen flüchtigen Eindrücken von der Schönheit der Frühlingsnatur, und es ist einem unendlich leid darum.

Gestern sind die herzensguten Westerlunds, Doras Eltern, angekommen. Wie hat es sich gefreut, das liebe Mädchen mit seinem dicken Bauch, und sich abgemüht, damit sie es bequem haben!

Heute morgen ist meine Tanja angekommen, bleich und abgemattet; ihre Gespräche drehen sich ständig um die Liebe, um den Wunsch, Kinder zu haben, und wie schwer der Jungfernstand zu ertragen sei; das hat ihr vor allem Wera Tolstaja eingeredet, die in einem erregten Zustand ist, zu jeglicher Liebe und besonders zum Kindergebären bereit wäre. Arme Mädchen, sie haben in der Jugend nicht geahnt, was sie im reifen Alter erwartet!

Heute hat Ljowa Geburtstag, er wird neunundzwanzig. Wir waren bei ihm zum Essen, tranken Sekt, und Dora freute sich und schmückte alles mit Blumen.

Fahre morgen nach Tula, in der Angelegenheit des widerwärtigen Bibikow, der sich in den Kopf gesetzt hat, uns ein Stück Land wegzunehmen; abends fahre ich nach Moskau. Heute schickte ich den Koch mit Verpflegung zu Lew Nikolajewitsch; habe ihm einen langen Brief geschrieben.[94] Sascha soll morgen mit der Gouvernante zu meiner Schwester Lisa reisen, sonst müßte sie allein hierbleiben, Tanja fährt am 22. zum Vater nach Grinjowka.

Mit Tanja komme ich gut aus. Wir kennen einander in- und auswendig, und zweifellos verstehen und lieben wir uns.

Vor mir steht ein Porträt von Lew Nikolajewitsch mit einem so ausdrucksvollen Blick, daß ich davon immer wieder gefesselt werde. Und wenn ich ihn so ansehe, fallen mir seine Vorwürfe ein, seine Küsse, aber an wahrhaft herzliche Worte, an ein freundschaftliches, vertrauensvolles Verhältnis kann ich mich nicht erinnern.

Hat es das je gegeben? Ich hatte an meinem Mann zeitweise einen leidenschaftlichen Liebhaber oder einen gestrengen Richter, aber nie einen Freund – auch jetzt nicht, weniger denn je.

Ach, wie die Nachtigallen schlagen!

War mit Sascha heute im Wald spazieren; auf der Schonung sammelten wir ein paar Pilze, im Tschepysch blühen die Maiglöckchen noch wunderschön. Ich liebe Maiglöckchen, es sind so edle Blümchen.

Welch eine stille Mondnacht! Tagsüber ist es jetzt wieder heiß und nachts warm. Las ein Buch über Leben und Lehre des Sokrates[95] und habe ihn von einer ganz neuen Seite begriffen. Alle großen Menschen sind einander ähnlich: Genialität ist eine Mißbildung, eine Entstellung, denn sie ist etwas Außergewöhnliches. Geniale Menschen kennen keine Harmonie in ihrem Inneren, und darum quälen sie einen mit ihrer Unausgeglichenheit.

22. Mai. Morgens in Moskau angekommen.

25. Mai. Pfingstsonntag. Mischa ist zu den Martynows gefahren. Bei den Examen kommt er mit knapper Not durch. Fuhr mit der Kinderfrau nach Nikolskoje zu den Gräbern von Aljoscha und Wanetschka. Wir pflanzten Blumen, umgaben sie mit Rasen, ich betete das Vaterunser und bat im stillen meine Kleinen, bei Gott für meine sündige und kranke Seele Fürbitte einzulegen.

Ein klarer, fröhlicher Tag, das Volk festtäglich. Ging mit einem Mädchen zu dem Frauenkloster in der Nähe und plauderte mit den Nonnen. Eine von ihnen ist seit ihrer Jugend regelrecht in Christus *verliebt* und von dem Gedanken besessen, im wahrsten Sinne des Wortes *Christi* – und niemandes anderen – Braut zu sein.

Ein sauber angelegtes Gärtchen, in der Nähe ein Dorf und Datschen; das Volk, Harmonie – trotzdem keinerlei *Stimmung.* Kehrte spät abends nach Moskau zurück.

26., 27., 28., 29. Mai. In Moskau; Korrekturen, Einsamkeit, Schwermut. Einmal spielte ich abends im Eckzimmer, und da bekam ich solche Sehnsucht, Sergei Iwanowitsch zu sehen und zu hören, und nach einiger Zeit sah ich vor dem Fenster draußen drei Figuren, die ich erst nicht erkannte, dann aber wohl, und ich wunderte mich nicht. Es waren Maslow, Tanejew und Pomeranzew. Maslow ging schon bald wieder; dann spielte Pomeranzew mir vor, und danach auch Sergei Iwanowitsch: er spielte seine Romanzen und vierhändig mit Juscha sein Quartett.

Am 29. abends besuchte er mich nochmals mit Goldenweiser. Aber er blieb nur sehr kurz und eilte, anscheinend erregt, wieder davon.

30. Mai. Festakt im Konservatorium. Ein heißer, sonniger Tag. Die Schumann-Sonate, das Konzert von Saint-Saëns und ein paar kleinere Stücke – von Fridman, Bessey und Gedike, Schülern des Konservatoriums, vortrefflich dargeboten – bereiteten mir großes Vergnügen. Alle Leute, aber auch wirklich alle, begrüßten mich mit den Worten: „Wie jung Sie heute aussehen!" oder „Wie frisch und rosig!", oder auch: „Schaut man Sie an, wird einem froh und leicht zumute ..." Das kam vor allem durch mein neues, zart-violettes Musselinkleid. Aber das Gerede über mein jugendliches Aussehen und die herzliche Begrüßung durch das Publikum sind mir, zu meiner Schande muß ich es gestehen, immer sehr angenehm.

Safonow beschwor mich, noch an einer Sitzung teilzunehmen, da er nicht genügend musikbewanderte Mitglieder beisammen hatte. Ich begriff kein Wort von seinen Rechenschaftsberichten, setzte irgendwo meine Unterschrift darunter und hatte ein schlechtes Gewissen.

Als ich heimkam und auf den Balkon trat, erblickte ich Sergei Iwanowitsch, der im Garten auf dem Bänkchen saß und Zeitung las. Ich freute mich schrecklich. Für Mischa und mich war im Garten der Mittagstisch gedeckt, ein drittes Gedeck wurde hinzugefügt. Wie fröhlich und schön wir speisten! Jeder hatte Appetit, und im Garten war es so frisch und gemütlich! Nach dem Essen spazierten wir zu dritt, d. h. mit Mischa, durch den Garten. Sergei Iwanowitsch erzählte vom Kaukasus. Mischa wollte am nächsten Tag dorthin reisen und interessierte sich dafür. Dann ging Mischa weg, und wir waren allein, tranken gemeinsam Tee; Sergei Iwanowitsch spielte mir die Variationen vor, die sein Schüler Kolja Schiljajew komponiert hat. Dann unterhielten wir uns, und zwar so, wie nur Menschen das tun, die einander voll und ganz vertrauen: ernsthaft, aufrichtig, ohne Schüchternheit und dumme Späße; wir sprachen nur über Dinge, die uns beide tatsächlich interessieren. Keinen Moment war es peinlich oder langweilig.

Was war das für ein Abend! Der letzte in Moskau, vielleicht auch in meinem Leben.

Um neun Uhr abends machte er Anstalten aufzubrechen, und ich hielt ihn nicht zurück. Beim Abschied sagte er lediglich leise und traurig: „Einmal muß man gehen." Ich gab nichts zur Antwort, ich hätte weinen mögen. Ich begleitete ihn bis zur Tür und ging in den Garten. Dann packte, ordnete und verriegelte ich alles, und um zwölf Uhr nachts fuhren wir nach Jasnaja Poljana.

31. Mai. Morgens eine schlimme Ankunft in Jasnaja Poljana: weder Tanja noch Lew Nikolajewitsch sind da, bloß drei Telegramme – er ist krank, liegt bei den Lewizkis im Bett! Dabei hatte er versprochen, nirgends hinzufahren und mit mir in Jasnaja zusammenzutreffen, statt dessen zog er mit Sonja (der Schwiegertochter) in der Kalesche bei den Nachbarn umher – angeblich, um die Lage hinsichtlich der Hungersnot und der kommenden Ernte zu studieren. Sie waren bei den Zurikows, den Afremows und den Lewizkis, wo sich L. N. bereits mit Fieber und Ruhr ins Bett legen mußte.[96]

1. Juni. Lew Nikolajewitsch kam nicht; nachdem ich den Tag durchgeweint hatte, fuhr ich, halb krank, mit Marja Alexandrowna Schmidt erst über Koslowka nach Tula, dann mit dem Zug Sysran-Wjasma bis Karassi. Dort nahm ich frühmorgens eine Droschke und fuhr zu den Lewizkis. Lew Nikolajewitsch geht es schlecht, er hat immer noch Ruhr und ist schwach, an Heimfahren ist nicht zu denken.

2., 3., 4., 5. Juni. Bei den Lewizkis. Eine wunderbare Familie, emsig, liberal im guten Sinne, besonders er, ein gescheiter, standhafter Mann.

Schwierig, in einem fremden Haus für den kranken L. N. zu sorgen, bei seiner komplizierten vegetarischen Kost. Schickte nach einem Arzt, er verschrieb Wismut mit Opium und Kompressen.

Langeweile, Kälte, Schwermut und Verdruß. Lew Nikolajewitsch war schon krank, als er losfuhr. Was für ein Leichtsinn, und daß er sich nicht schämt, in einem fremden Haus soviel Umstände zu verursachen, mit seinen komplizierten, für Außenstehende ungewohnten Ansprüchen – Mandelmilch, Zwieback, Haferbrei, ein besonderes Brot u. a.

6. Juni. Sind zurück in Jasnaja Poljana; habe starken Husten, bin von Lew Nikolajewitschs schwieriger Pflege schwach und abgezehrt.

Unterwegs übernachteten wir bei den Jerschows, die nicht zu Hause waren. Ein fürchterliches Ereignis: Tulubjewa, eine junge Frau, eine geborene Jerschowa, ist aus Schwermut ins Wasser gegangen. Ich beneide sie um ihren Mut. Leben ist sehr, sehr schwierig.

8. Juni. Um 12 Uhr 45 brachte Dora einen Sohn zur Welt. Wie hat sie, die Arme, gelitten, mit junger, kehliger Stimme auf schwedisch laut den Vater angefleht. Ljowa war sehr zärtlich zu ihr, redete ihr gut zu, und sie verhielt sich zu ihm so liebevoll, schmiegte sich an ihn, als bitte sie ihn, die Schmerzen mit ihr zu teilen. Und das tat er auch, und so kam dieser kleine Lew schön und ohne Komplikationen zur Welt.

11. Juni. Habe den Flügel in Tanjas Atelier stellen lassen. Spielte heute drei Stunden lang und weinte fürchterlich vor ohnmächtigem Verlangen, Sergei Iwanowitschs Musik irgendwann wiederzuhören. Schließlich hat es diese beiden glücklichen Sommer gegeben![97] Daß mir aber auch nach jenem entsetzlichen Unglück – Wanetschkas Tod – dieser Trost gesandt worden ist! Schon allein dafür sei Dir Dank, o Herr!

Mascha, Kolja und Ilja mit Enkel Mischa sind eingetroffen. War mit Mischa an der Tscherta spazieren, wir pflückten Nachtviolen, sprachen über die Trennung von der Kinderfrau, über das Nest, das Wanetschka und ich einmal behüteten – erst mit den Eiern, dann mit den jungen Vögeln. Fühlte mich sehr ruhig und wohl, nach all meinen Tränen und meiner Verzweiflung.

Westerlund und Ljowa kamen zum Abendessen, die Tafel war lang, was ich gerne mag, bin es so gewohnt. Träume davon, Schwester Tanja zu besuchen und einen Abstecher zu den Maslows zu machen. Ob es wohl gelingt? Als F. I. Maslow sich in Moskau von mir verabschiedete, lud er mich herzlich ein und sprach mir für irgend etwas seinen Dank aus. Ich liebe diese tröstliche, aufrechte und herzensgute Familie. Sie sind alle unverheiratet, doch trotz der Ruhe, die sie ausstrahlen, hat jeder von ihnen sein Leben wohl nicht ohne innere Unruhen und Aufregungen zugebracht. Wie sehne ich mich nach diesem stillen Hafen, wo Sergei Iwanowitsch bestimmt wieder für mich spielen würde und wir uns über die ernsthaftesten und intimsten Probleme des Lebens und Sterbens unterhalten könnten.

L. N. ist immer noch nicht von der Krankheit genesen. Er ist schlapp, schläfrig und ganz in sich gekehrt, äußert weder Freude noch Kummer, weder Zorn noch Liebe. Diese letzte Krankheit hat ihn offenbar erschreckt, er hat den Tod vor Augen gesehen, und da hat ihn das Entsetzen gepackt.

Die Hungersnot, Garküchen und Spenden scheinen ihn auf einmal nicht mehr zu interessieren.[98] Westerlund hat entdeckt, daß Lew Nikolajewitschs Leber vergrößert ist, und hat ihn geheißen, morgens sehr heißes Vichy zu trinken.

12. Juni. Spät aufgestanden. Spielte aufmerksam Etüden und sah, daß ich viel verlernt habe. War mit Enkel Mischa im Tannenwäldchen und im Tschepysch; wir sammelten Pilze, Reizker und Feuerschwämme. Die Waldesstille, die Blumen, der klare Himmel, die Sonne – wie ist das alles schön! Dann spielte ich wieder. Nach dem Essen saß ich mit Mischa ein wenig auf dem Hochsitz, dann fuhren wir mit Sascha im Kabriolet zum Schreiner und zu den Gräbern meiner Kleinen, der Tanten und von L. N.s Eltern; unterwegs pflückten wir im Roggen Kornblumen, lachten, plauderten und scherzten. Abends saßen wir auf dem Balkon, und L. N. gab uns Rätsel auf, auch sein Lieblingsrätsel mit den Schnittern, das er allen Leuten aufgibt. Hier ist es:

Zwei Wiesen, eine große und eine kleine. Die Schnitter kommen zur großen Wiese und mähen dort einen halben Tag. In der zweiten Tageshälfte wird die Hälfte der Schnitter zur kleinen Wiese geschickt. Gegen Ende des Tages ist die große Wiese ganz abgemäht, und auf der kleinen bleibt noch für einen Menschen einen Tag lang zu tun.

Wie viele Schnitter waren am Werk? Insgesamt acht. Drei Viertel der Schnitter mähten die große Wiese, drei Achtel die kleine, d. h., zwei Achtel und ein Achtel, d. h. ein Mann. Wenn ein Mann einem Achtel entspricht, so waren es insgesamt acht Mann.

Heute überlegte ich: Warum gibt es keine genialen Frauen? Weder unter Schriftstellern noch unter Malern oder Komponisten. Das kommt daher, weil eine tatkräftige Frau all ihre Leidenschaft, alle Fähigkeiten an die Familie, die Liebe, ihren Mann verschwendet – und vor allem an die Kinder. Ihre übrigen Fähigkeiten verkümmern, bilden sich nicht heraus oder bleiben in den Ansätzen stecken. Wenn das Kindergebären und die Erziehung zu Ende sind, werden die künstlerischen Ansprüche wach – aber dann ist schon alles zu spät, nun läßt sich nichts mehr heranbilden.

Unverheiratete Frauen entwickeln häufig geistige und künstlerische Fähigkeiten und Kräfte; doch diese Entwicklung bleibt vereinzelt, kann in den nächsten Generationen nicht weitergehen, da unverheiratete Frauen keine Nachkommenschaft hinterlassen. Häufig haben geniale Menschen ältere, hochkultivierte Mütter gehabt, dazu gehört auch Lew Nikolajewitsch. Seine Mutter war nicht mehr jung, als sie ihn gebar, auch schon als sie heiratete.

13. Juni. Das Schicksal scheint mir wieder Leben und Freude zu vergönnen, wenn nur mein krankes Herz noch zur Freude fähig ist. Gott sei Dank, alle sind gesund und einträchtig. Lew Nikolajewitsch ritt heute nach Jassenki; er ist froh, daß er wieder genesen ist und daß Gott auch ihm weiterzuleben vergönnt, und das sogar frisch und munter. Fange erst allmählich an, mich einzurichten, das Haus in Ordnung zu bringen, die Möbel aufzustellen und spazieren zu gehen. War heute mit Enkel Mischa auf der Schonung, wir pflückten Blumen, sammelten Pilze und Beeren; sprach mit ihm lange über Wanetschka, erzählte aus seinem Leben und weinte.

Später war ich mit den Westerlunds, Ljowa und Iljuscha noch einmal spazieren. Hatte mit Iljuscha ein friedliches und gutes Gespräch über seine Wirtschaft und die Übersiedelung zur Schwiegermutter für den Winter. Der Arme, seine Wirtschaft und die Finanzen sind völlig verworren.

Es war ein herrlicher, klarer Abend; überall Blumen in rauhen Mengen, wir banden Sträuße für morgen, zur Taufe des kleinen Enkels Lew.

14. Juni. Verbrachte den Tag mit allen meinen Kindern: um ein

Uhr mittags wurde der kleine Enkel Lew getauft. Dora war sehr aufgeregt, und die schwedischen Großeltern waren entsetzt über die Rohheit der russischen Taufhandlung.

Das Mittagessen fand bei uns statt, im Freien, bei strahlendem Wetter, sehr festlich, mit Blumensträußen und Früchten auf der Tafel und mit Champagner. Dann spielten alle Tennis, auch L. N.; er läßt den Kopf nicht hängen, Gott sei Dank ist er völlig wiederhergestellt. Abends brachen Mascha und Kolja sowie Ilja und Mischa auf; der Abschied von Mischa fiel mir entsetzlich schwer. Doch das Gefühl, daß er *nicht mir* gehört, daß ihn zu lieben nur Kummer bringt, daß nicht ich ihn erziehen werde – das alles läßt mich diese Zuneigung fürchten, und ich ziehe mich bewußt von Mischa zurück.

Spielte heute drei Stunden ununterbrochen, übte die Polonaise As-Dur von Chopin; ist schwierig, doch was für ein wundervolles Werk! Später kam Nadja Fere und sang sehr hübsch. Las Sohn Ljowas Erzählung in „Nowoje wremja“: „Ein Präludium Chopins“.[99] Er hat nur ein kleines Talent, schreibt aufrichtig und naiv. Beendete den Tag mit L. N. allzu jugendlich.

17. Juni. Wieder ist alles schwierig und traurig. Unwillkürlich fiel mir ein, was der französische Philosoph Charles Richet einmal zu mir gesagt hat: „Je vous plains, madame, vous n'avez pas même le temps d'être heureuse.“[100]

Gestern wie heute wieder heiße Umschläge, Kompressen, Pflege des kranken Lew Nikolajewitsch ... Nach seiner Ruhr war er nicht enthaltsam, aß viel und gierig; trotz des Verbots der Ärzte fuhr er Fahrrad, ging baden, überanstrengte sich beim Reiten, und gestern setzten bei ihm schreckliche Magenschmerzen ein, dazu anhaltendes, quälendes Erbrechen, und heute hat er Temperatur, 38,2 am Abend, den ganzen Tag hat er keinen Bissen gegessen, und schon seit gestern stöhnt er und ist sehr unleidig.

Mit seinem Starrsinn und seiner Unmäßigkeit verkürzt er sich das Leben und vergällt mir das meine dazu. Diesmal habe ich mich geärgert; hatte ihn gerade erst unter großer Anspannung von der Ruhr geheilt, und schon liegt er wieder auf der Nase. Bin selbst ebenfalls krank, hatte zuviel Anstrengungen und Kummer. Habe Husten und Magenweh.

L. N. empfing im Bett ein Ehepaar aus Woronesch, das gekommen war, um ihn wie einen geistlichen Arzt zu konsultieren. Das hat ihn erschöpft.

Gestern, vor Lew Nikolajewitschs Erkrankung, war ich mit Sascha zum ersten Mal baden, und wir bedauerten, daß kaum jemand unseren wunderbaren Badeplatz und überhaupt die Vorzüge unseres Sommerlebens in Jasnaja Poljana so richtig nutzt. Wir kamen ins Reden und beschlossen unter Lachen, wenn wir einmal nach unserem eigenen Willen leben werden, dann wollen wir viele, viele Menschen um uns haben, die bei uns ihr Leben genießen, und wir werden daran unsere Freude haben.

18. Juni. Saschas Geburtstag, sie wird vierzehn. Ein unerträglich heißer Tag, um zwei Uhr mittags hatte es in der Sonne 40 Grad Wärme. L. N. liegt noch darnieder, hat Sodbrennen, das Fieber stieg heute bis auf 38,3. Gegen Abend wurde es besser, die Temperatur fiel auf 37,5; er aß heute zweimal Haferbrei und trank Kaffee.

Lief mit Sascha munter an die Woronka zum Baden. Der Abend war so schön und still, daß ich mich nicht sattsehen konnte an der Natur, dem Himmel und dem Mond.

Als ich heimkehrte, diktierte Lew Nikolajewitsch Tanja gerade einen Zeitungsartikel, den er dann aber nicht abschickte.

Folgendes ist geschehen: Sechs Gymnasiastinnen und Gymnasiasten kamen nach Jasnaja Poljana und brachten 100 Rubel für notleidende Bauern mit. L. N. schickte sie zum Geistlichen, dem Armenpfleger der hiesigen Gegend, der ihnen die Bedürftigsten nannte. Die Gymnasiasten kauften in Jassenki Mehl, das an diese Leute ausgegeben werden sollte. Da traten Polizeihauptmann und Wachtmeister auf den Plan und verboten dem Kaufmann in Jassenki strikt, den Bauern auf Gutscheine von uns oder den Gymnasiasten Mehl auszugeben.[101] Einfach himmelschreiend! Daß es in Rußland bloß keiner wage, den Armen Almosen zu geben – die Polizei erlaubt es nicht! Tanja und ich waren zutiefst empört, und wir wären beide am liebsten gleich zum Zaren oder seiner Mutter gefahren, um sie vor jener Empörung zu warnen, die aus Erbitterung über derartige Maßnahmen unter dem Volk aufkommen könnte.

Die Tolstaja-Mädchen und M. A. Schmidt sind eingetroffen.

20. Juni. Lew Nikolajewitsch immer noch krank. Das Fieber ist nicht hoch, 37,8, aber er hat ständig Sodbrennen, magert ab und wird schwach. Der Bauch schmerzt nur bei Bewegung oder Druck. Gestern abend rieb ich ihm lange den Bauch mit Kampferöl ein, dann machte ich ihm eine Kompresse mit Kampferspiritus und gab ihm zum Einschlafen Wismut mit Soda und Morphium. Gegessen hat er heute Haferbrei, halb mit Mandelmilch und (heimlich) halb mit einfacher Milch gekochten Reisbrei sowie ein Ei, wozu ihn Doktor Westerlund nach drei Tagen überreden konnte.

Der Kreispolizeichef war wegen der Gymnasiasten und Gymnasiastinnen aus Charkow da, die dem Volk helfen und mit dem Volk arbeiten wollen. Sie können sich alle nicht legitimieren; heute kamen noch zwei Mädchen in der gleichen Absicht an, das eine war erst dreizehn. Sie wurden alle zurückgeschickt, und ich machte dem Kreispolizeichef heftige Vorwürfe, daß er dem Kaufmann in Kolpna verboten hat, auf Gutscheine Mehl an das Volk auszugeben. Die Gutscheine sind nämlich auf Anweisung des Geistlichen an die bedürftigsten Einwohner unserer Gegend verteilt worden, und das Mehl ist bezahlt.

Dann kam noch Ch. N. Abrikossow aus England und berichtete viel Neues und Interessantes von Tschertkow und allen dortigen Russen.

War mit Tanja und Sascha baden. Eine schreckliche Hitze, es gab ein Gewitter, Wolken, Blitze, aber keinen Regen, die Dürre ist schlimm. In freien Augenblicken habe ich die letzten Tage ein wenig im Atelier auf dem Hof Klavier gespielt.

Heute grämte ich mich auf einmal sehr um Lew Nikolajewitsch. Mir ging durch den Sinn – wenn er sich auch von *dieser* Krankheit wieder erholt, so ist er doch bald siebzig; trotz allem wird er nicht mehr lange leben, und plötzlich stehe ich allein da, ohne ihn. Ich kam mir auf einmal so hilflos vor, so grauenhaft einsam, daß ich fast in Schluchzen ausgebrochen wäre. So schwer ich es auch manchmal mit L. N. habe, doch er hat nur mich geliebt, er war mir Schutz und Schirm, bisweilen sogar vor den Kindern. Aber danach? Werde es schrecklich schwer haben und tieftraurig sein! Gebe Gott ihm ein möglichst langes Leben und mir, wenn er nicht mehr ist, ein möglichst kurzes oder gar keines mehr.

Las vier Korrekturbogen durch, meine Augen werden schwächer.

21. Juni. Vor lauter Krankheiten und Kümmernissen habe ich im

15. Band der neunten, teuren Gesamtausgabe Fehler gemacht, was mich sehr aufregt; weiß noch nicht, wie ich das wieder beheben soll. Ich hatte vergessen, daß die frühere *Ergänzung* zu Band 13 noch nicht in die teure Ausgabe übernommen worden ist, und machte gleich bei Band 14 weiter. Jetzt muß ich das am Ende einfügen, ohne System und zeitlich ungeordnet.[102] Muß zuviel im Kopf haben, das geht nur gut, solange nichts dazwischenkommt. „Alter schützt vor Torheit nicht“, heißt es im Sprichwort; nun ist auch mir eine „Torheit“ passiert, und alles kommt nur von Lew Nikolajewitschs Krankheiten und den Reisen zu den verschiedenen Orten, wo er sich aufhielt und wo er krank war.

Schickte nach Nadja Iwanowa und las mit ihr Korrektur. Spielte drei Stunden Klavier. Lew Nikolajewitsch geht es besser, die Temperatur fällt mit jedem Tag, heute hatte er 37,3, doch er klagt sehr über Schwäche und war heute mißgelaunt, alles brachte ihn auf. Auf den Rat von Westerlund ißt er jetzt, als Arznei, jeden Tag ein Ei, und das ist ihm unangenehm, Schwäche und Hinfälligkeit sind aber ebenfalls unangenehm.[103]

Abends gingen alle zum Baden. Ich kehrte allein in der Dämmerung durch den Wald zurück, und plötzlich ergriff mich eine solche Sehnsucht nach Wanetschka, Schwester Tanja, nach so vielem, was ich im Leben eingebüßt habe, was mein eigenes Herz eingebüßt und was es versehrt hat, und daß noch eine Freundin – meine Tochter Tanja – mich verläßt, die starken, vierunddreißigjährigen Liebesbande zwischen uns zerreißt.

Und plötzlich schnürte mir ein Schluchzen Brust und Kehle zu, ich begann – mitten im Wald, allein – laut zu stöhnen; sicher sind selbst die Vögel vor meinen Tränen und Klagerufen erschrocken. Die einsamen Tränen und Leiden, von denen nie jemand erfährt, sind die schmerzlichsten. Dann graute es mich, ich hörte ständig im Wald noch ein anderes Stöhnen. Das waren die Seelen Verstorbener und Abwesender, die in meine Klage einfielen.

Dunajew ist eingetroffen, und mit ihm Diterichs, Galja Tschertkowas Bruder, der gerade aus Überzeugung den Militärdienst aufgekündigt hat.

Eine Mondfinsternis, sehe sie vom Fenster aus ... Schon ist sie zurückgegangen ...

22. Juni. Den ganzen Tag stehen an der Außentreppe Frauen, die um etwas bitten: Mehl, Geld, ein Stück Brot, Tee, Arznei usw. Mühe mich geduldig, die Bittenden zufriedenzustellen, es strengt mich jedoch sehr an. Bekomme keinerlei Hilfe, von niemandem. Bin den ganzen Tag auf Trab, im Haushalt, zu Lew Nikolajewitsch hinunter – und kann mich abends kaum mehr auf den Beinen halten. Rieb L. N. den Bauch ein, und währenddessen träumte ich vom Meer, den Felsen und Bergen in Norwegen, wohin uns die morgen abreisenden Westerlunds eingeladen haben.

26. Juni. Gestern erlebte ich einen schlimmen Abend. Unser Nachbar, der junge Bibikow, hat uns ein Stück Land abgeluchst, das wir von seinem Vater gekauft hatten; jetzt müssen wir uns verteidigen, der Prozeß hat begonnen. Gestern sollten Zeugen aus der Umgegend vernommen werden, sie kamen aber nur aus Teljatinki, dem Dorf von Bibikow, also sozusagen unseres Feindes. Alles sprach dafür, daß die Zeugen, die Richter, der Landvermesser – daß alle gestern von Bibikow gekauft und bewirtet worden waren. Das Verhör wurde ebenfalls auf schurkische Weise geführt. Zuerst ereiferte ich mich, dann war ich nur noch fassungslos: die Verhandlung, das Verhör, der Eid – alles war eine einzige Schurkerei.

Aus Neugier blieb ich bis nachts in der Hütte des Dorfältesten sitzen. Gegen Ende des Verhörs der zwölf Bauern waren alle geradezu beschämt und zerknirscht, Richter wie Bauern. Es ist zu offenkundig, daß wir im Recht sind.[104]

Richtete an das Tulaer Vermessungsamt eine Eingabe mit der Bitte, die Grenzen unserer Ländereien wieder zu markieren, sonst nehmen uns die Bauern jedes Jahr mehr Land weg.

L. N.s Gesundheitszustand gefällt mir immer noch nicht. Heute war sein Magen wieder verstimmt, und abends fröstelte ihn. Außerdem ist er noch sehr schwach.

Sohn Ljowa wirkt ebenfalls gereizt und zerfahren, und seine Schriftstellerei ist etwas genauso Zerfahrenes. Ich wünschte mir für ihn mehr Gelassenheit und Lebensfreude, weniger Selbstsicherheit und seelische Unrast.

Dora und der kleine Lew sind sehr rührend und lieb.

Freude machte mir gestern, daß L. N., als ich außer Haus war und ein schreckliches Gewitter mit Sturm aufzog, sehr in Sorge um mich war, nicht zu Abend aß und bat, man möge mir die Droschke und warme Kleidung schicken. Wenn er einmal nicht mehr ist, wird sich niemand mehr um mich kümmern, und das ist schlimm.

War das ein Gewitter! Blitze von allen Seiten, der Wind drückte die Droschke nach rückwärts, als wir aus Teljatinki heimkehrten, und in der Ferne sah man unheildrohenden Feuerschein. Es brennt häufig zur Zeit, zu uns kommen viele Brandgeschädigte und bitten um Hilfe.

Was für eine stille Nacht, der Mond scheint ins offene Fenster. Ich liebe es, nachts mit meinen Gedanken allein zu sein und mit verstorbenen oder abwesenden geliebten Menschen seelische Zwiesprache zu halten.

27. Juni. Eine unerträgliche Gewitterstimmung; von der Hitze und der elektrisch geladenen Luft sind wir alle ganz entkräftet. L. N. spürt seinen Magen wieder. O Gott! Hilf mir, daß ich bis zum Ende ohne Murren, würdig und geduldig meinen Pflichten nachkomme!

Heute machte ich ihm ein Bad fertig, legte das Thermometer ins Wasser, danach stellte ich ihm im Saal den Tee bereit, und das munterte ihn sehr auf. Würde so gerne für einen Tag zu Serjoscha fahren, er hat morgen Geburtstag, mag aber meinen Mann nicht allein lassen. Versuchte, den Enkel zu photographieren, doch es gelang nicht, er schlief ein, und dann kam das Gewitter dazwischen. Übte Inventionen von Bach, konnte aber nur eine Stunde spielen. Kranke Frauen kamen, der Haushalt, andere Arbeiten; schrieb auf L. N.s Bitte einem Bauern einen Brief.[105]

Marussja Maklakowa ist mit Iljuscha abgefahren. Abends war ich mit Marussja und Sascha bei dichtem weißem Nebel baden.

Westerlund hat gesagt, ich hätte meinen Mann sehr verwöhnt. Heute bestürzte mich, was L. N. in seinem Notizbuch über die Frauen schreibt:

„Wenn eine Frau keine Christin ist, so ist sie ein schreckliches Tier.“[106]

Das ist seine Schlußfolgerung daraus, daß ich ihm mein ganzes Leben zum Opfer gebracht, alle Wünsche unterdrückt habe, und sei es nur, wie heute, eine kurze Reise zum Sohn, und so das ganze Leben lang. Aber mein Mann sieht überall nur Tierisches.

Wahrhaft Tierisches haben jene Männer an sich, die sich aus

Egoismus das Leben ihrer Frauen, Kinder, Freunde und aller, die ihren Lebensweg kreuzen, restlos einverleiben.

28. Juni. Mischa ist aus dem Kaukasus zurück, begeistert von seiner Reise, der Natur des majestätischen Kaukasus, der Gastfreundschaft seiner Bewohner und den Vergnügungen, an denen er und Andrjuscha dort teilhaben durften. Mit ihm ist Sascha Behrs eingetroffen, der männlicher und häßlicher als früher aussieht. Mischa und Ljowa sind zu Serjoscha gefahren, zu seinem Geburtstag.

Mein Leben ist noch so niederdrückend wie zuvor. Lew Nikolajewitsch sehe ich fast gar nicht, er sitzt ständig allein in seinem Kabinett, schreibt unablässig Briefe an Gott und die Welt und webt am Spinnennetz seines künftigen Ruhms, denn diese Briefe werden dicke Bände füllen. Neulich las ich seinen Brief an einen Sektierer und war entsetzt über den *unaufrichtigen* Ton dieses Briefes. Tagebuch schreibt er inzwischen ungern, er weiß, daß ich es vielleicht lese, aber die Briefe gehen in die ganze Welt hinaus und werden zu Hause von den Töchtern kopiert.

Er ist sehr mager geworden und in sich gekehrt.

Er fand, Doktor Westerlund sei ungehobelt wie ein deutscher Bauer, spießig, stur und um dreißig Jahre hinter der medizinischen Entwicklung zurück; er hat die Güte dieses Doktors, sein selbstaufopferndes Leben zum Nutzen der Menschheit und sein Bestreben, jeder Bauersfrau und wem auch immer zu helfen, gar nicht wahrgenommen, ebensowenig seine Fürsorge für Frau und Tochter und seine Uneigennützigkeit.

29. Juni. Lew Nikolajewitsch geht es zwar langsam, aber stetig besser. Heute war er spazieren und brachte einen Kornblumenstrauß. Er schreibt immer noch tagelang Briefe.

1. Juli. Annenkowa ist zu Besuch, wir waren heute in Owsjannikowo bei Marja Alexandrowna und dann bei den Gorbunows. Marja Alexandrowna hat über ihrem Bett ein großes Porträt von Lew Nikolajewitsch hängen. Sie ist eine fanatische Anhängerin seiner Ideen und außerdem, als Frau, auch in ihn verliebt, nur deshalb kann sie ein solch hartes, arbeitsames Leben aushalten. Sonst wäre sie schon längst gestorben, bei ihrem schwachen Organismus, und so dünn, wie sie ist. Ich liebe sie um ihres hitzigen Temperaments willen. Annenkowa ist von ruhiger und gütiger Wesensart.

Heute war ich nicht baden, spielte eine halbe Stunde und schrieb sechs Briefe, einen davon an Sergei Iwanowitsch; fragte ihn, wohin ich das Buch schicken solle, die englische Übersetzung von L. N.s „Was ist Kunst?“, um die er mich gebeten hatte.[107]

Lew Nikolajewitsch fühlt sich heute zum ersten Mal wieder völlig wohl, er hat gut geschlafen und eifrig geschrieben.

Bin sehr unzufrieden mit meinem Leben: die Tage vergehen in Geplauder (das mich im Grunde langweilt) und dem üblichen Einerlei: muß Arznei ausgeben, mich ums Geld, Essen, den Haushalt, die Buch- und Gutsangelegenheiten kümmern – ohne tiefe Gedanken, ohne Lektüre, ohne Kunst, ohne eine echte Betätigung, die heilsame Folgen zeitigen könnte ...

Zu Mischa sind Lew Bobrinski und Butenew gekommen, in einer dreispännigen Kalesche; der eine schien getrunken zu haben, der andere rauchte dicke Zigarren, was Lew Nikolajewitsch traurig, aber auch komisch fand.

Der unsympathische Jude Löwenfeld ist zu Besuch; er hat eine Biographie von Lew Nikolajewitsch geschrieben und verfaßt nun den zweiten Teil.[108]

Möchte zu gerne meinen Sohn Serjoscha wiedersehen; Tanja hat sich innerlich von uns entfernt, aber sie wird zurückkehren. Meine beiden Ältesten sind meine Lieblingskinder. Fast mein ganzes Eheleben und meine Jugend über waren sie meine Freunde.

2. Juli. Habe Tanjas Drama gelesen: sehr *klug*, aber ohne Leben – man glaubt an keine der Gestalten und liebt keine.[109]

Abends Gespräche mit Löwenfeld. Er erzählte mir von der „Ethischen Gesellschaft“ in Berlin. Der pure Atheismus, man kümmert sich nur um das materielle Wohlergehen der Menschen. Es wäre ja recht, wenn so etwas weltweite Verbreitung fände, aber warum sollte der Glaube an Gott dabei stören? Ohne die Vorstellung Gottes verlöre ich jegliche Fähigkeit, etwas zu begreifen und zu lieben. Ich brauche diese Idee von Gott und der Ewigkeit.

4. Juli. Vorgestern schrieb ich bis drei Uhr in der Nacht beflügelt an meiner Novelle „Ein Lied ohne Worte“. Gestern spielte ich drei Stunden Klavier, heute ebenfalls. Heute kamen mir Tanejews Romanzen wieder in den Sinn, denn Sascha hatte sie auf dem Weg zum Baden vor sich hingesummt, und so ging ich sie durch.

Lew Nikolajewitsch ist heute mit Dunajew zur Fabrik gewandert, die ganzen sechs Werst hin und zurück. Wie rasch haben sich seine Kräfte und Gesundheit wiederhergestellt! Gott sei Dank!

Bin frevelhaft schwermütig und spüre überall Leichengeruch, das ist quälend. Nur die Musik rettet mich vor der Schwermut und diesem Geruch.

5. Juli. Ein wundervoller Spaziergang mit L. N., Dunajew, Annenkowa und drei fremden jungen Damen: nach Gorelaja Poljana, durch den Sasseka-Forst, unter der Brücke auf die Chaussee, wieder durch den Sasseka und über Koslowka nach Hause. Ein klarer, schöner Abend. Tanja ist immer noch krank, hat ständig Herzschmerzen, und da sitzt man dann bei ihr und denkt sich: ‚Müssen wir uns tatsächlich bald für immer trennen?'

6. Juli. Regen und Kälte. Tanja liegt immer noch mit Bauchschmerzen im Bett. Spazierte durch den Garten und pflückte einen wundervollen Strauß für sie. Spielte zweieinhalb Stunden, allerdings schlecht. Saß den ganzen Tag an den Korrekturen. Habe viele Laufereien und lästigen Kleinkram zu erledigen: Papiere auf die Behörden schicken; dem Personal den Lohn auszahlen; Pilze und Himbeeren kaufen; Kranke behandeln; Bettlern etwas geben; Mittag- und Abendessen anordnen; nach Dora und dem Enkel schauen; den Mädchen Arbeit zuweisen; und für Lew Nikolajewitsch müßte ich eigentlich abschreiben, aber vor mir liegt ein Berg von Korrekturbogen. Und um Tanja muß ich mich kümmern, sie weigert sich, Arznei einzunehmen.

12. Juli. Bin auf Besuchsreise unterwegs. Als erstes war ich bei Tochter Mascha, deren Anblick mir das Herz bluten ließ: sie ist zusammengefallen, schwach, fast zum Skelett abgemagert, nervös, und ständig kommen ihr die Tränen. Sie führt ein höchst ärmliches Leben, das Essen ist widerwärtig.

13. Juli. Frühmorgens kam ich in Selischtsche bei den Maslows an. Fjodor Iwanowitsch holte mich von der Bahn ab, die ganze Familie war bereits aufgestanden und begrüßte mich, Sergei Iwanowitsch ebenfalls. Eine zauberhafte Gegend: die Brjansker Wälder, Quellen, das Flüßchen Nawlja – alles weitläufig und schön, besonders die Kiefern- und Eichenwälder. War ständig mit Anna Iwanowna unterwegs. Abends lasen wir „Über die Hungersnot", Lew Nikolajewitschs vortrefflichen Aufsatz[110], der allen sehr gefiel. Sergei Iwanowitsch machte meinen Traum wahr, er spielte für mich die As-Dur-Polonaise von Chopin, und zwar zweimal. Ebenfalls zweimal spielte er Schuberts „Morgenständchen“ und etwas von Händel. War das ein Genuß, ihm zuzuhören! Er selbst hat mir bei den Maslows nicht gefallen: eine Art äußerer und innerer Laxheit in der von Jugend an vertrauten Umgebung von Menschen, die bereits älter sind und sich an der Natur sattgesehen haben. Am nächsten Tag, dem 14., fuhren alle in den Wald, und ich wurde in der Höhlung einer uralten Linde photographiert; abends gaben wir uns, Anna Iwanowna und ich, mit den Photographien ab und gingen früh zu Bett.

15. Juli. Alle früh aufgestanden, Anna Iwanowna brachte mich mit der Kutsche zur Bahnstation Nawlja, und spätabends holte mich Schwester Tanja in Kiew ab. Wir übernachteten in der Stadt, am nächsten Morgen fuhren wir mit der Droschke nach Kitajew.

16. Juli. Ein herzlicher Empfang bei den Kusminskis in ihrer hübschen, wohlausgestatteten Datscha: die lieben Jungen, Sascha, der gastfreundliche Hausherr, und Tanja, meine geliebte, heiß und tief geliebte Schwester. Bei Mitetschkas Anblick krampfte sich mir das Herz zusammen: er war ein Altersgenosse des verstorbenen Wanetschka und der erste Kamerad seiner Kinderjahre. Und nun ist Mitetschka ein großer, zehnjähriger Junge, aber Wanetschka ist nicht mehr!

War im Wald von Kitajew spazieren: uralte Kiefern, alte Eichen, Berge, Klöster ... Sascha, Wera, Mitja und der Bursche Wolodka waren dabei. Wir badeten in einem Klosterteich, tranken Tee und kletterten auf Berge. Schön, auf Besuch zu sein, alles ist neu, man muß sich um nichts kümmern ...

17., 18., 19., 20. Juli. Die ganze Zeit bei den Kusminskis. Auf einer Dnjepr-Insel fand ein Picknick von Bewohnern der Datschensiedlung statt; einmal waren wir alle in Kitajew im Volkstheater. Badeten im Dnjepr. Am 20. war ich mit Schwester Tanja in Kiew, wir besichtigten die Wladimir-Kathedrale. Das beste Gemälde dort ist Swedomskis „Erweckung des Lazarus“. Die Malereien Wasnezows – vor allem die Taufe Wladimirs und die Taufe des Volkes – sind unter aller Kritik. Überhaupt sticht ins Auge, wie sehr es den Formen überall an Ebenmaß mangelt. Zum Beispiel Evas Beine im Paradies, als die Schlange sie verführt – einfach entsetzlich.

Reizvoll die Stelle, wo das Wladimir-Denkmal steht, und der Blick hinunter auf den Dnjepr ist sehr schön. Überhaupt sind die alten Denkmäler, wie auch das Bogdan-Chmelnizki-Denkmal in Kiew, viel besser als die neuen, zum Beispiel das unsägliche Pirogow-Denkmal auf dem Jungfrauenfeld.

Außerdem waren wir noch im Höhlenkloster. Ich hatte mich diesmal dazu durchgerungen, dann verließ mich auf einmal doch der Mut, als wir eine Weile durch die stickigen, finsteren unterirdischen Gänge geschritten waren, wo man bereits nicht mehr umkehren konnte und die Kerzen in unseren Händen das einzige Licht waren. Da kam es mir so vor, als versperre der Teufel mir den Weg, und der Mönch, der uns führte, sagte zu mir: „Was zaudert Ihr, Mütterchen, hier haben Menschen gelebt, und Ihr fürchtet hindurchzugehen. Dort ist eine Kirche, betet." Ich bekreuzigte mich mechanisch und sagte ein Gebet auf, und tatsächlich war die Angst auf einmal völlig verschwunden, und ich ging mit Interesse weiter. Erschütternd waren die runden Öffnungen in den zugemauerten Höhlenzellen, wo sich gottgefällige Menschen freiwillig einmauern ließen; durch die Öffnungen schob man ihnen einmal am Tag das Essen hinein, und in diesen Verliesen starben sie auch – schon zu Lebzeiten begraben.

Die Familie meiner Schwester, die Kusminskis, machte einen höchst erfreulichen Eindruck auf mich. Auf eines war ich regelrecht neidisch, nämlich daß der Vater sich so sehr mit den Söhnen auseinandersetzt und zugleich ein so freundschaftliches Verhältnis zu ihnen hat. Ganz nach dem Sprichwort: Freund ist Freund und Pflicht ist Pflicht. Außerdem ist es sehr rührend, wie fürsorglich die beiden Gatten miteinander umgehen.

Überredete Schwester Tanja, mit mir aus Kiew nach Jasnaja Poljana zu fahren, und das war mir eine große Freude.

22., 23., 24., 25. Juli. Am 22. frühmorgens kam ich mit Tanja in Tula an; es regnete, war frisch, kein Wagen da. Wir mieteten eine Droschke, kamen nach Hause – und schon ging der Tanz los: eine ganze Reihe unerquicklicher Szenen mit Lew Nikolajewitsch, weil ich die Maslows besucht und dort Sergei Iwanowitsch gesehen hatte.[111] Dabei hatte ich vor der Abreise zu L. N. gesagt – wenn es ihm unangenehm sei, würde ich nicht hinfahren. Und als ich mich verabschiedete, beugte ich mich über ihn – er schlief noch halb –, küßte ihn und fragte ihn noch einmal ganz offen. Beim ersten Mal hatte er böse und unaufrichtig gesagt: „Wieso, fahre doch hin", beim zweiten Mal jedoch: „Das ist deine Sache."

Am Eingang zu den Höhlen in Kiew befindet sich eine riesige Wandmalerei. Sie stellt die vierzig Höllenqualen dar, die die Seele der heiligen Theodora nach ihrem Tode durchlaufen mußte. Abwechselnd werden gezeigt: eine Gruppe von zwei Engeln mit Theodoras Seele in Gestalt eines weißgekleideten Mädchens, dazu jeweils eine Gruppe von Teufeln in allen möglichen abscheulichen Haltungen. Und diese Teufel, die ganzen vierzig Gruppen, stellen vierzig Sünden dar, die auf altslawisch unter den Teufelsgruppen verzeichnet sind.

Ja, und L. N. hat in den drei, vier Tagen, als er mich ausschalt, mir bestimmt alle diese vierzig Sünden vorgehalten.

Oben auf dieser Wandmalerei ist die Seele allein dargestellt, d. h. das weißgekleidete Mädchen, wie es mit dem Gesicht zur Erde auf den Stufen zu einer Anhöhe liegt, wo Christus mit den Aposteln sitzt. Weiter oben dann das Tor zum Paradies, und schließlich das Paradies selbst in Gestalt eines Gartens. Ein ganzes Poem, ein sehr interessantes, kann mir vorstellen, für das Volk besonders.

Dann ging es bei uns wieder friedlicher zu. Ich hielt an mich, um meiner Schwester den Aufenthalt in Jasnaja Poljana nicht zu vergällen. Wir sprachen sehr viel miteinander, und sie tadelte mich für meine Neigung zu Sergei Iwanowitsch, zur Musik und dafür, daß ich meinem Mann Kummer bereite.

Fällt mir schwer, mein Herz den Forderungen meines Mannes zu unterwerfen, muß mich aber bemühen.

28. Juli. Brachte Schwester Tanja nach Jassenki. Sie kehrte nach Kiew zurück, offenbar zufrieden mit ihrem Aufenthalt in Jasnaja Poljana. Wir kamen uns noch näher, falls das überhaupt möglich war. Bin nun verwaist, kann mich an niemanden anlehnen.

Ging allein durch den Wald, war baden und weinte. Spätabends begann wieder das Eifersuchtsgerede, wieder Geschrei, Geschimpfe, Vorwürfe. Meine Nerven versagten, irgendein Ventil, das im Gehirn für Gleichgewicht sorgt, rastete aus, und ich verlor die Selbstbeherrschung. Ich hatte einen schlimmen Nervenzusammenbruch, ich bebte, schluchzte, sagte unmögliche Dinge und erschrak. Weiß nicht mehr so recht, was mit mir los war, aber es endete damit, daß ich regelrecht erstarrte.

29., 30. Juli. Lag anderthalb Tage im Bett, ohne Essen, ohne Licht, im abgedunkelten Zimmer, ohne Gedanken, ohne Gefühle, ohne Liebe und Haß, in mir war nur Grabesstille, Leblosigkeit und Finsternis. Alle schauten zu mir herein, aber ich liebte keinen, bedauerte nichts und hatte keinen anderen Wunsch als den Tod.

Gerade bin ich an den Tisch gestoßen, und Lew Nikolajewitschs Porträt fiel zu Boden. So werde ich ihn auch mit diesem Tagebuch von dem Postament stürzen, das er sich sein Leben lang so sorgsam errichtet hat.

31. Juli. Lew Nikolajewitsch ist 35 Werst weit nach Pirogowo zu seinem Bruder Sergei Nikolajewitsch geritten.

1., 2. August. Habe Freude an dem einsamen und behaglichen Leben, ein Gefühl, das ich so noch nie empfunden habe.

3. August. Schrieb gestern und vorgestern eifrig L. N.s Novelle „Vater Sergius“ ab, ein Kunstwerk in erhabenem Stil, das noch nicht abgeschlossen, aber gut entworfen ist. Ihm liegt eine Idee aus den „Heiligenlegenden“ zugrunde, wie ein Heiliger Gott sucht und ihn in einer selbstlos sich abmühenden, ganz gewöhnlichen, aber demütigen Frau findet. So auch hier: Vater Sergius, ein stolzer Mönch, der alle Höhen und Tiefen des Lebens durchschritten hat, findet Gott in Paschenka, einer alten Frau, die er seit der Kindheit kennt und die noch im hohen Alter ein arbeitsames Leben für die Familie führt.

Es gibt auch Unglaubhaftes in dieser Novelle: das Ende in Sibirien. Hoffe, daß es nicht so bleibt. Zu gut ist alles angelegt und aufgebaut.

Schrieb gestern von halb zwei bis fünf Uhr morgens, die ganze Nacht hindurch, es wurde schon hell, und mir drehte sich der Kopf, doch ich brachte es zu Ende, und wenn L. N. zurückkehrt, kann er an dieser Novelle weiterarbeiten.[112]

Er möchte drei Novellen gleichzeitig fertigstellen und veröffentlichen: „Hadschi Murat“, „Auferstehung“ und „Vater Sergius“, und alle zusammen so teuer wie möglich in Rußland und im Ausland verkaufen; die Einnahmen sollen dann für die Übersiedelung der Duchoborzen verwendet werden.[113]

Das ist für uns, seine Familie, kränkend, er sollte lieber Iljuscha und Mascha helfen, sie müssen sehr darben. Übrigens sind zwei Duchoborzen angekommen, und ich muß sie im Pavillon verstekken[114], was mir äußerst unangenehm ist.

Es windet, ist trocken, klar und schön.

War bei Dora, befaßte mich mit dem kleinen Lew, dem Enkel; die unmittelbare, fast animalische Leidenschaft für kleine Kinder habe ich jedoch verloren, und in den Enkeln liebe ich nur den *Traum* von der Zukunft und die Fortsetzung unseres Lebens.

5. August. Gestern schrieb ich einen Aufsatz von L. N. ab. Wieder lehnt er alles auf der Welt ab; und unter dem Mantel christlicher Gefühle – der pure Sozialismus.[115]

Fuhr heute früh nach Tula: hatte eine Menge zu tun auf dem Vermessungsamt, beim Notar, mußte einen Lehrer für Mischa suchen, dann Einkäufe, Erledigungen auf der Bank und der Behörde. War so erschöpft, daß ich mich kaum noch auf den Beinen halten konnte. Sehnte mich nach Ruhe, aber zu Hause saß ein Schwarm von Gästen: Sergejenko, die beiden Fräulein Diterichs, Schwester Lisa mit Tochter und Gouvernante, Sweginzewa mit Tochter Wolchonskaja, Fürst Tscherkasski, junge Burschen – wider Erwarten blieben alle zum Abendessen, und mir wurde ganz anders. Dann kam noch Goldenweiser und spielte abends Chopin, und wieder stiegen alle musikalischen Empfindungen in mir auf, jene wunderschöne Stimmung und Ergriffenheit, die in den letzten beiden Jahren mein Lebensinhalt waren.

Es war laut und lärmend – die überschäumende Fröhlichkeit der Jugend. War sehr erschöpft. L. N. dagegen war fröhlich, ebenfalls angeregter Stimmung und freute sich über den Besuch, Mischa Kusminskis Balalaika-Spiel, dem Geplauder der Fürstin Wolchonskaja und allem, was das Leben an Zerstreuung bietet.

11. August. Bin den dritten Tag krank: Gliederreißen, Kopf- und Magenschmerzen, Beklemmungen in der Brust. Kann überhaupt nicht schlafen und nichts essen.

Gestern mittag stand ich auf, es war mir peinlich, untätig im Bett herumzuliegen; und so raffte ich mich auf und schrieb Lew Nikolajewitschs Aufsatz ab. Er arbeitet jetzt an „Auferstehung“, der mir verhaßten Novelle. Vielleicht verbessert er sie noch.

Gorbunow und Goldenweiser sind hier, es kam Orlow-Dawydow, den L. N. erwartete. Ich saß auf dem Balkon, wollte frische Luft schnappen, war aber noch schrecklich schwach; da wollte L. N. auf einmal schlafen gehen und mich anderthalb Stunden mit dem Gast allein lassen.

Ich sagte, ich wolle mich hinlegen, L. N. solle den Grafen zu den jungen Leuten bringen. Wirklich, ich habe nicht die Kraft, mit Gästen zu plaudern, die ich zum ersten Mal sehe und die nicht mich besuchen, sondern den Schriftsteller Lew Tolstoi.

Eine unangenehme Nachricht: die Zensur hat den letzten, soeben gedruckten Band meiner teuren Ausgabe mit Arrest belegt. Ohne Scherereien geht es nicht. Schrieb nach Petersburg an Solowjow, den obersten Zensor.[116]

19. August. Lag bis gestern krank im Bett und konnte auch dann kaum aufstehen. Hatte hohes Fieber und Leibschmerzen. Habe nur verschwommene Erinnerungen an die vergangenen Tage. Alle pflegten mich sehr liebevoll, waren immer um mich, lasen mir jeden Wunsch von den Augen ab und bedauerten mich. An einem Tag meinte ich, ich müsse sterben, und war darüber nur froh. Doch nun bin ich wieder auf den Beinen und stehe wieder im Strudel des Lebens mit seinen Anforderungen, Sorgen, seinem Kummer und der Schwierigkeit, unlösbare Fragen zu lösen.

Lese ein interessantes Buch: „Le réveil de l'âme". Las außerdem ein Buch von Anatole France: „La buche" und „La fille de Clémentine". Die Krankheit war mir nicht lästig, es war schön, in Einsamkeit die Gedanken zu sammeln und frei zu sein von den Alltagssorgen.

Ein herrliches, klares Wetter, Mondnächte, Blumen in rauhen Mengen; wie schön das alles – wären da nicht die Menschen mit ihrer Bosheit, ihren Lastern, Anfechtungen, ihrer Eifersucht, Trägheit usw.

War heute ganz ergriffen von der Schönheit der Natur und des Wetters und bedauerte, daß ich schwach bin und weder baden noch spazierengehen noch mich sonst daran freuen kann. M. O. Menschikow ist zu Gast. Mischa begeistert sich für Photographie, worüber ich sehr froh bin. Andrjuscha hat seine kaukasische Phantasie-Braut abschlägig beschieden, und das beschäftigt ihn sehr.[117] Tanja ist zu den Olsufjews und nach Moskau gereist. L. N. ritt durch den

Sasseka-Forst und wollte sich in Mjassojedowo nach den Brandopfern erkundigen, aber man ließ ihn nicht über den Bahndamm, da der Zug des Zaren, der zur Einweihung des Denkmals von Alexander II. in Moskau war, vorbeikommen sollte.

Spielte mit Sascha vierhändig eine Sinfonie von Haydn, sie spielt sehr schlecht vom Blatt. Korrigierte Löwenfelds deutschen Aufsatz über seine zweite Fahrt nach Jasnaja Poljana[118] und machte Abzüge von Mischas Photographien. Habe Magenweh.

21. August. Bemühe mich, nach der Krankheit mich wieder dem Leben zuzuwenden, aber nichts interessiert mich. Wir bereiten uns auf den 28. vor, weiß nicht, wie viele Gäste kommen, und das ist das größte Problem. Spielte heute ein wenig Klavier und entsann mich so schön der mir so teuren Beruhigung von Nerven und Seele und all dessen, was die Musik mir in den letzten Jahren gegeben hat. Die Schönheit des Sommers, der Mondnächte, der Blumen – dies alles macht traurig, denn es geht rasch vorüber und bringt unaufhaltsam den Herbst, die Kälte und den Winter näher. Habe noch keine Kraft zum Spazierengehen, baden darf ich nicht. Lew Nikolajewitsch machte einen weiten Ritt, nach Mjassojedowo, nachdem man ihn gestern wegen der Durchfahrt des Zaren nicht über die Eisenbahnlinie gelassen hatte.

Der kleine Enkel Lew ist an Mumps erkrankt, Rudnew war da. Andrjuscha hat Grippe. Mischa begeistert sich weiterhin für Photographie.

Menschikow blieb ein paar Tage, diesmal kam es aber kaum zu interessanten Gesprächen mit ihm. Heute sagte er zu Mascha, er könne nicht billigen, daß L. N. jetzt reiche Leute direkt um Geld für die Duchoborzen angeht.[119] Ich habe ja noch nie begreifen können, wie man so widersprüchlich leben, schreiben und reden kann, wie L. N. das ständig tut.

Vorgestern war ihm das Pferd auf den Fuß getreten. Wie ist er abends über die Schmerzen erschrocken, hat gestöhnt, nicht geschlafen, sich eingerieben, Kompressen aufgelegt, die Temperatur gemessen – offenbar ist er wirklich sehr erschrocken, dabei war gar nichts, er läuft schon wieder munter herum und reitet aus.

22. August. Mein Geburtstag, bin vierundfünfzig. Tanja, Mascha und Sascha machten mir Geschenke: Tanja und Sascha Handarbeiten, was mich freute, Mascha aber kaufte ein Tischchen, worüber ich mich nicht freute, ich weiß, sie hat kein Geld, und es ist schade, daß sie es für Dinge ausgibt, die ich nicht brauche. Doch vielleicht tat sie es aus guten Gefühlen heraus. Es geht ihr sehr schlecht: mal hat sie Kopf-, mal Magenweh, mal sonst etwas ... Sie gibt ständig auf ihren Körper acht, das ist schon *Neurasthenie*.

Sossja und Manja Stachowitsch sind da, beides liebe, lebhafte Geschöpfe. Morgens traf Wera Kusminskaja ein, gegen Abend meine Schwägerin Marja Nikolajewna. Zum Essen kamen auch Dora und Ljowa, und so wurde es ein recht festlicher Geburtstag. Während alle auf einem Spaziergang zu den Feres nach Sudakowo waren, stutzte ich die jungen Obstbäume, dann spielte ich, allein, zwei Stunden im Atelier. L. N. war abends sehr gut aufgelegt und in Schwung; er erzählte Novellenstoffe, wobei er jedem gleichsam ein Thema zum Nachdenken gab: die Mutter, der Kupon, Kusmitsch und Alexander I. u. a.[120]

Es ist warm und klar. Mischa photographierte uns, mich mit einem großen Blumenstrauß.

24. August. Wind, Regen, Kälte, alle sind zu Hause, viele Gespräche. Alle interessieren sich für die Erklärung des russischen Zaren, der den Wunsch nach weltweiter Abrüstung und Frieden verkündet hat. L. N. wurde sogar von „World" aus Amerika nach seiner Meinung gefragt, und er antwortete, vorerst seien das nur *Worte*, zunächst einmal müßten die Steuern, die Wehrpflicht und vieles andere abgeschafft werden.[121] Und ich glaube, einige Generationen müßten in Abscheu vor dem Krieg erzogen werden, damit er verschwindet.

Ein Professor aus München war hier, ein rotwangiger, stämmiger Deutscher.[122] Sulerschizki kam von den Duchoborzen und fährt zu Erkundigungen nach England, und die Duchoborzen, d. h. siebentausend Leute, warten in Batumi am Meeresstrand auf die Entscheidung, wo sie hinfahren sollen, und wer entscheidet? Tschertkow![123] Das ist alles leichtsinnig, schlimm und ungut.

L. N. unterhielt sich lange mit dem Deutschen. Er schreibt an seiner „Auferstehung", und Alexander Petrowitsch, der wie gerufen auftauchte, schreibt ihm ab.

Lew Nikolajewitschs näherrückender Geburtstag macht mir große

Sorgen, fürchte die vielen Leute und Umstände. Auch meine Übersiedelung nach Moskau beunruhigt mich: bedauere es, mein stilles Leben in Jasnaja Poljana aufgeben zu müssen, und die Tanejew-Geschichten schrecken mich.

25., 27. August. Den ganzen Tag mit Schwägerin Marja Nikolajewna in Tula. Einkäufe: Lebensmittel, Heusäcke, Geschirr u. a. für den Ansturm der Gäste.

Wieder sind Duchoborzen eingetroffen; sie warten ständig auf etwas von außen, auf Gnadenerweise des Zaren aufgrund ihrer Bittschrift und zugleich auf Hilfe von Lew Nikolajewitsch.[124] Was sehr merkwürdig und unsinnig ist, denn die Hilfe des einen schließt die Hilfe und Teilnahme des anderen aus.

Wie der 28. August 1898 verlief. Lew Nikolajewitsch wurde siebzig Jahre alt. Frühmorgens, noch im Bett, beglückwünschte ich ihn, und er strahlte so recht wie ein Geburtstagskind. Die ganze Familie mit allen Frauen und Kindern war versammelt, es fehlten nur Serjoschas Frau Manja mit Sohn und Iljas jüngste Söhne, Andrjuscha und Iljuscha. Auch Gäste kamen angereist: Potapenko, Sergejenko, Fürst Wolchonski, Mich. Stachowitsch, Mitascha Obolenski, Fürst Uchtomski, Muromzewa mit Goldenweiser usf. usf. Zum Mittagessen waren wir an die vierzig Leute. P. W. Preobraschenski wollte mit Weißwein auf Lew Nikolajewitschs Gesundheit trinken und hielt eine peinliche Rede, die alle mit Schweigen übergingen. Auf L. N. das *Glas* zu erheben, ist unmöglich, schließlich predigt er Enthaltsamkeit. Dann schlug jemand einen Trinkspruch auf mich vor. Darauf tranken alle fröhlich, einmütig, sogar herzlich und unter lauten Zurufen auf meine Gesundheit, was mich so in Erregung versetzte, daß ich sogar Herzklopfen bekam. Das Mittagessen war fröhlich und wahrte durchaus den *familiären* Charakter, den wir uns gewünscht hatten. Vormittags hatte L. N. an „Auferstehung" geschrieben und war mit seinem Tagewerk sehr zufrieden. „Weißt du", sagte er, als ich zu ihm ins Zimmer trat, „er heiratet sie doch nicht, heute habe ich alles zu Ende gebracht, d. h. entschieden, und so ist es gut!" Ich erwiderte: „Natürlich heiratet er sie *nicht.* Ich sage es dir schon seit langem: würde er sie heiraten, so wäre das *unglaubwürdig.*"[125]

Ungefähr hundert Telegramme von den verschiedensten Leuten

trafen ein. Abends kam die Sonne hervor, und alle – Kinder, Enkel, Gäste – gingen spazieren. Muromzewa hat dann lange gesungen, war jedoch unangenehm aufgedreht. Goldenweiser spielte sehr schlecht. Zum Abendessen kamen noch mehr Gäste angefahren, doch es blieb auch weiterhin ein schlichtes, stimmungsvolles Familienfest.

Sehr klug, ungezwungen und angenehm war Fürst Uchtomski. Er sagte, Lew Nikolajewitschs Aufsatz „Über die Hungersnot" habe dem jungen Zaren sehr gefallen, doch als Uchtomski fragte, ob man ihn in den „Peterburgskije wedomosti" veröffentlichen könne, da erwiderte der Zar: „Nein, besser nicht, sonst kriegen wir beide die Hucke voll!"[126]

Seltsam, daß das Ausland die Friedensdeklaration des Zaren mit Lew Nikolajewitsch in Verbindung bringt und dem Einfluß seiner Ideen zuschreibt.[127] Dabei ist das unzutreffend, der Zar wird wohl kaum daran gedacht oder je etwas gelesen haben, was Lew Nikolajewitsch über den Krieg schrieb; ein rein zufälliges Zusammentreffen.

Zum Abschluß des 28. gab es noch einmal Chor- und Sologesang. Alle waren sehr müde, und mit den Übernachtungen und dem Essen hatten wir auch alle Hände voll zu tun ...

29. August. Alle haben sich betrunken und verzankt. Das Wetter ist regnerisch. Die Söhne, Enkel, Uchtomski und ein paar andere sind noch da. Mischa ist nach Moskau gefahren, um die Nachprüfungen abzulegen.

30. August. Erhielt morgens einen klugen und herzlichen Brief von Sergei Iwanowitsch, zeigte ihn Lew Nikolajewitsch, und er war derselben Meinung. Sergei Iwanowitsch schreibt, auch wenn man kein Anhänger von L. N. sei, werde man von Unruhe gepackt, wenn man seine Werke liest, und L. N.s Gedanken setzten sich unmerklich in einem fest.[128] Eine Stunde nach dem Brief traf Sergei Iwanowitsch selbst ein. Die Gäste waren fast alle am Vorabend abgereist, auch die Söhne und Sonja. Nach einer kurzen Ruhepause spielte Sergei Iwanowitsch abends mit L. N. eine Partie Schach, dann setzte er sich ans Klavier. Wie hat er an diesem Abend gespielt! Besser, gehaltvoller, klüger und tiefsinniger kann man nicht spielen! L. N. wie auch Maschenka (von mir ganz zu schweigen) waren begeistert. Er spielte Schumanns „Davidsbündler" (glaube ich), Beethovens Sonate op. 30, eine Masurka von Chopin, dann eine Barkarole und „Près d'un ruisseau" von Rubinstein und eine Arie von Arenski. Lew Nikolajewitsch sagte, eine solche Darbietung sei die höchste Entwicklungsstufe der Musik; Sergei Iwanowitschs Spiel könne nicht mehr übertroffen werden. Am nächsten Tag, dem 31., wurde ich krank und legte mich mit Fieber ins Bett. Sergei Iwanowitsch fuhr morgens ab, ich maß mir die Temperatur und hatte 38,4. Wie rührend sich Lew Nikolajewitsch wegen meiner Erkrankung ängstigte! Mein lieber, teurer Alter! Wer könnte mich mehr lieben, wer braucht mich mehr als er! Ich war zu Tränen gerührt und betete im Bett zu Gott, er möge ihm das – mir so teure – Leben verlängern.

Da ich den ganzen Tag krank war, konnte ich nicht, wie vorgesehen, zu Mischa und geschäftlich nach Moskau fahren.

1. September. Es geht mir besser. Ein herrlicher, warmer Tag; prachtvoll die leuchtenden, duftenden Blumen im Garten ... Heute bin ich wieder lebensfroh, liebe wieder Menschen, Natur und Sonne. Bin ganz ergriffen von der zärtlichen Liebe und Freude, die man über meine Genesung äußerte.

Nahm den Photoapparat und lief überall damit herum, photographierte die Natur, die Enkel, L. N. mit seiner Schwester, den Wald, den Weg zum Badeplatz – die ganze anmutige Natur von Jasnaja Poljana ...

Abends packte ich rasch, stellte die Besorgungen zusammen, nahm Saschas Blumensträuße und fuhr nach Moskau. L. N. und Sascha brachten mich im Bauernwagen nach Koslowka. Ich war müde und nervös, daß mir fast die Tränen kamen. Nahm von Ljowotschka herzlich Abschied und reiste mit der Kinderfrau ab. Nachts kam auf einmal Serjoscha in unser Coupé. Er war noch einmal in Jasnaja Poljana gewesen, hatte mit dem Vater geredet und fährt nun wegen der Duchoborzen nach England, da ihre Übersiedelung durch Briefeschreiben nicht vorankommt und wir nicht wissen, ob Tschertkow die Sache wirklich ernsthaft und geschickt anpackt; auch ist wenig Geld da.[129] A propos Geld: Ljowotschka hat hinter meinem Rücken mit Marx, dem Verleger der „Niwa", über seine Novelle verhandelt. Marx schlug eine notarielle Vereinbarung vor, daß er für 1600 Rubel pro Druckbogen das *ausschließliche* Recht an der Novelle erhält. Als ich das hörte, sagte ich, das dürfe Lew Nikolajewitsch auf keinen Fall machen, wo er doch öffentlich verkündet habe, er verzichte auf alle

Rechte.[130] Aber weil L. N. die Novelle zugunsten der Duchoborzen verkaufen will, glaubt er, das sei gut so, doch ich sagte, das sei schlecht. Und jetzt auf einmal, an meinem Abreisetag, stimmte L. N. mir zu, und Marx will ihm ohne Einschränkung seiner Rechte 500 Rubel pro Druckbogen geben, worauf L. N. wohl eingehen wird.[131]

2. September. Mit der Kinderfrau morgens in Moskau angekommen. Es regnete, im Haus war es finster, in meinem Herzen trostlos ... Packte aus, nahm eine Droschke und fuhr einkaufen. Ach, dieses ewige Gerüttel!

Aber später wurde das Haus hell erleuchtet, ich stellte Blumen auf, schuf Ordnung und ließ ein Klavier bringen. Mischa kam, er hat die Nachprüfungen bestanden, geht in die siebte Klasse, aber er verschweigt etwas. Abends wurde es fröhlicher. Es kamen Sascha Behrs, Danilewski, Onkel Kostja, Juscha Pomeranzew und Sergei Iwanowitsch – da wurde es richtig fröhlich.

Mit einem hat Sergei Iwanowitsch mich sehr in Erstaunen versetzt. Er sagte, als ich im Sommer bei den Maslows war, hätte ich ihn zutiefst gekränkt, als ich mich über seine häßlichen Schuhe beim Fahrradfahren und die weißen Strümpfe lustig machte und sagte, er sehe aus wie ein Hanswurst.

3. September. Wieder Einkäufe, Erledigungen ... Serjoscha war da und ist nach England abgereist ... Immer wieder Regen. Keinerlei Besuch. Mischa und ich waren im Schwitzbad.

4. September. Saß den ganzen Tag im Morgenrock über der Buchführung, zusammen mit dem Kontordiener, überprüfte den Buchverkauf und trug alles in die verschiedenen Kontobücher ein; war nicht einmal spazieren. Doch zum Mittagessen kam Onkel Kostja, so daß ich nicht fertig wurde, was sehr ärgerlich ist, denn deshalb kann ich morgen wahrscheinlich nicht nach Jasnaja Poljana zurückkehren, muß vorher noch einiges in der Stadt erledigen.

Abends kam das todlangweilige, mir völlig fremde Ehepaar Nakaschidse, das war ärgerlich, denn Sergei Iwanowitsch war auch da, und dank dieser fremden Leute und des Schreihalses Dunajew konnten Sergei Iwanowitsch und ich nicht einmal miteinander reden, wir wechselten bloß einige Sätze, die nur uns beiden verständlich waren, und außerdem zeigte er mir in der Arie von Bach, die ich gerade einübe, die Stellen, die mir Schwierigkeiten machen. L. N. liebt diese

Arie sehr, und ich möchte sie gerne beherrschen, um sie ihm besser vorzuspielen. Legte mir heute die Karten, und sie zeigten mir den Tod meines Kreuz-Königs. Ich bekam einen großen Schreck, und plötzlich sehnte ich mich so nach Ljowotschka, wieder bei ihm zu sein, jeden Augenblick des Lebens mit ihm auszukosten, ihm soviel Glück wie möglich zu geben – dabei war ich betrübt gewesen, als Sergei Iwanowitsch ging, weil ich ihn jetzt lange nicht mehr sehe. Von diesem inneren Zwiespalt zerrissen, wäre ich am liebsten auf der Stelle fortgelaufen, um mir das Leben zu nehmen. Ich stand lange in meinem Zimmer, in furchtbarem innerem Kampfe ... Wenn in solchen Augenblicken jemand in einen hineinschauen und *begreifen* könnte, was in der Seele vor sich geht ... Allmählich ging meine Qual jedoch in Beten über, ich betete lange und inbrünstig, versuchte, auf bessere Gedanken zu kommen – und mir wurde leichter. Keine Briefe von daheim, was mich traurig macht.

5. September. War bei der Tante; Wera Meschtscherinowas fünfjähriges Kind hat Ruhr und liegt im Sterben. Wera Sewerzewa näht sich ihre Aussteuer und heiratet Istomin (ein Moltschalin-Typ[132]). Wieder den ganzen Tag Erledigungen und Einkäufe. Mischa ist zu den Grusinskis gefahren. Abends kam die gescheite, lebhafte Marussja Maklakowa. Gemeinsam führten wir fröhlich und in höchster Eile das Verzeichnis der verkauften Bücher weiter, dann fuhr ich zum Bahnhof – und kam zu spät. Kehrte mitten in der Nacht zurück, mußte lange klingeln und legte mich schlafen.

6. September. Morgens merzte ich einige Fehler in der gestrigen Abrechnung mit dem Kontordiener aus und nahm dann den Schnellzug. Zu Hause umfing mich eine gute, freundliche, ausgeglichene Stimmung – und ich bin glücklich, wieder zu Hause zu sein. Habe mir fest vorgenommen, ständig zu beten, hoffe in meinen Schwächen auf Gottes Hilfe.

Von den Obolenskis sind einige da: Lisa mit ihren drei Kindern.

7. September. Lew Nikolajewitsch ist gesund, munter und anscheinend ruhig. Ich liebe ihn sehr, fühle mich wohl bei ihm und würde am liebsten gar nicht mehr nach Moskau fahren. Dort ist es so aufreibend, und dafür reicht meine Kraft nicht.

11. September. Schon so viele Tage sind wieder vergangen, und es war eine sehr schöne Zeit: verbrachte sie im Familienkreis, heiter, wenn auch untätig. Stachowitsch muntert uns auf, die Mädchen sind alle von ihm hingerissen.

Schwägerin Marja Nikolajewna ist sehr angenehm, freundschaftlich, teilnahmsvoll und fröhlich. Ich liebe sie sehr. Vorgestern abend erinnerten L. N. und sie sich an ihre Kindheit, es war sehr lustig. Maschenka erzählte, wie sie einmal nach Pirogowo fuhren und Ljowotschka – damals ungefähr fünfzehn – 5 Werst hinter der Kutsche herrannte, um alle zu *beeindrucken;* die Pferde gingen im Trab, und Ljowotschka blieb nicht zurück. Als sie die Kutsche anhielten, war er so außer Atem, daß Maschenka in Tränen ausbrach.

Ein andermal wollte er junge Damen *beeindrucken:* in Panowo, Onkel Juschkows Besitztum im Gouvernement Kasan, sprang er voll bekleidet in den Teich; noch bevor er das Ufer wieder erreicht hatte, suchte er Grund, fand aber keinen und ging unter; Bauersfrauen, die gerade Heu abräumten, zogen ihn mit den Rechen wieder heraus.

Und einmal wurde er im Schtscherbatschowschen Hause an der Pljuschtschicha zur Strafe eingesperrt. Er war damals zwölf, und er sprang im ersten Stock zum Fenster hinaus. Dienstboten sahen ihn unten, er wurde aufgehoben, ins Bett gelegt und schlief einen Tag und eine Nacht lang.

Ja, *beeindrucken,* alle *beeindrucken* – so war es sein Leben lang. Und er hat die ganze Welt *beeindruckt* wie niemand sonst!

Die Obolenskis sind abgefahren; L. N. hat Grippe, nachts Fieber. Marja Alexandrowna Schmidt und ein Gefängnisgeistlicher aus Tula waren da.[133] Es ist windig und feucht. Stachowitsch bringt jeden Tag Konfekt, Birnen, Pfirsiche oder Pflaumen. Das ist unangenehm, aber der Jugend schmeckt es. Gab mich die letzten Tage mit Photographie ab, allerdings zu ausgiebig. Lebe ganz für die Familie, doch tief in meinem Herzen sitzt ein Stachel: eine Art Bedauern, und eine verrückte, krankhafte Sehnsucht nach Musik.

12. September. Im Haus geht alles drunter und drüber. Der Lakai hat sich in die Schneiderin Sascha verliebt und will sie heiraten; Werotschka, das sechzehnjährige Küken, heiratet am 18. den Verwalter. Der Koch geht, die Köchin liegt im Spital, Ilja und die Kinderfrau sind in Moskau. So etwas hat es noch nie gegeben. Und unablässig kommen neue Gäste zu Besuch; heute noch F. I. Maslow und Dunajew.

L. N. las abends die Novelle vor, an der er zur Zeit arbeitet: „Auferstehung". Ich habe sie schon früher gehört, er sagte, er habe sie umgearbeitet, aber es ist noch immer das gleiche. Er hat sie uns vor drei Jahren vorglesen, im Sommer nach Wanetschkas Tod. Und schon damals wie auch jetzt wieder war ich beeindruckt von der Schönheit der Nebenepisoden und Details sowie von der Unglaubwürdigkeit des Romans selbst, von Nechljudows Verhältnis zu der eingekerkerten Prostituierten und vom Verhältnis des Autors zu ihr; eine Art sentimentales Spiel mit aufgesetzten, unnatürlichen Gefühlen, die es gar nicht gibt.[134]

13. September. Den ganzen Tag Regen und Gäste. Es kamen ein Engländer, Mr. Right, glaube ich, und Iwanowa, eine dumme alte Jungfer, die an Spiritismus glaubt. Diese ständigen Gäste sind ein Kreuz und eine Last für die Familie, besonders für mich. Interessant war nur, daß sie in England bei Tschertkow und der ganzen Kolonie ausgewiesener Russen waren und fanden, sie führten ein äußerst übles Leben, man könne es kaum bei ihnen aushalten, so niederdrükkend wirkten die geistige Atmosphäre, ihre Beziehungen untereinander und ihr Leben überhaupt. L. N. hat mir das sorgsam verheimlicht, doch ich habe es immer gespürt ...

Maslow ist abgefahren. Wir gingen im Regen spazieren; es schüttet ohne Unterlaß. Wollte spielen, aber ein heftiges Klopfen am Fenster störte mich auf: Lew Nikolajewitsch holte mich, damit ich das Ende seiner Novelle mitanhörte. Riß mich nur ungern vom Spiel los, von der Bach-Arie, die ich gerade übte und in ihrer Schönheit zu begreifen suchte, aber ich tat es.

Seltsam, diese Wirkung der Musik, auch wenn ich selbst spiele: auf einmal klärt sich alles, mich überkommt eine glückliche Ruhe, und ich gewinne eine gelassene, klare Einstellung zu allen Unbilden des Lebens.

Einen ganz anderen Eindruck machte die Lektüre von L. N.s Novelle auf mich. Da bringt mich alles auf, zerrt mir an den Nerven, stürzt mich in Zwiespalt ... Auch quält mich, daß L. N., ein siebzigjähriger alter Mann, mit besonderem Genuß – wie ein Feinschmecker einen guten Bissen auf der Zunge zergehen läßt – die ehebrecherischen Szenen zwischen Stubenmädchen und Offizier beschreibt. Ich weiß, und L. N. selbst hat es mir ausführlich erzählt, daß er hier seine eigene Verbindung mit dem Stubenmädchen seiner Schwester in Pirogowo beschreibt. Ich habe diese Gascha – jetzt eine schon fast siebzigjährige alte Frau – später gesehen, er hat sie mir selbst gezeigt, was in mir tiefe Verzweiflung und Abscheu auslöste. Außerdem quält mich, daß Nechljudow, der Held, geschildert wird als jemand, der erst fällt, dann zu sittlicher Läuterung emporsteigt, und darin sehe ich Lew Nikolajewitsch, der das im Grunde von sich selber denkt, der jedoch derlei Läuterungen zwar wunderschön in seinen Büchern beschrieben, aber nie selbst verwirklicht hat. Und wenn er den Menschen so von seinen vortrefflichen Gefühlen berichtete, übermannte ihn die Rührung über sich selbst, gelebt hat er aber wie eh und je, mit einem Hang zu gutem Essen, Fahrradfahren, Pferden und sinnlicher Liebe ...

Überhaupt enthält diese Novelle, wie ich schon früher fand, geniale Beschreibungen und Einzelheiten, während die Situation von Held und Heldin äußerst schief und unglaubwürdig ist.

Die Novelle versetzte mich in eine gedrückte Stimmung. Ich entschied plötzlich, daß ich nach Moskau fahre, daß ich auch diese Unternehmung meines Mannes nicht *lieben* könne; daß es zwischen uns immer weniger Gemeinsamkeiten gebe ... Er nahm meine Stimmung wahr und machte mir Vorwürfe, daß ich nichts von dem liebte, was er liebt und womit er sich abgibt. Ich entgegnete darauf, ich liebte seine Kunst, seine Novelle „Vater Sergius" habe mich begeistert, auch für „Hadschi Murat" hätte ich mich interessiert, „Herr und Knecht" hoch geschätzt, über der „Kindheit" kämen mir jedesmal die Tränen, doch „Auferstehung" sei mir zuwider.

„Aber auch meine Unternehmung mit den Duchoborzen liebst du nicht", warf er mir vor.

„Ich kann in meinem Herzen kein Mitleid für Leute finden, die den Kriegsdienst ablehnen, weshalb an ihrer Stelle verarmte Bauern zu den Soldaten müssen, und die außerdem noch eine Million fordern, um aus Rußland weggebracht zu werden ..."

Die Hilfe für die *Hungernden* 1891 und 1892 (wie auch jetzt) hatte meine volle Sympathie, ich half, arbeitete selbst mit und gab Geld dafür her. Sollte ich jetzt aber jemandem mit Geld helfen, dann nur unseren demütigen, vor Hunger sterbenden Bauern, und nicht den Duchoborzen, diesen stolzen Revolutionären.

„Mich betrübt sehr, daß wir in allem auseinandergehen", sagte L. N.

Und mich erst! Ich bin zermürbt von dieser Uneinigkeit. Doch Lew Nikolajewitschs Leben ist *ganz* mir fremden Menschen und Zielen gewidmet, und mein Leben – ganz der Familie. Und mein Kopf und Herz können es einfach nicht fassen, daß nun, nachdem L. N. auf seine Urheberrechte verzichtet und das in der Zeitung verkündet hat, diese Novelle für eine riesige Summe an Marx für „Niwa" verkauft wird und dieses Geld nicht die Enkel erhalten, die kein Weißbrot zu sehen bekommen, und auch nicht notleidende Kinder, sondern die völlig fremden Duchoborzen, die ich mit dem besten Willen nicht mehr lieben kann als meine Kinder. Aber dafür wird dann die ganze Welt erfahren, daß Tolstoi an der Hilfe für die Duchoborzen beteiligt war, und es wird in den Zeitungen und Geschichtsbüchern stehen. Die Enkel und Kinder sollen ruhig Schwarzbrot essen!

15. September. Gestern bekümmerte mich sehr, daß L. N. und ich uns am Vorabend so schlecht vertragen hatten, und diesmal hatte er auch meine Beurteilung der Novelle und meine Vorwürfe wegen ihres Verkaufs so geduldig über sich ergehen lassen, daß ich, einem inneren Antrieb folgend, zu ihm in sein Kabinett hinunterging, meine scharfen Worte bedauerte und den Wunsch nach *Gemeinsamkeit,* nach Eintracht äußerte. Und wir brachen beide in Tränen aus, und beide fühlten wir, daß trotz aller *äußerlichen* Uneinigkeit wir *innerlich* diese ganzen sechsunddreißig Jahre in *Liebe* verbunden waren, und das ist die Hauptsache.

Habe heute gepackt, will morgen nach Moskau; bin sehr in Sorge um Mischa. Drei Stunden streifte ich heute durch den Wald, sammelte kleine Reizker in der Tannenschonung, pflückte Blumen und war ergriffen von der Schönheit von Natur, Himmel und Sonne. Das Wetter hat sich aufgeheitert.

17. September. Gestern abend in Moskau angekommen.

Vormittags fuhr ich Vorräte einkaufen, dann stattete ich Visiten ab, und abends kamen Mischas Kameraden und zu mir Natascha Den, Miss Welsh, Goldenweiser, Dunajew mit Frau, die Maklakows, Onkel Kostja und Sergei Iwanowitsch. Juscha Pomeranzew sagte mir, Sergei Iwanowitsch habe heute drei Stunden geübt, um mir abends vorzuspielen. Marussja bat ihn darum, er sträubte sich lange, dann spielte er Schumanns „Davidsbündler". Doch nebenan spielten die Jungen Karten, ihr Lärm störte Sergei Iwanowitsch, was er verärgert zum Ausdruck brachte. „Ich komme ein andermal und spiele für Sie allein", sagte er zu mir. „Das sagt mir mehr zu."

Ich dankte ihm und warte nun auf dieses Glück.

18. September. Den ganzen Tag Einkäufe und Besorgungen im Auftrag der Familie, abends war Jelena Pawlowna Rajewskaja da.

19. September. War auf drei Banken, überwies das Geld für Ilja und hob die Summe ab, die ich vor fünf Jahren für Wanetschka festgelegt hatte. Der liebe Junge, er braucht jetzt weder Geld noch sonst etwas Irdisches! Einmal werde auch ich in diesen glückseligen Zustand eingehen!

Ein Brief von Maschenka, sie schreibt, Ljowotschka sei an meinem Namenstag traurig gewesen.[135] Alles nur, weil er wußte, Sergei Iwanowitsch würde spielen, worauf er wieder eifersüchtig war. Aber was könnte unschuldiger, reiner sein als dieser ästhetische Genuß – solch wunderbare Musik zu hören!

Ich selbst spielte heute bis drei Uhr in der Nacht. Mischa ist nach Jasnaja Poljana gefahren. Ein dreistündiges Gespräch mit Sergejenko. Bereue, daß ich zu offenherzig war.

20. September. War vormittags in Petrowsko-Rasumowskoje bei Manja und war entzückt von Serjoschas Sohn, der ebenfalls Serjoscha heißt. Was für ein nettes, liebes Kind: feinfühlig, fröhlich und klug. Ich bin für ihn eine Fremde, doch er ging mit mir um, als kennte und liebte er mich schon lange, und ist doch erst ein Jahr alt. Wenn er seine Mutter herzte, streckte er sogleich auch die Händchen nach mir aus, um mich nicht zu kränken. Als er die Kinderfrau von einem Apfel abbeißen ließ, schob er sogleich mir auch den Apfel in den Mund. Ganz wie Wanetschka, der ebenfalls, wenn er Konfekt verteilte, niemals die Lakaien oder überhaupt die Dienstboten überging, sondern jeden bedachte. Und auch alle gleichermaßen herzte und liebte.

Zu Hause erfuhr ich, daß Sergei Iwanowitsch dagewesen war, und es tat mir leid, ihn nicht gesehen zu haben. Abends kam Goldenweiser. Habe drei Stunden gespielt.

22. September. Ilja und Andrjuscha kamen an, um mich auf den

Empfang von Olga Diterichs vorzubereiten, der Andrjuscha einen Heiratsantrag gemacht hat.[136]

Stellte heute für Sascha eine Gouvernante ein, eine ältere Dame, Mutter von drei Töchtern. Wirtschaftete im Haus herum und spielte drei Stunden.

Habe einen Fehler gemacht: brachte Sergei Iwanowitsch persönlich Bücher vorbei. Bereue es sehr, doch die letzten Tage bin ich wieder ganz konfus: schlafe nicht vor vier Uhr in der Früh, wieder der Leichengeruch, mein Herz ist trostlos, bin voll Unrast und suche irgendwo nach einem Halt, um mich vor dieser Stimmung zu retten. Schrieb Tanja einen Brief – und weinte. Unterhielt mich mit Andrjuscha – und weinte. Sprach mit Mischa über seine Mutlosigkeit, munterte ihn auf – und wieder war mir schwer zumute. Und da sehnte ich mich so nach jemandes Teilnahme, Rat und Zuspruch. Ich übergab Sergei Iwanowitsch die Bücher, berichtete ihm von Andrjuschas Heiratsabsichten und bekam von ihm dazu soviel tröstliche Weisheiten zu hören, daß mir sogleich leichter wurde.

Plauderte mit Andrjuscha bis drei Uhr nachts.

23. September. Unser Hochzeitstag, bin sechsunddreißig Jahre mit Lew Nikolajewitsch verheiratet, und heute sind wir nicht beisammen.

Überhaupt ist es traurig, daß wir nicht so übereinstimmen, wie ich mir das wünschte. Wieviele Versuche habe ich unternommen, um diesen seelischen Einklang zu finden! Das Band zwischen uns ist fest, doch es gründet sich auf anderes, als ich das gerne hätte. Ich will mich nicht beklagen, auch das ist gut, daß er so um mich besorgt ist, mich so eifersüchtig bewacht, so fürchtet, mich zu verlieren. Was gar nicht nötig wäre. Wen und wie ich auch je geliebt haben mag, ich könnte niemanden auf der Welt auch nur mit meinem Mann *vergleichen.* Er hat mein Leben lang einen viel zu großen Platz in meinem Herzen eingenommen.

27. September. Bin noch in Moskau. Zu Besuch kamen Onkel Kostja, Marussja, Djakow und Meschtscherski sowie Sergei Iwanowitsch. Promenierte mit ihm durch den Garten und fragte ihn um mancherlei Rat. Was ist er doch für ein treuer Freund! Ernst und überlegt reagierte er auf meine Fragen und Zweifel, gab mir Ratschläge, spendete Trost. Nach dem Frühstück spielte er eine Beethoven-

Sonate und das Andante aus einem Tschaikowski-Konzert. Er spielte überwältigend schön, vor allem das zweite Stück. Sein Besuch mit den Ratschlägen, seiner Anteilnahme und der Musik hat mir auf lange Zeit Lebenskraft, frohen Mut und Seelenruhe gegeben.

Abends war ich auf der Hochzeit von Wera Sewerzewa und wurde von dummer Eitelkeit befallen. Alle räumten mir ständig den ersten Platz ein, jeder lobte meine Aufmachung und mein jugendliches Aussehen. Getraut wurde Wera in der Kirche im Haus des Gouverneurs; auch Großfürst Sergei und Großfürstin Jelisaweta Fjodorowna waren zugegen. Wera war schlicht, ernst und ergreifend anzuschauen. Sie möchte allen den Eindruck vermitteln, daß sie mit Istomin glücklich wird.

28. September. Jasnaja Poljana. Bin nach Jasnaja Poljana, nach Hause, zurückgekehrt. Wie war es trübselig, im Finsteren über den schlechten Weg durch den Schneematsch zu fahren, als ich von der Chaussee zur Kirche abbog; ich kam von Jassenki her. Auf meinem Herzen lastete die Sorge um Mischa, der in schlechter Laune und mutlos zurückgeblieben war. Doch wie fröhlich war es dann, in unser hell erleuchtetes Haus zu treten, mit all den geliebten und liebenden Menschen. Als erstes ging ich in Ljowotschkas Arbeitskabinett, und wir sanken uns in die Arme wie früher in der Jugend, küßten uns ab, und L. N.s Augen strahlten derart vor Freude und Liebe wie schon lange nicht mehr. Außerdem freute ich mich, Warja Nagornowa zu sehen, und Maschenka war noch nicht in ihr Kloster zurückgekehrt, und Mischa Stachowitsch war wieder da.

Er hat Lew Nikolajewitsch aus Orjol zurückgebracht, wo dieser sich für seine Novelle das Gefängnis angeschaut hat.[137] Abends saßen wir gemütlich, fröhlich und einträchtig beisammen, machten Handarbeiten, lasen und unterhielten uns.

3. Oktober. Gestern abend spielte ich mit Vater und Sohn – den beiden Lews – Sinfonien von Beethoven und Schubert. Photographierte den kleinen Lew, den Enkel. Ein Brief von Mischa, er bläst Trübsal, zecht, möchte nach Jasnaja, um zu sich zu kommen – ich will es ihm erlauben, aber ob das auch hilft?

Tanja ist mit Wera Kusminskaja nach Moskau gefahren, um Suchotin eine Antwort zu geben. Denke unablässig an sie, gräme mich und habe Angst. Wie die Antwort wohl ausfallen wird? L. N.

ist ganz in seiner Arbeit versunken, er sitzt immer noch an „Auferstehung“ und hat einige Kapitel zum Übersetzen ins Ausland geschickt. Heute unterhielt er sich lange mit einem Wandersmann, der wegen eines Streiks verbannt worden ist und vier Monate im Gefängnis gesessen hat. L. N. nahm seine Erzählungen geradezu gierig auf.

5. Oktober. Nachrichten von Tanja. Angeblich hat sie Suchotin abschlägig beschieden, doch beide weinten dabei; die Kinderfrau hat geschrieben und Mischa erzählt, sie sei auch jetzt noch schwermütig und weine.

Mischa ist eingetroffen, er hat in Moskau Trübsal geblasen und zu zechen begonnen, nun will er in der Familie und auf dem Lande wieder zu sich kommen. Interessante Franzosen waren da: M. und Mme. de Gercy. Beide radikale Sozialisten, haben in Paris Streiks angezettelt, sind nicht religiös, aber voll Feuer und gehen herzlich miteinander um; ihrer Fähigkeit nach, sich ganz ihrem Ziel zu verschreiben, und ihrem lebhaften Temperament nach – echte Franzosen.[138]

Außerdem kam jemand aus der Redaktion der „Niwa“, um mit L. N. über seine Novelle „Auferstehung“ zu verhandeln. L. N. verlangt 1000 Rubel pro Druckbogen, ohne Einschränkung seiner Rechte. Bislang ist die „Niwa“-Redaktion darauf nicht eingegangen. Mir ist diese Feilscherei um L. N.s Werke derart zuwider, besonders nachdem er sich in den Zeitungen von seinen Rechten losgesagt hat, daß ich kaum meinen Unwillen bezähmen und das gute Verhältnis zu L. N. aufrechterhalten kann. Er ist in sein früheres Gleis zurückgekehrt: wieder schreibt er schöngeistige Werke, und wieder will er große Summen dafür. Nur gingen diese Summen früher, wie es sich gehört, der Familie zu, jetzt aber hat er sich diese Duchoborzen in den Kopf gesetzt, seine Gesinnungsgenossen, und die kriegen das Geld, und alle Zeitungen werden darüber berichten. Viel natürlicher wäre, Mitleid zu haben mit dem armen Iwan vor der eigenen Tür, der Kinder hat und dessen Kuh Hungers stirbt. Heute ließen sich sogar die fremden Franzosen zu Tränen rühren und gaben einen Rubel her.

6. Oktober. Morgens ein Gespräch mit Mischa über sein liederliches Leben der letzten Zeit; er zeigte Reue und versprach, sich zu bessern und ein ordentlicheres Leben zu führen. Rührend, daß er

Rettung in der Familie und auf dem Lande, d. h. in der Natur sucht – und anscheinend auch gefunden hat.

Der Maler Pasternak ist hier; L. N. hat ihn hergebeten, da er Illustrationen zu „Auferstehung" machen möchte, ich glaube für die französische „Illustration". Ein lebhafter, kluger und gebildeter Mann, dieser Pasternak.[139]

Wieder war ein Vertreter der „Niwa" da. L. N. führte mit ihm Verhandlungen über den Verkauf von „Auferstehung". Sie setzten die Bedingungen auf, änderten sie wieder ab, feilschten – und kamen zu keinem Schluß. Lew Nikolajewitsch würde gerne 20 000 Rubel herausschlagen. Doch zwanzig Druckbogen kommen nicht zusammen, von den anderen Sachen ist nichts fertig, und so haben sie die Niederschrift des Vertrages noch um eine Woche verschoben.[140]

Während sie unten verhandelten, saß ich oben und schrieb eben diese „Auferstehung" ab; ich wollte Mascha die Arbeit erleichtern, L. N. bürdet ihr zuviel auf. L. N. kam mehrfach herauf und fing von dem Verkauf an. Ich hielt lange den Mund. Schließlich äußerte ich noch einmal meine Meinung dazu.

Als ich noch ein junges Mädchen war, verspielte L. N. einmal beim chinesischen Billard 1000 Rubel, kam zu uns und erzählte es, fügte aber hinzu, er habe Katkow die „Kosaken" verkauft, an denen er gerade arbeitete, und genau diese Summe bekommen. Und da mußte ich bitterlich weinen.

Auch wenn später, als ich schon verheiratet war, L. N. solche Verhandlungen um seine Werke führte, betrübte mich zutiefst dieses Feilschen eines Menschenwesens, das mir so nahe war und so geniale Werke geschaffen hatte, die nun mit Rubel und Kopeken aufgewogen wurden. Und das ist bis heute so geblieben.

Der Verkauf von *Büchern* ist nicht so schlimm. Da gibt es das große Publikum, das gerne etwas von dem beliebten Schriftsteller kauft – oder auch nicht. In den Zeitschriften aber setzt der Redakteur, wie ein Ausbeuter, alles daran, um mit Hilfe des beliebten Schriftstellers soviel Geld wie möglich einzunehmen.

Den ganzen Tag Schneesturm. Der Schnee liegt bereits hoch. Abends las L. N. uns die Erzählung „Über die Liebe" von A. Tschechow vor. Sehr talentvoll und einfühlsam ist da der höchst alltägliche Fall einer Liebe zwischen einer verheirateten jungen Frau und einem Mann geschildert, der mit dem ganzen Haus befreundet ist – dem Ehemann, den Kindern und den Dienstboten. Die Liebe zwischen beiden wächst, ohne daß sie ein Wort wechselten, und äußert sich beim Abschied darin, daß sie einander in die Arme fallen, weinen, sich küssen und – sich trennen.[141]

Wie oft gibt es zwischen ehrbaren Menschen solche stummen Leidenschaften, tragischen und quälenden Liebesgefühle, die *niemals* geäußert werden! Und diese Gefühle sind die allerstärksten!

17. Oktober. Seit Sonntagabend, d. h. seit dem 11., bin ich mit Sascha in Moskau. Sie hat sich ernsthaft ans Lernen gesetzt und führt sich gut auf. Gebe Gott, daß es so bleibt. Auf Mischa achtzugeben ist sehr schwierig. Bin ständig in Spannung und Furcht, daß er etwas anstellt. Ich merke, er nimmt wohl auf meine Sorgen Rücksicht; aber ich trage schwer an der Verantwortung und meinem Unvermögen, und das zehrt an meinen seelischen Kräften. Bin ständig beschäftigt: verkaufe den Hafer (habe Proben dabei), räume das Haus auf, habe mit den Büchern oder auch sonst zu tun. Schreibe Lew Nikolajewitschs Tagebücher ab, und das ist eine große Pein für mein Herz.

Die letzten beiden Tage gehörten ganz der Musik. Wieder hat mich dieser betörende Rausch erfaßt.

Gestern morgen war ich auf einer Probe. Gestern abend nahmen die Maklakows und Onkel Kostja mich in ein geistliches Konzert mit. Vortrefflich war die Musik zu dem Gebet „Ich glaube an den alleinigen Gott".

Heute morgen wieder eine Probe, fuhr mit Onkel Kostja hin. Die Zwischenaktmusik aus S. I. Tanejews „Orestie" ist überwältigend schön.

Von der Familie kommen, was das Befinden anbelangt, gute Nachrichten; über Ljowotschkas und Tanjas Innenleben bin ich aber sehr in Unruhe. Mein Mann zieht sich von mir zurück, weil er seine Novelle „Auferstehung" zugunsten der Duchoborzen für 12 000 Rubel an die „Niwa" verkauft hat. Ich billige diesen Handel nicht, das weiß er, und er billigt meine Musik nicht. Traurig! Jeder ist immer mehr für sich. Wer ist schuld?

20. Oktober. Sohn Serjoscha ist eingetroffen, er will ein Gut kaufen. Bin seiner sehr froh und liebe ihn. Er hat vortrefflich Grieg gespielt. Erhielt einen schönen Brief von L. N.[142], wollte ihm schreiben, habe aber Kopfweh, bin wie erstarrt vor lauter Nervenanspannung. Mit Mischa geht es besser; sprach mit ihm über innere Kämpfe und Selbstvervollkommnung, warf ihm vor, daß er das nicht erstrebe, doch er sagte: „Woher willst du das wissen?" – und hatte Tränen in der Stimme. Noch ist an ihm nicht alle Hoffnung verloren.

Gestern war Sergejenko da, heute wieder mit seiner Tochter. Er lud mich zum Spazierengehen ein, ins Theater ... Als ob ich mit *ihm* ausginge! Langweilig und unsympathisch ist er.

Richtig herbstliche Schwermut hat mich befallen. Kämpfe heftig mit mir selbst – fühle aber, daß ich so oder so bald zugrunde gehe. Etwas Quälendes und Auswegloses ist in meinem Herzen schon sehr weit herangereift ...

Kürzlich hat mich Fürstin Zertelewa, die Sängerin, eine geborene Lawrowskaja, besucht. Sie hat ihren einzigen zweiundzwanzigjährigen Sohn verloren, und wir sprachen lange über die Ausweglosigkeit des Kummers. Wieviel Kummer es auf der Welt gibt! Ich tröstete sie so gut ich konnte, dabei ist mein eigenes Herz völlig verriegelt – und so renne ich eben gegen Wände, bis ich zerspringe.

Es ist warm, grau und feucht.

22. Oktober. Wenn etwas ganz reif ist, fällt es von allein ab. So ist gestern die Schwermut von mir abgefallen. Schrieb Lew Nikolajewitsch einen unguten Brief;[143] heute erhielt ich einen von Ljowa, er schreibt, Papá habe Kopfschmerzen, und die Sorge um die Duchoborzen und die Arbeit an der Novelle habe ihn sehr erschöpft.[144] Was braucht er auch die Duchoborzen! Ist doch unnatürlich. Dabei macht sich unsereiner ständig Sorgen um die Familie; die Kinder, die bräuchten einen Vater, der sich um sie kümmert, und nicht in der ganzen Welt nach irgendwelchen Sektierern sucht. Recht hat das russische Sprichwort: „Mütterchen Ach und Weh heult sich über alle die Augen aus, und daheim gibt's nichts zu beißen". Und L. N. heult sich nicht einmal die Augen aus.

Heute betrachtete ich lange L. N.s Photographie, seine mageren, greisenhaften Hände, die ich so häufig geküßt habe und die mich so oft liebkosten, und ich vermißte ihn sehr, sehnte mich so nach *greisenhafter* – und eben nicht begehrlicher – Liebkosung.

Gestern kamen Onkel Kostja, Marussja und Sergei Iwanowitsch. Wir verbrachten einen wunderschönen Abend: lasen Gedichte von

Tjutschew. Sergei Iwanowitsch, ganz davon gefesselt, war weich gestimmt, regelrecht inspiriert und schlug vor, zu einem der Gedichte eine Romanze zu komponieren. Wir fanden lange nichts Passendes, schließlich schlug Marussja aufs Geratewohl das Buch auf und stieß auf das Gedicht: „O laßt mich nicht verdienten Tadel spüren ...", und Sergei Iwanowitsch komponierte sogleich eine Melodie dazu, schrieb sie nieder und spielte sie uns vor. Ein begabter Mensch.

Pomeranzew erzählte, auf dem Arbat-Platz habe ein Soldat einem betrunkenen Offizier nicht salutiert, worauf der Offizier den Soldaten mit seinem Säbel niedermetzelte. Welch unsägliche Grausamkeit!

23. Oktober. Abends drei Stunden gespielt, vier Stunden Lew Nikolajewitschs Tagebuch abgeschrieben. Eine Kopie geht nach Jasnaja Poljana, eine ins Rumjanzew-Museum. Ein Gespräch über L. N. Serjoscha sagte zu mir: „Gebt die Rechte an Papás Werken frei!" Darauf ich: „Wozu? Um die reichen Verleger zu beschenken? Das ist verlogen."[145]

26. Oktober. Morgens in Jasnaja Poljana angekommen, über Koslowka. Regen, Matsch, alles grau; war völlig durchnäßt und durchfroren. Daheim schlief noch alles. Trat zu L. N. ins dunkle Zimmer; er sprang auf und begann mich zu küssen.

Vormittags hat L. N. jeweils eifrig an seiner Novelle „Auferstehung" geschrieben; die letzten Tage, sagt er, habe er nicht arbeiten können, ständig an mich gedacht und am Morgen meiner Rückkehr von mir geträumt. Heute kam er ständig zu mir, lächelte und küßte mich. Tanja und Wera sind sehr lieb und fröhlich. Tanja ist so tatkräftig, lachlustig und mutwillig wie früher – und das ist äußerst erfreulich. Sie haben Dunetschka einen Streich gespielt, indem sie alle Sachen aus der Vorratskammer in einem Schrank versteckten, und als Dunetschka aus Tula kam, dachte sie, es sei alles gestohlen worden, und wollte schon zur Wahrsagerin gehen. Nach einer Weile öffneten sie unter Gelächter den Schrank und zeigten ihr, daß das Eingemachte, das Brot und alles andere dort war. Und einmal holten sie aus Ljowas Haus Heringe und verzehrten sie ebenfalls unter Gelächter. Überhaupt ist die Stimmung in Jasnaja Poljana gut, und ich fühle mich froh und sorglos.

27. Oktober. L. N. hat M. A. Schmidt in Owsjannikowo besucht, ich ging mit Dora auf dem Badeweg spazieren, dann im Garten allein. Traf verschiedene Anordnungen; das Wetter ist trüb und unruhig. Aßen bei Ljowa zu Mittag. Abends lasen wir Sergejenkos vulgäre Erzählung „Daisy“, und an einigen Stellen, wo der Ausdruck geradezu peinlich war, brachen wir in fürchterliches Gelächter aus.[146] L. N. spielte mit Ljowa Schach und lachte ebenfalls. Nachts schliefen wir schlecht, es war kalt; L. N. hat Schnupfen. Unser Verhältnis ist schlicht und freundschaftlich. Ich stellte viele Fragen zu „Auferstehung“ und äußerte mich zustimmend zur Änderung des Schlusses und anderer Stellen. Es enthält immer weniger *Unglaubwürdiges.* Schreibe L. N.s Tagebuch ab und liebe ihn nicht, wie er einmal gewesen ist. Ausschweifung ohne Reue; keine Liebe zu den Menschen; Eitelkeit.

28. Oktober. Heute morgen ein herzlicher Abschied von L. N., Tanja, Wera und Ljowa. Frost und Wind. Auf dem Weg nach Jassenki erzählte der Kutscher Andrian eine grauenhafte Geschichte über die Ermordung von vier Leuten in Kossaja Gora (Rudakowo). Diese Fabrik der Belgischen Gesellschaft hat in unserer Gegend alle verdorben. Die Fahrt war langweilig, ich las Maximows Werk über die Zwangsarbeiter, ihre Überführung, ihr Leben u. a.[147] Ein düsterer Eindruck!

30. Oktober. Moskau. Trubel: Serjoscha ist mit Zurikow angekommen, Sulerschizki von den Duchoborzen aus dem Kaukasus, hat interessant erzählt; Andrjuscha nach Petersburg abgefahren. Mischa ist schrecklich faul, apathisch und möchte offenbar nicht lernen. Serjoscha hat heute gut und väterlich auf ihn eingeredet, er solle etwas tun und zur Besinnung kommen. Abends war Marussja Maklakowa da. Empfinde das Leben als leer, bin aber den ganzen Tag mit unaufschiebbaren Dingen beschäftigt. Las „Vom Einfluß der Musik auf Mensch und Tier“.

31. Oktober. Spielte morgens ein wenig, fuhr dann aus, und abends war ich mit Sascha im Konzert eines Quartetts. Tschaikowskis Trio ist zauberhaft, aber ein gewisser Kwast spielte es sehr schlecht.

Bekam von Mascha und Lew Nikolajewitsch herzliche Briefe.[148] Hatte mit Zurikow ein schönes Gespräch über die Beziehung zwischen Ehegatten, deren Überzeugungen nicht völlig übereinstimmen, und wir kamen zu dem Schluß, auch so könne man gut sein Leben zusammen verbringen.

Serjoscha und Zurikow abgereist. Serjoscha will mit Sulerschizki in den Kaukasus, um den Duchoborzen beim Aufbruch nach Kanada zu helfen.

Sah Sergei Iwanowitsch wider Erwarten kurz im Konzert. Wir grüßten uns knapp, und er setzte sogar sein Gespräch mit einem alten Mann fort, was nicht ganz höflich war.

6. November. Zwei Dinge beschäftigen mich: die schmerzliche, angespannte Sorge um Mischa, und die Veranstaltung eines Abends zu Ehren von *Tolstoi.* L. N. hat einen Auszug aus der wunderschönen Novelle „Geschichte einer Mutter“ geschickt. Sie handelt davon, daß eine Mutter von acht Kindern, eine wundervolle, zärtliche, fürsorgliche Frau, im Alter völlig allein in der Nähe eines Klosters lebt und ihr allmählich bitter und tragisch bewußt wird, daß sie ihr ganzes Leben ihren Kindern geopfert hat, diese sie aber nicht glücklich machen und auch selber unglücklich sind.

Veranstaltet wird der Abend von der „Gesellschaft für Volksvergnügungen“ unter dem Vorsitz von Kirpitschnikow, und seine Mitarbeiterin Pogoschewa war heute bei mir. Morgen bringe ich den Novellenauszug zur Zensur;[149] man hat Sergei Iwanowitsch gebeten, an dem Abend zu spielen, und will es auch weiterhin versuchen. Er sagte jedoch zu mir: „Wenn ich Lew Nikolajewitsch damit ein Vergnügen bereiten könnte, würde ich Zeit und Kraft dafür aufwenden. Doch *für wen* würde ich da spielen, und was könnte man außer der Kreutzersonate schon nehmen?“ Am Sonntagabend will er mit Lawrowskaja kommen, um mich mit Musik zu zerstreuen, worauf ich mich schrecklich freue.

Ich schneide zu, nähe, flicke Wäsche; habe mir einen schwarzen Seidenrock genäht, für Sascha einiges umgeändert, viel gespielt, aber zwei Tage habe ich überhaupt nicht am Klavier gesessen. Erhielt heute das Geld für die Kinder, bezahlte den Zahnarzt für Andrjuschas Zähne, kaufte Sascha Stoff zu einer Pelerine, außerdem kaufte ich Zimmerpflanzen, und die alten topfte ich um. Es kamen Safonow, Sulerschizki, der nach Jasnaja Poljana abfuhr, Alexei Mitrofanytsch, Pogoschewa und die gescheite M. A. Sabaschnikowa, über sie freute ich mich am meisten.

Meine Gesundheit ist besser, mein Herz ruhig.

8. November. Beginne ein neues Tagebuch, das fünfte. Sollte ich wirklich so lange leben, daß ich auch dieses dicke Heft noch abschließe? Und unter welchen Umständen werde ich es abschließen? Habe gestern nichts eingetragen. War in einem ziemlich langweiligen Sinfoniekonzert, danach gingen wir – Marussja, ich und Sergei Iwanowitsch – bei sternklarem Himmel zu Fuß nach Hause. Jetzt ist die Zeit der Sternschnuppenschwärme, Marussja und ich wollten durchs Fernglas schauen, Sergei Iwanowitsch hatte sich uns nur zufällig angeschlossen. Die Sterne glitzerten jedoch unbeweglich, bloß das Himmelsgewölbe schien regelrecht zu wanken. Daheim stand ich noch lange im Garten und war, da ich zum ersten Mal den Himmel durch das Fernglas sah, frappiert von dem majestätischen Schauspiel der zahllosen Sterne.

Heute morgen fuhr ich erst zu meinem Bruder, dann Theaterkarten kaufen. Danach traf ich Vorbereitungen für den Abend. Sergei Iwanowitsch, Lawrowskaja, mein Bruder mit Frau und noch ein paar Leute kamen, und ich schwelgte den ganzen Abend in Musik. Lawrowskaja sang Romanzen von Sergei Iwanowitsch; einige davon sind bezaubernd, besonders „Voller Unrast schlägt das Herz ...“[150] Welche Leidenschaft, welche Kraft und Gedankenfülle! Dann spielte Sergei Iwanowitsch eine Sonate von Beethoven. Das Finale trug er derart eigenwillig und vollendet vor, wie es besser nicht geht. Ja, solche musikalische Begabung verleiht einem Menschen eine gewaltige Macht!

Zu Beginn des Abends las ich den Novellenauszug vor, den Lew Nikolajewitsch mir für seinen Abend geschickt hat. Ein wunderschönes, sehr künstlerisches Werk, das allen großen Genuß bereitete. Und alle sagten, ich läse gut vor, was mir wiederum wohltat.

Was war das heute für ein zauberhafter, warmer Morgen! Ich fuhr über die Boulevards – strahlender Sonnenschein, das Gras grün, der Himmel dunkelblau. Ganz, als ob es Frühling wäre. Doch eben nur als ob; ein Tag oder zwei, und die Natur stirbt, alles bedeckt sich mit Schnee. Wie die „Letzte Liebe“, die Altersliebe in den Gedichten von Tjutschew. So stark und jugendlich wie die strahlende Sonne bricht sie hervor, diese letzte Liebe, und *muß* unter dem Schnee der grauen Haare, des zahnlosen Mundes, der

Falten, Kraftlosigkeit usw. verlöschen. Nein, ich heiße das Alter gar nicht willkommen!

Im Sinfoniekonzert gestern war äußerst unangenehm, daß Safonow, als ich ihn bat, Grschimali (die erste Geige) zu beurlauben, damit er auf unserem Tolstoi-Abend die Kreutzersonate spielen könne, mich bei beiden Händen faßte, sie an seine Brust drückte und sagte: „Für Sie tue ich alles"; er stellte Grschimali aber lediglich vom Unterricht frei, und ich entzog ihm ungehalten meine Hände, da ich vorzüglich begriff, daß Safonow nur den Umstehenden vorführen wollte, wie intim er (vorgeblich) mit der *Gräfin Tolstaja* ist, der Frau des berühmten Schriftstellers.

Werde nun vor ihm auf der Hut sein und ihn meiden. War bei Pogoschewa; sie kümmert sich um Schulen und Veranstaltungen für das Volk, um Leseabende, Teestuben usw. Eine gute, tüchtige Frau.

9. November. Erinnere mich, ich hatte einmal den Gedanken – und sprach ihn auch aus –, daß der Mensch im Alter an eine Wegscheide kommt, wo es sich entscheidet, ob er von nun an moralisch bergan schreitet, d. h. zur Selbstvervollkommnung, oder bergab, d. h. zu Schwäche und Sichgehenlassen. Und ich fühle, daß ich den letzteren Weg eingeschlagen habe, und das finde ich schlimm und traurig. Möchte mich so gerne zerstreuen, möchte mich putzen; mein Herz ist nicht froh, ich finde keine Befriedigung, dabei strebt man doch ständig nach Befriedigung und Glück.

Erhielt einen guten, zärtlichen Brief von meinem Mann[151], und da schlug mir das Gewissen, obgleich ich, Gott sei Dank, keine Schuld vor ihm trage, höchstens Leichtsinn.

10. November. Mischa kam schlecht gelaunt zum Mittagessen und mäkelte herum, weil kein frisches Weißbrot da war. Abends war ich mit ihm im Theater, in „Zar Fjodor Ioannowitsch" von A. K. Tolstoi.[152] Gespielt wurde gut, wenn auch outriert, man hat den Realismus auf die Spitze getrieben, auf der Bühne Geschrei und Trubel veranstaltet. Sergei Iwanowitsch war auch da. Mußte mich lange mit ihm unterhalten, und ich konnte mich noch nie so gut wie heute davon überzeugen, daß er ein vollkommen lebloser, schwerfälliger, gefühlloser Mensch ist. Nicht als Verunglimpfung, sondern einfach als Feststellung von Tatsachen kann man über ihn sagen, daß er nichts weiter als ein „behäbiger *Musikant*" ist – wie L. N. ihn in seinen Eifersuchtsanfällen häufig genannt hat. Äußerlich scheint er gütig, doch innerlich läßt ihn alles gleichgültig, mit Ausnahme der Töne, dem Komponieren und Hören von Musik.

11.November. Mischa kam spät nach Hause, ich war noch auf, nähte und wartete auf ihn. Doch er zeigte so rührend und wohl auch aufrichtig Reue, küßte mich und beschwor mich, nicht zu weinen, daß ich mich für diesmal beruhigte, obgleich meine aufgestauten Qualen zum Ausbruch drängten.

Dabei bin ich selber schlecht. Fürchte die Manie des Geldverschwendens, fürchte die dumme Putzsucht – dies ist zur Zeit *meine* Sünde, von der ich nicht lassen kann.

13. November. Gestern waren S. A. Filossofowa, Je. P. Rajewskaja, Onkel Kostja und Goldenweiser bei mir zum Mittagessen. Wir lasen den Aufsatz von D. A. Chomjakow über L. N.s Vorwort zu Maupassants Werken; darin wird auch L. N.s Aufsatz „Über die *Kunst*" erwähnt.[153] Das Wort *„Katholizismus"*, das der Zensur wegen für *„Kirchenchristentum"* eingesetzt wurde, hat Chomjakow offenbar irregeleitet, und deshalb hat er den allgemeinen Charakter von Lew Nikolajewitschs Aufsatz nicht begriffen.

Späterer Eintrag. Marussja, Sascha, Mischa und ich reisten am 13. nach Jasnaja Poljana. Wir freuten uns alle sehr über diese Reise und lachten die ganze Zeit. In Koslowka-Sasseka trafen wir um 11 Uhr nachts mit dem Postzug ein, fuhren bei Mondschein durch schrecklichen Matsch, dann kam Nieselregen und weißer Nebel. Doch auf dem Lande ist es schön und besonders schön in Jasnaja Poljana. Dort waren alle gesund und freundlich. Mascha ist anscheinend wohlauf. Die Ärzte sagen, vielleicht habe sich das Kind noch gar nicht bewegt, das komme erst, und sie habe es sich nur *eingebildet* oder einfach sich selbst und uns etwas vorgemacht. Sie ist sehr fröhlich und munter, sieht so weiß, zart und hübsch aus.

L. N. war sehr zärtlich und leidenschaftlich zu mir, was ich ihm nicht mit Gleichem vergelten konnte.

14. November. Sprach lange mit Ljowotschka über Mischa, über mich selbst, über seine Arbeit. Er sagt, seit den Zeiten von „Krieg und Frieden" sei er nicht mehr in solch einer künstlerischen Schaffenslaune gewesen, und mit seiner Arbeit an „Auferstehung" sei er sehr zufrieden. Er war zu Pferd in Jassenki, ist tatkräftig, körperlich gut beisammen und sehr froher Stimmung, und das alles nur deshalb, weil er an einem seiner Natur entsprechenden *schöngeistigen* Werk arbeitet.

15. November. War den ganzen Tag in der freien Natur. Der Regen hat nachgelassen; zwar überall noch ein fürchterlicher Matsch, doch es ist windstill und warm. Spazierte mit Wera Kusminskaja durch die Tannenschonung; einfach herrlich, die jungen grünen Tannen. Am Spätnachmittag, d. h. nach dem Essen, machten alle einen weiten Spaziergang: erst durch den Tschepysch, dann wieder zu den Tannen, auf einem Kreis durch die Schonung und über den Badeweg wieder heim. Kamen im Dunkeln zurück, tranken bei Ljowa Tee, ergötzten uns an dem Enkel, einem prächtigen Jungen.

Abends lasen wir gemeinsam „Sachalin" von Tschechow.[154] Grauenhaft, die Details von der körperlichen Züchtigung! Mascha brach in Tränen aus, mir zerriß es das Herz. Wir beschlossen den Tag wieder einträchtig und herzlich.

16. November. Wachte bitterlich weinend auf. Hatte überhaupt keine Lust, nach Moskau zurückzukehren, und vor allem, mich von L. N. zu trennen. Diesmal waren wir uns rührend, aufrichtig bis ins letzte begegnet und hatten diese Tage voller Eintracht, gegenseitiger Teilnahme und sogar Liebe verbracht.

Von Tanja zu scheiden tat mir ebenfalls leid, ich liebe sie sehr; und auch mein stilles, vertrautes und schönes Jasnaja Poljana verließ ich nur ungern. L. N. wunderte sich, warum ich weinte, und herzte mich, auch ihm gingen die Augen über, und er versprach, am 1. Dezember hierher nach Moskau zu kommen. Ich möchte das zu gerne, aber es wäre übel, ihn herzubitten, aus seiner erfolgreichen Arbeit herauszureißen, weg von jener Hilfe, die ihm die Töchter erweisen und auch Alexander Petrowitsch, der ihm so schön mit Abschreiben hilft. Bemühe mich, keine Egoistin zu sein und L. N. in Jasnaja zu lassen. Doch ich hatte den Eindruck, daß auch er herkommen möchte – wahrscheinlich muß er in die Stadt, um Erkundigungen für seine Novelle einzuziehen.

Fuhr mit Sascha und Marussja mit dem Schnellzug, erst war die Reise trostlos und traurig, dann besser.

In Moskau empfing uns Mischa, er ging jedoch gleich wieder außer Haus, was mich sehr erbitterte. Noch mehr erbitterte mich, als er nach zwei Uhr nachts heimkehrte, ich ihn wieder rügen mußte und das Gefühl hatte, daß alles vergeblich ist, alle Opfer die ich bringe – in Moskau zu leben, Mischa eindringlich ins Gewissen zu reden, ihn zu Arbeit und einem besseren, sittlicheren Lebenswandel anzuhalten –, alles ist vergeblich, ihn schert das nicht im *geringsten.*

Während ich nach der Ankunft auf ihn wartete, flickte ich Wäsche und war traurig.

17. November. Morgens pflanzte ich mit Marussja und Iwan die Birken- und Lindensetzlinge ein, die wir aus Jasnaja Poljana mitgebracht hatten. Etwa siebzig Bäumchen setzten wir, beschnitten die Akazien, putzten die Bäume aus, harkten die Gartenwege und räumten den Platz für die Eisbahn frei. Es war warm und windstill, kein Regen, die Sonne kam für einen Augenblick hervor, die Vögel zwitscherten. Auch im Garten ist es schön, gut, daß es ihn gibt.

18. November. Gestern kam Mischa wieder nicht vor drei Uhr nachts heim; ich wartete auf ihn, horchte, dann schlief ich die ganze Nacht nicht vor lauter Kummer. Morgens begab ich mich zum Direktor des Lyzeums[155] und bat, Mischa ins Internat aufzunehmen. „Nous jouons gros jeu", erwiderte er, womit er meinte, Mischa würde dann völlig vom Lyzeum abgehen. Mischa kam beschämt nach Hause, sagte, ich hätte völlig recht, er vergesse immer, daß ich in Unruhe sei, wenn er spät noch bei seinen Kameraden sitze. Abends brachte er mir auf einmal drei Birnen.

Mit der Abschrift aus der Novelle hat es Ärger gegeben.[156]

Sergejenko sucht mich nach Kräften für L. N.s Biographie auszuforschen[157], doch ich halte den Mund.

Das Ereignis des Tages – ein Brief von Lew Nikolajewitsch.[158] Wera Tolstaja brachte ihn mit. Ein Brief voll Rührung und Liebe. Mir ist die *Rührung* jedoch längst vergangen, sie wieder zu nähren, täte nur weh. Voran, voran, weiter gelebt – und möglichst bald das Ende. Mir kann das Leben *nichts* mehr geben. Die Blätter fallen, das Alter naht – dann schon besser bald das Ende.

19. November. Morgens brachte Pasternak aus Jasnaja Poljana gute Nachrichten und einen gütigen Brief von L. N.[159] Das Schreiben geht ihm nicht von der Hand, und er ist schlaff. Hoffentlich hat ihn mein Besuch nicht gestört? Saß den ganzen Tag zu Hause. Spielte drei Stunden lang, dann schrieb ich drei Briefe: an Lew Nikolajewitsch[160],

Bruder Stjopa und Andrjuscha. Habe viel genäht, an Saschas Pelzjakke die Ärmel umgeändert. Mischa kam gutgelaunt nach Hause, er hat eine Eins in Griechisch und eine Eins in Religion bekommen. War bei den Baranows. Sascha ist auch lieb. Habe meine Kinder für eine Weile wieder auf den rechten Weg gebracht und fühle mich erleichtert, als hätte ich ein schweres Werk vollbracht. Schreibe ab und zu L. N.s Tagebücher ab. Bin überhaupt ruhiger, ausgeglichener.

22. November. Wollte ich die Wehklage meines Herzens dem Tagebuch anvertrauen, könnte ich nur noch klagen. Mischa geht dem sicheren Untergang entgegen. Seine Reue ist immer nur von kurzer Dauer. Vorgestern ist er wieder die ganze Nacht, bis sechs Uhr früh, bei den Zigeunern gewesen, gestern blieb er zu Hause, heute ist er wieder fort. Wo und mit wem er sich herumtreibt – ich kann nichts aus ihm herausbringen. Jeden Tag hat er neue Kameraden, ungehobelte, mir unbekannte Burschen.

Stattete langweilige Höflichkeitsbesuche ab. Spielte und schrieb. Marussja und Sascha gingen zu den Maslows; ich kam nicht mit, obwohl ich wußte, daß Sergei Iwanowitsch dort war. Ich sagte, sie sollten fahren, nicht laufen, doch sie kehrten zu Fuß zurück und brachten Sergei Iwanowitsch mit. Ich war sehr böse auf Marussja; dann spielte Sergei Iwanowitsch sein Quartett und ein Nocturne von Chopin. Er beschwichtigte meinen Zorn, war freundlich und gut zu allen – gutmütig fröhlich. Doch auch er konnte meinem von Mischa gepeinigten Herzen keinen Frieden bringen. Nicht umsonst habe ich geweint, als ich aus Jasnaja Poljana abfuhr. Wie ungern habe ich mich von L. N. getrennt, wie dringend bräuchte ich seine Hilfe, als Schutz vor dem Leben und mir selbst ... Vor der Menschheit ist er im Recht: er ist ein *großer Schriftsteller.* Mir wird jedoch davon nicht leichter, er ist mir kein Ehemann, im Sinne einer Hilfe, und vor allem ist er seinen erziehungsbedürftigen Kindern kein Vater, und das ist für eine Mutter entsetzlich.

24. November. Habe Jermolowa, den Dawydowas und Dunajewa zum Namenstag gratuliert und Natascha Den besucht, die einen Sohn zur Welt gebracht hat und im Wochenbett erkrankt ist. Bei Jermolowa wurde durch den freundlichen Empfang, den mir alle bereiteten, meine Eitelkeit gekitzelt, und die schönen Blumen, Toiletten, die feinen Manieren der eleganten Welt heiterten mich auf.

Unterhielt mich mit der Großfürstin Jelisaweta Fjodorowna, dieser schönen, liebenswürdigen Frau.

25. November. Trieb mich den ganzen Vormittag im Regen in der Stadt herum. Ein unsinniges, zielloses, nervöses Herumbummeln, doch – oh, diese unerträgliche Schwermut! Gegen Abend legte ich mich hin und schlief ein wenig. Als ich aufstand, kam Sascha: „Mama, bist du krank?" Ich sagte – nein. Da küßte sie mich ab: „Wenn du wüßtest, wie rosig und hübsch du nach dem Schlafen aussiehst!" Bin ich denn wirklich noch *hübsch?* Oder findet sie die Mutter schön, weil sie sie liebt? Abends im Theater: „Mozart und Salieri" und „Orpheus".[161] Sergei Iwanowitsch kam mit, außerdem Marussja, Sascha, Goldenweiser und Butenew. In den Logen noch andere Bekannte. Erst war es interessant und lustig, aber der abscheuliche Gesang in „Orpheus" verdarb mir wieder die Laune, und ich hielt es kaum bis zum Ende aus.

27. November. Briefe von zu Hause: einer von Lew Nikolajewitsch, er will doch am 1. Dezember nach Moskau kommen;[162] und einer von Tanja. Mein Brief an sie ist verlorengegangen, wie ärgerlich! Hatte darin nämlich L. N. von der Reise nach Moskau abgeraten.[163] Mich schreckt der Gedanke, daß er unter dem Stadtleben leiden wird: Besucher, Lärm, Trubel auf den Straßen, ohne Muße, ohne Natur, ohne die Töchter und deren Hilfe – für ihn ist das alles schrecklich. Und meine Interessen – die Erziehung der Kinder, die Musik, meine Bekannten, meine (wenn auch seltenen) Fahrten ins Konzert oder Theater – das alles aufzugeben fiele mir schwer, und ihm ginge es auf die Nerven. Ihm jedoch seine Schriften mit den ewigen Änderungen wie früher immer von neuem abzuschreiben, das kann ich bereits nicht mehr bei meinen schlechten Augen und dem Blutandrang zum Kopf, und das würde ihn ebenfalls ärgern und erbittern, in Jasnaja Poljana aber tun das die Töchter, Alexander Petrowitsch und Kolja Obolenski. Will nach Jasnaja und ihm persönlich abraten oder ihn selbst herbringen, wenn er auf der Reise besteht.

Pogoschewa war vormittags hier, sie teilte mit, der Tolstoi-Abend sei erlaubt worden, man dürfe allerdings nicht erwähnen, daß er *zu Ehren* Tolstois stattfinde, dürfe nichts über Tolstoi, sondern nur aus seinen Werken vortragen, und noch andere dumme und unverschämte Einschränkungen.

Abends kam S. I. Tanejew. Wir tranken mit Sascha und Mischa Tee.

Wie habe ich mich über ihn gefreut! Am meisten mag ich es, wenn er einfach so vorbeischaut, und nur meinetwegen. Er hat heute ein wunderschönes, gedankenreiches Musikstück für zwei Chöre nach einem Gedicht von Tjutschew komponiert und kam, um es mir vorzuspielen und vorzusingen.[164] Dann spielte er das Andante aus seiner Sinfonie. Wir saßen im stillen Gespräch beisammen und lasen eine musikalische Rezension. Wie schlicht, ruhig und gehaltvoll man mit ihm doch jedesmal die Zeit verbringt. Wir verstehen uns sehr gut, schade, daß L. N.s Eifersucht so schwer auf meiner reinen, freundschaftlichen Beziehung zu Sergei Iwanowitsch lastet.

28. November. Im Konzert eines Quartetts erfuhr ich, daß Nastja, Safonows siebzehnjährige älteste Tochter, gestorben ist, was mich zutiefst erschütterte.

Goldenweiser spielte Rachmaninows „Trio", dann ein herrliches Quintett mit Klarinette von Mozart. Viele Bekannte. Sergei Iwanowitsch.

Eine Korrespondenzkarte von Lew Nikolajewitsch: er kommt am 1.[165] Sascha und ich freuten uns schrecklich, wir hüpften und tanzten sogar zusammen.

29. November. Morgens bei den Safonows. Die eine Tochter ist tot, die andere, Sascha, gefährlich krank. Vier Ärzte, und alle sind ratlos. Es könnte eine Bauchfellentzündung sein. Nahm Flerow zu ihnen mit. Der Vater ist aus Petersburg zurückgekehrt, die Mutter starr vor Verzweiflung, ohne Tränen. Ein schrecklicher Eindruck! Sascha war mit Marussja in der Ausstellung. Habe abends viel gespielt, die Mädchen machten im Saal allerlei Faxen, vor allem Marussja, und waren außer Rand und Band. Nach Mitternacht fuhr ich nach Jasnaja Poljana.

30. November. In Jasnaja Poljana. Tanja heiser und leicht fiebernd. Bei Mascha noch alles in der Schwebe, sie sieht aber ruhig und gesund aus. L. N. ritt vorgestern nach Pirogowo (35 Werst) und am nächsten Tag zurück, daher ist er erschöpft und schlapp. Obwohl er seine Reise nach Moskau für den 1. Dezember versprochen hat, scheint er sich jetzt davor drücken zu wollen. Und ich hatte mich schon ganz auf die Freude eingestellt, ihn mitzunehmen und mit ihm zusammenzusein! Habe auch Kleienbrot, Datteln und Spiritus für unterwegs mitgebracht; in Moskau habe ich sein Zimmer, Essen und Obst für ihn herrichten lassen und wollte selbst seine Sachen packen, damit seine Übersiedelung nach Moskau so unbeschwerlich wie möglich vonstatten geht. Gegen Abend war die Entscheidung gefallen, daß er nicht fährt; ich weinte und bekam solche Kopfschmerzen, daß ich mich ins Bett legen mußte. Nicht, daß er nicht nach Moskau will, tut mir weh – das verstehe ich vollkommen, habe ihm ja vorgeschlagen, erst Weihnachten zu fahren; sondern daß er geschrieben hat: „*Erhielten heute deinen Brief an Tanja* (in dem ich ihm vorschlug, nicht nach Moskau zu kommen). *Werde auf jeden Fall am 1. mit dem Eilzug eintreffen und freue mich in dem Gedanken, bei dir zu sein.*" Und nach einem solchen Brief, da all meine so lange zurückgehaltenen Gefühle und Hoffnungen auf sein Kommen sich in die Freude verwandelten, ihn zu sehen und mit ihm zusammenzusein, da will er auf einmal wieder nicht fahren.

1. Dezember. Bin wieder in Moskau. Hatte die ganze Nacht nicht geschlafen, von Zweifeln geplagt: „Am 1. komme ich nach Moskau", hatte L. N. mir geschrieben. Heute ist der 1., ich wollte den Schnellzug nehmen und dachte: ob er wirklich morgens nicht packt und nicht mitkommt? Hatte Herzklopfen, Hitzewallungen; doch morgens stand er auf und ging, ohne ein Wort zu sagen, nach unten. Ich stand gegen 10 Uhr auf und erfuhr, L. N. habe nicht gepackt und reise nicht. Mußte ständig mit den Tränen kämpfen. Kleidete mich an, ließ anspannen – von ihm kein Wort. Auf einmal geraten alle in Bewegung: Marja Alexandrowna Schmidt, Tanja, L. N. – warum ich reisen wolle? Ja, wie denn nicht? Es war doch so geplant, die Kutsche holt uns ab, Kinder und Enkel erwarten uns in Moskau. Wurde von unbändigem Schluchzen geschüttelt. Dann nahm ich meine Siebensachen, zog zu Fuß los und hieß den Kutscher, mir später nachzukommen; ich befürchtete, allen durch meinen Anblick die Laune zu verderben und wollte auch Lew Nikolajewitsch nicht die Genugtuung verschaffen, um die er sich jedes Jahr bemüht, nämlich meinen Kummer zu sehen, weil er nicht mit mir in Moskau leben will. Aber allmählich ist das nicht mehr auszuhalten: gerade dieses grausame Verhalten von ihm bringt mich zur Verzweiflung. Da sah ich plötzlich, mit der Kutsche kommt L. N., er hat seine Lammfelljacke an.

„Reise nicht, warte." Wir kehren nach Hause zurück. Er fängt an, mir in widerlichem Ton eine Moralpredigt zu halten, doch ich bin von Schluchzen geschüttelt. So geht das eine halbe Stunde, ich habe höllische Schmerzen und kämpfe gegen die Verzweiflung an. Tanja kommt hinzu. „Ich verstehe, wie weh Euch zumute ist", sagt sie. Schließlich nahm ich von allen Abschied, bat sie, mir zu verzeihen, und brach auf. Nie im Leben werde ich diese Fahrt nach Jassenki vergessen! Ein grauenhafter Wind! Völlig zusammengekauert mußte ich die ganze Zeit so schluchzen, daß mir der Kopf zu zerspringen drohte. Wie sie mich bloß in solch einer Verfassung ziehen lassen konnten! Nur eines hielt mich davon ab, mich vor den Zug zu werfen – daß man mich dann nicht neben Wanetschka beerdigt hätte, und das ist eine idée fixe von mir. Im Zug drehten sich alle Passagiere nach mir um, so mußte ich die ganze Zeit weinen; dann schlummerte ich ein. Habe den ganzen Tag keinen Bissen zu mir genommen. In Moskau dann – ein trostloser Empfang durch Kinder und Enkel, und wieder mußte ich weinen. Bekam ein Telegramm von L. N.: „Wie war die Reise, Sonja, komme morgen."[166]

2. Dezember. Erhielt gegen Abend einen Brief von Lew Nikolajewitsch[167]: er bittet um Vergebung für seine – angeblich unabsichtliche – Grausamkeit und unser Mißverständnis, nennt seine Erschöpfung und andere Gründe, weshalb er nicht gefahren ist und mich so gepeinigt hat. Dann traf er auch selbst ein ... Habe eine Neuralgie in der rechten Schläfe, mein ganzer Leib schmerzt inwendig, habe nachts kein Auge zugetan, alles in mir ist wie erstarrt. Empfinde weder Zorn noch Freude, weder Liebe noch Lebensmut – rein gar nichts. Könnte ständig weinen, und nun ist es mir sogar um meine Freiheit, meine Gesundheit und meine Freunde leid, die ich jetzt, wenn ich sie überhaupt treffe, dann nicht so, wie wenn ich allein bin und sie mir voll und ganz gehören. Der eine qualvolle Tag hat alles in mir zunichte gemacht!

Mühe mich, *meine Pflicht* zu erfüllen. Werde L. N. versorgen, werde für ihn abschreiben, werde seiner körperlichen Liebe zu Diensten sein – an die andere glaube ich bereits nicht mehr, und mit dieser ist es über kurz oder lang auch aus. Und was dann?!!! Es bleibt nur – Geduld, der Glaube, gute Menschen.

4. Dezember. Lag gestern den ganzen Tag krank im Bett. Der

Organismus hat die Aufregungen nicht ausgehalten. Alles in mir ist durcheinander: die Galle angegriffen, der Magen verstimmt, eine Neuralgie in der Schläfe, Brechreiz. Noch ein Lebenstag dahin.

Heute morgen fuhr ich zur Beerdigung von Sascha Safonowa. Das arme Mädchen – fünfzehn Jahre, begabt, temperamentvoll – starb unter schrecklichem Leiden drei Tage nach ihrer Schwester, die bald siebzehn geworden wäre. Der Anblick der Mutter war die reinste Qual. Sie haben noch sechs Kinder, doch diese beiden waren die ältesten.

Zu Hause ist es trostlos. L. N. zeigt sich ungnädig, meine Beschäftigungen mit den Kindern und auch sonst, mit der Musik, mit *meinen* Freunden – sind gänzlich ins Stocken geraten; seit L. N. da ist, gibt es nichts außer stumpfsinnigem Abschreiben und einer drückenden, das ganze Haus lähmenden Stimmung.

5. Dezember. Noch die gleiche Trostlosigkeit – selbst die Kinder, die Enkel, können mich nicht zerstreuen. Mischa ist an Influenza erkrankt; nach der Geschichte mit den Safonow-Mädchen schreckt einen alles, an die Ärzte glaubt man nicht mehr, bei den Safonows waren so viele gewesen. In Serjoschas Auftrag kam ein Duchoborze zu L. N., um ihn um Rat zu fragen, ob ein Teil der Duchoborzen statt nach Kanada nicht nach Kansas fahren solle, von dort ist jemand gekommen und hat sie dazu aufgefordert. L. N. riet davon ab, die Pläne zu ändern, sie sollten doch nach Kanada fahren.[168]

Es kam zu einer unerfreulichen Szene: Sonja, die Schwiegertochter, hätte so gerne gute Musik gehört; ich schlug vor, Lawrowskaja, Goldenweiser und Tanejew einzuladen und einen Musikabend zu veranstalten. Sonja und ich sagten schüchtern zu Lew Nikolajewitsch, wir hätten solche Lust auf Musik. Er zog eine verdrießliche Miene und sagte: „Also, dann gehe ich aus dem Haus." Darauf ich: „Gott bewahre, keiner will dich vertreiben, lieber hören wir keine Musik." Und er: „Nein, das ist noch schlimmer, als ob ich störte." Ein Wort gab das andere, es wurde sehr übel; von Musik konnte natürlich keine Rede mehr sein.

6. Dezember. Fuhr mit Sonja, Sascha und den Enkeln ins Theater: „Die Mainacht" von Rimski-Korsakow. Die Musik ist ihrem Charakter nach nicht einheitlich: mal lyrisch, mal rezitativ, dann wieder ein russischer – oder vielmehr kleinrussischer – Trepak, alles ohne

Verbindung, und es gibt wenig schöne Melodien. Was an der neuen Musik interessant ist – die komplizierten Harmonien, wie bei Tanejew –, ist nicht vorhanden, und was an ihr *begeistert* – der Reichtum an Melodien – genausowenig. Insgesamt war es langweilig. Habe auch im Kopfe eine Leere, bin von der seelischen Erschütterung noch nicht ganz genesen.

10. Dezember. Die Beziehung zu L. N. hat sich gebessert, ich glaube jedoch bereits nicht mehr an ihre Reinheit und Beständigkeit. Schreibe die folgenden Kapitel von „Auferstehung" ab. Die Augen tun mir weh, habe keinerlei Mußestunden, schreibe immer nur ab.

War mit Andrjuscha auf der Bank, übertrug ihm alle seine Finanzangelegenheiten und Gelder. Schenkte ihm einen Pelzmantel, 2000 Rubel und bestellte für seine Braut Tafelsilber zwölffach. Für alle meine Bemühungen und Geschenke hat er mir nicht einmal danke gesagt und machte auch noch ein unzufriedenes Gesicht.

12. Dezember. Den ganzen Tag abgeschrieben. Abends im Konzert. Zauberhaft das Quartett von Schumann. Sehe bald nichts mehr, das macht mir angst.

13. Dezember. Lud Lawrowskaja zum Singen, Tanejew zum Spielen und nahe Freunde zum Zuhören ein: Rajewskaja, Kolokolzews, Onkel Kostja, meinen Bruder mit Frau, Maslows u. a. Sergei Iwanowitsch hat vortrefflich gespielt und ebenso akkompagniert. Lawrowskaja sang lange und schön. Es wäre sehr nett gewesen, sogar fröhlich, wenn man Lew Nikolajewitsch nicht seinen verbissenen Protest gegen meine ganze Veranstaltung angemerkt hätte.

14. Dezember. Habe für Lew Nikolajewitsch abgeschrieben, sieben Stunden lang, ohne Unterlaß; beantwortete seine Briefe. Zuletzt drehte sich mir alles. N. N. Gay ist eingetroffen. Lew Nikolajewitsch ist weder fröhlich noch angenehm. Er klagt über Kreuzschmerzen. Mischa macht mir Kummer: alle Abende und Nächte verbringt er auf Bällen, am Tag schläft er bis um drei und geht nicht ins Lyzeum.

15. Dezember. Den ganzen Tag Rechnereien und Überprüfung des Buchverkaufs mit dem Kontordiener. Um fünf hielt ich mit Sascha das Kind der Dens, einen Jungen mit dichtem Haar, über die Taufe. Dann Besucher. War im Schwitzbad. L. N. las uns abends Jerome in einer Übersetzung vor – schlecht. Es taut kräftig.

16. Dezember. Morgens wieder Rechnereien mit dem Kontordiener. Brachte alle praktischen Dinge gut in Ordnung, beantwortete Briefe, revidierte alle Rechnungsbücher. Warja Nagornowa traf ein, freue mich sehr über sie. Auch N. N. Gay ist zu Gast, ein lieber, kluger Mensch, aber ein Pechvogel. L. N. las uns wieder Jerome Jerome vor und brach selbst in solches Gelächter aus, wie ich es von ihm schon lange nicht mehr gehört habe.

19. Dezember. Sind von dem Abend im Korsch-Theater zurück, der eine Veranstaltung zu Ehren von Tolstois siebzigstem Geburtstag sein sollte. Ein erbärmlicher, mißlungener Abend! Es wurde schlecht gesungen, schlecht gelesen, gab schlechte Musik und abscheuliche Lebende Bilder, die weder wahrhaftig noch schön noch künstlerisch waren – gar nichts. Michailowski bekam aus irgendeinem Grund ungeheure Ovationen; dann wurde nach Tolstoi gerufen, ihm ein Telegramm geschickt ... Alles vulgär, abgeschmackt, echte Herzensregungen waren beim Publikum nicht zu spüren. L. N. selbst ist heute mit dem Postzug allein nach Jasnaja Poljana gereist. Vormittags arbeitete er, um eins aß er Hafersuppe, trank ein wenig Kaffee und brach auf, wobei er sich nur von N. N. Gay begleiten ließ. Auf Trubezkois Bitte fuhr er kurz an der Mjasnizkaja vorbei, damit der Bronzegußmeister aus Italien nach eigenem Augenschein noch einiges an Lew Nikolajewitschs Büste ausbessern konnte.[169]

War vormittags bei der Probe des Sinfoniekonzerts, und abends hörte ich mir das Ganze noch einmal an, außer der Sinfonie von Borodin. Traf Sergei Iwanowitsch, unser Verhältnis ist freundschaftlich, unkompliziert und vertrauensvoll. Das ist zwischen Menschen das beste Verhältnis.

Iljuscha und Andrjuscha sind angekommen. Andrjuscha ist ganz niedergedrückt. Im Sommer hat er im Kaukasus der jungen Fürstin Gurjeli aus Leichtsinn einen Heiratsantrag gemacht und ihn dann brieflich wieder zurückgezogen. Das Fräulein hat auf sich geschossen, nun setzt sich ihre Familie für sie ein, und Andrjuscha befürchtet, sich duellieren zu müssen oder umgebracht zu werden. Nichts als Kummer hat man mit ihm! Mischa ist nach Orjol gefahren und von dort weiter zu Ilja und nach Jasnaja Poljana.

Diese junge Fürstin ist gestorben.[170]

20. Dezember. Erfuhr, daß die Teilnehmer am gestrigen sogenannten Tolstoi-Abend, und mit ihnen Sohn Ilja, hinterher zur Eremitage fuhren, um zu Abend zu essen – d. h. um sich zu betrinken. Und das nennt sich *Tolstoi ehren!* Eine Ungeheuerlichkeit!

Fuhr heute mit Sascha ins Konservatorium, zum Gedenkkonzert für Rubinstein. Nur wenige gute Sachen wurden gegeben; schön und dramatisch eine Arie aus Glucks „Iphigenie". Ging mit Sascha, A. I. und Sergei Iwanowitsch zu Fuß nach Hause, es war prächtig, wir plauderten und lachten fröhlich. Weicher nasser Schnee, alles in Weiß, zwischen Wolken der Mond – wie schön! Ich stürzte, es war aber nicht schlimm.

Zu Hause aufregende Gespräche über die junge Fürstin Gurjeli, die nach Andrjuschas Heiratsantrag und dessen Zurücknahme jetzt auf sich geschossen hat. Er hat Angst vor der Rache ihrer kaukasischen Verwandten.

23. Dezember. Fuhr mit Sascha und Sonetschka nach Jasnaja Poljana. Ilja kam auch mit. Der Zug war voll besetzt. Ilja spielte den Narren, brachte alles zum Lachen. In Jassenki Tanja und Ljowa. Ärger mit dem Gepäck, das weiterfuhr. Ljowa hat einen schwierigen Charakter, was ihn selbst wie auch seine Umgebung belastet, und er merkt es gar nicht. Wasser auf den Wegen, Tauwetter, wenig Schnee.

Daheim Mascha, sie ist mager, schwach und zum Weinen jämmerlich. Ihr Kolja genauso. Tanja faßt wieder Mut, hat aber ihre unglückliche Liebe noch nicht vergessen und ist deshalb auch unglücklich.

L. N. sieht diesmal ebenfalls jämmerlich aus, denn er fühlt sich unwohl. Er hat Kreuzschmerzen und erhöhte Temperatur. Ich kam guten Mutes an, glücklich, daß ich eine Zeit in Jasnaja Poljana, in der Familie verbringen würde, ohne innere Unruhe, ohne Musikbegeisterung, ohne Einsamkeit – kam an mit dem freudigen Gefühl, wieder bei Lew Nikolajewitsch zu sein, aber alle waren so am Boden zerstört, daß ich gleich von neuem traurig wurde.

24. Dezember. Jasnaja Poljana. Stand früh auf, rieb L. N. wieder Rücken und Kreuz ein, gab ihm Emser zu trinken; und wieder erregte ihn meine Nähe. Schlechtes Wetter, windig und feucht, obgleich drei Grad unter Null. L. N. geht es besser, er konnte wieder ein wenig arbeiten, die Tage davor hatte er gar nichts geschrieben, war völlig schwach und schlapp. Wenn ich nicht da bin, geht ihm das

Schreiben nicht von der Hand, er wird leicht krank, hinfällig und schläft schlecht.

Heute ist er ein ganz anderer Mensch, ich sagte ihm das, und er stimmte lächelnd zu. Fühle mich wohl hier, bloß sind die Meinen alle nicht munter; fürchte, daß bei dem allgemeinen Mißmut *meine* Munterkeit allein nicht ausreicht. War im „anderen Haus" bei Dora und Ljowa und ergötzte mich an Ljowuschka, dem lieben, herzigen sechsmonatigen Enkel. Ging durch den Garten, wie immer mit sentimentalen Gefühlen für Jasnaja Poljana, mit Erinnerungen an die Jugend und die letzten Jahre, sowie in der Stimmung zum Beten.

In der letzten Zeit bin ich kleinmütig, für Leid oder Unglück nicht gerüstet. Bin weichherzig, jeder dauert mich, habe Schuldgefühle, bin unfähig zu Widerspruch, Geduld, Gelassenheit, und vor allem mangelt es mir an religiösem Empfinden. Zu sehr ist mein Herz von anderem erfüllt.

Tanja, Ljowa, Sascha und Sonja Kolokolzewa waren Schlittschuhlaufen. Der ganze Teich ist zugefroren, ohne Schnee, schade, daß ich meine Schlittschuhe in Moskau gelassen habe.

25. Dezember. Weihnachten. Jasnaja Poljana. Schon morgens war alles in festtäglicher Stimmung: Geschenke wurden vorbereitet und die aus Moskau mitgebrachten Delikatessen hergerichtet. Das Beste am ganzen Tag war mein Waldspaziergang; besonders schön war es in der jungen Tannenschonung. Drei Grad unter Null, Stille, und ab und zu kam endlich auch die den ganzen Herbst verschwundene Sonne hervor. Alles war mit frischem, nachts gefallenem Schnee bedeckt, ein leichter Schneeflaum auch über den jungen grünen Tännchen, am Horizont der breite schwarze Streifen des alten Sasseka-Forstes, winterlich erstarrt, und alles still, ernst, unbeweglich. Ich empfand tiefen Genuß; am besten ergeht es einem doch in Natur und Kunst. Wie gut Sergei Iwanowitsch das versteht. In der Familie und unter Menschen jedoch – wieviel unnötige Aufregung, wieviel Schmerzliches, Böses ...

Aßen im Familienkreis zu Mittag, es war schön und heiter. M. A. Schmidt kam angefahren. Gegen fünf wurde bei Dora und Ljowa der Baum angezündet, es gab Tee und Leckereien. Die arme Dora ist erschöpft, aber mit ihren Neunzehn ist sie ja fast noch ein Kind, sie braucht es einfach, zu *feiern,* und fand alles gelungen und fröhlich.

Der kleine Enkel Ljowuschka ängstigte sich und staunte. Ein prächtiger, netter Junge.

Gegen acht wurde die Stimmung gedämpft: L. N.s Temperatur stieg auf 38; auch jeden Abend davor war sie gestiegen, aber nur auf 37,7, und heute mehr. Alle ließen den Kopf hängen.

26. Dezember. Die ganze Nacht hatte L. N. heftiges Fieber. Er stöhnte, jammerte und gebärdete sich derart, daß ich keine einzige Stunde schlafen konnte. Dunjaschka sagte: „Der Herr ist schon sehr empfindlich, ganz anders als Ihr." In der Tat, einen unduldsameren und egoistischeren Kranken gibt es wohl kaum. Und vor allem auch keinen störrischeren. Gestern aß er den Rhabarber nicht, heute erst um elf Uhr abends. Auf den vollen Magen darf er jetzt kein Chinin gegen das Fieber einnehmen, damit zieht es sich wieder um einen Tag hinaus – und alles nur aus Starrsinn, aus Widerwillen, mir zu gehorchen und rechtzeitig ein Abführmittel zu nehmen. Oh, wie habe ich es satt, wie lästig und schwer ist es, alle Energie zusammenzuraffen, um von neuem *gut zuzureden, zu drängen,* zu zürnen, und alles mit dem einen Ziel, ihm aufzuhelfen, ihm beizustehen, diesem griesgrämigen, ungehaltenen, störrischen Menschen, für den ich mein ganzes Leben geopfert und alles Eigene in mir abgetötet habe – selbst so schlichte Bedürfnisse wie Ruhe, Muße zum Lesen, zur Musik, ganz zu schweigen davon, daß ich nie irgendwo gewesen bin, weder im Ausland noch in Rußland.

Ein Handwerker aus Tula kam an und brachte ein erstaunliches Bild von einem Bauern, der Ikonen malt. Das Bild ist ungefähr anderthalb Arschin groß, mit Bleistift gezeichnet, und in der Mitte sitzt Lew Nikolajewitsch; links eine Schule, Kinder, dahinter ein Engel, darüber Christus auf Wolken, Engel und weise Männer: Sokrates, Konfuzius, Buddha u. a. Rechts eine Kirche und davor ein Galgen mit Erhängten. Im Vordergrund Erzbischöfe, Priester, ein Kammerherr, und weiter hinten Kriegsvolk zu Fuß und zu Roß. Vorne Menschen verschiedenster Nationen, die Bücher lesen, ganz im Vordergrund seltsamerweise ein Türke mit Turban und einem großen Buch. L. N. gleicht sich zwar nicht im Gesicht, aber sein Typ ist getroffen. Er sitzt da, die Beine untergeschlagen.

Schlimme Berichte von den Bauern in Jasnaja Poljana: einer hat seinen Bruder bestohlen, eine Witwe ihr uneheliches Kind erschlagen, ein Vater seinen Sohn durch den Spalt einer Vorratskammer gezwängt und ihn stehlen und Sachen herausgeben lassen; in unserer Bibliothek wurden Fenster zerschlagen, und Kinder haben Bücher entwendet. Alles ärgerlich, alles schmerzlich. O Macht der Finsternis!

Leichter Frost. Ruhe und Frieden, wären nicht die Menschen mit ihren Lastern. Wie habe ich die Ruhe, die ruhigen Menschen und Beziehungen lieben gelernt!

Lese ein vortreffliches Buch über den Buddhismus mit dem Titel „The Soul of a People".[171] Auf was für wundervolle und einfache Weisheiten man doch im Buddhismus stößt! Man scheint sie selbst schon zu kennen, daß sie aber ausgesprochen werden, und dazu so lakonisch – das erquickt das Herz.

Gerade habe ich geschrieben, ich liebte die *Ruhe,* und da fallen mir die Worte ein, die in diesem Buch hervorgehoben sind: „... the greatest good for your heart is to learn that beyond all this turmoil and fret is the great Peace."

Ein Brief von Serjoscha, der wunderschön die Abreise der Duchoborzen mit Sulerschizki aus Batum beschreibt. Zweitausend Menschen brachen auf, und inzwischen ist auch Serjoscha schon unterwegs (ein Telegramm kam), ebenfalls mit zweitausend Duchoborzen, und alle nach Kanada.[172] Habe Angst um Serjoscha, aber was er da tut, ist eine gute Sache – schön und interessant. Wie töricht von der Regierung, so wunderbare Menschen aus Rußlands Randgebieten wegziehen zu lassen! Wirklich ein wunderbares, sittlich hochstehendes Volk, es gibt bei ihnen kein unflätiges Geschimpfe und keine Verbrechen. Ihre Abfahrt hatte etwas Schicksalhaftes und Triumphales an sich, wie Serjoscha schreibt. Hymnen wurden angestimmt, als der Dampfer ablegte – und was mag dieses siebentausendköpfige Volk wohl erwarten, das sich in fünfundzwanzigtägiger Überfahrt an unbekannte Orte begibt, ohne Kenntnis der Sprache und mit wenig Geld ... Eine erstaunliche Standhaftigkeit. Ob das jedoch ein Glaube ist im Sinne der Religion?

War lange, sehr lange spazieren; die Stille und Unbeweglichkeit der Natur ist beeindruckend; ein leichter Frost, wenig Schnee, so daß man auch im Wald überall gehen kann, nicht nur über die Felder. Wunderschön!

Abends kamen Gäste: Sossja und Pawlik Stachowitsch und S. N. Glebowa. Lew Nikolajewitsch geht es besser, und davon wurden alle fröhlicher.

27. Dezember. War morgens spazieren, befaßte mich mit Enkel Ljowuschka und schrieb ein wenig L. N.s Tagebücher ab. Um fünf brachen Tanja, Sascha, Sonja Kolokolzewa und ich nach Grinjowka zu Ilja auf. Hier ist auch Mischa – mager, innerlich unruhig und nervös. Das Verhältnis zu Sonja und Ilja ist gut und gelöst. Die Kinder schliefen schon, außer Annotschka.

28. Dezember. Morgens veranstalteten wir eine Weihnachtsfeier mit Bescherung; die drei Enkel sind gesunde, blondlockige Jungen – vorerst noch fröhlich anzuschauen. Enkel sind jedoch nicht dasselbe wie Kinder. Nur eine Wiederholung bereits erlebter Kinderzeiten, ohne unmittelbare Liebe, Besorgnis, ohne den *Traum* und die Suche nach der eigenen Ähnlichkeit oder der des geliebten Mannes. Die Träume über die Zukunft der Kinder gehen nicht in Erfüllung, es ist nur schön, solange es noch Träume sind.

Waren lange spazieren, der frische, über Nacht gefallene Schnee glitzerte in der hellen Sonne auf den endlosen Feldern; es war still, friedlich und schön. Ging ein weites Stück allein und dachte über alle Dinge und Menschen nach, die ich liebe. Auch in meinem Herzen ist es still, friedlich und schön.

Abends Gäste, ein großartiger Weihnachtsbaum (habe den Baumschmuck aus Moskau mitgebracht); Nachbarn, Gesinde und Bauern kamen. Lieder, Tänze, Masken; eine geschmacklose Darbietung von „Zar Maximilian und sein ungehorsamer Sohn Adolf". Sascha und Annotschka verkleideten sich und tanzten maskiert. Sascha ist dick, unbeholfen und verdrießlich anzuschauen. Schön bei Ilja ist, daß sein Haus *jedem* offensteht, vergnüge sich wer mag. Berge von Speisen wurden aufgetischt – bitte sehr, eßt und trinkt nach Herzenslust. Als Nachtlager wurden im Kontor Heu und Lammpelze auf dem Boden ausgebreitet, und alle legten sich schlafen. Ein turbulentes Haus, wo man herzlich und mit offenen Armen empfangen wird, aber ich könnte so nicht leben.

29. Dezember. Ein herrlicher Tag, alle Bäume und die ganze Natur sind dick mit Rauhreif überzogen, alles ist weiß, Himmel und Erde sind zu einem einzigen weißen Märchenreich verschmolzen. War lange allein spazieren, die Kinder fuhren Schlitten. Ilja hat nur an einem wirklich Interesse, nämlich an Pferden und Hunden, und das ist sehr traurig. Fuhren um sechs Uhr ab, nahmen Enkelin Annotschka mit. Die Fahrt von Jassenki nach Jasnaja Poljana war scheußlich, bin die Wege auf dem Land im Winter nicht mehr gewohnt; und bei der Fahrt von Grinjowka zur Bahnstation verirrten wir uns und kamen wieder zum Haus zurück. In Jasnaja ist es schön. L. N. ist gesund und leidenschaftlich.

30. Dezember. Seit früh Schneesturm. Mascha, die Ärmste, ist bleich, mager und still; sie sieht so zart aus, bin ganz ergriffen, und wenn ich sie so anschaue, liebe ich sie sehr.

Bulygin hat ein Palaver mit Koletschka Gay, daß man die Kinder zur Erziehung in die Schweiz bringen müsse; beide sind sie um die Vierzig, haben uneheliche Kinder in die Welt gesetzt, sie nicht taufen lassen, und jetzt wissen sie nicht, was sie mit den Kindern machen sollen.

31. Dezember. Der letzte Tag des Jahres. Was das neue Jahr wohl bringen wird? Morgens setzten bei Mascha Wehen ein. Qualvolles Warten, daß sie eine Fehlgeburt hat oder von einem toten Kind entbunden wird. Es geht auf zehn Uhr abends; die Hebamme ist da, Doktor Rudnew kommt noch. Im Haus ist es still, alle verharren in qualvoller Erwartung.

Fünf Minuten vor zwölf wurde Mascha von einem unausgetragenen Viermonatskind, einem Sohn entbunden.

Alle atmeten auf, und die ganze Familie feierte still und gemütlich den Jahreswechsel. Lebe wohl, altes Jahr, du hast mir viel Leid gebracht, aber auch nicht wenig Freude. Einen Gruß an jene Menschen, die sie mir schenkten.

1899

1. Januar. Bin unzufrieden mit dem Jahresanfang. Wir standen spät auf; ich fuhr mit den Kindern – Sascha, Sonja Kolokolzewa und den

Enkeln Annotschka und Mischa – im großen Schlitten zum Photographieren in den Wald. Es war sehr schön im Wald und lustig mit den Kindern. Wir machten Aufnahmen, lachten; die Gabeldeichsel ging los, und die kräftige Sascha band sie wieder fest. Zum Mittagessen kehrten wir zurück. Nachmittags gingen wir Teetrinken zu Dora und Ljowa, der Baum wurde noch einmal angezündet. Bei uns verkleideten sich dann die Kinder und Dienstboten beider Häuser und tanzten, erst zu Klaviermusik, dann zu zwei Ziehharmonikas. Ich setzte mich derweil ein wenig zu Mascha, dann entwickelte ich die Photographien. Nähte Lew Nikolajewitsch einen Kittel.

Beim Abendessen waren alle wieder beisammen; hinterher spielten wir das Rubelspiel, jeder machte mit, sogar Lew Nikolajewitsch. Es war lustig, aber nicht danach steht mir der Sinn, habe nach anderem Sehnsucht, und das ist schmerzlich und bedauerlich.

Wieder Tauwetter, zwei Grad über Null, Nässe, Pfützen und Wind.

Wolchonski, der mit Sweginzewa verheiratet ist, war da. Mascha ist wohlauf, Gott sei Dank. Lew Nikolajewitsch kommt mit der Arbeit schlecht voran. Alles im Leben, jegliche Gemütsschwankung, erklärt er mit physischen Gründen, bei sich selbst wie auch bei mir und allen anderen.

4. Januar. Abends wieder Gäste: die Tscherkasskis zu dritt, die Wolchonskis zu zweit, die Boldyrews – Mary ist unendlich lieb. Ziehharmonikaspiel, Tanzerei, unbeholfenes Liedersingen im Chor ... Wie abgeschmackt! In meinem Alter und bei meinen geistigen Ansprüchen ist das schwer zu ertragen. Da verlangt es einen nach ernsten menschlichen Beziehungen, nach ernster Musik – und gewiß nicht nach Ziehharmonikaspiel, das mir stets verhaßt war. Widerlich die alte Fürstin Tscherkasskaja, diese anrüchige Person, die ewig jung bleiben möchte. Wir schreckten Mascha aus dem Schlaf auf, und sie bekam einen hysterischen Anfall. Es war furchtbar ärgerlich, und indirekt meine Schuld, hatte mit der alten Hexe Krach gemacht.

Lew Nikolajewitsch ist wieder frohen Mutes, was die Arbeit anbetrifft.

5. Januar. Gab mich mit Photographieren ab und schrieb einen langen Brief an Serjoscha[1], den ich vermisse. Er müßte jetzt auf dem Atlantischen Ozean sein.

6. Januar. Fuhr mit Sonja Kolokolzewa nach Moskau. Hier ist es friedlich und schön, die Kinderfrau herzlich. Bin wieder allein mit meinem Innenleben, das mir so teuer ist; Erinnerungen an stille, freundschaftliche Abendgespräche.

7. Januar. Den ganzen Tag Einkäufe und Erledigungen in der Stadt. Nachts Abfahrt nach Tula. Las abends „Beginn des Lebens" von Menschikow[2], ein Aufsatz über das Leben der Kinder.

8. Januar. Morgens in Tula, allein in einem Zimmer des Hotels Petersburg – trostlos; war bekümmert und erregt über Andrjuschas Heirat.[3] Las eine französische Broschüre – ein Brief an E. Zola über Auguste Comte –, die Lew Nikolajewitsch zugeschickt bekommen hatte. Eine Streitschrift für Frieden, Brüderlichkeit, Soziologie.

Die Söhne kamen an: der spindeldürre Ljowa, der aufgesetzt lustige Ilja, der erregte Andrjuscha und der völlig kopflose, laute und egoistische Mischa, der seine Uniform nicht erhalten hatte und nach einem Frack suchte.

Ilja und ich erteilten Andrjuscha gleich im Hotelzimmer den Segen. Andrjuscha war bewegt, handelte wie in Trance, begriff aber selber nicht, weshalb er heiratete und was nun weiter werden solle. Aus Olga werde ich noch nicht klug. Eine Hochzeit ist immer etwas Schreckliches, Geheimnisvolles und Ergreifendes. Hätte die ganze Zeit weinen mögen.

Mittagessen bei den Kuns, danach Geleit zum Bahnhof, alle waren angetrunken. Lew Nikolajewitsch kam in seiner Lammfelljacke zum Tulaer Bahnhof geritten. Wir waren von einer Menschenmenge umgeben: Tolstoi und eine Hochzeit, da ist ja jeder neugierig. Wir geleiteten das junge Paar bis Jassenki; von dort fuhr ich mit Tanja in der einspännigen Kutsche heim. Es stürmte ein wenig, kaum Schnee, der Mond schien. Zu Hause – trostlos: Mascha mit Kopfschmerzen, die liebe Dora, mein geliebter, dünner Ljowa, der schlappe Kolja, Koletschka Gay, die kecke Marussja – doch im Grunde alles ganz gut. Mit uns trafen die Diterichs ein. Lew Nikolajewitsch liebt allmählich seinen Ruhm. Auf dem Bahnhof hat er voll Befriedigung auf die Menge geblickt, das habe ich gemerkt. Er ist gesund, aber gibt sich recht kühl.

9. Januar. Jasnaja Poljana. Den ganzen Tag Packerei und Hausputz. War im „anderen Haus“ bei Ljowuschka, liebe dieses Wurm sehr. Es ist warm, regnet und taut. Der Schnee ist schon fast weg. Lew Nikolajewitsch hat Kreuzschmerzen, rieb ihn abends fest ein. Immer noch arbeitet er an „Auferstehung“. Mascha geht es besser, sie versucht aufzustehen.

10. Januar. Reisten mit dem Schnellzug nach Moskau. Der Zug war wieder überfüllt. Es fuhren: Lew Nikolajewitsch, ich, Sascha, Tanja und Marussja Maklakowa. Die liebe Mary Boldyrewa (geb. Tscherkasskaja) schloß sich uns unterwegs an. Das Verhältnis zu Lew Nikolajewitsch ist sehr einträchtig, unkompliziert, wie ich es mag, ohne Furcht auf meiner Seite und ohne Nörgeleien und Hintergedanken auf der seinigen. Wäre es doch immer so! Die Fahrt nach Moskau hat er anscheinend ohne Vorbehalte und sogar gerne angetreten.

Unterwegs las ich die Komödie „Glück im Winkel“ von Sudermann.[4] Fühle mich die ganze Zeit unwohl. Bin erschöpft von der Reise, dem Ein- und Auspacken, dem Hausputz, den ständigen Sorgen – überhaupt war mein ganzes *Leben* in der letzten Zeit hektisch und ermüdend.

11. Januar. Nun hat es mich richtig gepackt. Habe Grippe, unentwegt ein Stechen in der Brust, Kopfweh. Lew Nikolajewitsch hat immer noch Kreuzschmerzen. Unser Verhältnis ist einträchtig und ruhig wie zuvor.

12. Januar. Tanjas Namenstag. Ab zwölf Uhr mittags unablässig Gäste, langweilige, uninteressante Leute. Schokolade, Geschwätz, endlose Scharen von Studenten, von Mischas Kameraden usw. Bin in immer schlechterer Verfassung. Wartete den ganzen Tag auf Sergei Iwanowitsch – er kam nicht; es heißt, er sei in Klin, arbeite mit M. I. Tschaikowski an der Einstudierung von P. I. Tschaikowskis Ballett „Dornröschen“. Abends waren Mascha Kolokolzewa, Lisa Obolenskaja und der gerade aus Tiflis zurückgekehrte Pianist Igumnow da. Er spielte die Tarantella und ein Nocturne von Chopin, eine Ballade von Rubinstein, das Andante aus einer Schubert-Sonate und etwas von Mendelssohn, doch alles so flau, daß ich sein Spiel nicht wiedererkannte. Oder mir war so unwohl, daß ich nicht recht zuhören konnte.

Lew Nikolajewitsch habe ich heute kaum gesehen. Er schrieb viele Briefe und gab sich mit seiner Schriftstellerei ab.[5] Immer noch klagt er über Kreuzweh, habe ihn wieder eingerieben.

13. Januar. Mischa kam an und erzählte, im Eremitage und im Jar hätten gestern Studenten, Kanzlisten, ältere Herren und sonstige Leute, die den Tatjanentag (den Universitätsfeiertag) feierten, betrunken Trepak getanzt – insgesamt dreihundert Leute. Sollten sich schämen! Habe den halben Tag im Bett verbracht.

14. Januar. Lew Nikolajewitsch geht es gut, seit heute früh schreibt er, trinkt Tee und ist ruhig. Alexander Petrowitsch ist aufgetaucht und schreibt wieder für ihn ab. Bin froh, für mich wäre das jetzt zu mühsam.

Verbrachten einen wunderbaren Abend: Lew Nikolajewitsch las uns zwei Erzählungen von Tschechow vor, „Herzchen" und eine andere, habe den Titel vergessen, etwas über Selbstmord, eigentlich mehr eine Skizze.[6] Igumnow kam, der Pianist, und spielte hervorragend, vorwiegend Chopin: eine Barkarole, eine Ballade, ein Nocturne, eine Masurka. Am besten gelang ihm die wunderschöne Barkarole.

15. Januar. Abends kamen: M. I. Tschaikowski, zwei Engländerinnen[7], Nakaschidse, Goldenweiser, Pomeranzew und Tanejew. Er sprach lange mit Lew Nikolajewitsch, weiß jedoch nicht worüber.[8] Dann las Lew Nikolajewitsch noch einmal vortrefflich Tschechows „Herzchen" vor, und alle lachten sehr. Zu einem Gespräch mit Sergei Iwanowitsch kam es nicht, wäre ja sowieso kein rechtes Gespräch gewesen, bei soviel Leuten ringsum. Lew Nikolajewitsch hat sich gut gegen ihn verhalten, Gott sei Dank.

16. Januar. Ein Telegramm von Sulerschizki, er sei mit den Duchoborzen wohlbehalten in Kanada angekommen, das Land gefalle ihnen, und man habe sie dort sehr gut empfangen. Nun müßte unser Serjoscha in sechs Tagen dort eintreffen. Warte voll Ungeduld auf sein Telegramm, muß unentwegt an ihn denken und lege mir sogar die Karten.

War heute mit M. I. Tschaikowski auf einer Probe des Balletts „Dornröschen" von P. I. Tschaikowski. Die Musik allerliebst, die Aufführung großartig, doch für Ballett bin ich zu alt, langweilte mich und ging.

17. Januar. Zu Lew Nikolajewitsch kamen Mjassojedow[9] und ein Aufseher aus dem Butyrka-Gefängnis, der ihm sehr viele Aufschlüsse gab über die technische Seite des Gefängniswesens, über die Häftlinge, ihr Leben u. a. – alles für „Auferstehung".[10]

18. Januar. Schrieb gestern das Datum, der heutige Tag lohnt aber keinen Tagebucheintrag. Abends Gäste: die Boldyrews, Nakaschidse und noch ein interessanter Gast: B. N. Tschitscherin. Er las uns seinen Artikel über zwei unschuldig angeklagte alte Männer vor, Anhänger der Geißlersekte; von den zahllosen Zeugen wurde nur er vom Gericht abgelehnt, obgleich das nicht rechtens war; einer der beiden Alten war bei B. N. Tschitscherin Waldhüter. Zu Lew Nikolajewitsch kam um acht Uhr abends ein Masseur, das scheint L. N. peinlich zu sein.

Wieder kam der Gefängnisaufseher, um über das Gefängnis, Häftlingstransporte u. a. Auskunft zu geben.

19. Januar. Morgens Erledigungen: brachte für Ilja Geld auf die Bank und leistete div. Zahlungen. Lew Nikolajewitsch ist munter und unterhält sich mit dem Gefängnisaufseher. Habe Kopfweh.

20. Januar. Schlief die ganze Nacht nicht. Morgens eine freudige Nachricht – ein Telegramm von Serjoscha aus Kanada: er ist mit den Duchoborzen wohlbehalten angekommen, auf der Überfahrt sind drei Menschen gestorben, einer zur Welt gekommen und Blattern ausgebrochen, deshalb mußten sie in Quarantäne.

War in der regelmäßig veranstalteten Gemäldeausstellung;[11] Trubezkois Skulpturen zeugen von großem Talent. Daß Bilder der Dekadenten ausgezeichnet wurden, empörte mich. Es gab wunderschöne Landschaften und zwei gute Frauenporträts, Morosowa und Muromzewa. Außerdem reizende Feldblumen.

Lew Nikolajewitsch hatte Besuch von Finsterlingen: Nikiforow, Kutelewa, eine Hebamme, die in der Hungersnot geholfen hat, ein gewisser Sonow, Uschakow ...

21. Januar. War in einer belgischen Ausstellung.[12] Alles irgendwie kalt, nichts geht einem nahe, wenig Gefühl, wenig Farben, wenig Leidenschaft. Landschaften liebe ich immer mehr. Und ich liebe ausländische Ausstellungen, weil ich dann gewissermaßen das Land bereise, woher die Bilder stammen: man sieht die Trachten, die Häuser, die Sitten, Arbeitsweisen, Spiele – von den Ansichten ganz zu schweigen. Heute beeindruckte mich zutiefst das *Schloß Walsen* auf dem Felsen.

Abends kam Tanejew und spielte. Das ist für mich derzeit das höchste Glück. Er spielte hervorragend eine Fuge von Bach und eine Polonaise von Chopin; dann noch ein Rondo von Beethoven, zwei Chopin-Walzer und ein Impromptu.

Lew Nikolajewitsch ritt heute vor dem Essen aus, ich war sehr in Unruhe, weil er lange nicht zurückkehrte. Abends kam zum dritten Mal der Masseur und massierte ihm das Kreuz.

22. Januar. Stattete heute sieben Visiten ab; abends wieder Gäste zuhauf. Bin fürchterlich erschöpft. Schaute kurz bei Sergei Iwanowitsch vorbei, dankte ihm für das gestrige Vergnügen und erkundigte mich nach seinen Fingern, die er sich gestern, als er uns vorspielte, schwer beschädigt hat.

Die Annenkows, der schweigsame Rostowzew, der liebe Dawydow, die bedauernswerte Boratynskaja, der Student Suchotin, Butenew-père – dabei schmerzt mir unerträglich die Schläfe, alles ist mir lästig, bin matt, im Herzen schlimme Schwermut.

Ein lieber Brief von Andrjuscha, Olga fügte ein paar Zeilen hinzu.[13] Vorerst genießen sie ein stilles Glück. Aber wie das wohl weitergeht?

Mit Lew Nikolajewitsch wechsle ich den ganzen Tag kein Wort. Morgens schreibt er, dann geht er spazieren, heute abend war er bei Mischa im Lyzeum, dann wieder Gäste, die wie eine Wand ewig zwischen uns stehen, und das verdrießt einen. Mischa ist mißmutig, er schläft nicht im Lyzeum, und ich fürchte, er wird nicht dort bleiben.

23. Januar. Ein in Stille und Abgeschiedenheit verbrachter Tag. Für alles reichte die Zeit: habe „Tod und Unsterblichkeit in der Vorstellung der Griechen“ gelesen, ein wenig gearbeitet, bei Lew Nikolajewitsch gesessen und sogar ein paar von den korrigierten Fahnen für ihn abgeschrieben. Den ganzen Abend kam keine Menschenseele, welch eine Wohltat! Tanja führte Sascha zu einem Tanzabend aus, Mischa kam auch mit – Mischa Mamonow, ein rührender, kluger Junge; ich liebe Kinder, bin selber nie recht erwachsen geworden, und Kinder sind dankbare, gutherzige Geschöpfe, die neugierig und interessiert in die Welt hinausschauen. Sonja Mamonowa ist bei uns zu Gast, aufgrund ihrer guten Erziehung und Wesensart ist der Umgang mit ihr sehr angenehm.

24. Januar. Zehn Grad unter Null, klar. Vormittags mißglückte Visiten, abends Heerscharen von Gästen: Naryschkins, Jermolowa, Fürstin Golizyna, Graf Sollogub, Stachowitsch, Olsufjew, junge Burschen, Swerbejewa u. a. – insgesamt dreißig Leute. Ich lag mit Neuralgie im Bett, doch Tanja holte mich zu den Gästen. Alles sah wie reiner Zufall aus, offenbar hat aber Tanja diesen Abend mit Sonja Mamonowa veranstaltet. Lew Nikolajewitsch war die ganze Zeit zugegen, las den Damen Tschechows „Herzchen" vor und unterhielt sich mit allen lebhaft. Dann spielte Goldenweiser eine Mozart-Sonate und etwas von Chopin. Wir gingen spät zu Bett, Mischa fing noch ein Gespräch mit mir an, ob das Leben im Internat des Lyzeums nicht doch seine Kräfte übersteige. Ich bin sicher, daß er abgehen wird.

25. Januar. Saß den ganzen Tag zu Hause, wurde aber ständig durch Besucher von der Arbeit abgehalten. Die Brüder Olsufjew kamen, lasen „Auferstehung" und tranken Tee. Zu Tisch war Stachowitsch da, düster gestimmt. Tanja sah sich mit Trepowa Tschechows „Möwe" an.[14]

Plauderte mit den Tolstajas, spielte Klavier, mittags allein, abends mit Mascha, dann mit Tanja, sie auf dem Harmonium. B. N. Tschitscherin und Strachow waren da. Lew Nikolajewitsch bekam wieder eine Massage; Doktor Ussow kam und schaute nach ihm. Das Kreuz ist besser. L. N. war sehr geschäftig, er will seiner „Auferstehung" noch Sprüche aus dem Evangelium voranschicken und bat mich, dies Marx und der Redaktion der „Niwa" mitzuteilen.

Wind und Frost, auf den Straßen werden Feuer angezündet. Beim Mittagessen machte ich mir Vorwürfe, daß ich es nicht recht verstehe, glücklich zu sein. Es kam heute zu einem hitzigen Gespräch. Lew Nikolajewitsch sagte, Prinzipien zu haben und sich geistig zu vervollkommnen, sei wertvoll, auch wenn man sich dabei durch seine Leidenschaften zu Schwächen hinreißen lasse. Ich erwiderte, wenn man trotz solcher Prinzipien sündigen und sittlich abgleiten könne, wozu sollte ich sie mir dann überhaupt zur Richtschnur machen. Besser, man habe ohne Prinzipien das richtige innere Empfinden, das den Willen immer in Richtung des Guten lenkt.

Lew Nikolajewitsch sagte, die geistige Vervollkommnung bringe den Menschen auf den Weg zu einem guten Leben. Ich aber entgegnete, während ein Mensch sich vervollkommne, könne er zwanzigmal und mehr eine schlechte Tat begehen. Besser, man wisse von vornherein, was schlecht ist, und sündige nicht, ohne diese spezielle Vervollkommnung abzuwarten. Nur sehr lasterhafte Menschen haben diesen langen Weg nötig, und wer nicht lasterhaft ist, der hat es leichter, der braucht einfach nicht abzugleiten und zu sündigen.

Bald ist es zwei Uhr nachts. Lew Nikolajewitsch schickte aus irgendeinem Grund gerade nach Maklakow[16] und ließ sich etwas zu essen aufwärmen. Wieviel Unrast er immer in den Haushalt bringt, und merkt es selber nicht!

26. Januar. Schrieb für Lew Nikolajewitsch die korrigierten Fahnen von „Auferstehung" ab; sein vorsätzlicher Zynismus bei der Beschreibung des orthodoxen Gottesdienstes war mir zuwider. Zum Beispiel: „Der Priester hielt dem Volk eine vergoldete Darstellung des Kreuzes hin, an dem, *wie an einem Galgen*, Jesus Christus hingerichtet war". Die Gaben des Abendmahls nennt er *Brotsuppe im Kelch*. Das ist eifernd und zynisch, eine schwere Verunglimpfung derer, die daran glauben, und mir zuwider. Habe ein wenig gelesen und Tagebücher abgeschrieben. Keine Gäste, welch ein Glück!

29. Januar. Erinnere mich nicht mehr, was alles war: stattete mit Tanja Visisten ab, spielte ein wenig, war niedergedrückt und in Sorgen um die abwesenden Kinder. Heute schnitt ich zu und nähte, bin sehr müde. Dachte an Sohn Serjoscha, und mir fiel ein, wie er seine Romanze komponiert und mir vorgespielt hat: „Wir trafen uns wieder nach Jahren der Trennung ...", und die Strophe endet: „Wir drückten einander die eiskalten Hände, uns strömten die Tränen herab ..."[17] Weiß ich doch, daß er seine ganze Herzensnot in diese Romanze hineingelegt und sich ausgeweint hat. Er ist *linkisch*, aber tief in seinen Empfindungen und hat große Fähigkeiten. Er versteht seine guten Eigenschaften nicht zu *nutzen*. Wir Frauen, und insbesondere seine Frau, mögen es manchmal, mit den Männern verliebt zu *tändeln:* sentimentale Spaziergänge zu unternehmen, auszugehen oder einfach nur liebevoll umsorgt zu werden. Aber bei einem Tolstoi kann man darauf lange warten. Wie oft überkommt einen herzliche Zärtlichkeit zu seinem Mann – bloß darf man das, Gott behüte, nicht äußern, sonst holt man sich eine derart mürrische Abfuhr, daß man sich seines Gefühls schämt und betrübt ist. Er selbst liebkost einen nur, wenn in ihm die Zärtlichkeit erwacht – allerdings eine ganz andere ...

Ging morgens auf eine Probe, es war mir ein Genuß, wie Lawrowskaja Bach sang. Sie singt gut, und ihr ernster, ein wenig düsterer Gesang in dem leeren Saal entsprach so ganz meiner Stimmung, nichts und niemand störte mein stummes Alleinsein.

Abends ging Lew Nikolajewitsch mit Dunajew ins Schwitzbad, und ich begab mich zu den Maslows und saß ein Stündchen bei Warwara Iwanowna und Julija Afanassjewna. Diese beiden liebe ich von der ganzen Familie am meisten, sie sind teilnahmsvoll, gütig und klug.

30. Januar. War von morgens an unentwegt am Nähen: erst eine Leibbinde für den Kutscher, dann steppte ich mir auf der Maschine einen Seidenrock. Lew Nikolajewitsch hatte Besuch von dem alten Soldatenkow, der ihm Geld brachte, 5000 Silberrubel für die Duchoborzen.[18] Gefällt mir gar nicht, dieses Geldbetteln bei reichen Leuten, und das, nachdem L. N. einen kritischen Artikel über *Geld* verfaßt hat, es für etwas *Böses* hält und ablehnt.[19] Genauso schmäht er jetzt auch, aus Widerspruchsgeist, die Musik, dabei hat M. I. Tschaikowski mir gesagt, es gebe einen Brief von Lew Nikolajewitsch an Pjotr Iljitsch Tschaikowski, in dem er schreibt, er halte die Musik für eine hohe Kunst und räume ihr den *ersten* Platz unter den Künsten ein.[20]

Mir geht häufig durch den Sinn: daß Lew Nikolajewitsch sich nicht *schämt,* ein Leben in solch krassen Widersprüchen zu führen! Bei ihm beruht alles auf *Ideen,* und alles verfolgt ein Ziel. Dabei wäre doch das Hauptziel, alles zu *beschreiben,* wie er das im Sommer getan hat, in dem vorzüglichen Aufsatz über die Hungersnot.[21] Vielleicht hat er allerdings auch recht, jeder muß seinen eigenen Weg gehen.

War kürzlich im Lyzeum, sprach mit dem Direktor. Dieser vortreffliche Mann (Georgijewski) ist zu Mischa wie ein Vater. Mischa ist guter Laune, hat aber das Internat wieder verlassen; doch immerhin lernt er jetzt. Zwölf Grad unter Null, klares, schönes Wetter, im Garten Rauhreif auf den Bäumen.

Abends brachte ich Mischa Mamonow ins Lyzeum und fuhr

anschließend ohne rechte Lust ins Sinfoniekonzert. Wider Erwarten machte es mir sehr großen Eindruck und Vergnügen. Es war die fünfhundertste sinfonische Versammlung, und es wurde das gleiche gespielt wie beim ersten dieser Sinfoniekonzerte, der Eröffnung, als N. Rubinstein dirigierte.[22] Von Beethovens Vierter Sinfonie und der Kantate von Bach war ich vollkommen hingerissen. Ich spürte voll Freude, daß die Musik als solche – unabhängig von allen Überlegungen, menschlichen Einflüssen und Beziehungen – mir einen jungfräulich reinen, geistigen Genuß zu verschaffen vermag.

31. Januar. Schon vormittags Gäste. Sawwa Morosow kam mit seiner Frau; zu meinem Mißvergnügen geht Lew Nikolajewitsch auch weiterhin reiche Kaufleute um Geld für die Duchoborzen an.[23]

1. Februar. Lew Nikolajewitsch klagt über sein Kreuz; gegen die Anordnung der Ärzte ist er zu Russanow geritten und hat der kranken Stelle wieder geschadet. Zum Essen waren Junge und Onkel Kostja zu Gast. Abends kamen Dunajew, Almasow, der Student Strumenski, und wieder drehte sich das Gespräch um die Abrüstung, ob der Zar wohl aufrichtig war, um den Frieden, den Marxismus und die Musik. Langweilte mich nicht, die Unterhaltung war interessant und ohne Gereiztheit. Je. F. Junge ist eine gescheite, begabte Frau, die sich für alles interessiert.

2. Februar. Vormittags war ich mit Sascha, Marussja und Bekannten Schlittschuhlaufen. Wie unbeschwert und fröhlich ich mich dabei fühlte! Wir aßen ohne Lew Nikolajewitsch zu Mittag, er verspätet sich jetzt immer und ißt dann allein. Nach dem Essen ging ich ans Nähen und forderte Lew Nikolajewitsch auf, sich ein wenig zu mir zu setzen, doch er sagte, er wolle jetzt in seinem Zimmer lesen. Da wurde ich fürchterlich traurig und fing zu weinen an. Im Grunde ist niemand so einsam wie ich. Bin vormittags allein, beim Mittagessen, und abends auch. Da geht man dann notgedrungen ins Konzert und trifft sich mit anderen Menschen, die wenigstens ernsthaft und teilnahmsvoll mit einem reden.

Weiß nicht, ob Lew Nikolajewitsch meine Betrübnis gespürt hat, jedenfalls kam er bald zu mir herunter, aber da hatte ich Annenkowa zu Besuch.

Ein herrliches Konzert von Tschechen. Will am Sonntag hier bei uns einen Trio-Abend veranstalten und lud heute die Musiker dazu ein.[24]

3. Februar. War ständig auf den Beinen, ziellos und mit innerer Unruhe. Mittags eine große Freude: ein Brief von Serjoscha aus Kanada. Auf dem Dampfer waren die Blattern ausgebrochen; darauf mußten die Duchoborzen und Serjoscha auf einer kleinen Insel für neunzehn Tage in Quarantäne gehen. Von sich selbst schreibt er wenig; doch offenbar ist er erschöpft, die Dolmetscherrolle, die Seekrankheit, die vielen Sorgen u. a. haben an seinen Kräften gezehrt.

Abends fand ein außerordentliches Sinfoniekonzert mit dem berühmten und äußerst widerlichen Pianisten Paderewski statt. Sergei Iwanowitsch war auch da.

Zu Hause bei Lew Nikolajewitsch war der junge Russanow, massierte ihn, dann kamen Matwejew, ein Fremder, und Butenew. Las „Begegnungen mit einer Berühmtheit" von Mikulitsch (Wesselitskaja), ihre Erinnerungen an Dostojewski; sehr gut.[25]

4. Februar. Schon morgens Trubel: die liebe Manja Stachowitsch schaute kurz vorbei, danach kam A. I. Maslowa zum Photographieren; wir nahmen Bilder auf, die Butenew uns gebracht hatte, sehr schöne Illustrationen zum Evangelium von einem Fürsten Gagarin.[26] Dann plagte ich mich lange mit dem Apparat herum, der kaputt war, und photographierte Anna Iwanowna; es war warm, feucht, vier Grad über Null, photographierte sie draußen im Garten.

Marussja kam, um für Lew Nikolajewitsch abzuschreiben. Mischa ist zu Hause, er behauptete, ihm sei schlecht, und ging nicht ins Lyzeum. Zum Mittagessen waren Annenkowa und Sergejenko da. Abends hörte ich mir noch einmal die Tschechen an. Sie spielten vorzüglich, schön war jedoch nur ein Beethoven-Quartett. In der Garderobe begegnete ich Sergei Iwanowitsch. Es kam zu einem unerquicklichen Gespräch, er sagte, er sei gestern abend mit M. N. Muromzewa unterwegs gewesen, und das erzählte er mit so einem albernen Lachen. Das brachte mich auf die Palme: was geht mich das eigentlich an! Ich war sehr abweisend und ungnädig zu ihm, er merkte es, wurde verlegen und ging. Mir stockte das Herz, und danach war ich auf mich selber böse.

Zu Hause stand Lew Nikolajewitsch an einem langen, im Saal gedeckten Teetisch, und darum herum saßen Molokanen aus dem Gouvernement Samara. Dazu Dunajew, Annenkowa, Gorbunow, Nakaschidse und ein Bauer, alle tranken Tee, und Lew Nikolajewitsch sprach zu ihnen über das Johannes-Evangelium; schon bevor ich kam, hatte sich die Unterhaltung um religiöse Dinge gedreht.

Ich habe keinen Sinn für Gespräche über Religion; sie beeinträchtigen meine erhabene, in keinerlei Worte zu fassende Einstellung zu Gott. Man hat ja auch keinen fest umrissenen Begriff von der Ewigkeit, der Unendlichkeit und dem künftigen Leben – mit Worten läßt sich das nicht ausdrücken; und ebenso fehlen die Worte, um meine Empfindungen für die erhabene, unbestimmbare und unendliche Gottheit und meine Einstellung zum ewigen Leben in Gott auszudrücken.

Die Kirche, der Ritus, die Ikonen – das alles stört mich nicht; in diesem Umkreis habe ich mich von klein auf bewegt, wenn es meine Seele nach Gott verlangte. Ich fühle mich wohl in der Kirche und während der Abendmahlsvorbereitungen, und ich liebe die kleine Ikone der Muttergottes von Iwiron, die immer über meinem Bett hängt und mit der Tantchen Tatjana Alexandrowna Lew Nikolajewitsch gesegnet hat, als er in den Krieg zog.

Die Molokanen übernachten bei uns, was mir unangenehm ist.

5. Februar. Ein todlangweiliges Konzert von Paderewski, vormittags Visiten und Anna Iwanowna Maslowas Photographien. Ein interessantes Gespräch über Musik mit Safonow und Skrjabin. Quälende Schwermut den ganzen Tag: kann mich nicht mit dem Bruch in der Beziehung zu Sergei Iwanowitsch abfinden, den ich selbst herbeigeführt habe. Tat die ganze Nacht kein Auge zu.

7.–27. Februar. Zwanzig Tage nichts eingetragen, und wie das immer so ist, hat es gerade da viele Ereignisse, Eindrücke und bedeutsame Minuten gegeben. Am 7. morgens kam ein Telegramm von Wera Kusminskaja aus Kiew: „Mama geht es schlecht, Lungenentzündung." Montagfrüh fuhr ich nach Kiew.[27] Und am Sonntagabend hatten Goldenweiser, Almasow und Saz Beethovens Drittes Trio und eine Sonate von Grieg gespielt, die junge Wera Almasowa sang, L. I. Wesselitskaja, Annenkowa und noch andere Gäste waren da, was sehr schwer zu ertragen war.[28] In Kiew traf ich Schwester

Tanja mit einer schleichenden doppelseitigen Lungenentzündung an, sie war schwach, hatte ein hochrotes Gesicht, sah schön und leidend aus und freute sich über mein Kommen. Ob ich ihre Krankheit nun beschreiben soll, meinen geistigen Einfluß auf sie, mein Entsetzen, ich könnte meine beste Freundin verlieren, und meine überraschende *Entdeckung*, was das ist, *der Tod?* Werde es nicht tun. Wahrhaftig kann man seine Gefühle und Gedanken nur unmittelbar beschreiben, und das steht in meinen Briefen.

Am 19. kehrte ich nach Moskau zurück. Unterwegs war ich kurz in Jasnaja Poljana, um bei Ljowas gemütlichem Heim vorbeizuschauen und einen Blick auf Dora und Ljowuschka zu werfen, und auf Jasnaja Poljana, das wie immer schön und meinem Herzen sehr nahe war.

In Moskau waren alle gesund. Lew Nikolajewitsch bekümmerte mich sogleich zutiefst, da er sagte: „Wie gut, daß du wieder da bist, dann fahre ich jetzt zu den Olsufjews." Erschöpft und abgekämpft, wie ich von dem Besuch in Kiew war, konnte ich nicht an mich halten und brach in Tränen aus. „Und ich hatte mich gefreut, jetzt in Ruhe mit dir zusammenzusein!" Meine Tränen erschreckten ihn, und er sagte, er sei selbstverständlich auch froh, daß ich wieder bei ihm sei, er fahre nicht weg, und bislang hat er es auch nicht getan. Tochter Tanja dauert mich geradezu schmerzlich. Immer noch muß sie sich durch die Kieferöffnung, wo ihr die Zähne gezogen wurden, die Nase einspritzen. Das bedrückt sie; sowieso hat sie unentwegt Sehnsucht nach Suchotin und kann sich von dem Gefühl für ihn nicht freimachen. Eine Reihe von Mißlichkeiten, keine großen, die einem aber das Leben vergällen. Interessante Briefe von Serjoscha, er berichtet, wie die Duchoborzen in der Quarantäne leben. Noch hat man sie nicht nach Kanada hineingelassen.[29]

Ein Maler logiert bei uns, ein kläglicher, völlig nichtsnutziger Franzose; man hat ihn aufgenommen, als ich weg war. Er heißt Sinet.[30]

Begegnete bei den Maslows zufällig Sergei Iwanowitsch. Unser Verhältnis ist wieder einträchtig und gut.

10. März. Schon wieder lange nichts eingetragen. Am 28. Februar erkrankte ich an Influenza und mußte acht Tage das Bett hüten.

Als weitere Komplikation kam eine Entzündung der linken Lungenspitze hinzu.

Es ist nichts Interessantes passiert, glaube ich. Ljowotschka selbst holte einmal um drei Uhr nachts Doktor P. S. Ussow. Ich hatte sehr hohes Fieber und Atembeschwerden. Und es tat mir wohl, daß Ljowotschka einen Schrecken bekam und um mich bangte. Sascha umsorgte mich tolpatschig und liebevoll. Marussja Maklakowa pflegte mich mit Geschick, Entschlossenheit und Hingabe, zwei Nächte wachte sie bei mir.

Lew Nikolajewitsch fährt täglich zu Trubezkoi ins Atelier auf die Mjasnizkaja; Trubezkoi modelliert ihn, wie er auf einem fremden Pferd sitzt, und zugleich noch eine Statuette.[31] Das ist ermüdend, und ich wundere mich, daß er eingewilligt hat, Modell zu stehen. Vormittags schreibt er an seiner „Auferstehung". Er ist gesund und munter; so störrisch und stumm wie zuvor ißt er allein um zwei Uhr mittags sein Frühstück, und auch sein Mittagessen verspeist er allein, um halb sieben oder gar erst um sieben. Wir bekommen ihn nie zu sehen, der Koch paßt die Augenblicke ab, wann dem *Herrn Grafen* das Essen serviert werden darf, und so hat das Personal nie Ruhe und Muße.

Heute kamen drei junge Damen, die ins Gouvernement Samara reisen wollen, um dort den Hungernden zu helfen, und Lew Nikolajewitsch gab ihnen einen Brief an Prugawin mit.[32] Aus Winnipeg traf ein Telegramm von Serjoscha ein, er bittet um Geld für die Duchoborzen in Kanada. Lew Nikolajewitsch hat aber die gespendeten Gelder schon Tschertkow geschickt, damit die zypriotischen Duchoborzen auch nach Kanada übersiedeln können.[33] Meine Sympathien sind voll und ganz auf der Seite der leidenden, aufgedunsenen Russen und Tataren von Kasan, die an Hunger und Skorbut sterben, die bräuchten viel eher Hilfe als die Duchoborzen, die sich ja *selbst* in Schwierigkeiten gebracht haben.

11. März–21. Juni. Am 11. März fiel ich im Sinfoniekonzert in Ohnmacht. Lag bis 8. April krank darnieder. Auch danach war ich mehrfach bettlägerig und noch lange schwach. Im Grunde war ich seit meiner Ankunft aus Kiew nicht mehr gesund. Am 27. Februar hatte mich die Influenza gepackt, danach stand ich mühsam wieder auf und wurde erneut krank.

21. Juni. Fast drei Monate nichts eingetragen. Habe in dieser Zeit nicht gelebt, ich war krank an Körper und Seele. Die Ärzte sprachen von einer *Schwächung der Herztätigkeit;* manchmal hatte ich 48 Puls in der Minute, ich war am Verlöschen und empfand stille Freude über dieses langsame Dahinscheiden. Die ganze Familie, die Freunde und Bekannten brachten mir während meiner Krankheit viel Liebe und Anteilnahme entgegen. Doch ich starb nicht: der Herr legte mir auf, am Leben zu bleiben. Wozu? Wir werden sehen.

Was in diesen drei Monaten Bedeutsames vorgefallen ist? Nichts Besonderes. Serjoscha kehrte wohlbehalten aus Kanada zurück[34], und das war eine Freude. Es gab drei herrliche Konzerte mit Nikisch von der Berliner Philharmonie als Dirigenten – das war ein ungeheurer Genuß.

Am 14. Mai übersiedelte Lew Nikolajewitsch aufs Land, d. h. er fuhr mit Tanja nach Pirogowo, und am 19. nach Jasnaja Poljana. Ich übersiedelte mit Sascha am 18. Mai nach Jasnaja. Am 20. Mai reiste die arme Tanja mit Marussja nach Wien, wo sie von Hajek operiert wurde; sie litt sehr, und ich noch mehr um sie.

Am 30. Mai brachen Ljowa und Dora mit Ljowuschka nach Schweden auf. Bei uns in Jasnaja halten sich Andrjuscha und seine Frau Olga, Sascha und Miss Welsh auf, außerdem Nik. Nik. Gay, der pausenlos für Lew Nikolajewitsch „Auferstehung“ abschreibt, sowie Mischa mit seinem Lehrer, einem Studenten namens Archangelski.

Aus Moskau kamen Sergei Iwanowitsch und Lawrowskaja zu Besuch. Sergei Iwanowitsch spielte die Beethoven-Sonate D-Dur und das Nocturne von Chopin mit den sechs Kreuzen, lauter Lieblingsstücke von mir, und noch anderes; am nächsten Tag spielte er sein neues Quartett und legte es meinem Sohn Serjoscha sehr interessant auseinander. Es war die reine Freude.

Dann bekam Lew Nikolajewitsch es mit dem Magen zu tun, am 14. Juni, einen ganzen Tag lang litt er fürchterlich, bis jetzt ist er noch nicht wieder auf dem Damm.

Der Sommer ist kalt und regnerisch.

Lew Nikolajewitsch lebt sehr eintönig; vormittags arbeitet er an „Auferstehung“, das Fertige schickt er jeweils zu Marx an die „Niwa“, und zwischendurch korrigiert er, in den Fahnen oder im

Manuskript. Er trinkt Emser, ist mager, still und in diesem Jahr merklich älter geworden.

Unser Verhältnis ist sehr gut: friedlich, mit gegenseitiger Anteilnahme, ohne Vorwürfe und Nörgeleien – wäre es doch immer so! Manchmal betrübt mich allerdings eine gewisse Fremdheit und Teilnahmslosigkeit.

Gestern ereignete sich ein Zwischenfall, der mich sehr niederdrückte: Lew Nikolajewitsch gab einem Bauern, einem Autodidakten, Bücher zum Binden. In einem der Bücher lag ein vergessener Brief. Auf einmal sah ich, daß auf dem versiegelten Kuvert in Lew Nikolajewitschs Handschrift etwas geschrieben stand. Ich las es und bekam einen Schrecken: er teilte mir auf dem Kuvert mit, er habe beschlossen, sich das Leben zu nehmen, da er sehe, daß ich ihn nicht liebte, daß ich einen anderen liebte, und das könne er nicht überleben ... Ich wollte das Kuvert öffnen und den Brief lesen, aber er nahm ihn mir gewaltsam aus der Hand und riß ihn in tausend Stücke.

So kam heraus, daß er auf T... derart wahnsinnig eifersüchtig war, daß er sich umbringen wollte. Mein Armer, mein Liebster! Hätte ich denn einen anderen mehr lieben können als ihn?[35] Und wie oft habe ich diese wahnsinnige Eifersucht in meinem Leben ertragen müssen! Was ist mir dadurch alles verwehrt worden! Die Freundschaft zu wunderbaren Menschen, Reisen, Bildung und überhaupt alles, was interessant, wertvoll und tief ist.

Vorgestern fiel ich wieder in Ohnmacht. Ich erwarte den Tod, heiße ihn willkommen – sehe in ihm keinerlei Beschränkung, sondern nur den Übergang von einem Augenblick der Ewigkeit (unser irdisches Leben) in einen anderen; und dieser andere ist *interessant*, wie mein Freund einst zu mir sagte.

An meinem inneren Zwiespalt zerbricht mein Herz. Es ist erfüllt von soviel Wehmut, Reue, Sehnsucht nach Liebe und einem anderen Leben – eine derartige Spannung läßt sich nicht lange aushalten.

„Rüste mich aus mit dem Geist der Keuschheit, Demut, Geduld und Liebe.“

Es ist heiß, war heute zum ersten Mal baden.

26. Juni. Ein weiteres Warnungszeichen. Gestern hatte ich mehrfach Atemnot, und auf die Nacht zu bekam ich einen solchen Erstickungsanfall, daß ich es kaum mehr aushielt. Schlimm ist vor allem, worauf man keinen Einfluß hat: heftiger Schluckauf, Gähnen, man würgt, schnappt nach Luft – und kann einfach nicht atmen. Dann ging es wieder vorbei. Gründe gab es genügend: Lew Nikolajewitschs Selbstmordbrief, und vorgestern abend hatte Mischa einen ganzen Schwall von Vorwürfen losgelassen – man bringe ihm kein *Mitleid* und kein *Verständnis* entgegen.

Alles, was an mütterlicher Liebe, an Energie und Fähigkeit einmal in mir war – das habe ich verausgabt und nichts zuwege gebracht. Augenscheinlich hat es am *Können*, und nicht am *Willen* gefehlt.

Daß ich die Kinder nicht zu erziehen verstand (nachdem ich als junges Mädchen geheiratet hatte und achtzehn Jahre lang auf dem Land in der Einöde saß), das bedrückt mich häufig.

Als ich gestern Variationen von Beethoven spielte, fiel mir ein, wie Andrjuscha neulich halb im Scherz gesagt hat: „Mama, gib mir Musikunterricht, dann bekomme ich wieder ein paar hinter die Ohren ..." Da wurde mir auf einmal unerträglich traurig zumute. Wenn ich jetzt kleine Kinder hätte, könnte ich nicht mehr die Hand gegen sie erheben, sie rühren mich zu sehr; als ich jung war, verfolgte ich jedoch ein *Ziel*, die Kinder waren faul und dickköpfig, machten Schwierigkeiten, dabei wollte ich ihnen soviel wie möglich beibringen, hatte aber viel Arbeit, die Zeit verstrich ungenutzt, das regte mich auf, ich verlor die Geduld, und die Hand rutschte mir aus, wenn auch nicht schlimm – eine Mutter kann niemals großen Schmerz zufügen; trotzdem erinnern sie sich nur daran, und auf einmal hätte ich am liebsten gesagt: „Verzeiht mir, meine Kinder, es tut mir leid, daß ich die Hand gegen eure zarten Ohren erhoben habe; jetzt brächte ich das nicht mehr fertig, doch es ist zu spät!"

Will heute zu den ältesten Söhnen und den Enkeln fahren. Sollte ich unterwegs sterben – auch dann wäre mir der Tod willkommen, bin dazu bereit. Fühle mich wie zugepfropft, kann einfach nicht atmen, es ist aber nur rein physisch abscheulich.

Lew Nikolajewitsch ist in seiner „Auferstehung" an der Stelle, wo das Gericht im Senat stattfindet, steckengeblieben und würde zu gerne jemanden nach den Senatssitzungen ausfragen; im Scherz sagt er zu allen Leuten: „Machen Sie mir einen Senator ausfindig." Im Grunde ist Lew Nikolajewitsch gar nicht da: er lebt für sich, ganz in sein Werk versunken. Er geht allein spazieren, sitzt allein in seinem

Zimmer, zum Mittag- und Abendessen kommt er, wenn es schon halb vorüber ist, ißt und verschwindet wieder. Man merkt ständig, daß die Gedanken in ihm arbeiten; und das erschöpft ihn neuerdings sehr. Er ist überarbeitet, und ich riet ihm, eine Pause einzulegen. Mit seinem Magen geht es zwar besser, doch er ist sehr abgemagert, hinfällig und schwach geworden während dieser Krankheit. Gestern war er zum ersten Mal baden.

4. Oktober. Tanjas Geburtstag. Gestern ist sie nach Moskau gefahren, dort kommt auch Suchotin hin, und wieder einmal will sie endgültig entscheiden, ob sie ihn nun heiratet oder nicht. Die Arme, fünfunddreißig Jahre ist sie jetzt alt, hat Erfolg, ist klug, begabt, fröhlich, wird von allen geliebt – und hat doch kein Glück gefunden. Sie sieht sehr bedauernswert aus, dünn, bleich und nervös. Die Behandlung in Wien hat, wie ich finde, keinerlei Erfolg gehabt. Immer wieder müssen Nase und Stirnhöhlen durch die Zahnöffnung gespült werden, und ihr Allgemeinzustand ist schlecht.

Schon über zwei Wochen sind die Enkel, Iljas Kinder, bei uns, und wir haben unsere herzliche Freude an ihnen. Ja, die Enkel sind lieb – aber eben keine *eigenen* Kinder. Im Herzen steigt schon nicht mehr jene mütterliche, *schmerzliche* Liebe auf, wie ja auch der Apfelbaum im Sommer nicht noch einmal blüht.

War zweimal in Moskau; beim ersten Mal zog ich mit N. N. Gay den Kontordiener zur Rechenschaft, der sich 6000 Rubel erschlichen hatte. Beim zweiten Mal setzte ich mich für Mischas Aufnahme in das Sumsker Regiment ein. War bei dem Großfürsten Sergei Alexandrowitsch und bat, Mischa trotz mangelnder Vakanzen einrücken zu lassen. Er war von ausgesuchter Höflichkeit und Liebenswürdigkeit, und obwohl das von Rechts wegen nicht geht, wurde Mischa in das Sumsker Regiment aufgenommen.

Die Abrechnung mit dem Kontordiener war in moralischer Hinsicht sehr schwierig. Mußte sowohl der Christenpflicht als auch der Gerechtigkeit Genüge tun, ohne das gute und auf Autorität gegründete Verhältnis zu untergraben. Gott hat mir dabei geholfen.

Traf häufig Sergei Iwanowitsch. Unsere vertrauensvolle Freundschaft scheint sich gefestigt zu haben. Lew Nikolajewitsch hat seine Eifersucht abgelegt. Was kann es in unserem Alter schon für Liebesgeschichten geben!? Lächerlich.

Hatte vor, in Jasnaja Poljana zu überwintern, wäre Mischa nicht in das in Moskau stationierte Regiment aufgenommen worden; jetzt aber mag ich ihn nicht allein lassen und werde wieder in Moskau leben. Lew Nikolajewitsch sagt, ihm sei gleich, wo er lebte. Hoffe, er ist da aufrichtig.

Sein Tagesablauf ist noch genauso eintönig: vormittags schreibt er, um zwei Uhr Mittagessen, dann schläft er, geht spazieren oder reitet aus, und abends liest er.

Sein Befinden ist besser.

11. Oktober. Noch ein paar arbeitsreiche, eintönige Tage in Jasnaja Poljana. Ein Brief von Tanja; sie schreibt, sie sei ruhig und glücklich, da sie eingesehen habe, daß sie ihr Schicksal in gute Hände legt. So hat sie sich also entschieden, Suchotin zu heiraten.[36]

Vorgestern abend machte sich Lew Nikolajewitsch auf einen Spaziergang, ohne mir zu sagen, wie und wohin. Ich dachte, er sei zu Pferd fort, und dabei hatte er die letzten Tage Husten und Schnupfen. Ein Sturm mit Schnee und Regen zog auf; der Wind zerrte an Dächern und Bäumen, die Fenster klirrten, es war finster, der Mond noch nicht aufgegangen – doch er kam nicht. Ich trat vors Haus, auf die Terrasse, und wartete auf ihn stockenden Herzens, die Kehle zugeschnürt, wie in der Jugend, als ich ihn manchmal stundenlang von der Jagd zurückerwartete. Schließlich kehrte er müde und verschwitzt von einem langen Spaziergang zurück. Er war mühsam durch den Matsch gewatet, war abgekämpft, gab sich jedoch tapfer. Ich brach sogleich in Tränen und Vorwürfe aus, daß er nicht auf sich achtgebe, er hätte mir sagen können, daß er fortging und wohin. Doch auf all meine heftigen und liebevollen Worte erwiderte er bloß ironisch: „Was ist schon dabei, ich bin kein kleiner Junge mehr, der sich abmelden muß.“ – „Du bist aber nicht wohlauf.“ – „So wird mir von der frischen Luft nur besser.“ – „Es regnet doch, schneit, stürmt ...“ – „Immer regnet oder stürmt es ...“

Das tat mir weh und verdroß mich. Wieviel Liebe und Fürsorge gebe ich ihm, und in seinem Herzen solch eine Kälte!

Mein Tagesablauf: vormittags Arbeit und Briefe. Von zwölf bis zwei stehe ich Igumnowa Modell, die ein sehr kunstloses und schlechtes Porträt von mir malt. Nach dem Essen gehe ich spazieren oder mache Abzüge von Photographien; jeden zweiten Tag gebe ich

Sascha Deutschunterricht. Dann spiele ich, und jeden Abend schreiben Olga und ich für Lew Nikolajewitsch „Auferstehung“ ab. Gestern spielte ich mit Olga vierhändig die 5. und 8. Sinfonie von Beethoven. Welche Schönheit, welch ein Klangreichtum! Nach der Musik war ich vollkommen glücklich und ruhig.

Ein wüster, kalter Herbst. Fahre bald nach Moskau.

31. Dezember. Der letzte Tag eines traurigen Jahres. Was das neue wohl bringen wird?

Am 14. November heiratete unsere Tanja Michail Sergejewitsch Suchotin. Das war zu erwarten. Man spürte regelrecht, daß sie ihr Jungmädchenleben aufgebraucht hatte, daß sie damit am Ende war.

Dieses Ereignis rief in uns, den Eltern, ein solches Herzeleid hervor, wie wir es seit Wanetschkas Tod nicht mehr empfunden hatten. Alle äußerliche Gelassenheit fiel von Lew Nikolajewitsch ab; beim Abschied von Tanja, als sie, selbst schmerzbewegt und bekümmert, in ihrem einfachen grauen Kleid und Hut zu ihm nach oben ging, bevor sie zur Kirche aufbrach, weinte Lew Nikolajewitsch so bitterlich, als nehme er von allem Abschied, was ihm im Leben lieb und teuer gewesen ist.

Wir beide gingen nicht in die Kirche, hielten es aber auch nicht zusammen aus. Nachdem ich Tanja zum Haus hinausgeleitet hatte, ging ich in ihr verwaistes Zimmer und weinte bitterlich, mich überkam eine solche Verzweiflung, wie ich sie bei Wanetschkas Tod das letzte Mal erlebt hatte.

Es waren nur wenige Gäste da: unsere Kinder, außer Ljowa und Mascha, seine beiden Söhne und noch ein paar andere.

Da Tanja und Suchotin keinen Platz im Schlafwagen mehr bekommen hatten, konnten sie nicht am gleichen Tag ins Ausland reisen, und Tanja blieb noch eine Nacht im Elternhaus, während Suchotin bei seiner Schwester übernachtete.

Am nächsten Tag gaben wir ihnen das Geleit bei der Abfahrt nach Wien, von wo sie jetzt nach Rom weitergereist sind. Ob sie glücklich ist? Kann es ihren Briefen nicht entnehmen; sie sind zwar lang, aber mehr beschreibend.

Lew Nikolajewitsch weinte und grämte sich fürchterlich um Tanja, schließlich bekam er am 21. November schlimme Schmerzen an Magen und Galle, zwei Tage hatte er einen ganz niedrigen Puls und

1 Sofja Andrejewna Tolstaja im Park „Kliny". 1903, Jasnaja Poljana.
Foto: S. A. Tolstaja

2 A. P. Tschechow, S. A. Tolstaja, L. N. Tolstoi, M. L. Obolenskaja. 1901 in Gaspra auf der Krim

3 Das Haus von S. W. Panina in Gaspra, wo L. N. Tolstoi mit Familie 1901–1902 lebte. Foto: S. A. Tolstaja

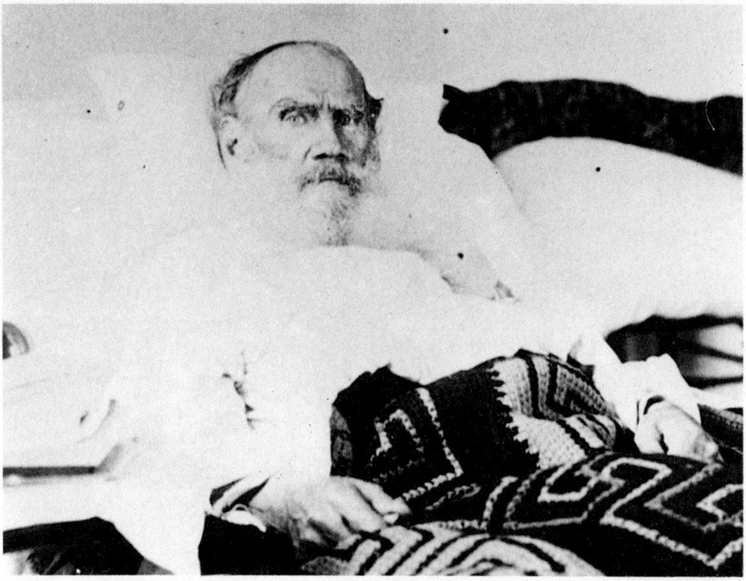

4 L. N. Tolstoi während seiner Krankheit. 1902, Gaspra. Foto: S. A. Tolstaja

5 Die Söhne der Tolstois: Lew, Ilja, Sergei, Andrei und Michail. 1904, Jasnaja Poljana. Foto: S. A. Tolstaja

6 L. N. Tolstoi mit der Tochter Marija Lwowna Obolenskaja. 1905, Jasnaja Poljana. Foto: W. G. Tschertkow

7 L. N. Tolstoi und S. A. Tolstaja. 1903, Jasnaja Poljana

8 L. N. Tolstoi. 1905, Jasnaja Poljana. Foto: S. A. Tolstaja

9 L. N. Tolstoi, S. A. Tolstaja, W. W. Nagornowa, T. A. Kusminskaja, A. M. Kusminski und D. A. Olsufjew auf einem Spaziergang in der Umgebung von Jasnaja Poljana (1905)

10 L. N. Tolstoi im Jahre 1907. Foto: W. G. Tschertkow

11 S. A. Tolstaja und I. Je. Repin in Jasnaja Poljana (1907)

35,5 Temperatur. Wir gaben ihm anregende Mittel, Wein, Kaffee, dem wir heimlich Koffein beimischten, Hoffmannstropfen u. a. Der liebe, sympathische Pawel Sergeitsch Ussow behandelte ihn, der auch mich letztes Frühjahr behandelt hat. Wie wir Lew Nikolajewitsch pflegten, welche seelischen und körperlichen Mühen mich das kostete – das läßt sich jetzt gar nicht mehr beschreiben. Vor allem seelisch war es schwierig. Von den Schmeicheleien und Huldigungen aus aller Welt verwöhnt, nahm er meine fast übermenschlichen Mühen als etwas Selbstverständliches hin ... Aber nicht die *Berühmtheit* unserer Männer brauchen wir Frauen, sondern ihre zärtliche Liebe.

Inzwischen liegt das fast sechs Wochen zurück, und es geht Lew Nikolajewitsch besser. Aber er wird wohl kaum wieder ganz auf die Beine kommen. Eine Darmschwächung, Gallenreizung und ein starker Magenkatarrh sind zurückgeblieben.

Behandelt wurde er mit Emser, Ceriumpulver, Botkin-Brausepulver, Koffein und Wein. Außerdem mit Kissinger Rakoczyquelle. Ach ja, ich vergaß noch: am Anfang trank er drei Tage lang Karlsbader, und einmal Franz-Joseph-Bitterwasser (nur unter Tränen und mit größter Mühe konnte ich ihn dazu bewegen).

Während Lew Nikolajewitschs Krankheit diente mir das Malen als schöne Ablenkung von meinem Kummer. Ich habe es nie gelernt und mich auch nie an Aquarellen versucht, aber auf Sohn Iljas Bitte kopierte ich für ihn zwei Pferde von Zeichnungen Swertschkows: den Leinwandmesser in der Jugend und den Leinwandmesser im Alter.[37] Es gelang so gut, daß mich alle mit Lob überschütteten, und darüber freute ich mich.

Ich mußte in dieser Zeit sehr viel durchmachen. Zum ersten Mal im Leben stand mir *klar* vor Augen, ich könnte meinen Mann verlieren und ganz allein auf der Welt zurückbleiben. Und das verursachte mir große Herzensqualen. Wenn man ständig an so etwas denken muß, kann man selbst krank werden.

Bei uns halten sich Mischa, Kolja, Andrjuscha und Olga auf, die im fünften Monat schwanger ist und gerade ihren Vater zu Grabe getragen hat.

Auch von dieser Seite nichts als Kummer: Andrjuscha verhält sich flegelhaft, despotisch und gereizt zu der lieben, klugen und sanften

Olga. Ich kann ihr Leid und Unglück nicht mitansehen; ich schelte und rüge ihn unablässig, doch er gleicht eher einem Verrückten als einem normalen Menschen. Er hat auch eine anfällige Galle, und seine arme Frau wird unter dieser unglücklichen Erbkrankheit noch viel zu leiden haben; Lew Nikolajewitsch hat das gleiche, und darunter muß auch ich leiden.

Überhaupt ist das Leben schwer! Wo findet man Glück? Wo Ruhe? Wo Freude? In der Welt der Kinder, in die ich soeben einen kurzen Blick warf, denn ich war zur Bescherung bei den Enkeln in Grinjowka, und da tauchte ich wieder in diese liebe, ernsthafte Welt der Kinder ein, die einen unwillkürlich an das Leben und seine Bedeutung glauben machen. Und außerdem noch in der friedlichen, reinen Natur, die ich in diesen drei Tagen wieder genossen habe, mit ihren endlosen weißen Feldern und dem in der hellen Sonne funkelnden Reif auf Bäumen und Gärten.

Lebe von einem Tag zum anderen, ohne Ziel und ohne ernsthafte Einstellung zum Leben, dessen ich schrecklich müde bin. Schreibe einen langen Roman, und das fesselt mich.[38] Bemühe mich, meinen Nächsten das Leben – wenn schon nicht zu versüßen, so doch nicht zu vergällen. Bemühe mich, in der Familie und unter den Menschen Frieden und Liebe zu verbreiten.

Meine Augen werden immer schlechter und schmerzen. Doch auch hier wie in allem: *Dein Wille geschehe!* Ende des Jahres 1899.

1900

5. November. Habe fast ein Jahr nicht Tagebuch geführt. Will jetzt nicht die Ereignisse dieses Jahres aufzählen. Am bedrückendsten war das Nachlassen der Sehkraft. Im linken Auge platzte ein Äderchen, und wie der Professor sagt, kam es zu einer fast mikroskopisch kleinen inneren Blutung. Habe vor dem linken Auge ständig einen schwarzen Ring, im Auge einen ziehenden Schmerz, und die Sicht ist getrübt. Passiert ist es am 27. Mai, und darauf wurde mir Lesen,

Schreiben, Arbeiten und jegliche Anspannung verboten. Es folgte ein beschwerliches halbes Jahr, mit Untätigkeit, ergebnisloser Behandlung, ohne Baden, Licht und geistiges Leben ...

Spielte wenig, wirtschaftete viel und mühsam herum. Setzte Apfel- und andere Bäume und litt schmerzlich unter dem ewigen Kampf ums Dasein mit dem Volk, der Dieberei und Zuchtlosigkeit der Leute, und daneben unser ungerechtfertigt reiches Dasein, und daß wir bei Regen, Kälte und Unwetter nicht nur von Erwachsenen Arbeit fordern, sondern auch von Kindern, und das für 15, manchmal auch nur 10 Kopeken am Tag.

Am 20. Oktober übersiedelte ich mit Sascha nach Moskau, war tatkräftig, aufgeschlossen für alles Schöne, für den Umgang mit Menschen, für die freudige Begegnung mit geliebten Menschen und Freunden. Jetzt lasse ich wieder die Flügel hängen.

Lew Nikolajewitsch war am 18. Oktober aus Jasnaja Poljana zu Tochter Tanja nach Kotschety gereist, von dort kam er bereits am 3. November nach Moskau und war natürlich krank. Nach einem ganzen Monat Regenwetter waren alle Wege gefroren, und Fahren war, wegen des Gerüttels, unmöglich. Er brach zu Fuß zur Bahnstation auf, kam vom Weg ab, vier Stunden irrte er, verschwitzt, in der unbekannten Gegend umher, schließlich bestieg er eine rumpelnde Landdroschke und fuhr damit bis zur Station. Jetzt hat er wieder Leibschmerzen, muß eifrig eingerieben werden u. dgl.

Überhaupt bringt sein hiesiger Aufenthalt wieder einmal nichts als Freude. Er ist finster und hypochondrisch, seit wir uns getrennt hatten, konnte er nicht mehr arbeiten. Und wie war er davor munter, fröhlich und energiegeladen, mit welcher Freude saß er an seinem Drama „Der Leichnam“[1] und überhaupt an der Arbeit.

Als ich ihn von der Bahn abholte, betrachtete er mich unverwandt und sagte dann: „Wie gut du aussiehst, ich habe nicht erwartet, daß du so gut aussiehst!“

Gestern und heute brachte er seine Papiere und Bücher in Ordnung. Zu Besuch kamen *seine* Freunde: Gorbunow, Nakaschidse, Boulanger, Dunajew u. a. Sie wollen mit so unfähigen Schreiberlingen wie Tschertkow und Birjukow eine Zeitschrift herausbringen und werden Lew Nikolajewitsch damit das Leben sauer machen.[2]

Besuchte Mischa auf seinem neuen Gut, und er tat mir regelrecht leid, so kindlich zaghaft und ungeschickt beginnt er sein Leben. Im Sommer war ich bei Tanja, im Herbst bei Andrjuscha. Alle *beginnen* ein neues Leben. Heute war ich mit Sascha und Mischa Suchotin auf einer Probe von Koreschtschenkos „Das Haus aus Eis“.[3] Traf W. I. Maslowa, Maklakows, Sergei Iwanowitsch u. a. Mit Sergei Iwanowitsch tut sich etwas Neues. Wir sehen uns selten, und wenn, dann ist es, als hätten wir uns gar nicht getrennt.

Den ganzen Herbst über sah es in meinem Herzen trübe aus – weder Schnee noch Sonne noch Lebensfreude, als läge es in bleiernem Schlaf. Was wird es erwecken, werden neue Freuden, der Tod oder wieder ein schwerer Gram das verzagte Herz wachrütteln? Wir werden sehen ...

Abends richtete ich für Lew Nikolajewitsch ein Klistier mit Rizinusöl her, und er redete derweil dem pflichtschuldig lauschenden Goldenweiser ein, die obersten Machthaber in Europa seien in ihren Verfügungen und Handlungen schamlos dreist und frech geworden.[4]

6. November. Stand früh auf, fuhr auf die Bitte einer tränenüberströmten Mutter in die Krutizker Kasernen, um mich für den Soldaten Kamolow zu verwenden, damit dieser in Moskau bleiben könne. Ich kam zu dem großen Gebäude, im Hof standen junge Rekruten, ihre Frauen, Mütter – eine ganze Menschenmenge. Ich fragte einen Soldaten, wo der Kommandeur sei, er sagte: „Da kommt er.“ Tatsächlich, da kamen zwei Männer. Wenn ich mich um zwei Minuten verspätet hätte, wäre nichts mehr zu machen gewesen; so übergab ich das Bittgesuch, das die beiden sehr liebenswürdig in Empfang nahmen. Danach kümmerte ich mich um das Autorenhonorar für „Früchte der Bildung“. Dieses Geld war immer hungernden oder brandgeschädigten Bauern zugegangen, auch jetzt soll es so verwendet werden. Erhielt für mehrere Jahre 1040 Rubel.[5]

Kam müde heim und setzte mich an die Buchführung für die Werkausgaben. Doch ich wurde gestört von Je. P. Rajewskaja, dem Gymnasiasten Okulow, der um den Kauf von Theaterkarten bat, meinem Neffen, dem Offizier Behrs, und von Warja Nagornowa, über die ich mich sehr freute. So blieb die Arbeit liegen. Abends war Dunajew da, Lew Nikolajewitsch kam zu uns herunter und unterhielt sich mit uns. Mit Warja spielte ich Beethovens Zweite Sinfonie, das Larghetto ist herrlich! Als ich ins Eßzimmer trat, stand Alexander Petrowitsch, der für Lew Nikolajewitsch abschreibt, betrunken an der Tür und fluchte. Ich redete sanft auf ihn ein, er solle sich schlafen legen, doch er fluchte nur noch mehr, so daß ich ihn energischer zur Räson bringen mußte. Mir verursacht das solche moralischen Qualen! Überhaupt hat mich der Anblick von Betrunkenen von klein auf erschreckt, und bis heute würde ich am liebsten weinen, wenn ich einen sehe. Lew Nikolajewitsch macht der Anblick von Betrunkenen nichts aus, und ich weiß noch, als er jung war, hat er oft zum Spaß den Possen des alten adligen Mönches Wojeikow, eines Trunkenboldes, zugeschaut, ließ ihn hüpfen, dummes Zeug schwatzen und stiftete ihn zu allerlei Faxen an, worüber er dann lachte.

Der ganze Eindruck von Beethovens Sinfonie war vom Anblick des betrunkenen Alexander Petrowitsch wie weggefegt.

12. November. Vormittags ging ich zu der Kinderbewahranstalt, wo ich als Kuratorin tätig bin. Heute suchte ich hauptsächlich zu ergründen, welche Arten von Kindern hier sind: Kinder, die irgendwo auf der Straße oder im Wirtshaus aufgelesen wurden, von gefallenen Mädchen und Trinkern zufällig in die Welt gesetzt, mit angeborenem Schwachsinn, Anfällen und Mißbildungen, hysterische und nicht normale Kinder ... Und da ging mir durch den Kopf, das Werk, an dem ich teilhabe, sei wohl doch nicht so edel. Muß man tatsächlich Leben schützen und bewahren, wenn es für die Zukunft so gar nichts verspricht? Und nach der Anstaltssatzung dürfen wir sie nur bis zum Alter von zwölf Jahren behalten.

Kehrte nach Hause zurück, denn an den verschiedensten Stellen plagten mich neuralgische Schmerzen. Wollte Beethovens fünfte Sonate üben, doch mich stöhrte Glebow, dessen Tochter Mischa heiraten wird. Danach Lawrowskaja. Von ihr heißt es, sie sei dumm, aber ich finde, sie hat viel Gutes, Herzliches und Künstlerisches an sich.

Serjoscha ist hier, ganze Tage lang sitzt er über Schach-Aufgaben. Merkwürdig! Abends ging ich mit Sascha zu den „Früchten der Bildung“ ins Maly Theater. Ich mag keine Komik, kann nicht lachen – das ist ein Fehler von mir. Wieder daheim, traf ich Igumnow an – zu meinem Bedauern hatte er gespielt, als ich noch nicht da war – und den lieben Doktor Ussow, der mit Lew Nikolajewitsch Schach spielte.

Dichter, nasser Schnee fällt. Endlich!

Vorgestern, am 10., war Sergei Iwanowitsch hier und spielte vierhändig mit Goldenweiser seine Sinfonie.[7]

Am 9. war ich mit Sascha, Warja Nagornowa und Mischa Suchotin im Konzert von Tonjo und Auer.

Heute erzählte Lew Nikolajewitsch, wie er bei der Abreise von Tanja aus Kotschety wegen der schlechten Wegverhältnisse zu Fuß zur Bahnstation ging und sich verirrte, da er den Weg nicht kannte. Unterwegs traf er Bauern und bat sie, ihn zu begleiten, aber sie hatten Angst vor Wölfen und kamen nicht mit; einer willigte ein, ihn bis zur Chaussee zu bringen, wo ihn dann Swerbejews und Suchotin einholten, die zur Station fuhren. Trotzdem war er an die vier Stunden herumgeirrt und kam völlig krank und zerschlagen in Moskau an.

Außerdem hatte er sich auf dem Hinweg im Zug einen Finger eingeklemmt, auch jetzt noch geht er zum Verbinden in die Klinik, der Nagel hat sich abgelöst, und er konnte drei Wochen nicht schreiben.

13. November. Tanja ist mit ihrem Mann eingetroffen, sie war bei Snegirjow, der fand, mit ihrer Schwangerschaft sei alles in Ordnung. Als Lew Nikolajewitsch Tanja erblickte, da freute er sich derart, daß er seinen Augen nicht trauen wollte und unentwegt sagte: „Bist du wirklich da? Ja, so etwas!"

Lew Nikolajewitsch, Michail Sergejewitsch, Mischa und Serjoscha fuhren abends ins Schwitzbad. Ich unterhielt mich mit Tanja, sie ist uns fremd geworden, sie geht ganz in den Sorgen um das materielle Wohl von Suchotins Familie auf. Heute hat sie selbst gesagt: „Bin eine richtige Martha geworden."[8]

Außerdem waren die jungen Maklakows da, Mascha und Nikolai. Abends spielte Lew Nikolajewitsch mit Michail Sergejewitsch Schach. Serjoscha ist richtig zu bedauern: von früh bis in die Nacht hinein sitzt er stumm und mit ernstem Gesicht vor dem Schachbrett und löst Aufgaben.

In meinem Herzen sieht es immer noch trübe aus, und im Körper habe ich neuralgische Schmerzen. Leben ist schon sehr schwer: jenes innere Feuer, welches das Leben noch anfachen könnte, das verzehrt es im Grunde auch, denn die nach außen drängende Flamme muß erstickt werden.

Lew Nikolajewitsch hat heute wieder zu schreiben begonnen, der erste Tag, an dem er arbeiten konnte.[9] Er war eben wieder eine Zeitlang bei mir, wurde von mir umsorgt, und schon fühlt er sich gesünder und geistig frischer.

15. November. Bin unpäßlich, habe Schnupfen, Gliederreißen und Kopfweh. Sitze schon den dritten Tag zu Hause. Spielte heute drei Stunden: Etudes, „Auf den Flügeln des Gesangs" von Mendelssohn und eine Beethoven-Sonate. Den ganzen Tag Gäste: Pissarews, Rajewski und Zinger, Bruder und Schwester Naryschkin, Butenew mit Tochter, Marussja, Petrowskis, Dunajew, Boulanger, Strachow, Gorbunow ... Schwierig, solch ein Getümmel bei meinem kranken Kopf; muß mich unterhalten, um das Essen kümmern.

Tanja sehe ich wenig, sie ist nur noch für ihren Mann da. Lew Nikolajewitsch ist nicht recht wohlauf, er hat Bauchschmerzen und nicht zu Mittag gegessen. Wir sind beide düster gestimmt. Er ist beängstigt und unzufrieden, wenn ich Sergei Iwanowitsch treffe, ich aber habe Sehnsucht sowohl nach ihm als auch nach seiner Musik, ich will zwar Lew Nikolajewitsch nicht bekümmern, kann aber auch meine Sehnsucht nicht unterdrücken. Das alles ist traurig und ohne Ausweg.

20. November. Gestern zwei Besucher: der eine kam von der Insel Java und sprach französisch, der andere vom Kap der Guten Hoffnung und sprach englisch. Der erste erzählte interessante Dinge: daß es in der Hauptstadt von Java eine elektrische Pferdebahn, eine Oper und höhere Lehranstalten gebe, in der Provinz aber Menschenfresser und richtige Götzenanbeter. Dieser Malaie hat eine Menge philosophischer Werke von Lew Nikolajewitsch gelesen und ist *extra* hergereist, um ihn zu sehen und mit ihm zu sprechen.[10]

Unser Haus ist voll: Schwiegertochter Sonja ist mit den beiden Jungen Andrjuscha und Mischa da, außerdem Tanja mit Mann und Stiefsohn, Jul. Iw. Igumnowa, Serjoscha und Mischa. Gestern spielten sich vor unseren Augen zwei Liebesgeschichten ab: Mischa und Lina, die zum ersten Mal einen ganzen Tag in unserem Haus verbrachte, ein liebes, ernsthaftes Mädchen; und Sascha, die in Juscha Naryschkin verliebt ist. Wo *das* hinführen soll, ist völlig ungewiß.

Ich mag es, wenn um mich herum reges Leben herrscht; aber ich kann bereits nicht mehr so daran teilhaben wie früher. Mein eigenes, brodelndes Gefühlsleben mit seinen ständigen Aufwallungen – sowohl in den Beziehungen zur Familie als auch zu Außenstehenden – hat mein Herz gänzlich verbrannt.

Besuchte gestern die kranke Marussja, vertrieb mir dann die Zeit zu Hause, lauschte Goldenweisers Spiel (Beethovens „Appassionata“, Chopin u. a.) mit Genuß, ging aber mit einem Gefühl der Leere zu Bett und fühle mich immer noch unpäßlich. Lew Nikolajewitsch hustet ebenfalls und hat Schnupfen; abends hat er zur Zeit eine Vorliebe für Schach und spielt stundenlang mit Michail Sergejewitsch, Serjoscha, Goldenweiser o. a.

21. November. Ein Vormittag voll Unrast, wie immer. War bei den Glebows. Lisa ist ein prächtiges, liebes Mädchen.

Abends schaute sich Sonja mit den Enkeln „Ruslan und Ljudmila“ an, ich übte Chopins Etüde E-Dur und „Auf den Flügeln des Gesangs“ von Mendelssohn. Dann kamen Martynowa, Goldenweiser und Tanejew zu Besuch.

Vierhändig spielten sie Mozarts „Sinfonie“. Schade, daß Sergei Iwanowitsch nicht allein spielte. Lew Nikolajewitsch war sehr gesprächig und freundlich zu Sergei Iwanowitsch, was mich freute. Liebe sie beide.

22. November. Machte Abzüge von Photographien, probierte Kleider an, war lange zu Fuß unterwegs. Ging bei Sergei Iwanowitsch vorbei, um mir seine Gymnastikgeräte anzusehen. Er spielte mir seine beiden gerade fertiggestellten Chorwerke vor. Wie immer begriff ich sie nicht sofort; das eine ist die Vertonung von einem Gedicht Tjutschews, das andere von Chomjakows „Sternen“.[11]

Wie jedesmal hatte ich einen so schönen Eindruck von seinem intérieur: sein Schüler Schiljajew saß konzentriert an Notenkorrekturen, die Kinderfrau schlief in ihrem halbdunklen Zimmerchen, und Sergei Iwanowitsch kam mir herzlich und gelassen entgegen. Wir unterhielten uns in ruhigem, ernsten Ton; nach allem fragte er mit einem schlichten, freundlichen Interesse: nach Tanja, nach Lew Nikolajewitsch, der ihm betrübt und abgemagert vorgekommen war, und nach unserem turbulenten Leben, das mich beunruhigt und mir die Nerven zerrüttet.

Abends besuchten uns Suworin mit Obolenski und Doktor Rachmanow, den die Suchotins aufs Land mitnehmen. Suworin sprach mit Lew Nikolajewitsch darüber, wie sehr das Lesepublikum zugenommen habe und was für eine große Nachfrage nach Büchern bestehe.

Sonja kam spät zurück, wir plauderten noch mit Tanja, Julie (Igumnowa) und Sonja und gingen gegen zwei zu Bett.

23. November. Heute ist Tanja mit ihrem Mann nach Hause aufs Land zurückgekehrt, sie will aber zur Entbindung nach Moskau kommen. Jedenfalls nahmen wir bis Ende Januar voneinander Abschied, und wäre nicht meine Apathie, hätte die Trennung von ihr wieder viel zu sehr weh getan. Auch Serjoscha und Mischa fahren ab, und morgen Sonja mit den Enkeln. Bin wieder in einer solchen Apathie, daß ich niemanden bedauere, mich über niemanden freue, zugleich habe ich jedoch ständig das Empfinden, als sei etwas unwiederbringlich verloren, fühle mich innerlich hilflos, weinerlich und leer, mein Dasein scheint zwecklos, es fehlt mir ein naher Freund, es fehlen mir Liebe und Fürsorge.

Nur mühsam und auf Umwegen kann ich herausbringen, *was* meinen Mann bewegt. Er erzählt mir niemals mehr, was er schreibt oder denkt, er nimmt immer weniger an meinem Leben Anteil.

24. November. Heute wieder von früh an Trubel: Sonja brach mit den Enkeln auf; mein lärmender Bruder Stjopa traf ein; Serjoscha machte mir Vorwürfe, weil ich gerade heute nicht mit ihm zum Notar fahren wollte. Dann kam Lew Nikolajewitsch müde zum Frühstück herunter, und der ebenfalls lärmende Sulerschizki und Burenin tauchten auf. Sie unterhielten sich über Theater und moderne Literatur; hätte gerne zugehört, aber das Stimmengewirr ringsum störte.

Dann – Ärger mit einem schlecht genähten Kleid; danach Visiten bei den Jekaterinas, die heute Namenstag haben. Jekat. Mich. Dawydowa ist krank. Jekat. Fjod. Junge weint, weil ihr Sohn für drei Jahre zu den Soldaten muß. Jekat. Adolf. Dunajewa ist in tiefer Trauer um ihren geliebten Schwager, der gestorben ist. Bei Jekat. Petr. Jermolowa ging es fröhlicher zu: Blumen, die Toiletten der Damen, der Glanz der eleganten Welt. Bei unseren Swerbejews und ihrem Kreis war es heiter, aber öde.

Abends besuchte ich die kranke Marussja, und Lew Nikolajewitsch ging zu einem Musikabend ins Irrenhaus.[12] Er tut mir häufig leid: manchmal hätte er wohl Lust auf Musik und Zerstreuung, aber sein Kittel und seine Prinzipien lassen es nicht zu, ins Konzert, Theater oder sonstwohin zu gehen.

Später saßen wir zu Hause und tranken Tee: Lew Nikolajewitsch, meine beiden Brüder, Serjoscha und ich. Wir sprachen von dem Konzert zugunsten der Kinderbewahranstalt[13], ich würde gerne selbst ein Stück aus Lew Nikolajewitschs unveröffentlichten Werken vorlesen, aber die Meinen sind dagegen.

27. November. War erneut krank: lag den ganzen 25. im Bett, gestern bis drei Uhr mittags, konnte kaum aufstehen, kaum gehen, hatte keinerlei Gedanken, keinerlei Wünsche, nur Schwermut ... Abends kamen: Fürst Schirinski-Schichmatow, Snesserew, Sekretär beim „Nowoje wremja", Dunajew und andere. Das Gespräch drehte sich um Eskimohunde, um den Brand bei Mjur und Merilis, wie langweilig! Lew Nikolajewitsch war tagsüber bei Tschitscherin, der sich noch nicht von den Verbrennungen erholt hat, die er sich bei einem Brand auf seinem Gut Karaul zugezogen hatte. Serjoscha fuhr ab.

Heute geht es mir etwas besser, war den ganzen Tag mit dem Kontordiener am Abrechnen, überprüfte seinen Buchverkauf und ließ mir über alles Rechenschaft ablegen. Er wollte 1000 Rubel unterschlagen, aber ich kam ihm rechtzeitig auf die Schliche. Marja Wassiljewna und Julie halfen mir dabei. Lew Nikolajewitsch liest unablässig in den Büchern, die ihm aus der ganzen Welt zugeschickt werden, schreibt gar nichts und klagt über Schlappheit.

Abends fuhr er in unserer Kutsche mit Dunajew ins Schwitzbad; wieder zurück, aß er zu Abend, wie immer allein, und mit großem Appetit; er ist heiter, frohen Mutes – zum Teil deshalb, weil ich so still und ohne Leben bin. Er sieht mich nicht gerne lebhaft und hat immer Angst davor.

Als ich heute noch im Bett lag, hörte ich den Wind heulen, und auf einmal krähte der Hahn. Da entsann ich mich deutlich eines Ostersonntagmorgens in Jasnaja Poljana, als ich aus dem Fenster blickte und auf einem Strohhaufen der rote Hahn stand und krähte. Und als ich das Oberlicht öffnete, läutete es in der Ferne zur Messe. Damals lehnte in unserem Hause noch niemand die Kirche ab, niemand schalt und verurteilte die Orthodoxie, wie Lew Nikolajewitsch das gestern getan hat, als er mit Schirinski-Schichmatow sprach. Die Kirche, das ist jene Idee, die das Göttliche bewahrt, indem sie zur Einheit aller Gläubigen in Gott aufruft. Aus der Kirche sind die Kirchenväter hervorgegangen, die beteten, fasteten und lauteren Herzens Gott mit Gebeten anriefen, wie zum Beispiel dem folgenden: „Allmächtiger, Herr über mein Leben, bewahre mich vor dem Geist des Müßiggangs und Kleinmuts, der Herrschsucht und Schwatzhaftigkeit – rüste mich aus mit dem Geist der Keuschheit, Demut, Geduld und Liebe."

30. November. Fuhr vormittags zum Einkaufen: warme Unterhemden für die Enkel, Schuhe, Wolle für Bettdecken, Kleider für Dora und Warenka, billiges Geschirr. Schneide den zweiten Tag schon Wäsche und die ganze Ausstattung für das Kind zu, das Tanja erwartet, dabei ist mir nicht fröhlich, sondern abscheulich zumute, habe die Arbeit satt.

Der Sekretär der Bewahranstalt war da, es scheint dort nicht recht zu klappen. Gestern wurde ein Junge gebracht, den sie wegen seines geringen Alters nicht aufnahmen.

War heute im Konzert eines Quartetts; ausschließlich Beethoven. Lew Nikolajewitsch hatte Besuch. Mit dem Fürsten Zertelew spielte er Schach, dann kamen alle seine Freunde: Dunajew, Boulanger, Gorbunow, der Student Russanow, der Maler Michailow; Lew Nikolajewitsch las ihnen den Aufsatz des Bauern Nowikow vor.[14] Er ist schwächlich und sagt: „Bin meines *Körpers* überdrüssig, wird Zeit, von ihm erlöst zu werden." Der Hund Belka, der entlaufen war, ist wieder da, und alle sind froh.

3. Dezember. Nichts Besonderes vorgefallen. Am Freitag, dem 1., war ich auf einer Konzertprobe mit Siloti (als Dirigenten), Schaljapin und Rachmaninow; begegnete dort Sergei Iwanowitsch, der sonderbar spöttisch und übel gelaunt war. Gestern fand das Konzert statt, mit einem interessanten Programm: der Ouvertüre zu „Romeo und Julia" von Tschaikowski, seiner Elegie, Rachmaninows neuem Konzert, dabei saß der Komponist selbst am Flügel, „Ein Traum auf der Wolga" von Arenski und herrlichem Gesang von Schaljapin, wenngleich die Lieder schlecht ausgewählt waren.

Auf der Galerie war es heiß und verdrießlich.

Lew Nikolajewitsch ist die letzten beiden Tage etwas munterer; er spielte mit Goldenweiser Schach, und dieser spielte anschließend ein wenig Chopin – gut, aber ohne Leben.

Siloti war hier, er spielte nicht, aber wir unterhielten uns interessant über das Dirigieren, über die Musik allgemein und speziell die von Rachmaninow und Tanejew, den er, wie ich auch, als Komponisten und Musikwissenschaftler hoch schätzt.

Setze mich für die Kinderbewahranstalt ein, doch ohne Erfolg. War heute dort, und zum ersten Mal, seit ich Kuratorin bin, taten mir diese Kinder unendlich leid. Würde gerne ein Konzert veranstalten, um Geld aufzutreiben, ist aber schwierig, bin spät dran und habe so etwas auch noch nie gemacht. War bei Strekalowa, fragte auch Fürstin Liwen nach ihrem gestrigen Konzert aus. Besuchte die arme, dem irdischen Leben mehr und mehr abgewandte Je. P. Rajewskaja, Maslows und Lawrowskaja. Spielte fast gar nicht, arbeitete und las nicht.

Bin in Sorge um Serjoscha: er ist zum Stadtverordneten gewählt worden[15], wollte am 1. kommen und ist immer noch nicht da. Mischa war hier und ist zu Ilja auf Elchjagd gefahren.

4. Dezember. Lew Nikolajewitsch sagte heute, er komme wieder in Arbeitslaune und fühle sich besser. Er scherzte, der *Pusin* fahre aus ihm heraus, darum werde er wieder gescheit. Pusin ist ein Pferdehändler, ein junger adliger Tunichtgut, der bei den Suchotins gewohnt hat. Lew Nikolajewitsch logierte in seinem Zimmer und schlief auf seinem Bett, als er bei den Suchotins zu Gast war, und danach sagte er, Pusins Seele sei in ihn gefahren, er könne nicht arbeiten, weil er so dumm geworden sei wie Pusin. Heute aber sei das vorüber. Lew Nikolajewitsch hat einfach wieder eine Zeitlang in der gewohnten Umgebung gelebt, von mir umsorgt, und wieder fühlt er sich an Geist und Körper wohl.

Gratulierte den Warwaras zum Namenstag; saß lange bei den Maslows, dort ging es heiter, herzlich, geistvoll und ungezwungen zu. Schokolade, Leckereien, Gäste. Sergei Iwanowitsch kam und sorgte sogleich für Munterkeit.

Dann fuhren wir zu Safonowa: Kaufmannsfrauen, Putz, ein Pope, der Ton gekünstelt. Sie selbst aber schlicht und sympathisch. Danach fuhren wir zu meiner lieben Waretschka Nagornowa. Ein erbärmliches Milieu, sie strahlt darin wie ein Diamant; Hitze, Lärm, Enge und bemühte Gespräche seitens der Verwandten ihrer Schwiegertochter.

Abends ging ich eine Chopin-Etüde und Übungsstücke durch. Es kamen Lina Glebowa mit ihrer Mutter, Schachowskoi, der über die Frauenfrage sprach, und der Malaie mit dem Engländer.[16] Bin sehr beschäftigt mit dem Konzert für die Anstalt.

5. und 6. Dezember. Lew Nikolajewitsch verfaßt einen Brief an den Zaren; er bittet, jenen Duchoborzen-Frauen, die mit den anderen nach Kanada ausgewandert sind, deren Männer aber sich wegen Wehrdienstverweigerung noch in Jakutsk in der Verbannung befinden, die Möglichkeit zu geben, sich wieder mit ihren Männern zu vereinen.[17] Lew Nikolajewitsch ist erneut verzagt und hager, er wiegt noch ganze 4 Pud und 13 Pfund[18], dabei, was war er früher ein kräftiger Mann!

Stattete unumgängliche Höflichkeitsbesuche ab, verschickte Einladungen zu einer Sitzung in meiner Kinderbewahranstalt und bat dabei um Einzahlung der Mitgliedsbeiträge. Wäre ich froheren Mutes, würde ich mich energischer für das Konzert einsetzen, so aber ist mir alles zuviel.

Am 6. kamen junge Leute zu Sascha, und ich las ihnen den Auszug aus der Geschichte vor, den Lew Nikolajewitsch mir für das Konzert zugunsten der Bewahranstalt gegeben hat. Das Lesen machte mir großes Vergnügen, es ist ein sehr künstlerischer Text, wenn auch die Motive sich vielmals wiederholen.[19] Schwatzte zuviel mit dem jungen P. Wolchonski und bereue es.

7. Dezember. Lew Nikolajewitsch wurde von den Glebows zu einem Konzert von dreiundzwanzig Balalaikaspielern unter der Leitung von Andrejew eingeladen. In dem Orchester haben sie auch Rohrpfeifen, Gusli und Dudelsäcke.

Es war wunderbar, vor allem die russischen Lieder; dann ein Walzer, „Warum?" von Schumann. Lew Nikolajewitsch hatte den Wunsch geäußert, das Orchester einmal zu hören, und so hatte man das für ihn arrangiert. Die Trubezkoi-Kinder sind lieb. Abends kamen W. I. Maslowa, Dunajew und Ussow.

Mit Lew Nikolajewitsch ist es zu einer kleinen Mißhelligkeit gekommen. Wir wollten die Feiertage bei Iljuscha verbringen, nahe bei Moskau; Lew Nikolajewitsch äußerte nun jedoch den Wunsch, zu Mascha und seinem Bruder nach Pirogowo zu fahren. Zu Ilja ist es von Moskau nicht weit, ich hätte Lew Nikolajewitsch hegen und pflegen können. Pirogowo liegt jedoch am Ende der Welt. Sergei Nikolajewitsch, dieser stolze Despot, leidet grauenhaft. Lew Nikolajewitsch hat Mitleid mit seinem Bruder, und wenn er ihn sieht, wird er ebenfalls leiden; außerdem die Strapazen der Reise, die schlechte Kost, wieder ein Leben fern von mir, ohne meine Fürsorge – all das bekümmerte mich, und so sagte ich ihm frei heraus, er würde mir die ganzen Feiertage verderben, wenn er führe, ich könne und wolle nicht nach Pirogowo, das ich nicht ausstehen kann, ich möchte zu den Enkeln, zu Ilja, Andrjuscha und Ljowa.

Lew Nikolajewitsch hörte sich das mit hartnäckigem, eisigem Schweigen an. Das ist seine neueste, mörderische Tour. Und ich weinte bis vier Uhr nachts, bemühte mich, ihn nicht aufzuwecken.

8. Dezember. Fuhr Aufträge der Kinder erledigen und ins Schwitzbad. Am Kusnezki Most lenkte der Kutscher das Pferd scharf zur Seite, warf damit den Schlitten um, flog selbst vom Bock, und ich fiel auch in den Schnee. Gerade an der belebtesten Stelle, wo die Pferdebahnen klingeln, die Equipagen vorüberjagen; um mich herum kam es zu einem Menschenauflauf. Ich hatte mir Ellbogen, Fuß und Rücken gestoßen, aber anscheinend nicht schlimm. Lew Nikolajewitsch regte sich darüber auf, und das tat mir wohl. Nähte ihm Glacéfingerlinge für seinen kranken Finger, brachte sie nach oben, er nahm sie entgegen, zog mich an sich und küßte mich lächelnd. Wie selten er zur Zeit zärtlich ist! Aber selbst dafür sei Dank.

Abends Gäste: Gagarina, Gajarinowa, Gorbunow, der Bauerndichter Semjonow und Martynowa. Lew Nikolajewitsch fing mit Sofja Michailowna ein Gespräch über Kinder an. Sie liebt und idealisiert Kinder, Lew Nikolajewitsch sagte jedoch, Kinder und Frauen seien Egoisten, selbstlose Menschen träfe man nur unter Männern. Wir Frauen entgegneten, es gebe nur selbstlose Frauen, und so stritten wir dumm herum.

10. Dezember. Eine Sitzung in der Kinderbewahranstalt, die für mich schmeichelhaft war, denn alle Mitglieder sagten, ich sei die Seele ihrer Gesellschaft, mit mir könne man gut arbeiten, und mit meiner temperamentvollen Einstellung zur Sache wecke ich in allen Energie.

Am schönsten war für mich jedoch, als die Kinder Zwetkowa

vorgeführt wurden, der Frau unseres *Wohltäters*, da wollten die Allerkleinsten zu mir auf den Arm, legten ihre Ärmchen um meinen Hals und liebkosten mich. Also bin ich Kindern *sympathisch*, und das ist mir mehr wert als alles andere.

Abends im Konzert. Die Zwischenaktmusik aus Tanejews „Orestie" wurde gegeben, ein hervorragendes Stück, von Litwinows Orchester schlecht gespielt. Sobinow sang Juscha Pomeranzews Romanze, die mir gewidmet ist.

Das ganze Konzert über zog ich Erkundigungen ein, wann der Saal der Musikgesellschaft frei ist, wie die Preise, Bedingungen usw. aussehen. War voller Tatkraft, möchte ein Benefizkonzert zugunsten meiner Anstalt organisieren, weiß aber nicht, ob es gelingt. Nach Hause fuhr ich mit Sergei Iwanowitsch, wieder zufällig, wir begegneten uns auf der Treppe, und ich bat ihn inständig, bei meinem Konzert zu spielen, er lehnte jedoch ab und war wie immer egoistisch, logisch und mit seinen Beweisgründen völlig im Recht.

„Ich komponiere zur Zeit und kann nicht spielen. Dazu müßte ich zwei Monate lang üben; Ihre Anstaltskinder dauern mich überhaupt nicht, ich aber würde zwei Monate verlieren, um eine Viertelstunde zu spielen." Er hat völlig recht, bloß schade, daß niemand bereit ist, zu spielen und zu singen.

Zu Hause traf ich Glebowa mit Tochter, Lasurski und Goldenweiser an. Heute kamen angereist: der gutmütige, ewig witzelnde Ilja und der kindische Mischa mit einem Grammophon, das uns alle erheiterte: eine abscheulich quäkende Abfolge von Tönen. Auch Serjoscha kam an, er spielte wunderbar ein Stück von Grieg und ist rundum angenehm. Lew Nikolajewitsch wird zu meinem Entsetzen offenbar älter und schwächer; er klagt wieder über seinen Magen, wird vom Spazierengehen müde und ist bisweilen einfach physisch niedergeschlagen.

Eine Unmenge an Aufträgen von Tanja, eigene Erledigungen, und überhaupt ist das Leben voll Unrast. Muß morgen nach Jasnaja Poljana fahren, mag nicht, es fällt mir schwer; mir tut auch alles weh, Arm, Fuß und Rücken.

17. Dezember. Kehrte gestern abend aus Jasnaja Poljana zurück und bin an Körper und Seele schrecklich erschöpft. Hatte Enkel Ljowuschka fiebernd, Dora in Unruhe und ebenfalls unpäßlich vorgefunden; Ljowa brach gerade nach Petersburg auf, wo er ein Haus kaufte, und es war sehr traurig, die Besorgnis der Mutter über das Tag und Nacht stöhnende und jammernde Kind mitanzusehen.

Zwei Tage lang zahlte ich fällige Tagelöhne aus, trug alles in die Bücher ein und überprüfte die Abrechnungen. Dann sah ich mich in der Gutswirtschaft um. Überall Kampf mit dem Volk, Diebereien, die seitens des notleidenden Volkes nicht mehr als billig, aber doch unangenehm sind. Besonders ärgerlich war, daß Bauern aus Grummont die Birke am Teichufer gefällt hatten, wo wir so häufig Picknicks veranstalteten, Tee tranken und angelten. Der Bauer, der bei der Getreidedarre Apfelbäume ausgerissen hatte, tat mir leid, er bat um Verzeihung, aber die Sache war schon vor meiner Ankunft dem Wachtmeister gemeldet worden.

Blieb fast vier Tage bei Dora, gab mich mit den Kindern ab, doch es bedrückte mich, meine früheren Empfindungen noch einmal an den Enkeln zu erleben. Aus Jasnaja fuhr ich zu Marija Alex. Schmidt nach Owsjannikowo und von dort zu Olga nach Taptykowo, 20 Werst mit der Kutsche. Ein frostiger Abend, schön der Sonnenuntergang, ein scharf umrissener Halbmond, endlose Schneeweiten, Rauhreif, alles schweigend, abweisend und kalt in der Natur, und nachts grimmiger Frost, 24 Grad. Ich war völlig durchgefroren, in meinem Herzen sah es düster und einsam aus. Marja Alexandrowna scheint ihr arbeitsreiches Leben nach der Krankheit schwerzufallen. Der junge Abrikossow lebt asketisch, allerdings ist unverständlich, wieso gerade hier, in einem fremden Dorf, ohne Ziel, ohne Aufgabe, er macht gegen Geld eine Art Sitzkasten für einen Bauern, während sein Vater Konditoreien und ein reiches Landgut auf der Krim besitzt und im Luxus lebt.

In Taptykowo traf ich nur Olga an, Andrjuscha war auf Wolfsjagd. Wie ein Vögelchen im Käfig sitzt sie da, allein mit ihrem Mädchen. Sie dauerte mich. Ich blieb über Nacht und fuhr am nächsten Tag ab, immer noch 24 Grad unter Null. Im Zug war es kalt, ich lag da und dachte nach – alles nicht heiter.

In Chamowniki traf ich Lew Nikolajewitsch beim Schachspielen mit Suchotin an, er sah mager und unpäßlich aus, und ich wurde noch trauriger, er dauerte mich sehr. Suchotin fuhr heute mit Arzt und Sohn ins Ausland, Tanja hat er mit seinen Kindern auf dem Land zurückgelassen.

23. Dezember. Noch ein paar bedrückende, anstrengende Tage. Wie sich herausstellte, ist Ljowuschkas Krankheit eine tuberkulöse Gehirnentzündung. Jetzt liegt er im Sterben, und so geht noch ein liebes Geschöpf, an dem mein Herz hängt, aus diesem Leben. Auch *dieses* Kind war, mit seiner edlen Wesensart, nicht für diese Welt bestimmt, wie mein Wanetschka.

Lew Nikolajewitsch ist ständig von Menschen umlagert. Gestern kamen fünfzehn Amerikanerinnen und zwei Amerikaner, um sich den berühmten Tolstoi anzuschauen. Ich habe sie nicht gesehen, nicht danach stand mir der Sinn.

Außerdem waren Molokanen da, die nach dem Beispiel der Duchoborzen nach Kanada auswandern möchten und sich an Lew Nikolajewitsch um Rat wandten. Diese Menschenmassen ermüden ihn sehr, und er ist froh, wenn Menschen *seines* Kreises zu Besuch kommen, wie Butenew, oder wenn jemand mit ihm Schach spielt, wie heute Sohn Ilja und Was. Maklakow.

Ilja brachte den kleinen Enkel Mischa mit, und darüber freute ich mich. Anna Iwanowna war da und erzählte mir, Sergei Iwanowitsch habe mich am Dienstag nach dem Unterricht besuchen wollen, aber so lange nach einem Buch gesucht, daß es schließlich für den Besuch zu spät war. Das sieht ihm ähnlich!

Außerdem liegt auch S. A. Filossofowa im Sterben, Sonja ist zu ihr gefahren. Wie schrecklich, wie grauenhaft alles ist! Tod, Gram und Leiden, wohin man blickt!

1901

6. Januar. Beendete das alte Jahr und begann das neue mit einem großen Kummer. Am Weihnachtstag, dem 25. Dezember, erhielt ich die Nachricht von Ljowuschkas Tod, der am Vorabend um neun Uhr verstorben war.[1] Trotz meiner Unpäßlichkeit packte ich hastig und fuhr nach Jasnaja Poljana. Ilja begleitete mich. Abends kam ich an. Dora stürzte bitterlich weinend in meine Arme, Ljowa ist dünn, nervös und gibt sich selbst, seiner Frau und allen anderen die Schuld am Tod seines Sohnes: weil er sich erkältet hat, weil sein Pelzmantel zu schlecht war, weil Ljowuschkas Anfälligkeit und zarte Statur nicht genügend berücksichtigt wurden. Und diese Beschuldigungen sind in ihrem Leid das allerschlimmste. Ihr Leid aber ist fürchterlich! All meine Qualen bei Wanetschkas Tod stiegen wieder vom Grunde meiner Seele auf, und ich litt an meinem eigenen Schmerz wie auch dem der jungen Eltern, meiner Kinder. Helfen konnte ich ihnen nicht; Westerlund, ihr Vater, kam angereist und trug ein wenig dazu bei, von Ljowas Gewissen das schlimme Schuldgefühl zu nehmen. Die ganze Zeit war die liebe Marija Alexandrowna Schmidt zugegen. Zur Beerdigung kam Andrjuscha. Wieder diese offene Grube, das wächserne Gesichtchen, umrahmt von Hyazinthen und Maiglöckchen, diese Ruhe des Todes und der wahnsinnige Schmerz derer, die zurückbleiben.

Dann die Nachricht, daß Tanja ein totes Mädchen zur Welt gebracht hat.[2] Das schmetterte mich völlig nieder. Am Tag von Ljowuschkas Beerdigung reiste ich abends zu Tanja. Andrjuscha begleitete mich. Bei Tanja dann der unerfüllte Traum von der Mutterschaft, ihr Leid, ihre Krankheit, und der Mann nicht da – wieder tat mir das Herz weh. Tanja gab sich tapfer, befaßte sich mit den Kindern, las, strickte und plauderte. In ihren Augen sah ich allerdings Leid und Verzweiflung, daß ihr Mann fort war und das Kind nun auch. Ihre Stiefkinder waren sehr lieb zu ihr, vor allem Natascha, aber sie sagte zu mir: „Als ich das tote Mädchen anschaute, empfand ich nur ein Vorgefühl von Mutterliebe, doch ich erschrak vor ihrer Stärke."

Am 3. Januar kehrte ich nach Moskau zurück; Sascha, L. N. und alle anderen freuten sich sehr über meine Ankunft, und ich kam daheim wieder zu mir. Mischas Hochzeit mit Lina Glebowa wurde bekanntgegeben; sie liebt ihn abgöttisch. Heute fuhr ich zum Verlöbnis zu den Glebows; es war ergreifend, ich hätte weinen mögen. Lina strahlt vor Glück.

Die letzten Tage war Stassow hier, ein kluger, interessanter Greis, in großen Dosen jedoch anstrengend. Gestern abend spielte Goldenweiser, und die Musik wirkte auf mich wieder beruhigend und tat mir wohl.

Lew Nikolajewitsch klagt über Magendrücken und Gallenschmerzen. Er ißt wenig und unregelmäßig, liegt viel, ist schläfrig und matt, versteht es aber nicht, auf sich achtzugeben, heute aß er Blumenkohl, und darauf ging es ihm schlechter. Er schreibt Briefe an die verschiedensten Leute und arbeitet nicht.

Schickte Sascha mit Marussja Maklakowa für einen Tag zu Dora und Ljowa nach Jasnaja Poljana und zu Olga.

Heute abend traf Ilja ein. Wir tranken Tee und unterhielten uns, die drei Söhne Serjoscha, Ilja, Andrjuscha und ich. Ilja hat Sehnsucht nach seiner Frau, die in Jalta bei ihrer kranken Mutter ist. Die drei gingen hart mit mir ins Gericht, wurden dann aber herzlich. Serjoscha war zurückhaltend und gerecht wie immer, Ilja fällt von einem Extrem ins andere, Andrjuscha ist sentimental und zärtlich. Er schrieb an seine Frau, er bedauere, daß er den 8., ihren Hochzeitstag, nicht mit ihr verbringt.

Heute waren da: Dunajewa, die Nonne Wipper und Tschernogubow, wegen Fets Biographie.[3]

8. Januar. Hatte den ganzen Tag alle Hände voll zu tun. Brachte das Geld auf die Bank, das ich von M. M. Stassjulewitsch erhalten hatte. Der arme Alte führt seine Geschäfte jetzt selbst, nachdem Sliosberg ihn bestohlen und in seinem „Bücherdepot" alles durcheinandergebracht hat. Bestellte eine Vergrößerung von Ljowuschkas Porträt. Sascha und Marussja kehrten heute von Ljowa, Dora und Olga zurück, ihr Besuch hatte allen Freude bereitet. War erst im Schwitzbad, dann einkaufen und brachte das Kleid für Mischas Hochzeit zum Reinigen. Abends ordnete ich L. N.s Briefe an mich und gab sie M. W. Sjaskowa, die sie unter meiner Aufsicht abschreiben soll. Antwortete Stassow[4] und Stassjulewitsch, schrieb an den Verwalter und Sonja Mamonowa. Dann entwickelte ich die Photographien von Sascha und mir, die wir heute morgen aufgenommen hatten. Michailow und Dunajew waren da. L. N. ist krank, mal fröstelt ihn, mal hat er Bauchweh, er ist verzagt und schrecklich verdrossen. Sterben möchte er nicht, und wenn er es sich vorstellt, dann sieht man, wie sehr ihn das bekümmert und schreckt.

10. Januar. Das Leben ist weder heiter noch rege. L. N. hat eine gereizte Galle und ist sehr gedrückter Stimmung. Er ist jetzt hinfällig und schwach und dauert mich.

Fuhr zum Rumjanzew-Museum und holte mir die unveröffentlichte Komödie „Der Nihilist oder Die verseuchte Familie", möchte sie in meinem Benefizkonzert vorlesen lassen. Sah abends mit An. Al. Gorjainowa einen Teil durch, ein geschlossenes und interessantes Stück zum Vorlesen ließ sich jedoch nicht finden. Wir beschlossen, am Freitag das Ganze laut zu lesen.[5]

Zu Tisch war Lina Glebowa da, Mischas Braut, und abends Lew Nikolajewitschs engste Freunde: Boulanger, Gorbunow, Dunajew und Michailow. Koletschka Gay traf ein, er ist älter, richtig kahl und dünner geworden.

Las einen komischen Artikel von Doroschewitsch in der achten Nummer von „Rossija". Die Personen der Handlung sind: Die Ausgabe, Das Barvermögen, Der Einnahmeposten, Die Sibirische Bahnlinie und Der Chinese. In einer Szene werden ihre wechselseitigen Beziehungen dargestellt.[6] L. N. sucht überall nach Komischem und Lustigem. Heute war von dem Stück „Der Florentinerhut" die Rede, wo alle Leute lachen, und er bekam Lust, es sich anzuschauen.[7]

Meine Augen werden schlechter; ohne Lektüre und jegliche geistige Arbeit ist das Leben traurig.

Habe gestern viel gespielt, doch das ermüdet die Augen.

14. Januar. L. N. wird dieses Jahr ganz offenkundig dünner und schwächer, und das bekümmert mich stark, er mag nichts tun, alles ist unwichtig und unnötig. Bin so an die ständige Fürsorge für ihn gewöhnt, wenn das einmal nicht mehr ist, finde ich mich im Leben nicht mehr zurecht, dazu noch mit meinen schlechten Augen, nicht einmal seine Papiere würde ich ordnen können.

Heute mittag eine Sitzung in der Anstalt. Wie weitschweifig Pissarew geredet hat, wie laut und selbstsicher! Wollen mal sehen, ob dem auch Taten folgen. Das Hauptproblem: es ist fast kein Geld da, die Kinder haben nichts zu essen, geredet wird jedoch über die *Bildung* der Bettelkinder von der Straße.

Der warme, feuchte Winter wirkt sich ungünstig auf die Gesundheit aus: alle sind schlapp und niedergeschlagen. Andrjuscha kam wegen einer Hundeausstellung angereist, Mischa aus Jasnaja Poljana, wo er nach der Hochzeit hinfahren will.

19. Januar. Die letzten Tage waren erfüllt von der Sorge um Lew Nikolajewitschs Gesundheit. Drei Tage lang nahm er Chinin ein, offenbar wurde ihm besser, nur abends schmerzen ihn die Beine. Geistig ist er völlig abgeschlafft, und das bedrückt ihn. Der ganze Familienkummer konnte eben nicht spurlos an ihm vorübergehen. Habe mit Mischas Hochzeit zu tun, Beutel müssen genäht, Einladungen gedruckt werden, dazu die Sorge um den Alltag des jungen Paares. Die beiden selbst, Mischa und Lina, schmachten einander unschön an.

Gestern verbrachte ich den ganzen Tag mit *Kunst:* morgens eine schlechte Ausstellung russischer Maler im Historischen Museum.[8] In der Dämmerung das wundervolle Panorama „Golgatha" von Styka. Schön, daß der Künstler keine einzige Figur, kein einziges Detail außer acht ließ. Alles ist bedacht – tout est soigné![9]

Abends im Konzert eines Quartetts. Gespielt wurde ein Quintett von Arenski, eine muntere, melodische Musik. Mozarts „Divertimento" – hervorragend. Weniger gut gefiel mir das Quartett von Schumann. Habe mich endgültig für das Konzert zugunsten der Bewahranstalt entschieden, mietete für den 17. März den Saal, und gestern bekam ich in der Kuratorenkanzlei persönlich die Erlaubnis, den Anfang von Lew Nikolajewitschs Novelle „Wer hat recht?" vorzutragen.[10] Habe Angst, daß der ganze Abend nicht gelingt. Bin mit dem Ordnen und Abschreiben aller auffindbaren Briefe von *mir* an L. N. beschäftigt. Wie ergreifend sich in diesen Briefen die Geschichte meiner Liebe zu Ljowotschka und mein Leben als Mutter niedergeschlagen hat! In einem kommt richtig deutlich heraus, wieviel Kummer mir meine geistige Entwicklung machte; ich fürchtete mich nämlich, zu geistigem Leben zu erwachen, um meine Pflichten als Frau, Mutter und Hausfrau nicht zu vernachlässigen. Der Brief war entstanden unter dem Eindruck von Musik (Schubert-Melodien, die L. N.s Schwester Maschenka damals spielte), von einem Sonnenuntergang und religiösen Überlegungen.[11]

21. Januar. Lebe wie in einem Wirbel. Von früh an Erledigungen, Briefe, dann viele Visiten, Beutel für das Konfekt mußten genäht werden, Einkäufe, Kleider usw.

Heute eine Nachricht von der armen Mascha, wieder ist das Kind in ihr abgestorben, sie liegt mit Wehen im Bett, ist traurig und bekümmert über ihre unerfüllten Hoffnungen, wie Tanja auch.[13] Ich könnte ständig weinen, ganz fürchterlich tun mir meine armen Mädchen leid, die völlig ausgezehrt sind vom Vegetarianismus und den Prinzipien des Vaters. Er konnte natürlich nicht ahnen und wissen, daß sie durch diese Nahrung so von Kräften kommen, daß sie nun in ihrem Schoß ihre Kinder nicht ausreichend ernähren können. Aber er tat das in striktem Widerspruch zu *meinen* Ratschlägen, zu meinem mütterlichen Instinkt, und der trügt nie, wenn eine Mutter wirklich liebt.

L. N. selbst ist die letzten Tage munterer, er fühlt sich besser. Gestern ging er zu den Martynows, wo eine Abendgesellschaft stattfand und unsere Sascha tanzte. Ich fuhr nicht hin, nichts macht mir Freude, zu nichts habe ich Lust, soviel Kummer, wohin man blickt.

31. Januar. Heute wurde Mischa mit Lina Glebowa getraut. Es war eine sehr prächtige, mondäne Hochzeit. Großfürst Sergei Alexandrowitsch kam extra dazu für einen Tag aus Petersburg. Sänger aus dem Kloster der Wunder, Toiletten, Blumen, wunderschöne Gebete für die Neuvermählten. Pracht und eitler Prunk. Und zwei junge, verliebte Wesen, die ahnungslos ihr gemeinsames Leben beginnen.

Mich stimmt bereits rein gar nichts mehr *heiter.* Ich kenne leider das Leben mit all seinen Komplikationen, und mich dauert mein lieber junger Mischa, der nun *unwiderruflich* eine neue Lebensbahn beschritten hat. Doch, Gott sei Dank, mit einer Frau seines Kreises, die ihn auch noch derart liebt.

Nach der Kirche fuhren wir zu den Glebows, dort war der Großfürst besonders liebenswürdig mir gegenüber, und ich muß zu meinem Bedauern gestehen, daß dies meinem Eigendünkel genauso schmeichelte wie das Gerede, als wir aus der Kirche traten: „Das ist die Mutter des Bräutigams." – „Die ist ja selber noch eine Schönheit."

Mischa war frohgemut und Lina ebenfalls. Wir geleiteten sie zur Bahn, alle Brautführer und jungen Leute waren da, die Mischa gern haben. Blumen und Konfekt wurden gebracht, Sekt getrunken, „Hurra" gerufen. Bin froh, daß die beiden nach Jasnaja Poljana gefahren sind, wo Dunjascha ihnen alles herrichtet und wo Ljowa und Dora sie empfangen werden.

Auch das Wetter ist schön. Zehn Grad unter Null und endlich

klare Tage. War heute betrübt, weil die Töchter nicht dabei waren. Von unserer Verwandtschaft kam als einziger Vertreter Mischa Kusminski aus Kiew.

L. N. saß während der ganzen Hochzeit zu Hause, und um vier Uhr kam er, um sich von Mischa und Lina zu verabschieden. Abends hatte er Besuch von Sektierern aus Dubowka und von *Finsterlingen*. Sie lasen gemeinsam das Werk des Bauern Nowikow über die Not des Volkes.[14]

12. Februar. Noch eine Reihe von Ereignissen: heute die schlimme Nachricht, daß meine Tochter Mascha Obolenskaja einen toten Jungen zur Welt gebracht hat. Die Arme, wie tut sie mir leid! Ihr Gesundheitszustand ist zufriedenstellend.

War mit Tanja in Jasnaja Poljana. Meine liebe, gute, teilnahmsvolle Tanja! Sie wollte unbedingt Dora und Ljowa nach ihrem Kummer besuchen. Die beiden sind ein wenig wohlgemuter, vor allem Dora, lieben und umsorgen einander. Nach Jasnaja kamen auch Marija Alexandrowna und Olga – sie ist innerlich vereinsamt. Doch wer von uns ist das nicht!

Heute empfinde ich selbst dieses Gefühl sehr stark. Die Kinder sind immer schnell bei der Hand, mich zu kritisieren und über mich herzufallen. Tanja hielt mir die Unordnung im Haus vor, Mischa, der mit Lina ins Ausland aufbrach, meine Unrast auf Reisen. Dabei haben sie für nichts Augen: wo soll denn Ordnung herkommen, wenn ewig die verschiedensten Leute bei uns logieren, von denen jeder noch eine Reihe anderer Besucher nach sich zieht! Zur Zeit sind Mischa Suchotin, Koletschka Gay, Julija Iwanowna Igumnowa und Tanja selbst hier. Von früh bis spät lungern alle möglichen Besucher herum.

Und ich arbeite allein für alle. Führe die ganzen Geschäfte allein, ohne Mann, ohne Söhne, verrichte Männerarbeit, ich führe den Haushalt, erziehe die Kinder, und ich halte auch allein die Verbindung zu ihnen und der Umwelt aufrecht. Meine Augen sind fast blind, ich leide an Schwermut, aber immer nur Ansprüche, Ansprüche ohne Ende ...

Bereite das Konzert zugunsten der Kinderbewahranstalt vor. Viele Mißerfolge. L. N. gab einen schlechten Text zum Vorlesen, Michail Alexandrowitsch Stachowitsch will ihn vortragen. Aber sowohl er als auch Michail Sergejewitsch Suchotin, Tanja und ich finden den Text blaß, zu blaß, um ihn im großen Saal der Musikalischen Gesellschaft vor zahlreichem Publikum vorzutragen. Ich bat L. N., etwas anderes herzugeben, aus „Hadschi Murat" oder „Vater Sergius". Er wurde ärgerlich und lehnte ab. Dann besänftigte er sich wieder und versprach es.[15]

Die ganzen letzten Tage war er trübsinnig, denn er fühlt sich schwach und hat fürchterliche Angst vor dem Tod. Neulich fragte er Janschul, ob dieser sich vor dem Tod fürchte.[16] Wie ungern Lew Nikolajewitsch dieses Leben verläßt!

Am 9. fand bei uns ein Musikabend statt. Sergei Iwanowitsch spielte seine „Orestie", Muromzewa sang mit dem Chor ihrer Schülerinnen die Arie der Klytämnestra. Außerdem sangen noch Melgunowa und Chrennikowa. Alle fühlten sich an diesem Abend wohl. L. N. bemühte sich allerdings sehr, alles ins Negative und Lächerliche zu verkehren, und wie immer ließen sich meine Kinder von seiner Abneigung gegen mich und meine Gäste anstecken.

Als alle anständigen Leute schon aufgebrochen waren, L. N. bereits seinen Schlafrock anhatte und ins Bett wollte, saßen im Saal noch Studenten, ein paar junge Damen und Klimentowa-Muromzewa. Nun fingen alle an (zum Abendessen hatten sie getrunken), russische Volksweisen, Zigeuner- und Arbeiterlieder zu singen. Ausgelassenes Gejohle, Getanze ... Ich ging nach unten, L. N. aber setzte sich in eine Ecke und feuerte sie durch seinen Beifall an; lange saß er so.

15. Februar. Gab gerade Tanja das Geleit, die mit ihrer Familie nach Rom fährt. Schon lange habe ich bei einem Abschied von den Kindern nicht mehr geweint: sie kommen und gehen unablässig. Heute aber, bei diesem strahlenden Sonnenuntergang, der unseren ganzen Garten hell erleuchtete, und außerdem auch Lew Nikolajewitschs grauen, kahler werdenden, traurigen Kopf, wie er am Fenster saß und mit kummervollem Blick Tanja nachsah, welche zweimal zu ihm zurückkehrte, um ihn zu küssen und sich von ihm zu verabschieden – das hat mir völlig das Herz zermartert, auch jetzt beim Schreiben weine ich. Offenbar haben wir Gram nötig, damit wir uns bessern. Schon dieser kleine Trennungsschmerz heute hat bewirkt, daß von meinem Herzen jeglicher Ärger – vor allem der auf meine

Mitmenschen – und jegliche Bosheit abfielen, und ich wünschte, es solle allen wohlergehen, alle sollten glücklich und zufrieden sein. Besonders mit L. N. habe ich die ganze Zeit Mitleid. Ihn quält die Furcht vor dem Tode, seine Unpäßlichkeit oder etwas, das er verschweigt; kann mich nicht erinnern, daß er jemals so ununterbrochen in mißmutiger und niedergeschlagener Stimmung war.

16. Februar. Sascha hat es im Hals. Doktor Iljin war da, sie hat einen Belag im Rachen und hohes Fieber, es ist aber ungefährlich. Fuhr mit dem Koch Sem. Nik. auf den Pilzmarkt; kaufte für mich, Tanja und Stachowitschs Pilze ein, und mir ein russisches Möbelstück. Viele Menschen, Bauernkunst, alles atmet den Geist des Volkes. Als ich heimfuhr, wurde gerade zur Abendmesse geläutet. Ich zog mich um, trat gemeinsam mit L. N. aus dem Haus – er wollte für die Duchoborzen 500 Gramm Chinin kaufen – und ging in die Kirche. Lauschte den Gebeten und betete selbst sehr inbrünstig; ich liebe diese Abgeschiedenheit in der unbekannten Menge, fern von allen Sorgen und irdischen Beziehungen. Nach der Kirche ging ich in die Bewahranstalt: die Kinder umringten, begrüßten und herzten mich. Dort saß ich lange, erkundigte mich nach dem Wohl und Wehe der Anstalt. Daheim fühle ich mich einsam, aber das Verhältnis zu L. N. ist gut, schlicht und freundschaftlich. Nach dem Essen las mir Mlle. Lambert „La Ténébreuse“ von Ofret vor.[17] Dann kamen Almasowa, Dunajew und Ussow, der Lew Nikolajewitsch untersuchte. Die Leber ist sehr geschwollen, Beine und Arme schmerzen. Ussow verschrieb Karlsbader und Schmerzpulver.

Als wir nach eins zu Bett gingen, klingelte es plötzlich stürmisch. Eine Dame, die Witwe Berg, die dreizehn Jahre im Irrenhaus gesessen hat, wollte Lew Nikolajewitsch sehen. Ich ließ sie nicht zu ihm, sie redete eine geschlagene Stunde erregt auf mich ein und erinnerte sich übrigens auch, wie mein Wanetschka vor sieben Jahren einmal im Garten des Irrenhauses blaue Blümchen gepflückt und sie um Blumen gebeten hat. Eine bedauernswerte, nervenkranke Polin. Spät, einträchtig und friedlich legten wir uns schlafen. Um sechs Uhr früh pinselte ich Sascha den Rachen.

17. Februar. Spät aufgestanden; zu Sascha kam wieder der Doktor und pinselte ihr den Rachen; der Belag ist noch da, das Fieber zurückgegangen. Ein klarer, herrlicher Tag, läßt einen frohgemut an

Frühling und Lebensfreude denken. Fuhr mit Marussja noch einmal auf den Markt; kaufte eine Unmenge Spielzeug aus Holz und Porzellan für die Kinder in der Anstalt; brachte es hin, und die Freude war groß. Räumte die Kindersachen weg, die ich für Tanjas und Maschas Kinder vorbereitet hatte – beide sind tot auf die Welt gekommen. Entsetzlich traurig! Viele Sorgen hat man mit Kindern, und wenig Freude!

18. Februar. Ging gestern spät zu Bett, bedrückt von einem religiösen Gespräch zwischen Lew Nikolajewitsch und Bulygin. Sie sagten, der Pope in seinem Brokatsack teile schlechten Rotwein aus, und das nenne sich dann *Religion.* Lew Nikolajewitsch brachte höhnisch und ruppig sein Mißfallen an der Kirche zum Ausdruck. Bulygin sagte, in der Kirche sehe er stets einen riesengroßen Teufel.

Mich machte es verdrossen und traurig, das alles anhören zu müssen, und ich tat lautstark meine Meinung kund, daß einer echten Religion weder der Brokatsack des Geistlichen noch Lew Nikolajewitschs Flanellkittel oder der Rock des Mönches etwas anhaben könne. Das ist alles unerheblich.

20. Februar. Serjoscha ist zurückgekehrt, Gott sei Dank wohlbehalten. Er hat seine Fahrten in die Duma wieder aufgenommen und sitzt über Schach-Aufgaben. Sascha ist gesund, L. N. klagt jedoch ständig über Gallenschmerzen und nimmt ab, was bei mir düstere Gedanken auslöst.

Heute aß er allein zu Mittag, ich trat zu ihm und küßte ihn auf die Stirn – da sah er mich derart unbeteiligt an, daß mich regelrecht der Mut verließ. Überhaupt ist mir irgendwie hoffnungslos zumute. Ein herrliches Wetter, klare Tage und Mondnächte; es ist unsäglich schön, und dieses prächtige, schon an den Frühling gemahnende Wetter wirkt beunruhigend und erregend. Vormittags wurden alle Kinder der Bewahranstalt mit mir und der Vorsteherin zusammen photographiert, für das Plakat zu meinem Konzert. Dann spielte ich lange Klavier, abends war ich spazieren …

6. März. Wir haben sehr viel erlebt, nicht in der Familie, sondern der Öffentlichkeit. Am 24. Februar wurde in allen Zeitungen Lew Nikolajewitschs Ausschluß aus der Kirche bekanntgegeben. Da dies ein historisches Ereignis ist, klebe ich den Artikel gleich hier auf der vorhergehenden Seite ein.[18] Dieser Beschluß rief in der Öffentlichkeit

Entrüstung, unter dem Volk Befremden und Unzufriedenheit hervor. Drei Tage hintereinander wurden Lew Nikolajewitsch Ovationen dargebracht, Körbe mit frischen Blumen, Telegramme, Briefe und Grußadressen geschickt. Bis heute dauern die Sympathiebekundungen für L. N. und die Mißfallensäußerungen gegenüber dem Synod und den Metropoliten an. Am gleichen Tag noch schrieb ich an Pobedonoszew und die Metropoliten und verschickte den Brief. Lege ihn hier ebenfalls bei.[19]

Diese dumme Exkommunizierung fiel zufällig in eine Zeit der Studentenunruhen. Am 24. gärte es schon drei Tage an der Universität und unter der gesamten Moskauer Bevölkerung. Die Moskauer Studenten hatten sich erhoben, weil Kiewer Studenten nach Unruhen zu den Soldaten gesteckt worden waren. Völlig ungewöhnlich ist dabei allerdings, daß früher das Volk gegen die Studenten war, nun aber alle Sympathien auf seiten der Studenten sind. Droschkenkutscher, Krämer und besonders die Arbeiter, alle sagen, die Studenten träten für die Wahrheit und die Armen ein.[20]

Noch am gleichen Sonntag, dem 24., schritt L. N. mit Dunajew über den Lubjanka-Platz, wo eine vieltausendköpfige Menschenmenge versammelt war. Jemand erblickte L. N. und sagte: „Da ist er, der Teufel in Menschengestalt." Viele drehten sich um, erkannten L. N., und es wurden Rufe laut: „Hurra, L. N., guten Tag, L. N.! Ein Hoch dem großen Manne! Hurra!"

Die Menge wurde immer größer, die Rufe lauter; die Droschkenkutscher zogen sich zurück ...

Schließlich brachte ein Technik-Student eine Droschke bei, setzte Lew Nikolajewitsch und Dunajew hinein, und ein berittener Gendarm, der sah, daß die Menge in die Zügel griff und das Pferd am Zaum festhielt, schritt ein und drängte die Menge zurück.

Schon seit einigen Tagen herrscht bei uns zu Hause eine richtige Hochstimmung; von früh bis spät Besucher in rauhen Mengen ...

26. März. Bedauere sehr, daß ich die Ereignisse, Gespräche usf. nicht nacheinander verzeichnet habe. Am interessantesten waren für mich die Briefe, die hauptsächlich aus dem Ausland kamen und Sympathie für meinen Brief an Pobedonoszew und die drei Metropoliten bekundeten. Kein einziges Manuskript von L. N. hat je eine so schnelle und weite Verbreitung gefunden wie dieser Brief von mir. Er wurde in alle ausländischen Sprachen übersetzt. Das hat mich gefreut, aber *nicht* hochmütig gemacht, Gott sei Dank! Habe den Brief rasch, erregt, in einem Zug niedergeschrieben. Das hat mir Gott eingegeben, nicht mein eigener Wille.[21]

Das wichtige Ereignis des heutigen Tages: Lew Nikolajewitsch hat den Brief „An den Zaren und seine Gehilfen" abgeschickt. Wozu das bloß führen wird! Möchte nicht, daß wir auf unsere alten Tage noch aus Rußland verbannt werden.[22]

Ein Ereignis war für mich auch mein Konzert zugunsten der Kinderbewahranstalt. Lauter angenehme Menschen nahmen daran teil, und so kam eine ungewöhnlich solide, gehaltvolle, dezente und schmucke Veranstaltung zustande. Junge Damen, alle in Weiß, verkauften die Programmzettel, auf den Tischen standen Körbe mit frischen Blumen. Zugaben wurden wenige gemacht. Michail Alexandrowitsch Stachowitsch trug den Auszug aus L. N.s Werk „Wer hat recht?" wunderschön vor. Ich brauchte mich vor Menschen, deren Meinung ich schätze, für den Abend nicht zu schämen. Der Erlös für die Bewahranstalt war gering, 1307 Rubel.[23] Um Lew Nikolajewitschs Gesundheit steht es besser, von den Armschmerzen einmal abgesehen. Die äußeren Ereignisse scheinen ihm Frische und Kraft verliehen zu haben. Zu mir ist er zärtlich und wieder sehr leidenschaftlich. Das gehört fast immer zusammen, ach ja!

Bereite mich allmählich auf das Abendmahl vor. Stricke Mützen für die Anstalt; heute nähte ich einen schwarzen Rock für Waretschka Nagornowa, L. N.s liebe, hilflose Nichte. Sie ist fünfzig, hat aber immer noch etwas Kindliches an sich. Spiele häufig vierhändig mit ihr, gestern Sinfonien von Beethoven. Mit Sascha kam es am Palmsamstag zu einer kleinen Unannehmlichkeit. Ich wollte sie zur Abendmesse mitnehmen; sie widersetzte sich, mit dem Hinweis, sie glaube nicht. Ich sagte zu ihr, wenn sie den Weg des Vaters einschlagen wolle, dann müsse sie auch, wie er, alle Stationen durchlaufen: er war einige Jahre, schon lange nach unserer Heirat, tief orthodox gläubig. Dann sagte er sich zugunsten des reinen Christentums von der Kirche los und zugleich auch von den irdischen Gütern. Sascha aber will, wie viele meiner Kinder, gleich einen Sprung tun zu dem, was am leichtesten ist: nicht in die Kirche gehen, und basta. Ich brach sogar in Tränen aus. Sie ging zum Vater, um sich zu beratschlagen, und er sagte zu ihr: „Selbstverständlich mußt du gehen, und vor allem, mach der Mutter keinen Kummer."

Sie kam in die Kirche der Bewahranstalt, nahm an der Abendmesse teil und wird sich jetzt mit mir aufs Abendmahl vorbereiten. (Und hat es doch nicht getan.)[24]

Heute stand in den Zeitungen: Wannowski ist zum Bildungsminister ernannt worden, das ist gut.

Klares Wetter, aber viel Schnee, jeden Tag zwei bis fünf Grad unter Null.

27. März. Erhielt dieser Tage von dem Metropoliten Antoni eine Antwort auf meinen Brief. Sie hat mich überhaupt nicht berührt.[25] Alles ist korrekt, doch gefühllos. Ich aber hatte meinen Brief in einer einzigen Herzensaufwallung niedergeschrieben – und er ging um die ganze Welt und hat die Menschen durch seine Aufrichtigkeit einfach *mitgerissen.* Für mich ist das alles jedoch schon in den Hintergrund getreten, das Leben geht weiter und immer weiter, unerbittlich, schwierig ...

Die äußeren Ereignisse haben mich erschöpft, und wieder richtet mein Blick sich nach innen, auf mein Seelenleben; aber auch da sieht es unerfreulich und unruhig aus.

30. März. Mit Sascha hat sich alles sehr unangenehm entwickelt. Sie hat sich doch nicht mit mir auf das Abendmahl vorbereitet: mal redete sie sich heraus, sie hätte sich den Fuß aufgeschürft, dann lehnte sie es rundheraus ab. Wieder ein Schritt, der uns beide auseinanderbringt.

Heute war ich beim Abendmahl. Das Fasten und Beten in der Zeit davor war sehr mühselig: die Widersprüche zwischen dem, was an der Kirche *echt* ist, was ihr Fundament bildet, und dem Ritus, dem ungebärdigen Geschrei des Diakons usw. usf., sind so groß, daß es einem manchmal schwerfällt und man am liebsten fortginge. Und das stößt die jungen Leute eben ab.

Gestern stand ich in einer Kirche, wo Blinde wunderschön sangen, und dachte: Das einfache Volk geht mitunter in die Kirche wie unsereiner in ein gutes Sinfoniekonzert. Zu Hause kennen sie nur Armut, Unbildung und unablässige, angespannte Arbeit. Kommen sie in die Kirche, da ist es hell, da wird gesungen, etwas vorgeführt ... Hier wird Kunst geboten, Musik, und auch, was das

Vergnügen rechtfertigt – innere Einkehr, Religion, die ja anerkannt ist und sogar als etwas Gutes, Unerläßliches gilt. Wie sollte man ohne das auskommen?

War nicht in der Stimmung, mich aufs Abendmahl vorzubereiten, tat es aber mit Ernst und Verstand und war einfach froh, mich körperlich und seelisch *anzustrengen:* früh aufzustehen, mich ins Gebet zu versenken und mir, in der Kirche stehend, über mein Seelenleben Klarheit zu verschaffen.

Zu Hause ist es heute wieder schlimm: Sulerschizki singt Lieder, von Serjoscha lautstark begleitet, Bulygins schrille, nervenaufreibende Stimme, das sinnlose Gelächter von Sascha, Julija Iwanowna und Marja Wassiljewna – grauenhaft!

Andrjuscha war hier; betrüblich, daß sein ganzes Interesse den Pferden, Hunden und Provinzbekannten gilt, er hat keinerlei geistige Bedürfnisse.

Gestern war Ruhe, und wir verbrachten einen angenehmen Abend mit Repin. Er erzählte, auf der Ausstellung der Peredwischniki in Petersburg, wo er sein Porträt von Lew Nikolajewitsch vorgestellt hat (das vom Museum Alexanders III. angekauft wurde), sei es zu zwei Demonstrationen gekommen: beim ersten Mal habe eine kleine Gruppe von Leuten Blumen an das Porträt gelegt; am letzten Sonntag aber, dem 25. März 1901, habe sich im großen Ausstellungssaal eine Menschenmenge versammelt. Ein Student stieg auf einen Stuhl und besteckte den ganzen Rahmen von Lew Nikolajewitschs Porträt mit Blumensträußen. Dann hielt er eine Lobesrede, worauf Hurra-Rufe ertönten und von der Galerie ein Blumenregen niederging; die Folge davon ist, daß das Porträt aus der Ausstellung entfernt wurde und nicht nach Moskau kommt, und in die Provinz noch viel weniger. Sehr schade![26]

Mai 1901. Das glücklichste Ereignis der letzten Zeit waren zwei Abende, an denen Sergei Iwanowitsch spielte. Das war am 3. und 4. Mai, und er spielte überwältigend schön. Folgende Stücke: ein Rondo von Mozart, eine Sonate von Schumann, „Am Spinnrad" von Schubert, ein Duetto von Mendelssohn und die „Freischütz"-Ouvertüre. Selbst Tanja und Lew Nikolajewitsch waren begeistert. Am nächsten Tag spielte er vierhändig mit Goldenweiser sein 4. Quartett.

18. Mai. Zehn Tage schon sind wir in Jasnaja Poljana. Wir reisten mit P. A. Boulanger in einem Direktionswaggon mit allem Komfort, und L. N. überstand die Reise bestens: ich wärmte ihm den vorgekochten Haferbrei, kochte Eier und Kaffee, außerdem aß er noch Spargel und schlief in einem wunderschönen Bett. Tochter Tanja und Julija Iwanowna Igumnowa waren auch dabei. Bei der Abreise von Moskau gaben uns Onkel Kostja Islawin, Fjodor Iwanowitsch Maslow und Warwara Iwanowna, Dunajew und unbekannte junge Leute das Geleit, offenbar Technik-Studenten. Sie riefen „Hurra!" und machten Zeichnungen von Lew Nikolajewitsch, das war rührend.

Mascha und Kolja, Ljowa und Dora sind auch hier, heute aßen wir alle gemeinsam zu Mittag, und alle waren fröhlich. Ein Amerikaner aus Boston war da, er muß Rußland gründlich erforschen, und natürlich auch Tolstoi, um darüber Vorlesungen zu halten. Der Frühling ist schön: Flieder, Apfelbäume und Maiglöckchen in voller Blüte, das Grün so frisch, die Nachtigallen schlagen – alles wie immer, aber von neuem erlebt man alles mit Genuß, ergötzt sich, läßt sich berauschen – wie man sich an jeglichem Genuß berauscht, so oft er sich auch wiederholen mag.

Erst neuerdings, nachdem ich viel Kummer erlebt habe, Lew Nikolajewitschs Kräftezerfall sehe und mein Innenleben komplizierter geworden ist – jetzt liegt auf allem ein Hauch von Trauer und Vergehen, als neige sich etwas seinem Ende zu. Zugleich aber bin ich innerlich zerrissen, von dem Zustrom an physischer Energie, dem Verlangen nach Leben, nach Tätigkeit, Bewegung, vielfältigen Eindrücken.

Alles flammt auf und erlischt, steigt empor und geht nieder ... Lew Nikolajewitschs Hinfälligkeit müßte auch mich befallen, ich *muß* mit ihm zusammen alt werden, aber ich weiß nicht wie, ich kann es nicht, selbst wenn ich wollte ...

Fahre am Montag nach Moskau ...

6. Juni. War in Moskau. Kümmerte mich um die Geschäfte, lebte allein mit dem Mädchen in unserem großen Haus. Besuchte die Gräber von Wanetschka und Aljoscha, besuchte auch meinen Enkel, Serjoschas Sohn. Ein prächtiger Junge, einfach und durchschaubar. Sah Mischa und Lina, sie hinterlassen jedesmal einen guten Eindruck. Sah häufig die Maslows, sah auch Sergei Iwanowitsch. Mit ihm kam es zu Unstimmigkeiten, habe weder die Kraft noch den Wunsch, das frühere Verhältnis fortzusetzen. Er ist auch nicht der Mensch, mit dem man befreundet sein könnte. Wie alle begabten Menschen sucht er im Leben beständig nach Neuem, erwartet etwas von den anderen, fast ohne dabei selbst etwas zu geben.

Es ist heiß, schwül, drückend und verdrießlich.

L. N. nimmt Solbäder und trinkt Kronenquelle. Er ist recht munter, und es macht mir Freude, ihn nach dem Krankheitswinter zu umsorgen. Pasternak ist zu Gast, er möchte ein Gruppenbild von L. N., mir und Tanja malen. Vorerst macht er Entwürfe. Das Bild ist für das Luxembourg.[27] Tschernogubow ist auch zu Gast, er sieht die Briefe Fets an mich und Lew Nikolajewitsch durch und schreibt sie ab.[28] Miss Welsh ist gekommen, und Sascha ist beschäftigt.

14. Juni. Mein Gott, wie schön der Sommer ist! Zu meinem Fenster herein schaut der Mond vom wolkenlosen Himmel. Draußen ist es unbeweglich, still, und so wohlig warm, eine Freude. Lebe fast gänzlich in der Natur, gehe baden, abends gieße ich die Blumen und gehe spazieren. Wir haben Besuch von meiner lieben, teuren Tanja und ihrem Mann, mit dem ich mich wegen ihrer Liebe zu ihm allmählich abfinde. Er hat einen netten Charakter, ist jedoch ein schrecklicher Egoist, und darum ist mir häufig um Tanja bange.

Der Maler Pasternak logierte bei uns, er zeichnete mich, Lew Nikolajewitsch und Tanja in den unterschiedlichsten Posen. Er will von unserer Familie ein Genre-Bild für das Luxembourg malen.

Zur Zeit hält sich der Bildhauer Aronson hier auf, ein Jude und armer Teufel, der sich in Paris innerhalb von acht Jahren zu einem guten, begabten Bildhauer hochgearbeitet hat. Er modelliert eine Büste von Lew Nikolajewitsch und eine von mir, von Tanja ein Basrelief – alles nicht übel.

Mich hat er nicht so verunstaltet, wie das bisher alle Künstler getan haben.[29] Merkwürdig, im allgemeinen finden die Leute mich schön; auf Porträts, Büsten und Photographien sehe ich aber immer unmöglich aus. Man sagt, das Mienenspiel sei nicht wiederzugeben, der Glanz der Augen, der frische Teint und das nicht ganz Ebenmäßige der Gesichtszüge.

Ljowa, Dora und Pawlik sind nach Schweden abgereist. Die Trennung von ihnen tat ganz fürchterlich weh. Sie stehen mir besonders nahe, ihr Leben, ihre Leiden und Freuden sind mir sehr ans Herz gewachsen. An Freuden wurde ihnen dieses Jahr wenig zuteil! Dabei leben sie so untadelig, so rein, mit den besten Absichten und Idealen. Sie haben nichts zu verbergen, man kann ihnen ruhig bis auf den Grund ihrer Seele schauen – und erblickt dort nur Reines und Gutes. Die arme Dorotschka lief um fünf Uhr früh zum Grab ihres Ljowuschka, um sich von ihrem Lieblingskind zu verabschieden, ich hätte am liebsten geweint, und ich teilte ihren mütterlichen Kummer.

Lew Nikolajewitsch klagt immer noch über Schmerzen in Armen und Beinen, ist mager und schwach, und mir dreht sich das Herz im Leib herum, wenn ich sehe, wie er älter wird und sich bereits dem Zeitpunkt nähert, da jener große Übergang sich vollziehen wird, auf den wir beide, so sehr wir uns auch bemühen, nicht vorbereitet sind und auch gar nicht vorbereitet sein können.

Heute morgen spazierte L. N. beim Haus umher und sagte: „Traurig, so ohne Kinder, bisher stieß man immer mal wieder auf zwei Kinderwagen, und jetzt nicht mehr." Da hatten Pawlik und Sonjuschka, Andrjuschas Tochter, zusammen draußen gestanden.

20. Juni. War wegen des Verkaufs von Saschas Ländereien in Moskau; wieder ein entsetzlicher Energie- und Kräfteverschleiß. Die Hitze, zwei Nächte im Zug, Unterredungen mit dem Rechtsanwalt, Einkäufe u. a. In meinem Haus ist es gemütlich, der Garten ist so schön, und viele schöne Erinnerungen stellen sich ein.

Kehrte morgens müde zurück, der Wagen war nicht da, ging von Koslowka zu Fuß nach Hause, ärgerte mich, die Hitze war unerträglich, und daheim Scharen von unnützen Gästen: Aljoscha Djakow, Goldenweiser, der Bildhauer, die Suchotins. Nur Tanja ist mir lieb. Habe wieder das Bedürfnis nach Ruhe und irgendeiner geistigen und künstlerischen Tätigkeit.

Heute regnet und windet es. Ging zu L. N., mich nach seinem Befinden zu erkundigen, und wieder prallte ich auf diese Wand zwischen uns. Wie oft ist das schon vorgekommen, es tut jedesmal mehr weh!

Sagte ihm unter anderem, er möge Andrjuscha einen Brief schreiben und ihn ermahnen, besser und gütiger mit seiner Frau umzugehen.

„Was belehrst du mich?" sagte L. N. böse. Ich erwiderte, ich belehrte ihn nicht, sondern *bäte* ihn, für Olga einzutreten und Andrjuscha zu raten, allgemein gütiger und beherrschter zu sein, und ich bäte ihn deshalb, weil er klüger sei und das besser mache als ich oder sonst jemand. „Wenn ich klüger bin, dann brauchst du mich nicht zu belehren", entgegnete er.[30]

3. Juli. Es nähert sich etwas Schreckliches, wenn auch von allen Erwartetes, das aber dennoch völlig unerwartet ist, wenn es tatsächlich kommt – das Ende des Lebens. Und zwar das Lebensende jenes Menschen, der mir weitaus mehr bedeutet hat als mein eigenes Leben, denn ich lebte ausschließlich für Ljowotschka, meinen Mann, und für die Kinder, die er mir gegeben hat.

Weiß noch nicht recht, in welchem Zustand mein Herz ist, es ist versteinert, ich *darf nicht* in mich hineinhorchen, um mir Kraft und Stärke für die Pflege meines Mannes zu bewahren.

Lew Nikolajewitsch erkrankte in der Nacht vom 27. auf den 28. Juni. Er klagte über allgemeine Mattigkeit, Schlaflosigkeit und Engegefühl in der Brust. Sascha und ich wollten am 28. morgens zu Sohn Serjoscha – da hat er Geburtstag und Namenstag, auch meine Tanja, Sonja mit Familie und Warja Nagornowa wollten hinkommen, ich wollte sie so gerne sehen und Serjoscha eine Freude machen, doch ich schwankte, mochte Lew Nikolajewitsch nicht allein lassen. Trotzdem fuhren wir um acht Uhr früh ab. Als ich fort war, stand er auf, ging spazieren, aber gegen Abend bekam er 38,5 Fieber. Nachts schlief er gut, wie man mir später sagte, aber am nächsten Tag konnte er auf dem Spaziergang nicht mehr weiter, so schwach war er; um heimzukehren, mußte er sich furchtbar anstrengen, es war weit, und das erschöpfte ihn völlig. Die Schmerzen in der Brust wurden schlimmer, man machte ihm warme Umschläge, das schaffte Erleichterung. Am 29. abends hatte er wieder Fieber, nun kehrte ich zurück, am 28. abends hatte ich ein beruhigendes Telegramm erhalten, L. N. sei völlig gesund. Wer achtet auch schon auf seine Verfassung, wenn ich nicht da bin! Als ich ihn erblickte, stand mir das Herz still. Die ganze Nacht hatte er starke Schmerzen in der Brust, und ich sagte zu ihm, das komme vom Herzen. Morgens beratschlagten wir, welchen Doktor wir holen sollten. Schickten nach Dreier in Tula, er kam und fand den Puls sehr schlecht: 150 Schläge pro Minute. Er verschrieb Chinin, 10 Gran pro Tag, sowie Koffein und Strophantin fürs Herz.

Als die Temperatur fiel, war der Puls immer noch auf 150, die Temperatur dann 35,9.

Darauf ließen wir telegraphisch Doktor Dubenski aus Kaluga kommen, er ist Chefarzt am städtischen Krankenhaus und ein guter Bekannter von uns. Er war entsetzt über den Puls und sagte, das sei ein Puls wie in der Agonie. Wegen des Fiebers hatte er jedoch seine Zweifel, er meinte, ob es nicht doch eine Magen- und Darmerkrankung sei. Von dem Chinin ging das Fieber weg, und zwei Tage war die Temperatur normal, 36,2. Heute verbrachte Lew Nikolajewitsch jedoch wieder die zweite Nacht ohne Schlaf, mit geringem Schüttelfrost, Fieber und starken Schweißausbrüchen; nun ist er schwach, und vor allem ist auch die Herztätigkeit erheblich schwächer geworden.

Alle Kinder kamen angereist, mit Ausnahme von Ljowa, der in Schweden ist, und Tanja. Auch Iljas Kinder sind hier. Gestern rief L. N. die drei Enkelsöhne und Annotschka zu sich, gab jedem ein Stück Schokolade und ließ den vierjährigen Iljuschok erzählen, wie er beinahe in einer Wassertonne ertrunken wäre. Annotschka fragte er, ob sie noch heiser sei, dann sagte er: „Nun geht, wenn mir langweilig wird, rufe ich euch wieder." Und als sie weg waren, sagte er ein ums andere Mal: „Was für prächtige Kinder!"

Als ich ihm gestern morgen eine Wärmekompresse um den Leib wickelte, sah er mich plötzlich unverwandt an, brach in Tränen aus und sagte: „Danke, Sonja. Glaube bloß nicht, daß ich dir nicht dankbar bin und dich nicht liebe ..." Die Tränen erstickten ihm die Stimme, und ich küßte seine lieben, mir so vertrauten Hände und sagte, es mache mich glücklich, ihn zu pflegen, ich fühlte mich zutiefst vor ihm schuldig, und falls ich es nicht vermocht haben sollte, ihm genügend Glück zu geben, so möge er mir verzeihen, und wir umarmten einander tränenüberströmt – das war es, was mein Herz schon lange ersehnte: das ernste, tiefempfundene Bekenntnis unserer Nähe während des ganzen neununddreißigjährigen gemeinsamen Lebens ... Alles, was diese Nähe zeitweilig gestört hat, war eine Art Sinnestäuschung und hat niemals die schönen, festen inneren Liebesbande zwischen uns beeinträchtigt.

Heute sagte er zu mir: „Ich stehe jetzt am Scheideweg: geht es vorwärts (zum Tod), ist es gut, geht es rückwärts (zum Leben), dann auch. Wenn es diesmal an mir vorübergeht, so ist das nur ein Aufschub."[31] Dann dachte er nach und fügte hinzu: „Es gibt noch so vieles, was ich den Menschen sagen möchte."

Als Tochter Mascha ihm heute seinen soeben von N. N. Gay abgeschriebenen letzten Aufsatz brachte, freute er sich darüber wie eine Mutter, der man ihr Lieblingskind ans Krankenbett bringt, und bat sogleich N. N. Gay, einige Korrekturen vorzunehmen, und mich bat er, unten in seinem Kabinett alle Rohfassungen dieses Aufsatzes zusammenzubinden und darauf zu schreiben: „Rohfassungen des letzten Aufsatzes", was ich auch tat.[32]

Gestern war er sehr besorgt, ob die Brandgeschädigten aus dem entfernten Dorf gekommen seien, für die er sich neulich von mir 35 Rubel hatte geben lassen, und bat außerdem, wenn Bittsteller zu ihm kämen, daß man ihm das sagte.

Die gestrige Nacht vom 2. auf den 3. Juli ging es ihm furchtbar: ich blieb bei ihm bis sieben Uhr früh. Vor Schmerzen im Darm schlief er keine Minute. Später tat ihm die Brust weh, ich rieb sie ihm mit Kampferspiritus ein, deckte sie mit Watte zu, und der Schmerz ließ nach. Dann begannen die Beine zu schmerzen und wurden kalt. Ich rieb sie ihm ebenfalls mit Kampferspiritus ab, wickelte sie warm ein, und ihm wurde leichter. Ich war so glücklich, daß ich ihm sein Leiden lindern konnte. Aber dann überkam ihn eine große Mattigkeit, und ich maß die Temperatur. Wieder war sie erhöht: von 36,2 auf 37,3 gestiegen. Das Fieber hielt sich etwa drei Stunden, er schlief ein, und ich ging ins Bett, denn ich konnte mich kaum mehr auf den Beinen halten; N. N. Gay löste mich ab, später Mascha.

Sohn Mischa traf ein; L. N. sprach mit ihm, fragte nach seiner Frau und sagte, es sei ein großes Glück, daß er lauter so gute Schwiegertöchter habe und sie außerdem noch so schöne und nette Frauen seien. Serjoscha sagte über seinen Bruder Mischa: „Papá, Mischa wird ständig klüger." Und L. N. erwiderte: „Gott sei Dank, das hatte er auch sehr nötig", und fragte: „Hat er denn diese Abscheulichkeit, seinen Kriegsdienst, beendet?" Worauf Mischa erwiderte, er habe ihn „Gott sei Dank völlig abgeleistet".

Heute saß ich bei ihm und las in jenem Evangelium, wo Lew Nikolajewitsch alle Stellen angestrichen hat, die er für besonders wichtig hält[33], und da sagte er: „Wie die Wörter wachsen: Im ersten

Evangelium heißt es einfach, Christus sei gekreuzigt worden. Im zweiten sind bereits die Worte ‚Und er sah die Himmel aufgetan' hinzugewachsen, und im dritten wird noch angefügt. ‚Er vernahm die Worte: Dies ist mein lieber Sohn' usw."

Jetzt schläft mein Ljowotschka – er ist noch am Leben, ich kann ihn sehen, hören, pflegen ... Und was kommt danach? Mein Gott, welch ein übermenschliches Leid, wie grauenhaft, ein Leben ohne ihn, ohne den gewohnten Rückhalt in der Liebe, ohne seine moralische Unterstützung, seinen Verstand, ohne die Anregung zu höheren Interessen ...

Weiß nicht, ob ich in der Lage sein werde, wieder etwas einzutragen. Möchte alles verzeichnen, was ihn betrifft; alle, alle brauchen ihn, und alle lieben ihn. Steh mir bei, Herr, steh mir bei, es ist so unerträglich schwer!

14. Juli. Weiß schon nicht mehr alles genau: auch Tanja mit ihrem Mann traf ein; aus Moskau kam Doktor Schtschurowski, außerdem viele Freunde; Telegramme, Briefe; Trubel infolge des großen Andrangs von Kindern, Enkeln, Bekannten. War ständig auf Trab ... Schließlich wurde ich krank: eine ganze Nacht hohes Fieber, die Herztätigkeit geschwächt, 52 Puls. Lag zwei Tage völlig entkräftet im Bett. Jetzt geht es mir besser. Der junge Arzt Witt Nikolajewitsch Sawwin logiert bei uns, er paßt auf L. N.s Puls auf, der sich bei der geringsten Anstrengung auf 90 Schläge erhöht. Heute ging L. N. nach draußen, spazierte neben dem Haus bei den Blumen umher, und gerade hat er sich auf dem Sofa unter dem Ahorn zum Schlafen hingelegt.

Alle Ärzte befanden, der Grund für die gesamte Erkrankung und die Herzschwäche sei, daß Malariagift im Organismus umgehe. Sie verabreichten Chinin und schlugen vor, Arsenik zu spritzen, was L. N. leider hartnäckig ablehnt. Er ist jetzt sehr mager und schwach, hat aber einen gesegneten Appetit, einen guten Schlaf, keine Schmerzen, und jeden Morgen sitzt er an seinem Aufsatz über die Arbeiterfrage.[34]

Gott sei Dank, noch ein Aufschub! Wie lange werden wir wohl noch beisammen sein? Zum ersten Mal spürte ich *deutlich*, daß die Trennung von dem geliebten Mann kommen wird, und die Not, die mein Herz befallen hat, ist nicht gewichen und wird auch kaum mehr weichen. Sobald ich das eingefallene Gesicht, die schlohweiß gewordenen Bart- und Haupthaare und Ljowotschkas ausgemergelten Körper anblicke – gleich nimmt der quälende Schmerz im Herzen, der mich jetzt nie mehr verläßt, wieder zu, ich habe kein Leben mehr, alle Interessen, jegliche Lebensenergie sind dahin. Und hatte doch so *viel* davon! Ob ich mich je wieder aufrichte?

Ja, noch ein ganzer Lebensabschnitt ist vorüber. Eine scharfe Trennungslinie verläuft zwischen jener Zeit, als das Leben *voranschritt,* und der jetzigen, da es auf einmal in mir zum *Stillstand* gekommen ist.

Ich hatte mir immer vorgestellt: Die Solbäder helfen, Ljowotschka erholt sich und lebt noch zehn Jahre; oder – das Emser bringt die Verdauung wieder in Gang; oder – der Sommer, die Wärme, die Ruhe geben ihm neue Kräfte ...

Und jetzt habe ich plötzlich deutlich das *Ende* vor Augen. Keine Gesundheit, keine neuen Kräfte – wenig, sehr wenig Reserven sind Ljowotschka noch geblieben. Und was war er für ein Hüne!

Traurig ist, daß er mir wie auch den Ärzten häufig wegen der Behandlung Vorwürfe macht. Sobald es ihm besser geht, ist er rasch mit Beschuldigungen bei der Hand. Geht es ihm jedoch schlecht, läßt er sich behandeln.

22. Juli. Lew Nikolajewitsch erholt sich, macht große Waldspaziergänge, sein Appetit ist vorzüglich, sein Schlaf ebenfalls. Gott sei Dank!

Gestern abend erhielten wir Briefe aus Tula, und Kolja Obolenski las sie vor. Alle waren voll Anteilnahme und Freude, daß L. N. wiederhergestellt ist. Er hörte zu, dann lachte er und sagte: „Wenn es das nächste Mal ans Sterben geht, dann muß ich es, ganz ohne Spaß, unbedingt zu Ende führen. Wäre auch peinlich, wieder alles von vorne: alle kommen angereist, Korrespondenten treffen ein, Briefe, Telegramme – und dann war es wieder umsonst. Nein, das geht nicht, das wäre einfach unschicklich."

Heute kam ein allerliebster, kluger Brief von der rumänischen Königin Elisabeth. Sie schickt L. N. eine Broschüre von sich und schreibt, schon allein der Gedanke, daß la main du maître wenigstens einen Augenblick auf ihrem Büchlein ruhen werde, mache sie glücklich.[35]

Heute ist es heiß, trocken und staubig. Die Halerernte hat schon begonnen. Klare Sonnentage, Mondnächte, es ist so schön überall, daß man noch viel besser und mehr die Schönheit des Sommers nutzen möchte.

Als L. N. gestern sagte, wenn er jetzt krank werde, erfordere es schon die Schicklichkeit, daß er stirbt, erwiderte ich: „Im Alter ist das Leben langweilig, ich würde am liebsten bald sterben." Da wurde L. N. auf einmal lebhaft, brach in heftigen Protest aus: „Nein, man muß leben, das Leben ist so wunderbar! ..." Schön, solch eine Energie im Alter von dreiundsiebzig, sie wird ihn wie auch mich retten. Dabei schreibt Tochter Tanja heute, wir, ihre Eltern, wollten nicht alt werden, und das sei von Übel. Wer weiß, was besser ist![36]

30. Juli. Gestern abend wurde L. N. wieder krank. Die Verdauung ist gestört, es wird keine Galle abgesondert, und er hat Fieber, um elf Uhr gestern abend stieg das Thermometer auf 37,8, und tagsüber hatte er ungefähr 90 Puls.

Doch davor, wie schnell kam Lew Nikolajewitsch wieder auf die Beine! Wie hat er mit Lust gegessen, abends sich fröhlich mit uns unterhalten und gescherzt. Wie munter spazierten wir kürzlich durch den ganzen Sakas, mit Fjodor Iwanowitsch Maslow, Tochter Mascha, Kolja, Sascha und Julija Iwanowna.

Heute wieder Hitze, die Luft wie von Brandgeruch und Rauch durchzogen. Nichts zu sehen, selbst die Sonne ist zu einem winzigen roten Ball geschrumpft.

Bin verzagt, sitze den ganzen Tag an der Zimmertür meines kranken Mannes, stricke Mützen für die Kinder in der Anstalt, Leben und Energie sind gänzlich in mir erloschen.

Erhielt einen Brief von Gräfin Panina, sie bietet uns ihre Villa „Gaspra" auf der Krim an, wir wollen hinfahren, aber ich möchte nicht vor September.

3. August. Die letzte Krankheit hat Lew Nikolajewitschs Kräfte noch mehr verringert, obwohl es ihm heute besser geht. Die Hitze dauert an, wieder ist es trocken, ich gehe jeden Tag baden. Vormittags kamen Brandgeschädigte aus Mjassojedowo, wir gaben ihnen pro Hof 7 Rubel. Wieviel Brände es diesen Sommer gegeben hat, wie vielen mußte geholfen werden!

Ein Fremder ist zu Besuch, Falz-Fein, er hat seine junge Frau verloren und sitzt nun – verzweifelt, krank vor Kummer – mit drei Kindern da. L. N. war mit ihm spazieren und sprach mit ihm.

Bin verschiedene Notenhefte durchgegangen: ein Hummel-Konzert, Mozart, Weber. Bestellte mir noch Webers As-Dur-Sonate. Musik ist die beste Beschäftigung in der Welt. Machte mit Mascha Photographien, lernte ein wenig Italienisch, betätigte mich im Haushalt.

Dennoch verfolgte mich das quälende Gefühl, daß alles sich dem *Ende* zuneigt. Etwas muß wohl *zu Ende gehen.* Mein Leben mit L. N. floß neununddreißig Jahre lang in einem einzigen, breiten Strom dahin. Nun aber gerät alles ins Wanken: wir wollen auf die Krim, L. N. ist schwach, verzagt, obwohl er sich sehr richtig an den gewohnten Tagesablauf hält: vormittags schreibt er, dann spaziert er ein wenig im Garten oder dem nahen Wald umher, abends sitzt er bei uns ... Für wie lange? Und *wie* wird sich mein Leben gestalten? Habe keinerlei Vorstellung, weiß nichts ... „Dein Wille geschehe".

26. August. Am 5. September wollen wir zur Krim aufbrechen. War geschäftlich in Moskau, fahre vor der Abreise noch einmal hin, um den 1. herum.

Es ist kalt, windig, feucht und ekelhaft.

L. N.s Schwester Marija Nikolajewna und Warja Nagornowa sind hier; Ljowa ist aus Schweden zurück, auch Sohn Serjoscha ist da, und noch andere Gäste. Schwester Tanja war zu Besuch, was mir große Freude bereitete.

L. N. hat sich wieder nicht recht wohlauf gefühlt, er gibt aber auch schlecht auf sich acht. Gestern war Doktor Dubenski da und fand L. N.s Zustand zufriedenstellend.

Lebe so gar nicht nach meinem Geschmack: die Wirtschaft, der Haushalt, Geldgeschäfte, Reisevorbereitungen, Packen, praktische Erwägungen ... Weder Spaziergänge noch Musik – rein gar nichts, und das verdrießt, schlägt aufs Gemüt. Wir werden anscheinend den ganzen Winter auf der Krim verbringen, und das ist furchtbar traurig! Je nun, wie Gott will! Der Trennungsstrich ist gezogen, noch ein neuer Lebensabschnitt beginnt. Wenn nur Lew Nikolajewitsch gesund und am Leben bleibt.

2. Dezember. Krim. Gaspra. Seit dem 8. September halten wir uns Lew Nikolajewitschs Gesundheit wegen hier auf; sein Zustand bessert sich aber nur langsam. Der Mensch hat eben nur ein Leben, im August wurde er dreiundsiebzig, und er ist im letzten Jahr sehr alt und schwach geworden, hat sich stark verändert.

Habe nicht Tagebuch geführt, konnte mich lange nicht mit den neuen Lebensumständen und den damit verbundenen seelischen Entbehrungen abfinden. Jetzt habe ich mich eingewöhnt, mein strenges Pflichtgefühl bezüglich meiner Obliegenheiten als Ehefrau hält mich aufrecht.

Gestern nacht schrieb ich Briefe an die vier abwesenden Söhne[37] (außer an Andrjuscha, der gerade eingetroffen ist), und danach konnte ich die ganze Nacht nicht schlafen vor lauter peinigenden, drangvollen Erinnerungen an die Kindheit meiner Kinder, an mein leidenschaftliches, fürsorgliches Verhältnis zu ihnen, meine unfreiwilligen Fehler bei ihrer Erziehung und mein jetziges Verhältnis zu meinen *erwachsenen* Kindern. Dann schweiften die Gedanken zu den Toten ab. Mit quälender Deutlichkeit sah ich bald Aljoscha, bald Wanetschka in verschiedenen Augenblicken ihres Lebens vor mir. Besonders deutlich sah ich den zarten Wanetschka in seinem Bettchen, wenn er sich nach dem Nachtgebet, bei dem ich fast immer zugegen war, behaglich zu einem winzigen Klümpchen zusammenrollte und, mir selig zulächelnd, seine Äuglein schloß. Ich weiß noch, wie peinigend es war, wenn ich seinen Rücken streichelte, unter der Hand seine dünnen Knochen zu spüren.

Und welche seelische und körperliche Einsamkeit ich gestern nacht empfand! Mit Lew Nikolajewitsch ist es genauso gekommen, wie ich es vorausgesehen habe: Als infolge seiner Hinfälligkeit das Verhältnis zu seiner Frau als seiner Geliebten ein Ende nahm (vor gar nicht langer Zeit), da trat an diese Stelle nicht das, wovon ich mein Leben lang vergeblich geträumt habe – stille, zärtliche Freundschaft, sondern da trat vollkommene Leere ein.

Morgens und abends begrüßt und verabschiedet er mich mit einem kalten, unaufrichtigen Kuß; meine Fürsorge nimmt er einfach als meine Pflicht und Schuldigkeit hin, er ist häufig gereizt und blickt teilnahmslos auf seine Umgebung, und nur eines bewegt, interessiert und quält ihn: im physischen Bereich – *der Tod*, im geistigen – seine Arbeit.

Denke immer öfter mit stiller Freude an den Tod, an jene Sphäre, wohin meine Kinder entschwunden sind, wo es wohl ruhiger zugehen wird. In *diesem* Leben kann es keine Ruhe geben: wenn man sich darum *bemüht*, wenn man sich stets zu einer weisen, gleichgültigen Haltung, zu frommer Demut und Verständnis *durchringt*, so hört damit auch das Leben auf. Leben ist ein heftiges, unablässiges Wechselbad der Gefühle, ein Kampf; es ist ein Auf und Ab von Gut und Böse: Leben ist Leben. Es läßt sich nicht zum Stillstand bringen, und aus freien Stücken will man das ja auch nicht. Aber wenn die Zeit reif ist, daß es auf natürliche Weise zum Stillstand kommt, so muß man das gelassen und freudig begrüßen und, den Blick auf Gott gerichtet, sich seinem Willen unterordnen und sich über den Geist mit Gott, über den Körper mit der Natur vereinen. Und das ist nichts weiter als gut so.

3. Dezember. Ein heißer Tag, war in Jalta, schrieb Serjoscha und schickte ihm eine Vollmacht, damit er in Teljatinki 46¼ Dessjatinin Land zu Jasnaja Poljana hinzukauft. Erhielt Geld, überwies es – ewig diese unausstehlichen, mir lästigen Geschäfte! War müde und streifte allein umher. Kam nach Tschukurlar; dort eine Bettlerin und ein schwindsüchtiger junger Mann. Öde und Verfall. Das steht uns alles noch bevor. Lew Nikolajewitsch war zu Pferd in Alupka, den ganzen Abend spielte er mit Suchotin Schach. Und die zu Besuch weilenden Söhne Ilja und Andrjuscha, Sascha, Natascha Obolenskaja, Klassen und Olga – alle spielten Karten, was ich nicht mag. War einsam, nähte schweigend, dann lernte ich Italienisch.

4. Dezember. Heute ist es noch heißer, klarer und schöner. Die Sonne brennt herab wie im Sommer. Was für ein wechselhaftes, seltsames Klima. Ebenso wechselhaft ist hier auch die innere Stimmung. Waren zu Fuß in Orianda: Lew Nikolajewitsch, Suchotin mit Sohn und Lehrer, Natascha Obolenskaja und ich. Waren ein wenig müde, aber der sogenannte Horizontalweg ist sehr angenehm. Fuhren mit Sonjuschka und Olga nach Hause zurück. Das Meer, der Sonnenuntergang – alles zauberhaft schön. War in Sorge, Lew Nikolajewitsch könnte ermüden und sich erkälten. Die anderen ritten alle zum Utschan-Su. Iljuscha kehrte zurück und war vom Photographieren begeistert. Heute haben die Warwaras Namenstag, erinnerte mich an meine letztjährigen Visiten mit Marussja bei Warja Nagornowa und den Maslows. Wie heiter und fröhlich es bei den letzteren war! Was heute dort wohl sein mag, merkwürdig, dort ist jetzt Winter, mit Schnee und Schlitten!

7. Dezember. Verabschiedete gerade die Söhne, den ewig albernden, gutmütigen Ilja und Andrjuscha. Lew Nikolajewitsch fährt mit ihnen nach Jalta zu Mascha, dort übernachtet er, das hatte er schon lange vor. Ob nun das Arsenik oder ob einfach das schöne Wetter gut auf ihn wirkt, jedenfalls ist er munter, seine Gesundheit besser, und die Freude über diese Besserung äußert sich in rastloser Unternehmungslust: kürzlich erst ging er mit uns zu Fuß nach Orianda, heimwärts fuhren wir.

Am nächsten Tag ritt er nach Simeis und zurück. Gestern war er vormittags und abends bei Mondschein spazieren, schaute im Krankenhaus vorbei und war von der Aussicht im Mondlicht hingerissen. Heute brach er nach Jalta auf.

Wollte ihm beim Aufbruch helfen, damit er vor lauter Eile nicht ins Schwitzen geriete. Er fauchte mich derart ruppig und mürrisch an, daß ich fast in Tränen ausgebrochen wäre und mich schweigend entfernte.

Erhielt einen Brief von Gräfin Alexandra Andrejewna Tolstaja. Eine erstaunliche geistige Harmonie herrscht in dieser bezaubernden Frau. Wieviel echte Liebe und Teilnahme sie den Menschen spendet![38]

Neige immer mehr zu der Ansicht, daß jegliche Sektiererei, die Lehre meines Mannes eingeschlossen, die Herzen der Menschen ausdörrt und stolz macht. Ich kenne zwei Frauen näher – Lew Nikolajewitschs Schwester Maschenka, die Nonne, und die oben erwähnte Alexandra Andrejewna –, die beide gütiger und edelmütiger wurden, ohne aus der Kirche auszutreten.

Seit vier Tagen herrscht regelrechtes Sommerwetter: die Fenster stehen offen, wir gehen nur in Kleidern nach draußen, und selbst dann ist einem heiß. Abends noch zwölf Grad Wärme.

Seit meine arme Tanja wieder ein totes Kind, einen Jungen, zur Welt gebracht hat (am 12. November), hängt sie nur noch mehr an ihrem leichtsinnigen, egoistischen Mann. Sie geht völlig in ihm auf, und er *gestattet* es, ihn zu lieben, er selbst liebt wenig. Wenn sie sich bloß wohl fühlt, dann Gott sei Dank! Wir Frauen haben die Fähigkeit, einzig unserer Liebe zu leben, ohne daß diese erwidert wird. Und zwar ein erfülltes Leben zu leben!

Aus Moskau keine besonders erfreulichen Nachrichten, aus Jasnaja Poljana ebenfalls. Die Geschäfte sind in Unordnung, die Freunde vergessen einen allmählich, die herrliche Musik – sinfonische und andere Konzerte locken verführerisch, aber es hilft alles nichts, muß hier sitzen und mich langweilen. Die Pflicht, nur die Pflicht gilt, und es kostet einen alle Energie, sie zu erfüllen und die eigene Persönlichkeit auszulöschen.

Nachdem ich Lew Nikolajewitsch verabschiedet hatte, ging ich zur Messe, kleine Mädchen sangen schön, und mir war wohl und andächtig zumute.

8. Dezember. Lew Nikolajewitsch ist nicht aus Jalta zurückgekehrt, nur Sascha kam, ihn haben der Doktor und die Obolenskis überredet, noch eine Nacht zu bleiben.

Nach dem Abschied gestern wurde mir plötzlich wehmütig ums Herz, ich kam mir so überflüssig vor. Heute geht es besser; war allein spazieren, in ernster und guter Stimmung. Es ist ungewöhnlich warm, zwölf Grad im Schatten, der Himmel rosa von der hinter Wolken verborgenen Sonne. Im hiesigen Park ist es schön und einsam. Grübelte und grämte mich, daß mein Mann und ich wie Fremde nebeneinander herleben.

Sascha sagt, er habe heute in Jalta acht Seiten geschrieben, das habe ihn erschöpft und geschwächt.

9. Dezember. Wie ich mir schon dachte, hat Lew Nikolajewitsch sich in Jalta wieder etwas zugezogen, und wieder traten Herzbeschwerden auf. Sprach gerade mit ihm per Telephon, seine Stimme klingt munter, er meint, es käme vom Magen, der wieder verstimmt ist. Bei dem Ritt nach Simeis, hin und zurück, hat er erneut den Darm gereizt, wohl schon zum hundertsten Mal wiederholt sich ein und dieselbe Geschichte. Vor der Abreise stürzte er sich mit einemmal voll Gier auf Quarkküchlein, Trauben, Birnen und Schokolade. Andrjuscha hatte am 6. Geburtstag, da gab es allerlei Leckereien. So läuft das ständig: kaum geht es ihm besser, macht er durch mangelnde Enthaltsamkeit beim Essen und Bewegen alles zunichte. Dann erschrickt er, läßt sich wieder behandeln; geht es besser, macht er wieder alles zunichte – und so weiter, immer im Kreis.

War in der Messe. Die Mädchen sangen wunderschön. Eine gute, stille, vertraute Atmosphäre. Im Gegensatz zu anderen Leuten stört mich gar nicht, daß einem das Kirchenslawisch bisweilen ganz ungereimt vorkommt. Die Kirche ist auch der Ort, wo wir an Gott erinnert werden, wo Millionen von Menschen ihren Glauben, ihre Frömmigkeit und zu allen Zeiten eines wechselhaften Schicksals ihre Kümmernisse und Freuden hingebracht haben.

13. Dezember. Am gleichen Tag, als ich den letzten Tagebucheintrag schrieb, wurde ich per Telephon erst beruhigt, dann in Unruhe versetzt über Lew Nikolajewitschs Gesundheitszustand, und nach dem Mittagessen fuhr ich sogleich nach Jalta. Ich traf Lew Nikolajewitsch recht munter, aber im Bett an; ich erfuhr, sogar der Doktor sei erschrocken; die Herzbeschwerden seien erheblich gewesen, er verschrieb sogar Kampfer zum Einspritzen, aber soweit kam es dann doch nicht. Die Krankheitsursachen liegen wieder in Magen und Darm.

Brachte ihn mit Lisa Obolenskaja heute heim nach Gaspra.

Zunächst lebte er auf, da er Kaffee mit Milch getrunken hatte; abends spielte er zwei Partien Schach mit Suchotin, wurde dann aber wieder schwach und mußte sich schließlich ins Bett legen. Den ganzen Abend hatten wir auf ihn eingeredet, nach der Vorschrift des Arztes schlafen zu gehen, doch er wollte nicht.

Suchotins haben Kummer, ihr Serjoscha ist im Moskauer Korps an Typhus erkrankt, den Telegrammen nach ist sein Zustand ernst. Tanja war sehr verstört und weinte, sie hat eine kindliche Einstellung zum Schicksal, als ob jemand sie ständig kränkte.

Es gab auch eine freudige Nachricht: Mischa und Lina haben am 10. einen Sohn, Iwan, bekommen. Möge Wanetschka diesem Jungen seine Seele eingeben und für ihn beten, damit er zu einem guten, glücklichen und gesunden Menschen heranwächst. Würde zu gerne auf diesen neuen Wanetschka einen Blick werfen.

Heute bin ich sanft gestimmt und bedauere Lew Nikolajewitsch von Herzen, kann ihn nicht ohne Kummer ansehen und bin über dieses Gefühl froh. Denn manchmal überkommt mich eine üble Gereiztheit gegen ihn, weil er seine Kräfte unnütz verausgabt und sich das Leben verkürzt, das uns allen *so* teuer ist, daß wir *unser* Leben in seinen Dienst stellen. Ich erinnere mich, als die Kinder meiner Schwester einmal stürzten und sich verletzten, da schalt sie sie auch noch, und ich begriff, daß sie aus Kummer und Mitleid über sie herfiel. So auch ich; bisweilen falle ich über Lew Nikolajewitsch her (meistens schweigend, innerlich), weil seine Gebrechen mir unerträgliche Schmerzen verursachen.

14. Dezember. Lew Nikolajewitsch ist gestern nach unten gezogen, um nicht Treppen steigen zu müssen. Sein Zimmer neben mir ist verwaist, und diese Totenstille hier oben ist irgendwie unheilvoll und zermürbend. Brauche mich nun nicht mehr zu bemühen, das Lavoir leise auf den Marmortisch zu stellen, auf Zehenspitzen zu gehen und die Stühle nicht zu rücken.

Unten schläft neben Lew Nikolajewitsch vorerst Lisa Obolenskaja (seine Nichte), er nimmt ihre Hilfe gerne in Anspruch und ist froh, daß er mich nicht zu behelligen braucht.

15. Dezember. Ljowotschka geht es heute besser, und wir sind alle fröhlicher. Er ist munter, das Herz in Ordnung, der Magen noch nicht ganz, kein Fieber. Er aß mit uns zu Mittag, ging bis zum Tor der Villa, kehrte aber um, wurde müde.

Der Doktor war da, der ihn hier behandelt, Altschuller, ein angenehmer, begabter Jude, der gar nicht wie ein Jude aussieht, und Lew Nikolajewitsch glaubt an ihn, hört auf ihn und hat ihn sogar liebgewonnen. Heute bekam er die dreißigste Arsenikspritze, unter die Haut, und nahm fünf Gran Chinin ein.

Ein Tscheche war zu Besuch, Doktor Makovický, wir kennen ihn von früher[39], und mit ihm der georgisch anmutende Jewg. Iw. Popow, sozusagen ein Tolstojaner. Der Abend verlief wie üblich: Schach, Zeitungen, Briefe und Arbeit.

Ging heute allein spazieren, es war warm und schön. Spielte über zwei Stunden, ergötzte mich an der Sonate von Weber und dem „Impromptu“ von Chopin. Wenn ich Zeitungen lese, locken mich die Konzerte, besonders leid tut mir, daß ich M. Pauer nicht gehört habe, der an mehreren Abenden hintereinander *alle* Beethoven-Sonaten gespielt hat.

16. Dezember. Ein unausgefüllter Tag, habe Lew Nikolajewitsch kaum gesehen, der verhaßte Popow und Makovický saßen bei ihm. Boulanger ist eingetroffen.

23. Dezember. Lew Nikolajewitsch ist wieder auf dem Damm,

heute ging er weit spazieren, besuchte Maxim Gorki, d. h. Alexei Maximowitsch Peschkow.[40] Mag es nicht, wenn Schriftsteller nicht mit dem eigenen Namen unterzeichnen. Den Rückweg legten alle, d. h. Lew Nikolajewitsch, Olga, ich und Boulanger, in der Kalesche zurück. Olga und ich waren zu Visiten unterwegs, trafen aber fast niemanden an. Es ist warm, sechs Grad, klar und windig. Lew Nikolajewitsch brachte eine große, rosa-violette Feldblume mit, die gerade aufgegangen war. Bald blühen die Mandeln, die Schneeglöckchen sind auch schon auf. Schön! Allmählich mag ich die Krim. Meine Schwermut ist Gott sei Dank vorüber, hauptsächlich, weil es Lew Nikolajewitsch viel besser geht. Für wie lange!

Gestern fuhren die Suchotins ab, und der kranke, gutmütige Andrjuscha kam an, der aber manchmal unangenehm aufbraust, vor allem mit seiner Frau.

24. Dezember. Serjoscha und Goldenweiser trafen ein, Mischa Wsewoloschski schaute kurz vorbei. Abends spielte Lew Nikolajewitsch mit seinen Kindern und Klassen, dem hiesigen deutschen Verwalter, Wint. Alle schrien, gerieten in Erregung über ein Groß-Schlemm ohne Trumpf; sehr merkwürdig kommen mir diese Ausbrüche beim Kartenspielen immer vor, als hätten alle plötzlich den Verstand verloren und würden Unsinn schreien.

Lew Nikolajewitsch klagt wieder über Schmerzen in den Armen, obgleich es die letzten Tage warm war und er sich schont. Das Leben hat irgendwie an Glanz verloren, freue mich gar nicht mehr auf die Reise nach Moskau, es wird ja doch bloß mühsam – verdrießlich, kalt und unersprießlich. Ob je wieder mal eine Freude kommt?

25. Dezember. Ein feierlich begangenes Weihnachtsfest. Lew Nikolajewitsch fühlt sich besser, er hatte kein Fieber und keine Gliederschmerzen.

26. Dezember. Boulanger abgereist. Das Wetter zauberhaft, alle gehen oder fahren spazieren. Lew Nikolajewitsch ist wieder auf dem Damm. Ich schnitt zu, machte Abzüge von Photographien, nähte ein wenig und schaute abends in die italienische Grammatik. Habe Angst vor der Moskaureise. Scheue mich sehr, Lew Nikolajewitsch allein zu lassen, und es graut mir auch, allein eine so weite Reise zu unternehmen. Abends bei Klassen, deutsche Laute, fremde Menschen, süße Speisen – liegt mir alles nicht.

27. Dezember. Abends Tschetwerikows und Wolkows zu Gast. Ein Gespräch über Musik mit Eschlman. Goldenweiser spielte. Lew Nikolajewitsch geht wieder spazieren, schreibt über die Gewissensfreiheit und sieht noch einmal „Über die Religion" durch. Abends, als er zu Bett ging, bat er mich um warme Milch, das trinkt er jetzt ständig; die Milch war noch nicht warm und ich hatte mich noch nicht von meinen langweiligen Gästen verabschiedet, da stand Lew Nikolajewitsch plötzlich im Nachtgewand in der Tür und verlangte ungeduldig und zornig nach seiner Milch.

Sascha beeilte sich, ich hatte aber die warme Milch kaum vom Petroleumkocher genommen und noch nicht bis zu seinem Zimmer gebracht, da stand er zum zweiten Mal verärgert in der Tür.

29. Dezember. Ein tatarischer Feiertag, der Mullah fährt für drei Monate nach Mekka und wurde mit einem Festessen verabschiedet. Auf den Straßen von Koreis und Gaspra fröhliche, aufgeputzte Menschen der verschiedensten Völkerstämme. Türken tanzten einen Reigen, sehr eigentümlich und malerisch. Versuchte zu photographieren, aber bei Bewegung gelingt es schlecht. Lew Nikolajewitsch spazierte allein nach Ai-Todor. Er ist heute mild und gütig gestimmt, wir leben alle in Eintracht und Freude, welch ein Glück! Bin mit dem Tag unzufrieden: habe photographiert und genäht und sonst nichts.

30. Dezember. Vormittags kamen zu Lew Nikolajewitsch die unterschiedlichsten Leute: drei revolutionäre Arbeiter, die voller Ingrimm gegen die Reichen und mit der ganzen Lebensordnung unzufrieden sind; dann sechs Sektierer, die von der Kirche abgefallen sind, drei davon echte Christen, was ihre sittliche Einstellung und ihre Nächstenliebe anbelangt, die anderen drei von den Molokanen beeinflußt und deren Glauben nahestehend. Habe ihre Gespräche mit Lew Nikolajewitsch nicht gehört – er mag es nicht, wenn man dabei stört; aber Lew Nikolajewitsch sagt, einige hätten gescheit und mit Feuer gesprochen. Außerdem kam noch ein älterer, wohlhabender und eher gebildeter Mann, der im Kaukasus am Meeresufer ein neuartiges Kloster gründen will. Alle Ordensbrüder sollen höhere Bildung haben, das Kloster soll in gewisser Weise ein Zentrum der Wissenschaft und Zivilisation sein, zugleich aber sollen die Mönche selbst den Boden beackern und sich von ihrer Hände Arbeit ernähren. Eine schwierige, aber schöne Aufgabe.

Abends gingen wir in die Volksbücherei, wo ein Tanzabend stattfand. Drei Tschechen, wandernde Musikanten, und ein junger Mann mit einer riesigen Harmonika spielten auf. Zimmermädchen, Frauen und Töchter von Handwerksleuten und Männer aus den verschiedensten Gesellschaftsklassen tanzten Walzer, Polkas und Pas de quatre. Auch zwei Tataren tanzten etwas Tatarisches und zwei Georgier mit Dolchen eine Lesginka; und viele – darunter auch Wolkow, der tatkräftige und rundum tüchtige Landarzt – tanzten Trepak, auf die russische Art, in die Hocke gehend. Eine gute Sache, diese Volksbälle, sehr fidel und eine vollkommen unschuldige Lustbarkeit. Wir gingen alle zuschauen, auch Lew Nikolajewitsch.

31. Dezember. Noch ein Jahr, das praktisch vorüber ist. Der letzte Tag eines ziemlich schwierigen, mühseligen Jahres! Ob das neue wohl besser wird? Das Leben wird allem Anschein nach immer schlechter, und man selber wird auch nicht besser.

Der Tag ging ganz in dem Trubel unter, den wie immer die Ankunft der Obolenskis auslöste.

Lew Nikolajewitsch besuchte M. Gorki, zurück fuhr er mit Goldenweiser, der bei uns zu Gast ist.

Schrieb das erste Kapitel von Lew Nikolajewitschs „Über die Religion“ ab, bislang gefällt es mir nicht sonderlich: wenig Neues, der Inhalt irgendwie dürftig. Wie es wohl weitergeht? Mir mißfiel die Stelle, wo L. N. den Glauben an die Notwendigkeit der Religion, den die Menschen verworfen haben, mit dem Wurmfortsatz im Darm vergleicht.

An Besuchern: Popow und Makovický. Ein lieber Brief von Dora und ein interessanter von Muromzewa. War mit Sascha in Koreis, um den Dienstboten Wein, Apfelsinen und Süßigkeiten für Silvester zu kaufen. Wir wollen auch Silvester feiern, obgleich ich diesen *halben* Feiertag nicht mag. Man sitzt beisammen, ißt, und um zwölf Uhr nachts soll auf einmal etwas geschehen.

1902

1. Januar. Gestern feierten wir still Silvester im Familienkreis. Lew Nikolajewitsch ging früher zu Bett, nach dem Bad fühlte er sich unwohl. Morgens kam Klassen mit herrlichen Veilchen.

Schreibe nach und nach Lew Nikolajewitschs „Über die Religion" ab. Klug, aber etwas fehlt, man wünschte sich mehr Feuer, mehr Überzeugungskraft.

War mit Tanja und Olga im Jussupow-Park und am Meer. Ein warmer Sommertag. Am Meer Gorki mit Frau. Doktor Altschuller war da. Unsere gesamten Dienstboten kamen verkleidet an, trampelten herum und tanzten; es war mir nichts als lästig, bin über all das längst hinaus.

Lew Nikolajewitsch, Goldenweiser, Serjoscha und der deutsche Verwalter Klassen spielten Wint. Schrieb abends fünf Briefe, strickte die Schals fertig und schenkte sie Ilja Wassiljewitsch und dem Koch. Erhielt einen lieben Brief von Sonja und einen von Glebowa,[1] freute mich, daß es dort in der Ferne die beiden glücklichen Familien meiner Kinder gibt: die Iljas und die Mischas. Was bloß aus dem neugeborenen zweiten Wanetschka Tolstoi werden mag! Wie der erste, so etwas kommt nicht wieder! Wie würde er sich freuen, daß sein Lieblingsbruder Mischa auch einen Wanetschka hat.

Ein schrecklicher Wind heult, hier ist das unerträglich, und ich bange um Lew Nikolajewitschs Gesundheit.

Tagsüber war es warm, war mit Tanja und Olga zu Fuß unterwegs, heimwärts fuhren wir.

4. Januar. Schlafe schon die dritte Nacht auf dem Ledersofa im Salon, oder genauer gesagt, ich schlafe nicht, sondern horche die ganze Nacht auf Lew Nikolajewitsch im Nebenzimmer und bange um sein Herz. Er ist seit drei Tagen krank; hauptsächlich hat er Herzbeschwerden. Gestern und heute stand er zum Mittagessen auf, wurde danach aber sehr schwach, und heute bekamen wir es mit der Angst zu tun und ließen aus Djulber den großfürstlichen Arzt Tichonow kommen; gerade war er da. Er sieht keine unmittelbare Gefahr, gibt aber, wie alle Ärzte, zu bedenken, es könnte ein schlimmes Ende nehmen, wenn L. N. sein unvernünftiges Leben so weiterführt wie bisher, sich überanstrengt, unmäßig ißt u. a. Die Temperatur ist normal, aber der Puls höchst beunruhigend.

Nachts ist ein Viertel Arschin Schnee gefallen und liegengeblieben. Gestern hatte es bei Nordwind drei Grad unter Null, heute anderthalb Grad über Null bei Windstille. Ich wußte, das Wetter würde sich übel auf Lew Nikolajewitsch auswirken, das ist in der letzten Zeit immer so.

Altschuller konnten wir telephonisch nicht erreichen. Ich pflege Lew Nikolajewitsch ganz alleine, obwohl alle ihre Hilfe anbieten. Solange ich jedoch nicht zusammenbreche, möchte ich gerne selbständig für ihn sorgen, obgleich es furchtbar schwierig ist und manchmal unerträglich, so starrsinnig und verbohrt, wie er ist, und bei seinem völligen Mangel an medizinischen und hygienischen Kenntnissen. Die Ärzte ordnen zum Beispiel an, er müsse Kaviar, Fisch, Bouillon usw. essen, er aber ist Vegetarier, und damit richtet er sich noch zugrunde.

Las ein erstaunlich gutes Buch, eine Übersetzung, „Die Pflichten des Menschen“ von Iossif Mazzini. Welche Gedanken, welch eine Sprache, kraftvoll, schlicht, knapp und überzeugend![2] Schrieb außerdem „Über die Religion“ ab und schnitt mir ein Leibchen zu. Gehe nirgends hin, mag L. N. keine halbe Stunde allein lassen.

5. Januar. Gestern abend und die ganze Nacht ging es Lew Nikolajewitsch sehr schlecht: Herzbeschwerden, Engegefühl in der Brust, Schlaflosigkeit und Mattigkeit. Ich stand mehrfach auf und ging zu ihm, mitten in der Nacht trank er Milch mit einem Löffel Kognak und nahm Strophantin ein (hatte selbst darum gebeten). Gegen Morgen schlief er kurz ein. Gestern abend war Doktor Tichonow da, heute mittag wieder. Er stellte eine Schwellung der Leber, Herzschwäche und Erschlaffung des Darms fest. Diese Gebrechen sind alle schon seit langem vorhanden, jetzt aber nehmen sie mehr und mehr einen unheilvollen Verlauf, ihre bedrohlichen Symptome treten immer stärker und häufiger auf.

L. N. selbst ist sehr niedergeschlagen, er hält uns alle von sich fern und ruft nur, wenn er etwas braucht. Er sitzt im Sessel und liest, oder er ruht. Mittags hat er wieder wenig geschlafen.

Draußen liegt Schnee, die Temperatur um Null. Den ganzen Tag ein entsetzlicher Wind. Und alles so traurig, so hoffnungslos! Der

Kopf ist mir schwer. Erhielt ein Telegramm von Suchotin, daß sie alle den Winter über auf die Krim kommen. Freue mich, daß Tanja noch bei uns bleibt, daß Sascha eine Freundin bekommt, dann der liebe Dorik, und auch Alja habe ich liebgewonnen. Wenn nur L. N. wieder gesund wird! An die Reise nach Moskau denke ich vorerst nicht, wegzufahren fiele mir jedenfalls furchtbar schwer. Dabei wäre es dringend nötig!

Sitze daheim, nähe, verderbe mir die Augen; bin regelrecht abgestumpft, wie bisweilen, als ich jung war, in Jasnaja Poljana, wenn das Leben jahrelang gleichmäßig und ohne Abwechslung dahinfloß. Doch damals hatte ich die Kinder ...

8. Januar. Schwierige Tage mit Lew Nikolajewitschs Krankheit. Der Puls ständig flach und erhöht. Gestern kamen beide Ärzte, Tichonow und Altschuller. Sie verschrieben Faulbaumextrakt in Tablettenform, zweimal pro Woche, und sechs Tage lang je fünf Tropfen Strophantin dreimal am Tag. Lew Nikolajewitsch möchte allerdings gar nichts tun, auf einmal meutert er wieder. Und ich bin *so* erschöpft von dem unablässigen vierzigjährigen Kampf, von all den Schlichen und Kniffen, um ihn auf irgendeine Weise zu zwingen, eine Arznei einzunehmen und überhaupt sich helfen zu lassen. Sowieso geht neuerdings jeglicher Kampf über meine Kräfte. Manchmal möchte ich mich von allem auf der Welt zurückziehen, mich wenigstens eine Zeitlang auf mich selbst besinnen.

L. N.s Krankheit ist mir inzwischen sehr klar geworden: der Darm ist krank, vollkommen erschlafft, um Galle und Magen steht es schlecht. Wer weiß, ob L. N.s Kräfte noch lange ausreichen, um diese periodisch auftretenden Unpäßlichkeiten zu überstehen.

Gestern, in der Nacht vom 6. auf den 7., hatte es acht Grad unter Null, dazu ein entsetzlicher Wind. Heute vier Grad über Null, aber trüb, grau und verdrießlich.

Gestern fuhren alle zu einem Konzert von Goldenweiser. Nur Olga und ich blieben hier. Saß den ganzen Abend allein im Salon, nähte, schrieb, verderbe mir die Augen noch ganz, und schließlich schlief ich auf dem Sofa ein. L. N. schlief schon längst, und die anderen kehrten gegen zwei zurück.

Heute schrieb ich den ganzen Morgen Lew Nikolajewitschs „Über die Religion“ ab. Das ist ein eher sozialistisches als religiöses Werk.

Ich sagte das gestern zu Lew Nikolajewitsch. Dann fügte ich noch hinzu, jedes religiöse Werk müsse poetisch und erbaulich sein, „Über die Religion" sei jedoch sehr logisch, reiße aber nicht mit und erbaue einen nicht. Darauf erwiderte er, genau das sei vonnöten, daß es *logisch* ist, jegliche Poesie und erbauliche Unklarheit erschwere nur das Verständnis.

Denke wieder an die Reise nach Moskau und ertappe mich dabei, daß ich gerne fahren möchte.

10. Januar. Was es doch manchmal für düstere Stimmungen gibt! Nach dem Mittagessen heute nähte ich allein im dunklen Salon. Lew Nikolajewitsch lag nebenan in seinem Zimmer. Auf der anderen Seite klapperte Tanja auf der Remington. Serjoscha las im Eßzimmer schweigend Zeitung, Olga und Sonjuschka waren oben. Im Haus herrschte Totenstille, hie und da kamen schreckliche Windstöße auf, der Wind heulte und brauste und zog kalt durchs Haus.

Lebe überhaupt nicht; nur eines gilt und zählt: Lew Nikolajewitschs Pflege. Er ist völlig geschwächt, ruft einen sogar, um ihn mit dem Plaid zuzudecken oder die Decke zu richten. Achte darauf, daß er nicht zuviel ißt, daß niemand lärmt, wenn er schläft, und daß es ihm nicht zieht. Legte ihm eine Kompresse auf den Leib, zweimal am Tag trinkt er Emser.

11. Januar. Fuhr zu Erledigungen und Einkäufen mit Tanja nach Jalta, schenkte ihr zum Namenstag einen Hut. Mascha sieht sehr mager und jämmerlich aus.

Bei der armen Olga haben die Kindsbewegungen aufgehört, sie ist im sechsten Monat. Sie tut mir sehr leid. Brachte Sascha mit nach Hause. Gestern ritt sie nach Gursuf, und heute war sie auf einer Probe von Ostrowskis Stück „Alle Tage ist kein Sonntag", in dem sie die Fiona spielt. Beendete die Abschrift von „Über die Religion". Gegen Ende zu hat es mir besser gefallen. Schön ist der Gedanke, daß die Seele eines von Frömmigkeit durchdrungenen Menschen frei ist – aber neu ist er nicht. Bei Jassinski ist Ljowas Roman erschienen; habe Angst, ihn zu lesen.[3]

12. Januar. Den ganzen Tag nur Trubel und Alltagssorgen: mit der Enkelin muß gespielt werden, die weinende Olga ist über ihre mißglückte Schwangerschaft zu trösten, Serjoschas Mütze muß gewaschen und gefüttert werden, und Sascha braucht Rat für ihr

Theaterkostüm. Dann kam der Doktor zu Olga, abends richtete ich das Klistier für Lew Nikolajewitsch, legte eine Kompresse auf und verband ihm den Leib, brachte ihm Wein, und er trank den Kaffee, den man für ihn gekocht hatte. Zur Zeit erschreckt ihn alles. Abends setzte der Puls wieder aus. Er nahm von allein Strophantin ein, bekam Angst, legte sich hin, trank viel Kaffee und schaute finster drein. Dabei hatte sein Gesicht eine frische Farbe, gar nicht kränklich. Mittags war er zwei Stunden spazieren, der Doktor hatte jedoch gesagt, er solle *niemals* länger als eine Stunde gehen. Immer diese Unvernunft! So wird er auch sterben, auf medizinischem und hygienischem Gebiet unbelehrbar.

Tanjas Namenstag. Sie kam aus Jalta und ist traurig. Andrjuscha ist ebenfalls still und traurig; sein Eheleben will sich einfach nicht einrenken, er tut mir leid. Serjoscha fuhr nach Jalta, um den Jahrestag der Eröffnung der Moskauer Universität zu feiern. Die ganzen letzten Tage hat er sich im Seitengebäude schweigend und allein mit Musik befaßt. Mir ist selbst das verwehrt! Kann nicht aus dem Haus, habe niemanden, der sich um Lew Nikolajewitsch und Olga kümmerte. Auch mein Altersleben gestaltet sich also betrüblich. Dabei, dieser Wirbel von Wünschen in meinem Herzen, noch ist das Verlangen, durchgeistigter, gehaltvoller zu leben, nicht in mir erloschen. Bloß: wann? Offenbar im Jenseits.

14. Januar. Die Zeit vergeht wie im Fluge ... Wir haben keinen Winter, und damit auch kein bestimmtes Zeitgefühl. Und das Leben bringt nur Unerfreuliches. Lew Nikolajewitschs Gesundheit wird nicht besser. Seine Nahrung müßte völlig anders werden, aber dieser widerspenstige, eigensinnige und – mit Verlaub gesagt – schrecklich störrische große Mann läßt sich um nichts in der Welt bewegen, Fisch und Huhn zu essen, wie ihm geraten wird, sondern ißt auch weiterhin gelbe Rüben und Blumenkohl, wie heute, und dann muß er leiden.

Gestern saß ich bis halb vier Uhr nachts neben seinem Zimmer, wartete auf die Söhne Serjoscha und Andrjuscha, die zum Kartenspielen fortgefahren waren. Lew Nikolajewitsch schlief gut. Schreibe L. N.s Brief an den Zaren ab. Befürchte, daß die grausame, kein bißchen abgemilderte Wahrheit den Zaren in Harnisch bringt.

15. Januar. Lew Nikolajewitsch hat Fieber, 37,7. Altschuller war da. Die Ärzte sind ratlos, aber es steht schlecht. Bin sehr in Unruhe.

16. Januar. Die Nacht war grauenhaft. Das Fieber stieg auf 38. Verbrachte die ganze Nacht ohne Schlaf im Salon, neben L. N. Gegen Morgen Schweißausbrüche, die Temperatur 36,1. Die linke Seite tut ihm weh; gestern wie heute bekam er sie mit Jod eingerieben und Kompressen aufgelegt. Um zwei Uhr mittags erhielt er fünf Gran Chinin und zweimal am Tag jeweils fünf Tropfen Strophantin. Trotzdem stand er auf, schrieb, spielte mit Klassen, den Söhnen und Kolja Obolenski Wint. Tanja schrieb Lew Nikolajewitschs Brief an Zar Nikolai II. ab, versiegelte ihn und sandte ihn an Großfürst Nikolai Michailowitsch, der ihn bei Gelegenheit übergeben will. Der Brief ist schroff, und ich fürchte sehr, daß der Zar zu guter Letzt zornig wird.[4]

Tanja will ständig abfahren und kann sich nicht entschließen. Morgen fährt sie nun wohl doch.

Wir machten mit Sascha, Olga und Natascha eine Fahrt in die Berge, zu einem Kiefernwäldchen. Es war warm, klar, nach allen Seiten eine schöne Aussicht. Auf dem Tisch stehen vor mir frische Blumen – zauberhafte Schneeglöckchen, die Pomeranzenblüten ähnlich sehen.

Nähte den ganzen Tag und Abend stumpf vor mich hin; Kleinkram, Kümmernisse, bange Ahnungen.

17. Januar. Immer das gleiche, die gleichen Arzneien, der gleiche Schmerz auf der Seite, nur Lew Nikolajewitsch selbst ist etwas munterer. Tschechow[5] und Altschuller waren da. Es ist warm und klar. Tanja ist zu ihrem Mann aufs Land abgereist. Schrieb L. N.s Brief an den Zaren ab: ein böser, eifernder Brief, der alles heruntermacht und die ungereimtesten Ratschläge gibt, was den Grundbesitz anbetrifft. Hoffe, Großfürst Nikolai Michailowitsch sieht ein, daß dieser Brief das Produkt einer kranken Galle und eines kranken Magens ist, und übergibt ihn dem Zaren nicht. Wenn aber doch, so wird der Zar sich über L. N. erbosen, wenn man uns dann bloß nichts antut.

18. Januar. Lew Nikolajewitsch geht es etwas besser, wenngleich der Magen immer noch nicht ganz in Ordnung ist, die Seite ein wenig schmerzt und die Temperatur morgens 36,3, abends 37 betrug. Er war den ganzen Tag auf, las, schrieb Briefe, und abends spielte er mit den Söhnen, Klassen und Kolja Obolenski Wint.

Jeden Abend bringe ich meinen Mann wie ein Kind ins Bett: wickele ihm eine Kompresse aus Wasser und Kampferspiritus um den Leib, stelle ihm ein Glas Milch, die Uhr und das Glöckchen hin, ziehe ihn aus, decke ihn zu und sitze dann nebenan im Salon und lese Zeitung, bis er eingeschlafen ist. Habe mich mit großer Geduld gewappnet und mühe mich sehr, Lew Nikolajewitsch seine Krankheit ertragen zu helfen.

20. Januar. Ging in die hiesige Volksbücherei und schaute mir an, wie Sascha die Rolle der Fiona, der alten Wirtschafterin in dem Stück „Alle Tage ist kein Sonntag" spielte. Es war Saschas erster Versuch, gar nicht übel. Seltsam, die Zusammensetzung der Leute, die da spielten: eine Arztfrau, ein Schmied, eine Heilgehilfin, ein Steinmetz und eine Gräfin. Das ist gut so.

Lew Nikolajewitsch geht es besser, die Seite schmerzte weniger, auch der Magen ist besser, die Temperatur morgens 36,6, abends 36,9, wie gestern. Strophantin nahm er ein, Chinin nicht. Eine Kompresse bekam er heute nicht. Ich übernachtete neben seinem Zimmer, er schlief gut und stand gekräftigt auf.

Nasser, dichter leiser Schnee fiel, mir wurde leichter, hatte mich unwohl gefühlt.

21. Januar. Die Nacht und den Tag über Unruhe, dumpfe Verzweiflung, Warten und schließlich bleierne, nervöse Schläfrigkeit. Alles, weil Lew Nikolajewitschs Gesundheitszustand sich verschlechtert hat. Die Seite schmerzte, die Temperatur stieg auf 38. Zwei Ärzte waren da, Jelpatjewski und Altschuller, sie stellten fest, daß das Fieber zurückgekehrt und der Darm bewegungslos ist, die Schmerzen sind neuralgisch.

Der Schnee ist liegengeblieben, die Temperatur um den Gefrierpunkt.

23. Januar. Gestern abend kam Doktor Bertenson (Leibmedicus h. c.) aus Petersburg. Ein kluger, umgänglicher Mann und offenbar ein erfahrener, kenntnisreicher Arzt.

Heute kam aus Moskau der ebenfalls kluge Doktor Schtschurowski. Zusammen mit Altschuller hielten sie zu dritt ein gründliches

Konsilium ab; auf der nächsten Seite werde ich ihre Anordnungen niederschreiben.

Gespräche über Amfiteatrows Satire in der Zeitung „Rossija", mit Anspielungen auf den Zaren und seine Familie; über die Verbannung des Verfassers von diesem Artikel – oder vielmehr Märchen – nach Irkutsk;[6] über die Völlerei, Dummheit und Unverschämtheit des Ministers Sipjagin. Bertenson erzählte viel von den Großfürsten und der Petersburger Gesellschaft. Schtschurowski erzählte von seinen Reisen in den Kaukasus. Der Tag war ermüdend. Gorki war mit Sulerschizki da. Bertenson wollte unbedingt Gorki besuchen und fuhr zu ihm. Schtschurowski fährt morgen zu Tschechow nach Jalta.

L. N.s Krankheit hat alle anderen Interessen zurückgedrängt. Erhielt gestern einen Brief von Sergei Iwanowitsch, er schreibt, ich solle kommen, um mir eine erstaunliche Sängerin anzuhören: Olenina d'Algeim.[7] Und da spürte ich, daß mich alles auf der Welt regelrecht gleichgültig läßt! Ach, wie bin ich überhaupt des Lebens müde! Habe heute außer Lew Nikolajewitschs Pflege absolut *nichts* getan. Meine Augen sind sehr schlecht, kann nicht einmal lesen. Und nur eines ist wichtig, nur eines tut not und bringt Freude: L. N. nahe zu sein!

Hier also die Anordnungen der Ärzte:

Der Tagesablauf: 1. Zu vermeiden ist jegliche Anstrengung physischer wie auch geistiger Art (überflüssiges ... u. ä.).

2. Keine großen Spaziergänge, den Kräften angemessen und ohne die Absicht, durch Motion die Kräfte zu stärken. Reiten und Bergangehen sind strikt verboten.

3. Mittags eine bis anderthalb Stunden Ruhe, ausgekleidet im Bett.

4. Drei Mahlzeiten am Tag, dabei sind völlig zu meiden: Erbsen, Linsen, *Blumenkohl.* Täglich müssen mindestens vier Gläser Milch mit Kaffee getrunken werden (¼ Glas Kaffee, ¾ Glas Milch). Wird Milch ohne Kaffee getrunken, dann mit Salz (¼ Teelöffel pro Glas).

Wein kann bisweilen durch Porter ersetzt werden (nicht mehr als zwei Madeiragläschen pro Tag).

5. Ein Wannenbad innerhalb von zwei Wochen, bei 28 Grad, die Seife ist bereits vorher aufzulösen (anderthalb Pfund). Fünf Minuten in der Wanne sitzen, dann sich mit klarem Wasser von derselben Temperatur übergießen. Das Bad ist tagsüber zu nehmen.

In der Zeit zwischen den Wannenbädern ist der Körper mit einem Gemisch aus halb Seifenspiritus, halb Eau de Cologne abzureiben.

Die Behandlung: 1. Zweimal pro Woche Ölklistiere aus 1 Pfund Öl, leicht erwärmt, vor der Nachtruhe.

An den übrigen Tagen vor der Nachtruhe 1 bis 5 Pillen, je nach ihrer Wirkung. Ist die Wirkung der Pillen nicht ausreichend, muß morgens ein Einlauf mit Wasser gemacht werden.

2. Einen Monat lang dreimal täglich eine halbe Stunde vor dem Morgenkaffee, dem Frühstück und dem Mittagessen jeweils ⅓ Glas leicht angewärmtes Karlsbader Mühlbrunn.

3. Kalomelkapseln, täglich drei Kapseln im Verlauf von drei Tagen; nach drei Tagen wiederholen usw.

4. Falls Herzmittel benötigt werden (Stroph.), sind sie je nach Ermessen des Arztes unbedingt zu verabreichen.

5. Bei starken Nervenschmerzen sind Schmerzkapseln einzunehmen (+ Coff.).

Wenn der Arzt es für richtig erachtet, zusätzlich zu diesen Heilmitteln noch Chinin zu verabreichen, darf sich dem nicht widersetzt werden. *Bertenson*

Lew Nikolajewitschs Nahrung soll bestehen aus:

4 Gläser Milch mit Kaffee.

Breie: aus Buchweizen, Reis, Hafer; Smolensker Brei, Buchweizenschleim, Grießbrei mit Milch.

Eier: Spiegeleier, Eier zu Schaum geschlagen, Eier im Gelee, Rührei mit Spargel.

Gemüse: Karotten, Rüben, Sellerie, Rosenkohl, Kartoffeln gebakken, Kartoffelbrei, Kartoffelblättchen gebraten, kleingeschnittenes Sauerkraut (?), mit heißem Wasser überbrühter Salat.

Getränke: Porter, Wasser mit Wein, Milch mit Salz.

Früchte: geriebene Bratäpfel, gekochte Früchte, kleingeschnittene rohe Äpfel, Apfelsinen nur auszusaugen.

Gelees und Krems jeglicher Art sind gut. Baisers.

Später eingetragen. Am Abend des 23. hatte Lew Nikolajewitsch einen Anfall von Herzbräune, was alle furchtbar erschreckte. Die Temperatur stieg sogleich auf 39.

Am 24. Beim morgendlichen Abhören stellte man links eine Rippenfellentzündung fest. Schtschurowski wurde zurückgeholt, er übernahm die Behandlung.

Am 25. Die Ärzte kamen zu dem Schluß, daß es eine Entzündung des linken Lungenflügels ist. Später breitete sie sich auch auf den rechten Lungenflügel aus. Das Herz die ganze Zeit schlecht.

26. Januar. Weiß nicht, wozu ich schreibe, das ist ein Selbstgespräch meines Herzens. Mein Ljowotschka liegt im Sterben ... Und ich habe begriffen, daß ohne ihn auch in mir kein Leben mehr sein wird. Das vierzigste Jahr lebe ich mit ihm zusammen. Für alle Welt ist er eine Berühmtheit, für mich – mein ganzes Dasein, unser beider Leben sind ineinander verwoben, und – mein Gott! wieviel Schuld, wieviel Reue sich angesammelt hat ... Alles ist zu Ende, unwiederbringlich. Herr, steh mir bei! Wieviel Liebe und Zärtlichkeit habe ich ihm gegeben, aber wie oft haben meine Schwächen ihn bekümmert! Verzeih mir, o Herr! Verzeih, mein lieber, lieber Mann! Ich bitte Gott weder um Kraft noch um Trost, ich bitte um Glauben, um geistigen Beistand, um Gottvertrauen – all das, was die ganze letzte Zeit meinen teuren Mann aufrecht erhielt. Neulich hat er irgendwo gelesen: „Väterchen ächzt, Väterchen hustet, nächstens muß Väterchen das Leintuch nehmen und ins Grab." Damit spielte er auf sich selbst an, als er uns das sagte, und brach in Tränen aus. Mein Gott! Dann fügte er hinzu: „Ich weine nicht, weil *ich* bald sterben muß, sondern weil das so schön ausgedrückt ist."[8]

27. Januar. Möchte so gerne alles von meinem lieben Ljowotschka aufschreiben, aber ich kann nicht, bin wie zermalmt vor lauter Tränen und Leid ... Gestern schlug Schtschurowski eine Sauerstoffbehandlung vor, und Ljowotschka sagte: „Lassen Sie doch, erst Kampfer, dann Sauerstoff, danach Sarg und Grab."

Heute trat ich zu ihm, küßte ihn auf die Stirn und fragte: „Quälst du dich sehr?" Er erwiderte: „Nein, ich bin ruhig." Mascha fragte ihn gerade: „Fühlst dich sicher abscheulich, Papa?" Er antwortete: „Physisch abscheulich, moralisch gut, immer gut." Heute morgen saß ich neben ihm, er schlummerte und stöhnte und rief plötzlich laut: „Sonja!" Ich sprang auf, beugte mich über ihn, er sah mich an und sagte: „Ich habe von dir geträumt, du hast irgendwo gelegen ..." Er fragte mich, der Liebe, ob ich geschlafen, gegessen hätte ... Die letzte Fürsorge, die ich je von jemandem erfahren werde! Herr, steh mir bei, nur in Gott zu leben und nichts von den Menschen zu erwarten, sondern für alles zu danken, was sie mir geben. Gott hat mich reich bedacht, und ich danke ihm dafür!

Wie häufig habe ich, wohl spürend, daß Ljowotschkas Leben zur Neige geht, gleichsam mit ihm gehadert deswegen, als wollte ich das Unmögliche vollbringen: mein Herz von ihm abwenden, bevor er mir genommen wird.

Die Rippenfellentzündung geht ihren erschreckenden Gang, das Herz wird immer schwächer, der Puls ist erhöht und flach, der Atem kurz ... Er stöhnt ... Dieses Stöhnen Tag und Nacht gräbt sich tief in meinen Kopf, mein Gehör, mein Herz ein. Mein Leben lang werde ich es hören. Häufig phantasiert er von dem, was ihn die letzte Zeit beschäftigte: der Brief an den Zaren, überhaupt die Briefe.

Ich hörte, wie er einmal sagte: „Habe mich geirrt", und dann noch: „Sie haben nicht verstanden."

Er ist zu allen, die um ihn sind, dankbar und herzlich und offenbar mit der Pflege zufrieden, ständig sagt er: „Ja, wunderbar!"

Nein, ich kann nicht schreiben, unten stöhnt er. Mehrfach bekam er Kampfer und Morphium gespritzt.

Morgen kommt Tanja, auch Ljowa hat sich aus Petersburg auf die Reise gemacht. Wenn er nur den Abschied von seinen Kindern noch erlebt.

5 Uhr nachmittags. Die Temperatur steigt, er ist ständig im Fieberwahn. Wenn er für einen Augenblick zu sich kommt, trinkt er Milch und nimmt Arznei.

Im Fieberwahn sagte er einmal: „Sewastopol brennt." Und dann rief er wieder mich: „Sonja, was ist, schreibst du?"

Mehrfach fragte er: „Wann kommt denn Tanja?" Sagte ihm heute, daß auch Ljowa sich auf die Reise gemacht hat. Fortwährend schaut er nach der Uhr oder fragt: „Wie spät ist es?" Und welches Datum heute sei.

28. Januar. Tanja, Suchotins und Ilja sind eingetroffen, Lärm im Haus, muß mich um Nachtlager und Essen kümmern. Wie furchtbar das alles ist: der schwierige, feierliche Übergang einer edlen Seele in die Ewigkeit, ihre Vereinigung mit Gott, dem sie gedient hat – und diese irdischen Alltagssorgen.

Er hat es schwer, der Liebe, der Weise ... Gestern sagte er zu

Serjoscha: „Ich dachte, Sterben sei leicht, aber nein, es ist sehr mühsam."

Außerdem sagte er zu Doktor Altschuller: „Im Vaterunser werden die Worte ‚Unser täglich Brot gib uns heute' unterschiedlich gedeutet. Damit bitten wir Gott, uns jeden Tag geistige Nahrung zu geben. Ihr Ärzte, ihr dient tagtäglich den Kranken, das ist gut, besonders, wenn es uneigennützig geschieht."

Den heutigen Tag verbrachte Lew Nikolajewitsch insofern besser, als er weniger leiden mußte, mittags anderthalb Stunden schlief und sich unterhalten konnte. Aber seine Kräfte nehmen ab, vor allem um das Herz steht es schlecht. Gestatte mir keinerlei Grübelei, muß tatkräftig sein und ihn pflegen können. Mühe mich, möglichst tief in meinem Herzen jene Verzweiflung zu verschließen, die nach außen drängt.

Eben rief er Tanja zu sich. Er freut sich, daß sie da ist; und außerdem war er befriedigt über das Telegramm des Großfürsten Nikolai Michailowitsch, daß dieser dem Zaren persönlich den Brief übergeben hat.[9] Auf beides hat er sehr gewartet.

Wieder bekam er Kampfer gespritzt und Digitalis, Milch mit Kognak, Emser und Sekt verabreicht. Auf die linke Seite wurde ihm ein Spanisches Pflaster aufgelegt, aber schon vor drei Tagen.

Eine Nacht wacht Doktor Wolkow, die nächste Altschuller, die dritte Jelpatjewski, und Schtschurowski tagsüber.

29. Januar. 9 Uhr morgens. Wurde gewaltsam nach oben ins Bett geschickt, aber nachdem ich eine Stunde durchgeweint habe, will ich jetzt lieber noch einiges aufschreiben. Eine sehr schwere Nacht hat mein Ljowotschka (nun gehört er bereits nicht mehr mir, sondern Gott) verbracht. Jedesmal, wenn er einschlief, bekam er keine Luft mehr, fuhr mit einem Schrei hoch und konnte nicht schlafen. Immer wieder bat er mich und Serjoscha, ihn aufzusetzen, mal trank er Milch, mal ein halbes Glas Sekt, sonst Wasser. Er beklagte sich nie, war aber sehr gepeinigt und warf sich hin und her.

Jedesmal, wenn er nach Luft schnappte, krampfte sich mir in der Brust alles zusammen. Ja, meine andere *Hälfte* leidet, wie sollte ich da nicht mitleiden!

Der Übergang eines geliebten Wesens in die Ewigkeit läutert die Seelen derer, die ihm in Liebe das Geleit geben. Herr, steh mir bei, auf daß meine Seele bis zum Ende meiner Tage auf jener hohen Stufe der Läuterung bleibe, die ich in den letzten Tagen immer stärker empfinde! Jetzt ist er eingeschlafen. Lisa Obolenskaja (seine Nichte) und Tochter Mascha lösten mich ab. Die ganze Nacht bis vier Uhr morgens saß ich bei ihm und war ihm behilflich.

30. Januar. Gestern morgen ging es so gut, daß L. N. gegen eins nach Tochter Mascha schickte und ihr ungefähr folgende Worte für sein Notizbuch diktierte: „Altersweisheiten sind wie die Karate von Brillanten, je höher, desto wertvoller, man muß sie aussprechen."[10]

Dann bat er um seinen Aufsatz über die Gewissensfreiheit und diktierte Korrekturen zu verschiedenen Stellen.[11]

Tagsüber war die Temperatur normal, er war munter und ruhig, und wir lebten alle auf. Abends trat ich meine Nachtwache an, saß bis vier Uhr morgens und horchte auf seinen Atem, und alles war gut.

Gestern abend traf Ljowa ein, der mir immer leid tut und über den ich mich stets freue. Heute abend ist auch der lebensfrohe Mischa eingetroffen.

Heute morgen legte ich mich schlafen, und als ich zurückkam, erfuhr ich zu meinem Schrecken, daß die Temperatur erneut auf 37,6 stand. Aller Mut verließ mich wieder. Die Ärzte sagen, in der Lunge gehe ein Zerfallsprozeß vor sich, was nicht gefährlich sei, und das Herz sei bislang zufriedenstellend.

Darf man es glauben? Man möchte sich so gerne täuschen lassen, zum Leiden fehlt die Kraft.

Er fragte heute, was für Post gekommen sei; außerdem bat er um eine illustrierte Zeitung, dann um „Nowoje wremja" und „Russkije wedomosti". Die letzten beiden gaben wir ihm nicht, aus Furcht vor der Anstrengung.

Gegen drei bekam er Atemnot und wurde unruhig, dann schlief er ein. Alle vier Stunden, manchmal auch alle zwei, wird ihm Digitalis eingegeben. Zu trinken bekommt er Kaffee mit Milch, Milch mit Emser, Eier, Wein mit Emser, das Digitalis spült er mit Sekt hinunter.

Jetzt ist es bald acht Uhr abends, er schläft ruhig.

Wenn er sich anders hinlegen will, ruft er am liebsten Andrjuscha, füttern läßt er sich am liebsten von Mascha. Irgendwie spürt er, daß ich leide, er liebkost mich häufig, schont meine Kräfte und nimmt von mir nur leichte und intime Dienste entgegen.

31. Januar. Bis vier Uhr morgens eine schlimme Nacht. Er wälzte sich herum, bekam keine Luft, zweimal bat er Serjoscha, sich neben ihn zu setzen.

Gestern sagte er zu Tanja: „Wieso erzählt man eigentlich von Adam Wassiljewitsch (Graf Olsufjew), er sei leicht gestorben[12], Sterben ist überhaupt nicht leicht; im Gegenteil, es ist sehr schwer, diese vertraute Hülle abzustreifen." Und er deutete auf seinen ausgemergelten Körper.

Heute geht es Ljowotschka besser: er rief Dunajew und Mischa zu sich; überhaupt freut er sich über jeden, der hergereist kommt. Heute traf auch noch Sonja, Iljas Frau, ein. Das Haus voller Menschen, es ist laut, doch der Sterbeprozeß des großen Mannes, meines geliebten Gatten, nimmt seinen Lauf, ich glaube nicht an eine völlige Genesung, glaube kaum an einen Aufschub ...

Er diktierte wieder etwas für sein Notizbuch und die angefangenen Aufsätze.[13] Ruhig und ernst liegt er im Bett. An seinen Bruder Sergei diktierte er ein langes Telegramm.[14]

1. Februar. Eine furchtbare Nacht. Bis sieben Uhr früh schlief er nicht, hatte Leibschmerzen und bekam keine Luft. Rieb ihm mehrfach den Bauch ein, aber nichts half. Bloß einmal schlief er unter meinen Händen für zehn Minuten ein, ich hielt mitten in der Bewegung inne, auf den Knien liegend, die Hand an seiner linken Seite, dachte, er schläft weiter, doch gleich darauf seufzte er tief und schlug die Augen wieder auf. Um fünf Uhr früh ging ich, Lisa und Sohn Serjoscha lösten mich ab. Um sieben wurde Doktor Schtschurowski geweckt, er spritzte Morphium. Doktor Jelpatjewski wachte ebenfalls, war jedoch so erschöpft, daß er die Nacht durchschlief. Der Tag verlief recht ruhig. Schtschurowski hat an der linken Seite noch einmal ein Spanisches Pflaster aufgelegt.

Er diktierte Mascha etwas für sein Notizbuch.[15]

2. Februar. Gestern abend trafen noch Iljas Frau Sonja, der alte Onkel Kostja und Warja Nagornowa ein. Lew Nikolajewitsch freut sich offensichtlich über jeden Besucher.

Die gestrige Nacht begann wieder unruhig. Als ich ihn mit Boulanger aufrichtete und ihm mehrfach behilflich war, sagte er zu mir: „Ich habe dich völlig erschöpft, mein Herz."

Um drei Uhr nachts bekam er eine kleine Dosis Morphium gespritzt (sechs Teilstriche), und zehn Minuten später schlief L. N. ein und schlief bis morgens durch. Heute war die Temperatur zum ersten Mal 35,9 statt 36,9. Er aß mit Genuß Tapioka mit Milch und ein Ei und freute sich das ganze Mittagessen über auf das Baiser, das der Doktor ihm erlaubt hat.

Mascha diktierte er Korrekturen zu dem Aufsatz „Über die Gewissensfreiheit."

Gestern wurde ein Gruppenphoto von mir und allen meinen Kindern gemacht. Zur Erinnerung an eine schwere, aber ereignisreiche und wichtige Zeit.

3. Februar. Gestern am späten Abend wurde mein Herz wieder von Entsetzen gepackt. Die Temperatur stieg auf 37,8. Die Nacht war dann schlimm, um drei Uhr bekam er wieder Morphium gespritzt, doch Abgeschlagenheit und Schlaflosigkeit wollten nicht weichen. Bis nach vier war ich allein bei ihm, zweimal kamen Serjoscha und Doktor Altschuller.

Ohne mich eine Minute zu setzen, half ich Ljowotschka beim Aufrichten u. a., und er drückte meine Hände, streichelte sie zärtlich und sprach: „Sei gedankt, mein Herz", oder: „Ich mache dir soviel Mühe, Sonja." Und ich küßte ihn auf Stirn und Hände und sagte, ich sei glücklich, ihn pflegen zu dürfen, wenn ich nur sein Leiden ein wenig lindern könnte.

Er hatte Engegefühle in der Brust, der Atem ging schwer; er trank ständig Wasser mit Wein und Sekt.

Heute morgen hatte er immer noch Fieber, 37,4 oder 37,2. Diktierte aber mit immer schwächerer Stimme Korrekturen zu dem Aufsatz. Und interessierte sich für die eingegangenen Briefe, deren Inhalt wir ihm kurz berichteten.

Heute steht in den „Russkije wedomosti" endlich etwas über Lew Nikolajewitschs Krankheit.

Gestern morgen ist Ljowa nach Petersburg zurückgereist.

Soeben aß L. N. ein wenig Suppe, ein Ei und ein Baiser. Sonja fragte er: „Wo habt ihr denn im letzten Jahr eure Mutter beerdigt?" –

„Nach dem Willen des Bruders überführten wir sie nach Paniki." – „Wie unsinnig", sagte L. N., „einen toten Körper herumzukutschieren."

4. Februar. Letzte Nacht bekam er Morphium gespritzt, verbrachte sie recht ruhig. Morgens war L. N. frischer als die vergangenen Tage, die Temperatur 36,7, nachmittags stieg sie wieder auf 37,7.

Schtschurowski ist nach Petersburg abgereist. Heute brachen auch Ilja und Mischa auf. Als er sich von ihnen verabschiedete, sagte er, er müsse vielleicht sterben, und er habe die letzten fünfundzwanzig Jahre demselben Glauben angehangen, mit dem er in den Tod gehe. „Wenn ich dann tatsächlich sterbe, mögen meine Nächsten mich fragen, ob mein Glaube gut und gerecht sei; wenn er mir auch in meinen letzten Minuten geholfen hat, so werde ich zum Zeichen der Zustimmung mit dem Kopf nicken."

Iljuscha weinte, als er sich verabschiedete.[16] Zweimal rief Ljowotschka mich heute zu sich, einmal fragte er: „Was bist du so still, liegst du?" Ich hatte traurig und vereinsamt dagesessen, und er hatte das *gespürt.*

5. Februar. Immer noch die gleiche Lage. Nachts Morphium, er bekam acht Teilstriche gespritzt. Die Temperatur morgens 36,7, abends gegen sechs – 37,4. Er ist ruhig, schweigsam, trinkt Sekt, Milch mit Emser, ißt nach wie vor Haferschleim, Eier und Breie. Heute wurde eine wärmende Kompresse aufgelegt. Sitze da, müde und erstarrt; bin jenseits allen Herzeleids, aller Gedanken, vieler Gefühle – auf einmal hat mich die Erwartung des Kommenden völlig niedergeduckt.

6. Februar. 9 Uhr abends. Die Nacht schlaflos, zwei Morphiumspritzen, nichts half. Gegen fünf legte ich mich müde zur Ruhe. Der Vormittag voll Unruhe. Mittags Schüttelfrost und plötzlich hohes Fieber. Die Temperatur stieg auf 38,7. Schmerzen in der Brust.

Jelpatjewski und Altschuller kamen. Sie sagen, es sei die Krisis. Die Entzündung beginnt sich auf einmal überall zu lösen. Was bloß werden soll, wenn das Fieber fällt, werden dann nicht auch die Kräfte abfallen? Wir sind alle wieder schreckerfüllt. Ich lag zwei Stunden wie tot, jegliche Kraft hatte mich verlassen. Wie ich wohl die Nacht durchstehe? Alle werden heute in Erwartung der Krisis nicht schlafen. „Es ist immer noch ein Balanceakt", sagte Lew Nikolajewitsch heute zu seiner Nichte Warenka. Er achtet selbst auf Puls und Temperatur, bekommt es mit der Angst zu tun, und wir müssen ihn beschwindeln, indem wir eine niedrigere Temperatur angeben.

Es ist kalt, der Wind verschlimmert alles.

7. Februar. Die Lage ist beinahe – um nicht zu sagen völlig – hoffnungslos. Morgens war der Puls nicht tastbar, zweimal wurde Kampfer gespritzt. Die Nacht schlaflos, Leberschmerzen, Abgeschlagenheit, dabei war er von den Baldriantropfen, dem Sekt u. a. in erregtem Zustand. Bis vier suchte ich sein Leiden auf jede erdenkliche Weise zu lindern. Mein lieber Ljowotschka, er schlief nur ein, als ich ihm mit leichter Hand Leber und Bauch einrieb. Er dankte mir unentwegt und sagte: „Mein Herz, du bist müde."

Gegen Morgen setzten bei Olga die Wehen ein, und um sieben brachte sie einen toten Jungen zur Welt.

Heute sagte Lew Nikolajewitsch: „Ihr macht alles wunderbar, spritzt Kampfer, und ich sterbe doch."

Ein andermal sagte er: „Rätselt nicht, was kommen wird, ich tue es auch nicht."

Einmal bat er um die Aufzeichnungen des Krankheitsverlaufs: Temperatur, Arzneien, Speisen u. a., und las sie aufmerksam durch. Mascha fragte er, was sie, als sie Typhus hatte, während der Krisis empfunden habe. Der Ärmste, er möchte so gerne noch leben, doch das Leben entschwindet ...

Morgens hatte er 36,2, jetzt, gegen sieben Uhr abends, 36,7. Trinken möchte er nichts, man muß ihn regelrecht zwingen. Und als man ihm mitteilte, er habe 36,6, sagte er verzweifelt: „Und später 37, dann 37,5, und so weiter."

Dicker Schnee ist gefallen, es windet stark. Diese verhaßte Krim! Nachts acht Grad unter Null.

8. Februar. Eine ruhigere Nacht, obgleich Ljowotschka häufig aufschreckte, doch immerhin hat er geschlafen. Vormittags ebenfalls. Die Temperatur morgens 36,4, nachmittags 36,7. Jetzt ist es sieben Uhr abends, er ist schwach, dämmert vor sich hin, doch alles geht gut, der Puls und wie sich die Entzündung löst.

Heute diktierte er Mascha eine Seite mit seinen Gedanken: alles gegen Krieg und *Brudermord,* wie er das nannte.[17]

Mit P. A. Boulanger saß ich bis vier Uhr früh bei ihm, legte ihn von einer Seite auf die andere, wechselte die naßgemachte Bettwäsche und flößte ihm Arznei (Digitalis), Sekt und Milch ein.

Schaue ich in mich hinein, so sehe ich, daß mein ganzes Wesen danach strebt, den geliebten Mann gesundzupflegen. Doch wenn man mit geschlossenen Augen so dasitzt, da steigen auf einmal allerlei Träume in einem auf, ganze Pläne für ein höchst mannigfaltiges, höchst unwahrscheinliches Leben ... dann kommt man wieder zu sich, in die Wirklichkeit, und wieder will es mir das Herz abpressen, daß aus jenem Menschen das Leben entfleucht, an den ich so gewöhnt bin und ohne den ich mir mein Leben nicht vorstellen kann.

Ein merkwürdiges, zwiespältiges Innenleben. Kann es mir nur mit meiner unverwüstlichen Gesundheit erklären, meiner ungeheuren Lebensenergie, die nach außen drängt, sich aber bloß in jenen schlimmen Augenblicken entfalten kann, wenn wirklich etwas zu tun ist: wenn der Kranke von einer Seite zur anderen gedreht, gefüttert, gewaschen, behandelt werden muß; nicht zu schlafen ist dabei das allerschwierigste. Sobald ich aber stundenlang untätig bei dem Kranken sitzen muß, dann beginnt die Einbildungskraft tätig zu werden.

Wären nicht meine schlechten Augen, würde ich lesen, was wäre das eine schöne Zerstreuung zum Zeitvertreib!

9. Februar. Wieder eine schlaflose Nacht voll Mühsal, Aufregung und Leid! Leber und Bauch taten weh.

Als er mich nachts bat, ihn aufzurichten und mich hinter ihn zu setzen, um ihn abzustützen – was war mir das eine Qual, die kläglich dünnen Knochen meines ehedem so kraftstrotzenden, kernigen, nun aber jämmerlichen und leidenden Ljowotschka zu spüren. Keiner von den anderen, die ihn pflegen, kann empfinden, was ich empfinde. Außer dem seelischen Kummer spüre ich die ganze Zeit, daß unter Schmerzen etwas von mir losgerissen wird.

Neulich sagte L. N.: „Alles tut weh, die ganze Maschine ist schadhaft. Streckt man die Nase in die Höh, bricht der Schwanz ein, streckt man den Schwanz in die Höh, bricht die Nase ein." Und heute morgen, als er erschöpft war, sagte er: „Wie bedrückend – man stirbt und stirbt nicht und wird auch nicht gesund." Was bloß werden soll!

Gestern war ein klarer Tag, und es ging ihm besser. Heute schneit es wieder, das Wetter ist trüb, grau, um den Gefrierpunkt, gestern hatten wir drei Grad unter Null.

Gestern abend diktierte L. N. wieder Pawel Alexandrowitsch Boulanger seine Gedanken.[18]

10. Februar. Heute ist wieder ein klarer Tag mit drei Grad über Null, darum hat unser lieber Kranker nachts gut geschlafen und war tags weniger abgeschlagen, obgleich er furchtbar schwach ist; die Temperatur stieg bis 36,3. Heute spricht er nicht, interessiert sich für nichts, liegt still da, dreimal trank er ein wenig Kaffee, einmal bat er um Sekt, zweimal wurde Kampfer gespritzt. Er ist ruhig, und auch in mir ist Ruhe eingekehrt.

Lese wieder einmal Lew Nikolajewitschs Werk „Die christliche Lehre". Und es kommt mir andauernd so vor, als wüßte ich das alles seit langem, seit meiner Kindheit, und hätte es selbst schon zwanzigmal durchdacht.

„Das Ziel des menschlichen Lebens liegt in dem Wunsch, es solle einem selbst und allem Seienden wohlergehen. Erreichen läßt sich das nur, wenn die Menschen untereinander einig sind ..."[19]

Wer von uns hat denn nicht in seiner frühen Kindheit dieses Gefühl empfunden, *alle* sollten es gut haben und fröhlich sein. Mama ist guter Laune, Papa hat gelacht, die Kinderfrau bekam ein Kleid geschenkt, der Hund wurde gefüttert, mit Mischa hat man sich ausgesöhnt – und somit ist alles fröhlich und gut, weil es *allen* gut geht.

Und dann lebt man, wächst heran. Überall nur Leid, es geht *keinem gut.* Neulich warf ich einen Blick in die Zeitung: ein Erdbeben in Schemacha, Tausende von Menschen sind unter schrecklichen Qualen umgekommen ... Engländer (Soldaten) haben aus Frauen und Kindern einen lebenden Schutzwall gebildet und dann auf Buren geschossen, d. h. auf die Väter, Männer, Brüder und Söhne dieser Frauen.

Und schon glaubt man nicht mehr, daß der heiße Kinderwunsch, alle sollten es gut haben, irgendeine Bedeutung hat, und die Hände fallen einem kraftlos herab. Das hält natürlich den Geist nicht davon ab, auch weiterhin stets zur Liebe, zu Gott hinzustreben.

Am Abend. L. N. schlief fast den ganzen Tag, abends rief er

Mascha und mich zu sich und hieß uns Ljowa schreiben, den es sehr quälte, daß er den Vater durch seinen Roman verletzt hatte, und außerdem durch die Werbung des Zeitschriftenredakteurs, in der stand, der Roman sei gegen die Tolstojaner gerichtet; L. N. ließ Ljowa folgende Worte übermitteln: „Bedauere, daß ich etwas sagte, was dich verletzte. Ein Mensch kann seinem Nächsten nicht fremd sein, besonders, wenn beide so eng verbunden sind, wie ich und du. Von Vergebung braucht natürlich nicht die Rede zu sein.“[20]

Aufgerührt wurde mein schwaches Herz durch verschiedene Konzertankündigungen, Darbietungen von Sergei Iwanowitschs Werken, und wie ein Hungriger nach Nahrung lechzt, so verlangte mich plötzlich leidenschaftlich nach Musik, nach der Musik Tanejews, die so stark auf mich wirkt.

12. Februar. L. N. ist die letzten Tage sehr schläfrig, schwach und spricht wenig. Gestern fragte er Doktor Wolkow, wie im einfachen Volk solche Greise wie er behandelt würden, ob sie auch Kampferspritzen bekämen, wer ihnen helfe und was sie zu essen erhielten. Wolkow berichtete ihm alles, sagte, behandelt würden sie genauso, nur würden ihre Familienangehörigen ihnen helfen und sie umsorgen, oft auch die Nachbarn.

Schtschurowski ist zurückgekehrt, er brachte seine Tochter mit.

Sascha ist krank. Es ist wärmer geworden.

Bin körperlich und geistig völlig zermürbt, aber Gott gibt mir Kraft, dafür sei ihm Dank.

13. Februar. Wieder eine schlechte Nacht. Gestern stand die Temperatur den ganzen Tag auf 37, heute auf 36,5. Dafür war er heute jedoch den ganzen Tag sehr schwach und schläfrig, er wusch sich nicht einmal und nahm nur mühsam zwei kleine Tassen Kaffee, zwei Eier und ein Gläschen Milch zu sich. Vormittags schlief ich, seither sitze ich die ganze Zeit bei Ljowotschka und nähe Kissen, Unterleger u. a.

Beendete heute die Lektüre von Ljowotschkas „Christliche Lehre“. Über das Gebet und das künftige Leben – sehr gut.[21]

14. Februar. Eine unruhige Nacht. Schon lange war ich nicht mehr so schwach und erschöpft wie heute. Wieder läßt mein Herz nach, und ich habe Atembeschwerden.

Abends las ich den Kindern, Warja Nagornowa und den jungen

Damen meine noch nicht abgeschlossene kleine Kindergeschichte „Puppengerippe“ vor, und ich glaube, sie gefiel ihnen.[22]

Weiß nicht, was ich von Ljowotschka halten soll: er ißt immer weniger, verbringt die Nächte immer schlechter, spricht immer leiser. Ob diese Schwächung vorübergehend oder bereits endgültig ist – keine Ahnung, habe ständig noch Hoffnung, heute verfiel ich jedoch wieder in Kleinmut.

Würde ihn so gerne bis zum Ende liebevoll und geduldig pflegen, ohne des alten Herzeleids zu gedenken, das er mir im Leben zugefügt hat. Statt dessen weinte ich heute bitterlich, weil wieder einmal meine Liebe verletzt wurde, und aus Sorge um Lew Nikolajewitsch: Heute bat er um passierten Haferbrei, ich lief in die Küche, gab den Auftrag und setzte mich wieder neben ihn; er schlief ein. Der Haferbrei war bereit, und als L. N. aufwachte, schöpfte ich leise den Brei und bot L. N. den Teller an. Er wurde böse und sagte, er werde sich schon von allein rühren, und während seiner ganzen Krankheit nehme er Essen, Arzneien und Getränke nur von anderen und nicht von mir entgegen. Wenn man ihn hochheben muß, nicht schlafen darf, ihm bei intimen Verrichtungen helfen und Kompressen umbinden muß – dann läßt er erbarmungslos mich alles machen. Mit dem Haferbrei griff ich zu einer List: ich holte Lisa zu ihm, setzte mich ins Zimmer nebenan, und sobald ich weg war, bat er um den Haferbrei und fing an zu essen, und ich fing an zu weinen.

Diese kleine Episode charakterisiert mein ganzes mühsames Leben mit ihm. Die Mühe bestand darin, daß ich ewig gegen seinen *Widerspruchsgeist* ankämpfen mußte. Meine vernünftigsten, liebevollsten Bemühungen und Ratschläge trafen stets auf Protest.

15. Februar. Den dritten Tag schon wird Ljowotschka schwächer und verweigert die Nahrungsaufnahme. Heute kamen als Komplikationen starke Gallenschmerzen hinzu. Mascha und ich machten ihm eine Kompresse aus Öl und Chloroform, die zugleich auch wärmt; jetzt geht es besser. Beine und Arme werden kalt ... Die Ärzte sehen immer noch Hoffnung, doch mein Herz schmerzt unerträglich und kann nur noch schlecht hoffen. Heute nacht schlief er recht lange und gut, ich wachte bis fünf Uhr früh, dann löste Lisa mich ab. Als Ljowotschka unter stechenden Schmerzen auf der rechten Seite litt, da beugte ich mich über ihn, küßte ihm Stirn und Hände und sagte, er dauerte mich so, weil er wieder leiden müsse. Er richtete seinen schwachen Blick auf mich, in seinen Augen standen Tränen, und er sagte: „Das macht nichts, mein Herz, ist gut so."

Und ich freue mich, daß ich heute zum erstenmal nicht mehr finsteren Willen zum Überleben an ihm wahrnahm, sondern demütiges Sichfügen. Gott stehe ihm bei, so ist es leichter, zu leiden und zu sterben.

Sascha ist krank. Muß nun auch um sie bangen. Mein Gott, was für einen düsteren Winter wir erleben! Zwei totgeborene Enkel, Lew Nikolajewitsch schwer krank – und was steht uns noch bevor! Heute hatte L. N. 36,2 Temperatur und 100 Puls. Wieder wurde Kampfer gespritzt.

Abends. Erhielt einen Brief von dem Petersburger Metropoliten Antoni, der mich drängt, ich solle Lew Nikolajewitsch überreden, zur Kirche zurückzukehren und sich mit ihr zu versöhnen, und ich solle ihm helfen, als Christ zu sterben. Ich berichtete Ljowotschka von diesem Brief, und zunächst sagte er zu mir, ich solle Antoni schreiben, er habe das jetzt mit Gott auszumachen; schreibe ihm, sagte er, mein letztes Gebet laute: „Von Dir bin ich ausgegangen, zu Dir gehe ich hin. Dein Wille geschehe." Und als ich sagte, wenn Gott den Tod schicke, so müsse man versöhnt mit allem Irdischen sterben, auch mit der Kirche, da sagte L. N.: „Von Versöhnung braucht gar nicht die Rede zu sein. Ich sterbe ohne jegliche Feindschaft oder bösen Gefühle, und was ist schon die Kirche? Was für eine Versöhnung könnte es mit einem so unbestimmten Gegenstand geben?" Später ließ L. N. mir durch Tanja ausrichten, ich solle Antoni nichts schreiben.[23]

Jetzt haben sich seine Schmerzen auf der rechten Seite verstärkt, die Entzündung hält an, morgen wird ein Spanisches Pflaster aufgelegt.

Es ist neblig und frisch; vor Gaspra liegt ein Dampfer auf dem Meer, und man hört das klagende Tuten von Sirenen. Offenbar liegen die Dampfer vor Anker und fürchten sich, im Nebel auszulaufen.

16. Februar. Heute geht es Lew Nikolajewitsch ein wenig bessser: er leidet nicht, liegt still, hat nachts wie auch tags besser geschlafen. Will mich nicht zu früh freuen. Schtschurowski ist abgefahren, es kommt Sliwizki, früher Landarzt bei den Suchotins, ein älterer, guter

Mensch. Morgens war das Wetter klar, warm, jetzt hat es sich wieder bezogen.

Neben dem schlafenden Lew Nikolajewitsch sitzend las ich in einem Buch über die letzten Jahre von Byrons Leben. Viele unbekannte Namen und Episoden, viel *Spezielles*, doch sehr interessant. Was war das für ein großartiger, bedeutender Mensch und Dichter! Wie richtig er viele Probleme erkannt hat, die noch nicht einmal heute der Gesellschaft so recht bewußt sind. Ergreifend das Ende seines Freundes Shelley, der im Meer ertrank, wie auch sein eigenes, als er in Griechenland das Ziel verfolgte, Frieden zu stiften.

Erstaunlich, wie uneigennützig die Ärzte sind. Weder Schtschurowski noch Altschuller noch der arme, an Güte die anderen jedoch übertreffende Landarzt Wolkow – keiner nimmt Geld, doch jeder opfert Zeit, Mühe, schlaflose Nächte und hat Einbußen. Heute wurde an der rechten Seite ein Spanisches Pflaster aufgelegt.

Abends hatte ich unerträgliche Schmerzen im Nacken, konnte den Kopf nicht mehr aufrecht halten und legte mich in Lew Nikolajewitschs Zimmer aufs Sofa. Er rief mich, ich stand auf, trat zu ihm. »Warum liegst du, wenn du liegst, rufe ich dich doch nicht", sagte er. „Ich habe Nackenschmerzen, wieso rufst du mich nicht, nachts tust du es ja auch?" Ich setzte mich auf den Stuhl. Er rief mich wieder. „Geh ins andere Zimmer, leg dich hin, warum sitzt du?" – „Ist doch keiner da, wie könnte ich fortgehen?" Er regte sich auf, ich bekam vor Müdigkeit fast einen hysterischen Anfall. Mascha kam, ich ging, wurde aber sogleich von tausenderlei Dingen in Anspruch genommen: Geschäftspapiere von dem Kontordiener aus Moskau, Benachrichtigungen, Überweisungen. Alles mußte ins Buch eingetragen, unterzeichnet und abgeschickt werden. Dann die Kompresse für Sascha, dann das Geld für die Wäscherin und den Koch, dann Bestellungen in Jalta ...

19. Februar. Habe einige Tage nichts eingetragen, die Pflege ist sehr mühsam, wenig Zeit bleibt übrig, und die reicht kaum für den Haushalt, wichtige Erledigungen und Briefe.

Mein armer Ljowotschka ist immer noch ganz schwach und plagt sich mit seiner langwierigen Krankheit herum. Am 17. abends traf Doktor Sliwizki ein, er bleibt vorerst hier. Jeden Tag kommen Wolkow und Altschuller, spritzen Kampfer und verabreichen Nux vomica. L. N. trinkt sehr gerne Kefir, heute vier halbe Flaschen. Die Ärzte finden, die Entzündung des rechten Lungenflügels löse sich sehr langsam. Mich ängstigt am meisten das tägliche Fieber. Morgens hat er 36,1 gegen sechs Uhr abends bereits 37,5. So war es gestern und heute.

Ein Tatare kam seine Aufwartung machen, wünschte Genesung und brachte einen Fes und einen Schleier zum Geschenk; L. N. probierte sogar den Fes auf. Und vorgestern nacht rief er wieder Boulanger zu sich und diktierte ihm seine Gedanken.[24] Welch ein Bedürfnis nach geistiger Arbeit!

Lisa Obolenskaja fährt nicht ab, sie will weiter bei Lew Nikolajewitschs Pflege helfen, das hat mich gerührt.

20. Februar. Gestern ging es besser, die Temperatur stieg nur bis 37,1, L. N. fühlte sich frischer. Zu Doktor Wolkow sagte er gestern: „Muß wohl wieder leben." Ich fragte: „Wieso, ist es dir lästig?" Auf einmal sagte er lebhaft: „Warum denn lästig? Im Gegenteil, das ist sehr gut." Abends war er wieder besorgt, ich sei müde, drückte mir die Hand, sah mich zärtlich an und sprach: „Danke, mein Herz, sehr gut."

22. Februar. Lew Nikolajewitsch geht es besser, er hatte morgens 36,1, abends 36,6. Gespritzt wurde Kampfer und heute zum zweitenmal Arsenik. Boulanger fuhr ab, er kehrte ungern zu seiner Familie zurück. Was für ein Unglück, eine Familie zu haben und sie nicht zu lieben! Nichts als Schwierigkeiten.

Wache auch weiterhin jede Nacht bis vier Uhr früh und kann dann vor Erschöpfung nicht schlafen. Den ganzen Tag sitze ich nähend im Zimmer des Kranken, den das geringste Geräusch aufbringt. Haushaltführen ist hier mühsam und verdrießlich, alles ist so teuer. Schrieb ein paar Zeilen als Antwort auf den Brief des Metropoliten Antoni.[25] Sascha ist immer noch krank, sie hat eine membranöse Kolitis, außerdem Zahnweh und Schmerzen in einem Ohr. Es ist kalt, hat geschneit.

Erhielt von Butenew einen Brief mit dem Vorschlag, ich solle als Kuratorin der Kinderbewahranstalt zurücktreten, weil ich nicht zur Stelle sei und der Anstalt nicht von Nutzen sein könne.[26] Mal sehen, wen sie wählen und wie sie die Sache weiterführen.

23. Februar. Wieder eine schlechte Nacht. Gegen Abend erhöhte sich die Temperatur auf 37,4, der Puls auf 107, sank aber bald wieder auf 88–89.

Nachts rief er mich: „Sonja?" Ich trat zu ihm. „Eben habe ich davon geträumt, wie wir beide im Schlitten nach Nikolskoje fuhren."

Morgens sagte er zu mir, ich hätte mich nachts sehr schön um ihn gekümmert.

25. Februar. Der erste Tag der Fastenzeit. Habe so Sehnsucht nach dieser Stimmung der Ruhe, mit Gebeten, Entbehrungen, Frühlingsahnungen und den Kindheitserinnerungen, die sich in Moskau und Jasnaja Poljana in der Fastenzeit immer einstellten.

Hier aber ist einem alles fremd, alles gleichgültig.

Lew Nikolajewitsch ist noch in fast der gleichen Verfassung. Er fühlt sich frischer, nachts schlief er von zwölf bis drei zum ersten Mal ohne aufzuwachen; um fünf Uhr früh legte ich mich ins Bett, er verbrachte den Rest der Nacht schlecht. Vormittags las er die Zeitungen und interessierte sich für die eingetroffenen Briefe, die aber uninteressant waren. Zwei der Briefschreiber redeten ihm ins Gewissen, in die Kirche zurückzukehren und das Abendmahl zu nehmen – solche Briefe kamen auch früher; zwei bitten darum, kostenlos seine Werke zu erhalten, zwei Ausländer drücken ihre Begeisterung und Bewunderung aus. Auch ich bekam einen Brief von Fürstin Marija Dondukowa-Korsakowa, daß ich L. N. zur Kirche und zum Abendmahl bekehren solle.[27]

Da haben die geistlichen Herren L. N. erst aus der Kirche hinausgesetzt, und jetzt schicken sie insgeheim Leute zu mir, damit ich ihn wieder zurückbringe. Welche Torheit!

Es ist grau, kalt, windig. Der ganze Februar ist ekelhaft, das Klima überhaupt sehr ungesund und übel. Sascha geht es besser.

27. Februar. Gestern nichts eingetragen, schon morgens fiel mir eine Verschlechterung in Lew Nikolajewitschs Befinden auf. Am Abend zuvor hatte er schlecht geschlafen, gestern den ganzen Tag wenig gegessen, mitten am Tag stieg die Temperatur auf 37,5, spätabends auf 38,3. Wieder packte mich Entsetzen: als ich diesen grauenhaft jagenden, unregelmäßigen Puls zählte, bis zu 108 Schläge in der Minute, da wurde mir fast übel von dieser angoisse, die mein Herz in diesem Winter schon so oft erleben mußte.

Nachts schlief L. N. allerdings nicht schlecht, gegen drei war die

Temperatur 37,5, und heute morgen 36,1. Wieder wurde er munterer und hatte Appetit. Er las sogar Zeitung, trank wieder bereitwillig Kefir und aß dreimal.

Serjoscha umsorgte den Vater die ganze Nacht erstaunlich heiter, sanft und eifrig. Lew Nikolajewitsch bemerkte: „Wie erstaunlich, hätte nie gedacht, daß Serjoscha einmal so feinfühlig und rücksichtsvoll wird", und seine Stimme zitterte vor Tränen.

Heute sagte er zu mir: „Jetzt habe ich beschlossen, auf nichts mehr zu warten, habe andauernd auf die Genesung gewartet, jetzt aber nehme ich es, wie es ist, und schaue nicht voraus." L. N. erinnerte von sich aus an das Digitalis und bat um das Fieberthermometer. Er trinkt wieder Sekt und läßt sich Kampfer spritzen.

28. Februar. Jetzt ist es halb zehn Uhr abends, Lew Nikolajewitsch hat wieder 38 Fieber, der Puls ist schlecht, setzt manchmal aus, und wieder sind wir in Angst. Heute sagte er zu Tanja: „Eine langwierige Krankheit ist etwas Gutes, da hat man Zeit, sich auf den Tod vorzubereiten."

Außerdem sagte er heute noch zu ihr: „Ich bin zu allem bereit, zum Leben wie zum Sterben."

Abends streichelte er meine Hände und dankte mir. Er war in Zorn geraten, als ich ihm die Decke auswechselte, es war ihm kalt vorgekommen. Sicher hat ihn das hinterher gereut.

Morgens aß er, sah die Zeitung durch, gegen Abend wurde er sehr schwach.

Ein schrecklicher Sturm, ein Grad unter Null, der Wind heult und rüttelt an den Fenstern.

Habe Tinte vergossen und alles verschmiert.

4. März. Lew Nikolajewitsch geht es von Tag zu Tag besser. Die Ärzte horchten ihn ab und fanden noch starke Rasselgeräusche. Gestern abend diktierte er mir einen Antwortbrief an Bertenson[28], und täglich diktiert er Korrespondenzkarten an Boulanger.[29] Ein wunderbarer Mensch, dieser Boulanger, er pflegte L. N. wie ein Sohn, trotzdem empfinde ich ihm gegenüber so etwas wie Abwehr, einen fast körperlichen Widerwillen. Überhaupt sind Männer selten sympathisch.

5. März. Lew Nikolajewitsch geht es besser: morgens hatte er 35,7, abend 36,7. Die Ärzte finden immer noch Rasselgeräusche, aber wenn man davon nichts weiß, scheint alles in Ordnung zu sein. Lew Nikolajewitsch hat einen solchen Riesenappetit, daß er es kaum erwarten kann, bis es Frühstück, Mittagessen usw. gibt. Vom einen Tag auf den anderen hat er drei Flaschen Kefir leergetrunken. Heute ließ er sich das Bett zum Fenster hindrehen und schaute aufs Meer hinaus. Sehr mager und schwach ist er noch. Nachts schläft er schlecht und ist sehr anspruchsvoll: bestimmt fünfmal in der Stunde ruft er einen, um ihm das Kissen aufzuschütteln, die Beine zuzudekken, oder die Uhr steht nicht richtig, oder er will Kefir, oder den Rücken erfrischt kriegen, oder man soll bei ihm sitzen und ihm die Hand halten ... Kaum hat man sich auf die Couch gelegt, ruft er schon wieder.

Ein klarer Tag, Mondnächte, doch ich bin tot, so tot wie die hiesige Felsennatur und das langweilige Meer. Vor dem Fenster zwitschern unentwegt die Vögel, aber komischerweise gehören weder die Vögel noch die am Fenster summende Fliege noch der Mond zur Krim, vielmehr erinnern die Vögel an den Frühling in Jasnaja Poljana oder Moskau, die Fliege an die Sommerhitze während der Erntezeit, und der Mond an unseren Garten in Chamowniki und an den Heimweg nach Konzertbesuchen ...

6. März. Die letzte Nacht war fürchterlich. Schmerzen im ganzen Körper, in den Beinen, in der Seele, und alles paßte ihm nicht, und was mich am meisten an Lew Nikolajewitsch erbitterte, war, daß er – wenn auch mit dem Vorbehalt, das sei schlecht – über seine Genesung ungehalten war. „Ich denke ständig, wozu bin ich genesen, wäre ich doch besser gestorben."

Den Tag verbrachte er in Apathie, ich saß wiederum den ganzen Tag bei ihm, bloß einmal ging ich ins Seitengebäude, um zum ersten Mal wieder meine Lieblingsstücke zu spielen ... Nein, auch das kann ich schon nicht mehr.

7. März. Wir erschraken heute fürchterlich, mitten am Tag war der Puls plötzlich auf 108 Schläge pro Minute, und Lew Nikolajewitsch selbst von früh an apathisch, saß nicht auf, wusch sich nicht und aß kaum etwas zu Mittag, nur morgens aß er mit Appetit. Die Temperatur stieg nicht über 36,8, abends war sie sogar niedriger. Die Galle machte ihm erneut zu schaffen, wir legten eine Kompresse auf Bauch und Lungen.

Das Wetter war die letzten drei Tage klar, doch le fond de l'air kalt. Morgens vier bis fünf Grad über Null und Wind. Die Sonne aber brennt schon herab, die Knospen schwellen, die Vögel singen.

8. März. Stand morgens völlig zerschlagen auf: hatte Magenweh und Schmerzen im Rücken, obgleich L. N. heute eine sehr gute Nacht verbracht hat, er schlief länger als sonst.

Eine bedrückende Szene mit Serjoscha. Er hat einen entsetzlichen Charakter: händelsüchtig, vorlaut, ständig legt er es auf chercher la querelle an. Heute nahm ich meinen Kaffee und ging damit in den Salon, sonst hätte ich wieder einen hysterischen Anfall wie neulich bekommen, denn Serjoscha schreit einen an, bis man es nicht mehr aushält. Alles wegen des Rollstuhls für Lew Nikolajewitsch: Serjoscha sagte, man müsse nach Odessa telegraphieren, doch an wen, das weiß er nicht. Ich sagte, erst müsse man mal wissen, was für einen Rollstuhl man wolle, und eine genaue Beschreibung nach Moskau schicken. Darauf wurde er böse und fing zu schreien an.

10. März. War zum ersten Mal draußen auf einem Spaziergang, und mich verblüffte, wie weit der Frühling ist. Das Gras wie bei uns in Rußland im Mai. Bunte Primeln blühen, hie und da Löwenzahn und weiße Taubnesseln. An den Bäumen bilden sich Knospen. Die Sonne strahlend, Meer und Himmel blau, und die Vögel, diese lieben Geschöpfe, singen allenthalben.

Bei dem guten Wetter geht es auch Lew Nikolajewitsch bedeutend besser. Die Temperatur war heute 35,9, der Puls 88. Er hat einen Riesenappetit, und Tag und Nacht trinkt er mit Genuß Kefir. Er liest Zeitungen und Briefe, ist aber irgendwie gedrückt.

Gestern fuhren Lisa Obolenskaja und Doktor Sliwizki ab. Bei L. N. nächtigte ein armenischer Arzt[30], ein Verbannter, und ich wieder bis halb fünf, danach Tanja.

11. März. Lew Nikolajewitsch ist auf dem Weg der Besserung. War in Jalta, Himmel und Meer tiefblau und klar, die Vögel singen, überall sprießt das Gras; die Bäume sind noch kahl, nur hie und da blühen Mandelbäume. Abends saß ich bei L. N., er sagte: „Ich dichte ständig, dichte andere Gedichte um, aus:

Alles besitze ich, sagte das Gold,
habe ich gemacht:

Alles zerbreche ich, sprach die Gewalt,
Alles verdrehe ich, sprach der Gedanke."[31]

Wir rieben ihm den ganzen Körper mit Spiritus und warmem Wasser ab und legten ihn um zehn Uhr schlafen.

12. März. Lew Nikolajewitsch geht es besser, wenn auch langsam. Heute las er den „Westnik Jewropy", die Zeitungen und ließ sich interessiert von dem gerade eingetroffenen Ljowa Suchotin Moskauer Neuigkeiten erzählen. Doktor Altschuller war da, er will noch ein Spanisches Pflaster auflegen.

Saß den ganzen Tag beharrlich am Nähen, stand nur auf, um Lew Nikolajewitsch behilflich zu sein. Morgens wasche ich ihn immer, gebe ihm sein Frühstück und kämme ihn. Heute war die Temperatur gegen Abend 36,8, er aß jedoch gut und schlief rasch ein. Er ist zweifellos auf dem Weg der Besserung, hat aber immer noch zwischen 88–89 und 92 Puls.

13. März. Es ist warm geworden, 13 Grad im Schatten, ein lauer Regen fiel. Mit Lew Nikolajewitsch geht es beständig aufwärts. Halte auch weiterhin Nachtwache bis fünf Uhr früh; gestern löste mich Sascha ab, heute wird es Tanja tun.

Las gestern spätabends die Übersetzung von Emersons Aufsatz „Die Überseele." Fand in diesem Werk wenig Neues, alles ist längst bekannt und bei den antiken Philosophen besser gesagt. Unter anderem die Überlegung, daß jedes Genie mit den verstorbenen Philosophen engeren Umgang habe als mit seinen lebenden Angehörigen im Familienkreis. Ein recht naiver Gedankengang.[32] Natürlich, wenn das irdische, *materielle* Leben entschwunden ist, dann bleiben von den verstorbenen Philosophen nur die Gedanken, die sie zu Papier gebracht haben. So daß nicht nur Genies, sondern wir alle, die gewöhnlichen Sterblichen, mit verstorbenen Denkern, deren Werke wir lesen, viel engeren Umgang haben als mit Genies, die am Leben sind. Solange diese ihre materielle Hülle nicht abgestreift haben und mit ihren Werken noch nicht in die Geschichte und somit in die Ewigkeit eingegangen sind, kennen sie nichts anderes, als das gesamte Dasein der sie angeblich nicht begreifenden nahen Angehörigen zu vereinnahmen.

Einem *Genie* muß eine friedliche, heitere, angenehme Umgebung geschaffen werden, ein *Genie* muß man verpflegen, waschen, kleiden, seine Werke sind unzählige Male abzuschreiben, man muß ihn lieben, darf keinen Anlaß zu Eifersucht geben, damit er seine Ruhe hat, man muß die zahllosen Kinder, die das Genie in die Welt setzt, großfüttern und erziehen, denn für ihn wäre es ja zu lästig, sich mit ihnen abzuplagen, und außerdem hat er keine Zeit, denn er muß ja mit Epiktet, Sokrates, Buddha und dgl. Umgang pflegen und muß selbst danach trachten, ihnen gleich zu werden.

Und wenn die nahen Angehörigen ihre Jugend, Kraft, Schönheit – *alles* in den Dienst eines solchen Genies gestellt haben, dann wird ihnen vorgeworfen, sie hätten nicht das rechte *Verständnis für Genies,* und ein Genie wird sich auch niemals dafür bedanken, daß man nicht nur sein junges und reines materielles Leben ihm zum Opfer gebracht hat, sondern auch alle inneren und geistigen Fähigkeiten hat verkümmern lassen, denn aus Mangel an Muße, Ruhe und Kraft konnten sie sich weder heranbilden noch entfalten.

Auch ich habe, bald vierzig Jahre, einem *Genie* gedient, und unzählige Male stiegen geistige Bedürfnisse, allerlei Wünsche, Streben nach Bildung, Liebe zur Kunst, zur Musik in mir auf ... Und immer wieder von neuem unterdrückte ich diese Anwandlungen, auch heute noch, und werde eben bis ans Ende meiner Tage meinem *Genie* dienstbar sein.

Ein jeder wird fragen: „Doch wozu hast du, eine nichtswürdige Frau, solch ein geistiges oder künstlerisches Leben überhaupt nötig gehabt?“

Darauf kann ich nur antworten: „Das weiß ich nicht, aber es ewig zu unterdrücken, um einem Genie im materiellen Bereich dienstbar zu sein, das ist eine große Qual.“ Wie sehr man diesen Menschen auch lieben mag, den die Leute für ein *Genie* halten, aber *ewig* nur gebären, füttern, nähen, das Essen anordnen, Kompressen und Klistiere anlegen, dumpf schweigend dasitzen und warten, bis Hilfen im materiellen Bereich gewünscht werden – das ist zermürbend, zumal man dafür rein gar nichts bekommt, nicht einmal schlichten Dank, häufig genug muß man auch noch Vorwürfe einstecken. Habe diese meine Kräfte übersteigende Mühsal getragen und tue es auch weiterhin – bin aber müde.

Diese ganze Tirade über das mangelnde Verständnis, das Genies angeblich von ihren Familien entgegengebracht wird, brach aus mir hervor aus Ärger über Emerson und alle, die seit Sokrates' und Xanthippes Zeiten darüber jemals etwas geschrieben und gesprochen haben.

Wenn zwischen der Frau eines Genies und ihm selbst echte Liebe entsteht, wie es zwischen Lew Nikolajewitsch und mir der Fall war, dann braucht die Frau nicht sonderlich viel Klugheit, nur *Herzensinstinkt* und das feine Gespür der Liebe – und das Verständnis ist da und beide werden glücklich sein, wie wir es waren. Mein Leben lang habe ich meine Mühen im Dienst an meinem genialen Mann nicht wahrgenommen, das begann erst, als ich bei der Lektüre seiner Tagebücher sah, daß er, zu seinem höheren Ruhme, mich überall schlechtmachte; er mußte irgendwie *rechtfertigen,* daß er mit mir in (relativem) Luxus lebt. Das war im Todesjahr meines Wanetschka, als ich mich in meiner Seelennot stärker an meinen Mann anlehnte – und mein Herz grausam von ihm enttäuscht wurde und daran zerbrach.

15. März. Die vergangene Nacht verbrachte L. N. schlaflos, mit Schmerzen in Beinen und Bauch. Die Temperatur war morgens 36,1, abends 36,5; der Puls 86. Tagsüber war er matt, sah Zeitungen und Briefe durch, diktierte einen Brief an Lisa Obolenskaja[33] und sprach wenig.

Fuhr mit Mascha und Kolja vom Meer nach Hause, den Hinweg hatte ich mit Julija Iwanowna zu Fuß zurückgelegt. Wellen, Brandung, grünliche Farbtöne. Keinerlei Freude, nichts berührt mich. Hier spürt man den Frühling überhaupt nicht. Da ist doch unser russischer, sieghafter Frühling etwas ganz anderes. Schnee und Eis setzen sich in Bewegung, die Flüsse brechen auf, die Bäche fließen, die Vögel fliegen herbei, und auf einmal fängt alles, wie durch ein Wunder, zu grünen, zu blühen, zu leben an ... Hier ist es ein wenig wärmer geworden, ein klein wenig grüner in den Parks, aber sonst noch das gleiche Felsgestein, die gleichen knorrigen Bäume, die leblose Erde und das erregende Meer.

Habe sehr viel genäht.

19. März. Das Leben ist so eintönig, daß es nichts einzutragen gibt. L. N.s Krankheit ist fast vorüber, er ist lediglich noch schwach und hat manchmal kleine Temperaturerhöhungen auf 37 Grad. Morgens hat er 80 Puls, nach dem Essen 92–96. Der Appetit ist groß, die Nächte sind jedoch unruhig.

Bezüglich seiner Geistesverfassung läßt sich eines klar sagen, nämlich daß er finster und schweigsam ist. Treffe ihn fortwährend dabei an, wie er aufmerksam seine Pulsschläge zählt. Heute schaute er zum Fenster hinaus in die Sonne, der Ärmste, und bat mich inständig, wenigstens einen Moment die Terrassentür aufzumachen, doch ich wagte es nicht, hatte Angst.

5. April. Wieder ist viel Zeit verstrichen und wenig passiert. Am 30. März reisten Tanja und ihre Familie ab; am 24. kam Andrjuscha. L. N.s Gesundheitszustand ist noch fast gleich, lediglich der Puls war in den letzten drei Tagen sehr erhöht. Die Behandlung geht endlos weiter: seit dem 2. April wird Arsenik gespritzt; heute wurde der Leib mit elektrischem Strom behandelt. Er nahm zunächst Nux vomica ein, jetzt Magnesium, vor dem Schlaf Wismut mit Kodein und ätherische Baldriantropfen. Die Nächte sind zu Beginn alle unruhig, Bauch und Beine schmerzen. Also muß man ihm die Beine einreiben, und das fällt mir sehr schwer: der Rücken tut weh, das Blut schießt mir ins Gesicht, und ich bekomme hysterische Zustände. Überhaupt, solange die Gesundheit in Ordnung war, wurde ja alles abgelehnt, doch bei der ersten ernsten Erkrankung, da läßt man kein Mittel unversucht. Drei Ärzte kommen fast jeden zweiten Tag zusammen; die Pflege ist mühsam, wir sind viele, alle sind erschöpft und beschäftigt, und unser Eigenleben wird von L. N.s Krankheit völlig aufgezehrt. Lew Nikolajewitsch ist in erster Linie Schriftsteller, Denker, aber im Leben ist er eigentlich ein schwacher Mensch, viel schwächer als wir gewöhnlichen Sterblichen. Mich würde es peinigen, daß ich das eine sage und schreibe, aber vollkommen anders handle und lebe; ihn beunruhigt das offenbar nicht sonderlich. Wenn er nur nicht leiden muß, wenn er nur leben, genesen kann ... Wie er darauf achtet, wann Arzneien einzunehmen, Kompressen zu wechseln sind, wie er sich müht, kräftig zu essen, zu schlafen, den Schmerz zu stillen.

Die Ermordung des Innenministers Sipjagin hat L. N. sehr erregt.[34] Böses zeugt nur weiter Böses, und das ist wirklich grauenhaft. Heute schrieb L. N. lange an einem Brief an den Großfürsten Nikolai Michailowitsch und legte ihm, wie schon im Brief an den

Zaren, erneut seine Gedanken über das Grundeigentum nach dem System von Henry George dar. Auch schrieb er ihm, Sipjagins Ermordung könne weitere böse Taten nach sich ziehen, und das müsse man unterbinden, indem man Rußlands Regierungssystem ändere.[35]

Gestern und heute spielte ich im Seitengebäude, allein, über zwei Stunden, war sehr angenehm.

Ein ekelhaftes Wetter: Sturm, kalter Wind, die ganze Zeit tagsüber 4 Grad über Null. Heute 7 Grad. Gehe nicht aus dem Haus, nähe, lese, die Augen sind schlecht.

13. April. Es ist Samstag, der Abend vor Ostersonntag, und, mein Gott, welch unerträgliche Schwermut! Sitze einsam oben in meinem Schlafzimmer, nebenan schläft Enkelin Sonjuschka. Und unten im Salon herrscht ein heidnisches, mir unsympathisches Treiben. Sie spielen Wint, haben Lew Nikolajewitsch in seinem Rollstuhl hinausgeschoben, und er beobachtet gebannt, wie Sascha spielt.

Ich bin sehr einsam. Meine Kinder sind noch despotischer und herrischer als ihr Vater. Und der Vater weiß so unwiderlegbar Paradoxe und irrige Ideen vorzubringen, daß ich, die ich weder über seinen Geist noch sein Prestige verfüge, in allen meinen Forderungen völlig machtlos bin. Seine Gemütsverfassung bekümmert mich zutiefst. Von früh an, den ganzen Tag und die ganze Nacht, ist er Stunde um Stunde eifrigst um seinen Körper besorgt. Nicht die geringsten geistigen Interessen kann ich an ihm entdecken. Früher hat er bisweilen vom Tod gesprochen, vom Beten, von seinem Verhältnis zu Gott und zum ewigen Leben. Jetzt beobachte ich voll Schrecken, daß von seiner Frömmigkeit keine Spur geblieben ist. Mir gegenüber ist er anspruchsvoll und unfreundlich. Wenn ich mal vor Müdigkeit etwas ungeschickt mache, fährt er mich verärgert und mürrisch an.

11. Mai. Habe ein schlechtes Gewissen, daß ich den letzten Tagebucheintrag mit solch unguten Gefühlen für Ljowotschka und meine Familie geschrieben habe. Mich hatte verdrossen, welche Einstellung die Meinen zur Karwoche an den Tag legten, und statt nur an meine eigene Sündhaftigkeit zu denken, übertrug ich den Ärger auf meine Nächsten. „Laß mich meiner Sünden gewahr werden und nicht meinen Bruder richten ...“

Wieviel Zeit ist seither vergangen, und wie schwer und furchtbar ist das, was wir wieder durchmachen!

L. N. war nach seiner letzten Erkrankung, der Lungenentzündung, auf dem Weg der Besserung, lief am Stock im Haus herum, aß vorzüglich, und der Magen funktionierte.

Mascha schlug mir vor, ich solle geschäftlich nach Jasnaja Poljana und Moskau fahren, was auch dringend nötig war. Nach einigem Zögern entschloß ich mich zu einer möglichst kurzen Reise und fuhr am Morgen des 2. April ab.

Meine Reise war rundherum erfolgreich und erfreulich. Einen Tag weilte ich in Jasnaja Poljana, wo auch Andrjuscha hinkam. Das Wetter war zauberhaft, ich liebe diesen frühen Frühling mit dem zarten Grün, mit der Hoffnung auf etwas Gutes, Frisches, Neues ... Befaßte mich eifrig mit der Buchführung, schritt mit dem Instruktor den ganzen Apfelgarten ab, besah mir das Vieh, und bei Sonnenuntergang ging ich in den Tschepysch. Die blauen Schlüsselblumen und Veilchen blühten, die Vögel sangen, hinter dem abgeholzten Wald ging die Sonne unter, und die reine Natur, die vom menschlichen Leben mit seinen Wirren nichts weiß, bereitete mir ungeheuren Genuß.

In Moskau machte mir Freude, wie die Leute sich zu mir verhielten. So freundlich und nett, als seien sie alle mit mir befreundet. Sogar in den Geschäften und auf den Banken, überall begrüßte man mich herzlich nach der langen Abwesenheit.

Regelte erfolgreich das Geschäftliche, besuchte die Ausstellung der Peredwischniki[36] und eine von Petersburger Malern; war in einer Examensaufführung von Studenten, sie gaben Mozarts heitere Operette „Cosi fan tutti." Sah viele Freunde wieder, am Sonntag lud ich meinen kleinen Lieblingskreis ein: Maslows, Marussja, Onkel Kostja, Mischa Suchotin und Sergei Iwanowitsch. Er spielte mir kleine Stücke von Arenski, eine Schumann-Sonate und seine bezaubernde Sinfonie vor; diese bereitete mir das meiste Vergnügen.

Befriedigt und beruhigt fuhr ich zurück nach Gaspra, aufgrund der täglichen Telegramme in der Hoffnung, dort sei alles wohlbehalten. Mir kam es so vergnüglich vor, den Mai noch auf der Krim zu verbringen, voll Freude über Lew Nikolajewitschs Genesung. Doch wie ich am 1. Mai abends nach Gaspra zurückkehre, da muß ich erfahren, daß L. N. schon den zweiten oder dritten Tag abends Fieber hat. Dann wurde es von Tag zu Tag schlechter. Das Fieber stieg täglich höher, und schließlich stellte sich heraus, daß er Bauchtyphus hatte. Die zurückliegenden Tage und Nächte vergingen für alle in Qual, Angst und Sorge. Bisher hat das Herz die Krankheit gut ausgehalten; doch in der letzten Nacht, der vom 10. auf den 11. – er hatte 38,6 Fieber, davor war die Temperatur schon auf 39 gestiegen –, da stolperte auf einmal der Puls, die Schläge waren nicht zu zählen, immer wieder schien der flache, kaum tastbare Puls irgendwie zu zögern und zu stocken. Ich saß die ganze Nacht an Ljowotschkas Bett, Koletschka Gay kam und ging wieder, er sagte, er könne nicht Puls messen. Um zwei Uhr nachts holte ich Doktor Nikitin, der bei uns wohnt. Er verabreichte Strophantin, blieb eine Weile und ging erneut schlafen. Um vier Uhr nachts fühlte ich wieder den Puls, und er hatte sich nicht gebessert. Da flößte ich L. N. Kaffee mit zwei Teelöffeln Kognak ein, und er bekam eine Kampferspritze. Gegen Morgen wurde der Puls besser, ich frottierte L. N. ab, die Temperatur fiel auf 36,7.

Jetzt liegt Lew Nikolajewitsch still neben mir, in diesem großen, düsteren Salon, und ich schreibe am Tisch. Im Haus ist es finster, still und unheildrohend.

L. N. ist weinerlicher und gedrückter Stimmung; doch er möchte um keinen Preis sterben. Gestern sagte er allerdings auf meine Frage, wie seine innere Verfassung sei: „Bin müde, schrecklich müde und wünsche den Tod herbei." Aber er ist sehr um sich besorgt, achtet selbst auf den Puls und was er einnehmen muß. Morgens, wenn ihm wohler ist, sieht er die Zeitungen, Briefe und zugeschickten Bücher durch.

Heute treffen ein: aus Moskau Doktor Schtschurowski, aus Kotschety Tochter Tanja. Außerdem sind Serjoscha, Gay, Igumnowa, Natascha Obolenskaja und Sascha hier – alle pflegen den Kranken. Serjoscha ist unwirsch und schwer zu haben.

13. Mai. Lew Nikolajewitsch geht es Gott sei Dank besser. Die Temperatur sinkt stetig ab, der Puls hat sich gebessert. Schtschurowski ist gestern abgefahren. Heute kam Sohn Ilja, außerdem P. A. Boulanger. Koletschka Gay fährt morgen ab. Im Haus herrscht ein ziemlich schlimmer Trubel. Serjoscha ist unausstehlich; er sucht krampfhaft nach Gründen, um mit mir zu zürnen, und kam darauf, mir im voraus vorzuwerfen, ich wolle den Vater *kommenden Winter* nach Moskau holen. Wie töricht, böse und überflüssig! Noch hat L. N. sich von seiner schweren Krankheit nicht erholt, und Serjoscha macht sich bereits Gedanken, was im Herbst sein wird. Und was möchte ich eigentlich selber? Weiß es überhaupt nicht. Klarblick und Verständnis für das Leben, Aufnahmebereitschaft, das Verlangen nach Ruhe und Glück – das ist es, was mich in verstärktem Maße bewegt. Das Leben aber bringt nur Leid, und das duckt einen nieder.

Man lebt nur für den *Augenblick*, und wenn alles gut geht, ist man's zufrieden. Habe heute allein im Seitengebäude zwei Stunden gespielt, während L. N. schlief.

15. Mai. Die Scherereien mit Serjoscha sind nicht folgenlos geblieben. Gestern bekam ich derart entsetzliche Schmerzen im ganzen Leib, daß ich dachte, ich müsse sterben. Heute geht es besser. L. N.s Typhus klingt ab, abends nach dem Abfrottieren war die Temperatur 36,5, der Puls 80. Ihr Maximum hatte die Temperatur heute bei 37,3. Er ist jedoch schwach und furchtbar elend. Mir hat man Treppensteigen untersagt, aber ich hielt es nicht aus und ging ihn besuchen. Es ist kalt, 11 Grad.

16. Mai. Lew Nikolajewitsch geht es immer besser, die Temperatur steigt nur bis 37, und das nicht einmal ganz. Er ist sehr verdrossen, der Ärmste. Kein Wunder, fünf Monate ist er krank.

Heute erhielt er von Großfürst Nikolai Michailowitsch eine Antwort auf seinen Brief.[37] Er diktierte wieder etwas zu dem Thema, das ihn jetzt am meisten beschäftigt, zu der ungleichen Verteilung des Grundeigentums und der Ungerechtigkeit, überhaupt Land zu besitzen.[38]

Fühle mich unwohl, schwach, habe 52 Puls. Julija Iwanowna fühlt sich ebenfalls unwohl. Nach meiner Moskaureise fällt mir das Leben hier noch viel schwerer, ich spüre, bald bin ich völlig erledigt. Könnte ich bloß fort von hier!

22. Mai. Lew Nikolajewitsch ist auf dem Weg der Besserung: die Temperatur normal, nicht über 36,5, der Puls 80 oder darunter. Er wohnt jetzt wieder oben, unten wurde alles geputzt und durchgelüftet. Das Wetter ist regnerisch und frisch. Alle im Haus wurden plötzlich von Schwermut befallen, sogar L. N. ist düster gestimmt, trotz seiner Genesung. Jeder hat schreckliche Sehnsucht nach Jasnaja Poljana, und Tanja nach ihrem Mann, Ilja nach seiner Familie. Nun, da jegliche Gefahr vorüber ist, da sehnen sich alle – um ganz aufrichtig zu sein – wieder nach einem Eigenleben. Die arme Sascha, in ihrem Alter ist dieser Wunsch nur recht und billig.

Spielte gestern und heute allein im Seitengebäude, das tat sehr wohl. Übte eifrig ein schwieriges Scherzo von Chopin (das zweite, mit fünf b). Sehr schön, und wie es mit meiner Stimmung harmoniert! Dann spielte ich ein Rondo von Mozart vom Blatt (das zweite, a-Moll), das ist leicht und luftig.

Heute im Bett dachte ich darüber nach, warum gegen Ende eines Ehelebens häufig zwischen Mann und Frau eine gewisse Entfremdung eintritt. Und häufig ist der Umgang mit anderen Leuten angenehmer als der untereinander. Und ich begriff, warum. Ehegatten kennen einander *in- und auswendig*, die guten wie die schlechten Seiten. Gerade gegen Ende des Lebens wird man klüger und sieht alles viel deutlicher. Wir haben es nicht gerne, wenn unsere *schlechten* Seiten und Charakterzüge bemerkt werden, und wir verbergen sie tunlichst vor den anderen, zeigen nur, was vorteilhaft ist, und je klüger und geschickter ein Mensch ist, desto besser kann er sich ins rechte Licht rücken. Vor der Ehefrau oder dem Ehemann ist das aber unmöglich, denn die sehen bis auf den Grund, sehen Lüge und Verstellung – und das ist unangenehm.

Gestern träumte ich von meinem Wanetschka: lieb und andächtig bekreuzigte er mich mit seinem bleichen Händchen. Ich wachte auf und weinte. Dabei sind seit seinem Tod sieben Jahre vergangen. Das größte Glück meines Lebens war seine Liebe, überhaupt die Liebe der *kleinen* Kinder zu mir.

Lese die Übersetzung von Fieldings „The Soul of a People". Trefflich! Wunderbar das Kapitel „Über das Glück". Um wieviel der Buddhismus doch besser ist als unsere Orthodoxie, und was für ein wundervolles Volk die Birmanesen sind![39]

29. Mai. Eine ganze Woche nichts eingetragen. Am Samstag, dem 25., fuhr Tanja heim nach Kotschety. Am 26. wurde Lew Nikolajewitsch nach unten getragen und in seinem Rollstuhl auf die Terrasse ins Freie geschoben. Seither ist er täglich an der frischen Luft und kommt rasch wieder zu Kräften. Gestern fuhr er sogar mit Ilja in der

Kalesche spazieren. Professor Lamanski war gestern zu Besuch, außerdem noch ein seltsamer Mensch, der davon sprach, wie unkultiviert die Bauern seien und daß man sich damit dringend befassen müsse. Er sagte unentwegt „Pardon", wobei er vor lauter Vornehmheit das R nicht aussprach. Lew Nikolajewitsch ärgerte sich über ihn, aber als ich ihn hinauskomplimentiert hatte und L. N. den Puls zählte – 94 Schläge pro Minute –, da herrschte L. N. mich vor Lamanski an: „Ach, wie du mir auf die Nerven gehst!" Das fuhr mir wie ein Messer ins Herz.

Heute reiste Iljuscha ab, glücklich, daß er dem Vater Nutzen und Freude bringen konnte.

War in Jalta, was mich erschöpfte, erkundigte mich nach den Dampfern, da wir bald abreisen wollen. Wieder zurück, saß ich ununterbrochen bei Lew Nikolajewitsch und nähte schweigend. Dachte über das Nirwana nach, über die Ruhe und jenes Buch, das ich gerade beendet habe. Wie schön, so sanftmütig zu sein wie das Volk von Birma: jedermann zu lieben und zu achten.

Die weißen Magnolien und Lilien sind erblüht, zauberhaft.

5. Juni. Gaspra. Immer noch auf der Krim. Die Zeit vergeht wie im Fluge, alle sind beschäftigt und sehnen sich bereits nicht mehr so unbändig nach Hause. Jetzt ist es hier sehr schön: heiße, klare Tage, zauberhafte Mondnächte. Sitze gerade oben und ergötze mich am Widerschein des Mondes auf dem Meer. Lew Nikolajewitsch zieht mit einem Stock umher, ist anscheinend gesund, aber noch sehr mager und schwach. Mir tut es oft sehr weh, wenn ich ihn anschaue, besonders, wenn er so demütig und sanft ist wie die ganze letzte Zeit. Bloß gestern fuhr er mich gereizt an, als ich ihm die Haare schnitt und bürstete. Vormittags schreibt er, offenbar einen Appell an die Arbeiter, sowie über das Grundeigentum, und manchmal überanstrengt er sich.[40]

Am 3. Juni war Doktor Bertenson da, er fand Lew Nikolajewitschs Zustand gut, mit Ausnahme des Darms.

11. Juni. Heute machte L. N. mit Doktor Wolkow eine Spazierfahrt nach Ai-Todor in den Jussupow-Park und genoß es sehr. Zu Besuch waren: Altschullers Frau, Sonja Tatarinowa, Wolkows Familie und Jelpatjewski mit Sohn. Eine ganze Schar fremder Leute schaute sich von draußen durchs Fenster Lew Nikolajewitsch an.

Uns geht es zur Zeit gut, das Wetter ist warm, L. N.s Gesundheit bessert sich merklich. Ich ritt zweimal aus, einmal mit Klassen nach Orianda und einmal mit ihm und Sascha nach Alupka. Sehr erfreulich. Spiele, nähe, photographiere. Lew Nikolajewitsch verfaßt einen Aufruf an das arbeitende Volk, das Thema ist das gleiche wie im Brief an den Zaren: „Über das Grundeigentum". Am 15. wollen wir aufbrechen, es graut mir davor, freue mich aber auch. Beginne allmählich zu packen.

13. Juni. Allem Anschein nach fahren wir wieder nicht aus Gaspra ab: in Rußland ist es feucht, regnerisch, kalt, nur 12 Grad. Außerdem hat Lew Nikolajewitsch eine Magenverstimmung und ist allgemein sehr schwach.

Der Arme, ich kann ihn nicht ansehen, in der ganzen Welt ist er berühmt, aber im gewöhnlichen Leben ist er ein spindeldürrer, erbarmungswürdiger Greis. Und unablässig arbeitet er, verfaßt seinen Aufruf an die Arbeiter. Habe heute das Ganze abgeschrieben, sehr viel daran ist unlogisch, unpraktisch und unklar. Entweder der Aufsatz wird schlecht, oder er muß noch viel daran arbeiten. Daß die Reichen den Boden besitzen, zum Schaden der Bauern – das ist tatsächlich eine Ungerechtigkeit, die zum Himmel schreit. Dieses Problem ist nicht rasch zu lösen.

15. Juni. Gestern trafen Serjoscha und Boulanger ein. Schrieb wieder den ganzen Vormittag für Lew Nikolajewitsch den Aufsatz ab. Heute war er spazieren, überhaupt geht es ihm besser.

17. Juni. Das Heft geht dem Ende zu, unser Leben auf der Krim hoffentlich auch. Wieder sind wir nicht abgefahren, Sascha ist an Influenza erkrankt. Heute geht es ihr besser. Lew Nikolajewitsch machte mit Boulanger in der Kalesche der Jussupows mit den Gummireifen eine Spazierfahrt nach Orianda. Abends spielte er mit Serjoscha, Boulanger und Klassen Wint. Sein Knie tut ihm weh, und er hat es im Magen.

Schlimme Nachrichten von Mascha: wieder ist das Kind in ihr abgestorben! Und das ist schon das siebte, einfach grauenhaft. Reibereien wegen der Baschkiren.[41] Den ganzen Tag drängten sich Besucher.

26. Juni. Gestern fuhren wir endlich aus Gaspra ab. Das Ergebnis unseres Aufenthalts auf der Krim: eine völlig kranke Sascha – schon zwei Wochen hat sie Fieber – und ein nicht genesener Lew Nikolajewitsch.

Gestern auf dem Dampfer (zum ersten Mal in meinem Leben) war es schön und angenehm. Heute reisen wir in einem luxuriösen Eisenbahnwagen mit Salon, Sascha und L. N. ruhen, von der Reise erschöpft. Gott sei Dank, morgen sind wir daheim. L. N. hat Schmerzen in Bauch und Beinen. Wir legten Kompressen auf. Schreiben ist schwierig, es rüttelt so.

Abgefahren auf die Krim sind wir am 4. September 1901. Nach Jasnaja Poljana zurückgekehrt am 27. Juni 1902. Das Tagebuch von der Krim ist in einem besonderen Heft. Kehre nun zu meinem alten Tagebuch zurück wie auch zu meinem alten Leben. Ich danke Gott, daß es uns noch einmal vergönnt war, Lew Nikolajewitsch nach Hause zu bringen. Gebe Gott, daß wir nie wieder wegfahren müssen.

27. Juni. Jasnaja Poljana. Heute sind wir von der Krim zurückgekehrt. Bis Jalta fuhren wir in der Kutsche, die Kranken – Lew Nikolajewitsch und Sascha – in der Kalesche der Jussupows mit den Gummireifen. Es reisten: Lew Nikolajewitsch, Sascha, ich, Sohn Serjoscha, Boulanger, Ju. I. Igumnowa und Doktor Nikitin. In Jalta gingen wir auf den Dampfer „Alexei“. Damen, Blumensträuße, ein feierlicher Abschied ... Auf dem Dampfer saß L. N. in seinem Rollstuhl an Deck, nahm das Frühstück im allgemeinen Speisesaal ein und fühlte sich wohl.

In Sewastopol stiegen wir in eine Jolle um, fuhren durch die Bucht zum Bahnhof, die Sonne strahlte, es war sehr schön. Für L. N. stand ein großer und komfortabler Eisenbahnwaggon mit Salon bereit. Sascha fühlte sich elend, sie hat es immer noch im Darm. In Charkow gab es Ovationen, vor allem von Damen. Plewako kam zu uns in den Waggon, er erzählte interessant von seinen Prozessen. In Kursk war wegen der Volksbildungs-Ausstellung eine Unmenge von Leuten auf dem Bahnhof. Gendarmen drängten das Publikum zurück, in den Waggon kamen Abordnungen von Lehrern, Lehrerinnen und Studenten. Auch Mischa Stachowitsch, Dolgorukow, Gorbunow, Lodyschenski u. a. suchten uns auf. Schöne Gespräche mit Plewako und Mischa Stachowitsch.

Es war eine Freude, nach Jasnaja Poljana zurückzukehren, doch dann verdüsterte sich wieder alles. Mascha hatte zu kreißen begonnen, und abends brachte sie einen toten Jungen zur Welt.

30. Juni. Lew Nikolajewitsch bekam gegen Abend Fieber, 37,8, und wir sind alle in Unruhe. Vormittags saß ich bei Mascha. Regen und Kälte. Es gibt die ersten Reizker.

1. Juli. Ordnete Briefe. Es gießt in Strömen. D. D. Obolenski und Salomon sind eingetroffen. Interessante Gespräche, L. N. nahm mit Vergnügen daran teil. Heute geht es ihm besser, abends hatte er 37 Temperatur. Gaben ihm 5 Gran Chinin.

2. Juli. Lew Nikolajewitsch trinkt viel Kumys, schreitet rüstig durchs Haus, vormittags schreibt er viel, war aber noch nicht draußen, es ist immer noch naß und frisch. Sascha geht es besser.

3. Juli. Wassja Maklakow und Marija Alexandrowna kamen und sind bereits wieder weg. Serjoscha und Salomon reisten heute früh ab. Lew Nikolajewitsch besuchte Mascha im Seitengebäude, und abends spielte er vierhändig mit Wassja Maklakow die zweite Sinfonie von Haydn. Sascha brachte Reizker an, es gibt sehr viele.

4. Juli. Lew Nikolajewitsch ist gesund, ging bis zum Seitengebäude und wieder zurück. Abends unterhielt er sich lange mit seinem Doktor Nikitin über die Psychiater und mißbilligte sie.

23. Juli. Furchtbar schnell verfliegt die Zeit. Am 5. Juli reiste ich ins Gouvernement Kaluga zu Ilja und verbrachte in ihrem Mansurowo mit den Enkeln, Ilja und Sonja zwei wunderschöne Tage. Wir gingen spazieren, fuhren durch die schöne Gegend und die Wälder und führten über vieles vertraute Gespräche.

Am 7. Juli fuhr ich zu Mischa nach Begitschewo. Enkel Wanetschka ist ein prächtiger kleiner Junge, Lina eine feinfühlige, ernsthafte und liebevolle Frau. Mischa ist noch zu jung und eingebildet, aber das legt sich. Bisher geben die beiden nur zu Freude Anlaß, Gott sei Lob und Dank. Am 8. in der Nacht kehrte ich mit Mischa nach Jasnaja Poljana zurück. Lew Nikolajewitsch war gesund, aber schwach. Sascha hatte am 10. eine Nervenattacke.

Am 11. Juli fuhr ich mit Sascha zu Olgas Namenstag nach Taptykowo. Verbrachten einen schönen Tag, kehrten nach einem Sturzregen nachts zurück.

Michail Sergejewitsch Suchotin ist ernstlich erkrankt: er hat eine eitrige Entzündung des linken Lungenflügels. War sehr in Sorge,

Tanja dauerte mich, und schließlich fuhr ich am 16. Juli abends nach Kotschety. Dort war es bedrückend und ungemütlich. Michail Sergejewitsch sah sehr abgemagert und elend aus, und die völlig abgekämpfte Tanja wachte jede Nacht bei ihm. Ich blieb vier Tage und kehrte am 21. morgens zurück.

Es ist immer noch frisch, gestern regnete es in Strömen. Der Roggen liegt in Garben auf den Feldern und kann nicht eingebracht werden. Der Hafer ist noch nicht geschnitten. Jetzt, am Abend, hat es nur 10 Grad. Vor dem Regen gestern fuhr ich ganz Jasnaja Poljana ab, alle Pflanzungen, es war ein Genuß. Wie schön es überall ist!

Sascha ist auf dem Weg der Besserung, L. N. aber klagt weiterhin über seinen Magen. Der Kumys hilft nicht, sondern verdirbt den Magen noch mehr. Wäre es nur warm, dann ginge es auch mit der Verdauung besser.

L. N. zu pflegen wird aufgrund seines Verhaltens gegenüber den Pflegenden immer mühseliger. Tritt man zu ihm ins Zimmer, um ihm behilflich zu sein, so macht er ein Gesicht, als störe man ihn und als warte er nur darauf, daß man wieder geht. Gerade, als ob wir alle schuld wären, daß er schwach und kränklich ist. Ich kann ihn so eifrig, geduldig und aufmerksam umsorgen wie ich will, doch ich höre nie ein freundliches Dankeswort von ihm, nur Gemurre. Zu fremden Leuten, Julija Iwanowna, den Ärzten u. a., ist er höflich und dankbar, zu mir aber nur gereizt.

26. Juli. Ein gut und heiter verbrachter Tag. Iljas ganze Familie kam angereist, auch die Enkel und Annotschka. Waren mit Sossja Stachowitsch und Sascha spazieren; abends spielte Goldenweiser eine Sonate von Schumann und eine Ballade von Chopin – wunderbar. Wir sprachen über Poesie, Lew Nikolajewitsch erwähnte Baratynskis Gedicht „Auf den Tod“, jemand holte das Buch, und Sossja Stachowitsch las dieses wunderbare, in erhabenem Stil verfaßte Gedicht vor. Danach deklamierte sie Gedichte von Fet, ebenfalls auf den Tod. Lew Nikolajewitsch sagte, Baratynski habe eine richtige, christliche Einstellung zum Tod, die von Fet, Turgenew, Wassili Botkin u. dgl. sei jedoch epikureisch.[42]

Ljowa und Dora haben am 22. einen Sohn bekommen, heute erhielten wir das Telegramm.

Lew Nikolajewitsch ist gesund, trotz des Wetters – 12 Grad,

Regen, Nässe. Den ganzen Abend spielte er Wint und lauschte mit Vergnügen der Musik. Vormittags schreibt er an seinem Roman „Hadschi Murat", und darüber bin ich froh.[43]

27. Juli. Die Musik übt auch weiterhin eine wohltuende Wirkung auf mich aus. Heute abend spielte Goldenweiser vorzüglich Chopins Sonate mit dem Trauermarsch. Nahe bei mir saß L. N., im ganzen Saal waren nur Menschen, die mir nahestehen: Iljuscha, Andrjuscha, Sonja, Olga, Annotschka, Sossja Stachowitsch und Marija Alexandrowna. Von der Musik ergriffen, fühlte ich, wie in mein Herz stille Freude und Dankbarkeit einzog, daß wir mit Gottes Hilfe noch einmal in Liebe und Glück beisammen sein durften, und unter uns Lew Nikolajewitsch, noch am Leben und verhältnismäßig gesund ... Und mir schlug das Gewissen wegen meiner Schwächen, meiner Unzufriedenheit und allem Üblen, womit man sich das Leben vergällt ...

Mit Ilja, Sonja und den Enkeln ist es eine Freude. Sossja Stachowitsch ist abgereist. Sie ist eine gescheite, herzliche Frau mit einem tiefen Gemüt. Andrjuscha mit Olga und A. Djakow waren da.

L. N., Sossja, die Enkel, Julija Iwanowna und ich spazierten heute bis zum Dorfausgang, von dort fuhr L. N. mit Mischa nach Jassenki und zurück. Der ganze Tag war angenehm, dabei warm und klar.

9. August. Wie lange ich wieder nicht Tagebuch geführt habe! Die ganze Zeit machte uns Suchotins Gesundheitszustand schwere Sorgen, es geht ihm wieder schlechter. Meine arme, geliebte Tanja! Sie liebt ihn zu sehr, hat es schwer: schon allein die Pflege ist mühsam. Am 2. reiste ich nach Moskau, erledigte tatkräftig alles Geschäftliche und gab eine neue Ausgabe in Auftrag.[44] Zum Mittagessen war ich bei dem gastfreundlichen und gutmütigen, mir aber stets fremden Dunajew. Am 3. kehrte ich wieder zurück; Schwägerin Maschenka kam aus ihrem Kloster zu Besuch. Am 4. fuhr ich zu den Maslows. Gütige, herzliche Menschen. Furchtbar, der schwachsinnige Junge bei ihnen im Haus. Sergei Iwanowitsch war ganz vertieft in die Arbeit an einem musikalischen Lehrbuch, das er vor seiner Rückkehr nach Moskau fertigstellen möchte.[45] Bat ihn mehrfach, zu spielen, er lehnte hartnäckig ab, war streng, undurchdringlich und sogar unangenehm. Er hatte so etwas Ernstes, Trauriges, Gealtertes und Fremdes an sich, was mich niederdrückte. Kehrte gerne nach Hause zurück, fröhlich waren bei den Maslows nur die Spazierfahrten durch die Wälder gewesen. Gestern traf Lina mit dem kleinen Wanetschka ein, heute morgen Mischa. Eine liebe und in jeder Hinsicht entzückende Familie. Auch Glebowa mit Tochter Ljuba war gestern da. Außerdem sind mein Neffe Sascha Behrs, Annotschka und Maude[46] zu Gast. Auch Lisa Obolenskaja ist gekommen. Viel Unrast, aber angenehm. Heute machten wir alle eine wunderschöne Fahrt im Bauernwagen nach Grummont, weite Strecken gingen wir zu Fuß. Lew Nikolajewitsch hatte von früh an Leibweh und war sehr mißmutig. Ich kam mehrmals in sein Zimmer, und er empfing mich teilnahmslos und sogar ungnädig. Gegen Abend spielte er Wint, wurde lebhafter und mochte sogar etwas essen. Er schreibt an seiner Novelle „Hadschi Murat", und heute ging die Arbeit offenbar nicht voran, er legte lange Patiencen, was stets ein Zeichen dafür ist, daß die Gedanken angestrengt in ihm arbeiten und sich etwas nicht recht klären will. Bekomme von Popen ständig Broschüren geistlichen Inhalts zugeschickt, in denen über Lew Nikolajewitsch hergezogen wird.[47] Weder er noch sie haben recht; beide Seiten übertreiben, kennen keine *weise* und *gütige* Gelassenheit. Überhaupt steht Lew Nikolajewitsch allem ungewöhnlich teilnahmslos gegenüber, und das ist so schwierig! Warum richten Menschen eine solche Wand vor sich auf, wie L. N. und Sergei Iwanowitsch das tun? Erfordert ihre Arbeit – ihr geistiges, künstlerisches, musikalisches Schaffen – denn wirklich diese Abgrenzung von den Menschen und deren Anteilnahme? Und wir gewöhnlichen Sterblichen stoßen uns an diesen Wänden wund und vergehen vor Gram in unserer Einsamkeit, da wir jene lieben, die sich vor uns verschließen. Eine schwierige Rolle, und eine unverdiente dazu …

Der Tag grau, doch warm und windstill. Ein leuchtender Sonnenuntergang; Mondnächte.

11. August. Gestern reiste Mischas Familie ab, und ebenfalls gestern traf Olga mit Sonjuschka ein. Was für ein liebes, herzliches und kluges Mädchen! Ich habe es sehr gerne. Lisa Obolenskaja und Sascha Behrs sind wieder fort. Zu Besuch sind Stassow und Ginzburg[48], der ein Basrelief von Sascha modelliert – schlecht, sieht ihr nicht ähnlich. Ich ließ mich unterweisen, wie man das macht, und will versuchen, ein Medaillon von L. N. und mir zu modellieren.

Stassow ist riesengroß und redet mit Donnerstimme; er ist achtundsiebzigeinhalb und hat so eine Manie entwickelt, jedem etwas Angenehmes zu sagen. Aber er weiß viel, ist ein interessanter und bedeutender alter Mann.

Gestern gingen alle Reizker suchen, ich sonderte mich ab; die Einsamkeit im Wald tat mir gut. Überhaupt ist das Feuer in mir erloschen, ich beginne sichtlich zu altern. Lew Nikolajewitschs Krankheit und Hinfälligkeit hat sämtliche Anwandlungen, alle Lebensenergie in mir gedämpft; bin schrecklich müde! Heute hatte L. N. wieder Leibschmerzen, aber er war lebhaft und sprach viel. Er erzählte, wie er sich in Sewastopol zum Dienst in der vordersten Linie meldete, worauf er zur Artillerie auf die vierte Bastion geschickt, auf Verfügung des Zaren aber zurückbeordert wurde. Nikolai I. hatte Gortschakow den Befehl erteilt: „Tolstoi ist von der vierten Bastion zurückzubeordern, sein Leben zu schonen; er ist dessen wert".[49]

Dann erzählte er, Leskow habe sich einmal von ihm den Stoff für eine Erzählung geben lassen und ihn dann in sinnentstellter Weise veröffentlicht. Bei Lew Nikolajewitsch lautete die Erzählung folgendermaßen: „Ein Mädchen wurde einmal gefragt, welcher Mensch der wichtigste, welche Zeit die bedeutendste und welche Tat die dringlichste sei. Nach kurzem Nachdenken antwortete es, der wichtigste Mensch sei der, mit dem man gerade spreche, die bedeutendste Zeit sei die, in der man gerade lebe, und die dringlichste Tat – jenem Menschen Gutes zu tun, mit dem man jeweils gerade zu tun habe."[50]

Den ganzen Tag Regen, der Hafer ist noch auf den Feldern, 13 Grad.

28. August. Lew Nikolajewitschs Geburtstag, er wurde vierundsiebzig. Wir gingen ihm auf seinem Spaziergang entgegen, er war lange unterwegs, mußte aber andauernd ausruhen. Alle vier Söhne kamen, der fünfte – Ljowa – ist in Schweden; auch meine arme, geliebte Tanetschka war nicht da. Ihr Mann ist immer noch krank. Geschmacklos, wie der Geburtstag meines großen Gatten gefeiert wurde: ein Essen für vierundzwanzig Personen mit den verschiedenartigsten Leuten; Sekt, Früchte; nach dem Essen wurde Wint gespielt, wie auch schon zahllose Tage davor. Lew Nikolajewitsch kann den Abend nicht erwarten, um sich ans Wintspiel zu setzen.

Sascha haben sie auch mit hineingezogen, und das ist mir eine Qual. Von den Gästen waren, außer meinen Kindern, Mischa Stachowitsch und Marussja Maklakowa die angenehmsten.

Mit Lew Nikolajewitschs Schwester Marija Nikolajewna habe ich zwei wunderschöne Wochen verbracht. Wir führten religiöse Gespräche, spielten mit Hingabe vierhändig Sinfonien von Haydn, Mozart und Beethoven. Ich liebe sie sehr und war betrübt, daß sie abfuhr. Lew Nikolajewitsch klagt immer noch über Leibschmerzen, und der bei uns logierende Doktor Nikitin massiert ihm abends den Leib, was L. N. sehr gerne mag. Er schreibt eifrig an „Hadschi Murat".

2. September. Am 31. August kamen zwei Ärzte aus Moskau zu einem Konsilium angereist: der gescheite, fähige und lebhafte Schtschurowski und der liebe, vorsichtige P. S. Ussow, der Lew Nikolajewitsch schon früher behandelt hat. Sie entschieden, wir sollten in Jasnaja Poljana überwintern, und das ist sehr viel mehr nach meinem Geschmack, als irgendwohin zu fahren. Hier, zu Hause, ist *echtes* Leben. Auf der Krim nicht, und wenn einem nicht *froh* zumute ist, dann ist das Leben unerträglich. In Moskau hätte ich persönlich es leichter; dort sind viele Menschen, die ich liebe, es gibt viel Musik und ernste, unschuldige Zerstreuungen – Ausstellungen, Konzerte, Vorträge; es gibt das öffentliche Leben, und man hat Umgang mit interessanten Menschen. Mit meinen verdorbenen Augen fällt es mir schwer, mich an langen Abenden zu beschäftigen, und es wird auf dem Land einfach langweilig sein. Doch ich bin mir bewußt, daß es für Lew Nikolajewitsch in Moskau des Lärms und der Besucher wegen *unerträglich* wäre, und darum werde ich glücklich und zufrieden in meinem geliebten Jasnaja Poljana bleiben und ab und zu nach Moskau fahren, wenn ich des Lebens hier müde bin.

Die Tage jagen voll Unrast dahin; bin unentwegt beschäftigt, kann nicht einmal in der Musik Erholung finden. Die Besucher sind zuweilen eine große Last, wie zum Beispiel die ganze Familie Galperin. Habe begonnen, ein Medaillon mit dem Profil von L. N. und mir zu modellieren. Es macht mir große Angst, ist schwierig, habe es nicht gelernt, nie versucht und bin ganz verzweifelt, es könnte womöglich nicht gelingen, würde es zu gerne fertigbringen, manchmal sitze ich die ganze Nacht daran, bis nach vier, und überanstrenge meine Augen.

10. Oktober. Habe lange nichts mehr eingetragen – und das Leben verstreicht. Am 18. September gab ich wehen Herzens meiner Tanja mit Familie das Geleit bei der Abreise in die Schweiz, nach Montreux.

So armselig, bleich und dünn sah sie aus, als sie sich auf dem Smolensker Bahnhof um das Gepäck und ihren kranken Mann kümmerte. Jetzt kommen von ihr gute Nachrichten – Gott sei Dank.

Meinen Namenstag verbrachte ich ebenfalls in Moskau. Es waren viele Gäste da, die sich von den Suchotins verabschiedeten, auch Sergei Iwanowitsch, den ich zufällig auf der Straße getroffen und eingeladen hatte. Er ist abweisend, ernst, hat sich innerlich stark verändert und ist noch undurchdringlicher geworden.

In der Nacht vom 10. auf den 11. September gab es auf unserem Speicher einen Brand. Vier Dachbalken brannten durch, und wenn ich das Feuer nicht entdeckt hätte (ein glücklicher Zufall wollte es, daß ich auf den Speicher schaute), so wäre das Haus abgebrannt, und vor allem hätte Lew Nikolajewitsch die Decke auf den Kopf fallen können, denn er schläft genau in dem Zimmer, über dem es auf dem Speicher gebrannt hat. Mich lenkte Gottes Hand, und dafür danke ich ihm.

Unser Leben verlief in dieser Zeit ruhig, einträchtig und gut. Nach den Reparaturarbeiten brachte ich wieder Sauberkeit und Ordnung ins Haus, und das Leben kam in ein gutes und richtiges Geleis. Lew Nikolajewitsch war die ganze Zeit gesund, ritt häufig aus, schrieb an „Hadschi Murat", schloß es ab[51] und begann einen Aufruf an die Geistlichkeit zu verfassen. Gestern sagte er: „Wie schwierig, man muß sie entlarven, ich möchte aber nichts Ungutes schreiben, um keine üblen Gefühle zu wecken".[52]

Unser friedliches, gutes Zusammenleben mit Tochter Mascha und ihrem Schatten, d. h. ihrem Mann Kolja, ist allerdings in die Brüche gegangen. Das ist eine lange Geschichte.

Als auf Lew Nikolajewitschs Wunsch unser Besitz unter den Familienmitgliedern aufgeteilt wurde,[53] da verzichtete Tochter Mascha – damals bereits volljährig – für alle Zeiten auf ihren Anteil aus dem Erbe der Eltern. Ich glaubte ihr nicht recht, ließ ihren Anteil auf meinen Namen überschreiben und faßte über dieses Kapitel ein Testament zu ihren Gunsten ab. Es kam nicht zu meinem Tod, Mascha heiratete Obolenski und nahm ihren Teil an sich, um für seinen und ihren Lebensunterhalt zu sorgen.

Ohne über irgendwelche Rechte für die Zukunft zu verfügen, schrieb sie hinter meinem Rücken aus dem Tagebuch ihres Vaters von 1895 eine ganze Reihe von Wünschen ab, die er für den Fall seines Ablebens hegte. Unter anderem stand da auch, daß er unter dem Verkauf seiner Werke leide und wünsche, seine Familie solle sie nach seinem Tod nicht weiter verkaufen. Als L. N. im Juli des vergangenen Jahres, 1901, schwer krank war, legte Mascha insgeheim das Blatt, das sie aus dem Tagebuch abgeschrieben hatte, ihrem Vater zur Unterschrift vor, was er – krank, wie er war – auch tat.[54]

Mir war das äußerst unangenehm, als ich zufällig davon erfuhr. L. N.s Werke zum *Gemein*besitz zu erklären, halte ich für dumm und sinnlos. Ich liebe meine Familie und möchte, daß ihr Wohlstand sich mehrt, wenn wir aber die Werke in Gemeingut überführen, so beschenken wir damit nur reiche Verleger wie Marx, Zetlin u. a. Ich sagte zu L. N., wenn er vor mir stürbe, so würde ich seinen Wunsch *nicht* erfüllen und *nicht* auf die Rechte an seinen Werken verzichten; hielte ich das für gut und gerechtfertigt, so hätte ich ihm *zu Lebzeiten* diese Freude bereitet und auf die Rechte verzichtet, nach seinem Tod habe das für ihn ja keinen Sinn mehr.

Und nun, da ich eine neue Ausgabe von Lew Nikolajewitschs Werken vorbereite, wobei ich mir auf seinen Wunsch dieses Recht vorbehalten und es niemandem verkauft habe, obschon mir dafür riesige Summen geboten wurden,[55] – nun störte es mich, und davor hatte es mich auch schon gestört, daß Mascha ein von Lew Nikolajewitsch unterzeichnetes Papier in Händen hielt, daß er den Verkauf seiner Werke nach seinem Tod nicht wünsche. Ich kannte den genauen Inhalt des Schreibens nicht und bat Lew Nikolajewitsch, es von Mascha zu holen und mir zu geben.

Er tat das sehr bereitwillig und händigte es mir aus. Doch da geschah, was ich nie und nimmer erwartet hätte: Mascha geriet in Wut, ihr Mann schrie gestern die unglaublichsten Dinge, sagte, er und Mascha hätten dieses Papier nach Lew Nikolajewitschs Tod *veröffentlichen*, es möglichst vielen Menschen zugänglich machen wollen, damit alle wüßten, daß Lew Nikolajewitsch seine Werke nicht verkaufen wollte, seine Frau aber habe es getan.

Und das Ergebnis dieser Geschichte ist nun, daß die Obolenskis, d. h. Mascha und Kolja, aus Jasnaja Poljana fortziehen.

23. Oktober. Habe mich mit Mascha ausgesöhnt, sie bleibt im Seitengebäude wohnen, und ich bin sehr froh darüber. Alles ist wieder friedlich und gut. Habe eine schwere Zeit mit einer neuen Erkrankung L. N.s durchgemacht. Vom 11. bis 22. Oktober hatte er starke Gallenbeschwerden, und wir mußten ständig damit rechnen, daß er eine schlimme Gallenkolik bekommt; aber Gott sei Dank kam es nicht dazu. Doktor Nikitin behandelte ihn sehr vernünftig, mit Bädern, heißen Umschlägen, und seit gestern geht es ihm viel besser.

Noch mehr erschreckte mich, daß Dora in Petersburg sich eine Nierenentzündung zugezogen hat. Aber auch ihr geht es besser.

Ein unerträglich morastiger, kalter und nasser Herbst. Heute schneite es.

Lew Nikolajewitsch hat „Hadschi Murat" abgeschlossen, heute haben wir es gelesen: der streng epische Charakter ist sehr gut durchgehalten, sehr künstlerisch, es berührt einen aber kaum. Allerdings haben wir erst die Hälfte gelesen, morgen kommt der Rest.

Habe mit Abrikossow Bücher aufgeräumt und ins Verzeichnis eingetragen. Bin sehr müde.

4. November. Alles ginge gut, wäre nicht Lew Nikolajewitschs Unwohlsein. Heute hat er solch eine schwache Stimme und ist ganz besonders niedergedrückt. Die Gallenerkrankung, die am 11. Oktober ausgebrochen war, wird mal schlimmer, mal besser, geht aber einfach nicht vorbei. Heute macht mir das besonders viel Sorgen und Kummer. Wie alt, gebrechlich und jämmerlich er aussieht – dieser große und von mir so geliebte Mensch.

Wir haben starken Frost, 15 Grad unter Null, aber kaum Schnee. Die Mädchen – Sascha, Natascha Obolenskaja und ihre kleinen Schülerinnen – räumten die Eisbahn frei und fuhren Schlittschuh. Auch die beiden jungen Ärzte waren dabei, unser Nikitin und Arschenewski, der zu Gast ist. Strahlende Sonne, blauer Himmel ... Hatte weder zum Schlittschuhlaufen noch zu sonst etwas Lust, ständig peinigte mich der Gedanke an Lew Nikolajewitschs Krankheit.

Als ich über den Prospekt nach Hause ging, da sah ich auf einmal deutlich ein Bild aus der fernen Vergangenheit vor mir, wie ich auf dem Heimweg von der Eisbahn durch diese Allee den Berg hinaufstieg, auf dem einen Arm ein Kind trug, den Wind von ihm abhielt und seinen Mund zudeckte, und mit der anderen Hand zog ich den Schlitten, auf dem noch ein Kind saß, und auch vor und hinter mir schritten fröhliche, rotbackige, lebhafte Kinder, und das Leben war so erfüllt, und ich liebte sie so leidenschaftlich ... Und uns entgegen schritt Lew Nikolajewitsch, ebenfalls fröhlich und tatkräftig, er hatte zu lange am Schreibtisch gesessen und kam zu spät zur Eisbahn.

Wo sind jetzt diese mit Liebe aufgepäppelten kleinen Kinder? Wo ist dieser Hüne – der fröhliche, tatkräftige Ljowotschka? Wo ist die, die ich damals war? Traurig, an den trauten Stätten des früheren, glücklichen Lebens zu stehen! Wenn ich mich wenigstens alt fühlte, so wäre mir leichter. Aber ich habe noch die gleiche Energie, die gleiche Gesundheit, die gleiche peinigende Erlebnisfähigkeit, die alles, was ich in meinem Leben durchmachen mußte und noch muß, tief in mein Gedächtnis eingräbt. So heißt es denn, ein möglichst gutes Leben zu führen und möglichst wenig an den Menschen *schuldig* zu werden, besonders an denen, die mir nahestehen.

8. November. Wir leben eintönig und still vor uns hin. Nicht das Leben reißt einen mit und *zwingt* einen, tätig zu sein, sondern man muß es mit etwas *ausfüllen.* Früher reichte die Zeit nicht einmal für die dringlichsten Dinge. Wie sich alles geändert hat! Auf dem Land werden Leben und Laune hauptsächlich vom Wetter bestimmt. Gestern schien die Sonne, und wir waren alle lebhaft, waren auf der Eisbahn, ich lief mit den Mädchen – Sascha, Natascha Obolenskaja und ihren Schülerinnen – munter Schlittschuh. Auch P. A. Boulanger lief schwungvoll mit, und seine überzogene Begeisterung, seine Bewegungen – die eines physisch schwachen, aber energischen Menschen – und sein Rücken, das alles erregte in mir eine Art Widerwillen. Ich mag Männer ja allgemein nicht, sie waren mir immer physisch fremd und zuwider, und ich muß an einem Menschen erst lange sein Herz und sein Talent lieben, damit auch er selbst mir teuer wird und ich ihn rundum liebgewinne. In meinem achtundfünfzigjährigen Leben hat es drei solcher Männer gegeben, der wichtigste davon war natürlich mein Mann.

Doch auch er! ... Anläßlich des Romans von Paul Marguerite kam heute das Gespräch auf die Ehescheidung. Lew Nikolajewitsch sagte: „Wozu brauchen die Franzosen denn die Scheidung, die tun sich doch auch im Eheleben keinen Zwang an." Ich sagte, manchmal sei eine Scheidung unerläßlich, und führte L. A. Golizyna als Beispiel an, deren Mann sie drei Wochen nach der Heirat wegen einer Tänzerin verließ und zynisch zu ihr sagte, er habe sie *geheiratet*, um sie als Geliebte zu besitzen, anders hätte er sie nicht gewinnen können.

Lew Nikolajewitsch sagte darauf, also sei die Ehe das kirchliche Siegel für Unzucht. Ich entgegnete, nur bei schlechten Menschen sei das so. Er begann unschön zu streiten, es sei bei *allen* so. Und was wäre dann richtig? Darauf sagte L. N.: „Hat sich einer zum ersten Mal mit einer Frau eingelassen, so ist das eine Ehe."

Und mit einem Schlag wurde mir auf schlimme Weise klar, was unsere Ehe von Lew Nikolajewitschs Standpunkt aus bedeutet. Die durch nichts bemäntelte und zu nichts verpflichtende, pure geschlechtliche Vereinigung von Mann und Frau – das nennt L. N. Ehe, und darüber hinaus ist ihm gleich, wer diejenige ist, mit der er sich da eingelassen hat.

Und als Lew Nikolajewitsch sagte, es dürfe nur eine Ehe geben, und zwar mit der ersten Frau, mit der man zu Fall gekommen sei – das verdroß mich.

Es schneit, bald kann man wohl mit dem Schlitten fahren. Sah die Korrekturfahnen der „Kosaken" durch.[56] Wie schön diese Novelle geschrieben ist, welch ein Können, welch ein Talent. Ein genialer Mensch ist in seinem Schaffen doch um vieles besser als in seinem Leben!

Zur Zeit schreibt Lew Nikolajewitsch den Aufsatz „An die Geistlichkeit". Habe ihn noch nicht gelesen, er hat ihn heute jedenfalls beendet und will ihn an Tschertkow nach England schicken.[57] Jetzt spielt er mit den Ärzten und den Obolenskis, Mascha und Kolja, Wint.

25. November. Fühle mich mit dem Rest der Familie, der noch um mich ist, mehr und mehr einsam. Heute kehrte ich aus Moskau zurück, und abends las L. N. dem von der Krim hergereisten Doktor Jelpatjewski seine Legende über die Teufel vor, die er gerade erst erdacht und zu Papier gebracht hat.[58]

Dieses Werk ist von echt teuflischem Geist durchdrungen – Verneinung, Bosheit und Verhöhnung von allem, was es gibt, angefangen von der Kirche. Die angeblich christlichen Gedanken, die L. N. den zersetzerischen Gesprächen der Teufel zugrunde gelegt hat, sind in so grobe, zynische Formen gekleidet, daß beim Vorlesen schmerzliche Entrüstung in mir aufstieg; ich geriet in Wallung, ich hätte schreien und weinen mögen, hätte die Hände ausstrecken mögen, um dieser teuflischen Versuchung zu wehren.

Ich äußerte meine Entrüstung heftig und erregt. Wenn die Gedanken, die in dieser Legende stecken, richtig sind, wozu mußten sie dann als Teufel verkleidet, mit Ohren, Schwänzen, schwarzen Leibern ausstaffiert werden? Stünde es einem fünfundsiebzigjährigen Greis, auf den die ganze Welt hört, nicht besser an, es dem Apostel Johannes gleichzutun, der, schon hinfällig und zum Sprechen zu schwach, ein ums andere Mal wiederholte: „Kinder, liebet euch untereinander!" Sokrates, Marc Aurel, Plato und Epiktet brauchten keine Teufelsohren und Teufelsschwänze, um ihre Wahrheiten auszusprechen. Allerdings hat die heutige Menschheit, der L. N. doch so nach dem Munde zu reden versteht, vielleicht gerade das nötig.

Die Töchter jedoch – die noch unvernünftige Sascha und die mir fremde Mascha – fielen mit höllischem Gelächter in das schadenfrohe Lachen des Vaters ein, als er die Lektüre seiner teuflischen Legende beendet hatte, ich aber hätte am liebsten geweint. Hat sich das nun gelohnt, für *solch* ein Werk am Leben zu bleiben! Gebe Gott, daß es nicht das letzte ist; gebe Gott, daß sein Herz sich mäßigt!

7. Dezember. Wieder ist mein Herz in Verzweiflung und Schrekken vor der Gefahr, den geliebten Menschen zu verlieren! Herr, steh mir bei! Lew Nikolajewitsch hat Fieber, heute morgen schon 39, der Puls ist schlecht, seine Kräfte lassen nach ... Was er hat, kann der einzige Doktor, der bei ihm ist, nicht feststellen.

Wir haben Dreier in Tula und Schtschurowski in Moskau alarmiert, erwarten sie heute. Den Söhnen telegraphierten wir, doch es ist noch keiner da.

Solange noch Hoffnung besteht und ich noch Kraft habe, will ich beschreiben, wie alles gekommen ist.

Am 4. Dezember hatte es morgens 19 Grad unter Null und Nordwind, später 13 Grad. Lew Nikolajewitsch stand auf wie gewöhnlich, arbeitete, trank Kaffee. Ich wollte Warwara Iwanowna Maslowa zum Namenstag ein Telegramm schicken und ging zu L. N. hinauf, um zu fragen, ob er etwas von Koslowka brauche. Er sagte: „Ich gehe selbst hin." – „Nein, das ist unmöglich, heute ist es furchtbar kalt, du darfst nicht vergessen, daß du eine Lungenentzündung hattest", redete ich auf ihn ein. „Nein, ich gehe", beharrte er. „Auf jeden Fall schicke ich das Telegramm mit dem Kutscher, damit du nicht meinst, wegen des Telegramms den ganzen Weg machen zu müssen, wenn du müde wirst", sagte ich und verließ das Zimmer. Er rief mir noch hinterher, er werde bestimmt nach Koslowka gehen, doch ich schickte den Kutscher.

Als Lew Nikolajewitsch frühstückte, setzte ich mich zu ihm. Er bekam Haferbrei und Grießbrei mit Milch aufgetragen, verlangte aber Quarkküchlein von unserem Frühstück und aß sie statt des Grießbreis. Ich merkte an, wenn man Karlsbader trinke, was er schon etwa vier Wochen tut, dann lägen Quarkküchlein schwer im Magen, doch er hörte nicht auf mich.

Nach dem Frühstück ging er allein spazieren und bat, der Kutscher solle ihm auf der Chaussee entgegenkommen. Ich dachte, er mache seine übliche Runde bis zur Chaussee. Er aber ging nach Koslowka, bog in den Sasseka-Forst ein – ganze 6 Werst – und kam von dort auf die Chaussee, zog über seine Lammfelljacke noch den eiskalten Pelz und fuhr müde und erhitzt bei Nordwind und 15 Grad unter Null nach Hause.

Abends sah er erschöpft aus. Miroljubow, Redakteur des „Journal dlja wsech" war gekommen und bat ihn, er möge sich mit seiner Unterschrift am Komitee zur Zweihundertjahrfeier der Presse beteiligen. Lew Nikolajewitsch lehnte ab, unterhielt sich aber lange mit ihm. Nachts schlief er.

Am nächsten Morgen, dem 5. Dezember, gegen zwölf Uhr und schon früher, bekam er Schüttelfrost; er hüllte sich in seinen Schlafrock, saß aber noch weiter an seinen Papieren und hatte seit morgens nichts gegessen. Gegen Abend legte er sich ins Bett, da war die Temperatur bereits auf 38,8. Nachts bekam er starkes Magenweh; ich war die ganze Nacht bei ihm, machte ihm warme Umschläge. Gestern abend war die Temperatur 39,4. Auf einmal kam Mascha außer sich angerannt und sagte: „Er hat 40,9." Wir schauten alle aufs Thermometer – tatsächlich. Aber ich bin mir bis jetzt nicht sicher, ob da nicht etwas mit dem Quecksilber war, jedenfalls verloren wir alle die Fassung. Wir rieben ihn mit Spiritus und Wasser ab, überprüften die Temperatur, und nach einer Stunde hatte er wieder 39,3.

Heute aber glühte er die ganze Nacht, wälzte sich hin und her, stöhnte und schlief nicht. Doktor Nikitin und ich saßen bei ihm. Wir legten ihm Kompressen auf den Leib, Kampferspiritus mit Wasser – nichts brachte Linderung. Gegen Morgen dann wieder 39 Temperatur, quälende Mattigkeit, der Blick schwach und jämmerlich – diese teuren, geliebten, klugen Augen, die mich so voll Pein ansehen, und ich kann nicht helfen, wenngleich ich mit Freuden mein Leben hergäbe, damit er sich wieder wohl fühlte und leben könnte!

Mich verfolgt der Gedanke, daß Gott ihm wegen der Teufelslegende, die er geschrieben hat, das Leben nicht verlängern will. Was soll bloß werden! Mein Gott! Den dritten Tag schon schlafe und esse ich nicht, in meiner Brust ist etwas wie aufgeschwollen und erstarrt; ich halte durch, um ihn zu pflegen – möchte nichts als bei ihm sein ... Vierzig Jahre haben wir gemeinsam verbracht, und was auch jeweils mein Lebensinhalt gewesen sein mag, so kann ich doch frei heraus sagen, daß Ljowotschka immer und überall im Vordergrund stand und mir der liebste war ... Höchstens Wanetschka ... doch das ist ein anderes Gefühl ... Ein Kind!

Gehe wieder zu Ljowotschka, wieder dieses Stöhnen, die Schmerzen um ihn ... Mein Liebster, verzeih, und Gott sei dir gnädig!

8. Dezember. Die Temperatur ist gefallen, starke Schweißausbrüche haben einen Umschwung herbeigeführt, doch die Herzschwäche ist geblieben, und außerdem fürchten alle Ärzte eine Lungenentzündung, die von den Influenza-Bakterien hervorgerufen werden könnte, welche die Ärzte vorgefunden haben.

Heute morgen sind unsere lieben und selbstlosen, stets fröhlichen und freundlichen Ärzte eingetroffen: der herzliche Paw. Serg. Ussow und der tatkräftige Wlad. Andr. Schtschurowski. Über Nacht war Doktor Tschekan aus Tula da, und sehr umsichtig und klug betätigte sich auch unser Hausarzt Nikitin.

Gestern kamen Serjoscha und Andrjuscha mit Frau, heute Ilja. Außerdem traf gestern noch Lisa Obolenskaja ein, heute Paw. Alex. Boulanger.

Bis fünf Uhr früh kümmerte ich mich um Lew Nikolajewitsch,

dann Serjoscha. Die Ärzte wechselten sich ebenfalls ab: erst Nikitin, dann Tschekan.

Heute bewegt mich ein unschönes Gefühl, ein Bedauern, daß man bei Lew Nikolajewitschs Pflege seine Kräfte umsonst vergeudet. Wieviel Aufmerksamkeit, Liebe, Herzlichkeit und Zeit wendet man Tag für Tag auf, um Lew Nikolajewitschs Leben zu bewahren. Doch dann trifft, wie am 4., meine zärtliche Fürsorge auf schroffen Protest, als täte ich es aus Bosheit – eine Art Furcht, daß man ihm seine Freiheit raubt –, und wieder war der Kraftaufwand umsonst, wieder ist es ein Schritt näher zum Tod. Wozu? Wenn er ihn wenigstens herbeiwünschte, aber nein, er will ihn nicht, heißt ihn nicht willkommen. Und er ist in einer unguten Stimmung, nicht aufs Geistige ausgerichtet – das macht mich traurig.

12. Dezember. Jetzt ist es sechs Uhr früh. Wieder habe ich die ganze Nacht an Ljowotschkas Bett gesessen, und ich sehe, daß er aus dem Leben geht. Der Puls ist erhöht und unregelmäßig, 120 Schläge pro Minute und mehr ... Ach, wie jämmerlich er aussieht, wenn er dasitzt, seinen grauen, ausgemergelten Kopf hängen läßt, und da geht mir durch den Sinn – vor dem Leiden, vor dem Tod sind alle gleich. Die ganze Welt verneigt sich vor diesem jämmerlichen Kopf, den ich in meinen Händen halte und küsse, um Abschied zu nehmen von dem Menschen, der mir mehr bedeutet hat als ich selbst.

Danach bricht ein freudloses Leben an, habe dann niemanden mehr, zu dem ich, wie jetzt, morgens hinüberstürzen könnte, wenn ich aufwache, den Morgenmantel übergeworfen, um mich zu erkundigen, wie es gehe. Ob er gut geschlafen habe, schon draußen war, wie die Stimmung sei. Und er scheint sich jedesmal zu freuen, daß ich komme, fragt nach meinem Befinden und schreibt weiter.

Dann kann ich beruhigt an mein Tagwerk gehen ...

Heute sagte er zum ersten Mal mit echtem Gram: »Nun kann ich ganz ehrlich sagen, daß ich gerne sterben würde.“ Ich fragte: „Weshalb? Bist du müde, hast du genug vom Leiden?“ – „Ja, habe von allem genug.“

Ich kann nicht schlafen ... Kann nicht leben ... Lange, schlaflose Nächte mit qualvoller Herzensnot, mit Furcht vor dem Leben und davor, ohne Ljowotschka weiterleben zu müssen. Vierzig gemeinsame Jahre! Fast mein *ganzes* bewußtes Leben. Erlaube mir weder

Reue noch Bedauern zu empfinden, sonst verlöre ich noch den Verstand!

Als ich ihn soeben verließ, sagte er ausdrucksvoll und mit Bedeutung: „Leb wohl, Sonja." Ich küßte ihn und seine Hand und sagte ebenfalls: „Leb wohl." Er glaubt, man könne schlafen, während er stirbt ... Nein, er glaubt gar nichts, er versteht *alles* und ist bekümmert ...

Gott schenke ihm seelische Klarheit ... Heute war er ruhiger, offensichtlich denkt er mehr über den Tod als über das Leben nach ...

13. Dezember. Abends. Und doch ist Ljowotschka ins Leben zurückgekehrt. Es geht ihm besser: Puls, Temperatur, Appetit – alles macht sich allmählich wieder. Für wie lange? Boulanger las ihm aus den „Aufzeichnungen" von Kropotkin vor.[59]

Heute steht in den „Russkije wedomosti" folgende Erklärung von Lew Nikolajewitsch:

„Wir erhielten von Graf Lew Nikolajewitsch Tolstoi folgenden Brief:

Hochverehrter Herr Redakteur!
Infolge meines Alters und nicht spurlos an mir vorübergegangener Erkrankungen kann ich offenbar nicht mehr gänzlich wohlauf sein, und natürlich wird mein Zustand sich mehr und mehr verschlechtern. Sicher mögen ausführliche Meldungen über diese Verschlechterungen meines Zustandes für manche Leute von Interesse sein – und zwar aus ganz entgegengesetzten Beweggründen –, mir ist deren Veröffentlichung jedoch unangenehm. Darum möchte ich die Zeitungsredaktionen bitten, keine Meldungen über meine Krankheiten zu veröffentlichen.
Jasnaja Poljana, 9. Dezember 1902[60] *Lew Tolstoi*"

Ich verstehe Lew Nikolajewitschs Gefühle vollkommen und würde selbst nichts bekanntgeben, wäre es nicht so lästig und mühsam, die zahllosen Anfragen, Briefe und Telegramme aller Leute zu beantworten, die etwas über Lew Nikolajewitschs Gesundheitszustand erfahren wollen.

Bin heute unpäßlich und empfinde schmähliches Selbstmitleid.

Wieviel Kraft, Energie und Gesundheit kostet einen L. N.s Pflege, er aber muß aus Protest, Trotz und Starrsinn im Winter sechs Werst durch den Schnee laufen oder sich an Quarkküchlein überessen, muß darauf leiden und uns alle quälen!

Heute findet in Moskau das zweite Konzert von Nikisch statt – es war mein sehnlichster Traum, diese beiden Konzerte zu erleben, und wie immer ist mir dieses unschuldige Vergnügen verwehrt, ich bin traurig und hadere mit dem Schicksal.

Außerdem peinigt mich noch schmerzlich die Erinnerung an mein letztes Gespräch mit Sergei Iwanowitsch vor genau einem Monat. Da gäbe es viel zu klären, habe aber keine Gelegenheit dazu ...

18. Dezember. Lew Nikolajewitsch ist immer noch im Bett. Er sitzt, liest, macht Notizen, ist aber noch sehr schwach.

Las „Die Weber“ von Hauptmann und dachte: Wir alle, die reichen Leute, die Fabrikanten und Gutsbesitzer, leben in solch einem außerordentlichen Luxus, und ich gehe häufig nicht ins Dorf, um nicht Verlegenheit, ja Scham über meinen außerordentlichen Reichtum und die Armut der anderen zu empfinden. Da wundert man sich wirklich, wie sanft und gutmütig sie uns gegenüber noch sind.

Dann las ich Gedichte von A. Chomjakow. Sie enthalten doch viel echte Poesie und viel Gefühl. Wie schön sind „Morgenröte“, „Sterne“, „Eingebung“, „An die Kinder“, „Vor dem Schlafengehen“ ... „An die Kinder“, das kommt direkt, mit Inbrunst, vom Herzen. Wer keine Kinder hat, der kennt dieses Gefühl nicht, das Eltern und besonders Mütter empfinden.

Man tritt nachts ins Kinderzimmer, da stehen drei, vier Bettchen, man betrachtet sie und hat solch ein Gefühl von Stolz, Fülle, Reichtum ... Man beugt sich über jedes Bettchen, schaut in diese unschuldigen, reinen Gesichtchen, sie strahlen eine solche Liebe und hehre Hoffnungen aus. Man bekreuzigt sie, mit der Hand oder im Herzen, betet für sie und verläßt sie voller Rührung, mehr braucht man von Gott nicht zu erbitten – das Leben ist erfüllt.

Dann sind alle herangewachsen und aus dem Haus gegangen ... Und nicht die leeren Bettchen machen einen traurig, sondern die Enttäuschungen über das Schicksal und die Eigenschaften der geliebten Kinder, davor verschließt man lange die Augen und will es nicht glauben. Und man bittet nun nicht etwa die Kinder, für einen zu beten, sondern betet wiederum für sie, auf daß sie zu seelischer Klarheit und innerem Glück finden.

Heute ist das letzte Konzert von Hofman. Wie gerne hätte ich es gehört, doch wieder hat es sich nicht so gefügt. Will nach Moskau, nun geschäftlich. Ob ich heute wohl wegkomme?

Die ganzen letzten Tage versuchte ich mich an Aquarell-Porträts von Lew Nikolajewitschs Vater. Ich habe das nie gelernt und strengte mich sehr an; es ist mäßig gelungen, aber es war sehr vergnüglich, zu malen und selbst herauszufinden, *wie* man Aquarelle macht.

27. Dezember. Wieder lange nichts eingetragen. War drei Tage in Moskau, am 19., 20. und 21.; nahm vom Kontordiener die Abrechnung über den Buchverkauf entgegen, machte Einkäufe und konnte mit den in Eile besorgten Geschenken den Kindern, Dienstboten u. a. eine Freude bereiten.

Einen Abend verbrachte ich bei Muromzewa, die soeben aus Paris zurückgekehrt war, mit Marussja Maklakowa, den beiden ältesten Söhnen und außerdem F. I. Maslow, Zurikow und S. I. Tanejew. Das Verhältnis zu ihm war kühl und förmlich.

Lew Nikolajewitsch ging es währenddessen immer besser, er stand auf, ging ins Nebenzimmer und arbeitete. Am Weihnachtstag verschlechterte sich mit einemmal sein Zustand wieder. Ab sechs Uhr morgens hatte er Magenweh und Gallenschmerzen; der Magen blähte sich auf, das Herz wurde schwächer, der Puls flatterte, 130 Schläge in der Minute. Er aß nichts, man verabreichte ihm Strophantin und Koffein, der Doktor war offenbar bestürzt. Gestern ging es schon wieder viel besser.

Als es Lew Nikolajewitsch am Weihnachtstag so schlecht ging, sagte er halb im Scherz zu Mascha: „Der Todesengel kam mich holen, aber Gott hatte anderes für ihn zu tun. Nun hat er alles erledigt und kommt wieder zu mir."

Jede Verschlechterung von Lew Nikolajewitschs Gesundheitszustand verursacht mir immer stärkere Qualen, es graut mir immer mehr davor, ihn verlieren zu müssen. In Gaspra habe ich keinen so tiefen Kummer und keine solche Zärtlichkeit für Ljowotschka empfunden wie jetzt hier. Es ist mir eine solche Pein, zusehen zu müssen, wie er leidet, langsam verlöscht und geistig und körperlich ermattet.

Da nehme ich dann seinen Kopf in beide Hände, oder auch seine abgezehrten Hände, küsse sie zärtlich und behutsam, er aber blickt teilnahmslos.

Was in ihm wohl vorgeht? Was denkt er?

Andrjuscha war mit seiner Familie da. Als die liebe kleine Sonjuschka sich von Lew Nikolajewitsch verabschiedete, griff sie selbst nach seiner Hand, küßte sie und sagte: „Leb wohl, Großväterchen!" Ich war froh über ihren Besuch, besonders an den Feiertagen und wenn mir traurig zumute war.

29. Dezember. Lew Nikolajewitsch geht es mal besser, mal schlechter. Heute mittag sagte er zu mir: „Fürchte, daß ich euch lange quälen werde." Wahrscheinlich glaubt er, daß er von seiner Gallenerkrankung nicht mehr genesen wird, daß sie bereits chronisch ist und allmählich das Ende herbeiführt. Und immer häufiger denke ich, wehen Herzens, dasselbe. Heute ließ er Pawel Alexandrowitsch Boulanger zu sich kommen und rühmte das Buch des Barons Taube, er habe darin christliche Gedanken gefunden, er rühmte auch das Ende, die Schlußbemerkung, in der Taube sagt, mit dem Burenkrieg und dem Krieg in China hätte die Menschheit bewiesen, daß sie eine neue Stufe des Barbarentums erreicht hat.[61] L. N. äußerte die Meinung, nur die Religion, und zwar die christliche, könne die Menschheit von ihrem derzeitigen Barbarentum abbringen.

Außerdem sprachen sie über die Engländer. Zwei Engländer aus einer spiritistischen Gemeinde sind nach London gewandert, bloß mit Jacketts und leichten Schuhen angetan, und von dort ohne eine Kopeke nach Rußland gefahren, um Tolstoi aufzusuchen und ihn um die Klärung vieler religiöser Zweifelsfragen zu bitten. Sie logierten bei Dunajew, und wir schickten ihnen Pelze und Mützen von L. N., damit sie nicht erfroren.[62]

30. Dezember. Sitze Tag und Nacht bei dem kranken L. N., und mein ganzes Leben geht mir durch den Sinn. Habe auf einmal klar begriffen, daß ich es fast *unbewußt* gelebt habe. Ob ich wohl stets recht getan habe? Ich hatte nie Zeit, *im voraus* meine Handlungen vernünftig zu überdenken, und keine Zeit, sie *hinterher* kritisch zu beurteilen. Ich ließ mich vom Strom des Lebens tragen, ordnete mich den Umständen unter und handelte nicht nach meinem Willen und meiner Wahl, sondern notgedrungen (par la force des choses).

Mich zu widersetzen – das vermochte ich nicht und hatte auch nicht die Kraft dazu. Und wäre das bei meinem Mann und meinem Leben denn überhaupt möglich gewesen? Sowohl dem Verstand als auch dem Alter und den Vermögensumständen nach – in jeder Hinsicht stand mein Mann weit über mir ... Und nun sind vierzig Jahre vorüber ... Viele Mängel hat unser Leben aufzuweisen; doch wozu sich jetzt darüber grämen ... Gott sei gelobt für das, was war.

1903

1. Januar. Wir haben das neue Jahr traurig begonnen. Erhielten gestern einen Brief von Tanja, die ganz verzweifelt schrieb, daß das Kind, mit dem sie schwanger geht, gestorben ist ...[1] L. N. las ihren Brief zuerst, und als ich am Morgen zu ihm kam, sagte er zu mir mit zitternder Stimme: „Stell dir vor, bei Tanja ist wieder alles aus“, und dabei schluchzte er auf. Tiefer Gram stand in seinem abgemagerten kranken Gesicht.

Tanja tut mir so unbeschreiblich leid, und es ist für mich eine Qual mitansehen zu müssen, wie Ljowotschka dahinsiecht. Niemanden aus unserer Familie liebe ich so sehr wie diese beiden mir so teuren Menschen.

Und dann kam heute Domna, eine arme Bäuerin aus dem Dorf, und bat darum, täglich eine Flasche Milch für ihre beiden Zwillingstöchter bekommen zu dürfen.

Den Jahreswechsel begingen wir gestern mit den beiden Schwiegertöchtern Olga und Sonja und deren Kindern. Am späten Abend trafen dann auch Iljuscha und Andrjuscha ein. Insgesamt hatten sich neunzehn Menschen eingefunden, darunter zwei junge Engländer, törichte Spiritisten aus der Mittelschicht der Arbeiterintelligenz. Sie machten den Vorschlag, Lew Nikolajewitsch an der Hand zu halten und dabei um seine Genesung zu bitten und waren überzeugt, daß ihn das retten würde.[2]

Die ganze Nacht bis halb fünf sorgte ich mich um L. N. Er konnte nicht schlafen, war niedergeschlagen, alles tat ihm weh. Ich rieb ihm die Füße, versuchte ihn zu beruhigen, sprach ihm Mut zu, doch alles war umsonst. Kaum war er einen Augenblick lang ruhiger, dankte mir, da warf er sich schon wieder hin und her. Gegen Morgen wurde sein Puls schwach und unregelmäßig, man spritzte ihm Morphium, jetzt schläft er schon den ganzen Tag.

Morgens gegen fünf ging ich in mein Schlafzimmer, zog die Vorhänge auf, öffnete das Oberfenster. Die Lindenallee und der Garten erstrahlten im Mondschein, und nun drang dieses Licht auch in mein Zimmer. Im Dorf begannen schon die Hähne zu krähen – wie seltsam berührte mich das! Heute habe ich einen weiten Spaziergang gemacht, ging durch den Wald bis zum Badeplatz und wieder zurück. Die Einsamkeit und Stille der Natur taten mir so wohl! Abends hat Goldenweiser schön gespielt.

2. Januar. Erhielten die Nachricht, daß Tanja gestern zwei tote Knaben zur Welt gebracht hat. Wir sind alle sehr erschüttert. Doch Gott sei Dank, daß wenigstens die Entbindung gut verlaufen ist; irgendwie wird sich schon alles finden.

L. N. hat gut geschlafen, doch obwohl sein Puls in Ordnung ist, fühlt er sich heute sehr schwach und matt. Draußen ist es trübe, zwölf Grad Frost.

19. Januar. Bin heute aus Moskau zurückgekehrt. Habe dort noch eine weitere Typographie mit Druckarbeiten beauftragt, da zur Zeit weder die „Gesamtausgabe" noch ein einziges Exemplar von „Krieg und Frieden" lieferbar ist.

In Moskau habe ich viel Musik gehört: Arenski spielte mit Siloti seine Suite, dirigierte den von ihm vertonten „Taucher"[3], alles gefiel mir sehr.

Gestern abend kam es zu einer erschütternden Aussprache mit Sergei Iwanowitsch, die mich begreifen ließ, warum ich ihn so sehr geschätzt und geliebt habe. Er ist ein unvergleichlich gütiger und edler Mensch.

Es stößt mich ab, wie Goldenweiser versucht, sich in unser Privatleben einzumischen. L. N. geht es, Gott sei Dank, wieder gut. Er beschäftigt sich jetzt mit der Auswahl philosophischer Gedanken, die er zu einem Kalender zusammenstellen will.[4] Damit hat er begonnen, als er krank war und selbst nichts Bedeutsames schreiben konnte.

Es ist warm und still, ein Grad Frost. Wie wohltuend sind die Stille und die Natur! In ihr lebt Gott. Und darum möchte ich mit der Natur verschmelzen und sobald wie möglich ins ewige Leben eingehen. Jetzt sitze ich schon den ganzen Tag da und weine, anstatt Korrektur zu lesen. Gott, steh mir bei!

21. Januar. Neulich war Sohn Serjoscha grob zu mir, weil ich beim Wint-Spiel störte, als ich mich mit Sascha unterhielt. Ich brach in Tränen aus, ging in mein Zimmer und legte mich hin. Als ich mich nach einiger Zeit bereits mit dem Gedanken getröstet hatte, daß es besser sei, gekränkt zu werden als einen anderen zu kränken, kam L. N. zu mir, auf seinen Stock gestützt, und sagte zärtlich mitfühlend, daß er Serjoscha Vorhaltungen gemacht habe.

Wie hat mich das gerührt! Ich brach wieder in Tränen aus und küßte ihm die Hände; dabei wurde mir bewußt, daß ich in der letzten Zeit, ohne daß ich es wollte, in einer verhängnisvollen Weise vor ihm schuldig geworden bin.

Abends. Heute ist L. N. zum erstenmal an der frischen Luft gewesen, und das gleich zweimal. Damit hat er sich natürlich übernommen. Sein Puls schlägt schwach und unregelmäßig. Abends bekam er Strophantin.

Draußen liegt die Temperatur um den Gefrierpunkt, windig. Vielleicht ist es ja dieses Wetter, das einem auf die Nerven und mittelbar auf das Herz schlägt.

24. Januar. Nach dem Spaziergang ist L. N. nun richtig krank geworden: das Fieber ist auf 38,2 gestiegen, er hat Magenschmerzen, eine leichte Grippe.

28. Januar. Meine Dunjascha sagt oft: „Gott ist barmherzig, er weiß, was er tut." Und wirklich hat sich Gott meiner erbarmt. Ich war dermaßen verwirrt und von dem Verlangen besessen, den geliebten Menschen wiederzusehen und zu sprechen, andererseits aber auch von Gewissensbissen gequält, daß ich erkrankte. Ich konnte mich einfach nicht mehr auf den Beinen halten und brach zusammen. Man legte mir Eis auf die Stirn, und ich lag die ganze Nacht qualvoll angespannt. Heute (am dritten Tag) ist es mir leichter ums Herz geworden, die Krankheit und die seelische Verwirrtheit haben den

Krisenpunkt überschritten. Und wiederum flehe ich Gott an, mir in dem Augenblick, da ich schwach zu werden drohe, beizustehen, damit ich ohne Sünde und Scham dorthin gelangen darf, wo die „Entschlafenen ohne Sünde sind".

Heute dachte ich an das Sprichwort: „Ohne Flecken kein Kleid, ohne Schamröte kein Menschenantlitz". Und so war auch für mich der Augenblick gekommen, da ich vor Gott, vor mir selbst und meinem Gewissen Scham empfunden habe.

Wenn ich nur diesen Sturm mit mir selbst abmachen kann, ohne daß ich mir – so wie ich es bislang vermochte – etwas in meinen Taten zuschulden kommen lasse ...

9. Februar. War wieder in Moskau. Hörte im Konzert Tanejews Quartett – ihn selbst sah ich nur ganz flüchtig –, Mozarts wunderbares Klarinettenquintett und schließlich Tschaikowskis Sextett (Erinnerungen an Florenz). Still und glücklich war ich nach diesem Abend. Am nächsten Tag trafen sich bei mir einige ältere Damen, Onkel Kostja und Sergei Iwanowitsch. Dabei wurde Lew Nikolajewitschs „Zerstörung und Wiedererrichtung der Hölle" vorgelesen, doch weder mir noch den anderen gefiel dieser Text. Sergei Iwanowitsch stritt hitzig mit Jew. Iw. Baratynskaja, die sich seiner vernünftigen, klugen und logischen Argumentation widersetzte und den Artikel verteidigte. Er war sehr lebhaft, und ich hatte meine Freude an ihm. Ich habe noch ein wunderbares Orchesterkonzert gehört, bei dem Hofman Chopin spielte. Hatte sehr viel zu tun mit der Suche nach einem Korrektor, der Drucklegung, dem Einband usw. Kümmerte mich auch um Saschas finanzielle Angelegenheiten ... Wieviel Seelenkräfte erfordert dies alles! Im „Nowoje wremja" – Nr. 7 vom Februar 1903[5] – ist mein Brief gegen Andrejew anläßlich des Artikels von Burenin abgedruckt.

20. Februar. Bei Lew Nikolajewitsch sitzt ein alter Mann, der zu Zeiten von Nikolai I. als Soldat im Kaukasus gekämpft hat und jetzt erzählt, woran er sich erinnern kann.[6] Gestern und heute ist L. N. durch den Wald spazierengefahren, morgens saß er auf dem oberen Balkon. Er ist gesund und ruhig. Habe mich ein wenig mit seiner Korrespondenz beschäftigt: die Zahl der Bittbriefe vergrößert sich ständig, und er wird immer häufiger um Autographen ersucht.

Was ist in dieser Zeit geschehen? In der Nacht vom 3. auf den

4. Februar ist Andrjuschas Sohn Ilja auf die Welt gekommen. Ich fuhr hin, um ihn mir anzusehen und um Olga zu beglückwünschen. Mascha und Kolja sind ins Ausland abgereist, ohne sie ist es sehr leer – sie waren nahezu unsere einzigen Gäste –, dennoch fühle ich mich erleichtert. In der Butterwoche war N. W. Dawydow bei uns und las uns einen Abschnitt aus seiner neuen Novelle vor. Weiterhin besuchten uns Boulanger, Dunajew und Sossja Stachowitsch. Sie ist ein kluges lebhaftes Mädchen, doch aus irgendeinem Grund erschreckt mich in den letzten Tagen der Gedanke, daß ich ihr gegenüber zu offen gewesen bin.

Sascha war in Petersburg und brachte von dort die traurige Nachricht mit, daß es Dora weiterhin nicht gut gehe und Ljowa schrecklich nervös sei.

Jetzt sind sie hier nur noch zu viert: Sascha, Julija Iwanowna, Doktor Gedgoft und Natascha Obolenskaja.

Es ist ein nasser milder Winter: ständig zwei Grad über Null, am Himmel scheint die Sonne, und es liegt fast überhaupt kein Schnee, in den Talsenken steht das Wasser. Heute ist es frischer; wir haben zwei Grad Frost, und es ist trüb.

Wir leben jetzt schon sehr vereinsamt. Ich freue mich, wenn ich nach Moskau fahren kann. Unser Gutsbesitzerdasein ist irgendwie unnatürlich, weil wir isoliert von der Dorfbevölkerung leben. Wir haben weder Umgang mit dem Volk noch mit der Bildungsschicht.

Habe viele Reaktionen auf meinen „Brief“ erhalten. Viele beschuldigen L. N., er sei der eigentliche Begründer der schmutzigen Literatur, indem er die „Macht der Finsternis“, die „Kreutzersonate“ und die „Auferstehung“ geschrieben habe.[7]

Damit bekundet sich gleichermaßen Mißverständnis wie Unverständnis. Viele jedoch danken mir begeistert, vor allem auch im Namen der Mütter, für meinen „Brief“. Doch es finden sich auch Verteidiger für Andrejew. Mir kommt es vor, als habe ich persisches Pulver gegen Wanzen gestreut, das sie jetzt nach allen Seiten davonstieben läßt. Kaum habe ich einen Brief an eine Zeitung gerichtet, da hagelt es sogleich Gegenbriefe, Artikel, Glossen, Anmerkungen, Karikaturen usw. So sehr erfreut sich unsere Presse an einem Skandal und hechelt sogleich jeden Blödsinn durch. Mich verdrießt das alles und macht mich in diesen Tagen traurig ...

Mein einziger Trost ist die Musik; Erfüllung finde ich außerdem in meiner Aufgabe, Lew Nikolajewitsch zu pflegen und ihm das Leben zu erleichtern.

22. Februar. Mischa hat eine Tochter bekommen, die Tanja heißen soll.

6. März. War in Moskau, Andrjuscha ist schwer erkrankt. Habe den Verkauf der Bücher überprüft, ließ mir die Zähne plombieren, machte Einkäufe, gab Bestellungen auf, war oft im Konzert. Ich hörte die Kantate Tanejews, die Sinfonie Manfred, die Ouvertüre des Freischütz und Quartette von Beethoven und Mozart. Der Pianist Bujukli spielte die Polonaise As-Dur von Chopin.

Fuhr nach Petersburg. Ljowa und Dora waren rührend, ebenso die lieben Kleinen. Meine Schwester Tanja kann einem leid tun so ohne Geld, mein Bruder Wjatscheslaw mit seiner wirklich nicht ansehnlichen Frau war feinfühlig und lieb. In der Stadt selbst hielt ich mich nur einen Tag lang auf, zwei Nächte verbrachte ich im Schlafwagen. In Moskau wiederum eine einzige Hetzerei, Gäste, der kranke Andrjuscha und mitten in all dieser nervenaufreibenden Verschwendung von körperlichen und geistigen Kräften fühlte ich mich schwach, traurig und unzufrieden.

In Jasnaja Poljana wurde es besser. Die klaren Tage sind so schön, die Sonne spiegelt sich wider in der gläsern-glatten Fläche des zugefrorenen Wassers, der Himmel ist dunkelblau, nichts regt sich in der Natur, doch das Zwitschern der Vögel läßt schon den Frühling ahnen.

Bin zusammen mit L. N. durch den Wald gefahren. Er war zärtlich besorgt, ob mir diese Fahrt auch angenehm sei und Freude bereite. Wir waren mit drei Schlitten unterwegs. Während der Fahrt stieg L. N. aus seinem Schlitten, trat zu mir und fragte besorgt: „Geht es dir denn gut?“ Als ich ihm darauf sagte, es gehe mir sogar sehr gut, zeigte er offen seine Freude. Als ich ihn abends zudeckte und ihm gute Nacht wünschte, strich er mir wie einem Kind liebkosend über die Wange und ich freute mich an seiner väterlichen Liebe ...

Die langweiligen Rosanows[8] haben uns besucht.

Habe die Korrekturen von „Anna Karenina“ abgeschlossen. Verfolgte Schritt um Schritt ihre seelische Verfassung, erkannte dabei mich selbst und mir wurde schrecklich zumute ... Doch man nimmt sich nicht das Leben, weil man sich an jemandem *rächen* will, sondern weil man einfach *keine Kraft mehr zum Weiterleben* hat ... Zuerst kämpft man, dann betet man, später resigniert, schließlich verzweifelt man, und so versiegen die Kräfte, und es bleibt nur noch der Tod.

Und plötzlich hatte ich das Bild des um mich trauernden Lew Nikolajewitsch vor Augen, der sagte, niemand habe gesehen, was in mir vorgegangen sei und niemand habe mir geholfen ...

Doch wie könnte man helfen? Indem man Sergei Iwanowitsch wieder kommen ließe, ja ihn sogar zu uns einlüde! Dadurch würde man mir helfen, eine ruhige, freundschaftliche, meinem Alter gemäße Beziehung zu ihm zu finden. So daß mein Gefühl für ihn nicht wie eine *Schuld* auf mir läge, so daß man es mir *verziehe.*

10. März. Lew Nikolajewitsch ist gesund. Heute haben wir eine herrliche Fahrt durch den Sasseka-Wald gemacht, wobei es schon anfängt zu tauen. L. N. fuhr mit Sascha, ich mit Ljowa, der Doktor mit Natascha und Julija Iwanowna. Später setzte ich mich dann zu Lew Nikolajewitsch. Wie sehr ich mich darüber freue, daß er wieder gesund ist, ausfährt und selbst die Zügel hält! Dennoch hindert diese Freude über seine Genesung nicht meine Herzensqual; sobald ich in mein Zimmer gehe, fühle ich mich aufgewühlt, den Tränen nahe, möchte jenen Menschen sehen, von dem ich besessen bin, so schändlich und meinem Alter unangemessen diese Leidenschaft auch ist. Doch niemand soll Vorwürfe gegen mich erheben, da ich qualvoll einsam alles allein mit mir abgemacht habe. Denn ich *muß* doch leben, muß für meinen Ehemann und meine Kinder sorgen, darf mich nicht verraten, meinen Wahnsinn nicht zeigen, darf den nicht sehen, den ich so schmerzlich liebe. Und so bete ich nur um die Erlösung von diesem Übel, um nichts sonst.

18. März. In meinem Leben bin ich meinen Kindern kaum etwas schuldig geblieben. Ich liebe sie so sehr, und wenn sie manchmal grob zu mir sind, mich verurteilen, tut das meinem Herzen unerträglich weh.

Heute wollte ich ein Buch aus der Bibliothek holen. Ljowa schlief. Als ich seinen kleinen, schon ein wenig kahlen, nur von wenigen schwarzen Haaren bedeckten Kopf, seine leicht aufgeworfenen Lippen, seinen mageren Körper sah, erfaßte mich eine solche Zärtlichkeit für ihn, daß ich den Tränen nahe war. Und ich fühlte solches

Mitleid für ihn, der jetzt von seiner Familie – seiner kranken lieben Frau und den beiden Jungen – getrennt ist und sich so sehr bemüht, tapfer zu sein. Wie mag Doras Krankheit einmal enden! Mit der gleichen Rührung betrachte ich den häufig finster besorgten Serjoscha, dann Iljuscha, der noch ein großes Kind ist, den leichtsinnigen, doch liebevollen Andrjuscha, meine geliebte Tanja und die kranke Mascha, die vorläufig glücklichen Mischa und Sascha. Und wie immer wünsche ich mir für sie alle, daß sie glücklich und anständig werden mögen.

Fahre heute nach Moskau, und irgendwie ist mir schwer und schrecklich zumute!

Schon seit einem Monat haben wir sonniges Wetter, L. N. ist gesund, alles läuft gut bei uns. Unablässig bete ich vor allem nachts vor der alten Ikone, und wie sehr hoffe ich, daß die erhobene Hand des Heilands sich schließlich segnend auch über mich erheben und meine Seele mit Ruhe und Frieden beschenken möge!

1. Juli. Habe den ganzen Frühling und Sommer nicht geschrieben, lebte einfach mit der Natur und nützte das herrliche Sonnenwetter. An einen so heißen, schönen Sommer und einen so strahlenden Frühling kann ich mich überhaupt nicht erinnern. Ich hatte einfach keine Lust zu schreiben, nachzudenken, zu grübeln. Wozu auch? „Wenn du sie aufrührst, trübst du die Quellen ...“[9] Wir haben friedlich und ruhig, ja sogar fröhlich gelebt.

Heute kam es beim Mittagessen zu einem garstigen Gespräch. Im Beisein einer großen Gesellschaft begann L. N. mit naivem Spott die Medizin und die Ärzte zu verhöhnen. Mir war das zuwider: jetzt ist er gesund, aber nach seiner Krankheit auf der Krim, als neun Ärzte so selbstlos und klug, aufmerksam und aufopferungsvoll sich um seine Gesundheit bemüht hatten, sollte es einem anständigen und aufrichtigen Menschen unmöglich sein, die eigenen Retter zu verspotten. Ich wollte schweigen. Doch als L. N. noch hinzufügte, Rousseau habe gesagt, daß die Frauen im Bund mit den Ärzten stünden, fuhr ich hoch; denn das konnte nur heißen, daß ich dem gleichen Spott ausgeliefert werden sollte. Wenn mein Mann nicht selbst gehofft hätte, wieder gesund zu werden, warum hat er denn nach den Ärzten verlangt und sich ihren Anweisungen gefügt?

Unser bedrückendes Gespräch heute am 1. Juli 1903 ist kein

Einzelfall, sondern es ist die Folge jener Lüge und Einsamkeit, in der ich zu leben hatte.

Ich werde von meinem Mann für alles verantwortlich gemacht: seine Werke werden gegen seinen Willen verkauft, Jasnaja Poljana wird gegen seinen Willen gehalten und verwaltet; das Personal bedient uns gegen seinen Willen; Ärzte werden gegen seinen Willen konsultiert ... Und dabei arbeite ich über meine Kräfte und mein Leben verläuft ganz anders, als ich es mir wünschen würde.

So will ich mich jetzt einfach um nichts mehr kümmern, denn ich bin völlig zermartert von den ewigen Vorwürfen und all der Arbeit. Soll doch L. N. den Rest seines Lebens nach seinen Überzeugungen und seinem Willen gestalten! Ich will die Rolle, die mir aufgedrängt worden ist, nicht länger spielen.

5. Juli. Offensichtlich hat mein Mann etwas, das mein armseliger Verstand nicht begreifen kann. Ich darf das *nicht vergessen*, sondern muß *verstehen*, daß es seine Bestimmung ist, zu *lehren*, zu *schreiben* und zu *predigen*. Dem müssen wir uns alle fügen und müssen ihm das Leben so leicht wie möglich machen, müssen die Augen vor allen Kompromissen und Widersprüchen schließen und dürfen in Lew Nikolajewitsch nur den großen Schriftsteller, Prediger und Lehrer sehen.

9. Juli. Die Kinder sind aus dem Ausland zurückgekehrt: Mascha und Kolja Obolenski am 6., Andrjuscha am 7., Ljowa am 8. Juli. Andrjuscha ist erbarmungswürdig dünn, doch sehr lieb; Ljowa in einer schlechten seelischen Verfassung, er tut mir sehr leid und steht mir so nahe. Mascha hat zugenommen, ist mir aber fremd wie eh und je.

Heute fühlte L. N. eine Beklemmung in der Brust, vor dem Frühstück war der Puls normal, achtundsiebzig, doch nachdem er Kartoffeln und ein Honigbrot gegessen hatte, verstärkte sich das beklemmende Gefühl, der Puls ging schneller und unregelmäßig. Gestern hatte er wie schon die Tage zuvor über Schwäche geklagt und eine schlechte Nacht verbracht. Ich war sehr erschrocken und dachte wieder entsetzt daran, wie öde mein Leben sein würde, wenn Lew Nikolajewitsch vor mir sterben sollte.

10. Juli. Gestern gegen Abend fing L. N. an, sich besser zu fühlen. Er hat sich in den letzten Tagen allzusehr verausgabt, ritt aus, ging spazieren und aß außerdem schwer verdauliche Speisen. Abends kam der junge Chevaliergardist Adlerberg mit seiner üppigen Frau zu uns. L. N. bat ihn zu sich und fragte ihn über militärische Aktionen aus: „Wann besteigt der Zar bei einer Inspektion sein Pferd? Wer führt das Pferd vor?“ usw. L. N. ist mit der Geschichte von Nikolai I. beschäftigt, liest viel und sammelt Material. Das soll alles in „Hadschi Murat“ verarbeitet werden.[10]

12. Juli. Wollte etwas Wichtiges notieren, doch dann las ich mich fest, und jetzt bin ich erschöpft. Gestern fuhr ich zu Olgas Namenstag nach Taptykowo. Andrjuscha ist krank und sieht erbarmungswürdig traurig und abgemagert aus. Ich kann Olga sehr oft nicht verstehen. Was ist ihr eigentliches Wesen, wofür lebt sie? Ljowa war mit mir gefahren. Auch dieser Sohn bereitet mir keine Freude. Seine Frau siecht in Schweden an Nierensteinen dahin, währenddessen schmiedet er Pläne, will Medizin studieren und in Moskau leben. Er hat eine eigentümliche Unruhe in sich. Lew Nikolajewitsch ist nicht auf dem Posten: hat Herzbeklemmungen und einen unruhigen Puls. Das Wetter ist umgeschlagen, es weht jetzt ein schrecklicher Wind, dabei haben wir elf Grad über Null. Abends spielten L. N., Mascha, Kolja, Sascha und Nikitin begeistert Wint.

Ich sitze häufig allein in meinem Zimmer. Boulanger sagt, mein Zimmer erinnere an das eines jungen Mädchens. Merkwürdig, daß ich jetzt, da ich allein lebe und mich kein männliches Auge mehr streift, wieder oft ein jungfräulich reines Gefühl habe, wieder lange vor der großen Ikone des Heilands oder der kleinen der Gottesmutter knien und beten kann, mit der Tantchen Tatjana Alexandrowna Lew Nikolajewitsch gesegnet hat, ehe er in den Krieg zog. Zuweilen gleichen meine Träume nicht der einer reifen Frau, sondern sind jungfräulich rein ...

13. Juli. Bereits am Morgen herrschte eine Riesenunruhe. Zu L. N. waren zwei Italiener gekommen: ein Abt, den das russische und insbesondere unser Leben mehr interessiert als alle Gespräche, und ein energischer Theologieprofessor, der L. N. seine Überzeugung darlegte, man müsse das, was man an der Religion und der Ethik als wahr erkannt habe, *predigen*, ohne dabei die wesentlichen Formen zu zerstören. L. N. erwiderte, Formen seien überhaupt überflüssig, „la religion, c’est la vérité“, dagegen seien Kirche und Formen verlogen, brächten die Menschen in Verwirrung und verschleierten die christlichen Wahrheiten.

Es war sehr interessant, diesen Gesprächen zuzuhören.[11] Später trafen unsere Söhne Ljowa und Andrjuscha, danach Stachowitsch mit seiner Tochter und endlich auch unser Mischa ein.

Die Gespräche, das Schreien der Kinder, die Unruhe bei den Mahlzeiten strengen mich schrecklich an. Der alte Vater und die Ehefrau des wegen Gotteslästerung verurteilten Afanassi kamen zu uns, sie taten uns sehr leid, doch offensichtlich kann man nichts mehr für sie tun. L. N. hat sich für diesen Afanassi bei dem Zaren verwandt und ihm einen Brief geschrieben, der durch den Grafen Alexander Wassiljewitsch Olsufjew überreicht wurde.[12]

Mascha und Kolja sind ebenso unbemerkt abgereist wie sie angekommen waren.

10. August. Gewöhnlich heißt es, daß über Eheleute Gott allein richten kann. So möge auch dieser Brief, den ich hier abschreibe, nie jemanden veranlassen, meinen Mann oder mich zu verurteilen. Doch er hat mein Leben in gewisser Weise verändert und meine früher so liebevolle Beziehung zu meinem Mann erschüttert – d. h. nicht der Brief, sondern der Anlaß, aus dem heraus ich diesen Brief an meinen Mann geschrieben habe.

Es war im Todesjahr meines geliebten kleinen Sohnes Wanetschka, der am 23. Februar 1895 verstorben ist. Er war sieben Jahre alt, und sein Tod war das tiefste Leid, das ich in meinem Leben erfahren habe. Ich ging dann ganz in Lew Nikolajewitsch auf, suchte bei ihm Trost und einen neuen Lebenssinn. Ich war ihm stets zu Diensten, schrieb für ihn ab. Als er einmal nach Tula fuhr, räumte ich sein Zimmer auf.

Das Weitere erklärt alles ...

Wieviele Tränen habe ich vergossen, als ich diesen Brief schrieb!

Hier also ist der Entwurf meines Briefes. Ich fand ihn heute, am 10. August, unter meinen Papieren:

„12. Oktober 1895.

Seit Tagen liegt mir ein Stein auf dem Herzen, dennoch konnte ich mich nicht entschließen, mit Dir zu sprechen aus Angst, Dich zu erzürnen und selbst wieder so krank zu werden wie damals vor Wanetschkas Tod in Moskau.

Doch ich kann nicht (zum letzten Mal ... und ich will mich darum bemühen, daß es auch wirklich zum letzten Mal sein wird) Dir das verschweigen, was mich so sehr leiden läßt.

Warum bekundest Du in Deinen Tagebüchern, immer wenn Du von mir sprichst, so viel Haß? Warum willst Du, daß zukünftige Generationen mich für eine *leichtsinnige, böse* Frau halten, die Dich unglücklich gemacht hat? Würdest Du mich schlagen, es wäre immer noch barmherziger als das, was Du tust.

Nach dem Tod von Wanetschka ... – denk an seine Worte „Papa, kränke niemals meine Mama" – hast Du mir versprochen, all diese bösen Worte in Deinem Tagebuch zu tilgen. Doch das hast Du nicht getan. Ganz im Gegenteil.

Fürchtest Du denn, es würde Deinen Ruhm nach Deinem Tode schmälern, wenn ich nicht als Peinigerin und Du nicht als Märtyrer in Deinen Tagebüchern erscheinst?

Verzeih. Ein Zufall ließ mich Deine Tagebücher lesen. Als ich beim Saubermachen Deines Zimmers die Spinnweben unter Deinem Schreibtisch wegkehrte, fiel der Schlüssel aus der Schublade. Die Versuchung, einen Blick in Deine Seele zu tun, war allzu groß, als daß ich hätte widerstehen können.

Dabei stieß ich auf Worte, die annähernd so lauteten (sie mir genauer zu merken, war ich viel zu aufgeregt):

„S. aus Moskau zurückgekehrt. Mischte sich ins Gespräch mit Bol. Suchte sich ins Licht zu rücken. Nach dem Tod von Wanetschka ist sie noch leichtsinniger geworden. Muß mein *Kreuz* bis zum Ende tragen. Hilf mir Herr ..."

Nach unserem Tod kann jeder dieses *leichtfertig* so interpretieren, wie es ihm gefällt, kann jeder Deine Frau mit Schmutz bewerfen, weil *Du* das mit diesen Worten möglich gemacht hast.

Und dies alles, nachdem ich mein ganzes Leben lang nur für Dich und Deine Kinder gelebt, (außer Wanetschka) nur Dich allein mehr als alles auf der Welt geliebt habe, nachdem ich mich niemals *leichtfertig* (wie Du das künftigen Generationen in Deinem Tagebuch mitteilst) verhalten habe und Dir bis zum Tode treu sein werde ...

Ich kann mich nur darum bemühen, mich mit der Bosheit des geliebten Menschen abzufinden und das Gespräch mit Gott nie versiegen zu lassen. Und mit Gottes Hilfe werde ich jene erhabene

Gestimmtheit erlangen, „den zu lieben, der uns haßt“, den „Balken im eigenen Auge und nicht den Splitter im Auge meines Nächsten“ zu sehen.

Doch wenn es Dir nicht allzu schwerfällt, dann tilge bitte all die böse über mich gesagten Worte. Das wäre nur *christlich*. Mich zu lieben, kann ich Dich nicht bitten. Aber schone bitte meinen Namen. Wenn es Dir nicht allzu schwerfällt, tue es bitte. Wenn es Dir aber nicht möglich ist, sei's drum.

Ich schreibe all dies in tiefstem Leid; ich könnte es nie direkt aussprechen. Leb wohl! Jedesmal denke ich bei meiner Abreise unwillkürlich: Werden wir uns noch einmal wiedersehen? Verzeih, wenn Du kannst.

S. Tolstaja“[13]

Wir haben uns damals so schlecht und recht ausgesprochen. Einiges tilgte L. N. tatsächlich in seinem Tagebuch. Doch mein Herz, das damals Liebe und Trost erhoffte, wandte sich meinem Mann niemals mehr so ungezwungen, liebend und vertrauend zu wie früher. Es verschloß sich unwiderruflich schmerzlich in sich selbst.

17. November. Gehe abends zu Lew Nikolajewitsch ins Zimmer, der sich gerade schlafen legt. Dabei begreife ich, daß ich *nie* wieder Worte des Trostes oder der liebevollen Anteilnahme von ihm hören werde.

Nun ist es so gekommen, wie ich es immer vorausgesehen habe: der *leidenschaftliche* Ehemann ist tot, ein Freund ist mir mein Mann nie gewesen; wie sollte er es jetzt sein?

Wie glücklich sind die Frauen, die bis zum Tod freundschaftlich am Leben ihrer Männer Anteil haben dürfen! Und wie unglücklich und einsam sind die Frauen der Egoisten, der großen Männer! Sie werden zu Xanthippen vor den Augen der Nachwelt gestempelt!!

Dieses ganze Leben entspricht so gar nicht meinem Geschmack. Ich kann mich mit niemandem unterhalten, verbringe den ganzen Tag ohne eine sinnvolle Tätigkeit, ohne Kunst, während L. N. schreibt und sich abends beim Wint-Spiel erholt. Wie hasse ich all diese Ausrufe: „Kleiner Schlemm in Pik! ... ohne

Drei ... warum haben Sie denn Pik geworfen, Sie hätten bedienen müssen ... Was sagen Sie denn dazu! Wie sauber Sie einen großen Schlemm gewonnen haben!" Das gleicht doch den Unterhaltungen von Wahnsinnigen! Ich kann mich jedenfalls nicht daran gewöhnen. Wollte nicht so allein dabeisitzen, versuchte mehrfach mitzuspielen, ertappte mich jedoch immer dabei, daß ich mich schämte, und so wurde mir beim Kartenspiel nur noch trostloser zumute.

Doktor Berkengeim sieht mich schweigend voller Teilnahme an. Er weiß um mein Leid und liest mir abends vor. Wir lasen Tschechow, das bereitete mir Freude.

1904

18. Januar. Erschreckend, wie schnell das Leben an einem vorbeiflieht! Vom 6. bis zum 27. Dezember war meine liebe Tanja mit ihrer Familie hier bei uns in Jasnaja. Die Auswahl der Geschenke, der Festschmuck, die Feiertage waren so anstrengend, daß ich gar keine Zeit hatte, mich zu freuen. Bin sehr geschwächt infolge einer Grippe. Um Silvester erkrankte L. N., so daß wir den Jahreswechsel mit Serjoscha, Andrjuscha, Annotschka und den Suchotin-Kindern traurig begingen. Dann kam meine Schwester Tanja zu Besuch, fröhlich und leichtsinnig. Wieder dieses elende Wint-Spiel, meine Erkrankung hatte seelische Ursachen. Am 8. Januar kamen drei Studenten des Petersburger Instituts für Bergbau mit einer Grußadresse. Haben viel mit ihnen diskutiert, es waren ausgesprochen kluge Leute[1], doch auch sie wissen, wie all die jungen Leute heutzutage, nicht wohin mit ihrer Energie. Abends reisten wir dann alle nach Moskau, wo ich bis zum 15. abends blieb. War zweimal in der Oper von Arenski „Nal und Damajanti".

War überall mit Sascha zusammen. Wir besuchten auch ein Sinfoniekonzert mit Schaljapin. Er ist zweifelsohne der begabteste Sänger, den ich je gehört habe. Auch Goldenweiser gab ein Konzert, spielte temperamentvoller als gewöhnlich; weiterhin hat mir die

Einstudierung von Tschechows „Kirschgarten“ sehr gefallen. Genau, klug, voll Humor und doch zugleich mit dem Wissen um die echte Tragik der Situation – ganz ausgezeichnet.[2]

Vor allem jedoch mußte ich mich in Moskau um die Überführung von neun Kisten von Lew Nikolajewitschs Manuskripten und Werken aus dem Rumjanzew-Museum in das Historische Museum kümmern. Man hatte mich gebeten, diese Kisten aus dem Rumjanzew-Museum zu entfernen, dessen Räume renoviert werden sollten. Ich war sehr überrascht, daß in einem solchen Riesengebäude sich nirgends ein Platz finden sollte, an dem man diese neun Kisten unterstellen könnte. Deshalb hatte ich mich an Professor Zwetajew, den Museumsdirektor, gewandt. Er ließ mich eine halbe Stunde warten, entschuldigte sich dann nicht einmal und eröffnete reichlich grob das Gespräch. So sagte er unter anderem: „Sie müssen verstehen, daß wir dorthin, wo jetzt diese Kisten stehen, neue Schränke stellen wollen. Wir brauchen diesen Platz für *wertvollere* Handschriften.“

Wütend entgegnete ich: „Was für ein Plunder soll wertvoller sein als die Tagebücher Tolstois, als seine Manuskripte? Sie meinen wohl die politischen Ansichten der ‚Moskowskie wedomosti‘?“

Mein Zorn besänftigte den widerlichen, ungebildeten Zwetajew. Und als ich dann zu ihm sagte, zweifelsohne fände ich eine geeignetere Aufbewahrungsstelle für die persönlichen Gegenstände, die Büsten und Porträts von Lew Nikolajewitsch, geriet er sogar in Aufregung, begann sich zu entschuldigen, zu schmeicheln, er habe mich ja früher nicht gekannt, jetzt aber werde er alles versuchen, was in seiner Macht stehe. Als ich aufbrechen wollte, sagte ich zu ihm, ich sei deshalb so wütend geworden, weil ich alles, was Lew Nikolajewitsch beträfe, nur allzu wichtig nähme, und daß ich als Gattin eines Löwen durchaus im Stande sei, die Krallen zu zeigen.

Danach ging ich ins Historische Museum zu Sabelin, einem achtzigjährigen Mann mit gütigen Augen. Als ich ihn fragte, ob das Historische Museum Handschriften von Lew Nikolajewitsch aufnehmen und unterbringen könne, ergriff er meine Hände, bedeckte sie mit Küssen und sagte bewegt: „Ob wir sie unterbringen können? Natürlich, bringen Sie sie uns nur möglichst bald. Ist das eine Freude! Ach, meine Liebe, das ist ja geradezu unglaublich!“

Am nächsten Tag begab ich mich zum Fürsten Schtscherbatow,

der ebenfalls seine Genugtuung darüber äußerte, daß ich Manuskripte und persönliche Gegenstände Tolstois dem Historischen Museum zur Aufbewahrung zu übergeben gedächte. Er hat eine liebe Frau, die Fürstin Sofja Alexandrowna, eine geborene Gräfin Apraxina, und ein reizendes Töchterchen, Marussja. Am nächsten Tag besichtigten wir das Gebäude, in dem die Handschriften aufbewahrt werden, und man wies mir – gerade gegenüber den Dostojewski-Räumen – zwei Zimmer an.

Das gesamte Personal des Historischen Museums, der Bibliothekar Stankewitsch und sein Assistent Kusminski begegneten mir ebenso wie der Fürst und die Fürstin Schtscherbatow mit jener Hochachtung, die mir als Ehefrau von Lew Nikolajewitsch gebührt.

Im Rumjanzew-Museum war in der Handschriftenabteilung nur Georgijewski. Wir kamen zu viert dorthin: der Assistent des Bibliothekars vom Historischen Museum Kusminski, ein Soldat, mein Kontorgehilfe Rumjanzew und ich. Wir verluden die Kisten und brachten sie wohlbehalten ins Historische Museum, wo wir sie im Turm abstellten. Jetzt bin ich ganz von der Sorge in Anspruch genommen, Lew Nikolajewitschs Manuskripte und persönlichen Gegenstände dorthin zu bringen. Ich möchte sie vor einer sinnlosen Verschwendung durch Kinder und Enkelkinder sicherstellen.

Wir (L. N. und ich) verstehen uns in der letzten Zeit sehr gut; ja, wir können wieder zärtlich und vertraut miteinander umgehen, wenn wir allein sind. Nicht unsere vier ältesten Kinder stören uns, wohl aber unsere Tochter Mascha, meine Schwester Tanja und einige andere Freunde und Bekannte.

Während all dieser Zeit war Lew Nikolajewitsch ausgesprochen munter, arbeitete intensiv und begeisterte sich für eine neue Kompilation philosophischer Gedanken. Er denkt sogar daran, für jeden Tag Erzählungen und Lesestoffe mit der gleichen Tendenz und Ausrichtung zusammenzustellen.[3] „Aber das versteht sich ja von selbst, daß ich nichts im Leben zu Ende bringen werde", sagt er traurig.

An einem dieser Tage ritt L. N. wohl zwischen zehn und sechzehn Werst weit aus, am folgenden Tag legte er die gleiche Entfernung zu Fuß zurück. Heute fühlte er sich nicht wohl, nieste abends und wollte keinen Tee.

In Moskau erfuhr ich, daß in der Märznummer des „Schurnal dlja wsech“ mein Prosagedicht „Stöhnen“ unter dem Pseudonym *„Die Müde“* publiziert worden ist.[4]

3. Februar. Gestern besuchte uns ein merkwürdiger Offizier – der Kosake Belezki. Als ehemaliger Militär lehnt er den Krieg ab und hat ein Universitätsstudium als Jurist abgeschlossen. Als ich mit ihm sprach, klärte ich für mich selbst noch einmal meine Haltung gegenüber den Gedanken meines Mannes: wäre der *Zwiespalt* zwischen uns total, würden wir einander nicht mehr lieben. Ich begriff, daß ich an Lew Nikolajewitschs Glauben immer alles *Positive,* nie aber jenes *Negative* akzeptiert habe, das sich einem spezifischen Zug seines Charakters verdankt, der ihn immer gegen alles *protestieren* ließ.

L. N. ist gesund; einen Tag geht er spazieren, am nächsten reitet er aus. Vor drei Tagen blieb er lange von zu Hause weg. Als er schließlich zwischen fünf und sechs Uhr heimkam, sagte er uns, er sei nach Tula hin- und zurückgeritten, um dort noch das letzte Telegramm und damit die neuesten Nachrichten über den Krieg mit den Japanern zu erhalten.[5] Selbst hier in unserer ländlichen Abgeschiedenheit erregen diese Ereignisse alle. Es ist verblüffend, welche Sympathie dem Zaren entgegengebracht wird. Das läßt sich wohl damit erklären, daß der japanische Überfall so brutal und unerwartet geschah und daß auf der russischen Seite niemand diesen Krieg gewollt hat. Dieser Krieg ist uns *aufgenötigt* worden.

Gestern und heute schwankt die Temperatur zwischen zwei Grad plus und zwei Grad minus, dabei ist es windig.

L. N. ist mit einer belletristischen Arbeit beschäftigt: er schreibt an der Erzählung „Der gefälschte Kupon“.[6]

Ich trage mich mit dem kühnen Plan, ein Gemälde in Öl zu kopieren, hatte aber nie Pinsel oder Ölfarbe in der Hand.

Mein Traum am 3. Februar.
Ich will zu den Maslows und halte einen Strauß fliederfarbener und gelber Blumen in der Hand, die schon verwelkt sind. Schrecklich gern würde ich diesen Strauß mit roten oder rosafarbenen Blüten und frischem Grün schmücken. Ich suche vergebens auf den Fensterbänken, schließlich ordne ich meine verwelkten Blumen traurig an und gehe aus dem Haus. Beim Querbalken der Eingangstür steht meine

verstorbene Mutter und hält die Hände auf dem Rücken verschränkt. Ich schreie auf vor Freude, wundere mich aber gar nicht, sondern frage nur, was sie hier mache. „Ich wollte dich abholen", antwortet sie mir. „Dann lassen Sie uns noch bei den Maslows vorbeigehen", entgegne ich. „Ich möchte Sie miteinander bekannt machen; es sind meine besonders lieben Freunde." Meine Mutter stimmt zu, und gemeinsam gehen wir nach oben. Glücklich und feierlich stelle ich sie jedem aus der Maslow-Familie vor mit den Worten: „Das ist meine Mutter", und alle heißen sie willkommen. Wir betreten einen riesigen Saal mit einem langen Teetisch, hinter dem Samowar sitzt Warwara Iwanowna. Als wir fortgehen, sagt meine Mutter, sie müsse sich beeilen, um noch das Schiff zu erreichen, das jetzt bald ablegen soll. Ich begleite sie auf das Schiff und finde dort all meine Kinder. Wir legen ab, und ich erblicke auf dem Meer auch noch andere Schiffe, Segelboote und Dampfer. Plötzlich fährt unser Schiff nicht mehr weiter, weil es irgendeinen Schaden hat. Ich will vorgehen zu meinen Kindern, doch daran hindert mich eine tiefe hölzerne Einbuchtung, die mit Brettern ausgeschlagen ist, und über die ich nicht hinweggelangen kann. Ich frage: „Wie sind denn meine Kinder darüber gekommen?" – „Sie sind noch jung, sie konnten springen." In der Ferne sehe ich meine Tanja, vergnügt kauft sie an einem Süßigkeiten-Buffet Fruchtgelees und lächelt mir zu. Ljowa, klein, dünn, schwarzhaarig erbettelt sich geschäftig einen Groschen, damit er sich auch etwas Süßes kaufen kann. Unterdessen wurde auf dem Boden der Einbuchtung ein großes leeres Faß gewälzt. Auf meine Frage, wozu es dienen solle, antwortet man mir, damit werde das Schiff repariert. Und wir fahren wieder weiter ...

Deutung: Die verwelkten Blumen bedeuten die verwelkten Freuden des Lebens. Die Suche nach den roten Blüten symbolisiert die Suche nach neuen Freuden; die Suche nach dem Grün die Suche nach Hoffnung. Meine Mutter wollte mich abholen. Schiff und Schiffahrt deuten hin auf das Sterben, die mit Brettern ausgeschlagene Einbuchtung auf Sarg und Grab. Daß ich nicht über diese Grube hinweg zu meinen Kindern gelangen kann, heißt, daß ich nicht länger mit ihnen zusammenleben darf. Und schließlich die Weiterfahrt des Schiffes: es beginnt ein neues Leben nach dem Tod in der Ewigkeit ...

26. März. Lew Nikolajewitsch hat erzählt, wie er in den Militärdienst eingetreten ist.

Heute haben Sascha und ich die Sachen durchgesehen, die die unlängst verstorbene Gräfin Alexandra Andrejewna Tolstaja Sascha als ihrer Patentochter vermacht hat. Auch Tanja, Serjoscha, Lew Nikolajewitsch und mir hat sie kleine Erinnerungsstücke zugedacht, so auch drei Porträts: eines von ihrem Vater, dem Grafen Andrei Andrejewitsch Tolstoi, und zwei der beiden Brüder Konstantin und Ilja Andrejewitsch.

Über ihn hat L. N. Mischa, Lina und mir das Folgende erzählt. Nachdem L. N. in Moskau beim Kartenspiel viel Geld verpraßt und verloren hatte, beschloß er, seinen im Kaukasus dienenden Bruder Nikolai Nikolajewitsch zu besuchen, dachte aber auch nicht mit einem Gedanken daran, selbst in den Militärdienst zu treten. Er reiste in Zivil, und als er dann im Kaukasus zum erstenmal an einem Überfall teilnahm, trug er zum Zivilanzug eine Uniformmütze mit großem Schirm. Nikolai Nikolajewitsch und er wohnten im Lager Stary Jurt bei Gorjatschewodsk (wo es auch Schwefelquellen gab), und sie brachen von dort zum Überfall nach Grosnaja auf.

Einmal ritt L. N. mit einem Bekannten, einem alten Kosaken, nach Chassaw-Jurt. Der alte Kosak trug einen zahmen Habicht auf der Hand. Auf diesem als gefährlich geltenden Weg begegneten sie dem Grafen Ilja Andrejewitsch Tolstoi, der mit einer „Okkasion" reiste, einer Kutsche unter dem Begleitschutz von Kosaken.

Graf Ilja Andrejewitsch forderte L. N. auf, mit ihm zu Barjatinski zu fahren, der L. N. zum Militärdienst überreden wollte, wobei er vor allem die Kühnheit und Kaltblütigkeit betonte, die L. N. während des Überfalls bekundet habe. Graf Ilja Andrejewitsch pflichtete Barjatynski bei und schlug L. N. vor, ein Gesuch um Aufnahme in den Militärdienst zu stellen. Und so richtete L. N. ein Gesuch an den Brigadekommandeur und trat dann in die Artillerie als Junker ein. Zwei Jahre lang blieb er Junker, ohne befördert zu werden, obgleich er sich in mehreren Gefahrensituationen bewährt hatte. Seine verstorbene Tante Pelageja Iljinitschna hat mir erzählt, die Beförderung habe sich verzögert, da Lew Nikolajewitschs Dokumente und Papiere verlorengegangen waren und wieder neu beschafft werden mußten. Barjatinski aber, der so viel versprochen hatte, dachte nicht mehr an Tolstoi. Und erst nach zwei Jahren erhielt L. N. die Beförderung zum Fähnrich. Während des Türkischen Kriegs bat Lew Nikolajewitsch, in die Donauarmee zu Gortschakow versetzt zu werden, später nach Sewastopol, als dort der Krieg begonnen hatte.[7]

8. August. Am 5. August, d. h. vor drei Tagen, habe ich meinem geliebten Andrjuscha, der mir manchen Kummer macht und dennoch ein sehr lieber Mensch ist, das Geleit auf seinen Weg in den Krieg gegeben. Ich möchte jetzt beschreiben, wie er mit dem Stab des Sechsten Kromer Infanterie-Regiments aus Tambow ausgerückt ist. Er war als Unteroffizier, als Ordonnanzoffizier zu Pferd in dieses Regiment aufgenommen worden. Er rückte als Freiwilliger ein, verließ Frau und Kinder, nachdem er sich in Anna Leonidowna Tolmatschowa, die Tochter des Generals Soboljow verliebt hatte, eine fade, schwache Frau, die aber sehr zärtlich ist. Ich will weder über meinen Sohn noch über meine tugendhafte, gute, kluge Schwiegertochter urteilen. Über Eheleute kann nur Gott allein richten. Ich habe sehr viel Schweres durchgemacht und sehr mit mir kämpfen müssen, ehe ich mich dazu durchringen konnte, mich für Andrjuschas Eintritt in den Kriegsdienst zu verwenden. Den Ausschlag gab schließlich sein Argument, daß er auch ohne meine Unterstützung in jedem Fall aufgenommen, dann aber dort die Situation für ihn sehr viel mühsamer und unerquicklicher werden würde. Und nun geht es ihm tatsächlich im Regiment recht gut, so weit es einem da eben gut gehen kann. Sein Taktgefühl und sein zuvorkommendes Verhalten bringen ihm überall Sympathien. Der Regimentskommandeur sagte zu mir, daß „Andrei Ljowitsch vorerst nichts als Freude mache". Doch ich merke, daß ich abschweife.

Nachdem ich in Moskau für Andrjuscha alle erforderlichen Einkäufe erledigt und die finanziellen Angelegenheiten geregelt hatte, fuhr ich mit meinem Sohn Ljowa nach Tambow, wo sich auch meine übrigen Söhne eingefunden hatten: Ilja mit seiner Frau Sonja, Ljowa und Mischa. Wir wohnten in dem für Tambow recht feudalen Hotel „Europa". Ich fühlte mich ganz krank und elend, konnte nachts nicht schlafen und stand morgens früh auf, um mit Andrjuscha ins Lager zu gehen. Er führte mich zu den Pferdeställen, wo sich seine Ordonnanzen befanden. Wie alle meine Kinder liebt Andrjuscha Pferde sehr. Er zeigte mir seine Stute, die er von der Boldyrewa (Mary Tscherkasskaja) gekauft hat, wohl das beste Pferd des Regiments. Die Ordonnanzen, an die zehn Mann, machten sich bei den Pferdeställen zu schaffen, und überall blitzten ihre hübschen Wämse auf, die ich ihnen – als den Kameraden von Andrjuscha – mitgebracht hatte und die sie sogleich begeistert angelegt hatten. Andrjuscha machte mich mit dem Adjudanten des Regiments Nikolai Iwanowitsch Ruschenzow, einem sehr soliden Menschen, bekannt. Wir gingen gemeinsam über den Platz, unterhielten uns und warteten auf die Pferdegespanne der Militärzüge. Zu uns gesellte sich noch ein Kompanieführer, untersetzt und unsympathisch, begleitet von seiner recht bürgerlich wirkenden Mutter. Sie beklagte bitter ihr Schicksal, daß nun auch noch ihr letzter Sohn in den Krieg zöge und sie mutterseelenallein zurückbliebe. Unaufhörlich weinte diese unglückliche Mutter. Ich suchte sie zu trösten und lud sie ein, mit mir in der Droschke den aus dem Lager ausrückenden Soldaten und Offizieren das Geleit zu geben.

Als wir uns in die Droschke setzten, sahen wir eine Menge Leute aus der Ferne heranrücken. Es waren die Soldaten, die von ihren Verwandten und von Neugierigen umringt waren. Wie finster klangen die Marschmusik und der Trommelschlag! Schließlich kamen die Ordonnanzen angeritten, allen voran mein Andrjuscha auf seiner prachtvollen Stute in einem licht-beigen Hemd mit gleichfarbiger Militärmütze.

Am Brunnen machten die Soldaten Halt; einige Frauen traten herbei, schöpften Wasser und reichten es in ihren Krügen den Soldaten zum Trinken. Schon seit dem Morgen war es heiß, der Wind hatte Staub aufgewirbelt und überallhin verstreut. Die Offiziere schrien etwas und sogleich setzten sich alle in Bewegung auf die Waggons zu. Die Menge begleitete die Soldaten zu den unweit vom Bahnhof bereitstehenden Zügen.

Frauen, Mütter, Väter, kleine Kinder – sie alle trugen Bündel bei sich, Beutel aus Lämmerfell etc. Unweit von mir ging ein junger Soldat in Begleitung von Frau und Mutter. Plötzlich blieb seine Mutter stehen und stieß verzweifelt hervor: „Ich kann nicht mehr weiter." Da umarmte und küßte sie der junge Soldat und eilte von dannen, um sein Regiment einzuholen.

Bei den Waggons ertönte dann das Kommando: „Rührt euch!" Die

Soldaten nahmen die Waffenröcke ab und verluden die Pferde. Auch Andrjuscha half dabei und gab Anweisungen. Das Verladen der Pferde und des Gepäcks erfolgte schnell und reibungslos. Nur ein Brauner widersetzte sich lange und mußte schließlich mit Gewalt in den Waggon gezerrt werden. Gegen vier Uhr war alles verladen, nur Preßgras und ein Riesenberg Brotlaiber war noch übrig. Andrjuscha und ich fuhren zum Essen ins Hotel. Er war sehr müde, versuchte aber munter zu erscheinen. Wir waren beide sehr auf der Hut, nicht von der Rührung übermannt zu werden. Auch die anderen, die Andrjuscha das Geleit gaben, stießen zu uns: Ilja und seine Frau, Ljowa und Mischa, Nikolai Maklakow und die beiden Gutsbesitzer aus Tambow: Schulgin und Rtischtschew. Nach dem Essen kehrten wir alle zusammen mit Andrjuscha zu den Zügen zurück.

Die Soldaten saßen schon in den Waggons, die Frauen und Verwandten reichten ihnen ihre Sachen und die Wegzehrung hinein. Einer der Soldaten reckte sich hinaus und schrie seinem dreijährigen Sohn zu: „Weine nicht, Ljonka, ich bringe dir auch Schokoladenbonbons mit." Ein anderer schon ergrauter Soldat, dem die Uniformmütze abgefallen war, lag mit zurückgeworfenem Kopf, hochgezogenen Beinen und geschlossenen Augen auf der Erde und weinte so verzweifelt, daß es einem das Herz zerriß. Ein junger blasser Fähnrich stand auf dem Platz und starrte wortlos vor sich hin.

Auch andere Soldaten weinten bitterlich. Ich ging zum Regimentskommandeur und dankte ihm, daß er Andrjuscha gegenüber so freundlich gesonnen sei, worauf er sagte, daß es „vorerst die reinste Freude sei, ihn im Regiment zu haben". Dann stellte man mir auch noch den Divisionschef, Generalleutnant Klawer vor. Andrjuscha führte uns in den Wagen Erster Klasse, wo er einen Platz auf einem Klappsitz nahe der Tür hat. Es wird ihm, dem Kränklichen und Verzogenen, nicht leicht fallen, alle Mühsal dieser Reise und des Militärlebens auszuhalten!

Endlich ertönte der letzte Pfiff. Dröhnend setzte die Musik ein, alle brachen in Tränen aus, ich küßte und segnete Andrjuscha und vermochte niemanden mehr anzublicken. Andrjuscha neigte sich, in Tränen aufgelöst, uns noch einmal aus dem Fenster zu. Was mag er in diesem Augenblick gefühlt, gelitten haben? .... Alles schwand dahin, und für einen Augenblick schien mir mein Leben sinnlos geworden zu sein. Eine ähnliche Empfindung hatte ich – allerdings ungleich stärker – bei der Beerdigung von Wanetschka. Nur Mütter können mich verstehen.

Bei all diesen Soldaten, Offizieren, Generälen hätte gestern niemand die Spur eines gesteigerten patriotischen Gefühls gefunden. Allen war es schwer ums Herz. Mit seinem Ausruf: „Pfeffert sie dort nur tüchtig ein!" appellierte General Klawer an den Kampfgeist der Soldaten. Doch diese Worte klangen völlig unpassend, lächerlich und häßlich. Offensichtlich hatte er sich wohl zuvor plötzlich darauf besonnen, daß man den Abrückenden Mut machen müsse, und begriff doch sogleich selbst, wie sehr ihm das mißlungen war.

Wieder einmal ist mir das Herz gebrochen. Diese neue Erfahrung ist ein schwerwiegender Einschnitt in meinem Leben. Was heißt eigentlich Krieg? Kann denn tatsächlich ein einziger törichter Mensch – Nikolai II. –, der doch nicht böse ist, so viel Böses anrichten?

Plötzlich erscheint mir der Krieg gleich dem Unwetter wie eine erbarmungslose Elementargewalt. Wenn ein Mensch mit einem Stock in einem Ameisenhaufen herumstochert, schleppen die Ameisen, dem Verderben preisgegeben, ihre Eier und allerlei Unrat mit sich fort und sehen dabei weder den Stock noch die Hand noch den Menschen, der sie vernichtet hat. So ist auch für uns jene Kraft unsichtbar, die uns das Kriegsmorden gebracht hat.

17. August. Wenn man etwas Schweres erlebt hat, dann geht das Leben nur nach dem Gesetz der trägen Gewohnheit weiter, doch man vermag keine besondere Energie mehr aufzubringen.

Andrjuscha hat uns von unterwegs aus Ufa einen fröhlichen Brief geschrieben. Aber er denkt nicht darüber nach, wie alles werden soll ...[8] Bei mir wohnt jetzt seine Frau Olga mit den Kindern, und wenn ich sie sehe, tut mir das Herz weh. Sonjuschka mit seinen Grübchen und seiner empfindsamen, so früh schon verletzlichen Seele rührt und quält mich zugleich.

Dagegen ist die Familie von Sohn Mischa eine reine Freude. Was hat er für prächtige Kinder! Diese kleinen Wichte sind so fröhlich und sympathisch, daß man seine helle Freude an ihnen hat. Auch Mischas Frau ist ein prächtiger, herzlicher, kluger Mensch. Manchmal würde ich sie am liebsten in den Arm nehmen und ihr sagen, daß ich sie sehr lieb habe und daß es mir bitter weh täte, wenn sie je unglücklich würde. Auch meine Herzensfreundin Warja Nagornowa ist jetzt hier. Bin heute baden gegangen, es war windig und kalt, im Wasser vierzehn Grad. Härte Körper und Seele ab.

L. N. ist schon seit einer Woche in Pirogowo bei Schwägerin Mascha zu Besuch. Eigentlich wollte er dort seinen Bruder Sergei Nikolajewitsch besuchen, der an Hautkrebs leidet. Am ärgsten jedoch ist sein Seelenzustand ohne Geduld, Glaube und Liebe ... Möge jeder vor einem solchen Ende bewahrt bleiben![9]

Sohn Ljowa und Warja Nagornowa spielen vierhändig Mozart-Quintette; ich habe auch Lust zu spielen, zudem das Schreiben bei Musik besonders schwerfällt.

1905

14. Januar. Auch dieses Tagebuch möchte ich dem Historischen Museum übergeben, will jedoch zunächst noch aufschreiben, wie wir dieses Neue Jahr begonnen haben.

Am 1. Januar kam ich morgens zu Lew Nikolajewitsch, küßte ihn und wünschte ihm alles Gute für das Neue Jahr. Er schrieb gerade am Tagebuch, hörte jedoch damit auf und sah mich durchdringend an. „Du tust mir leid, Sonja", sagte er, „du wolltest so gern Violinsonaten spielen und konntest es nicht." (Und zwar waren die Kinder und er dagegen gewesen, was mich am Vorabend sehr bekümmert hatte). – „Warum tue ich dir leid?" fragte ich. „Weil wir gestern das Geigenspiel zurückgewiesen haben. Und überhaupt bist du nicht glücklich, und das tut mir schrecklich leid." Und plötzlich brach L. N. in Tränen aus, streichelte mich und sagte, wie sehr er mich liebe und wie glücklich er sein Leben lang mit mir gewesen sei. Auch ich weinte und sagte ihm, ich sei selbst schuld daran, daß ich manchmal unglücklich wäre, und ich bat ihn, meine Unausgeglichenheit zu verzeihen.

L. N. zieht immer gleichsam die Bilanz seines Lebens am Anfang eines neuen Jahres, doch diesmal hat unmittelbar vor dem Jahreswechsel der erst unlängst aus der Schweizer Verbannung zurückgekehrte Pawel Iwanytsch Birjukow[1] L. N.s Tagebücher und Briefe an mich gelesen, in die L. N. häufig ebenfalls einen Blick hineinwarf. Da stand dann sein ganzes Leben vor ihm, und er sagte zu Pawel Iwanytsch, der seine Biographie schreiben will[2], ein glücklicheres Familienleben als unseres könne man sich nicht einmal erträumen, ich ergänze ihn in allem und nie habe er jemanden so sehr zu lieben vermocht wie mich ... Als mir Pawel Iwanytsch das erzählte, habe ich mich sehr gefreut.

In der Nacht vom 10. zum 11. Januar ist Gott sei Dank unser Andrjuscha aus dem Krieg zurückgekehrt; er ist für ein Jahr freigestellt worden. Mit seinem Kopf und seinen Nerven ist etwas nicht in Ordnung, er ist immer noch recht kindisch, und dennoch hat der Krieg seine Spuren bei ihm hinterlassen und ihn offensichtlich zum Besseren gewandelt. Der Krieg ist einfach grausam. Nicht genug damit, daß man die Menschen erschießt, nein, man peinigt sie auch noch mörderisch, schlägt sie mit Säbeln und Bajonetten, bringt sie aber nicht sogleich um, sondern läßt sie irgendwo langsam unter den schrecklichsten Qualen verenden. Ich verstehe das einfach nicht und leide entsetzlich, wenn ich höre, wie bestialisch sich Menschen verhalten und daß noch immer kein Ende des Krieges abzusehen ist.

Lew Nikolajewitsch schreibt einen Artikel über das wünschenswerte Handeln der Regierung, über die Forderung nach einer Verfassung und über die Versammlung der Landstände.[3] Gestern ritt er nach Tula und kam mit dem Schlitten zurück; es war für ihn überhaupt keine Anstrengung, das ist einfach fabelhaft.

In Petersburg ereignet sich Schreckliches. Hundertsechzigtausend Arbeiter streiken. Man hat Truppen eingesetzt, die an die dreitausend Mann umgebracht haben sollen.[4]

Es gab zwei Anschläge gegen den Zaren. Es sind wirre, schwere Zeitläufe.

1908

7. September. Habe schon lange nicht mehr Tagebuch geführt. Für mich ist die Zeit des Alters angebrochen, da man sich zwischen zwei Wegen entscheiden muß: entweder versucht man sich geistig-seelisch immer weiter zu entwickeln, um schließlich zur Selbstvervollkommnung zu gelangen, oder aber man findet seine Befriedigung im Essen, in der Ruhe, in musikalischen Genüssen, in Büchern und im geselligen Beisammensein. Vor letzterem fürchte ich mich. Ständig erfordert der Gesundheitszustand von Lew Nikolajewitsch aufopfernde Pflege. Wenn es ihm schlechter geht, überkommt mich die Angst und ich stelle mir vor, wie sinnlos und leer mein Leben ohne ihn wäre. Wenn es ihm besser geht, versuche ich gleichsam, mich auf solche Zeiten vorzubereiten, indem ich mir einrede, daß ich mich dann dem gleichen Ziel – Lew Nikolajewitsch zu dienen – widme werde, indem ich seine Manuskripte sammeln, ordnen und seine Tagebücher und Notizbücher abschreiben werde.

Gegenwärtig sitzt er wieder im Rollstuhl; sein Bein wurde stillgelegt, da es wieder leicht angeschwollen war. Es ist aber nicht entzündet und schmerzt auch nicht. Doch L. N. fühlt sich insgesamt schwach.

Beständig halten sich jetzt in Jasnaja Poljana außer Lew Nikolajewitsch und mir unsere Tochter Sascha, der tschechische Arzt D. P. Makovický, Warw. Mich. Feokritowa, die Freundin und Gehilfin Saschas, und Lew Nikolajewitschs Sekretär N. N. Gussew auf, dem Lew Nikolajewitsch allmorgendlich Korrekturen und neue Einfälle für die umgestalteten „Lesefrüchte“ diktiert.[1]

Wir haben kürzlich Lew Nikolajewitschs achtzigsten Geburtstag gefeiert. Wieviel Liebe und Verehrung bringt ihm die Menschheit entgegen! Das dokumentierten nicht nur Zeitungsartikel und Briefe, sondern auch annähernd zweitausend Telegramme. Ich habe alles gesammelt und will es dem Historischen Museum in Moskau zur Archivierung übergeben.

Einige Geschenke waren rührend, wie beispielsweise die Grußadresse der Kellner des Petersburger Theaters „Buff“, die in einen vernickelten Samowar eingravieren ließen: „Nicht in der Stärke ist Gott, sondern in der Wahrheit / Das Reich Gottes ist in euch selbst" und dazu zweiundsiebzig Unterschriften.[2] Maler hatten ein herrliches Album mit Aquarellen übersandt.[3] Einige schickten besonders ausgefallene Porträts von Lew Nikolajewitsch, eins – in Seide gestickt – setzte sich ganz und gar aus den winzigen Buchstaben einer Erzählung von Lew Nikolajewitsch zusammen[4]; Handwerker aus Torschkow hatten ein Lederkissen wunderbar bestickt; der Konditor Borman ließ viereinhalb Pud Schokolade überreichen, von denen er hundert Schachteln den Kindern von Jasnaja Poljana als Geschenk zugedacht hatte. Unsere Bauern wurden mit hundert Sensen beschenkt; Lew Nikolajewitsch erhielt zwanzig Flaschen Wein St. Raphael, der besonders magenfreundlich ist. Eine riesengroße Zigarrenkiste sandte Lew Nikolajewitsch jedoch mit einem Dankesschreiben wieder an die Firma Ottoman zurück, da er ein Feind des Tabaks und des Rauchens geworden ist.[5]

Es gab aber auch böswillige Geschenke, Briefe und Telegramme. So kam z. B. ein Päckchen mit einem Seil. Dazu nur die kurze Notiz, die die Unterschrift „Eine Mutter" trug und folgendermaßen lautete: „Tolstoi braucht nicht darauf zu warten, daß ihn die Regierung erhängt, er kann das selbst tun."[6] Wahrscheinlich ist ihr Sohn der Revolution zum Opfer gefallen, und sie macht Tolstoi dafür verantwortlich.

An Lew Nikolajewitschs Geburtstag hatten sich unsere Söhne Serjoscha, Ilja, Andrjuscha und Mischa, Tochter Sascha (Tanja war erst am 22. zu meinem Geburtstag hier gewesen, und jetzt wollte sie ihr Töchterchen nicht schon wieder allein lassen) eingefunden; außerdem waren Michail Sergejewitsch Suchotin, Michail Alexandrowitsch Stachowitsch, das Ehepaar Goldenweiser, Vater und Sohn Tschertkow, Marija Alexandrowna Schmidt, Iwan Iwanowitsch Gorbunow, der Engländer M. Wright, der eine Grußadresse englischer Schriftsteller überbrachte[7], die Ehefrauen unserer Söhne Mascha (Subowa), Sonja (Filossofowa) und Andrjuschas zweite Frau Katja da. Auch Galja Tschertkowa und die Eheleute Nikolajew gesellten sich dazu. Lew Nikolajewitsch selbst, der, gerade erst wieder genesen, im Rollstuhl an den Tisch geschoben wurde, war sehr gerührt. Als er sich abends schlafen legte und ich ihm wie üblich die warme Decke, die ich ihm vor vielen Jahren gestrickt habe, in den Rücken stopfte, sagte er zu mir: „Wie schön doch alles ist! Wenn man nur nicht dafür mit irgendeinem Leid wird zahlen müssen ..." Aber einstweilen ist Gott uns gnädig.

Heute fühlt sich Lew Nikolajewitsch nicht schlecht, obgleich er wieder im Sessel sitzt und das angeschwollene Bein hochgelegt hat. Er speiste mit uns zusammen, aß mit Genuß und erzählte uns, heute habe ein ihm unbekannter Oberst ihn in einem Brief gefragt, auf elchem Pferd er damals im Kaukasus vor den Tschetschenen davongaloppiert sei.[8]

Der Vorfall hatte sich folgendermaßen zugetragen: Man hatte beschlossen, mit einer sogenannten Okkasion in den Kaukasus zu fahren – das heißt, in Equipagen und zu Pferd unter dem Begleitschutz von Soldaten zu reisen. Lew Nikolajewitsch, sein Gastfreund Sado und Poltorazki, die ihren Mut unter Beweis stellen wollten, sonderten sich von der „Okkasion" ab und ritten voraus. Lew Nikolajewitsch ritt auf einem teurem grauen Pferd, das sehr schön, aber schwer zu reiten war. Damit Lew Nikolajewitsch die ungebändigte Natur von Sados Nogaier-Pferd kennenlerne, schlug Sado vor, die Pferde zu tauschen. Kaum war dieser Wechsel erfolgt, als bewaffnete Tschetschenen hinter den Bergen auftauchten. Weder Lew Nikolajewitsch noch Poltorazki hatten ein Gewehr bei sich. Poltorazki ritt ein schlechtes Artilleriepferd, blieb zurück, wurde beschossen, man machte sich über sein Pferd her, schlug ihn selbst mit Säbeln nieder, aber er überlebte. Während Sado heftig mit seinem Gewehr gestikulierend seinen Landsleuten etwas auf tschetschenisch zuschrie, gelang es Lew Nikolajewitsch auf dem flinken kleinen Nogaier-Pferd seines Gastfreundes zu entkommen.[9] Ein Zufall hatte Tolstoi das Leben gerettet.

Nach dem Mittagessen spielte Lew Nikolajewitsch mit Goldenweiser Schach, später hörte er ihm beim Klavierspielen zu. Er spielte das dritte Scherzo von Schubert, zwei Etüden von Arenski und zwei Balladen Chopins.

Mein Leben erschöpft sich in materiellen Angelegenheiten: Ein Bauunternehmer ist zu uns gekommen und hat die Kostenvoranschläge für den Umbau von Saschas Diele, die Reparatur der Badestube, der Kutscherstube und den Bau eines Geflügelhofs gemacht.

Nicht einmal für einen kleinen Spaziergang finde ich Zeit. Dabei liebe ich die Natur so sehr! Und wie sehr liebe ich die Kunst! Wenn ich über die Felder gehe, bekräftige ich in Gedanken die Verse Fets: „Es gibt im Herbst eine so kurze, doch so köstliche Zeit ..." Und wenn ich Goldenweisers Spiel höre, verspüre ich das Bedürfnis, mich der Musik hinzugeben ... Mein Leben lang habe ich meinen Impulsen nicht nachgegeben und streng meine Pflicht erfüllt. Jetzt sind solche Impulse verstummt, denn es ist ohnehin bald alles aus. So bleibt mir nur noch das Gebet. Wem soll ich die drückende Bürde des Alltags aufladen?

8. September. Stand spät auf, ging zu Lew Nikolajewitsch, um zu erfahren, wie er sich fühlt, da er gestern nacht starkes Sodbrennen hatte.

Heute setzte er mit Gussew ein Dankesschreiben an all diejenigen auf, die seines achtzigsten Geburtstags gedacht haben. Gussew las es mir abends vor, ich machte einige Änderungsvorschläge, denen Gussew und Lew Nikolajewitsch zustimmten.

Sascha ist mit Warwara Michailowna zu einem Konzert nach Tula gefahren. N. W. Dawydow war bei uns zu Besuch; wir haben einen angenehmen Tag verbracht und viel über Literatur gesprochen. Wir waren alle gleichermaßen entsetzt über den pornographischen Charakter der heutigen Literatur und über die Talentlosigkeit der zeitgenössischen Autoren. Wir sprachen auch über die Todesstrafe, und Dawydow unterstrich, wie sinn- und zwecklos sie ist. Die Tage eilen nur so dahin und sind doch irgendwie leer, was mich traurig macht. Die letzten Jahre des eigenen Lebens und des Lebens der uns Nahestehenden sind etwas sehr Kostbares.

10. September. Die Gutswirtschaft ist für mich eine drückende Last. Heute sollten Kartoffeln geerntet werden. Als ich ins Feld kam, war niemand da. Alle waren fort zum Mittagessen. Nur ein etwa vierzehnjähriger Junge saß da wie ein Häufchen Elend, er sollte das ganze Kartoffelfeld *bewachen.* „Was sitzt du da herum, statt Kartoffeln zu ernten?" Wir nahmen einen Beutel und machten uns gemeinsam an die Arbeit. Als die Tagelöhner zurückkamen, schaufelten wir die Kartoffeln aus und schütteten sie in den Beutel. Wieviel lustiger ist es doch, selbst bei der Arbeit mit anzupacken! Mein Einsatz feuerte die Arbeiter an, und an diesem Tag wurde besonders viel geerntet. Die Kartoffeln wurden aussortiert und in den Keller gebracht. Auch dabei beaufsichtigte ich die Tagelöhner, und zur Verwunderung der Wächter half ich zuweilen sogar mit.

Lew Nikolajewitsch geht es heute wieder besser; sein Bein ist abgeschwollen, er kann wieder allein gehen und ist wieder aktiver. Hat viel an den „Lesefrüchten" gearbeitet, hörte Musik und spielte abends Wint mit seiner Nichte Lisa Obolenskaja, die heute mit unserer Tochter Sascha und Warwara Michailowna zu uns gekommen ist. Hat sich früh schlafen gelegt. Draußen ist es still, noch zehn Grad plus. Herrlich der Phlox, der unter meinen Fenstern blüht.

13. September. Sehe die Zeitungen durch, ob von Lew Nikolajewitsch die Rede ist, schneide die Notizen über ihn aus und klebe sie in ein Buch. Habe fünfundsiebzig Zeitungen vom 28. August gesammelt, dazu kommen noch verschiedene Zeitschriften. Viele Menschen lieben Lew Nikolajewitsch, doch kaum jemand versteht ihn wirklich. Heute habe ich abschließend Lew Nikolajewitschs Brief redigiert und abgeschrieben, mit dem er sich in der Zeitung bei all denen bedanken will, die seiner am 28. August gedacht haben.[10] Der heutige Tag war klar und frisch; gegen Abend hatten wir immer noch drei Grad über Null! Ich hatte viel mit den unterschiedlichsten Wirtschaftsangelegenheiten zu tun, dabei dachte ich an die Verse von Fet, die er mir einst mit den Worten übersandt hat: „Ich schicke Ihnen (zum Namenstag) meine letzte Herbstblüte und fürchte dabei Ihren durchdringenden Blick und Ihren feinen Geschmack." Das Gedicht beginnt mit den Worten „Wieder zittert der herbstliche Glanz der Morgenröte ..." Besonders schön sind die Verse

„Und im herb-süßen Schmerz
Freut sich das Herz darauf, wieder zu wehklagen ..."[11]

Ja, das ist wirklich das, was man im *Herbst* fühlt.

Ein rothaariger, barfüßiger Bauer war bei Lew Nikolajewitsch und diskutierte lange mit ihm über Religion. Hergebracht hat ihn Tschertkow, der sehr seinen guten Einfluß auf die Umwelt lobt, obgleich dieser Bauer sehr arm ist. Ich hätte gerne zugehört. Doch wenn ich in dem Zimmer bleibe, in dem Lew Nikolajewitsch mit seinen Besuchern sitzt, blickt er mich schweigend so an, daß ich seine

Bitte, nicht zu stören, begreife und mich genötigt fühle, das Zimmer zu verlassen.

Serjoscha hat man Getreide in Brand gesetzt, der Verlust beläuft sich auf viertausend Rubel. L. N. saß auf dem Balkon, frühstückte, abends spielte er mit Tschertkow Schach und diskutierte mit Nikolajew.

14. September. Ich beschloß heute morgen, unsere Jasnopoljaner Tagelöhner zu bezahlen und zu entlassen. Die jungen Mädchen und Burschen versammelten sich im Kontor, ich hatte mir Warwara Michailowna zu Hilfe genommen, später kamen noch meine Sascha und Nadja Iwanowa hinzu, und wir machten uns daran, die Lohnzettel einzusammeln, nachzurechnen und sie auszuzahlen. Ich teilte etwa vierhundert Rubel aus. Es herrschte eine sehr fröhliche Stimmung, die Mädchen sangen anfangs, später trieben sie allerlei Späße. Zu Hause stempelte ich jede Lohnzahlung im Buch ab. Ein stiller, grauverhangener Tag. Sascha hat große Birkenschwämme und einige Reizker gesammelt.

Seit dem frühen Morgen hält der Besucherstrom an. Ein aus Amerika angereister Russe (ich glaube: Bianko), der mit einer Großnichte von Dickens verheiratet ist, erbat sich das Porträt von Lew Nikolajewitsch, das er in Amerika einer Molokanen-Sekte schenken will, die aus dreitausend Mitgliedern besteht und ihre Schule nach Tolstoi benannt hat.

Später kamen acht junge Revolutionäre, die unlängst zum Aufstand und zum Mord an den Gutsbesitzern aufgerufen haben. Als L. N. das hörte, lud er sie zu sich ein und versuchte, vernünftig auf sie einzureden und an ihre Nächstenliebe zu appellieren.[12] Ob das etwas bewirken wird, weiß Gott allein.

Später traf ich bei L. N. einen jungen Mann an, der bitterlich weinte. Er soll zum Kriegsdienst eingezogen werden, was er absolut nicht will. Doch er hat nicht genug innere Kraft, um den Dienst zu verweigern, und so weint er nur unentschlossen.[13] Weiterhin war ein Alter aus dem einfachen Volk da, der mit L. N. debattieren wollte. Es kamen auch noch zwei Soldaten und ein Zivilist, doch sie wurden nicht vorgelassen; man schenkte ihnen Bücher und entließ sie.

Tagsüber saß L. N. oben auf dem Balkon.

Ich lese und schneide alles aus, was ich über Tolstoi finde. Heute war ein guter Artikel in „Nowaja Rus“ vom 12.September.

16. September. Heute ist L. N. zum erstenmal mit Gussew in einer Droschke ausgefahren, nachdem er die letzten beiden Monate ausschließlich zu Hause verbracht hatte. Er lenkte das Gefährt selbst und fuhr zu Tschertkow nach Teljatinki. Er hat einen gesunden Appetit und nimmt wieder zu.

In der Gutswirtschaft herrscht eine eigentümliche Unruhe, die schwer zu ertragen ist, Lebenskraft kostet und die Gedanken vom Nachsinnen über den Tod ablenkt, der immer näher rückt.

L. N. hat zeit seines Lebens immer das getan, was er wollte, nicht aber, was er gemußt hätte. Wenn er wollte, schrieb er, wenn er wollte, pflügte er. Wollte er Stiefel nähen, nähte er sie mit Hingabe. Wenn er die Kinder unterrichten wollte, tat er es. War er jedoch dessen überdrüssig, ließ er es sein. Hätte ich nun so gelebt, was wäre wohl dann aus den Kindern geworden, was aus L. N.!

17. September. Habe Namenstag. Ging mit Warja Nagornowa spazieren und war wie in meiner Jugendzeit leidenschaftlich begeistert von der Schönheit der herbstlichen Natur. Wahnsinnig gern würde ich sie auf der Leinwand festhalten! Vor dem Haus blüht im Beet noch eine einzige Rose, und wieder kommt mir ein Vers aus den Herbstgedichten von Fet in den Sinn: „Allein du noch, Herrin Rose, wohlduftend und glühend.“[14]

Ich ging dann auch noch mit Andrjuscha und seiner Frau spazieren. Auch Marija Alexandrowna Schmidt war gekommen und *feierte* regelrecht meinen Namenstag. Ich liebe solche *Feste* nicht, obgleich mir der heutige Tag Freude bereitet hat. Abends spielten L. N., Sascha, Andrjuscha und Warwara Michailowna Wint, während ich Zeitungsartikel ausschnitt. Tagsüber hatten Sascha und L. N. in einer von Tschertkow gelenkten Droschke mit Gummirädern eine Spazierfahrt gemacht. Am späten Abend begann L. N. von seiner Arbeit an den „Lesefrüchten“ zu erzählen, las eigene und fremde Aussprüche vor. Offensichtlich beschäftigt ihn diese Arbeit sehr. Er sprach davon, daß das innere Heil des Menschen in seiner Nächstenliebe, in seinem ständigen Gespräch mit Gott und im Bestreben liege, ein gottgefälliges Leben zu führen. L. N. hat noch nie wirklich deutlich gesagt, *worin* er den Willen Gottes zu erkennen meint und wie er ihn zu erfüllen sucht. Fragt man ihn aber danach, so antwortet er nur „in der Liebe“. Aber auch das ist keine klare Antwort. Jeder fühlt und versteht Gott auf seine Weise; doch je tiefer dieses Verständnis ist, desto weniger bedarf es der Worte, desto unerschütterlicher ist es.

L. N. ist in diesem Jahr sehr gealtert. Im Alter wendet er sich zunehmend geistigen Dingen zu, auch wenn er leibliche Genüsse nicht verachtet, gern ausfährt, Wint und Schach spielt, Gutes ißt und trinkt. Seit seiner Krankheit nehme ich jedoch etwas Neues, Fremdes und Fernes an ihm wahr, und manchmal trauere ich unsagbar dem nach, was nicht mehr ist, was in seiner Beziehung zu mir und den anderen verlorengegangen ist. Ob die anderen das auch bemerken?

30. September. Habe mich ausschließlich mit der Gutswirtschaft beschäftigt. Ertrug das, weil ich ständig in der Natur sein konnte. Heute ging ich in den Apfelgarten, wo etwa vierzig Leute damit beschäftigt sind, das Moos von den Bäumen abzukratzen, die trokkenen Zweige auszuschneiden, und vor allem die Stämme mit einer Mischung aus Lehm, Kalk und Kuhdung zu bestreichen. Wie schön zeichneten sich die bunten Getalten der jungen Mädchen vor dem Hintergrund des noch frischen grünen Rasens ab, und dazu dieser blaue Himmel und die gelben, roten, graubraunen Bäume! Lange betrachtete ich voll Entzücken einen Apfelbaum mit großen Äpfeln. Man kann diese vielfältigen Farbnuancen kaum malen!

Danach sah ich mir noch an, wie am unteren Teich ein Wehr gebaut und eine Böschung angelegt wird. Im Garten pflückte ich dann einen Strauß für Lew Nikolajewitsch, aber ihm steht schon wieder der Sinn nach nichts und niemanden. Liegt das an seiner Krankheit, die ihn so lange zu Hause festgehalten und verändert hat? Ist es das Alter oder sind es die Tolstoianer, die wie eine Trennwand wirken? Das gilt natürlich vor allem für Tschertkow, der fast ganz zu uns übergesiedelt ist und Lew Nikolajewitsch nicht einmal einen Augenblick allein läßt. Jedenfalls verhält er sich mir – und auch allen anderen gegenüber – fremd und ungut. Gestern kam zum Beispiel ein sehr schöner Brief von seiner Schwester Marija Nikolajewna, doch Lew Nikolajewitsch hat ihn nicht einmal gelesen.[15]

Wieder hat er die „Lesefrüchte“ völlig umgeschrieben. Die arme Sascha muß wieder alles mit der Maschine abtippen. Gut, daß ich für sie Warwara Michailowna als Hilfe eingestellt habe, sonst würde sie sich ganz und gar Nerven und Augen verderben.

Ich habe das Abschreiben der Bibliothekskataloge übernommen. Eine langweilige, mühsame Arbeit, aber es muß sein. Richte die Winterkleidung. Bin traurig, doch komme nicht dazu, weiter an meiner Autobiographie zu schreiben und mich mit der Malerei zu beschäftigen. Wie oft würde ich gern Klavier spielen! Im großen Saal stehen zwei Klaviere, doch da mag niemand spielen, denn entweder wird dort gegessen oder aber es arbeitet oder schläft dort Lew Nikolajewitsch ...

Habe die ganze Zeit in allen möglichen Sprachen Artikel über Lew Nikolajewitsch gelesen. Niemand kennt und versteht ihn wirklich; niemand kennt sein eigentliches Wesen und seine Begabung so gut wie ich; aber ich kann ja schreiben, was ich will, mir glaubt man ja nicht. L. N. hat einen außerordentlichen Verstand und ein ungeheures Vorstellungsvermögen sowie eine ungewöhnliche Wahrnehmungsfähigkeit und Empfindsamkeit. Doch er ist ein Mensch ohne Herz und wirkliche Güte; seine Güte verdankt sich seinen *Prinzipien*, ist nicht *unmittelbar*.

Phantastisches Wetter. Heller Sonnenschein, im Schatten noch elf Grad, an den Bäumen hängen noch Blätter. Direkt vor unseren Fenstern die leuchtend gelben Birken, die sich gegen den blauen Himmel abheben.

Doch mir ist schwer ums Herz; ich bin einsam, niemand liebt mich. Offensichtlich bin ich dessen nicht wert. Ich bin leidenschaftlicher Gefühle fähig, besitze aber ebenfalls nur wenig Güte. Das Beste an mir sind mein Pflichtbewußtsein und meine Mütterlichkeit.

Vor zwei Tagen besuchte uns der ehemalige Revolutionär N. A. Morosow, der zunächst in Schlüsselburg, dann in der Peter-Paul-Festung achtundzwanzig Jahre lang eingekerkert war. Alle wollten von ihm erfahren, in welchem psychischen Zustand er sich während dieser langen Kerkerzeit befunden habe. Doch er sprach hauptsächlich von der schlechten Ernährung, die zu Skorbut-Erkrankungen und zum Tod von acht Häftlingen geführt habe.

Morosow sieht noch recht jung aus, er hat im letzten Jahr geheiratet. Er hat jedoch eine merkwürdig monotone Redeweise. Dabei ist er lebenslustig und interessiert sich vor allem für Astronomie. Er hat bereits ein Buch über die Apokalypse veröffentlicht[16], in dem er sich darum bemüht, die Verbindung zwischen der Heiligen Schrift und der Astronomie nachzuweisen. Morosow kam mit seiner langjährigen Freundin Lebedewa zu uns.[17]

8. Dezember. Ich möchte das aufschreiben, was ich zufällig mitgehört habe. Tschertkow, der jetzt jeden Tag bei uns ist, ging gestern abend in Lew Nikolajewitschs Zimmer und sprach mit ihm über das Kreuzzeichen. Ich hörte ihr Gespräch zufällig vom Saal her mit an. L. N. sagte, daß er manchmal aus alter Gewohnheit ohne innere Überzeugung das Kreuz schlage. Tschertkow meinte, es könne doch leicht sein, daß Lew Nikolajewitsch in einem Augenblick schweren Leidens oder des Todes das Kreuzzeichen mache. Und dann würden die Umstehenden meinen, er sei in den Schoß der orthodoxen Kirche zurückgekehrt oder sei zumindest dazu bereit gewesen. Um diesem Mißverständnis vorzubeugen, werde er, Tschertkow, in seinem Notizbuch festhalten, was Lew Nikolajewitsch soeben gesagt habe.

Wie beschränkt Tschertkow ist! Er interessiert sich überhaupt nicht für die psychische Verfassung von Lew Nikolajewitsch, wenn er sich mit dem Kreuzzeichen beschützen will, mit dem ihn seine Mutter, seine Großmutter, sein Vater und sein Tantchen, ja, und auch seine kleine Tochter Tanja gesegnet hat, wenn sie ihm gute Nacht wünschte. Dieser Tschertkow kann nur *aufschreiben*, *sammeln* und *photographieren* – zu etwas anderem ist er nicht fähig.

Bezeichnend ist seine Erzählung, wie zwei Bauern zu ihm gekommen seien mit der Bitte, sie in irgendeine beliebige *Partei* aufzunehmen. Sie seien bereit, jegliches Papier mit jeglicher Feder, sei es mit Tinte oder mit Blut, zu unterzeichnen, wenn sie dafür bezahlt würden. Das kommt, weil Tschertkow völlig wahllos soviel Gesindel in sein Haus aufgenommen hat. Da leben und essen nicht weniger als zweiunddreißig Mann, darunter auch vier Burschen, die Kumpel seines Sohnes Dima. Es sind einfache Bauernburschen aus Jassenki, die buchstäblich keinen Finger rühren und dennoch am gleichen Tisch wie die Herrschaften essen und zusätzlich fünfzehn Rubel im Monat erhalten. Dort leben mit ihrer Mutter auch meine armen Enkel Sonjuschka und Iljuschok, die ihr Vater verlassen hat.

In unserem Nebengebäude sind alle Schlösser aufgebrochen und die Fensterscheiben zerschlagen worden. Ich hasse diese Leute, wir leben jetzt in der ständigen Gefahr, von ihnen ausgeplündert zu werden. Ich hasse gleichermaßen die Todesstrafe wie die Handlungsunfähigkeit der Regierung.

1909

14. Januar. Habe heute wieder eine alte Pflicht übernommen, schreibe ein belletristisches Werk von Lew Nikolajewitsch ab, das er gerade erst begonnen hat.[1]

Es geht um Revolutionäre, die hingerichtet werden, und um den Ursprung der ganzen Bewegung. Es könnte interessant werden. Aber er arbeitet wieder mit seinen altbekannten Verfahren, der Beschreibung des bäuerlichen Lebens. Dabei schildert er genießerisch eine kräftige weibliche Gestalt, das Mädchen mit braungebrannten Beinen, das ihn einst so erregt hat. Es ist Axinja mit den funkelnden Augen, die jetzt als Achtzigjährige fast blind ist. Aus der Tiefe seiner Erinnerungen ist sie wieder erstanden und steht so unmittelbar wie damals vor ihm. Axinja, die jetzt hier im Dorf lebt, war die letzte Geliebte, die Lew Nikolajewitsch vor unserer Heirat hatte, – ein Bauernweib aus Jasnaja Poljana. Das alles belastet mich natürlich sehr. Wahrscheinlich wird im Lauf der Erzählung die Revolution romantisiert. Mag Lew Nikolajewitsch sich auch noch so hinter seinem Christentum verstecken, im Grunde sympathisiert er doch mit der Revolution. Schließlich haßt er alles, was gesellschaftlich hoch steht und eine Macht darstellt.

Ich werde weiter abschreiben, mal sehen, wie sich die Erzählung entwickelt. Er wollte sie mir zunächst gar nicht zum Abschreiben überlassen, so als schäme er sich für diesen Text. Ja, hätte er nur ein klein wenig Taktgefühl, dann würde er seine Heldinnen wenigstens nicht Axinja nennen. Unter den Bauern gibt es einen, der mit seinem Lächeln und seiner Ziehharmonika sympathisch wirken soll. Später aber verkommt er und wird Revolutionär. Vielleicht ändere ich noch meine Meinung. Aber einstweilen gefällt mir das Ganze überhaupt nicht.

Heute hat uns Wanda Landowskaja besucht und viel vorgespielt. Gestaltete Chopins Mazurka und die Sonaten von Mozart einfach vollkommen. Ihr Spiel ist sehr elegant und ihre Ausdrucksfähigkeit höchst vollendet. Wenn sie spielt, erscheinen die altbekannten Motive – der Kuckuck, die Alten, die Jungen, die Tänze des Gesindes, die bourrée – plötzlich wie neu und interessant. Auch Vater und Sohn Tschertkow und unsere Schwiegertochter Olga lauschten ihr.[2] Marussja Maklakowa ist wieder abgereist.

1910

26. Juni.[1] Mein Mann Lew Nikolajewitsch hat doch wahrhaftig Wl. Gr. Tschertkow all seine Tagebücher vom Jahr 1900 an überlassen und ein neues Heft angefangen, als er ihn um den 12. Juni besuchte. In diesem neuen Tagebuch[2], das er mich lesen ließ, heißt es unter anderem: „Will versuchen, Sonja bewußt durch Güte, durch Liebe zu *überwinden.*“[3] Überwinden?! Mich, die ich ihn so heiß und innig liebe und deren einzige Sorge sein Wohlergehen ist?! Aber er will vor Tschertkow und künftigen Generationen, die einmal seine Tagebücher lesen werden, als unglücklicher, doch großmütiger Mensch dastehen, der angeblich eine böse Frau überwinden mußte.

Für mich wird es von Tag zu Tag unerträglicher, mit Lew Nikolajewitsch zusammenzuleben, so herzlos und grausam ist er zu mir. Daran ist Tschertkow schuld. Unbeirrbar hat sich dieser seit langem darum bemüht, Macht über diesen unglücklichen alten Mann zu bekommen und ihn mit seiner Frau zu entzweien. Er hat den künstlerischen Funken in Lew Nikolajewitsch erstickt und statt dessen Lew Nikolajewitschs Artikel in den letzten Jahren immer negativer und gehässiger klingen lassen. Dieser stumpfsinnige böse Geist! Wenn man an den Teufel glaubt, kann man Tschertkow für dessen Verkörperung halten, so sehr hat er unser Leben zerstört.

Bin schon einige Tage lang krank, erschöpft und ausgelaugt von einem Leben, das allzuviel von mir gefordert hat. Bin einsam, niemand hilft mir, niemand liebt mich. Flehe Gott an, mich zu sich zu holen. Werde bestimmt bald sterben. Wie gut versteht sich doch so ein kluger Mann wie Lew Nikolajewitsch darauf, mich loszuwerden! Hat mich mit Hilfe seines Freundes Tschertkow bis an den Rand des Grabes gebracht.

Bin ganz plötzlich krank geworden, nachdem Lew Nikolajewitsch und Sascha mit Arzt, Sekretär und Diener im Gefolge nach Meschtscherskoje zu Tschertkow gefahren waren und ich mit Warwara Michailowna allein in Jasnaja Poljana blieb. Mit Rücksicht auf die genesene Sascha mußte ich das Haus sauber machen und desinfizieren, alles neu streichen und die Dielen auswechseln lassen. Stellte zahlreiche neue Arbeitskräfte ein, schleppte jedoch auch selbst mit Hilfe der guten Warwara Michailowna Möbel, Bilder usw. Mußte außerdem Korrekturen lesen und hatte sehr viel mit der Gutswirtschaft zu tun. All das strengte mich furchtbar an, zudem quälte mich die Trennung von L. N. immer mehr, und so erlitt ich einen so schweren Nervenzusammenbruch, daß Warwara Michailowna telegraphierte: „Schwerer Nervenzusammenbruch, Puls über hundert, liegt, weint, schläft nicht.“[4] Dazu notierte Lew Nikolajewitsch in seinem Tagebuch: „Erhielt ein Telegramm aus Jasnaja. Bedrückend.“[5] Er reagierte darauf nicht und kam natürlich auch nicht.

Gegen Abend verschlimmerte sich mein Zustand: ich zitterte, hatte Herzbeklemmungen, Kopfschmerzen, war verzweifelt, meine Zähne schlugen aufeinander, und das Schluchzen drohte mich zu ersticken. Ich meinte, sterben zu müssen. So elend hatte ich mich bisher nicht gefühlt. Hatte furchtbare Angst und suchte Hilfe und Trost bei dem mir liebsten Menschen. So telegraphierte ich mit meiner Unterschrift noch ein zweites Mal: „*Flehe* dich an, am 23. zu kommen.“[6] Aber er kam nicht mit dem Frühzug um elf, sondern telegraphierte: „*Günstiger* komme am 24. morgens. Falls unumgänglich komme mit Nachtzug.“[7]

Aus dem Wort *günstiger* vernahm ich den Einfluß Tschertkows, dieses hartherzigen Despoten. Meine Verzweiflung und Nervosität, meine Kopf- und Herzschmerzen wurden immer unerträglicher.

Tschertkow war davon ausgegangen, daß ich es zeitlich nicht schaffen würde, auf das Telegramm zu antworten. Doch auch ich hatte schon damit gerechnet, daß sie mich überlisten wollten, und deshalb schickten wir noch ein von Warwara Michailowna unterschriebenes *dringendes* Telegramm: „Meines Erachtens unumgänglich."

Bei Tschertkow aber war gerade der Geiger Erdenko eingetroffen. Und natürlich gab Tschertkow Lew Nikolajewitsch zu verstehen, daß eine Abreise in diesem Augenblick unpassend sei, sagte das natürlich nicht direkt, legte ihm aber den Gedanken nahe, daß ein Geiger wichtiger als eine kranke Frau sei und hielt damit L. N. fest. Und dieser seinerseits freute sich, wenigstens noch einen Morgen länger mit seinem Abgott zusammensein zu können.

Am 23. abends dann kehrte Lew Nikolajewitsch mit seinem Gefolge zurück – unfreundlich und verstimmt. Ebenso wie ich Tschertkow für den uns entzweienden Geist halte, sehen Lew Nikolajewitsch und Tschertkow in mir die Triebkraft, die sie voneinander trennt.

Es kam zu einer qualvollen Aussprache, in der ich alles, was ich auf dem Herzen hatte, sagte. Lew Nikolajewitsch saß gebeugt und erbarmungswürdig auf einem Taburett und schwieg fast die ganze Zeit. Was hätte er auch sagen sollen? Manchmal tat er mir schrecklich leid. Daß ich mich nicht vergiftet habe, liegt nur an meiner *Feigheit*. Denn ich hätte genügend Grund dazu gehabt. Hoffentlich holt Gott mich bald zu sich, ohne daß ich in sündiger Weise selbst meinem Leben ein Ende setze.

Während dieser qualvollen Aussprache schnellte plötzlich die innere Bestie in Lew Nikolajewitsch hoch; Bosheit blitzte in seinen Augen, und er überschüttete mich mit groben Worten. In diesem Augenblick haßte ich ihn, und ich sagte: „Ah, so also bist du im Grunde deines Herzens." Darauf verstummte er sofort.

Am nächsten Morgen aber gewann wieder meine unauslöschliche Liebe zu ihm die Oberhand. Als er kam, warf ich mich an seinen Hals, bat ihn, mir zu verzeihen, Erbarmen mit mir zu haben, zärtlich zu mir zu sein. Er umarmte mich unter Tränen, wir beschlossen, es solle alles anders werden, in Zukunft wollten wir mehr Rücksicht aufeinander nehmen. Ob das wohl vorhält?

Weil ich nicht schon wieder die Verbindung zu ihm verlieren sondern ihm möglichst nahe sein wollte, bat ich ihn, mit mir nach Owsjannikowo zu fahren. Und so geschah es. Offensichtlich fiel es ihm nicht leicht, er versuchte sich aber zu überwinden. Doch unterwegs wollte er immer wieder allein zu Fuß weitergehen. Da brach ich wieder in Tränen aus; denn allein in der Droschke zu fahren, wäre für mich ganz unsinnig gewesen.

So trafen wir gemeinsam ein, ich hatte mich wieder beruhigt und freute mich über unser *Zusammensein.*

Heute las ich das Tagebuch, das mir Lew Nikolajewitsch gegeben hatte, und wieder überlief es mich kalt und ärgerte es mich, daß Lew Nikolajewitsch *all* seine Tagebücher vom Jahr 1900 an Tschertkow überlassen hat, angeblich damit dieser exzerpieren könne. Tatsächlich aber arbeitet bei Tschertkow der Sohn des listigen Sergejenko, und der schreibt sicher ausnahmslos alles ab, um es später einmal beliebig auszuspielen. Mich aber stellt Lew Nikolajewitsch in seinen Tagebüchern überall mit böser Absicht als Quälgeist hin, den man – *sich selbst beherrschend – überwinden* muß, während er sich selbst als bedeutenden, großmütigen, zur Liebe fähigen, religiösen Menschen zeichnet ...

Aber es ist meine Aufgabe, mich geistig über all das zu erheben und einzusehen, daß vor dem Tod und der Ewigkeit die Intrigen Tschertkows ebenso nichtig sind wie die kleinlichen Versuche L. N.s, mich zu demütigen und zugrunde zu richten.

Ja, wenn es einen Gott gibt, dann siehst Du, Herr, meine Seele, die jeglicher Lüge abhold ist. Du weißt, wie sehr mein Herz, wenn vielleicht auch nicht mein Verstand, bereit ist, vielen Menschen Wohltaten zu erweisen.

Abends. Wieder kam es zu einer qualvollen Aussprache. Nein, so geht das nicht mehr weiter, – ich werde selbst meinem Leben ein Ende setzen. Auf meine Frage: „Inwiefern will mich denn Lew Nikolajewitsch überwinden?“ antwortete er: „Insofern als wir in allem unterschiedlicher Meinung sind, in der Frage des Grundbesitzes ebenso wie in der des Glaubens.“ Ich: „Das Land gehört nicht mir, meiner Meinung nach ist es der ererbte Besitz der Familie.“ –

„Du kannst aber den *dir* selbst gehörenden Grund abgeben." Ich fragte weiter: „Warum regst du dich denn nicht darüber auf, daß Tschertkow Grund und Boden und ein Millionenvermögen besitzt?" – „Ach! ich sage überhaupt nichts mehr, laß mich in Ruhe ..." Erst schreit er, dann schweigt er erbittert.

Auf meine Frage, wo denn seine Tagebücher seit 1900 seien, hatte Lew Nikolajewitsch zunächst rasch geantwortet, er bewahre sie in seinem Zimmer auf. Doch als ich ihn bat, sie mir zu zeigen, gestand er, daß sie sich bei Tschertkow befänden. Daraufhin fragte ich weiter, wo Tschertkow sie aufbewahre, denn schließlich könne bei ihm eine Hausdurchsuchung durchgeführt werden und dann nähme man die Tagebücher weg, die ich doch für meine „Aufzeichnungen" so dringend brauche. „Nein", entgegnete darauf L. N. „er hat alle Vorkehrungen getroffen, um dies zu vermeiden. Er hat sie bei irgendeiner Bank deponiert." „Wo, in welcher?" „Warum willst du das unbedingt wissen?" – „Wieso? Stehe ich als deine Frau dir nicht am nächsten?" – „Am nächsten steht mir Tschertkow, und ich weiß nicht, wo er die Tagebücher aufbewahrt. Ist das nicht schließlich auch ganz egal?"

Sagt Lew Nikolajewitsch die Wahrheit? Wer kennt ihn schon! Alles geschieht heimtückisch und verborgen, alle haben sich miteinander wider mich verschworen. So geht das nun schon lange, und es wird sich auch nicht ändern bis zum Tod des unglücklichen Greises, den sich Tschertkow, dieser Satan, gefügig gemacht hat.

Offensichtlich habe ich jetzt erkannt, was ich zu tun habe. Als dieser Tage Lew Nikolajewitsch unzufrieden mit unserem Leben zu Tschertkow fuhr, fragte ich ihn, was wir denn ändern sollten. Darauf schrie er wütend: „Fortgehen, alles hinwerfen, nicht mehr länger in Jasnaja Poljana leben, nicht mehr die Armen sehen müssen, den Tscherkessen, die Diener bei Tisch, die Bittsteller, die Besucher – all das ertrage ich nicht mehr!"

Ich fragte: „Wohin können wir alten Leute denn noch gehen?" – „Wohin du willst: nach Paris, nach Jalta, nach Odojew ... Ich gehe selbstverständlich mit dir."

Ich hörte mir ganz genau diese zornigen Worte an, dann nahm ich mir dreißig Rubel und machte mich auf den Weg; ich wollte nach Odojew und mir dort ein Plätzchen aussuchen, wo es sich leben ließ.

Es war grauenvoll heiß, ich rannte bis zur Chaussee, keuchte erregt und legte mich dann, erschöpft wie ich war, in einen Graben in der Nähe eines Roggenfeldes.

Als ich den Kutscher mit dem Kabriolett herankommen hörte, setzte ich mich in den Wagen und kehrte völlig erkräftet nach Hause zurück. Lew Nikolajewitsch hatte einen kurzen Tachykardie-Anfall. Was soll geschehen? Wohin könnten wir ziehen? Das war die erste Schramme in unserer Beziehung.

Ich kehrte nach Hause zurück, doch hier ist alles unverändert schwierig. Mein Mann schweigt finster, ich muß Korrekturen lesen, außerdem sind die Maler da, der Verwalter, Gäste, daneben die Gutswirtschaft ... Jeder will eine Auskunft, alle wollen zufriedengestellt werden. Ich habe Kopfschmerzen, als würde mir der Kopf bald zerspringen, und mein Herz krampft sich zusammen unter einer Riesenlast.

Nachdem ich heute abend wohl insgesamt zehnmal die Gartenallee auf- und abgegangen war, kam ich endlich zu dem Entschluß, ohne jede weitere Auseinandersetzung mir ein Plätzchen in einer Bauernhütte zu mieten, all mein bisheriges Leben hinter mir zu lassen und als unbemittelte Alte in einer Hütte voller Kinder zu leben, die ich liebhaben würde. Zumindest versuchen will ich es.

Als ich zu Lew Nikolajewitsch sagte, ich sei nicht nur bereit, unseren jetzigen Lebensstil gegen einen bescheideneren einzutauschen, sondern freue mich sogar ausgesprochen darauf, nur möge er mir sagen, *wo* er denn dann leben möchte, antwortete er zunächst: „Im Süden, auf der Krim oder im Kaukasus ..." Doch dann begegnete er meinen Worten „Gut, fahren wir, aber laß uns nur sobald wie möglich fahren ..." mit einer Darlegung, daß zuallererst *Güte* vonnöten sei.

Natürlich fährt er nirgends hin, solange Tschertkow hier ist. Er hält ja nicht einmal sein Versprechen, Serjoscha in Nikolskoje zu besuchen. *Güte!* Aber als *er* im Verlauf von mehr als zwanzig Jahren zum erstenmal *seine* Güte hätte beweisen können (als ich ihn *anflehte* zu kommen), da verfaßte er gemeinsam mit Tschertkow ein Telegramm, es sei *günstiger* nicht zu kommen. Auf meine Frage, wer denn dieses Telegramm aufgesetzt habe, antwortete er rasch: „Ich glaube Bulgakow und ich; im übrigen erinnere ich mich nicht mehr."

Bulgakow aber, den ich darauf ansprach, sagte, er habe von diesem Telegramm gar nichts gewußt, geschweige denn dabei mitgewirkt. Da konnte Lew Nikolajewitsch nicht mehr verhehlen, daß das Telegramm tatsächlich die Handschrift Tschertkows trug, den er hatte schützen wollen. Wobei er zu meinem Entsetzen nicht einmal das Lügen scheute.

Ich schreibe nachts, allein, im Saal. Es tagt, die Vögel singen schon, und die Kanarienvögel hüpfen ausgelassen in ihren Bauern herum.

Es kann doch einfach nicht sein, daß diese Leiden, die ich mitmachen muß, mich nicht das Leben kosten sollen ...

Heute beschuldigte mich Lew Nikolajewitsch, ich sei in *allem* anderer Meinung als er. In allem? In der Frage des Grundbesitzes, des Glaubens, ja in allem ... Das stimmt doch nicht. Von Henry Georges Theorien des Grundbesitzes verstehe ich nichts, ich halte es aber im höchsten Maß für ungerecht, den Boden jemand anderem als meinen Kindern abzutreten. In Fragen des Glaubens kann es keine Uneinigkeit geben; denn wir glauben beide an Gott, an das Gute, an die christliche Demut. Wir hassen beide den Krieg und die Todesstrafe. Wir lieben beide das Leben auf dem Land. Wir verabscheuen beide den Luxus ... Allerdings gibt es einen Unterschied: ich liebe nicht Tschertkow, sondern Lew Nikolajewitsch, er aber liebt nicht mich, sondern sein Idol.

30. Juni. Am 28. sind Lew Nikolajewitsch, Sascha, Dušan Petrowitsch, N. N. Gay und ich nach Nikolskoje zu unserem Sohn Serjoscha gefahren, der an diesem Tag Geburtstag hat. Wir waren früh aufgestanden und ich hatte noch einmal Lew Nikolajewitsch gesagt, daß ich bereit sei, mich allein mit N. N. Gay auf den Weg zu machen, falls er sich nicht wohlfühle. Er antwortete, er wolle es sich noch einmal überlegen, während er mir zuvor das Wort gegeben hatte, auf jeden Fall mit mir zu fahren. Wahrscheinlich belastete das jetzt sein Gewissen, so daß er mitkam.

Ich fühlte mich noch immer sehr elend und hatte eigentlich am Abend vorher beschlossen, nicht zu fahren, als ich dasaß und dem Schachspiel von Lew Nikolajewitsch und Goldenweiser zusah. Da kam Bulgakow mit der Nachricht, Tschertkow, der aus Teljatinki verbannt gewesen war, käme jetzt mit seiner Mutter dorthin.[8] Ich fuhr auf wie von der Tarantel gestochen, das Blut drang mir in Kopf und Herz, und ich beschloß, unbedingt zu Serjoscha zu fahren. Rasch begab ich mich zur Ruhe, konnte jedoch die ganze Nacht nicht schlafen. Morgens sagte mir dann Lew Nikolajewitsch, er werde zu Fuß vorausgehen, und ich solle ihm dann mit der Equipage folgen. Doch da traf Tschertkow ein, Lew Nikolajewitsch verlor sofort den Kopf und schlug die Richtung nach Jassenki statt zum Sasseka-Forst ein. Schweißüberströmt und verschreckt begab er sich dann rasch zum Pferdestall, auf den Berg, ritt von dort aus los und erreichte mich in der Begleitung von Tschertkow, stieg aber bereits in einiger Entfernung vom Pferd, kam zu meiner Droschke und wir setzten die Fahrt gemeinsam fort.

An der Station Bastyjewo, wo man uns hätte abholen sollen, gab es keine Pferde. Sascha und Gay stiegen in Tscherni aus, und mit einer Troika fuhren sie nach Nikolskoje, wo sich herausstellte, daß unser Telegramm nicht eingetroffen war. Man hatte es einfach aus Bastyjewo nicht weitergeleitet. Schon lange habe ich mich nicht mehr so unglücklich gefühlt wie in den drei Stunden, die wir auf dieser schmutzigen und unfreundlichen Station wartend verbringen mußten.

Lew Nikolajewitsch machte sich zu Fuß bereits auf den Weg, doch er schlug wiederum die falsche Richtung ein, so daß wir ihn suchen mußten, als endlich aus Nikolskoje die Kutsche eintraf. Wie gut, daß ich Haferbrei und Kaffee mit Milch mitgenommen hatte, so daß ich Lew Nikolajewitsch etwas zu essen geben konnte! An mich selbst denke ich nicht, ich habe den ganzen Tag nichts zu mir genommen außer einem Glas schwachen Tee und einem Ei.

In Nikolskoje trafen wir unsere Tochter Tanja, die Familie Orlow, Gajarins, Tanja Behrs und, zu meiner besonderen Freude, Waretschka Nagornowa an. Doch obwohl wir herrliche Spaziergänge unternahmen, war ich unverändert traurig und schwermütig. Durch die Gespräche mit Tanja wurde ich nur noch unglücklicher. Sie ist mir gegenüber grausam ungerecht, verurteilt mich erbarmungslos und fordert Unmögliches von mir. All das hat mich sehr verärgert. Dafür aber erwies sich Waretschka meinen Leiden gegenüber herzlich, zartfühlend und klug.

Der letzte Spaziergang hat mich sehr erschöpft, doch ich war froh, mich zu diesem Besuch entschlossen zu haben. Zwei Tage lang hatte ich ganz in der Nähe meines Ljowotschka verbringen können, und als wir zur Station fuhren, hatte er mich untergehakt. Als wir gestern abend von der Station Sasseka wegfuhren, war er rührend besorgt, weil ich in meinem dünnen Kleid fror. Er ging zur Kutsche und fragte nach einem warmen Umhang. Gay brachte mir daraufhin seinen Staubmantel und legte ihn mir um.

Bin seit heute früh sehr besorgt um Lew Nikolajewitschs Gesundheit. Er dämmerte vor sich hin, hatte keinen Appetit und die üblichen Gallenbeschwerden. Blieb lange liegen und empfing im Liegen Sutkowoi, Goldenweiser und Tschertkow. Ich hörte sein Gespräch mit Sutkowoi. Da sagte er unter anderem: „Ich habe diesen Fehler begangen und geheiratet ..." Diesen Fehler?

Er hält es wohl für einen „Fehler", weil ihn das Eheleben in seinen geistlichen Bestrebungen behindert!

Gegen Abend stand L. N. auf, spielte mit Goldenweiser Schach, während ich mit den Korrekturen der „Macht der Finsternis"[9] beschäftigt war. Es war so angenehm still und ruhig ohne Tschertkow!

1. Juli. Abends. Brachte den ganzen Tag mit den Korrekturen der neuen Ausgabe („Früchte der Bildung")[10] zu und fühlte mich in jeder Hinsicht recht elend. Lew Nikolajewitsch hat mein Brief an Tschertkow nicht gefallen.[11] Man darf aber nie etwas anderes als die uneingeschränkte *Wahrheit* schreiben, und darum habe ich diesen Brief trotzdem abgesandt. Abends trafen sich Lew Nikolajewitsch, Sascha und Tschertkow hinter verschlossenen Türen und führten eine geheimnisvolle Unterredung, von der ich kaum etwas mithören konnte; es fiel aber mehrfach mein Name. Sascha sah nach, ob ich nicht etwa lausche. Und als sie mich entdeckte, lief sie schnell zurück, um zu melden, daß ich wahrscheinlich vom Balkon aus ihrer Unterredung bzw. ihrer Verschwörung folge. Mir krampfte sich wieder das Herz zusammen, so unerträglich schwer war mir zumute. Ostentativ ging ich in das Zimmer, in dem sie sich versammelt hatten, begrüßte Tschertkow und fragte: „Wieder mal eine Verschwörung gegen mich?" Alle waren bestürzt, L. N. und Tschertkow stotterten gleichzeitig irgend etwas Unverständliches von den Tagebüchern, ohne daß man mir wirklich sagte, wovon die Rede gewesen war, und Sascha verließ so schnell wie möglich den Raum.

Zwischen Tschertkow und mir kam es dann zu einer qualvollen

Aussprache, während Lew Nikolajewitsch hinaus zu Sohn Mischa ging, der bei uns zu Besuch ist. Ich wiederholte, was ich im oben erwähnten Brief geschrieben hatte, und bat Tschertkow, mir zu sagen: *wieviele* Tagebücher sich bei ihm befänden, *wo* er sie aufbewahre und *wann* er sie mitgenommen habe. Diese Fragen brachten ihn in Harnisch, er sagte, da Lew Nikolajewitsch einmal Vertrauen zu ihm gefaßt habe, sei er niemandem – auch Lew Nikolajewitsch nicht – Rechenschaft schuldig. Und daß Lew Nikolajewitsch ihm diese Tagebücher übergeben habe, damit er alles Intime, alles Anstößige darin tilge.

Vorübergehend nahm sich Tschertkow zusammen und schlug mir vor, wir sollten doch Lew Nikolajewitsch lieben und hegen und uns ganz und gar seinen Interessen widmen. Als ob ich das nicht auch ohne sein Zutun fast mein ganzes Leben lang getan hätte – achtundvierzig Jahre hindurch. Damals aber stand niemand zwischen uns. „Two is company, three is not." Nun aber hat ein Dritter unser Leben zunichte gemacht. Tschertkow erklärte, er sei sozusagen der Beichtvater von Lew Nikolajewitsch und damit habe ich mich allmählich abzufinden.

Im Verlauf unseres Gesprächs brachen immer wieder grobe Wörter und Gedanken aus Tschertkow hervor. So schrie er z. B.: „Sie haben ja nur Angst, daß ich Sie mit Hilfe der Tagebücher bloßstellen könnte. Wenn ich das wollte, hätte ich unbegrenzte Möglichkeiten, um Ihre Familie und Sie *in den Dreck zu ziehen* (sehr schön drückt sich dieser vorgeblich ehrenhafte Herr aus!). Ich verfüge über die vielfältigsten Verbindungen. Und wenn ich das nicht tue, dann nur aus Liebe zu Lew Nikolajewitsch." Tschertkow verwies dann noch auf Carlyle, dessen Freund Carlyles Frau entlarvt und im allerübelsten Licht hatte erscheinen lassen.

Wie ungeheuer gemein denkt dieser Tschertkow! Was ficht es mich an, wenn mich ein einfältiger Offizier im Ruhestand vor böswilligen Herrschaften nach meinem Tod bloßstellt?! Gott weiß um mein Lebenswerk und mein Herz; ich habe mein irdisches Dasein Lew Nikolajewitsch in selbstvergessener leidenschaftlicher Liebe gewidmet und kein Tschertkow vermag diese Liebe zu tilgen, die ohne jeden Zweifel fast ein halbes Jahrhundert hindurch meinem Mann galt.

Weiter schrie Tschertkow auch noch, wenn er eine Frau wie mich hätte, dann hätte er sich schon längst erschossen oder wäre ans Ende der Welt geflohen. Und als er später mit Sohn Ljowa die Treppe hinunterging, sagte er gehässig über mich: „Ich verstehe diese Frau nicht, die ihr *ganzes Leben lang* versucht, ihren Mann zugrunde zu richten."

Allerdings muß dieses Zugrunderichten recht langsam vor sich gehen, denn immerhin ist mein Mann jetzt schon zweiundachtzig Jahre alt. Doch auch das hat er Lew Nikolajewitsch eingeflößt, und darum ist unser Lebensabend so unglücklich.

Was kann ich nur machen? Ich werde wohl leider etwas *vortäuschen* müssen, um Lew Nikolajewitsch nicht völlig zu verlieren. Werde mich in diesem Monat Tschertkow und seiner Familie gegenüber freundlich und herzlich geben müssen, obgleich mir das unerträglich zuwider ist, da ich weiß, was ich über ihn und was er über mich denkt. Ich werde relativ häufig dort sein müssen, darf Lew Nikolajewitsch in keiner Weise verstimmen, muß mich damit abfinden, daß er Tschertkow bis zur Selbstaufgabe ergeben ist. Wenn Gott sich meiner nicht erbarmt, habe ich meinen langjährigen Einfluß und meine Liebe für immer verloren. Und wie leid tut mir Lew Nikolajewitsch! Unter der Knute dieses Despoten Tschertkow ist er unglücklich, und er war so glücklich im Umgang mit mir!

Hinsichtlich der geraubten Tagebücher erhielt ich von Tschertkow die schriftliche Zusage, daß er sich verpflichtet, sie nach dem Abschluß seiner Arbeiten an Lew Nikolajewitsch zurückzugeben, die er so rasch wie möglich durchführen wolle.[12] Lew Nikolajewitsch seinerseits hat mir sein Wort gegeben, sie *mir* dann auszuhändigen. Zunächst wollte er mir das ebenfalls schriftlich zusichern, doch dann bekam er es mit der Angst zu tun, und so hielt er nicht an seinem Versprechen fest. „Wieso soll man denn seiner eigenen *Frau* eine schriftliche Zusage machen, das ist ja geradezu lächerlich", sagte er, „wie ich es dir versprochen habe, so wird es geschehen."

Aber ich weiß ja, was all diese Versprechungen und Zusicherungen wert sind (und tatsächlich hat sich Lew Nikolajewitsch unaufrichtig verhalten, er hat seine Tagebücher nicht etwa mir überlassen, sondern sie bei einer Bank in Tula deponiert).[13] Tschertkow weiß nur allzu gut, daß Lew Nikolajewitsch nicht mehr lange leben wird, und deshalb wird er seine angebliche Arbeit an den Tagebüchern möglichst lang herauszögern und die Tagebücher überhaupt nicht zurückgeben.

Dies also ist die wahrhaftige Aufzeichnung der gramvollen Geschichte meiner letzten Lebensjahre. Ich werde jetzt jeden Tag Aufzeichnungen machen.

Am Abend bin ich zur Station Sasseka gefahren, um die Korrekturen abzuschicken, was ich gestern vergessen hatte.

Nikolajew ist bei uns, vorübergehend besuchte uns auch Sohn Mischa, unzugänglich wie immer, doch ruhig und angenehm. Ich erzählte ihm, was ich mitmachen müsse, doch auch das brachte ihn nicht aus der Fassung. Sehr bedrückend ist Saschas Einstellung mir gegenüber. Diese Tochter ist eine Verräterin. Sollte ihr jemand, angeblich um des Seelenfriedens ihres Vaters willen, vorschlagen, ihn heimlich von mir fortzubringen, würde sie das ohne zu zögern tun. Ich war heute erschüttert, wie sie heimlich mit ihrem Vater und mit Tschertkow flüsterte, unruhige Blicke hin und her warf, sogar aus dem Zimmer lief, um nachzusehen, ob ich nicht ihrem Gespräch über mich lausche. Ja, mich umgibt eine Mauer, die mein Herz nicht durchdringen kann. So harre aus in deiner einsamen Gefangenschaft und erdulde sie als Strafe *für deine Sünden*, als schweres Kreuz!

2. *Juli.* Die Gespräche mit Sascha haben mich so sehr verstört, daß ich überhaupt nicht arbeiten kann. Welch eine Heimtücke, Entfremdung, Ungerechtigkeit! Die Kluft zwischen uns wird immer tiefer! Es ist unsagbar traurig. Die weise unparteiische alte M. A. Schmidt half mir heute, als sie mit mir sprach. Sie riet mir, mich seelisch über all diese Vorwürfe, Anwürfe und Schikanen von Tschertkow zu erheben; sagte, daß das Ansinnen meiner Töchter, ich solle *irgendwohin* umsiedeln mit Lew Nikolajewitsch, da er angeblich nicht mehr länger in Jasnaja Poljana leben könne, barer Unsinn sei; daß das Leben nirgends leichter würde, daß die Bittsteller und Besucher ihn überall fänden, und im hohen Alter das Lebenssteuer umzureißen, sei einfach geschmacklos.

Habe Goldenweisers besucht. Alexander Borissowitsch war nach Moskau gefahren, doch seine Frau, sein Bruder und seine Schwägerin waren sehr nett. Zur gleichen Zeit war Lew Nikolajewitsch zu den Tschertkows geritten und war offensichtlich sehr erschöpft von der Hitze.

Zum Mittagessen traf Sohn Ljowa ein, lebhaft und freudig. Er ist gern wieder in Rußland, in Jasnaja Poljana und mit uns zusammen.[14]

Auf der Terrasse kam es im Beisein von Sutkowoi, seiner Schwester, Kartuschin, M. A. Schmidt, Lew Nikolajewitsch, I. I. Gorbunow, Ljowa und mir zu Gesprächen über die Dobroljubzen.[15]

Sutkowoi erzählte, daß die Dobroljubzen, wenn sie sich versammeln, schweigend dasitzen und daß es zwischen ihnen zu einer geheimnisvollen geistlichen Gemeinschaft käme. Lew Nikolajewitsch entgegnete ihm etwas darauf, doch leider weiß ich nicht mehr was, und ich scheue mich, seine Gedanken nicht hinreichend genau wiederzugeben.

Auch die Mutter von Tschertkow ist eingetroffen. Sie ist schon recht alt, sehr schön und exaltiert. Redstock-Anhängerin, typische Sektiererin, glaubt an die Erlösung, glaubt, daß Christus in ihr lebt, und widmet sich der Religion recht pathetisch.[16] Als *Mutter* aber ist sie zu bedauern, sie hat zwei Söhne verloren. Vom Tod des Jüngeren, des achtjährigen Mischa, erzählte sie sehr ausführlich. Fünfunddreißig Jahre sind seitdem vergangen, doch noch immer zermartert dieser Gram ihr Herz. Mit dem Tod dieses Sohnes war für immer ihre Lebensfreude dahin. Gott sei Dank, daß sie in der Religion Trost fand.

Lew Nikolajewitsch nahm ein Bad, er hat eine Magenverstimmung, ansonsten aber steht es im großen und ganzen nicht schlecht um seine Gesundheit. Gott sei Dank!

3. Juli. Ich war heute morgen noch nicht einmal angezogen, da hörte ich, daß es in Owsjannikowo gebrannt hat.[17] Abgebrannt ist das Haus, in dem Gorbunows wohnten, und die Hütte von M. A. Schmidt. Sie selbst hatte bei uns übernachtet, und da hat man ihr die Hütte angezündet. Obgleich sie durch das Feuer alles verloren hat, bekümmert sie es am meisten, daß auch der Handschriftenkoffer dem Feuer zum Opfer fiel. Sie hatte alles abgeschrieben, was Lew Nikolajewitsch je zu Papier gebracht hatte, und es in diesem Koffer zusammen mit dreißig Briefen von Lew Nikolajewitsch an sie aufbewahrt.[18]

Mir tut das Herz weh, wenn ich daran denke, wie sie auf mich zustürzte, sich an meinen Hals warf und verzweifelt weinte. Wie hätte ich sie trösten können? Ich konnte nur von ganzem Herzen mit ihr fühlen. Schon den ganzen Tag denke ich bekümmert daran, wie sie früher sagte: „Bei uns in Owsjannikowo, mein Herz, lebt man wie im Paradies." Ihre kleine Hütte hatte sie einen „Palast" genannt. Sie grämt sich auch sehr um ihren alten lahmen Spitz, der unter dem Herd verbrannt ist.

Morgen fährt Sascha nach Tula, um ihr das Lebensnotwendigste zu kaufen. Wir kleiden sie ein und statten sie aus, so gut wir können. Doch *wo* sie wohnen soll, das weiß ich nicht. Sie will nicht bei uns leben, ist an ihre Unabhängigkeit gewöhnt, an ihre Kühe, Hunde, ihren Gemüsegarten, ihre Erdbeeren.

Lew Nikolajewitsch ist mit Ljowa in das abgebrannte Owsjannikowo geritten und wiederholte in einem fort, daß „Marija Alexandrowna gut", d. h. tapfer ihr Unglück trägt. Das ist alles schön und gut, *jetzt* aber braucht sie etwas zum Anziehen, zum Essen und Trinken, und es fehlt an allem.

Dank sei Gorbunows, sie haben alle Habe gerettet und zumindest vorerst die Alte nicht ohne Hilfe gelassen.

Eine schreckliche Hitze, leider geht die Heumahd nur langsam voran. Mit meiner Gesundheit steht es besser, ging zum Baden. Abends kamen Goldenweiser und Tschertkow. Lew Nikolajewitsch spielte mit Goldenweiser Schach, Tschertkow saß aufgeblasen und unsympathisch herum. Ljowa ist sehr nett und teilnahmsvoll, versucht, mir Mut zu machen, und dennoch bin ich traurig.

Habe viele Korrekturen gelesen, werde sie abschicken.

4. Juli. Habe unsere Reise nach Moskau und zu den Tschertkows beschrieben[19], Maudes englische Biographie von Lew Nikolajewitsch gelesen. Nicht sehr gut, er rückt sich selbst allzusehr in den Vordergrund, macht Reklame u. a. für seine Übersetzungen.

Ljowa sagte heute, gestern habe er zufällig einen so schönen Ausdruck auf Lew Nikolajewitschs Gesicht aufgefangen, den eines Menschen, der schon nicht mehr von dieser Welt ist. Er sei ganz überrascht gewesen und wolle diesen Ausdruck in einer Skulptur festhalten. Ich arme Kurzsichtige aber kann niemals einen besonderen Gesichtsausdruck gewahren.

Ja, Lew Nikolajewitsch ist schon halb von uns niederen weltlichen Wesen fortgegangen, das muß man ständig bedenken. Wie gerne wäre ich ihm möglichst nahe gewesen, wäre mit ihm zusammen gealtert und hätte meine leidenschaftliche, aufbegehrende Seele beschwichtigt und mit ihm gemeinsam erkannt, wie eitel alles Irdische ist!

Nach Wanetschkas Tod wandte ich mich ganz dem Geistigen zu, und diese Einstellung möchte ich wiedererlangen, solange noch Ljowotschka lebt, mein Mann. Sie ist jedoch schwierig zu bewahren, wenn man sich mit der Last der irdischen Geschäfte abquälen muß, mit der Gutswirtschaft, den Ausgaben, der Dienerschaft, der Beziehung zu den anderen, ihrer Gemeinheit, der Beziehung zu den Kindern und wenn man in seiner Hand diese widerliche Waffe hält: das Geld – *GELD!*

Sascha und Warwara Michailowna haben in Tula alles Nötige für Marija Alexandrowna gekauft. Ich fing schon gestern abend an, etwas für sie zu arbeiten. Ja, es gibt also schon wieder eine neue Aufgabe!

Tschertkow brachte abends die stereographischen Aufnahmen mit, die bei dem Besuch von Lew Nikolajewitsch in Meschtscherskoje gemacht worden sind. Lew Nikolajewitsch freute sich wie ein Kind und erkannte sich selbst überall. Als Goldenweiser spielte, brach Ljowa hysterisch in Tränen aus. Es ist frisch, zwölf Grad, Nordwind.

5. Juli. Das ist doch kein Leben mehr. Das Herz von Lew Nikolajewitsch, das Tschertkow fest in seiner Hand hält, ist zu Eis erstarrt. Morgens war Lew Nikolajewitsch bei ihm, abends kam Tschertkow zu uns. Lew Nikolajewitsch saß auf einer niedrigen Chaiselongue, Tschertkow rückte ganz dicht an seine Seite, und mir drehte sich das Herz um vor Eifersucht und Kummer.

Dann fingen sie ein Gespräch an über Wahnsinn und Selbstmord. Ich ging dreimal hinaus, wollte aber mit allen gemeinsam Tee trinken, doch kaum daß ich wieder kam, da drehte Lew Nikolajewitsch mir den Rücken, seinem Idol aber das Gesicht zu, setzte das Gespräch über Selbstmord und Wahnsinn fort, erörterte das Thema von allen Seiten[20] und erläuterte besonders genau diesen Zustand von meiner jetzigen leidvollen Verfassung aus. Abends erklärte er zynisch, er habe alles vergessen, auch seine Werke. Daraufhin fragte ich: „Und dein früheres Leben, und deine früheren Beziehungen zu den dir Nahestehenden? Soll das heißen, daß du nur der Gegenwart für den Augenblick lebst?" – „Ja, nur in der Gegenwart", antwortete Lew Nikolajewitsch. Wie niederschmetternd ist das! Vielleicht wäre es besser gewesen, wenn uns der Tod ereilt hätte, solange wir einander in Liebe verbunden waren!

Etwas Drohendes ballt sich über dem Haus zusammen, ein Druck, der mich erstickt.

Ich hatte mich zur Ruhe zwingen wollen, wollte gut mit Tschertkow auskommen. Doch es ging nicht. Denn Lew Nikolajewitschs Verhalten mir gegenüber war unverändert eisig, unverändert leidenschaftlich befangen diesem Idioten gegenüber.

Besuchte heute seine Mutter, sah dabei meine Enkel.[21] Die alte Frau mit den Riesenohren ist harmlos, sie verblüffte mich damit, wieviel Essen sie wahllos in meinem Beisein in sich hineinstopfte: kalten Quarkkuchen, Früchte, Brot usw.

Habe für Marija Alexandrowna Hemden zugeschnitten, einen Rock auf der Maschine genäht und Tücher gesäumt. Bekam Kopfschmerzen.

Bulygin, N. N. Gay und Goldenweiser waren bei uns. Mein Gott, mir wird einfach alles zuviel, ich fühle mich so elend, möchte sterben. Das kann doch nicht sein, daß es nicht zu einer Entscheidung kommt, die Tschertkow verwehrt, in Teljatinki zu wohnen.

Wie gerne würde ich L. N.s Tagebuch lesen. Aber er hält jetzt ja alles unter Verschluß oder gibt es Tschertkow.

Nie in unserem Leben haben wir etwas voreinander versteckt. Haben einander *alle* Briefe, *alle* Tagebücher gezeigt, *alles,* was Lew Nikolajewitsch schrieb. Niemand kann ermessen, wie sehr ich leide. Allein der Tod kann mich von all dieser Pein erlösen.

6. Juli. Habe die ganze Nacht nicht geschlafen, sah dauernd den verhaßten Tschertkow vor mir, wie er so dicht neben Lew Nikolajewitsch saß.

Am Morgen ging ich allein zum Baden und betete unterwegs ohne Unterlaß. Flehte, nicht in Versuchung zu fallen. Doch wenn sich nichts ändert, werde ich täglich auf dem Weg zum Schwimmen an den Selbstmord denken und mich schließlich in meiner lieben Woronka ertränken. Mußte heute daran denken, wie Lew Nikolajewitsch vor langer, langer Zeit zu jener Badestelle kam, an der ich alleine schwamm. All das ist längst vergessen und nicht danach sehne ich mich zurück; mich verlangt es nach einer ruhigen, zärtlichen Freundschaft, nach Anteilnahme und herzlichem Umgang.

Als ich zurückkam, sprach Lew Nikolajewitsch liebevoll und gütig zu mir, so daß ich sofort wieder ruhiger und fröhlich wurde. Er ist mit Duschan Petrowitsch fortgeritten, weiß nicht wohin.

Ljowa (mein Sohn) ist rührend gut zu mir; ist zum Fluß gekommen, um nachzusehen, wie es mir geht. Aber ich will mich ja zur Ruhe zwingen und so wenig wie möglich Tschertkow sehen.

Fuhr zur Sweginzewa, die sich über meinen Besuch freute, wir plauderten auf Weiberart, stimmten aber zumindest in unserer Einschätzung Tschertkows völlig miteinander überein.

Kam zu spät zum Essen zurück; Lew Nikolajewitsch wollte gar nichts zu sich nehmen, doch ich bat ihn, wenigstens bei uns am Tisch zu sitzen, und da verspeiste er dann mit Genuß die ganze Mahlzeit, die mit Rücksicht auf seinen Magen besonders sorgfältig zusammengestellt worden war: es gab pürierte Suppe, Reis, ein Ei, Heidelbeeren zu in Mandelmilch getunktem Brot.

Abends nähte ich einen Rock für Marija Alexandrowna; Tschertkow traf ein, dann kamen auch Sutkowoi, Nikolajew und Goldenweiser, der die Beethoven-Sonate op. 90, eine Rhapsodie von Brahms und die herrliche Chopin-Ballade spielte.

Lew Nikolajewitsch unterhielt sich mit Sutkowoi über die Sekte der Dobroljubzen im Gouvernement Samara, später wandte sich das Gespräch allgemeineren religiösen Fragen zu. Lew Nikolajewitsch sagte, man müsse Gott vor allem in sich selbst suchen und dürfe nicht in Wundern und im Abendmahl seine Zuflucht suchen, im unnatürlichen Schweigen, durch das man einen Kontakt zur angeblich mystischen Welt erlangen wolle. Vielmehr müsse man alles Überflüssige weglassen, was den unmittelbaren Umgang mit Gott behindere. Und daß man sich *anstrengen* müsse, um diesen Umgang zu erlangen. Über all diese Fragen hat Lew Nikolajewitsch eine kleine Abhandlung geschrieben, die ihn selbst zufriedenstellt und die er heute an Gorbunow zum Druck schickte, nachdem er sie noch einmal durchgesehen hatte.[22]

Heute bin ich weniger erregt und kann mich ziemlich beherrschen, obgleich ich Tschertkow den Ausdruck *„in den Dreck ziehen“* nicht zu verzeihen vermag! Merkwürdig! Wieviele Gespräche sind nichts als leeres Geschwätz, doch viele Menschen begreifen nicht, worauf es im Leben ankommt.

Ich kann mich noch gut an den Augenblick meiner Operation erinnern, als ich in den Abgrund der Betäubung sank und vor meinem Auge Bilder des Irdischen, der Lebenshast und vor allem des Großstadtlebens vorbeihuschten. Wie überflüssig und seltsam kamen mir angesichts des nahenden Todes besonders die Städte mit ihren Theatern und Geschäften vor. Wozu all diese Eile und Hast? Worauf kommt es wirklich an im Leben? ... Und die Antwort erschien mir klar und eindeutig: „Wenn uns der göttliche Wille schon dazu verurteilt hat, hier auf Erden zu leben, dann sollten wir wenigstens *einander im Leben helfen.* In welcher Weise wir einander helfen, ob wir jemanden pflegen, trösten, ihm zu essen oder zu trinken geben – das spielt keine Rolle. Wichtig ist nur, daß wir einander helfen, die Lebenslast zu tragen.

Wäre Lew Nikolajewitsch damals auf meine Bitte: *„Flehe dich an zu kommen“* ohne große Widerworte tatsächlich zu mir gekommen, dann hätte er meine Leiden gelindert und mir eine Hilfe erwiesen, die für mein Leben wesentlicher gewesen wäre als all seine kalten Predigten. So sollen *wir einander* immer und überall *beistehen, dieses irdische Leben zu fristen.* Das fordert doch auch die christliche Lehre.

7. Juli. Morgens. Regen, Wind. Habe die Korrekturen der „Früchte der Bildung“ durchgesehen, den Rock für Marija Alexandrowna zu Ende genäht. Nahm aus der Schublade von Lew Nikolajewitschs Diwan die Korrekturen der „Auferstehung“, bevor Tschertkow davon Wind bekommen und sie an sich nehmen könnte.[23] Ungeachtet des Wetters ist Lew Nikolajewitsch zu seinem Idol geritten. Dachte heute: mögen die letzten Tagebücher von Lew Nikolajewitsch auch sehr interessant sein, so sind sie doch speziell im Hinblick auf Tschertkow und jene Herrschaften *verfaßt* worden, denen sie Tschertkow zu zeigen beliebt. Jetzt *wagt* Lew Nikolajewitsch nicht mehr, ein liebevoll Wort in seinen Tagebüchern über mich zu sagen; denn das würde Tschertkow nicht gefallen, der die Tagebücher bekommt. Ich aber halte in meinen Händen das, was in seiner Aufrichtigkeit, in der Kraft seiner Gedanken und Gefühle wertvoller als alles andere ist.

Habe schlecht auf Lew Nikolajewitschs handschriftliche Aufzeichnungen achtgehabt. Doch er hat sie mir früher ja auch nie gegeben, sondern sie bei sich aufbewahrt und nicht erlaubt, daß ich sie anrühre. Als ich beschloß, sie dem Museum zu übergeben[24], lebten wir schon nicht mehr in Moskau, und dadurch konnte ich sie nur *zusammenlesen,* nicht aber *durchordnen.* Außerdem war ich damals in Moskau von meiner vielköpfigen Familie und den Geschäften schrecklich an Anspruch genommen, die ich um des täglichen Brotes willen nicht vernachlässigen durfte.

Ljowa hat sich gestern ebenfalls mit diesem ungehobelten Idioten von Tschertkow gestritten.

Es regnet, ist kalt, nichtsdestotrotz ritt Lew Nikolajewitsch zu Tschertkow. Verzweifelt wartete ich auf der Freitreppe auf ihn, regte mich auf und verfluchte diese nachbarschaftliche Nähe mit Tschertkow.

Abends. Nein, noch hat man mir Lew Nikolajewitsch nicht genommen, Gott sei Dank! Kraft meines tiefempfundenen Leids und meiner glühenden Liebe gelang es mir, jenes Eis zu schmelzen, das sich in den letzten Tagen zwischen uns gebildet hatte. Ein langes gemeinsames Leben und eine unerschütterliche Liebe binden uns aneinander. Als er sich schlafen legte, ging ich zu ihm und sagte: „Versprich mir, daß du niemals heimlich von mir fortgehen wirst." Darauf antwortete er mit zitternder Stimme: „Das habe ich nicht vor, und ich verspreche dir, daß ich dich nie verlassen werde, weil ich dich liebe." Ich umarmte ihn unter Tränen und sagte, ich hätte Angst, ihn zu verlieren, ich würde ihn so inbrünstig lieben und hätte bis ins hohe Alter nie jemanden mehr geliebt als ihn. Lew Nikolajewitsch sagte, das gleiche gelte für ihn, niemandem würde es gelingen, uns auseinanderzutreiben. Und weil ich fühlte, daß seine Worte aufrichtig waren, wurde mir froh ums Herz. Ich ging in mein Zimmer, kehrte aber noch einmal zurück, um ihm dafür zu danken, daß er mir diesen Stein vom Herzen genommen habe.

Nachdem ich dann in mein Zimmer gegangen war, öffnete sich nach einiger Zeit die Tür und Lew Nikolajewitsch kam zu mir. „Sag, bitte, nichts", sagte er zu mir, „aber ich möchte dir sagen, daß auch mir sehr sehr froh ums Herz wurde nach unserem letzten Gespräch heute abend ..." Und wieder brach er in Tränen aus, umarmte und küßte mich ... „Mein! Mein!" frohlockte mein Herz. Jetzt werde ich ruhiger und gütiger sein, mich eines Besseren besinnen und mich auch um ein entspannteres Verhältnis zu Tschertkow bemühen.

Er hat mir einen Brief geschrieben, mit dem er sich zu rechtfertigen bemüht.[25] Ich lud ihn heute zur Aussöhnung ein und sagte ihm, er möge sich zumindest, wenn er ein anständiger Mensch sei, für die beiden groben Sätze entschuldigen: 1. „Wenn ich wollte, hätte ich unbegrenzte Möglichkeiten, Sie und Ihre Kinder *in den Dreck zu ziehen.*" 2. „Wenn ich eine solche Frau wie Sie hätte, wäre ich schon längst ans Ende der Welt geflohen oder hätte mich erschossen."

Doch er wollte sich um nichts in der Welt entschuldigen, sagte, ich hätte den Sinn seiner Worte mißverstanden. Sind sie etwa nicht eindeutig genug? Stolz ist er und dazu noch dumm und heimtükkisch. Wo sind all seine angeblichen Prinzipien der Christlichkeit, der Demut und der Liebe? Das ist doch alles nichts als Heuchelei und Lüge. Bei ihm mangelt es auch an der guten Erziehung.

Als Tschertkow die Treppe herunterkam, gab er zu, mit dem zweiten Satz unrecht gehabt zu haben; er fügte hinzu, wenn mich sein Brief nicht zufriedenstelle, sei er bereit, seinem *Bedauern* Ausdruck zu geben. Sein Brief aber enthält nur Ausflüchte und ist die reinste Heuchelei.

Jetzt aber ist mir alles gleichgültig, die Freude darüber, daß mir Lew Nikolajewitsch gezeigt hat, wie aufrichtig er mich liebt, macht mich sicher und glücklich. Alle anderen verachte ich, sie können mich nicht verletzen.

8. Juli. Die Zärtlichkeit meines Mannes hat mich ruhig werden lassen; verbrachte zum erstenmal einen Tag in normaler Verfassung. Ging spazieren und pflückte einen großen Feldblumenstrauß für Lew Nikolajewitsch; schrieb alte Briefe von mir an meinen Mann ab, die ich bereits früher unter seinen Papieren gefunden hatte.[26]

Wiederum besuchten uns Tschertkow, Goldenweiser, Nikolajew und Sutkowoi. Es regnete, war windig und kalt. Man ackert zum zweitenmal die Brache um und streicht die Dächer. Sascha ist matt, stark erkältet und böse auf mich. Lew Nikolajewitsch hat uns eine recht ansprechende Erzählung eines neuen Autors Mille vorgelesen. Ihm hatte gestern auch die Erzählung „La biche écrasée" gefallen.[27]

9. Juli. Allmächtiger Gott! Wann werden denn nur einmal all diese unerträglichen gemeinen Geschichten und Klatschereien ein Ende haben! Kaum kam Schwiegertochter Olga, als wieder das Gespräch sich um das alte Thema meiner Beziehung zu Tschertkow drehte. Er hat sich mir gegenüber brutal geäußert, während ich zu ihm nicht ein einziges unbedachtes Wort sagte, aber natürlich macht man nur mir Vorwürfe und versucht man, mich zu verurteilen. Ich kann mich einfach nicht damit abfinden, daß Menschen schlichtweg *lügen*. Häufig genug *wollen die Leute die Wahrheit überhaupt nicht hören*, da sie ihnen keinerlei Nutzen und Vorteil bringt. Und genau das ist mit dieser Tschertkow-Affaire der Fall. Doch kein Wort mehr davon. Ich habe wirklich genug andere Sorgen. Heute ritten Lew Nikolajewitsch und Ljowa durch die Wälder, am Himmel tauchte eine schwarze Riesenwolke auf, sie aber ritten ohne jeden Regenschutz unbekümmert geradewegs auf sie zu. Lew Nikolajewitsch hatte nur einen leichten weißen Kittel, Ljowa ein Jackett an. Immer bitte ich Lew Nikolajewitsch, mir zu sagen, wohin er reitet, damit ich ihm notfalls einen Umhang oder eine Jacke nachschicken lassen kann. Aber er mag das nicht. Heute brach dann ein schweres Gewitter los, es goß in Strömen. Anderthalb Stunden lief ich in größter Sorge auf der Terrasse auf und ab. Wieder krampfte sich mir das Herz zusammen, Blut schoß mir in den Kopf, meine Kehle wurde ganz trocken, ich konnte kaum atmen – und war völlig verzweifelt.

Sie kehrten völlig durchnäßt heim, ich wollte Lew Nikolajewitsch Rücken, Brust, Beine und Arme mit Alkohol abreiben, doch er wies meine Hilfe zornig ab und war nur mit Widerwillen bereit, sich wenigstens von seinem Diener Ilja Wassiljewitsch abreiben zu lassen.

Olga war aus irgendeinem Grund verärgert, blieb nicht zum Essen, sondern fuhr mit den Kindern fort.

Ich hatte dann den ganzen Tag Kopfschmerzen, erhöhte Temperatur (37,5) und war zu nichts mehr fähig, obgleich ich so viel zu tun hätte u. a. mit der Herausgabe der Werke von L. N., mit der es überhaupt nicht vorangeht. Abends fühlte ich mich so matt, daß ich mich hinlegte und leider den ganzen Abend verschlief.

Tschertkow und Goldenweiser waren da, ebenso Nikolajew, der offensichtlich mit seinem Reden Lew Nikolajewitsch recht verstimmt. L. N. und Goldenweiser spielten Schach. Goldenweiser spielte später noch ein wenig Klavier. Wie wunderbar ist Chopins Mazurka! Wie sehr bewegt sie das Herz! Sohn Ljowa ist zutiefst beunruhigt wegen seines Passes. Man verweigerte ihn ihm heute in Tula mit den Worten, zunächst habe er eine Bescheinigung der Polizei vorzuweisen, daß gegen seine Ausreise keine Bedenken vorlägen. Gegen Ljowa ist aber ein Prozeß angestrengt worden, da er 1905 die Broschüren „Wo ist ein Ausweg?“ und „Die Restaurierung der Hölle“[28] veröffentlicht hat. Das alles ist wirklich beunruhigend.

Zwölf Grad plus, es ist feucht und unfreundlich. Sascha hustet rasselnd. Und auch das beunruhigt mich.

Überhaupt geht irgend etwas seinem *Ende* zu. Sollte das mein Leben oder das Leben eines meiner Lieben sein?

Tschertkow brachte mir nicht das vollständige Album mit den Photographien von Lew Nikolajewitsch, wie er es versprochen hatte. Einige dieser Photographien sind sehr schön. Tschertkows Mutter sandte mir das Büchlein „Mischa“ über ihren verstorbenen Sohn. Ich habe es gelesen, es ist sehr bewegend. Doch in ihrer Einstellung zu Jesus, zu Gott, ja sogar zu diesem Kind ist vieles künstlich und für mich nicht zu verstehen.

10. Juli. Selbstverständlich hat Lew Nikolajewitsch es nicht *gewagt*, in seinem Tagebuch davon zu schreiben, wie er spätabends noch zu mir gekommen ist, mich unter Tränen umarmte und glücklich über unser Gespräch und unsere Nähe war. Statt dessen schreibt er allenthalben nur *„halte durch“*. Was heißt *„halte durch“?* Mehr Liebe und Fürsorge als ich kann ihm niemand geben. Doch die Tagebücher wird Tschertkow erhalten, er wird sie herausgeben, um der ganzen Welt kundzutun, daß man – wie er ja sagte – sich entweder erschießen oder bis ans Ende der Welt fliehen müsse, wenn man eine Frau wie mich hätte.

Heute ritt L. N. in den Wald: offensichtlich gab es da wieder geheime Absprachen. Man hatte auch für Bulgakow ein Pferd satteln lassen, ihn dann aber doch nicht mitgenommen, damit er nicht ihr Alleinsein störe. Ja, wenn einer *durchhalten* muß, dann bin ich das, die täglich die Gegenwart dieses mir verhaßten Menschen zu ertragen hat.

Aus irgendeinem Grund sind sie im Walde wohl zweimal abgestiegen, Tschertkow richtete seine Kamera auf Lew Nikolajewitsch und photographierte ihn in der Schlucht. Als er zu uns kam, erklärte Tschertkow, er habe seine Uhr verloren, trat eilig auf den Balkon und erläuterte Lew Nikolajewitsch, wo er die Uhr verloren zu haben meinte. Und der arme gehorsame L. N. versprach, daß er nach dem Essen die Uhr des Herrn Tschertkow in der Schlucht *suchen werde*.

Wir hatten sympathische Gäste zum Essen: N. W. Dawydow, Salomon und N. N. Gay. Dawydow hatte mir die „Auferstehung" zurückgebracht, die er für die Werkausgabe durchgesehen hatte, mit der ich aber noch viel Arbeit haben werde.[29] Auch Serjoscha will sich damit beschäftigen.

Ich hatte gedacht, Lew Nikolajewitsch wäre es peinlich, uns alle zur Schlucht gehen und uns dort gebückt nach der Uhr des Herrn Tschertkow suchen zu lassen. Doch er fürchtet ihn so sehr, daß er nicht einmal davor zurückscheut, lächerlich zu erscheinen, indem er eine Gesellschaft von acht Menschen mit der Suche der Uhr Tschertkows beauftragt. Wir versanken alle im feuchten Heu, fanden aber nichts. Gott weiß, wo dieser zerstreute Idiot sie verloren hat! Und warum mußte er auch ausgerechnet auf diesem rutschigen Heu photographieren? Lew Nikolajewitsch hatte mich zum allerersten Mal in diesem Sommer aufgefordert, mit ihm spazierenzugehen. Ich hatte mich so sehr darüber gefreut und aufgeregt erwartet, daß diese Schlucht mit der Uhr an uns vorüberginge. Doch natürlich hatte ich mich geirrt. Am nächsten Morgen stand L. N. früh auf, ging ins Dorf, rief die Kinder zusammen und suchte gemeinsam mit ihnen weiter in der Schlucht nach der Uhr.

Abends las M. Salomon ein langweiliges französisches Gleichnis vom verlorenen Sohn[30] und zwei Erzählungen von Mille.[31]

Dawydow ist wieder fort. Ich verhehlte es Lew Nikolajewitsch gegenüber nicht, wie nahezu peinlich ich es empfunden habe, daß er mit mir nicht spazierengegangen sei, sondern die ganze Gesellschaft zur Schlucht geführt habe und sie dort nach Tschertkows Uhr suchen ließ. Natürlich wurde er böse, es gab wieder einen Zusammenstoß, und wieder mußte ich sehen, wie hart, fremd und verschlossen er unter dem Einfluß von Tschertkow mir gegenüber wird. Ich legte mich auf die blanken Bretter des Balkons und erinnerte mich, wie ich auf diesem Balkon vor achtundvierzig Jahren, zum erstenmal gefühlt hatte, daß Lew Nikolajewitsch mich liebte. Die Nacht war kalt, und ich dachte mit Freude daran, daß ich hier, wo ich meine Liebe gefunden hatte, nun auch den Tod finden werde. Doch offensichtlich habe ich ihn noch nicht verdient.

Lew Nikolajewitsch, der mich auf dem Balkon gehört hatte, kam heraus und herrschte mich an, ich störe ihn beim Schlafen und möge bitte fortgehen. So also ging ich in den Garten und lag zwei Stunden lang nur in einem leichten Kleid auf der feuchten Erde. Fror sehr, doch allzu groß war mein Verlangen nach dem Tod und ist es auch jetzt noch.

Es erhob sich eine große Unruhe, Dušan Petrowitsch, N. N. Gay und Ljowa kamen, schrien mir etwas zu und zerrten mich hoch. Ich zitterte und bebte vor Kälte und Erregung.

Könnte einer der Ausländer einmal sehen, wohin Lew Nikolajewitsch seine Frau gebracht hat, die erstarrt und in äußerster Verzweiflung nachts von eins bis drei auf der feuchten Erde liegen muß, wie würden sich diese guten Leute wundern! Ich wollte mich nicht von dieser feuchten Erde trennen, dem Gras, dem Tau, dem Himmel; wollte auch nicht fortgehen, bevor nicht mein Mann käme und mich nach Hause holte, denn er hatte mich ja hinausgejagt. Als er schließlich kam, so nur deshalb, weil Sohn Ljowa es schreiend von ihm gefordert hatte, und so führten sie mich zurück. Es ist drei Uhr nachts – und weder er noch in finden Schlaf. Nichts haben wir besprochen, keinen Funken Erbarmen vermochte ich aus ihm herauszupressen.

Nun, was soll's! Was kann ich denn machen! Ohne Lew Nikolajewitschs Liebe und Zärtlichkeit vermag ich nicht zu leben. Er aber kann sie mir nicht geben. 4 Uhr nachts …

Ich habe Dawydow, Salomon und der Nikolajewa von den brutalen Ausfällen Tschertkows wider mich erzählt; sie waren aufrichtig verwundert und entsetzt. Begriffen nicht, wie mein Mann es hinnehmen kann, daß seine Frau so beleidigt wird. Und sie äußerten einmütig ihre Abneigung gegen diesen heimtückischen hochmütigen Dummkopf Tschertkow. Dawydow mißbilligte insbesondere, daß Tschertkow alle Tagebuchaufzeichnungen von Lew Nikolajewitsch seit 1900 entführt hat.

„Aber das muß doch alles bei Ihnen, der Familie bleiben, … und dieser Brief, den Tschertkow an die Zeitungen gerichtet hat, als Lew

Nikolajewitsch bei ihm zu Besuch weilte[32], der überschreitet wirklich jede Dummheit und Taktlosigkeit", ereiferte sich der liebe Dawydow.

Alle sehen das ganz klar und deutlich, aber mein armer alter Mann? ...

Als es schon ganz hell geworden war, saßen wir noch immer in meinem Schlafzimmer einander gegenüber, ohne zu wissen, was wir sagen sollten. Wann hätte es das früher gegeben?! Ich wollte schon wieder nach draußen gehen und mich im Garten unter die Eiche legen, denn das wäre leichter zu ertragen als dieses Sitzen hier. Schließlich faßte ich Lew Nikolajewitsch an der Hand und bat ihn, sich schlafen zu legen, und wir gingen in sein Schlafzimmer.

Eingewickelt in die Decke mit dem griechischen Muster, die ich ihm einst gestrickt hatte, lag er da, das Gesicht zur Wand gekehrt, alt und bekümmert. Da erwachte in meinem Herzen ein wahnsinniges Mitleid, zärtlich bat ich ihn, mir zu verzeihen und küßte die liebe vertraute Innenfläche seiner Hand – und das Eis schmolz. Wieder weinten wir beide, und endlich konnte ich seine Liebe wiedererkennen.

Ich bat Gott, er möge uns dazu verhelfen, die letzten Jahre unseres Lebens so friedlich und glücklich zu verbringen, wie wir es früher waren.

11. Juli. Habe nur von vier bis halb acht geschlafen. Lew Nikolajewitsch schlief ebenfalls nur wenig. Fühle mich elend und zerschlagen, aber glücklich. Komme gut und freundschaftlich mit Lew Nikolajewitsch aus – so wie in alten Zeiten. Wie stark und töricht liebe ich ihn doch! Und wie unüberlegt! Er verlangt Konzessionen, Heldentaten und Entsagung von mir, deren ich nicht fähig bin. Noch dazu jetzt im Alter.

Heute morgen ist Serjoscha hierhergekommen. Sascha und Warwara Michailowna sind böse auf mich, aber mir ist das *so* gleichgültig. Ljowa ist lieb zu mir; er ist klug und geschickt, hat angefangen, mich zu modellieren.

Lew Nikolajewitsch ist mit dem Doktor ausgeritten. Abends kam Iw. Iw. Gorbunow, und Lew Nikolajewitsch sprach sehr ausführlich mit ihm über die neuen Billigausgaben. Alle gingen im

Garten spazieren, Lew Nikolajewitsch sah erschöpft aus. Der Abend ging dahin mit friedlichen Gesprächen, Schachspielen und den Erzählungen des lieben M. Salomon.

Legten uns früh schlafen. L. N. hatte selbst Tschertkow für den heutigen Abend abgesagt. Gott sei Dank! Wenigstens einen Tag lang frei atmen, seelisch aufatmen.

12. Juli. Habe heute Ljowa Modell gesessen für eine Büste von mir, an der er arbeitet. Heute sah sie mir schon ähnlicher. Er ist begabt, klug und – o Gott! – welch ein Unterschied zu Sascha.

Heute wartete Lew Nikolajewitsch auf Goldenweiser, um mit ihm auszureiten, doch der kam nicht. Ohne mein Wissen schickte man Filka nach Teljatinki, wo er versehentlich statt nach Goldenweiser nach Tschertkow verlangte. L. N. aber ging, ohne Goldenweiser abzuwarten, zum Pferdestall, sattelte sein Pferd (was er früher nie getan hatte) und wollte Goldenweiser entgegenreiten. Da dachte ich: wenn er ihn nun nicht trifft, dann ist er bei dieser mörderischen Hitze ganz allein unterwegs und bekommt am Ende noch einen Sonnenstich. So eilte auch ich zum Pferdestall, um Lew Nikolajewitsch zu fragen, wohin er reite, falls er Goldenweiser nicht antreffe. Lew Nikolajewitsch hielt derweil den Kutscher zur Eile an, der Doktor stand dabei. Da sagte ich: „Nun gut, dann laß doch Duschan Petrowitsch mit dir reiten." Lew Nikolajewitsch stimmte zu; doch kaum daß er den Pferdestall verlassen hatte, da sehe ich hinter dem Hügel die mir verhaßte Gestalt Tschertkows auf einem Schimmel auftauchen. Empört schrie ich, es sei alles wieder nur vorgetäuscht, die Verabredung mit Goldenweiser nur ein vorgelogener Vorwand für ein Treffen mit Tschertkow gewesen. Und ich erlitt auf der Stelle im Beisein des Hofgesindes einen hysterischen Anfall und eilte nach Hause. Lew Nikolajewitsch sagte zu Tschertkow, der daraufhin umkehrte, er werde nicht mit ihm ausreiten und machte sich dann mit dem Doktor auf.

Glücklicherweise war es wohl wirklich keine Täuschung, sondern eine Verwechslung, da der schlaftrunkene Filka vergessen hatte, zu wem er reiten sollte. Ich lebe jetzt ständig in einer solchen Spannung, daß bereits die Erwähnung Tschertkows, um so mehr aber sein Anblick, mich völlig aus der Fassung bringt. Als er abends kam, verließ ich zitternd wie eine Wahnsinnige das Zimmer. Goldenweiser und seine Frau, die beide sehr sympathisch sind, waren bei uns. Salomon ist wieder abgereist; er ist ein prächtiger, temperamentvoller, kluger und mitfühlender Mensch. Ljowa verhält sich mir gegenüber rührend. Lew Nikolajewitsch ist viel umgänglicher geworden; heute abend aber sah ich, wie fremd er wurde, als er offensichtlich auf Tschertkow wartete, der lange nicht kam. Da schrieb ihm Lew Nikolajewitsch einen Brief, um ihm darzulegen, warum er ihn nicht besucht habe.[33] Das war ja auch dringend nötig! Sicher hat er irgend etwas Bösartiges über mich in diesem Brief geschrieben. Er hatte ihn mir zeigen wollen, doch angeblich war das wieder keine Täuschung. Wieviel verlogene Heimlichkeiten um mich herum!

Suchotin – Tanja und Michail Sergejewitsch – sind bei uns. Die Gespräche bedrücken mich sehr. Meine Worte mögen noch so zuverlässig sein, Tanja und Sascha picken sich nur das heraus, was sie gebrauchen können, um es gegen mich zu verwenden.

Aber ich gehe bestimmt so oder so schon bald zugrunde, und bin froh darüber, daß ich Lew Nikolajewitsch nicht überlebe. Welch ein Glück wird das sein, von all den Leiden erlöst zu werden, die ich erlitten habe!

Heute lud mich Tschertkows Mutter Jelisaweta Iwanowna brieflich ein. Bei ihr halten sich zwei Prediger aus Irland auf. Einer von ihnen, Fetler, ist wirklich überzeugt, sehr redegewandt. Er versuchte mit allem Nachdruck, mich zu seinem Erlösungsglauben zu bekehren. Ich erwiderte ihm nur, er glaube an die materielle Erlösung, das Blutvergießen, die Leiden und den Tod des *Leibes* Christi. Während ich meine, das eigentlich Wichtige sei die Lehre Christi und seine Göttlichkeit im Geiste und nicht im Fleische. Das aber gefiel ihm nicht. Dann kniete dieser Fetler nieder, betete für Lew Nikolajewitsch und mich, für unsere Bekehrung, für den Frieden und das Glück usw. Jelisaweta Iwanowna war die ganze Zeit dabei, später rief sie mich zu sich und fragte, warum ich ihren Sohn hasse. Ich erklärte es ihr, erzählte ihr von den Tagebüchern und sagte, ihr Sohn habe mir meinen geliebten Mann genommen. Darauf erwiderte sie: „Und mich hat es immer erbittert, daß Ihr Mann mir meinen Sohn genommen hat." Und damit hat sie recht.

Drei Uhr nachts. Der Mond scheint in mein Zimmer, doch nichts als traurig ist meine Seele. Ich bin nur darüber froh, daß hier ganz in meiner Nähe *mein* Ljowotschka schläft und atmet, den man mir noch nicht ganz hat nehmen können.

13. Juli. Nachdem Lew Nikolajewitsch gestern mir zuliebe Tschertkow abgewiesen hatte, der hierher geritten war, wartete er abends auf ihn, um ihm alles zu erklären; doch Tschertkow kam lange nicht. Da sah ich, welch eine grauenvolle Stimmung meinen Mann überkam: er saß auf dem unteren Balkon und spähte wie ein Verliebter immer unruhiger werdend herum. Schließlich schrieb er einen Brief, den ich mir zu zeigen bat. Sascha brachte ihn mir. Natürlich „Lieber Freund" und allerlei liebevolle Worte ..., und wieder bin ich grauenhaft verzweifelt. Als schließlich Tschertkow kam, übergab er ihm dennoch den Brief. Ich aber nahm ihn unter dem Vorwand, ihn lesen zu wollen, an mich und verbrannte ihn.[34] Mir schreibt er schon längst keine zärtlichen Worte mehr. Und ich werde immer elender und unglücklicher, komme meinem Ende immer näher. Doch ich bin ein *Feigling.* Fuhr heute nicht zum Baden, aus Angst mich zu *ertränken.*

Habe heute lange Ljowa gesessen. Lew Nikolajewitsch ist mit Suchotin und Goldenweiser ausgeritten. Ich suchte das letzte Tagebuch von Lew Nikolajewitsch – fand es aber nicht. Er weiß, daß ich eine Möglichkeit finden würde, es zu lesen und hat es darum versteckt. Doch wenn er es nicht bei Tschertkow, Sascha oder dem Doktor vor mir verborgen hält, werde ich es finden.

Wie zwei stumme Feinde spionieren wir einander aus, überlisten und verdächtigen einander! Verstecken, d. h. Lew Nikolajewitsch versteckt etwas gemeinsam mit diesem *bösen Parisäer,* wie ihn einer der uns Nahestehenden, N. N. Gay der Jüngere, genannt hat. Vielleicht hat er ja gestern abend auch dieses letzte Tagebuch schon Tschertkow gegeben. Gott, erbarme Dich meiner, die Menschen sind alle so schlecht und erbarmen sich meiner nicht ... Erbarme Du Dich meiner und bewahre mich vor dem Übel! ...

In der Nacht vom 13. auf den 14. Juli. Angenommen, daß ich besessen bin, dann habe ich mich darauf *fixiert,* Lew Nikolajewitsch solle seine Tagebücher wieder an sich nehmen und sie nicht bei Tschertkow lassen. Zwei Familien sind zerrüttet; es kam zu einer bedrückenden Entzweiung, ich spreche schon nicht von meinen unerträglichen Leiden (heute habe ich den ganzen Tag auch nicht einen einzigen Bissen angerührt). Der Anblick meiner Qualen ist schon allen zuwider, ich störe sie wie eine lästige Fliege.

Wie könnten alle wieder fröhlich und meine Leiden aufgehoben werden?

Es würde völlig reichen, Tschertkow die Tagebücher wegzunehmen, diese wenigen schwarzen Wachstuchheftchen, sie hier auf den Tisch zu legen und ihm jeweils nur eins für seine Auszüge zu überlassen.

Wenn ich mich endlich zum Selbstmord durchgerungen haben werde, dann werden alle begreifen, wie wenig es sich gelohnt hat, so starrköpfig meine Bitte zurückzuweisen und mich mit dieser Weigerung in den Tod zu treiben.

Ohne den wahren Grund zu nennen, wird man der Welt meinen Tod mannigfach zu erklären versuchen: mit meiner Hysterie, meinem schlechten Nervenzustand, meinem schlechten Charakter. Doch niemand wird den Mut aufbringen zu sagen, daß ich *sehr leicht* hätte *gerettet* werden können: *man hätte nur vier oder fünf Wachstuchhefte auf den Schreibtisch meines Mannes zurückzulegen brauchen.*

Wo ist sein Christentum, wo seine Liebe? Wo ist ihr *Nichtwiderstreben?* Alles nur Lug und Trug, Heimtücke und Grausamkeit.

Diese beiden unnachgiebigen Menschen – mein Mann und Tschertkow – halten dicht zusammen und erwürgen mich einmütig gemeinsam. Ich habe Angst vor ihnen. Am liebsten würde ich mich aus dieser Umklammerung, die mich zugrunde richtet, befreien und irgendwohin fliehen. Doch noch fürchte ich mich ...

Man spricht vom *Grundrecht* jedes Menschen. Lew Nikolajewitsch hat natürlich das Recht, mich mit seiner Weigerung zu martern, die Tagebücher von Tschertkow zurückzufordern. Doch welches *Recht* hat eine Ehefrau, mit der ein Mann gelebt hat? Und wo ist das *Recht,* wenn es um ein Menschenleben, um den Frieden, das gute Verhältnis zwischen allen, um Liebe und Freude, um die Gesundheit aller, schließlich um das von L. N. so geliebte *Nichtwiderstreben* geht?

Wahrscheinlich reitet L. N. morgen zu Tschertkow. Tanja fährt mit ihrem Mann nach Tula, und ich werde allein sein. Gäbe es keinen Gott, so könnte mich nichts daran hindern, nicht nur das Haus zu verlassen, sondern auch aus dem Leben zu scheiden ...

Ich lasse ihm eine Chance, mich zu retten: mir die Tagebücher zurückzugeben. Verweigert man es mir, gut, dann tauschen wir: dann sollen die Tagebücher von *Rechts* wegen bei Tschertkow bleiben, während ich mir das *Recht* auf Leben und Tod vorbehalte.

Ich denke immer entschiedener an den Selbstmord. Gott sei Dank! Meine Leiden müssen bald ein Ende haben.

Welch ein schrecklicher Wind! Jetzt wäre es gut, fortzugehen ... Doch ich muß noch einmal versuchen, gerettet zu werden ..., zum letzten Mal. Wenn ich eine *Absage* erhalte, wird der Schmerz so unerträglich werden, daß er es mir leichter macht, mich von meinen Leiden zu befreien. Ja, und allmählich wird es mir peinlich, ewig zu drohen und dann schließlich unter den Blicken aller, die ich quäle, wiederum eine Ausflucht zu finden. Ich hätte so gern noch ein wenig gelebt, hätte so gern noch einmal einen Liebesbeweis meines Mannes erhalten. Wie oft hat seine Liebe mein Leben *bewahrt*, doch jetzt hat Tschertkow sie offensichtlich für immer erstickt. So soll nun ohne diese Liebe mein Leben erlöschen.

„Der Ertrinkende klammert sich an einen Strohhalm ...“ Gern würde ich all das, was jetzt in meiner Seele vorgeht, meinem Mann mitteilen, doch wenn ich daran denke, daß er dann sicher nur furchtbar wütend wird und mich sogar umbringt, rege ich mich wahnsinnig auf, fürchte und quäle mich ...

Ach, mein ganzes Leben ist eine Hölle! Ich möchte um Hilfe schreien, doch mein Hilferuf würde niemand in diesem Chaos der menschlichen Eitelkeit vernehmen, wo Liebe und Hilfe nur in Büchern vorkommen, während die Taten von kalter Grausamkeit beherrscht sind ...

Bereits früher einmal hatte ja Lew Nikolajewitsch auf meine Bitte, zurückzukommen – die einzige Bitte, die ich in vielen vielen Jahren an ihn richtete – unwillig und kalt reagiert und damit meine Krankheit nur noch schlimmer gemacht. So kann auch jetzt seine Gleichgültigkeit meiner Bitte gegenüber die allerschlimmsten Folgen haben ... Dann wird alles zu spät sein ... Aber was macht ihm das schon aus!! Er hat ja Tschertkow ... Doch der hat die Tagebücher und die müssen zurückgegeben werden ...

14. Juli. Habe die ganze Nacht nicht geschlafen und hätte beinahe Selbstmord begangen. Als Lew Nikolajewitsch kam, sagte ich ihm schrecklich erregt, er möge wählen: auf der einen Schale der Waage lägen die Tagebücher, auf der anderen mein Leben. Und zum Glück hat er sich entschieden und die Tagebücher von Tschertkow zurückverlangt. Vor Aufregung habe ich leider den Brief, den er mir heute morgen brachte, ganz schief eingeklebt[35]; das tut mir sehr leid, er ist aber bereits mehrfach abgeschrieben worden, u. a. auch in dem von mir abgeschriebenen Band der Briefe, die Lew Nikolajewitsch an mich gerichtet hat.[36] Auch Tochter Tanja hat eine Abschrift.

Sascha fuhr mit einem Brief von Lew Nikolajewitsch bezüglich der Tagebücher zu Tschertkow.[37] Doch noch immer grämt sich meine Seele, und der Gedanke an den Selbstmord, der so unüberhörbar in mir gereift ist, läßt sich nicht verdrängen.

Das also ist das Ende meines langen, einst so glücklichen Lebens! ... Und doch ist noch nicht alles zu Ende, das, was Lew Nikolajewitsch heute mir schrieb, verrät noch einmal einen Schimmer unseres einstigen Glücks.

Die Tagebücher hat meine Tochter Tanja versiegelt; sie wird sie morgen mit ihrem Mann nach Tula zu einer Bank bringen. Die Empfangsbescheinung wird auf den Namen von Lew Nikolajewitsch und seiner Erben ausgestellt und L. N. ausgehändigt. Wenn ich nur nicht wieder getäuscht werde, wenn nur nicht wieder Tschertkow ganz heimlich Lew Nikolajewitsch diese Tagebücher abluchst!

Habe schon drei Tage lang keinen Bissen zu mir genommen, und alle regen sich schrecklich darüber auf, obwohl das unwichtig ist. Entscheidend ist vielmehr, wie tief und grausam ich gekränkt worden bin.

Es tut mir leid, und ich bereue es sehr, daß ich meinen Kindern Ljowa und Tanja Kummer bereitet habe; vor allem Tanja, sie ist wieder so liebevoll und gut zu mir! Ich habe sie sehr lieb. Man kann Tschertkow nicht verwehren, zu uns zu kommen, so schwer mir das auch fällt, so sehr mir das auch zuwider ist. Doch wenn ich diese Begegnungen nicht gestattete, käme es zu einem unübersehbaren Geheimbriefwechsel, und das wäre noch viel schlimmer.

15. Juli. Habe die ganze Nacht kein Auge zugetan, weil ich dauernd denken mußte: wenn Lew Nikolajewitsch in seinem Brief so leichthin sein Wort zurücknimmt, wird er dann nicht ebenso leicht seine anderen Versprechen zurücknehmen? Und welche Worte sind wirklich *aufrichtig und zuverlässig?* Ich habe alle Veranlassung, mich so aufzuregen. Denn schließlich hat er in Gegenwart von Tschertkow versprochen, *mir* die Tagebücher zu überlassen, und indem er sie der Bank übergab, hat er mich getäuscht. Wie soll ich denn wieder ruhig und gesund werden, wenn ich dauernd unter der Drohung leben muß: „Ich gehe fort, ich gehe unbedingt fort."

Mein Kopf tut schrecklich weh, vor allem der Nacken. Ich werde doch wohl keinen Schlaganfall bekommen? Aber auch das wäre nicht schlimm, wenn er mir nur wirklich den Tod brächte. Nachdem ich die ganze Nacht nicht geschlafen hatte, bat ich heute morgen L. N., mir die Empfangsbescheinigung für die Tagebücher, die gestern bei der Bank deponiert worden waren, zu überlassen, um die Gewähr zu haben, er werde sein Versprechen nicht wieder zurücknehmen und diese Tagebücher Tschertkow übergeben.

Er wurde schrecklich wütend und sagte: „Nein, um überhaupt nichts in der Welt" und rannte sogleich fort. Ich erlitt wieder einen schweren hysterischen Anfall, wollte mich mit Opium vergiften, bekam es aber wieder mit der Angst zu tun und ließ davon ab, täuschte jedoch Lew Nikolajewitsch schamlos vor, es genommen zu haben, bekannte aber sofort darauf meine Lüge und weinte bitterlich.

Bin mit Sohn Ljowa im Kabriolett gefahren, um in Rudakowo ein Haus anzusehen, das man für Tanja nach Owsjannikowo transportieren könnte.[38] Lew Nikolajewitsch ritt mit dem Doktor aus. Ich hatte gedachte, wir würden zusammen fahren, doch L. N. schlug absichtlich eine andere Richtung ein als wir und sagte: „Ich reite die Chaussee entlang und dann über Owsjannikowo wieder zurück nach Hause." Doch wie zufällig ritt er direkt nach Owsjannikowo. Ich merke das alles wohl, vergesse es nicht und leide zutiefst.

Obwohl es meine Kräfte überstieg, gestattete ich Tschertkow zu kommen, verhielt mich ihm gegenüber sehr *aufmerksam*, litt aber, folgte jedem Blick und jeder Bewegung von Lew Nikolajewitsch und Tschertkow. Sie waren vorsichtig. Wie unbeschreiblich hasse ich diesen Menschen. Doch so sehr ich unter seiner Anwesenheit leide, will ich sie lieber ertragen, als daß die beiden sich irgendwo anders treffen oder einen langen Briefwechsel beginnen.

Auch Tschertkows Sohn war bei uns. Er ist ein lieber unbefangener Junge, der seinen englischen Freund, einen Chauffeur, mitgebracht hatte. Noch ein anderer Engländer war gekommen, er stammt aus Südamerika, ist stumpfsinnig und langweilig.[39] In den Zeitungen ist L. N.s Aufsatz über ein Gespräch mit einem Bauern erschienen: „Aus dem Tagebuch."[40]

Lew Nikolajewitschs Tagebücher (sieben Hefte) sind heute versiegelt worden, morgen übergeben Tanja und ich sie der Bank in Tula zur Aufbewahrung. Im Augenblick liegen sie bei Doktor Gruschezki, was mich beunruhigt. Sie konnten nicht, wie ursprünglich geplant, bereits heute der Bank übergeben werden, da in Tula Bittgottesdienste um Schutz vor der Cholera stattfanden. Lew Nikolajewitschs Verhalten ist befremdend. Warum sollen die Tagebücher ausgerechnet bei einer Bank deponiert werden, kann man sie nicht zu Hause aufbewahren oder sie dem Historischen Museum übergeben, wo doch auch die anderen Tagebücher liegen? Und warum darf gerade *diese* Tagebücher ausgerechnet *ich* nicht lesen? Wer weiß, wer sie nach Lew Nikolajewitschs Tod lesen wird, doch die *Ehefrau unterstehe sich ja nicht* ... Als wäre das immer so gewesen! Bitter kommt mich das alles an! Und an all dem ist nur Tschertkow schuld. „Natürlich ist das kränkend für Sie", sagte Suchotin, „das verstehe ich, ich kann Tschertkow selbst nicht ausstehen."

Haben schrecklich viel langweilige Gäste: den Engländer, Dima mit seinem Freund (sie sind noch am erfreulichsten), den monotonen Nikolajew, Goldenweiser und Tschertkow. Diese Herren stellten das Grammophon an, weil sie sonst keinen Gesprächsstoff haben. Versuchte vergebens Korrekturen zu lesen. Ljowa modelliert mich, in seiner Nähe werde ich ruhiger, er versteht alles, liebt und bedauert mich.

Teuer ist es mir zu stehen gekommen, daß Tschertkow die Tagebücher hergeben mußte; doch ich würde mich jederzeit wieder genauso verhalten. Und ich bedauere nicht, soviel Kraft und Gesundheit vergeudet zu haben, um sie wieder zurückzubekommen. Diesen Verlust meiner Lebensenergie müssen jetzt mein Mann und Tschertkow verantworten, die sich so lange der Rückgabe widersetzten.

Deponiert werden sie auf den Namen von Lew Nikolajewitsch, ihm allein können sie ausgehändigt werden. Wie taktlos und mißtrauisch der eigenen Frau gegenüber er sich verhält! Nun, was soll's!

Bekam einen Brief von A. I. Maslowa und sehnte mich wieder nach den aufrichtigen und zartfühlenden Menschen, die sie um sich zu sammeln vermag; vielleicht ist ja auch Sergei Iwanowitsch[41] dort; in ihrer aller Gegenwart könnte sich meine Seele beim Klang jener Musik erholen, die schon einmal meinen Schmerz zu lindern vermochte. Ich bin so erschöpft von all diesem hinterlistigen Versteckspiel, diesen Grausamkeiten, der unverhüllten *Abkühlung* meines Mannes mir gegenüber! Warum soll denn immer ich mich *ereifern* und ihn wie wahnsinnig lieben? Soll sich doch mein Herz von ihm abkehren, denn das will er doch wohl erreichen. Wenn man leben muß, sich selbst nicht umbringen darf, dann muß man Trost und Freude suchen. Darum sage auch ich, daß „ich so nicht weiterleben kann! Für mich hat er nur Herzenskälte über, all seine Gefühle gelten Tschertkow."

16. Juli. Kaum hatte meine Umwelt erfahren, daß ich jetzt täglich Eintragungen mache, da holten sogleich alle ihre *eigenen* Tagebücher hervor.[42] Wollen mich unbedingt anschuldigen, entlarven, belastendes Material gegen mich sammeln, nur weil ich es gewagt habe, meine ehelichen Rechte zu verteidigen, weil ich mehr Liebe und Vertrauen von meinem Mann und die Rückgabe der Tagebücher von Tschertkow forderte.

Ach, was gehen sie mich denn an! Ich brauche meinen Mann, solange seine *Abkühlung* mich noch nicht hat gefrieren lassen, ich brauche Gerechtigkeit und ein reines Gewissen, nicht aber den Schiedsspruch der Menschen.

War mit Tanja in Tula, haben sieben Tagebuchhefte von Lew Nikolajewitsch bei der Staatsbank deponiert.[43] Eine halbherzige Maßnahme, d. h. sie kommt mir auf halbem Wege entgegen. Tschertkow mußte sie Gott sei Dank hergeben, doch solange Lew Nikolajewitsch lebt, werde ich sie *niemals* einsehen können. Das ist die Rache meines Mannes. Aufgeregt hatte ich sie genommen, als sie von Tschertkow zurückkamen, um zu sehen, worum es darin geht, und mir war, als brächte man mir mein geliebtes verlorenes Kind zurück, nähme es mir aber sogleich wieder fort. Ich kann mir

Tschertkows Wut vorstellen! Gestern abend war er wieder bei uns, wie sehr hasse ich ihn, wie bin ich eifersüchtig auf ihn!

Deponiert sind die Tagebücher ausschließlich auf den Namen von Lew Nikolajewitsch ohne Ausnahmegenehmigung für Suchotin. Er kann sie nur persönlich bekommen bzw. muß eine notariell beglaubigte Vollmacht vorlegen.

Abends war Tschertkow da, ebenso Bulgakow und M. A. Schmidt. Ständig hängt der unerträgliche Engländer hier herum. Goldenweiser spielte wunderbar Masurken von Chopin.

Lew Nikolajewitsch ist gütiger als früher zu mir und wenn ich einen zärtlichen Blick von ihm auffange, bin ich glücklich. Er ist ohne uns mit Bulgakow durch die Wälder geritten, klagt nicht über seine Gesundheit. Von seinen Arbeiten weiß ich nur wenig. Nachts gehe ich in die sogenannte *Kanzlei,* in der Sascha und Warwara Michailowna abschreiben, und sehe Briefe und Aufzeichnungen durch. Fand Briefe, ein Vorwort zu den Billigausgaben, die Artikel über den Selbstmord, verschiedene angefangene Texte, jedoch nichts Großes und Bedeutendes.[44]

Wir haben schon den ganzen Abend ein heftiges Gewitter, es gießt in Strömen. Bin schrecklich beunruhigt, weil Tanja abfahren will. Ihr Mann, der zu ihrer Tochter nach Pirogowo gefahren war, hatte vor, morgen nach Lasarewo zu kommen. Das wird jetzt aber kaum möglich sein, da der Weg völlig aufgeweicht ist. Ohne Mann und Tochter ist Tanja in Unruhe, sie tut mir sehr leid, obgleich es mich in letzter Zeit oft sehr gekränkt hat, wie sie für ihren Vater eintrat und mich verurteilte.

17. Juli. Heute Morgen ist Tochter Tanja abgereist. Bin gestern abend spät ins Bett gegangen und schlief heute bis um zwölf. Als ich völlig zerschlagen aufstand, galt mein erster Gedanke Lew Nikolajewitschs Tagebüchern. Habe gestern nacht Tanja meinen Brief an Tschertkow vorgelesen, den ich hier angefügt habe[45], und dachte: Wenn Tschertkow tatsächlich Lew Nikolajewitsch lieben würde, hätte er, als er meine wahnsinnige Aufregung sah, mit der ich ihn um die Rückgabe der Tagebücher bat, es nicht zu einer so unglücklichen Entwicklung der Dinge kommen lassen, sondern er hätte mit dem Feingefühl eines anständigen Menschen (woran es bei ihm völlig mangelt) die Tagebücher rechtmäßig nicht mir, sondern Lew Nikolajewitsch gebracht, sich selbst für seine Arbeiten jeweils nur ein Heft ausgeliehen und es dann Lew Nikolajewitsch wieder zurückgegeben. Nein, ihm war der *Besitz dieser wertvollen Hefte* wichtiger als L. N.s Ruhe, und nur seine nachdrücklichen Forderungen konnten diesen stumpfsinnigen Menschen schließlich zur Rückgabe zwingen.

Doch was ist denn an dem jetzigen Zustand besser? Unsere Familie ist schon zwei Wochen lang bekümmert, die Tagebücher sind für alle nicht mehr zugänglich und Lew Nikolajewitsch wäre bereit, Tschertkow *überhaupt nicht* zu sehen, falls ich das wünschte. Tschertkow hat mir offen den Krieg erklärt. Vorerst habe ich gesiegt, doch ich sage ganz unverhohlen, daß ich die Tagebücher um den Preis meines Lebens freigekauft habe. Darum empfinde ich Tschertkow gegenüber Haß. Lew Nikolajewitsch war heute voller Sorge, weil bei dem schrecklichen Unwetter gestern nacht Tschertkow, Goldenweiser und Bulgakow aus dem Wagen gefallen sind, der dabei kaputtging. Sie spannten dann das Pferd aus und gingen zu Fuß nach Hause. Als ich seine Aufregung sah, bezwang ich mich und fragte: „Du wirst sicher heute zu Tschertkow reiten?" Darauf entgegnete er: „Nicht, wenn du es nicht willst." Und so schwer es mir auch fiel, redete ich ihm zu, denn um nichts in der Welt möchte ich ihn bekümmern. Er ritt allein dorthin, und der Sammler Tschertkow, für den nichts so wichtig ist wie der Besitz von Photographien und Handschriften, machte sofort eine Farbaufnahme von ihm. Als mir L. N. sagte, er werde auch abends wieder hinfahren, bäumte sich alles in mir auf, doch ich fügte mich. Aber Lew Nikolajewitsch selbst bat Warwara Michailowna, zu Tschertkow zu fahren und ihm für den Abend abzusagen.[46] Ich ging abends ruhig mit Lisa Obolenskaja und Werotschka Tolstaja spazieren. Lew Nikolajewitsch spielte mit Goldenweiser Schach, ging ein wenig auf und ab, trank Tee und zog sich schon früh zurück. Ich habe Ljowa Modell für die Büste gesessen, er arbeitet eifrig und kommt gut voran.

Erfuhr heute von Lew Nikolajewitsch, daß er die Tagebücher zunächst bei Sascha versteckt hatte, die sie auf Tschertkows Wunsch dem jungen Sergejenko übergab, der sie dann heimlich am 26. November 1909 zu Tschertkow brachte.

Welch abscheuliches Verhalten! Welch ein Netz aus Täuschungen, Heimlichkeiten und Lügen! Ist etwa meine Tochter Sascha nicht tatsächlich eine Verräterin? Und wie heuchlerisch von Lew Nikolajewitsch, mich auf meine Frage nach den Tagebüchern am Arm zu fassen und zu Sascha zu führen, als wisse sie über die Tagebücher Bescheid. Auch sie behauptete, nichts zu wissen, log also ebenfalls. Aber wahrscheinlich hatte Lew Nikolajewitsch vergessen, daß er sie zu Tschertkow hatte bringen lassen.

Wie gut haben es alle um Lew Nikolajewitsch herum gelernt, listig zu lügen, Ausflüchte zu machen und sich zu rechtfertigen! Ich hasse die Lüge, nicht umsonst nennt man den Teufel den Vater der Lüge! In unserer Familie hat es so etwas früher nie gegeben, das hat alles erst begonnen, als sich der teuflische Einfluß Tschertkows breitmachte, dessen Name nicht umsonst von *Teufel* (tschert) abgeleitet ist.

Habe hier die Namen derjenigen aufgeschrieben, die mir gegenüber ihre Ablehnung Tschertkows bekundet haben:

M. A. Schmidt, N. W. Dawydow, M. S. Suchotin, N. N. Gay, I. I. Gorbunow, Mister Maude, Je. F. Junge, all meine Söhne, ich selbst, P. I. Birjukow, Sossja Stachowitsch und sicher noch viele, von denen ich nichts weiß.

Heute hat mir Ljowa erzählt, daß Tschertkow bei meinem Anblick sagte: „Was ist das für eine Frau, die ihr ganzes Leben lang versucht, ihren Mann *zugrunde zu richten!*" Selbst hat er uns diesen widerlichen Gestank ins Haus gebracht, an dem wir jetzt ersticken, und dann beschuldigt mich dieser Herr aller Gerechtigkeit und der Meinung der ganzen Welt zum Hohn, die meine liebevolle Fürsorge für meinen Mann anerkennt, ich würde meinen Mann *umbringen.* Er tobt und rast, weil mir die Augen aufgegangen sind und ich sein pharisäerhaftes Wesen erkannt habe, und will sich jetzt an mir rächen. Doch ich habe keine Angst.

18. Juli. Bin seit heute früh sehr niedergeschlagen, würde am liebsten weinen. Dachte, daß wenn Lew Nikolajewitsch seine Tagebücher so sorgsam vor mir versteckt – erst bei Sascha, dann bei Tschertkow, jetzt bei der Bank –, etwas darin stehen muß, was gerade ich nicht wissen darf. Nachdem ich mich mit meinen Zweifeln und Verdächtigungen die ganze Nacht und auch noch den Tag herumgeplagt hatte, sagte ich schließlich Lew Nikolajewitsch, ich fürchte, er habe mich betrogen und das in seinem Tagebuch niedergeschrieben, das er deswegen vor mir verborgen halte. Doch er beteuerte, mich nie betrogen zu haben. Aber warum versteckt er sie dann? Aus Heimtücke und Starrköpfigkeit? Denn wenn sich viele gute Gedanken darin befänden, könnten sie auch mir nur von Nutzen sein ... Doch wenn es vor mir versteckt werden muß, findet sich ganz bestimmt etwas *Abscheuliches* darin. Ich verberge *nichts* – weder meine Tagebücher noch meine „Aufzeichnungen", soll sie doch alle Welt lesen und beurteilen. Was liegt mir an dem Urteil der Menschen! Ich weiß, daß mein Leben rein war und das Innenleben meines Mannes wie ein Buch offen vor mir liegt. Und ich gräme und entsetze mich! Und dennoch bin ich ihm *verbunden,* leider! Ich habe Lew Nikolajewitsch daran erinnert, daß er selbst, nachdem mir Tschertkow schriftlich versichert hatte, die Tagebücher nach Abschluß seiner Arbeiten an Lew Nikolajewitsch zurückzugeben[47], mir ebenfalls eine schriftliche Zusage habe machen wollen, sich dann aber besonnen und gesagt habe: „Wieso soll man denn seiner eigenen Frau eine schriftliche Zusage machen? Wie ich es dir versprochen habe, so wird es geschehen." Da leugnete er mit bösem Gesicht, so etwas gesagt zu haben, doch ich hielt ihm entgegen: „Ich habe es aber am 1. Juli in meinem Tagebuch aufgeschrieben, Tschertkow war übrigens Zeuge."

Sofort bog L. N. das Gespräch ab und begann zu schreien: „Ich habe alles hergegeben: mein Vermögen, meine Werke, habe mir nur diese Tagebücher zurückbehalten, und auch die soll ich noch hergeben ... Ich habe dir ja geschrieben, daß ich fortgehen werde, und ich werde das tun, wenn du mich quälst."

Was heißt: *habe alles hergegeben?* Auf die Rechte an seinen Werken hat er nicht verzichtet, die *Verwaltung* des ganzen Vermögens hat er mir allein aufgebündet, ebenso die Gestaltung des Lebens, an dem er selbst teilhat und dessen Segnungen er weitaus mehr genießt als ich. Für mich gibt es nichts als ewig Müh und Arbeit. Außerdem geht es nicht darum, mir die Tagebücher *abzutreten;* soll sie doch Lew Nikolajewitsch bis an sein Lebensende selbst verwahren. Mich kränkt es nur zutiefst, daß er sie gerade vor mir bei Sascha, Sergejenko, Tschertkow *versteckt* hatte, aber die eigene Frau *soll sich nicht unterstehen,* einen Blick hineinwerfen zu wollen ...

Nach dem Mittagessen gingen mit dem zu Besuch gekommenen Dunajew Lew Nikolajewitsch, Ljowa, Lisonka und ich im Tannenwäldchen spazieren. Butterpilze in Hülle und Fülle. Es war den ganzen Tag schrecklich heiß. Habe an Je. F. Junge, Maslowa, Katja, Belskaja und den Kontorgehilfen geschrieben, diesem 195 Rubel überwiesen.

Nikolajewa, Tschertkow und Goldenweiser besuchten uns, tranken Tee auf dem Balkon. Las Lisonka ein wenig aus alten Aufzeichnungen von L. N. vor, sie war entsetzt über seine lasterhafte Jugend und litt sehr unter dieser Entlarvung ihres Onkels, den sie für einen Heiligen gehalten hatte.

Lew Nikolajewitsch haßt mich, weil ich vieles durchschaut habe, und das unerbittliche Verweigern der Tagebücher ist die beste Waffe, mit der er mich zutiefst teffen kann. Ach, welch geheuchelte Christlichkeit, wenn anstelle einfacher Güte und furchtloser Offenheit Heimtücke gegen die Allernächsten herrscht!

19. Juli. Haben mich gepeinigt, mir das Herz gebrochen und dann Ärzte kommen lassen: Nikitin und Rossolimo. Armselige! wissen sie nicht, daß ein seelisch durch und durch verwundeter Mensch nicht zu heilen ist! Habe zufällig eine alte Tagebuchaufzeichnung gelesen[48], erkannte plötzlich das Wesen der jetzigen Leidenschaft für Tschertkow. Das hat mich um die Ruhe gebracht, mein Herz endgültig zerstört. Zuerst schlug man mir zur Heilung vor, daß Lew Nikolajewitsch zu Tanja, ich in die entgegengesetzte Richtung reisen solle. Als ich begriff, daß man mich nur von Lew Nikolajewitsch trennen wollte, lehnte ich unter Tränen ab. Die Ärzte erkannten ihre Machtlosigkeit und verordneten mir jetzt Bäder, Spaziergänge, Ruhe ... Einfach lächerlich. Nikitin war höchst erstaunt, wie sehr ich abgemagert bin. All das aus Kummer und Herzensleid. Und ihre ganze Weisheit besteht darin, mir zur Abreise zu raten, d. h. zu dem, was mich am allertiefsten schmerzt.

Fuhr zum Baden, fühlte mich danach noch elender. Das Wasser in der Woronka geht zur Neige wie mein Leben; war nur dahin gefahren, um nachzumessen, ob das Wasser tief genug ist, daß man sich darin ertränken könne. Kaum.

Habe Lew Nikolajewitschs Mütze gewaschen. Bei dieser unbeschreiblichen Hitze ist er nach Owsjannikowo geritten, aß dann nichts zu Mittag und sieht erschöpft aus. Das ist kein Wunder. Ein Ausritt von sechzehn Werst bei sechsunddreißig Grad in der Sonne!

Abends spielte er mit Goldenweiser Schach. Habe heute überhaupt nicht mit ihm geredet aus Angst, ihn oder mich zu verstimmen. Saß Ljowa Modell, bin gern mit ihm zusammen; las Korrekturen, schickte sie aber nicht ab, kann nicht arbeiten ... Jetzt ist es schon spät, muß mich schlafen legen, möchte aber nicht schlafen ...

20. Juli. Schon den zweiten Tag ist es still und ruhig und – ohne Tschertkow. Die Ärzte sind heute abgereist. Ob man sie etwa deshalb geholt hatte, um auf alle Fälle meinen Wahnsinn bezeugen zu lassen? Ihr Besuch war nutzlos. Wenn alles so bleibt wie gestern und heute, werde ich gesund. Lew Nikolajewitsch ritt mit dem gutmütigen einfältigen Filka aus, saß abends oben auf dem Balkon, schrieb, las ein wenig und ruhte sich aus. Goldenweiser kam, friedlich spielten sie Schach, gemeinsam tranken wir Tee. Sohn Ljowa tut mir leid. Er ist heute so niedergeschlagen! Ob die Erinnerung an seine Pariser Erlebnisse wieder in ihm aufsteigt, ob er in Sorge ist, weil man ihm die Bescheinigung verweigert, die er für seinen Auslandspaß braucht, oder ob für seine sensiblen Nerven die Komplikationen unseres Familienlebens allzu bedrückend geworden sind ...

Ging mit Lisa Obolenskaja, Sascha und Warwara Michailowna baden. Die Hitze ist unerträglich, es gibt viele Steinpilze. Die Heuernte ist im Gang ...

Habe Korrekturen gelesen: auf russisch die der neuen Gesamtausgabe, auf englisch die von Maudes Biographie über Lew Nikolajewitsch, saß Ljowa Modell.

21. Juli. Schreibe in größter Aufregung. Lew Nikolajewitsch hat furchtbare Leberbeschwerden, er hat einen Gallenstau, darum arbeitet der Magen schlecht. Doch das Schlimmste ist, daß ich an seinem Zustand schuld bin. Abends war wieder Tschertkow mit seinem Sohn da. Ich wußte schon den ganzen Tag, daß er kommen würde, und war darum sehr aufgeregt, fuhr aber dennoch zum Baden, schloß die Korrektur der englischen Biographie ab, saß zweimal Ljowa Modell und fand zu meiner Freude Ruhe.

Lew Nikolajewitsch ritt bei unveränderter Hitze mit dem Doktor aus, schien sehr erschöpft, wollte zunächst nichts essen, kam dann doch zu Tisch, aß viel Erbsenbrei, obwohl seine Leber vergrößert ist und schmerzt. Abends spielte er mit Goldenweiser Schach oben auf dem Balkon, da kam Tschertkow. Schon das Geräusch seines Kabrioletts ließ mich erzittern. Vorher war ich anderthalb Stunden im Garten spazieren gegangen, um mich zu bezwingen. Ich kann diesen Menschen nicht ertragen und gestatte ihm unser Haus nur um Lew Nikolajewitschs willen.

Dreimal versuchte ich, auf die Terrasse zu gehen, denn es machte mich traurig, daß da alle beim Tee zusammensaßen, zumal auch Marja Alexandrowna gekommen war. Alle außer mir dürfen sich an der Anwesenheit von Lew Nikolajewitsch erfreuen, und ich darf nach so vielen Ehejahren an unserem Lebensabend nicht einmal bei ihm sein. Ich trat also auf die Terrasse, doch was geschah? Ich war so erregt, daß mir das Blut in den Kopf schoß, mein Puls raste, ich mich kaum auf den Beinen hielt und Tschertkow nicht anzusehen vermochte. Wollte etwas sagen, sprach aber mit völlig fremder Stimme. Alle starrten mich an. Versuchte unablässig, ruhiger zu werden, konnte zumindest einen Skandal vermeiden, Rücksicht auf Lew Nikolajewitsch nehmen. Herr, erbarme Dich meiner! Das ist mein brennendster Wunsch. Ich fühle mich so krank und elend. Doch ich würde gern noch tausendmal mehr leiden, wenn es nur meinem Ljowotschka besser ginge und er mir nicht mehr zürnte ... Und vielleicht wäre ja alles zu vermeiden gewesen, hätte er früher meinen rechtmäßigen, wenn auch teilweise krankhaften Wünschen willfahren.

So aber höre ich: „Nein, um überhaupt nichts in der Welt!" Ist irgend etwas jetzt besser als früher? Alle sind unglücklich, ich bin an allem schuld, Lew Nikolajewitsch ist elend, Tschertkow aus seiner Favoritenposition vertrieben; die Tagebücher versiegelt ... Nun, genug; all das *schrecklich* niederschmetternd.

22. Juli. (der Tag, als L. N. im Wald sein Testament niederschrieb[49], wovon ich nichts wußte). Gleich morgens setzte mir der Doktor Blutegel, um den Blutandrang zum Kopf zu mildern. Dann stand ich auf, nach der schlaflos verbrachten Nacht unsicher auf den Beinen. Lew Nikolajewitsch ritt mit Goldenweiser aus, Sascha und Warwara Michailowna gingen mit Olga, ihren Kindern und einer Finnin, die zu Besuch gekommen waren, Pilze sammeln und baden. Ich blieb allein zurück, befaßte mich mit den Korrekturen für die neue Ausgabe, sandte die Korrektur und das Vorwort zu La Bruyère u. a.[50] ab. Ljowa fuhr mit der Pferdekutsche nach Tschifirowka zu Mischa und seiner Familie.

Beim Mittagessen geriet Lew Nikolajewitsch wieder in Zorn: ich hatte gesagt, ich könne es einfach nicht verstehen, daß man mir die Kopien seiner letzten Werke nicht einmal zum Lesen überließe, Tschertkow nähme alle Handschriften sofort an sich. Da sagte mir Lew Nikolajewitsch mit erhobener Stimme häßliche Worte, ich brach wieder in Tränen aus, stand vom Mittagessen auf und ging hinauf in mein Zimmer. Unerwartet folgte er mir, doch wiederum nahm das Gespräch eine ungute Wendung. Zuallerletzt aber forderte er mich auf, mit ihm allein im Garten spazierenzugehen, was ich ganz besonders gern tue. Und wir vergaßen die Kränkungen.

Dann traf Tschertkow ein, dem ich brieflich gestattet hatte, Lew Nikolajewitsch zu besuchen. Ich möchte ungeachtet all seiner Grobheiten ihm gegenüber großmütig sein. Überwand mich, spielte mit meiner Enkelin Sonetschka Dame und lenkte mich von Tschertkow ab.

Lew Nikolajewitsch ist matt, hat weiterhin Gallenbeschwerden, keinen Appetit, schnellen Puls, will nichts einnehmen. Ich flehte ihn an, wie immer in solchen Fällen Rhabarber zu sich zu nehmen und sich eine Kompresse auflegen zu lassen. Doch er wies das wiederholt gereizt zurück. Der Doktor hatte sich, ohne ihn zu untersuchen, bereits hingelegt, obwohl ich ihn ausdrücklich gebeten hatte, sich sorgfältiger um Lew Nikolajewitschs Gesundheit zu kümmern. An dieser Erkrankung bin zum einen ich, ist zum anderen diese schreckliche Hitze schuld, im Schatten sind es noch neunundzwanzig Grad. Wir neigen beide zum Gallenleiden.

23. Juli. Seit heute morgen geht es Lew Nikolajewitsch sehr viel schlechter, er hat 37,4 Temperatur, sehr schnellen Puls, Gallen- und Magenbeschwerden, ist matt.

Ich konnte ihm sagen und raten, mich so liebevoll verhalten wie ich wollte, immer stieß ich auf die gleiche Ablehnung. Und das seitdem er Tschertkow besucht hat. Dieser war heute abend wieder hier, da Lew Nikolajewitsch der nach Teljatinki fahrenden Sascha aufgetragen hatte, zu seiner Unterhaltung Tschertkow und Goldenweiser hierherzubitten. Doch ich ließ ein solches tête à tête nicht zu, sondern ging ebenfalls in L. N.s Zimmer und blieb dort so lange beharrlich sitzen, bis Tschertkow begriff, daß ich ihn auf gar keinen Fall mit Lew Nikolajewitsch allein lassen würde. Schließlich verabschiedete er sich mit den Worten, er habe nur nach Lew Nikolajewitsch sehen wollen, solange dieser noch unter den Lebenden weile, worauf ich hinzufügte: und ich ihn noch nicht zugrunde gerichtet habe, womit ich auf seine Worte anspielte, er könne diese Frau nicht verstehen, die ihr ganzes Leben lang versucht, ihren Mann zugrunde zu richten.

Erlebte heute auch eine Freude: meine lieben Enkel waren da – Sonjuschka und Iljuschok mit ihrer Mutter, später kamen Ljowa, Lina und Mischa und brachten Wanetschka und Tanetschka mit. Alle vier sind liebe nette Kinder. Doch ich war so mit der Pflege von Lew Nikolajewitsch beschäftigt, daß ich kaum für die Enkel Zeit fand.

Als ich erfuhr, daß Tschertkow wieder zu uns kommen würde, überfiel mich ein Zittern, ich brach in Tränen aus. Sascha, die vorüberging, spuckte laut und vernehmlich aus und schrie: „Weiß der Teufel, wie mir dieses hysterische Getue zuwider ist!"

Welch ungehobeltes Geschöpf! Wie kann man nur seine eigene Mutter, die einem nichts zuleide getan hat, so kränken! Und wie grauenerregend heimtückisch sah sie dabei aus!

Habe das kleine zweiaktige Drama gelesen, das Lew Nikolajewitsch noch in Kotschety geschrieben hat; nachdem er erfahren hatte, daß Dimotschka Tschertkow und seine Bauernkameraden in Teljatinki sein Stück „Der erste Branntweinbrenner" aufführten, wollte er noch etwas anderes für sie schreiben. Vorerst ist dieses Drama nur ein Entwurf, hat Ungereimtheiten. So sagt z. B. eine junge Bäuerin vor sich hin „und backe und koche", während sich in dem Stück eine alte Frau am Herd zu schaffen macht. Weiterhin versteckt die Bäuerin ihr Geld und das Paket im Strumpf, nachher aber liegt das Paket auf dem Fensterbrett, von dem es weggestohlen wird. Alles noch recht unfertig[51], hat aber einige gute Einfälle, erinnert sehr an die „Macht der Finsternis".

Früher habe ich beim Abschreiben Fehler und Ungereimtheiten entdeckt, sie Lew Nikolajewitsch gezeigt, und wir besserten sie gemeinsam aus. Jetzt schreibe ich seine Texte automatisch ab.

24. Juli. Am Abend war wieder Tschertkow hier. Er flüsterte mit Lew Nikolajewitsch, und ich vernahm L. N.s Worte: „Sind Sie einverstanden mit dem, was ich Ihnen schrieb?" Tschertkow:

„Selbstverständlich."[52] Schon wieder eine geheime Absprache. Herr, erbarme Dich!

Als ich Lew Nikolajewitsch unter Tränen bat, mir zu sagen, was sie abgesprochen hätten, setzte er wieder diese finstere, verschlossene Miene auf, blieb unverändert ablehnend und böse. Ich erkenne ihn nicht wieder! Ich bin verzweifelt, habe wieder ein Opiumfläschchen im Schreibtisch. Nur weil ich ihnen allen, vor allem auch Sascha, nicht die Freude über meinen Tod gönne, halte ich mich noch zurück. *Wie* martern sie mich! L. N.s Gesundheitszustand hat sich gebessert, er setzt alles dran, mich zu überleben, um dann mit Tschertkow weiterzuleben. Wie gern würde ich das Fläschchen leeren und Lew Nikolajewitsch die Notiz hinterlassen: „Du bist frei."

Heute abend sagte er boshaft zu mir: „Ich habe heute beschlossen, daß ich frei sein möchte und mich in keiner Weise mehr beeinträchtigen lasse." Wir werden ja sehen, wer als Sieger aus dem Krieg hervorgeht, den er mir jetzt erklärt. Meine Waffe ist mein Tod. Und es wird meine Rache an ihm und an Tschertkow sein, daß sie mich gemordet haben. Es wird heißen: diese *Verrückte!* Wer aber hat mich um den Verstand gebracht?

Mischas Familie ist wieder abgereist. Olga mit den Kindern ist noch bei uns geblieben. Rette mich, Herr, ich habe mich jetzt wohl wirklich durchgerungen ... Und doch ist es mir noch immer leid um meinen früher geliebten Ljowotschka ... Und jetzt weine ich ...

Wie kann man sich erdreisten, von *Liebe* zu schreiben, wenn man den allernächsten Menschen – die eigene Frau – in Stücke reißt! Mein Mann könnte mich retten, aber er, er will nicht ...

25. Juli. Leide wieder zutiefst, da ich entdeckt habe, daß es zwischen Lew Nikolajewitsch und Tschertkow eine geheime Abmachung gibt, die gegen mich und die Familie gerichtet ist. Daran kann gar kein Zweifel mehr bestehen. Früher hat es niemals Geheimnisse zwischen meinem Mann und mir gegeben. Sind solche Abmachungen, apartés, nicht zutiefst kränkend für eine liebende Ehefrau? ... Die jetzigen Verfügungen von Lew Nikolajewitsch werden einen erbitterten Kampf zwischen seinen Kindern und diesem arglistigen Pharisäer Tschertkow zur Folge haben! Dabei hat er immer über die *Liebe* gesprochen und geschrieben! Diese Dokumente sprechen all dem Hohn, was L. N. behauptet hat; denn hat er nicht gesagt, es werde niemals solche Dokumente geben! Und all seine Verzichtserklärungen waren nichts als leere Worte: er hat sich die Autorenrechte zu seinen Lebzeiten vorbehalten! Er hat den Wert von Dokumenten bestritten und dennoch den Verzicht auf seine seit 1881 verfaßten Werke[53] in der Zeitung *veröffentlicht*, er hat sich die Deponierung seiner Tagebücher von der Bank *quittieren* lassen, er hat im Beisein von Tschertkow und wohl auch von Bulgakow etwas *aufgeschrieben*, übergab ihm heute großformatige Blätter, wahrscheinlich sein privates Testament, das der Familie die Rechte an seinen Werken nach seinem Tod entziehen soll. Er hat Geld abgelehnt, doch jetzt liegen immer einige hundert Rubel zum Verschenken auf seinem Schreibtisch. Er hat *Reisen* abgelehnt und ist in diesem Sommer schon dreimal verreist: zweimal zu Tochter Tanja nach Kotschety, einmal zu Tschertkow nach Krekschino und Meschtscherskoje, und gemeinsam mit mir zu Sohn Serjoscha, und jetzt will er schon wieder nach Kotschety.

Am 24. abends setzte ich mich sehr erregt an meinen Schreibtisch und blieb dort, nur leicht bekleidet, die ganze Nacht sitzen, ohne ein Auge zu schließen. Morgens um fünf hatte ich solche Kopfschmerzen und Herzbeklemmungen, daß ich frische Luft schöpfen wollte. Es war sehr kalt, und es regnete. Plötzlich stürzte aus dem Nebenzimmer meine Schwiegertochter Olga (die erste Frau von Andrjuscha) herbei, faßte mich fest am Arm und fragte: „Wohin wollen Sie? Sie haben etwas Gefährliches im Sinn, ich lasse Sie jetzt nicht allein!" Gütig und teilnahmsvoll saß sie bei mir, die Arme, schlief nicht, suchte mich zu trösten ... ich aber hatte mich kältestarr auf einen Hocker gesetzt und war ein wenig eingeschlummert, und Olga sagte, ich hätte im Schlaf erbarmungswürdig gestöhnt. Heute morgen habe ich beschlossen, das Haus zu verlassen, und sei es auch nur für kurze Zeit, erstens um Tschertkow nicht mehr zu sehen und durch seine Anwesenheit, die geheimen Absprachen und sein widerwärtiges Wesen, das sich allenthalben kundtut, aus der Fassung zu geraten. Zweitens weil ich ausruhen und auch Lew Nikolajewitsch von meiner Nähe befreien möchte. Hatte zunächst noch nicht entschieden, wohin ich reisen wollte; packte aber den Koffer, steckte Geld, Paß und etwas zu arbeiten ein und gedachte, mich entweder in Tula in einem Hotel einzuquartieren oder aber in unser Haus nach Moskau zu fahren.

Fuhr nach Tula mit der Pferdekutsche, die Andrjuscha und seine Familie abholen sollte. Am Bahnhof rief ich Andrjuscha zu, der sofort meinen Zustand erfaßte, bei mir blieb und mich keinen Augenblick allein lassen wollte. So begleitete ich ihn nach Jasnaja Poljana, beschloß aber, abends nach Moskau zu reisen. Doch schließlich konnte ich mich Andrjuscha nicht widersetzen und willigte ein, mit ihm nach Jasnaja zurückzukehren, obgleich ich auf dieser Fahrt häufig in der Erinnerung an die letzten Vorkommnisse erschauderte, wenn ich mir vorstellte, das alles könnte noch einmal von vorn beginnen.

Die Fahrt nach Tula und zurück hatte mich mit all den Aufregungen völlig erschöpft, nur mühsam erklomm ich die Treppe und legte mich sofort hin, hatte Angst, meinem Mann mit seinem Spott zu begegnen. Doch überraschenderweise kam es ganz anders. Gütig und gerührt kam er zu mir und dankte mir unter Tränen für meine Rückkehr.

„Ich habe erkannt, daß ich ohne dich einfach nicht leben kann", sagte er weinend, „ich hatte das Gefühl, den Boden unter den Füßen zu verlieren; wir sind einander zu nah, sind zu sehr miteinander verwachsen. Ich bin dir so dankbar, mein Herz, daß du zurückgekehrt bist, so dankbar ..."

Und er umarmte, küßte mich, drückte mich an seine eingefallene Brust, auch ich weinte und sagte zu ihm, als wären wir noch jung, wie heiß und verzehrend ich ihn liebe, wie glücklich ich sei, mich an ihn schmiegen, ihm nah sein zu dürfen. Ich flehte ihn an, mir vertrauensvoller und offener zu begegnen, mir keinen Anlaß für Verdächtigungen zu bieten ... Doch als ich die Frage nach seinem Abkommen mit Tschertkow anschnitt, zog er sich sofort zurück, lehnte mit verschlossener Miene jede Auskunft ab, wobei er nicht den geheimen Charakter dieses Abkommens leugnete.

Aber Gott sei Dank, ich habe wieder seine Liebe gefühlt. Mögen nach dem Tod meines teuren Mannes die Kinder um ihre Rechte kämpfen, ich werde es nicht tun.

Der Abend verlief friedlich und – Gott sei Dank – ohne Tschertkow. Gesundheitlich fühlen Lew Nikolajewitsch und ich uns nicht sonderlich.

26. Juli. Bekamen heute morgen die traurige Nachricht, daß Tochter Tanja krank danieder liegt. Sie lädt Lew Nikolajewitsch, nicht aber mich, sehr dringend nach Kotschety ein. Ich habe schreckliche Angst, daß er dahin fährt, wenn er es tut, dann fahre ich unbedingt mit. Unser Doktor sagt, daß die Dysenterie übertragbar sei, und ich fürchte, Lew Nikolajewitsch mit seinem geschwächten Organismus und seiner angegriffenen Leber könnte sich bei Tanja anstecken.

Meine Söhne sind sehr gut, halten untereinander und mit mir fest zusammen. Sascha aber blickt mich mit dem bösen Blick der Schuldbewußten an. Grob war sie zu mir, sie hätte mir fast ins Gesicht gespuckt, jetzt schmollt sie und würde am liebsten ihren Vater von mir fortbringen. Aber ich lasse alles stehen und liegen und fahre ihm natürlich nach.

Habe viel für die Büste Modell gesessen, Ljowa kommt mit seiner Arbeit gut voran. Heute ist es warm und feucht, Nimbuswölkchen stehen am Himmel, doch es hat noch nicht geregnet. Der Hafer ist schon geschnitten, der Roggen liegt noch ungebunden da, nur hier und dort ist er schon eingebracht worden.

Füge hier den Brief an, den ich vor meiner Abreise an meinen Mann geschrieben hatte, sowie den Artikel, den ich für die Zeitungen vorbereitet, dann aber nicht abgeschickt habe.[54]

27. Juli. Morgens. Habe wieder die ganze Nacht nicht geschlafen. Zu qualvoll nagt an meinem Herzen die Ungewißheit darüber, welche Vereinbarung mit Tschertkow getroffen wurde, was Lew Nikolajewitsch gestern unterschrieben hat (offensichtlich war das die von Tschertkow verfaßte und von Lew Nikolajewitsch unterzeichnete „Erläuterung“ zum Testament). Damit rächt er sich an mir für die Tagebücher und Tschertkow. Armer alter Mann! Was schafft er sich für ein Angedenken?! Seine Erben werden Tschertkow *nichts* abtreten und *alles* anfechten, denn sie verabscheuen Tschertkow und kennen seinen heimtückischen Einfluß. Sein *Nichtwiderstreben* erwies sich, wie zu erwarten, als hohle Phrase.

Am 27. Juli abends bestritt Bulgakow, an den Absprachen beteiligt gewesen zu sein.[55] Vielleicht stimmt es, wer weiß. Ich fragte Tochter Sascha, was sie über das Testament und die geheimen Vereinbarungen ihres Vaters mit Tschertkow wisse. Sie aber antwortete böse und grob wie immer, daß sie nichts sagen werde. Ist das etwa nicht kränkend für die *Ehefrau*, daß es Geheimnisse mit der Tochter und mit Tschertkow gibt?

Kaum war ich aufgestanden, ging ich mit Wanetschkas Körbchen in den Wald. Ich erblickte L. N., der auf seinen Stock gestützt etwas niederschrieb. Erstaunt sah er mich kommen, und wie erschreckt verbarg er das Papier. Ob das nicht für Tschertkow bestimmt war?

Ging zweieinhalb Stunden spazieren, dachte, wie gut es doch in der Natur ohne arglistige Menschen ist. Die schwachsinnige Parascha hütete fröhlich und gutmütig die Kälber, sammelte ein paar giftige Pilze und brachte sie mir. Zwei Schäfer grüßten mich höflich und trieben unsere Herde vorbei.

Knaben sammelten Pilze, fröhlich und arglos ... Auf der Tenne hatten sich neben der Getreidedarre Tagelöhnerinnen (aus einem anderen Dorf) und die Wächter der Äpfelgärten zum Mittagessen niedergelassen; jeder von ihnen ohne Hintergedanken, ohne geheime Absprachen mit einem so hinterhältigen Dummkopf wie Tschertkow. Bei ihnen ist alles einfach, offen, klar und fröhlich! Man müßte Teil der Natur und des einfachen Volkes sein; wieviel einfacher wäre unser Leben ohne den Gestank dieses verlogenen Nichtwiderstrebens!

Zwischen Lew Nikolajewitsch und mir herrscht wieder Kälte und Schweigen. Legte mich vor dem Mittagessen hin, schlief anderthalb Stunden, wurde dann etwas klarer im Kopf und konnte nach dem Essen ein wenig an der Ausgabe arbeiten. Sandte Stachowitsch die Artikel und einen Brief[56], schrieb an die Druckerei. Saß Ljowa Modell. Es gab ein schweres Gewitter, es goß in Strömen, das Korn fault. L. N. geriet beim Ausritt mit Dušan Petrowitsch in das Unwetter. Später spielte er mit Goldenweiser Schach und lauschte dann dem Spiel von Serjoscha (die Polonaise von Chopin, ein wenig Schumann, „Schottische Lieder", eine Masurka von Chopin), der zu Besuch gekommen ist. Eine große Freude. Sascha sehe ich fast überhaupt nicht, sie sitzt vor allem in ihrem Zimmer und erzählt von ihrer Warte aus alles Mögliche über mich, schreibt abends Tagebuch, wiederum von ihrer mir wenig wohlgesonnenen Warte aus.

Nachts gegen zwölf saßen Serjoscha und ich allein zusammen, ich erzählte ihm von all den Erlebnissen der letzten Zeit. Doch auch er verurteilt mich wie alle anderen. Wenn ein Hund jemanden ankläfft, dann kommt die ganze Meute hinterher und reißt das Opfer in Stücke. So ergeht es mir. Alle wollen mich von Lew Nikolajewitsch trennen. Doch *das* wird ihnen nicht gelingen.

28. Juli. Sossja Stachowitsch ist hier zu Besuch; wollte unbedingt von allen Vorkommnissen der letzten Zeit hören. Teilte es ihr in allen Einzelheiten mit, doch sie verurteilte, daß ich so dringlich die Tagebücher von Lew Nikolajewitsch gefordet hatte; doch sie ist, obgleich sehr klug, noch ein junges Mädchen, versteht nichts von der unvergleichlichen Bindung, die in einer achtundvierzigjährigen Ehe erwächst.

Mich langweilt es, untätig herumzuplaudern, und noch mehr, Ljowa ewig Modell zu sitzen. Er ist ständig nervös, schreit: „Schweigen Sie, schweigen Sie!" sobald ich nur den Mund auftue, und all dessen bin ich leid. Habe gestern fast anderthalb Stunden *gestanden.* Ich schätze jetzt ein ruhiges, tätig erfülltes, harmonisches Dasein, ohne überflüssige Gäste, liebe es, wenn uns hie und da einmal jemand aus innerer Verbundenheit und nicht aus Berechnung aufsucht.

Lew Nikolajewitsch zog sich heute abend, wie mir schien, traurig zurück, nachdem er mit Goldenweiser Schach gespielt und seinen Tee mit Honig getrunken hatte. Ich folgte ihm und sagte, wenn ihn die Trennung von Tschertkow bekümmere, täte mir das leid und er solle ihn lieber einladen. Doch Lew Nikolajewitsch entgegnete offensichtlich aufrichtig: „Deshalb gräme ich mich überhaupt nicht, das versichere ich dir! Ich bin so ruhig und froh, brauche Tschertkow überhaupt nicht, wenn nur zwischen uns alles gut ist und du ruhig bist!"

Ich war so glücklich, daß mir dieser Zweifel von der Seele genommen war und ich nicht an der Trennung zwischen Ljowotschka und Tschertkow schuld bin; er ist wohl selber froh, Tschertkows abscheulichen Druck loszuwerden. Freundschaftlich und liebevoll wie früher umarmten wir uns unter Tränen, und glücklichen Herzens trennte ich mich von ihm.

Jetzt ist es Nacht, er schläft, wie gern würde ich noch sein liebes, altgewordenes Gesicht betrachten, dessen Züge ich in vielen Jahren aufmerksam erforscht habe! Doch der Korridor trennt uns, und ich lausche die ganze Nacht hinüber zu ihm.

Nein, Herr Tschertkow, ich gebe Lew Nikolajewitsch nicht her;

ich werde alles tun, daß ihm Tschertkow zuwider wird und nie mehr bei uns erscheint.

Abends las uns Lew Nikolajewitsch die scharfsinnige Erzählung von Mille „Le repos hebdomaire", die ihm sehr gefällt, sowie den Anfang der Erzählung „Le secret", vor.

29. Juli. Wir haben zu unserer früheren Ruhe und glücklichen Ordnung zurückgefunden. Gott sei Dank! Schon fünf Tage war weder Tschertkow bei uns noch Lew Nikolajewitsch bei ihm. Doch wenn ich mir vorstelle, sie könnten einander wieder nahekommen, gerät meine Seele wieder in Aufruhr. Aber genug; zumindest vorerst herrscht Ruhe!

Sossja Stachowitsch heitert uns auf, ist reizend. Lew Nikolajewitsch ritt aus, aber es regnet ständig. Korrigierte die „Kosaken"[57], war erneut begeistert – wie verhältnismäßig dünn und ärmlich sind dagegen die neuen Erzählungen!

Schrieb Tochter Tanja, den Nichten Lisa Obolenskaja und Warja Nagornowa, Marussja Maklakowa. Nach dem Mittagessen besuchte uns Nikolajew, diskutierte mit Lew Nikolajewitsch über Henry George und die *Gerechtigkeit;* ich bekam einige Bruchstücke dieses Gesprächs mit, das L. N. deutlich ermüdete. Sossja Stachowitsch erzählte temperamentvoll von Puschkin, rezitierte seine Verse. Dann spielten wir Wint. Sascha wollte mich vertreiben, doch als ich entschieden nach den Karten griff, machte sie ein böses Gesicht und verschwand. Vergnügt spielten Lew Nikolajewitsch und ich einen großen Schlemm ohne Trumpf. Ich liebe das Kartenspiel nicht, aber es macht mich traurig, einsam zurückzubleiben, wenn alle Lieben um den Kartentisch versammelt sind. Der Tag verging friedlich und ohne Tschertkow. Lew Nikolajewitsch geht es heute besser, er ist frischer.

30. Juli. Kam den ganzen Tag zu nichts: zu viel war zu tun, mußte wie immer den Speiseplan aufstellen, mich um Besucher, Aussaat des Roggens, die Reparatur des Kellers usw. kümmern, und nichts als Vorwürfe bekomme ich dafür zu hören, daß ich so *materiell* ausgerichtet sei.

Saß Ljowa eine Stunde Modell; ging dann allein in die Pilze, fand keine, genoß aber die Natur.

Der Besuch der fünfköpfigen Familie Birjukow scheint belastend zu werden. Die Kinder sind Schreihälse, haben wenig Gewinnendes.

Unter dem Lärmen, Schreien, Grammophonspielen, dem Pudelgebell und Saschas lautem Lachen droht mir der Kopf zu bersten; doch als wir uns abends zum Kartenspiel setzten, was für meine armen Augen eine Erholung ist, vertrieb man mich wie immer. Ich schenke wie eine arme Gesellschafterin allen Tee ein; die tatsächliche Gesellschafterin aber, Warwara Michailowna, jung und uns fernstehend, setzte sich zu Saschas großer Freude an den Kartentisch; doch Lew Nikolajewitsch verstand feinfühlig, wie bitter mir das ankam. Und als ich hinausging, um nicht loszuheulen, fragte er, wohin ich gehe. Ich antwortete ihm: „In mein Zimmer."

Ja, ich habe mein Leben lang immer für andere verzichtet, doch jetzt wähle ich einen anderen Ton, will mich nicht mehr grämen, sondern will mein Leben genießen mit Schlittschuhlaufen und Kartenspiel und überall dahinfahren, wohin Lew Nikolajewitsch fährt.

Sossja Stachowitsch ist abgereist. Ich hege jetzt allen Gästen gegenüber nur das eine Gefühl: „Nichts wie weg!" Erschöpft bin ich, fühle mich krank, bin es leid, alle zu bedienen, mich um alle zu sorgen und für all das nur böse Worte zu ernten. Sossja ist besser als die anderen; sie heitert mich auf, nimmt an allem lebhaft Anteil.

Lew Nikolajewitsch ritt nach Owsjannikowo, brachte Iw. Iw. Gorbunow die Korrekturen der kleinen Billigausgaben.[58] Es ist frisch, abends sechs Grad.

31. Juli. Wie schwierig ist es, von den Korrekturen zur Bestellung des Speiseplans, zum Einkauf des Roggens überzuwechseln; dann Lew Nikolajewitschs Briefe zu lesen und schließlich und endlich Tagebuch zu schreiben. Glücklich diejenigen, die *Muße* haben, sie können ihr Leben auf etwas Bestimmtes und Hochgeistiges konzentrieren.

Wenn ich L. N.s Briefe lese, bin ich betroffen von seiner Unaufrichtigkeit. Zum Beispiel schreibt er häufig und scheinbar liebevoll an den Juden Molotschnikow – einen Schlosser in Nischni Nowgorod. Dabei erinnerten Katja und ich uns heute an Lew Nikolajewitschs Worte: „Ich bemühe mich, besonders freundlich zu Molotschnikow zu sein, weil mir das besonders schwer fällt; denn er ist mir unsympathisch, und darum muß ich mich sehr überwinden." L. N. schreibt auch Molotschnikows Frau, die er nie gesehen hat.[59] Und dies alles, weil Molotschnikow angeblich wegen Verbreitung der Schriften

Tolstois im Gefängnis saß. Dabei hat man mir erzählt, er sei einfach ein erbitterter Revolutionär gewesen.

Betroffen macht mich auch die wiederholte Wendung, es falle ihm schwer „so zu leben, wie ich lebe, notgedrungen inmitten von Luxus ..." Aber wer bräuchte diesen Luxus mehr als er selbst? Einen Arzt – für seine Gesundheit und seine Betreuung; zwei Schreibmaschinen und zwei Schreibkräfte – für seine Schriften; Bulgakow – für seine Korrespondenz; den Lakaien Ilja Wassiljewitsch für seine Betreuung, schwach und alt wie er ist; einen erlesenen Koch für seinen angegriffenen Magen.

Alle Bürden der Finanzierung, der Gutsbewirtschaftung, der Drucklegung lasten auf mir, damit Lew Nikolajewitsch sich ganz seinen Arbeiten widmen kann. Würde sich einmal jemand die Mühe machen, *mein* Leben zu ergründen, so würde jeder Rechtschaffene zugestehen müssen, daß ich für mich persönlich nichts brauche. Ich esse einmal am Tag, fahre nirgends hin, nur ein achtzehnjähriges Mädchen steht mir zu Diensten, ich kleide mich jetzt sogar ärmlich. Wo ist da jener Druck des Aufwands, den ich angeblich ausübe? Wie grausam ungerecht können die Menschen sein! Möge die in diesem Buch aufgezeichnete lautere Wahrheit nicht ungehört verhallen und den Menschen das erklären, was jetzt von Finsternis verhüllt ist.

Das Ehepaar Lodyschenski und der russische Konsul in Indien waren hier zu Besuch.[60] Er war recht farblos. Doch die weitgereisten Lodyschenskis, die auch in Indien und Ägypten waren und Religionen studierten, sind sehr lebhaft und interessant.

Schickte das korrigierte Vorwort ab[61], saß Modell, arbeitete etwas an der Ausgabe. Andrjuscha ist abgereist. Komme mit meinem Mann Ljowotschka freundschaftlich aus, er war zärtlich in der Früh. Sascha und Warwara Michailowna schmollen. Warwara Michailowna hat sich zu viel herausgenommen, sich an Sascha gehängt, sie schenkt nicht einmal Tee aus sondern überläßt das mir. Ich muß sie entlassen, mir eine andere, tüchtige Hilfe suchen, die mir vor allem vorliest. Das Wetter ist wechselhaft. Abends neun Grad.

1. August. Fühle mich seit heute früh wieder sehr elend, erregt und bedrückt. Lew Nikolajewitsch ist schweigsam und kalt. Langweilt sich sicher ohne sein Idol. Versuche mir vorzustellen, ob ich den Anblick Tschertkows aushalten könnte, und sehe, daß ich es einfach nicht kann ...

Habe russische und ausländische Bücher und Zeitungen durchgesehen; ständig drängt mir das Blut zum Kopf, gräßlich ...

Birjukow half mir sehr mit wertvollen Ratschlägen und Nachweisen bei der Ausgabe;[62] abends las ich seinen Kindern eigene Erzählungen vor.[63]

Zu Lew Nikolajewitsch kamen unsere Bauern, die wir gebeten hatten, besonders Bedürftige zu benennen, die sich für das von Maude zur Unterstützung der Armen übersandte Geld Roggensaat kaufen sollen. Die Bauern berieten sich mit Lew Nikolajewitsch und versprachen, eine Liste aufzustellen. Lew Nikolajewitsch nannte mir zwei, verschwieg aber den Namen des dritten Bauern; es ist sicher sein Sohn von dem Bauernweib – Timofei.[64] (Später erfuhr ich, daß es Alexei Schidkow war).

Legte heute nacht die Karten. Für Lew Nikolajewitsch stellte sich heraus, daß er bei einer jungen Frau (Sascha) und dem Karokönig (Tschertkow) bleibt, Liebe, Hochzeit und Freude erleben wird (alle Herzkarten). Mein Kartenbild zeigte unverhohlen deutlich den Tod (Pik-As und Neun), das Herz bedrückt von einem Alten oder einem Übeltäter (Pik-König). Alle vier Zehner lagen nebeneinander, d. h. Wünsche werden erfüllt; mein Wunsch aber ist es, zu sterben; obwohl ich selbst nach dem Tod nicht Lew Nikolajewitsch an Tschertkow abtreten möchte. Wie würden alle über meinen Tod frohlocken! Sichtbar habe ich den ersten Schlag davongetragen, seine Wirkung ist sehr spürbar. *Ich werde an all den Leiden sterben, die ich jetzt habe durchmachen müssen.*

2. August. Das Tagebuchschreiben hat für Lew Nikolajewitsch schon längst jeden Sinn verloren. Seine Tagebücher und sein Leben mit allen guten und abscheulichen Regungen der Seele – das sind zwei ganz verschiedene Paar Stiefel. Die Tagebücher werden jetzt für Herrn Tschertkow *erdichtet;* gegenwärtig sehen sie einander nicht, doch aufgrund einzelner untrüglicher Anzeichen nehme ich an, daß sie einander schreiben, wahrscheinlich überbringen Bulgakow und Goldenweiser die Briefe bei ihren täglichen Besuchen.

Hat doch Lew Nikolajewitsch Tschertkow gefragt, als er das letzte Mal hier war, *„ob er seinen Brief erhalten habe und einverstanden* *sei*“?[65] Mit welcher Garstigkeit hat sich Herr Tschertkow einverstanden erklärt? Würde sein Kommen diesen geheimen Briefwechsel aufheben, sollte er meinetwegen kommen. Aber sie schreiben sich selbst dann bestimmt weiter, da soll er wenigstens fernbleiben. L. N. liebt Tschertkow besonders heftig, seitdem er ihn im Sommer ohne mich besucht hat, diese Liebe flaut jetzt doch etwas ab, weil sie getrennt sind – allmählich.

Heute ist Lew Nikolajewitsch *allein* nach Kolpna geritten, um sich den Roggen anzusehen, der für die Bauern gekauft werden soll. Ich war zu keiner Arbeit fähig, mein Herz schlug wie wahnsinnig, mein Kopf dröhnte, ich fürchtete, er hätte ein Treffen mit Tschertkow ausgemacht. So ließ ich das Kabriolett anspannen und fuhr ihm entgegen. Gott sei Dank kam er allein, zufällig gefolgt von unserem Bauern Danila Koslow.

Müßte so viel an den Korrekturen tun, doch solange Tschertkow in unserer Nachbarschaft lebt, kann ich nichts tun, fürchte zudem Fehler. Zwang mich zum Mittagessen, doch ich wurde gleich darauf von einem solchen Schwindel befallen, daß ich in mein Zimmer ging und mich hinlegte. Senfpflaster und Kompressen linderten den rasenden Kopfschmerz, und ich schlief ein.

Lew Nikolajewitsch war teilnahmsvoll und gütig; als ich aber erfuhr, daß Bulgakow Briefe brachte und fragte: „Auch einen Brief von Tschertkow?“ erzürnte ich ihn damit, und er antwortete: „Nun ja, ich habe doch wohl das Recht, Briefe zu wechseln mit wem ich möchte ...“ Dabei hatte ich ihm nicht mit einem Wort das *Recht* abgesprochen. „Ich muß unzählig viele Fragen wegen des Drucks meiner Werke und wegen anderer Schriften mit ihm klären“, fügte er hinzu.

Ja, ginge es nur um *solche* Fragen, dann wäre kein *geheimer* Briefwechsel nötig. Da er aber *geheim* ist, verbirgt sich da etwas. Christus, Sokrates, die Weisen – nie haben sie im Verborgenen gehandelt; ohne Furcht predigten sie öffentlich auf den Plätzen.

Dagegen machen Verbrecher, Verschwörer und Sittenstrolche alles insgeheim. Und in eine solche ihm nicht geziemende Lage ist der arme Heilige Tolstoi von Tschertkow gebracht worden.

3. August. Lew Nikolajewitsch hat erfahren, daß Mister Maude in seiner Biographie verschiedene Abscheulichkeiten Tschertkows aufgedeckt hat, ohne ihn namentlich zu nennen, sondern nur mit dem Buchstaben X auf ihn anspielend. Und hat sich so weit erniedrigt, daß er Maude am 23. Juli dieses Jahres einen Brief schrieb und ihn um die Streichung der Tschertkow entlarvenden Stellen *bat.* Und zwar handelt es sich um Auszüge aus dem Brief unserer verstorbenen Tochter Mascha, in dem sie sich abfällig über Tschertkow äußerte. Eine solche Entlarvung Tschertkows ausgerechnet von seinem Liebling Mascha, die offensichtlich immer in einem freundschaftlichen Verhältnis zu Tschertkow stand, ihn jedoch schließlich ebenfalls durchschaute, muß Lew Nikolajewitsch natürlich besonders peinlich sein. Schrecklich ist, daß er aus Liebe zu Tschertkow zu jeder Selbsterniedrigung bereit ist, wenn er ihn reinwaschen kann. Heute erhielt ich von Maude zwei Briefe; einer war für mich, der zweite für Lew Nikolajewitsch bestimmt.[66]

Bekam einen sehr vorwurfsvollen Brief von Je. I. Tschertkowa.[67] Als Mutter verstehe ich sie völlig: sie idealisiert ihren Sohn, kennt ihn nicht. Ich antwortete ihr zurückhaltend, höflich, ja stolz. Bin nicht zur Versöhnung bereit.[68]

Wollte Lew Nikolajewitsch die Quelle meiner Eifersucht auf Tschertkow erklären und brachte ihm eine Seite aus seinem Tagebuch von 1851, wo er schreibt, daß er sich nie in Frauen, sehr oft jedoch in Männer verliebt habe.[69] Ich dachte, daß auch er wie P. I. Birjukow und Doktor Makovický meine Eifersucht verstehen und mich zu beruhigen versuchen würde. Statt dessen aber erbleichte er und wurde so wütend, wie ich ihn schon sehr lange nicht mehr erlebt habe. „Mach, daß du fortkommst!" schrie er, „ich habe dir gesagt, daß ich von dir fortgehe, und ich gehe ganz bestimmt ..." Er rannte im Zimmer auf und ab, ich entsetzt hinter ihm her, ohne etwas zu begreifen. Später riegelte er sein Zimmer ab, ließ mich nicht zu sich. Ich war wie erstarrt. Wo ist da Liebe? Wo Nichtwiderstreben? Wo Christlichkeit? Und wo schließlich Gerechtigkeit und Verstehen? Verhärtet wirklich das Alter so sehr das Herz der Menschen? Was habe ich denn getan?

Als ich später zum Schwitzbad ging, kam Lew Nikolajewitsch in den Saal, als sei nichts gewesen, trank genußvoll seinen Tee und lauschte, wie Dušan Petrowitsch in einer Übersetzung etwas über Petr Chelčický vorlas.[70]

Nachdem sich alle getrennt hatten, kam Lew Nikolajewitsch zu mir ins Schlafzimmer und sagte, er wolle mir noch einmal gute Nacht wünschen. Vor Freude zitterte ich; doch als ich ihm nachging und u. a. davon sprach, daß wir den Rest unseres Lebens so freundschaftlich wie möglich miteinander verbringen wollten, drängte er mich zurück und sagte, wenn ich jetzt nicht hinausginge, würde er es bereuen, zu mir gekommen zu sein. Das verstehe einer!

4. August. Gott sei Dank, ein Tag, an dem Tschertkow mit keiner Silbe erwähnt wurde, es lebt sich leichter, läßt sich freier atmen. Dank sei meinem lieben Mann Ljowotschka für seine Nachsicht. Ich glaube, ich könnte nicht noch einmal alles neu durchstehen. Hoffe, daß bald alle aus Teljatinki abreisen und ich dann nicht mehr bei jedem Ausritt Lew Nikolajewitschs zitternd befürchten muß, sie könnten sich treffen.

Fühle mich krank, weiß nicht, was mit meinem Kopf los ist, kann mich nicht konzentrieren. Liege oft schlaflos, wilden Phantasien ausgeliefert, und fürchte, wahnsinnig zu werden.

Birjukows sind abgereist. Es ist klarer geworden, Pilze kommen aus dem Boden hervor. Sascha war beim Arzt in Tula, der ihr jedoch nichts verschrieb. Tanja geht es gottlob besser. Ich saß Ljowa Modell, korrigierte die „Kunst"-Abhandlung, fügte die Auslassungen wieder ein – eine mühselige langwierige Angelegenheit.[71]

Lew Nikolajewitsch ritt nach Bassowo zu Lodyschenskis, ist erschöpft. Ich traf ihn auf unserem sogenannten *Proschpekt.* Prüfte für mich wieder, ob ich mich mit Tschertkow versöhnen könnte; möchte in mir die guten Kräfte wecken, da „auch wir vergeben unserem Schuldiger".[72] Vielleicht vermag ich zumindest in meinen Gedanken, den Haß auf ihn zu überwinden. Doch wenn ich mir vorstelle, die durch seinen Besuch hervorgerufene Freude in Lew Nikolajewitschs Augen zu *erblicken,* dann windet sich meine Seele vor Schmerz, ich möchte weinen, und ich habe das Bedürfnis, verzweifelt zu schreien: „Um nichts möchte ich diesen durchdringenden peinigenden Schmerz aushalten ..." Ich weiß, daß ich meinem Mann ausgeliefert bin; wenn er jetzt nicht durchhält, ist alles verloren!

In Tschertkow steckt leibhaftig der Teufel, deshalb kann er mich auch so erschrecken und quälen.

5. August. Verbrachte eine grauenhafte Nacht; ich grübelte über die Vergangenheit und durchlebte wieder das Erlittene. Wie kränkend, daß mein Mann nicht für mich eingetreten ist, als mir Tschertkow Grobheiten sagte! Wie fürchtet er ihn! Wie hat er sich ihm untergeordnet! Die reinste Schande!

Versuchte zu korrigieren, vergeblich. Schnappe nach Luft, habe Kopfschmerzen und rasendes Herzklopfen. Ging fast drei Stunden spazieren. Auf der Chaussee kam ein Kabriolett hinter mir her. Lew Nikolajewitsch ist mit Dušan Petrowitsch ausgeritten. Ich begegnete dem aus Teljatinki zurückkehrenden Ljowa, der Tschertkow von weitem sah. Er wird doch wohl nicht Lew Nikolajewitsch entgegengeritten sein?

Hörte heute, daß in Teljatinki an die dreißig Leute emsig irgend etwas abschreiben. Was könnte das sein? Hat Lew Nikolajewitsch etwa gestern die Tagebücher geholt? Nichts erfährt man. Böswillig und hinterlistig verbirgt er *alles* vor mir, wir sind einander fremd geworden.

Natürlich bin ich an vielem schuld. Doch bereue ich das so sehr, daß ein *gütiger* Ehemann mir meine krankhafte Hysterie verziehe und mir so dicht vor dem Ende unseres Lebens näher käme, und sei es auch nur darum, daß ich ihn so heiß und leidenschaftlich liebe, ihm nie untreu war.

Wie wäre ich glücklich, wenn er wieder zärtlicher zu mir sein würde! Doch das wird er nie mehr sein, selbst dann nicht, wenn man ihn ganz von Tschertkow wegbringen könnte.

Lew Nikolajewitsch ist heute wieder kalt und distanziert. Traurig!

Las die schrecklichen Artikel von Wl. Korolenko über die Todesstrafe und die zum Tode Verurteilten.[73] Blätterte Rosnys Roman durch.[74] Abends spielte Goldenweiser die wunderbare Sonate Chopins mit dem Trauermarsch. Aber sein Spiel war heute ohne Kraft. Das Wetter ist wechselhaft.

Nacht ... kann nicht schlafen. Habe lange auf den Knien liegend gebetet und Gott angefleht, mir das Herz meines Mannes zurückzugeben und seine Kälte zu lindern. Bete täglich, gedenke dabei oft an Tante Tatjana Alexandrowna, erflehe mir ihre Fürbitte. Gewiß hätte sie mich verstanden und bedauert.

6. August. Kann wieder nicht schlafen, schrecke morgens mit innerem Entsetzen auf: was bringt der heutige Tag? War gegen zehn in Lew Nikolajewitschs Zimmer, er machte aber bereits seinen Morgenspaziergang. Kleidete mich rasch an, eilte in das Tannenwäldchen, in dem er sich morgens zumeist aufhält, dachte: „Ob er sich da mit Tschertkow trifft?" Er kam mir entgegen – lieb, ruhig, ziemlich gebrechlich und allein! Doch Tschertkow konnte ja bereits wieder fort sein. Ich fragte Kinder, die mir begegneten: „Sagt mal, Ihr Kleinen, habt Ihr den alten Grafen gesehen?" – „Ja, er hat auf dem Bänkchen gesessen." – „Allein?" – „Ja." Da wurde ich wieder ruhiger. Die Kinder sind lieb zu mir. Als sie sahen, daß ich keine Pilze hatte – wo sollte man da auch welche finden! –, gaben sie mir fünf Birkenröhrlinge und sagten teilnahmsvoll: „Du kannst ja keine finden, du bist ja blind." Auch Ljowa kam ins Tannenwäldchen, ob zufällig oder um meinetwillen weiß ich nicht. Später begegneten wir uns, als er an der Badestelle vorbeiritt.

Nach vier Stunden kehrte ich etwas ruhiger nach Hause zurück; doch da fielen gleich alle über mich her: ein Apfelhändler, der Apfelwächter, die Dienerin und der Bäcker. Lew Nikolajewitsch ist schroff und unzugänglich. Immer wieder muß ich an seine grausamen Worte denken: „Tschertkow steht mir *am nächsten*" (nicht die Ehefrau!). Nun, wenigstens *körperlich* wird er ihm nicht der Allervertrauteste sein. Gebe Gott, daß sie bald abreisen! Die Alte, seine Mutter, bleibt sicher mit Absicht so lange dort, um mich zu quälen, sie wollte doch bereits vor dem 6. August zu ihrer Schwester gefahren sein.

Lew Nikolajewitsch verirrte sich beim Ausritt mit Bulgakow im Sasseka-Forst, dennoch kehrten sie nicht allzu spät zurück. Korrigiere weiter die Abhandlung über die „Kunst". Heute besuchte uns W. G. Korolenko, er kam von der Station Sasseka, blieb den ganzen Abend. Pausenlos erzählte er höchst interessant über die unterschiedlichsten Themen: Sektierer, die sich an einem heiligen See im Makarjewer Landkreis treffen, über Klöster, Foltern, Gefängnisse, seine erste Bekanntschaft mit Gorki, Repins Gemälde usw. Schade, daß man das nicht aufzeichnen kann![75] Man schickte nach Goldenweiser. Er spielte mit Lew Nikolajewitsch Schach, vor allem aber interessierte ihn Korolenko. Sascha fuhr mit Olga, den Kindern und Goldenweisers nach Prowaly. Sie gerieten in Regen und wurden naß bis auf die Haut.

7. August. Noch immer lastet dieser Druck auf uns, herrscht unverändert Finsternis; übrigens nieselt es noch immer, und im Feld verdirbt der aufkeimende Hafer. Unsere Bauern haben Maudes Geld an die einzelnen Höfe verteilt, von den insgesamt 401 Rubeln und 50 Kopeken erhielt jeder Hof 5 Rubel und 50 Kopeken. Korolenko ist wieder abgereist. Ich habe Ljowa Modell gesessen, den Gast unterhalten, einen Teil des fünfzehnten Bandes zum Satz geschickt. Will nicht von dem schreiben, was mich mehr als alles schmerzt und unaufhörlich an meinem Herzen nagt: daß Lew Nikolajewitsch so grausam kalt zu mir ist. Heute wünschte er mir nicht einmal guten Morgen, schweigt beharrlich, ist finster und zornig; gibt mir zu verstehen, daß ich ihm das Leben schwer mache. Und all das, weil er sich meinetwegen nicht mehr mit Tschertkow trifft.

Er hat sich in den Kopf gesetzt zu schweigen, beharrlich, vorwurfsvoll und böse. Für mein lebhaftes offenes Wesen ist dieses Schweigen kaum zu ertragen. Aber er will mich ja quälen, und das gelingt ihm vollauf.

Ich habe weder schriftlich noch mündlich Tschertkow unser Haus verboten; ob ihm L. N. oder Ljowa geschrieben haben, weiß ich nicht.[76] Bei dieser Heimlichtuerei weiß ich auch nicht, ob Tschertkows bald abreisen, ob sich Lew Nikolajewitsch wieder mit Tschertkow treffen möchte, was in seiner Seele vorgeht. Überhaupt nichts weiß ich, und er schweigt eisern. Sein Gesicht zeigt Zorn und Pein. Ach, würde doch bald das Eis in seinem Herzen schmelzen!

Haben wir nicht Jahrzehnte ohne Tschertkow verbracht und waren glücklich miteinander? Und jetzt? Wir sind noch immer dieselben, aber jetzt zanken die Schwestern mit den Brüdern, ist der Vater den Söhnen übelgesonnen, haßt der Mann seine Frau, die Frau haßt Tschertkow. Schuld an allem ist dieser dumme, grobschlächtige Mensch, der sich in unser Leben gedrängt, den Alten um den Verstand und mich um Leben und Glück gebracht hat ...

Will gleich wieder beten, allein der Gedanke an das Gebet läßt mir leichter zumute werden; denn wenn ich kniend bete, spüre ich Gottes Nähe. Er wird mich trösten und beruhigen, meine gepeinigte Seele stärken und das verhärtete Herz meines Mannes erweichen.

8. August. Wie schnell hat Gott mein Gebet erhört! Mein Ljowotschka taute heute auf, wurde gütig und teilnahmsvoll, sogar zärtlich. Dank sei Dir, o Herr! Ich will jegliches körperliche Leiden tragen, wenn ich Ljowotschka wieder so nahe sein darf, wie wir es Jahrzehnte lang waren. Herrscht zwischen uns aber diese Entfremdung, kann ich nicht mehr leben. Habe heute nacht, als ich wieder nicht schlafen konnte, ständig gedacht, ich müsse Lew Nikolajewitsch vorschlagen, Tschertkow wiederzusehen, und als er heute früh aufstand, sagte ich es ihm. Er winkte ab, sagte nur, wir würden später miteinander reden und brach auf zu seinem Spaziergang. Auch ich ging gegen neun Uhr fort, durchwanderte ganz Jasnaja Poljana, alle Gärten, die Wälder, fiel der Länge lang hin und verschüttete die Pilze. Sammelte mir Zweige und Gras und legte mich völlig erschöpft auf dieses feuchte Lager und weinte solange, bis ich wirr träumend einschlummerte. Es regnete, um mich herum war alles still, und so lag ich, völlig durchnäßt, eine Stunda da. Insgesamt war ich länger als vier Stunden von zu Hause fort, hatte natürlich nichts gegessen.

Als ich wieder daheim war, rief mich Lew Nikolajewitsch zu sich und sagte (ich war schon so glücklich darüber, seine Stimme nach mir rufen zu hören): „Du schlägst mir ein Wiedersehen mit Tschertkow vor, aber das will ich nicht. Mein einziger Wunsch ist, meine letzten Lebenstage so ruhig wie möglich zu verbringen. Wenn du unruhig bist, kann auch ich nicht ruhig sein. Vielleicht wäre es am besten, wenn ich für ein paar Tage zu Tanja führe, damit wir beide ruhiger werden."

Zunächst erschreckte mich der Gedanke an eine neuerliche Trennung. Dann aber dachte ich, daß Lew Nikolajewitsch gerade fort wäre, wenn Tschertkows abreisen, was sicher sehr wünschenswert ist, und darum finde ich mich damit ab. Uns beiden wird es guttun, von dieser seelischen Anspannung erlöst zu werden. Hat mir doch mein Ljowotschka versichert, wie teuer ihm meine Ruhe ist, wie sehr er unter meiner schlechten nervlichen Verfassung leidet, wie sehr er mir helfen möchte. Das ist für mich die beste Medizin.

Er hat heute eine Stellungnahme für junge Leute verfaßt, die den Militärdienst verweigern wollen.[77] Sehr gut. Sascha hat sie bereits abgeschrieben; aber wo ist das Original hingeraten? Es wird doch wohl nicht Tschertkow überbracht worden sein?

Befaßte mich wieder mit der Ausgabe, schrieb dem Kontorgehilfen, teilte Maude mit, wie das Geld an die Bauern verteilt worden ist.

Abends schlief ich ein. Habe dadurch leider nicht gehört, wie Goldenweiser Beethoven spielte.[78] Als ich später dazu kam, spielte er wunderbar eine Masurka von Chopin.

Habe Magenweh und keine Verdauung; mein Organismus funktioniert nicht mehr richtig. Es regnete wieder ein bißchen. Der Hafer ist angegangen; auch die Steinpilze kommen heraus.

9. August. Habe den ganzen Tag für Ljowotschka genäht: einen Kittel geändert und eine weiße Mütze gearbeitet, fühlte mich dabei ruhig und wohl. Habe mir absichtlich nichts anderes vorgenommen, um meinen Nerven Ruhe zu gönnen. Alles wäre gut, spuckte Tochter Sascha nicht solche Grobheiten aus. Ständig fährt sie zu Tschertkows und wird dort gegen mich aufgehetzt, weil ich angeblich meinen Mann von der ganzen Teljatinkier Clique fernhalte. Nie hätte ich gedacht, daß eine Tochter sich so der Mutter gegenüber verhalten könnte, ganz zu schweigen von der inneren Einstellung. Als ich ihrem Vater ihre unmöglichen Flegeleien schilderte, sagte er traurig: „Ja, sie hat leider etwas Ungehobeltes in ihrem Wesen, ich werde mit ihr reden."

Lew Nikolajewitsch ritt heute nach Owsjannikowo zu Gorbunow, traf ihn jedoch nicht an, was ihn sehr enttäuschte, da er ihm die Korrekturen der Billigausgabe hatte bringen wollen, die ihn gegenwärtig sehr beschäftigen.

Finster kam er zum Mittagessen, wieder krampfte sich mir das Herz zusammen. Ich ging zu ihm und fragte ihn nach dem Grund für seine Stimmung. Zunächst sagte er, er langweile sich; später erklärte er, er sei nicht finster gestimmt, sondern *ernst.* Es gäbe Augenblicke, in denen einem alle Gespräche „ringsum so sinnlos, langweilig und unergiebig" vorkämen. Natürlich waren die Gespräche nicht nach seinem Geschmack, als uns unser Nachbar W. Ju. Fere, der Vize-Gouverneur von Smolensk, besuchte, den wir fünf Jahre lang nicht gesehen hatten. Er ist gutmütig, liebt Musik, spielte mit Ljowa vierhändig, ist aber keineswegs außergewöhnlich.

Als später das Ehepaar Goldenweiser kam, wurde der Abend fröhlicher und Lew Nikolajewitsch aufgeräumter. Wir kommen gottlob freundschaftlich miteinander aus, doch mich schreckt fürchterlich die Vorstellung, seine Gewogenheit könnte mir schon bald wieder verlorengehen. Wir erwarten heute nacht gegen halb vier Tanja.

10. August. Tanja kam heute nacht um vier. Obwohl ich ständig hinausgelauscht hatte, verpaßte ich ihre Ankunft. Heute früh sprach ich wieder mit ihr über das alte Thema und wurde sehr aufgebracht. Wir beschlossen, nicht mehr über das zu reden, was uns alle sehr bedrückt.

Saß Ljowa Modell; als ich mich erhob, wurde mir plötzlich schwindlig, ich ging zum Fenster und stürzte ohnmächtig nieder. Als ich das Bewußtsein wieder erlangte, fühlte ich einen schneidenden Schmerz im Bein und sah, wie Sohn Ljowa sich abquälte, mich aufzurichten: „Arme Seele", murmelte er. Beim Fallen hatte ich mir das Bein so heftig angeschlagen, daß ich eine kleine Wunde davontrug. Lew Nikolajewitsch, der von meinem Sturz hörte, erkundigte sich teilnahmsvoll. Aber wie traurig und schweigsam er ist, wie sehr langweilt er sich! Wahrscheinlich will er mit Rücksicht auf mich nicht zugeben, wie sehr er Tschertkow vermißt. Je mehr er sich ohne ihn langweilt, desto weniger wünsche ich mir, daß sie einander wiedersehen und ich wieder unter der Nähe und den Besuchen des mir Verhaßten zu leiden habe. Erfuhr heute, daß sie erst am 1. September abfahren werden. Schon deshalb müßte ich mich freuen, wenn Lew Nikolajewitsch zu Tanja fährt. Doch zugleich erscheint mir diese neuerliche Trennung unerträglich! Wir waren ohnehin schon oft in diesem Sommer getrennt, und wie lange haben wir überhaupt noch zu leben? Doch offensichtlich ist Lew Nikolajewitsch des Lebens in Jasnaja Poljana überdrüssig, wo sich tagaus tagein immer das gleiche wiederholt. Er liebt jetzt jede Abwechslung. Morgens macht er immer den gleichen Spaziergang, dann arbeitet er, danach frühstückt er, reitet mit Dušan Petrowitsch aus, schläft, ißt zu Mittag; abends sitzt er einsam in seinem Zimmer und langweilt sich, wenn nicht Goldenweiser zum Schachspielen kommt. Manchmal spielt Goldenweiser zur Freude aller Klavier.

Heute erschienen überraschend Soldaten in Jasnaja Poljana und verteilten sich im ganzen Dorf. Vier von ihnen suchten verstohlen Lew Nikolajewitsch auf, aber ich weiß nicht, worüber sie sprachen. Merkwürdig verhält sich Lew Nikolajewitsch mir gegenüber: interessieren mich Besucher besonders, möchte auch ich bei den Gesprächen dabeisein. Doch er sieht mich dann so lange mißbilligend an, bis ich begreife, daß ich störe. Bleibe ich aber fern, dann legt er mir das als Gleichgültigkeit und mangelnde Übereinstimmung aus. Man weiß wirklich nicht, wie man es richtig macht! Suche ich die von unseren Lebensnotwendigkeiten geforderten Entscheidungen zu fällen, wird mir das als Despotismus ausgelegt. Hier will niemand etwas entscheiden; da wartet man lieber, daß man mich verurteilen und das von mir Entschiedene ablehnen kann.

Es ist wieder windig draußen; ich habe Kopfschmerzen, bin traurig. Am Sonnabend fährt Ljowotschka mit Tanja nach Kotschety, was wird dann aus mir?

Schon im voraus rege ich mich auf, bin gekränkt. Wie soll ich da gesund werden! Alle lassen mich im Stich.

Bereitete für die Ausgabe „Christentum und Patriotismus" vor; tat mir leid, die für die Zensur ungeeigneten Stellen tilgen zu müssen; wie ist all das schwer abzuwägen![79]

11. August. Mir ist ein bißchen leichter ums Herz, obwohl ich mir wieder Sorgen um Lew Nikolajewitschs Gesundheit mache. Er hat sich erkältet, fröstelt, ist heiser. Wenn er es über sich bringt, ruhig zu Hause zu bleiben, wird er sicher mit Gottes Hilfe bald auskuriert sein.

Bulygin, Gay und Salomons Neffe statteten uns einen kurzen Besuch ab. Die Unseren fuhren alle nach Tichwinskoje, um sich dort ein Haus anzusehen, dann nach Owsjannikowo. Ich holte später Tanja dort ab.

Zu meiner Freude diktierte mir Lew Nikolajewitsch heute einen Brief, ich saß recht lange bei ihm und schrieb.[80] Arbeitete ein wenig an der Ausgabe, später spielten wir Wint. Lew Nikolajewitsch verbrachte den ganzen Tag zu Hause, sein Husten beunruhigt mich.

12. August. Kaum hatte ich ein wenig innere Ruhe gefunden, gibt es neue Aufregungen. Lew Nikolajewitsch hustet schlimm, will aber trotzdem *unbedingt* nach Kotschety. Dann setzt sich bestimmt der Husten fest, und in seinem Alter ist eine Lungenentzündung gefährlich. Wir sprechen beide nicht von seiner Abreise, aber mich kränkt sein Verhalten. Diese Reise zeigt erneut seinen Wunsch, mich loszuwerden; doch ich kann und will mich nicht von ihm trennen, nach drei Tagen fahre auch ich dorthin. Alle hier geben sich große Mühe, uns auseinanderzubringen, aber das wird ihnen nicht gelingen.

Sammelte heute dreieinhalb Stunden lang mit Jekaterina Wassiljewna[81] Pilze. Zu schön war es im Tannenwäldchen, wo im grünen Moos sich die roten Reizker zeigten, so ruhig, rein und still! Tagsüber saß ich Modell, arbeitete an der Ausgabe. Sehr schwierig!

N. N. Gay und Goldenweiser waren zu Besuch; ebenso Nikolajew. Redeten endlos. L. N. setzte sich zum Schachspielen. Er war den ganzen Tag nicht aus dem Haus gegangen. Frühstückte in seinem Zimmer und war infolge der Grippe sehr matt, klagt über Hexenschuß und Schwäche.

Abends erhob Tanja eine Reihe zum größten Teil ungerechter schwerer Vorwürfe wider mich, aus denen ich sofort Saschas Verdächtigungen und Lügen heraushörte. Sie verleugnet mich in jeder Weise, will mich mit allen entzweien, vor allem von ihrem Vater trennen. Solch eine Tochter zu haben ist ein viel ärgeres Kreuz als alle Tschertkows: sie kann man nicht fernhalten, und niemand wird sie bei ihrem schrecklichen Charakter heiraten. Ich mache oft einen Umweg über den Hof, um ihr nicht zu begegnen. Muß ja aufpassen, daß sie mir nicht wieder ins Gesicht spuckt oder mich mit Unflätigkeiten bewirft. Wieviel Gram im Alter! Womit habe ich das verdient?

Habe eben in meinem Tagebuch gelesen, und Entsetzen ergriff mich – über mich nicht weniger als über meinen Mann! Weiterzuleben ist nahezu unmöglich geworden.

13. August. Bin wieder unruhiger, habe starkes Herzklopfen. Dabei war der heutige Tag erfreulich. Lew Nikolajewitsch war fast immer zu Hause, ging nur morgens mal auf die Terrasse, er hustet weniger und fühlt sich besser. Ist gutgelaunt, zu mir nachsichtig und freundlich. Dafür sei ihm Dank. Er schreibt immer häufiger Briefe, antwortet auf Anfragen.[82] Tanja war lieb, versicherte mir unter Tränen, daß sie immer mit mir fühlt und mich bedauert. Abends spielten wir mit Boulanger Wint. Goldenweiser spielte Klavier. Marja Alexandrowna ist zu Besuch. Es *schüttete* den ganzen Tag, abends donnerte es, unaufhörlich zuckten die Blitze – Sommergewitter.

Bestellte Bücher für die Bibliothek, schnitt für Marja Alexandrowna ein Kleid zu. Konnte nicht an meine Arbeiten gehen – mein Kopf ist nicht klar, zu unruhig ist mein Herz. Schrieb an Buturlin, Torba, Serjoscha, dem Kontorgehilfen (eine Überweisung), Birjukow, Dawydow.

14. August. Die innere Unruhe ist schlimmer geworden, habe seit heute früh rasendes Herzjagen, Blutandrang zum Gehirn. Unerträglich bedrückt mich der Gedanke an die Trennung von Lew Nikolajewitsch. Schwankte, was ich tun sollte. Entschied mich, mit Lew Nikolajewitsch zu Tanja nach Kotschety zu fahren. Packte hastig. Lasse Ljowa nur ungern zurück, der auf seinen Paß und seinen Prozeß in Petersburg wegen seiner Broschüre „Restaurierung der Hölle" aus dem Jahr 1905[83] wartet. Wegen des Prozesses verweigert man ihm vorerst den Paß. Auch Katja und Mascha lasse ich ungern zurück, ebenso die Geschäfte. Doch ich will mich nie mehr von meinem Mann trennen, kann es einfach nicht.

Ging mit Katja ins Tannenwäldchen, aber dort sind schon alle Reizker abgeerntet. Lew Nikolajewitsch ritt zwei Stunden lang mit Dušan durch den Sasseka-Forst, warm eingehüllt. Es geht ihm besser.

Abends spielte Goldenweiser Beethovens Sonate „Quasi una fantasia" kalt und langweilig, wunderbar jedoch zwei Stücke von Chopin, Schumanns Karneval technisch nicht schlecht, brachte aber die Besonderheiten der einzelnen Teile viel zu wenig zum Ausdruck.

Fühlte mich den ganzen Tag erbärmlich, aß nicht einmal zu Mittag. Hatten viele Gäste: Dima Tschertkow, ein einfacher gutherziger Junge, ganz anders als sein Vater, Nikolajewa, Goldenweiser mit seiner Frau, Marja Alexandrowna und noch eine Fremde – Jasykowa. Packte, legte mich spät schlafen.

15. August. Kotschety. Standen früh auf, fuhren zur Station Sasseka, viele gaben uns das Geleit, auch Ljowa. Eine weite und anstrengende Reise nach Kotschety, mußten in Orjol nach Blagodatnaja umsteigen. Lew Nikolajewitsch schlief viel unterwegs, aß wenig und machte einen geschwächten Eindruck. Doch abends in Kotschety spielte er mit Begeisterung bis zwölf Uhr nachts Wint, klagt über Schwäche.

In Kotschety begrüßte uns rührend die kleine Enkelin Tanetschka. Was ist sie für ein prächtiges, zärtliches Kind! Wie hat sie mich geherzt und geküßt; wenigstens einer auf der Welt, der sich über mein Dasein freut. Wie arglos sind Kinder im Unterschied zu uns Erwachsenen! Als ich heute meinem Mann gute Nacht sagte, bat er zufällig in meiner Gegenwart Sascha um sein Notizbuch; Sascha stockte, ich begriff sofort: da war wieder eine List oder Lüge im Spiel. An meiner Frage: „Was willst du?" erkannte Lew Nikolajewitsch, daß ich etwas erraten hatte und sagte gottlob aufrichtig – zu groß wäre sonst mein Kummer gewesen: „Ich frage Sascha nach meinem Tagebuch, das ich ihr anvertraut habe, sie schreibt daraus meine Gedanken ab."[84]

Natürlich wird es vor mir versteckt, werden die Gedanken für Tschertkow herausgeschrieben. So wie ich bereits sagte: die jetzigen Tagebücher werden ausdrücklich für Herrn Tschertkow verfaßt, sind deshalb alles andere als aufrichtig. Ach, die mit ihren Heimlichkeiten und Versteckspielen – was soll's! Einmal wird doch alles ans Licht kommen. Ich aber verkörpere das *Gewissen,* dem jegliche Heimlichtuerei zuwider ist. Bereits in Jasnaja Poljana hatte ich bemerkt, daß Sascha das Tagebuch *versteckte,* und hatte mich schrecklich darüber aufgeregt, sie aber hatten geglaubt, mich überlisten zu können. Als ich heute fragte: „Liest denn Sascha deine Tagebücher?" erwiderte Lew Nikolajewitsch: „Das weiß ich nicht, sie schreibt meine Gedanken heraus." Wieso also *„weiß ich nicht"*, wenn sie *„herausschreibt"*? Das ist wieder gelogen, aber ich habe nichts gesagt. „Du regst dich über alles so auf", fügte Lew Nikolajewitsch hinzu, „deshalb habe ich dir nichts davon gesagt."

Das ist natürlich eine Ausrede. Ich rege mich nicht darüber auf, daß er seine Tagebücher versteckt; das ist völlig verständlich und in Ordnung; man muß die eigenen Tagebücher vor *allen* verstecken. Aber ich rege mich auf, daß sowohl Sascha als auch Tschertkow sie lesen dürfen, nicht aber ich, die Ehefrau. Das heißt: in diesen Tagebüchern schreibt er schlecht über mich und liefert mich dem Urteil von unserer Tochter und von Tschertkow aus. Das ist grausam und abscheulich.

Hier sind sehr viele Menschen, alle gutmütig und offen, ganz anders als in unserer *Hölle* zu Hause. Ich fühle, wie meine Liebe zu meinem Mann wegen seiner Hinterlist erkaltet. Ich erblicke in seinem Blick jene heimtückische Bosheit, die er jetzt ständig gegen mich ausspeit. An einem alten Mann ist diese Heimtücke so häßlich und widerwärtig, vor allem wenn er der ganzen Welt etwas von der *Liebe* predigt. Er weiß, wie er mich mit den Tagebüchern quält, und tut es mit Absicht. Möge Gott mir beistehen, daß ich diese wahnsinnige Anhänglichkeit verliere, wieviel freier und leichter ließe es sich dann leben! Sollen doch Sascha und Tschertkow ihre böse Zauberei mit ihm weitertreiben!

Tanja ist rührend, hat mir ihr Zimmer abgetreten, was mir *peinlich* ist und mich sicher ständig belasten wird.

16. August. Wie soll ich froh und glücklich sein, wenn Lew Nikolajewitsch, und seinem Willen folgend auch Sascha, ständig äußerst angestrengt versucht, etwas aus den Tagebüchern vor mir geheimzuhalten, und ich nicht weniger angestrengt gerade das zu entdecken versuche, um zu erfahren, wie ich vor Tschertkow und durch ihn vor der ganzen Welt denunziert werden soll? Schlief die ganze Nacht nicht, grübelte mit wild schlagendem Herzen nur darüber nach, wie ich die Tagebücher bekommen könnte. Wären sie ganz unverfänglich, so bräuchte er doch nur zu sagen: „Hier, lies und beruhige dich."

Heute klagt er über Schwäche und Apathie, verließ nach dem Spaziergang sein Zimmer nicht mehr. Ich sah ihn nur ganz kurz und steckte ihm einen Fetzen Papier zu, auf dem ich geschrieben habe, mir erschiene es nur gerechtfertigt, wenn er seine Tagebücher versteckte und sie *niemandem* zu lesen gäbe; doch daß er sie Sascha überließe, damit sie für Tschertkow Auszüge mache, sie aber listig vor mir, der Ehefrau, in Schränken und Tischen versteckt hielte, das würde mich zutiefst kränken und verletzen. „Gott möge dein Richter sein", so schloß ich und werde jetzt kein Wort mehr darüber verlieren.[85]

Gestern abend spielte er angeregt bis um zwölf Wint, fühlte sich heute morgen wohl, jetzt aber werden ihn sicher meine Vorwürfe erzürnen. Was kann man tun! Wir machen einander den Garaus; zwischen uns hat sich – wie man im Volksmund sagt – der *Feind,* d. h. der Teufel, breitgemacht. Herr, erbarme Dich! Ich bete abends lange; bete, wenn ich allein spazierengehe; bete, wenn mir das Herz schmerzt, so wie jetzt ...

Abends. Gegen Mittag rief mich Lew Nikolajewitsch zu sich und sagte: „Du bist wieder beleidigt." – „Natürlich. Hast du meinen

Zettel gelesen?" – „Ja. Aber ich möchte dir sagen, daß Sascha das Tagebuch nicht liest, vielmehr habe ich am Ende jedes Tages eine gesonderte Rubrik für meine Gedanken angelegt, die schreibt Sascha für Tschertkow zur Vervollständigung früherer Aufzeichnungen ab. Das Tagebuch aber habe ich bei mir und gebe es niemandem."

Das beruhigte mich ein wenig. Spielte mit Tanetschka und Mikuschka. Tanetschka sagte: „Ich habe niemanden auf der Welt so lieb wie Omi." Wir gingen spazieren, sammelten Reizker und Nagelschwämme.

Bin ermüdet von den vielen Menschen hier, empfinde es aber als Erleichterung, einmal nicht für das Hauswesen verantwortlich zu sein. Die arme Tanja müht sich sehr ab, mir ist es peinlich, daß auch wir vier ihr noch zur Last fallen. Abends haben wir Wint gespielt, ich war glücklich, wenigstens ein bißchen mit meinem Mann zusammensein zu können. Ihm macht das Wint-Spiel großen Spaß, er wirft mir mein schlechtes Spiel vor, ihm wäre es am liebsten, wenn ich aufgeben würde. Gestern habe ich alle besiegt.

Die starken Regenfälle bedrücken den armen Suchotin, der Hafer ist verdorben, was einen Verlust von dreitausend Rubeln bedeutet. Tanjas Gepäck ist verlorengegangen, wurde offensichtlich von Orjol aus nicht weiterbefördert. Ich aß heute mit den Kleinen und deren Kinderfrau zum Entzücken der Kinder an einem Extratisch. Und ich war selig, als Lew Nikolajewitsch vom Tisch aufstand, um nach mir zu sehen. Wie töricht hänge ich doch an ihm!

17. August. Habe den ganzen Tag eifrig die „Kindheit"[86] korrigiert. Erstaunlich gleichen die Züge der Jugend denen des Alters. Die Anbetung der Schönheit (Serjoscha Iwin), das Leiden an der eigenen Häßlichkeit, die durch *Klugheit* und *Güte* überdeckt werden soll. Erstaunlich sind am Kapitel „Grischa" jene Stellen, die in der Buchausgabe im Unterschied zum Manuskript getilgt wurden: übergangslos folgt auf das Erlebnis der Rührung und der gesteigerten religiösen Erregung durch Grischa, den Narren in Christo, die sinnliche Szene mit Katenka in der Rumpelkammer.

Schönheit, Sinnlichkeit, Sprunghaftigkeit, Religiosität, ewiges Suchen nach dem Glauben und der Wahrheit – so ist der Charakter meines Mannes. Er will mir einreden, seine Gefühle für mich seien abgekühlt, weil ich ihn nicht *verstehe.* Tatsächlich aber ist es ihm unangenehm, daß ich ihn plötzlich völlig *verstehe*, so vieles erkannt habe, was ich früher nicht sah.

Lew Nikolajewitsch ging mit einem Skopzen[87] im Garten spazieren, unterhielt sich länger als zwei Stunden mit ihm. Ich liebe Sektierer nicht, schon gar nicht die Skopzen; dieser aber scheint klug zu sein, rühmt sich jedoch widerlich seiner Verbannung.

Wieder ist Lew Nikolajewitsch heute distanziert und traurig. Wahrscheinlich trauert er seinem Idol – Tschertkow – nach. Würde ihn gern an das weise Gebot erinnern „Du sollst dir keinen Götzen schaffen", aber was vermag man gegen das eigene Herz, wenn es so leidenschaftlich liebt!

Wie gräßlich ist dieses graue Wetter! Doch die Menschen hier sind alle so lieb und einfach, ganz zu schweigen von der rührenden Fürsorge meiner lieben Tanja. Michail Sergejewitsch geht ganz in der Gutsverwaltung und -bewirtschaftung auf. Schon lange bekümmert diese Lew Nikolajewitsch nicht mehr, doch jetzt verlangt es ihn gerade nach der alten vertrauten Gutsbesitzeratmosphäre. In Jasnaja Poljana muß er sie ja ablehnen und darunter *leiden*. Dort hat er schon längst alle Mühsal auf mich *abgewälzt*, und natürlich muß er da ganz einfach an seinem Schuldbewußtsein leiden. Ich dachte viel an Jasnaja Poljana, und möchte dort wirklich nicht mehr leben. Möchte ein *neues* Leben, neue Menschen, andere Verhältnisse.

Brachte den Abend nutzlos zu; nur das Spiel mit den Kindern erfreute mich. Lew Nikolajewitsch spielte bis zwölf mit Begeisterung Wint, bat Tanja um einen leichten französischen Roman. Er selbst ist seine *Rolle* als religiöser Denker und Lehrer leid! Sogar das Ratespiel mit den Kindern ist ihm eine willkommene Zerstreuung. Da er nicht wollte, daß ich erfuhr, er wolle sich von seiner Glaubenslehrer-Rolle ausruhen, widersetzte er sich entschieden meiner Reise nach Kotschety. Schmerzlich erinnere ich mich, wie er auf meine Frage, ob er meinen und seinen Geburtstag (den 22. und den 28.) in Kotschety verbringen oder nach Jasnaja Poljana zurückkehren wolle, zur Antwort gab: „Wieso, das ist doch schon bald. Bleib *du* in Jasnaja und komm am 28., an meinem Geburtstag, nach."

Ich flammte geradezu vor Kummer und Kränkung auf. Welche Bedeutung soll denn sein Geburtstag für mich haben, wenn er sich so betont von mir distanziert! Gerade da habe ich mich entschlossen, ebenfalls nach Kotschety zu fahren, dort habe ich wenigstens meine beiden geliebten Tanjas um mich. Da ich ausgerechnet jetzt so viel mit der Ausgabe zu tun habe, wollte ich wissen, wie lange wir dort bleiben würden, worauf er mir schroff erwiderte: „Ich bin kein Soldat, dem die Urlaubsfrist vorgeschrieben ist." Leb mal einer mit einem solchen Menschen! Wahrscheinlich will er mit der ihm eigenen Verschlagenheit dort Monate verbringen, da er weiß, daß ich *unbedingt* zurück muß.[88]

Aber dann fahre auch ich keinesfalls, lasse alles laufen wie es läuft, und wenn dabei alles draufgeht. Wer besiegt wen? Wenn man bedenkt, daß dieser verbissene Kampf zwischen zwei Menschen stattfindet, die einander einst so glühend geliebt haben! Liegt das am Alter? Oder an den Menschen um uns herum? Manchmal kommt er mir wie tot vor. Alles Lebendige, Gütige, Teilnahmsvolle und Gerechte an ihm ist vom herzlosen Sektierer Tschertkow unterdrückt worden.

18. August. Erfuhr eine schreckliche Nachricht aus der Zeitung: die Regierung gestattet Tschertkow in Teljatinki zu bleiben.[89] Sogleich wurde Lew Nikolajewitsch wieder lebhafter und fröhlich, sein Gang leicht und schnell. Ich aber leide unerträglich, mein Puls schlägt mehr als hundertvierzigmal in der Minute, ich habe rasende Kopfschmerzen.

Gott selbst hat mir dieses *Kreuz* auferlegt, Tschertkow und Lew Nikolajewitsch sind meine Totengräber. Vielleicht werden, wenn ich tot daliege, Lew Nikolajewitsch die Augen über meinen Widersacher aufgehen, wird er ihn hassen und seine sündige Leidenschaft für diesen Menschen bereuen.

Und *wie* anders verhält er sich plötzlich zu mir, ist zärtlich und aufmerksam: vielleicht versöhnt sie sich mit Tschertkow, und alles wird wie früher! Nein, das wird *nie* geschehen, nie werde ich Tschertkow empfangen. Allzu tief und schmerzlich ist die Wunde. Völlig unmöglich wäre es mir, Tschertkow die Grobheiten zu verzeihen, die er sich mir gegenüber hat zuschulden kommen lassen, indem er Lew Nikolajewitsch einflüsterte, *ich richte ihn zugrunde.*

Habe mehr schlecht als recht an der Ausgabe gearbeitet, ging mit Enkelin Tanetschka Pilze sammeln. Schickte Ljowa den Entwurf eines Briefes an Stolypin mit der Bitte, Tschertkow nicht den Aufenthalt in unserer Nähe zu gestatten. Stolypin ist nach Sibirien gereist, deshalb habe ich den Brief nicht abgeschickt. Suchotin hat mir überhaupt abgeraten, ich werde mich mit Ljowa und dem Grafen Dm. Ad. Olsufjew besprechen, der heute mit Sohn Serjoscha hierher zu Besuch gekommen ist. Wir vielen Gäste sind der armen Tanja schon eine arge Last!

Wunderbar hat mir heute Tanetschkas Kinderfrau Trost zugesprochen: „Beten Sie zu Ihrem Schutzengel, daß er Ihnen Demut und Frieden schenkt", sagte sie inständig, „dann wird sich alles zum Besseren wenden. Schonen Sie Ihr Leben", setzte sie noch hinzu.

Habe mir in der Schule angesehen, wie die Kinder Tschechows dramatisierte Erzählung „Übeltäter"[90] aufführen, fand es schrill und langweilig.

19. August. Wachte sehr früh auf und litt wieder unendlich unter dem Gedanken, daß unweit von Jasnaja Poljana Tschertkow wohnt. Doch mein Mann brachte mir Trost. Er kam morgens, als ich noch nicht aufgestanden war, zu mir ins Zimmer und erkundigte sich, wie ich geschlafen habe und mich fühle. Dabei fragte er nicht so kalt wie sonst, sondern aufrichtig teilnahmsvoll. Dann versprach er mir fest:

1. *sich überhaupt nicht mit Tschertkow zu treffen*
2. niemandem seine Tagebücher zu geben
3. *weder Tschertkow noch Tapsel mehr zu gestatten, ihn zu photographieren.*

Das hatte ich mir noch ausbedungen, weil ich es widerlich fand, daß Tschertkow ihn wie ein altes kokettes Weib in Wäldern und Schluchten photographierte, ihn herrisch nach allen Seiten drehte, um schließlich auch noch seine Photographien zu sammeln wie schon die Manuskripte.

„Den Briefwechsel mit Tschertkow werde ich fortführen", setzte er hinzu, „der ist mir wichtig für meine Sache."

Ich hoffe sehr, daß es wirklich ein *sachlicher* Briefwechsel ist. Nun, auch schon dafür sei ihm Dank.

Ljowa hat mir geschrieben, daß der Prozeß wegen seiner Broschüre auf den 13. September in Petersburg anberaumt worden ist, er will am 10. September aus Jasnaja Poljana fortfahren.[91] Auch das bedrückt mich. Als ich Lew Nikolajewitsch fragte, wie lange wir noch hierbleiben werden, antwortete er hastig, er wisse es nicht und wolle sich auch nicht im voraus festlegen. Ich sehe schon neue Qualen auf mich zukommen. Wahrscheinlich führt er etwas im Schilde und hat einen genauen Plan. Aber wie gewöhnlich sagt er mir nichts, allzusehr liebt er die Unbestimmtheit und allzugut weiß er, wie er mich damit quälen kann.

Ging mit Tanja Pilze sammeln, es gibt sie in Hülle und Fülle. Spielte viel mit den Kindern, bastelte ihnen Papierpuppen. Zur Arbeit bin ich unfähig, mir schmerzt einfach das Herz, ständig drängt mir Blut zum Kopf. L. N. und Tschertkow haben mich fast schon umgebracht. Noch ein oder zwei solcher Herzanfälle wie gestern abend – und mit mir ist es aus. Aber das wäre ja nur gut! *Denn martern* werden sie mich *ganz bestimmt*, ich will mich aber nicht selbst töten, um nicht Lew Nikolajewitsch Tschertkow zu überlassen.

Wie merkwürdig, ja geradezu komisch ist alles gekommen! Tschertkow behauptete, ich würde meinen Mann zugrunde richten, tatsächlich aber vollzieht sich das genaue Gegenteil: L. N. und Tschertkow haben mich bereits halb zugrunde gerichtet. Alle sind erschrocken, wie sehr ich abgemagert bin und mich verändert habe, und zwar nicht infolge einer Krankheit, sondern aus Herzeleid.

Lew Nikolajewitsch ist heute morgen mit Dušan Petrowitsch ausgeritten. Da sie die Gegend hier nicht kennen, war ich in schrecklicher Sorge. Abends erzählte ich Graf D. A. Olsufjew die ganze traurige Geschichte mit Tschertkow; er riet mir, mit einem Brief an Stolypin noch zu warten[92], da dieser gerade erst zurückgekehrt sei. Wenn aber Tschertkow agitieren und Lew Nikolajewitsch seine bedrohliche Beziehung zu Tschertkow wieder aufnehmen würde, dann wäre es angebracht, wenn ich persönlich mit Stolypin spräche. Doch man muß vorerst in der Gegenwart leben.

Etwa drei Stunden spielte Lew Nikolajewitsch begeistert Wint. Wie traurig, in seinem Alter (82 Jahre) solche Schwächen mitansehen zu müssen! Würde am liebsten die Augen vor diesen Schwächen schließen und irgendwo anders jenes Licht suchen, das ich zum Leben brauche.

20. August. Heute abend wurden zwei große Pakete, an Bulgakow adressiert, d. h. für Herrn Tschertkow bestimmt, zur Post gebracht.[93] Mir zuliebe verzichtet Lew Nikolajewitsch auf ein Wiedersehen mit seinem Idol, will ihn aber trösten, deshalb fertigt er für seine Sammlung verschiedene Manuskripte an und übersendet sie durch Bulgakow. Lew Nikolajewitsch ritt heute weit in den Wald hinaus, abends spielte er schläfrig Wint.

Sohn Serjoscha und Olsufjew sind heute morgen abgereist. Arbeitete an der „Kindheit"; suche mich vergeblich zur Ruhe und zur Arbeit zu zwingen. Die kleinste Erwähnung Tschertkows (wie heute sein Photo) bringen mich um den Verstand. Ja, ein glückliches Leben wird es für uns zu Hause nicht mehr geben, damit muß ich mich abfinden oder es anderswo suchen! Abrikossow kam zu Besuch.

Das Photo, in Kotschety gemacht, als ich nicht dabei war, zeigt alle um den Tisch versammelt und Tschertkow in unmittelbarster Nähe von Lew Nikolajewitsch. Das hat mich wieder schrecklich empört! Schrieb an Maslowa und Jelis ...

21. August. Wieder kein Auge zugetan, wieder rast das Herz. Möchte weinen und sterben. *Warum* verstehe ich jetzt alles? Warum sehne ich mich so leidenschaftlich nach der Liebe meines Mannes, seiner Zärtlichkeit, seinem früheren Vertrauen? Er hat sich einen Schlüssel zugelegt, um seine Tagebücher abzuschließen. Dagegen wäre nichts einzuwenden, schlösse er sie vor *allen* ab! Als ich heute Abrikossow alles erzählte, fügte ich hinzu: „Man erzählt sich Gott weiß was über meine Eifersucht auf Tschertkow, aber ich fühle einfach, daß er mir das *Herz* meines Mannes entwendet hat." – „Ja, das stimmt", erwiderte Michail Sergejewitsch, „doch Sie haben sein Herz schon sehr lange verloren und es erst zu spät vermißt ..." Das läßt sich nicht mehr wiedergutmachen. Nicht von den Menschen, sondern von Gott erwarte ich Hilfe und Erlösung! Wahrscheinlich bringt sie mir bald der Tod! ... Krank ist mein Herz, sehr krank.

Heute ist es geradezu heiß und klar. Ich ging mit den Kindern Tanja und Ljolja im Wald spazieren, bin sehr erschöpft. Lew Nikolajewitsch ging seiner Wege. Abends spielte er wieder Schach, dann begeistert Wint. Ich aber fühlte mich elend und lag fast den ganzen Abend. Er kam zu mir und freute sich, daß ich still dalag, in seiner Stimme klang ein Fünkchen Mitgefühl. Wie kostbar sind solche Funken geworden!

Erschöpft ist Lew Nikolajewitsch, weil er so viele Jahre auf die Alltagsfreuden des Lebens verzichtet hat, und nutzt sie jetzt so sehr er kann. In Jasnaja Poljana wird er nicht mehr Wint spielen können, nicht so viele einfache, herzliche Menschen um sich haben wie hier. Dort wird er sich langweilen und darum nicht so schnell dorthin zurückkehren. Habe an Katja, Andrjuscha, Schwester Tanja geschrieben.

Bei der Druckvorbereitung der „Kindheit" habe ich das Kapitel „Die Iwins" wieder gelesen und war vor allem von folgender Stelle merkwürdig berührt: „Serjoschas ... eigenartige Schönheit hatte mich gleich auf den ersten Blick fasziniert. Ich fühlte mich unwiderstehlich zu ihm hingezogen ..." Und weiter: „Ihn auch nur zu sehen, bedeutete für mich schon ein Glück, und eine Zeitlang konzentrierte sich meine ganze Seelenkraft auf diesen Wunsch. Wenn ich einmal drei oder vier Tage keine Gelegenheit hatte, mit ihm zusammenzukommen, befiel mich Sehnsucht, und ich grämte mich bis zu Tränen. Im Wachen und im Träumen war all mein Sinnen und Trachten auf ihn gerichtet."[94] Nacht ... kann nicht schlafen. Betete lange unter Tränen. Vieles bereue ich, vielleicht kehrt ja mein Glück oder Seelenfrieden zurück ...

22. August. Habe heute Geburtstag, werde sechsundsechzig. Habe immer noch meine frühere Energie, meine überscharfe Beobachtungsgabe, meine Leidenschaftlichkeit und – wie die Leute sagen – mein jugendliches Aussehen. Dabei haben mich diese beiden letzten Monate deutlich altern lassen und mich, so Gott will, dem Tode nähergebracht. Erschlagen von der ewigen Schlaflosigkeit stand ich heute morgen auf, ging in den Park. Wunderschön ist es hier überall: die alten Alleen mit ihren Bäumen, die frischen Feldblumen, die Pilze, vor allem die Reizker, und in dieser Stille mit Gott allein zu sein! Unablässig betete ich auf diesem Spaziergang. Betete, Gott möge mir Frieden schenken, mich von den Leiden erlösen, mir vor meinem Tod die Liebe meines Mannes wiederschenken. Bat so flehentlich unter heißen Tränen, daß Gott gewiß dieses Gebet erhören wird.

Die lieben Kleinen und Ljolja gratulierten mir, Lew Nikolajewitsch fragte zweimal nach mir, während ich spazieren war. Man muß doch wenigstens der Form halber seiner Frau zum Geburtstag gratulieren. Fände ich in seinen Augen seine alte Liebe wieder, wäre ich vielleicht sogar zur Aussöhnung mit Tschertkow bereit. Obwohl es sehr schwer ist! Denn dann würde alles wieder von vorn beginnen.

Lew Nikolajewitsch ist weit weggeritten zu dem Skopzen, der ihn hier aufgesucht hat und dem er schon früher einmal bei Tschertkow begegnet war. Hin und zurück waren es zwanzig Werst, und der Ritt hat ihn nicht erschöpft. Das nenne ich eiserne Gesundheit! Spielte abends Wint; auch ich setzte mich zu den anderen an den Kartentisch; Ljolja Suchotina wollte in das Spiel eingeführt werden. Für meine armen Augen, die vom fortwährenden Korrekturlesen sehr angestrengt sind, bedeutet es eine wahre Erholung.

Hatte mich den ganzen Tag mit den Korrekturen der „Kriegserzählungen“[95] herumgeplagt. Wie schön sind viele Passagen der Sewastopoler Erzählungen! Ihre Lektüre begeisterte mich aufs neue! Da zeigt sich der wahre geniale Künstler – mein Mann! Ohne den Einfluß von Tschertkow, der ihn zu Broschüren in der Art von „Eines ist not“ aufhetzte, hätte Lew Tolstoi in den letzten Jahren ganz anders geschrieben. Bin nicht mehr ganz so nervös, obwohl ich jeden Augenblick einen neuen Anfall befürchte. Auch mit den Kindern spielte ich heute nicht so fröhlich wie sonst.

Wie und wodurch unser Leben eine Wendung zum Besseren nehmen könnte, vermag ich mir nicht einmal vorzustellen! Nach Lew Nikolajewitschs Geburtstag fahre ich nach Jasnaja Poljana und Moskau – aber dann? ...

23. August. War ruhig, aber nicht gesund. Mich verfolgt meine idée fixe, wie nahe Lew Nikolajewitsch Tschertkow steht. Mein Ende kommt. Aber wie ungern lasse ich meinen Mann – und Tschertkow zurück.

Birjukow schickte einen Brief und mehrere Artikel für die Ausgabe[96]; ich müßte arbeiten, fühle mich aber nicht stark und frisch genug. Lenkte heute das Gespräch auf meine Abreise, um zu sehen, wie Lew Nikolajewitsch reagiert. Ihm wäre es offensichtlich sehr lieb, das macht mich wiederum sehr traurig! Überhaupt fahre ich nicht gern fort.

Nach dem Spaziergang arbeitete ich an der „Kindheit“, weiß nicht, *wie* ich sie herausbringen soll.[97] Auch Lew Nikolajewitsch ging allein spazieren, schrieb an einen Revolutionär in Sibirien[98], behauptet, gesund zu sein. Als er vom Spaziergang zurückkam, rief er mir durch das Fenster zu, sogleich wurde ich töricht froh und glücklich. Ach, wenn er mich wirklich wieder liebgewinnen würde! Las meiner lieben Enkelin Tanetschka vor.

Jetzt ist es elf Uhr abends. L. N. spielt täglich höchst angetan Karten, sitzt auch jetzt wieder beim Wint.

24. August. Wie schwer sind diese schlaflosen Nächte! Allabendlich bete ich lange unter Tränen. Bitte vor allem darum, daß der böse Geist aus unserem Haus und unserer Ehe vertrieben werden möge.

Im Hause Suchotin sind die beiden Kleinen wahre Engel, deshalb lebt es sich hier so leicht und gut. In Jasnaja Poljana wird zumindest das Gespenst Tschertkows noch lange nicht aus den Wänden des Hauses und aus meinen Gedanken weichen. Immer wieder wird allenthalben seine riesige verhaßte Gestalt vor mir aufflimmern mit dem riesigen Sack, mit dem er immer bei uns ankam und in den er listig und emsig alle Handschriften von Lew Nikolajewitsch verlud.

Habe für die Ausgabe „Was sollen wir denn tun?“[99] und „Kindheit“ durchgesehen. Besuchte mit Tanja und Sascha Gräfin Golizyna, eine sympathische, resolute, kluge Dame, die hier in der Nachbarschaft wohnt. Bei ihr leben ihr Schwager, ihre Nichte und eine recht originelle Alte, Maznewa. Sie ist über achtzig, nimmt lebhaft an allem Anteil, Fragen des Glaubens interessieren sie aber nicht mehr.

Abends wurde einmal nicht Schach oder Wint gespielt, jeder zog sich in sein Zimmer zurück. Die Zeit eilt dahin, möchte mich mit anderem als mit praktischen Problemen beschäftigen, möchte nicht nach Jasnaja Poljana und Moskau fahren, um weiterzuarbeiten. Bin erschöpft!

25. August. War heute morgen sehr überrascht und erfreut, als Lew Nikolajewitsch zu mir kommen wollte. Ich wusch mich gerade und konnte deshalb nicht sofort zu ihm gehen. Eilig warf ich mir den Morgenrock über die nassen Schultern und fragte: „Was ist denn, Ljowotschka?“ – „Nichts, ich wollte nur hören, wie du geschlafen hast und wie du dich fühlst.“ Ich antwortete ihm, und er ging wieder, kehrte jedoch kurz darauf noch einmal zurück: „Ich wollte dir sagen, daß ich gestern nacht gegen zwölf so intensiv an dich gedacht habe, wollte sogar zu dir kommen, stellte mir vor, wie einsam dir allein zumute wäre, noch dazu in der Nacht, und du tatest mir leid ...“, und dabei brach er in Tränen aus. Ein freudiges Gefühl erfaßte mich, und diese Stimmung hält den ganzen Tag an, obgleich ich mich nicht wohl fühle und unverändert unter meiner bevorstehenden Abreise nach Jasnaja Poljana leide.

Habe den ganzen Tag sehr viel für die Drucklegung der „Auferstehung" gearbeitet, muß die für die Zensur ungeeigneten Stellen ausmerzen, andere wieder einfügen – eine große Verantwortung. Dawydow und Sohn Serjoscha haben mir Vorschläge gemacht, doch in die Druckbogen *eintragen* muß ich alles selbst.[100]

Freue mich an Tanetschka, gehe spazieren. Mich grämt, daß meine Töchter ebenfalls für Tschertkow Partei ergreifen und mich ungerecht verurteilen. Sprach gestern abend lange mit Tanja, doch jeder hielt unverändert an seiner Meinung fest. Ich habe in diesen beiden Monaten *allzu*viel mitgemacht, um nicht genau zu wissen, *was* an allem schuld ist! Immer wieder flehe ich unter Tränen Gott an, mir das Herz meines Mannes zurückzugeben. Und wie merkwürdig hat es sich gefügt! Gerade um zwölf Uhr nachts, als ich weinend auf den Knien liegend betete, erfüllte Mitgefühl das Herz meines Mannes! Wer sollte da nicht an die Kraft eines *inbrünstigen* Gebetes glauben?

Habe an Wanja Erdeli und Enkel Serjoscha geschrieben.

26. August. So sehr ich mich auch zu beherrschen, von anderen nicht abhängig zu sein und anhaltend zu beten bemühe, werde ich manchmal doch schwach und verzagt.

Das Gespräch gestern abend mit Tochter Tanja hat mir vieles klar werden lassen. Sascha, Lew Nikolajewitsch und sie selbst unterhalten einen regen Briefwechsel mit Tschertkow, befürchten aber, ich könnte diese Briefe lesen (obgleich ich nie die üble Angewohnheit hatte, fremde Post zu öffnen). Deshalb lassen sie sie in Jasnaja Poljana nur durch Menschen, die ihr Vertrauen genießen, überbringen, legen sie sie hier in letzter Minute in den Postsack, den sie darauf sorgfältig verschließen, oder schreiben an Goldenweiser bzw. Bulgakow.

Sorgfältig verschließt Lew Nikolajewitsch auch sein Tagebuch vor mir, das mir zu Hause jedoch in irgendeiner Weise in die Hand kommen könnte. Als ich heute nacht schlaflos dalag, dachte ich, daß die üblen Nachreden gegen mich (natürlich als christliche Demut getarnt) vermutlich nicht im Tagebuch, sondern im Briefwechsel mit Herrn Tschertkow enthalten sind. L. N. hat für sich die Rolle Christi erkoren, Tschertkow die des Lieblingsjüngers anvertraut. Ich habe nie einen ihrer Briefe gelesen, kann mir jedoch lebhaft vorstellen, wie da gegen mich geschrieben steht: „S. A. (d. h. Sofja Andrejewna) dauert mich, bemühe mich durchzuhalten, ständig den Willen dessen zu erfüllen, der mich gesandt hat ... Stärker als je zuvor fühle ich die geistige Nähe zu Ihnen, denke beständig an Sie, würde Sie gern sehen ... doch das ist nicht nötig, wenn wir die geistige Gemeinschaft unserer Seelen fühlen und wissen, daß wir einträchtig dem Vater dienen ... Bitte Gott um Geduld, küsse Sie ..." und ähnliche pharisäerhafte Ausdrücke, in denen die Klagen über die böse Ehefrau hörbar werden. Und Tschertkow wird diesen Briefwechsel wie alle anderen Aufzeichnungen sorgsam für künftige Generationen aufbewahren ...

Gott weiß, wie ich mich darum bemühe, weise zu werden, nicht mehr darunter zu leiden, daß mein Mann Tschertkow, nicht aber mich liebt, wie ich versuche, gelassen zu werden und mich nicht mehr aufzuregen über die Intrigen meiner Familie (die Töchter), meines Mannes und des *bösen Pharisäers* Tschertkow, wie ihn N. N. Gay genannt hat, gegen mich. Aber manchmal bin ich sehr unglücklich.

Welche Fehler ich auch haben mag – niemand kann mehr geben, als ich meinem Mann gab. Ich habe ihn selbstverleugnend, fürsorglich und ehrlich geliebt. Habe ihm geholfen, soviel ich konnte; habe ihn auch nie betrogen; wie könnte die Liebe einer Frau sich noch mächtiger zeigen? Ich bin sechzehn Jahre jünger als mein Mann und wurde immer noch für zehn Jahre jünger gehalten, als ich bin. Ich habe begriffen, daß die Glaubenslehre meines Mannes nur in seinen Schriften Gültigkeit hat, daß er für seine Arbeit alle Bequemlichkeiten braucht, die ihm lebenslang zuteil geworden sind, die ich angeblich für mich hätte haben wollen ...! Ach, sei's drum. Herr, hilf mir! Hilf den Menschen, zur Wahrheit zu gelangen, und bewahre sie vor dem Pharisäertum! Welche Ränke auch gegen mich geschmiedet werden mögen, jeder muß sich dennoch fragen: wenn zwei Menschen achtundvierzig Jahre lang miteinander gelebt haben und sich liebten, dann muß es für diese Liebe doch einen *Grund* gegeben haben.

Jetzt tut man immer so, als sei ich *nicht* normal, hysterisch bis zum Wahnsinn, so daß all meine Taten dieser Krankheit zugeschrieben werden müßten. Doch die Menschen, vor allem aber Gott, kennen den wahren Grund.

Abends. Verbrachte den restlichen Tag geduldig, wenn auch nicht gänzlich ruhig. Arbeitete viel für die Drucklegung der „Auferstehung"; ich liebe dieses Werk nicht, weil daraus Haß spricht. Habe den Kindern ein selbsterfundenes Märchen erzählt und ihnen vorgelesen; ging durch den Park, betete, spielte abends mit Lew Nikolajewitsch und den Brüdern Suchotin Wint. Lew Nikolajewitsch gibt es zwar nicht zu, aber es ist ihm nicht unangenehm, wenn ich mitspiele, obwohl er die Töchter lieber dabei hätte. Doch warum soll ich Verlassene lebenslang meinen Platz anderen einräumen? Ich habe so selbstvergessen gelebt, und was hat es gebracht? Es reicht!

Lew Nikolajewitsch fuhr heute mit Michail Sergejewitsch in der Droschke nach Trechanetowo, wo es einen großen Apfelgarten gibt, kehrte von dort zu Fuß zurück, korrigierte die Billigausgabe von Gorbunow, diskutierte abends mit einem Bauern aus Saratow.[101] Spielte dann Schach, später Wint. Klagte über Schwäche. Diese warme Luft macht uns alle elend und matt.

Leben nur dem Augenblick, alles Weitere ist nicht abzusehen. Schrieb an Wanja Erdeli und N. B. Nordman über Tschertkow.

27. August. Morgens. Leide sehr unter meiner Eifersucht auf Tschertkow. Warum hat Gott mir die Augen geöffnet?

Erwachte nach einem schrecklichen Traum heftig schluchzend: hatte Lew Nikolajewitsch in einem kurzen Schafspelz mit Kapuze, hoher Lammfellmütze und gräßlich herausfordernder Miene im Traum gesehen. Auf meine Frage, wohin er fahre, hatte er mir unverfroren geantwortet: „Zu Goldenweiser und Tschertkow, muß mit ihm einen Artikel durchsprechen." Aus Verzweiflung darüber, daß er sein Wort nicht gehalten hat, weinte ich bitterlich und wachte von meinem eigenen Schluchzen auf. Kann jetzt noch kaum schreiben, so sehr zittert meine Hand.

Abends. Ging allein spazieren, weinend und betend. Die Zukunft sieht schrecklich aus. Zwar hat Lew Nikolajewitsch versprochen, Tschertkow überhaupt nicht mehr zu treffen, sich nicht von ihm photographieren zu lassen und ihm nicht die Tagebücher zu geben. Aber Lew Nikolajewitsch redet sich jetzt immer heraus, wie es ihm gerade paßt: „Das habe ich vergessen" oder „Das habe ich nicht gesagt" oder „Ich nehme mein Wort zurück." Wie soll ich ihm da glauben?

Habe sehr viel für die neue Ausgabe korrigiert: „Über die Kunst", „Über die Volkszählung" und „Auferstehung".[102] Schwer wird mir die Arbeit! Habe schreckliche Kopfschmerzen, bin unendlich traurig!

Als ich Lew Nikolajewitsch gute Nacht wünschte, sagte ich ihm, ich wisse, daß er unter der Adresse solcher Spione wie Goldenweiser und Bulgakow an Tschertkow schreibt. Und fügte hinzu, ich hoffe, er hielte an seinem Versprechen fest. Fragte, ob er täglich an Tschertkow schreibe. Er antwortete, er habe einmal einem Brief von Sascha etwas hinzugefügt und einmal eigenständig an Tschertkow geschrieben. Immerhin zwei Briefe seit dem 14. August.[103]

28. August. Heute wird Lew Nikolajewitsch zweiundachtzig. Ein klarer Sommertag. Ich stand nach einer schlaflosen Nacht voller Sorge auf; als ich meinem Mann gratulierte, verlor ich völlig die Fassung. Wünschte ihm noch ein langes Leben, doch ohne alle Heimlichkeiten und Täuschungen, wünschte ihm vor allem, am Ende seines Lebens *wirklich abgeklärt zu werden.*

Sogleich verzog sich seine Miene: der Arme ist besessen, meint, Tschertkow und er stünden auf der höchsten Stufe der geistigen Vollkommenheit. Armselig sind sie, verblendet und stolz! Wie aufrichtig verlangte es Lew Nikolajewitsch vor einigen Jahren nach einem einfachen Leben ohne jeden Luxus; wie sehr strebte er danach, gut, gerecht, offen und religiös zu leben! Jetzt amüsiert er sich unverhohlen, liebt gutes Essen, ein schönes Pferd, Karten und Musik, Schachspiel, gesellige Unterhaltung und hundertmal photographiert zu werden.

Zu anderen ist er in dem Maße gut, wie sie ihm schmeicheln, ihn verwöhnen und seinen Schwächen gegenüber Nachsicht zeigen. Aber nichts bekommt man mehr von ihm zurück. Ob das am Alter liegt?

Warja Nagornowa und Schwiegertochter Mascha Tolstaja sind hier zu Besuch; freute mich sehr über ihr Kommen, merke aber, daß mich alle für krank und verrückt halten und mir ausweichen.

Wäre ich mir einer *Schuld* meiner Familie gegenüber bewußt, würde ich mich darum bemühen, sie zu tilgen. Aber wie soll ich es ungeschehen machen, daß Tschertkow *mich* beschimpfte, mein Mann *mich* nicht mehr liebt, alles vor *mir* versteckt, alle über *mich*

12 L. N. Tolstoi und S. A. Tolstaja zu Gast beim Sohn Sergei in Nikolskoje-Wjasemskoje im Jahre 1910. Foto: M. N. Tolstaja

13 S. A. Tolstaja. 1908 in Jasnaja Poljana

14 S. A. Tolstaja mit den Enkelkindern Sonja Tolstaja, Tanja Suchotina, Iljuschok Tolstoi. 1909, Jasnaja Poljana. Foto: W. G. Tschertkow

15 L. N. Tolstoi an der Arbeit (1909). Foto: S. A. Tolstaja

16 L. N. Tolstoi und S. A. Tolstaja. 23. September 1905, Jasnaja Poljana. Foto: S. A. Tolstaja

17 S. A. Tolstaja am Fenster des Bahnwärterhäuschens von Astapowo, in dem Tolstoi starb (November 1910)

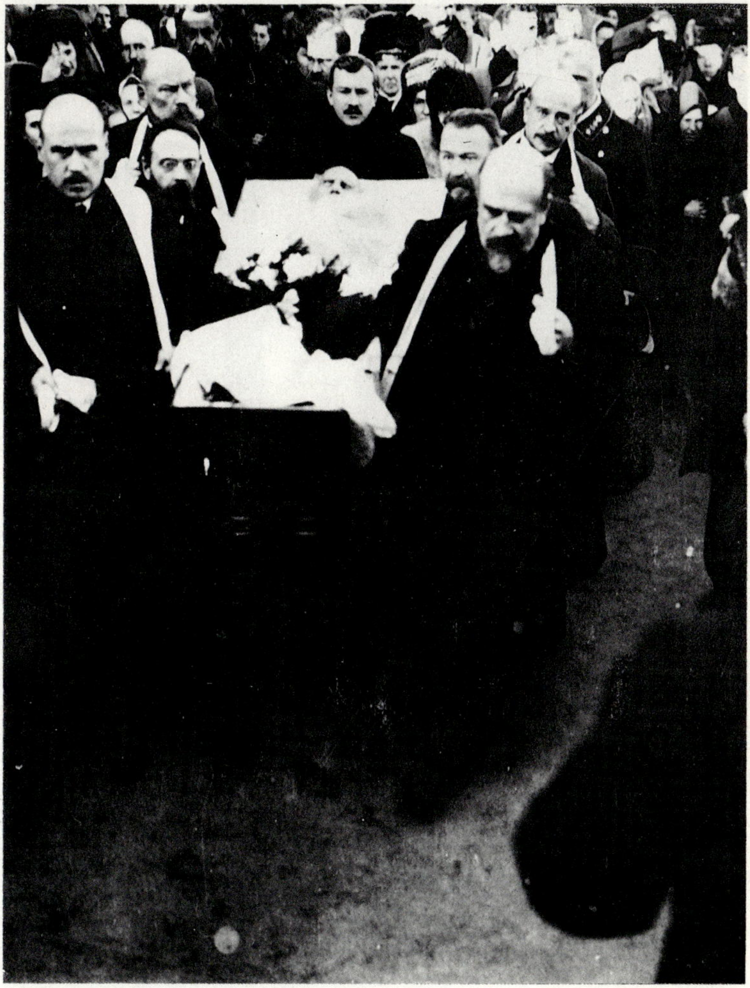

18 Die Söhne Tolstois tragen den Sarg ihres Vaters (8. November 1910, Astapowo)

19 S. A. Tolstaja am Grab von L. N. Tolstoi. 1912, Jasnaja Poljana

herfallen? Tschertkow liebgewinnen? Das ist doch hoffnungslos! Allzusehr schmerzt und peinigt mich die mir von ihm geschlagene Wunde.

Heute sagte Lew Nikolajewitsch, das Ideal des Christentums bestünde in Ehelosigkeit und völliger Keuschheit. Ich entgegnete, beide Geschlechter seien von Gott geschaffen, nach seinem Willen, warum also solle man ihm und dem Naturgesetz widerstreben? Worauf L. N. erwiderte, der Mensch sei nicht nur ein Tier, sondern habe auch einen Verstand, und dieser Verstand müsse die Natur überwinden; der Mensch müsse durchgeistigt werden und dürfe sich nicht um die Fortsetzung des Menschengeschlechtes sorgen. Das nämlich unterscheide ihn vom Tier. Solche Worte stünden L. N. wohl an, wenn er als Mönch asketisch und ehelos gelebt hätte. In Wirklichkeit aber war ich sechzehnmal von ihm schwanger, habe dreizehn Kinder geboren und hatte drei Fehlgeburten.

Jetzt aber, nach achtundvierzig Ehejahren, stehe ich wie eine Schuldige da, weil er andere Forderungen erhebt, um derentwillen er bereit ist, mich zu hassen und all das zu verleugnen, was sein Leben ausgemacht hat. Statt dessen sucht er eine *geistige Vereinigung*, die sich darin bekundet, daß er sich alle Papiere von Tschertkow wegnehmen, sich Hunderte von Malen von ihm photographieren läßt und auch sonst noch Geheimnisse mit Herrn Tschertkow hat.

Abends. Die Bürde des Lebens lastet immer unerträglicher auf mir. *Wie* soll das nur einmal enden? Gott allein weiß es. Folgendes ist geschehen: Abends wollten wir uns alle die Kinder ansehen, die im Zuber gewaschen wurden. Als ich später bei meiner Strickerei saß, dachte ich und sagte es auch sogleich Lew Nikolajewitsch: wenn man sich zu dem von ihm gepredigten Ideal der Keuschheit wirklich bekennen würde, gäbe es keine Kinder und ohne Kinder nicht das Himmelreich auf Erden. Weiß Gott warum das Lew Nikolajewitsch schrecklich erboste (später erklärte mir Michail Sergejewitsch, er habe in diesem Augenblick gerade zum drittenmal L. N. Schach geboten). Er schrie mich an, das eigentliche Ideal sei das *Bemühen* um das genannte Ziel. Ich darauf: „Wenn man dieses Bemühen in seiner letzten Konsequenz, daß keine Kinder gezeugt werden sollen, verwirft, welchen Sinn hat dann das ganze Bemühen?" – „Du willst einfach nicht begreifen, du hörst nicht einmal zu", schrie er aufgebracht.[104]

Ich brach in Tränen aus und zog mich in mein Zimmer zurück. Nach dem Ende der Partie kam er zu mir und fragte: „Worüber bist du so gekränkt?" *Was* gab es da zu erklären? Ich sagte, er spräche überhaupt nicht mit mir, und wenn, dann ereifere er sich sofort und würde ungerecht und böse. Das Gespräch nahm eine ungute Wende, ich sprach sehr erbittert, er äußerst hämisch. Wieder die alten Vorwürfe. Auf meine schmerzliche Frage, *was* wir zugunsten eines freundschaftlicheren Auskommens tun könnten, zeigte er nur böse auf den Tisch, auf dem die Korrekturbogen lagen, und schrie: „Auf die Autorenrechte verzichten, das Land abtreten, in einer Bauernhütte leben." Darauf ich: „Gut, aber dann ohne fremde Leute und fremden Einfluß, nur wir beide inmitten der Bauern ..." Kaum hatte ich zugestimmt, stürzte er schon auf die Tür zu mit den tollkühnen Worten: „Ach, mein Gott, laß mich in Ruhe, ich werde fortgehen, man kann nicht glücklich sein, wenn man wie du die halbe Menschheit haßt ..." Und damit hatte er sich verraten: „Nun gut, dann habe ich fälschlicherweise die halbe gesagt." – „Wen also hasse ich?" fragte ich. „Du haßt *Tschertkow und mich.*" – „Ja, Tschertkow hasse ich, aber ich kann und will dich nicht mit ihm in einem Atem nennen." Wieder versetzte mir seine unsinnige Liebe zu diesem Idol, von dem er sich überhaupt nicht zu befreien vermag und das für ihn die halbe Menschheit bedeutet, einen Stich ins Herz. Und noch unerschütterlicher bin ich jetzt gewillt, um nichts in der Welt Tschertkow je wieder zu empfangen, will vielmehr alles Erdenkliche tun, um Lew Nikolajewitsch von ihm loszureißen. Sollte mir das nicht gelingen, werde ich – komme was da wolle – Tschertkow umbringen. Das Leben ist ja jetzt schon die reinste Hölle.

Warja versteht alles, Schwiegertochter Mascha aber urteilt höchst begrenzt, zu ihrem Glück weiß und versteht sie vieles einfach nicht. Man sollte auch ihr die Augen über L. N.s Liebe für Tschertkow öffnen. Vielleicht verstünde sie meine Leiden und begriffe, woher sie rühren, wenn sie jenes Blatt gelesen hätte, das ich hier am Ende meines Tagebuches eingeklebt habe.[105]

In einer Bauernhütte leben! Heute schenkte L. N. beim Spazierengehen Kindern Äpfel; abends spielte er mehr als zwei Stunden Schach und fast ebensolange Wint. Langweilig ist es ihm ohne Zerstreuungen. Das Leben in der Bauernhütte ist nichts als ein Vorwand, um mir zu zürnen, mit dem Geschick eines Schriftstellers die Zwietracht mit der Ehefrau zur Schau zu stellen und selbst als Märtyrer und Heiliger zu erscheinen.

Nicht umsonst gibt es die Legende von der Xanthippe; auch mir schreiben törichte Leute diese Rolle zu.

Würde gern abreisen, um wenigstens vorübergehend einmal allein zu sein, ohne daß mich jemand hetzt. Mein Zimmer hier ist das reinste Durchgangszimmer, alle verübeln es mir, daß ich es *wage*, körperlich und seelisch krank zu sein.

29. August. Die gestrige Boshaftigkeit von Lew Nikolajewitsch ließ mich die ganze Nacht keine Ruhe finden, ich weinte und betete, und lief bereits am frühen Morgen durch Park und Wald. Später ging ich noch zu der lieben Feldscherin Anna Iwanowna, die mich gemeinsam mit ihrer Mutter tröstete. L. N. suchte mich allenthalben vergeblich. Als ich zu ihm kam, bekräftigte er noch einmal seine Versprechen: 1. Tschertkow nicht zu treffen; 2. ihm nicht seine Tagebücher zu übergeben und sich 3. nicht von ihm photographieren zu lassen; wiederholte dabei aber auch seine Bedingung, in Frieden leben zu wollen. Er selbst hat mich gestern wütend angeschrien, und wieder soll *ich schuld sein.* Ich fürchte nur, daß er, um Tschertkow zu sehen, absichtlich Streit sucht, mich aus der Fassung bringt und daraufhin sein Versprechen bricht. Aber dann gehe ich fort, und zwar *ganz bestimmt.* Auf keinen Fall kann ich noch einmal das ertragen, was ich durchgemacht habe.

Erhielt ein Telegramm von Ljowa, daß sein Prozeß vom 13. auf den 3. September vorverlegt sei und er bereits am 31. August abreise. Ich war froh, einen Vorwand für die Abfahrt zu haben, wollte aber vor allem meinen Sohn wiedersehen, mich von ihm verabschieden und ihm Mut zusprechen. So fuhren Sascha und ich über Blagodatnaja und Orjol nach Jasnaja Poljana. Liebevoll und bewegt nahmen L. N. und ich Abschied voneinander, weinten sogar beide und baten einander um Vergebung. Doch diese Tränen und dieser Abschied galten unserer einstigen Liebe, unserem einstigen Glück. Noch ein letztes Mal war sie erwacht, jetzt aber begruben wir sie wie ein geliebtes Kind für immer, vernichtet und zerstört. Und vernichtend ist der Kummer, daß sie uns verlorenging, nun einem anderen gilt. Als Ljowotschka und ich einander in den Armen hielten, uns küßten und weinten, wußten wir beide, daß unsere Liebe unwiderruflich verloren ist! Er *vermochte es nicht,* seine Liebe zu Tschertkow zu überwinden!

Auf der Reise war ich schläfrig und völlig erschöpft. Es waren nur zwei Grad, Sascha und ich fröstelten und gähnten. Trafen gegen fünf Uhr morgens ein.

30. August. Bin wieder zu Hause, und nirgends ist es so schön wie daheim. Ging mit Sohn Ljowa und Schwiegertochter Katja spazieren, draußen ist es frisch, klar und schön. Traf Bulgakow, Bulygin und Marja Alexandrowna an. Erregt erzählte ich Bulygin die ganze traurige Geschichte mit Tschertkow; bestimmt hat er sie verstanden, wollte es aber nicht zugeben. Wanderte unweit vom Haus umher, ging in die Zimmer von L. N. – nichts ist mehr wie früher, etwas ist wirklich für immer begraben, und nie wieder werden wir so leben wie früher. *Wie* aber wird es werden? Ich weiß es nicht, vermag es mir auch nicht vorzustellen.

Sascha und Warwara Michailowna fuhren zu Tschertkow, trafen ihn sehr munter an. Höre geradezu sein idiotisches Lachen. Widerlich!

Im Septemberheft der New Yorker Zeitschrift „The World's Work" findet sich außer einer biographischen Mitteilung über L. N. ein sehr vorteilhafter Artikel über mich. Da heißt es u. a., ich sei lebenslang L. N.s *confident and counseller* gewesen, habe ihm *the strength of her body, mind and spirit* geschenkt und mancherlei andere für mich schmeichelhafte Äußerungen.[106] Wie also sollte ich mich jetzt nicht grämen, daß ich die Rolle des *confident and counseller* an Tschertkow abtreten mußte?

Heute hat M. I. Agafjin von Ljowas Büsten Abgüsse angefertigt, zweifellos verrät Ljowas Arbeit Talent.[107] Agafjin ist ein alter Bekannter, er hat auch früher schon Abgüsse von L. N.s Büsten gemacht.

Unwillig befaßte ich mich mit den in der Wirtschaft angefallenen Arbeiten, bestellte Anstreicher, den Ofensetzer, gab Erklärungen, doch mein Kopf arbeitet bei alledem nur mühsam.

31. August. Erhielt Post von Tanja und Lew Nikolajewitsch.

Freute mich zunächst, doch dann weinte ich. „Wie schön wäre es für mich und für Dich, Du könntest Dich *besiegen*“, schreibt mein Mann.[108] Er hat nur das eine Ziel, den einen Wunsch, daß ich mich *besiege* und ihm die enge Freundschaft mit Tschertkow gestatte. Aber das kann ich einfach nicht.

Ein klarer schöner Tag; kalt und traurig. Gab Ljowa, der zu seinem Prozeß nach Petersburg fuhr, das Geleit, ging mit Katja und Warwara Michailowna spazieren, ermüdete aber schrecklich, der ganze Leib und die Beine taten mir weh. Abends zwang ich mich zu den Korrekturen, schrieb zunächst Briefe ab. Bin furchtbar erschöpft. Wieviel Geschäfte aller Art hat man mir doch aufgebürdet! Schlafe wenig, esse fast überhaupt nichts.

1. September. Heute morgen ist leider Katja mit ihrer Tochter abgereist. Zum Frühstück fanden sich Bulgakow, Marja Alexandrowna und Riskina, geborene Zinger (Lisa) mit ihren beiden Jungen ein. Sie ist gebildet und alles andere als dumm, doch mir fern in ihrem Materialismus und ihrer Intellektualität. Abends kam Nadja Iwanowa. Bin nicht spazierengegangen: möchte nicht mit meinen Tränen und meinem Kummer die geliebten Plätze Jasnaja Poljanas befrachten, die ich früher so unbeschwert und glücklich aufgesucht habe. Wie unvergleichlich schön ist es bei diesen strahlend klaren Tagen auch jetzt wieder! Doch wie unsagbar traurig ist mir ums Herz!

Hatte viel zu tun mit der neuen Ausgabe, den Korrekturen[109], der Wirtschaft. Doch nichts gelingt; wollte nach Moskau fahren, habe aber noch nichts fertig, bin ohne Energie, alles kommt mir so sinnlos und unwichtig vor.

Mit der flegelhaften Sascha kam es zu einem sehr schweren Eklat; sie betrat gerade in jenem Augenblick den Saal, als ich Marja Alexandrowna erzählte, wie L. N. uns bereits im Sommer in der Schlucht nach Herrn Tschertkows Uhr hat suchen lassen. Tschertkow hatte L. N. dort photographieren wollen, und aus unbekanntem Grund waren sie von ihren Pferden abgestiegen. Diese Suche nach Herrn Tschertkows Uhr war für uns alle – u. a. Dawydow, Salomon und mich – äußerst peinlich und traurig gewesen, da sie Lew Nikolajewitsch, aber auch uns demütigte.

Ich hatte diesen Bericht schon abgeschlossen, als Sascha zum Teetrinken hereinkam; sofort schrie sie mich an, ich spräche schon wieder von Tschertkow. Leider ließ ich mich von ihrem Ton anstekken, wurde ebenfalls wütend, und so kam es bedauerlicherweise zu gegenseitigen wüsten Beschimpfungen; aber soll ich etwa meine Tochter um Erlaubnis fragen, worüber ich mich mit meinen Freunden unterhalten möchte? Nachdem dieser Tag so bedrückend zu Ende ging, fühle ich mich noch elender. Habe meinem Mann geschrieben.[110]

2. September. Arbeite seit heute früh an den Korrekturen der „Auferstehung" für die neue Ausgabe. Ließ heute einen Geistlichen kommen, der einen Bittgottesdienst abhielt und dabei Wasser weihte.[111] Wunderbar waren die Gebete, mit Ausnahme des letzten, des Bittgebetes „Für den Sieg des Herrschers". Wenn man um Vergebung der Sünden, Besänftigung des Herzens, Erlösung von Elend und Leid bittet, paßt es nicht, zugleich auch Gott um einen Sieg, d. h. um die Vernichtung von Menschen, zu bitten.

Abends kam Nikolajew und nötigte mir ein Gespräch darüber auf, wie nichtswürdig doch Tschertkow sei, und wie demütigend für mich, mich mit ihm auf die gleiche Ebene zu stellen und zu sagen, er nähme jetzt meinen Platz bei Lew Nikol. ein. „Er hat einfach eine sehr gut ausgestattete Großkanzlei für L. N.s Schriften, und dafür ist ihm L. N. dankbar." Offensichtlich hegen sowohl Nikolajew als auch M. A. Schmidt eine sehr tiefe Abneigung gegen Tschertkow.

Ich habe vor einiger Zeit bei Lew Nikolajewitsch Tschertkows Schreiben an den Zaren gesehen, in dem er um die Rückkehr nach Teljatinki bat – ein pharisäerhafter Brief, aus dem vor allem das Verlangen sprach, Lew Nikolajewitsch so nah wie nur möglich zu sein.[112] Und wie kam es? Der Zar hat ihn zurückgeholt, aber die *Ehefrau* Tolstois hat ihn vertrieben. „Femme veut, Dieu le veut." Wie verdrossen muß er jetzt über mich sein. Ich aber freue mich!

Das Wetter ist noch immer zauberhaft schön und klar, gegen Abend wird es frisch. Wie reich sind die unterschiedlichen Schattierungen des Grüns der Blätter, der Bäume und Sträucher! Die Äpfel hängen noch, das Grummetheu wird gemäht, es wird gepflügt, die Kartoffelernte beginnt. Die Anstreicher kommen mit ihren Arbeiten an den Dächern und den Wirtschaftsgebäuden zum Ende, aus den Mistbeeten wird jetzt die Erde geholt; im Wald gibt es hie und da noch Pilze.

Fühle mich jetzt ruhiger und wohler nach dem Gottesdienst, zumal ich den ganzen Tag zu Hause geblieben bin. Unterhielt mich mit dem Geistlichen, auch er war wie alle anderen entsetzt über Tschertkows Grobheiten. Doch genug von diesem Menschen mit seiner ganzen Abscheulichkeit.

3. September. Labe mich an der Schönheit der Natur, den strahlend klaren Tagen, und bin dennoch traurig! Erhielt einen sehr schönen Brief von meinem Mann[113]; wünsche mir, so innig, so untrennbar mit ihm verbunden zu sein wie früher, ohne Zwist und Boshaftigkeiten. Aber *geschrieben* ist leichter als gelebt! Ich habe ihm wohl ebenfalls schön geantwortet und meinen Brief Sascha mitgegeben, die heute früh nach Kotschety gefahren ist. Übermorgen will ich auch dorthin fahren. Wie Gott es fügt, doch gern kehrte ich am Mittwoch mit Ljowotschka zurück. Die Ausgabe kommt gar nicht voran, ich muß unbedingt weiter daran arbeiten, das bin ich meinem Gewissen und den Lesern Tolstois schuldig.

Abends war Nikolajewa hier. Sie hat auch kein leichtes Leben mit ihrem sehr *prinzipientreuen*, wenngleich auch herzensguten Ehemann, ihren fünf Kindern – ohne Hilfskräfte.

4. September. Immer ungeduldiger verlangt es mich nach meinem Mann, werde unbedingt morgen nach Kotschety fahren. Ging heute allein spazieren, bekümmert. Bekam einen schönen Brief von Sohn Ljowa, daß der Prozeß am 13. stattfinden wird. Arbeitete gemeinsam mit Warwara Michailowna an der „Auferstehung", beschäftigte mich ein wenig mit der Wirtschaft. Es ist warm, leicht windig – wie schön sind die Blumen im Feld und im Garten, die Wölkchen am Himmel, die Färbung des Laubs! Doch *wie* bedrückend die Einsamkeit! Ich mag Menschen um mich, lebendiges Treiben ... Insofern ist es bei Suchotins schöner, weil dort viele Menschen sind, weil alles viel einfacher zugeht, man nicht irgendwelchen Ideen verpflichtet ist und alles ablehnt. Darum fühlt sich dort auch Lew Nikolajewitsch unbeschwert: gleich nach dem Essen kann er mit Suchotin oder dessen Hausarzt zwei Stunden Schach spielen, dann läuft er ein wenig herum, liest Briefe, kommt ins Wohnzimmer, sucht alle und bittet, möglichst bald den Tisch für das Kartenspiel zu richten. Und wieder wird etwa drei Stunden lang gespielt bis halb zwölf: munter und fröhlich. Keine Besucher, keine Bettler drängen dort zu Lew Nikolajewitsch, er hat keinerlei Verantwortung; kann leben, schreiben, spielen, erzählen, schlafen, essen und trinken, wie es ihm gefällt ...

Das wird er sicher in Jasnaja Poljana vermissen. Werde möglichst viele Menschen zu uns bitten. Aber uns sind ja alle abspenstig gemacht worden, und ich habe jetzt dasselbe mit Tschertkow und Co. getan.

5. September. Kotschety. Schreibe im nachhinein alles nieder, da ich dort kein Tagebuch geführt habe. Fuhr am 5. September in der Frühe nach Kotschety über Mzensk. Hoffte, gemeinsam mit Lew Nikolajewitsch nach Jasnaja Poljana zurückzukehren, da die für die neue Ausgabe erforderliche Arbeit meine Anwesenheit in der Nähe von Moskau nötig machte, damit ich alle Bücher und Materialien zur Hand hätte.

Schrecklich war die Fahrt aus Mzensk; fuhr fünfunddreißig Werst bei Sturm und Regen und litt sehr unter dem Schmutz, der Überfahrt auf der Fähre und meiner inneren Unruhe.

In Kotschety kamen mir Mann und Tochter gleichermaßen kalt entgegen. Lew Nikolajewitsch wußte, daß ich ihn heimholen wollte, und ihm tat es leid um das fröhliche Leben in Kotschety mit seinen Spielen und den vielen Menschen. Er war gerade erst von dem Skopzen zurückgekehrt, war bei diesem gräßlichen Wetter hin und zurück zwanzig Werst geritten.

Aber wie lieb und zärtlich begrüßten mich die fünfjährigen Kinder – Enkelin Tanetschka und ihr Freund Mikuschka Suchotin!

6. September. Vom gestrigen Ritt tut Lew Nikolajewitsch der große Zeh weh, er ist ganz rot und geschwollen. Ständig wiederholte L. N.: „Das ist Altersbrand, wahrscheinlich muß ich sterben", fühlte sich bis zum Abend elend, aß nichts, blieb im Bett, bis der zu Besuch gekommene Drankow eine kinematographische Vorführung zeigte. Da stand Lew Nikolajewitsch auf, um sie zu sehen, war aber sehr abgespannt. Unter anderem wurde übrigens auch Jasnaja Poljana im Winter mit uns allen gezeigt. Drankow schenkte mir den Filmstreifen, den ich dem Historischen Museum in Moskau übergab.[114]

7. September. Lew Nikolajewitsch geht es besser. Er aß mit allen gemeinsam zu Mittag, spielte Schach; als später alle fortgegangen waren, um sich die Filmvorführung anzusehen, die dem ganzen

Dorf gezeigt wurde, las uns Sossja Stachowitsch, die hier zu Besuch ist, das Vorwort zu Bordeauxs „Peur de la mort“[115] vor.

Zwischen uns allen herrscht Spannung, weil jeder sich eifersüchtig um Lew Nikolajewitsch bemüht. Er bleibt da, wo er sich am besten und unbeschwertesten fühlt, ohne Rücksicht auf mein leidenschaftliches Verlangen zu nehmen, daß er mit mir nach Jasnaja Poljana zurückkehre.

8. September. Bei meiner Ankunft in Kotschety war ich recht ruhig, jetzt aber beginnt alles aufs neue: habe nachts nicht geschlafen, bin früh aufgestanden. Drankow filmte uns heute wieder, dann eine absichtlich inszenierte Bauernhochzeit.

Als ich mich heute endlich dazu durchrang, Lew Nikolajewitsch zu fragen, *wann* er nach Hause fahren werde, wurde er entsetzlich böse, schrie mich an, fuchtelte mit den Händen und stieß unter Flüchen etwas von Freiheit hervor. Zu guter Letzt fügte er hinzu, er bereue sein Versprechen, Tschertkow nicht zu sehen.

Ich begriff, daß dieses Bereuen *alles* erklärt. Wegen dieses Versprechens rächt er sich an mir, wird sich noch lange halsstarrig rächen. Meine Schuld bestand diesmal nur darin, nach dem *annähernden* Termin seiner Rückreise gefragt zu haben.

Ich habe natürlich nichts gegessen, lag den ganzen Tag schluchzend im Bett, beschloß abzureisen, um nicht mit meinem Kummer die Familie Suchotin zu belasten.

Doch ich fühlte, wie erbarmungslos und beharrlich Lew Nikolajewitsch zu meinem Nervenleiden und meinem immer schneller sich nähernden Ende beiträgt, und das brachte mich zur Verzweiflung. Ich wünschte mir nur, mein Herz und meine Liebe von meinem Mann abzukehren, um nicht *so* zu leiden.

Erhielt einen verlogenen, pharisäerhaften Brief von Tschertkow, der nur auf Versöhnung aus ist, damit ich ihn wieder in unser Haus lasse.[116]

9. September. Weinte und schluchzte den ganzen Tag, alles tut mir weh: der Kopf, das Herz und der Magen, die Seele zerreißt mir vor Schmerz![117]

Lew Nikolajewitsch *bemühte* sich um mehr Freundlichkeit. Doch sein Egoismus läßt ihn keinen Deut nachgeben, halsstarrig will er mir *um nichts in der Welt* sagen, ob und wann er nach Jasnaja Poljana zurückkehrt.[118]

Habe Tschertkow einen Brief geschrieben, aber noch nicht abgeschickt.[119] An meinem ganzen Unglück ist einzig dieser Mann schuld, ich kann mich nicht mit ihm aussöhnen.

10. September. Lag den ganzen Morgen, wanderte später lange durch den Garten. Abends wurde Lew Nikolajewitsch wieder wütend und sagte zu mir: „Ich werde dir niemals mehr nachgeben, und ich bereue, dir versprochen zu haben, mich nicht mehr mit Tschertkow zu treffen."

Sein Geschrei und seine Böswilligkeit hatten mich endgültig niedergeschmettert. Völlig entkräftet und verzweifelt legte ich mich auf die Chaiselongue in seinem Zimmer, er setzte sich an den Tisch und begann zu schreiben. Dann stand er auf, nahm meine Hände in seine, blickte mich aufmerksam an, lächelte gütig und brach plötzlich in Tränen aus. Und ich dachte: „Gott sei Dank! Noch glimmt in seinem Herzen ein Fünkchen seiner früheren Liebe zu mir."

Im Laufe des Tages ging ich zur alten Mutter der Felscherin Putilina. Diese fromme Alte tröstete mich und riet mir, der Barmherzigkeit Gottes zu vertrauen und zu beten, was ich auch ständig tue ohne Unterlaß.

11. September. Erwarte ständig etwas, mein Kopf ist benommen, Herz und Magen tun mir weh. Ging mühsam mit Tanja und den Kindern spazieren, bin schrecklich erschöpft, kann nichts essen. Nach dem Mittagessen überwand sich Lew Nikolajewitsch und forderte auch mich zum Kartenspiel auf. Ich spielte ein wenig mit, doch schon bald wurde mir so schwindlig, daß ich mich hinlegen mußte. Habe beschlossen, morgen abzureisen. Trotz meiner Krankheit und meines Kummers lese ich für die neue Ausgabe ständig Lew Nikolajewitschs Flugschriften und die Korrekturen.

12. September. Wiederum geriet ich heute früh in Erregung und weinte bitterlich. Dann überwand ich mich und setzte mich an die Korrekturen. Ging den ganzen Tag Lew Nikolajewitsch aus dem Weg. Mit seinem hartherzigen Weigern, mir auch nur den *annähernden* Zeitpunkt seiner Rückkehr zu nennen, hat er mich allzusehr verletzt. Versteinert ist sein Herz! Ich habe so unter seiner Kälte gelitten, so unsinnig geweint, daß das Mädchen, das mich bei meiner

Abreise begleitete, ebenfalls in Tränen ausbrach. Meinem Mann, meiner Tochter und den anderen habe ich keinen Blick zugewandt. Doch plötzlich kam Lew Nikolajewitsch zu mir und sagte mit Tränen in den Augen: „Küß mich doch noch einmal, ich werde dir schon sehr bald folgen ..." Aber er hat sein Versprechen nicht gehalten, blieb noch weitere zehn Tage in Kotschety. Ich habe während der ganzen Fahrt geweint. Tanja, Enkelin Tanetschka und Mikuschka setzten sich zu mir in die Droschke und fuhren ein Stück mit.

Kam nachts in Jasnaja Poljana an, begrüßt von Warwara Michailowna und Bulgakow. Das leere, einsame Haus erschien mir schrecklich. Vor meiner Abreise hatte ich Lew Nikolajewitsch einen Brief geschrieben, den ihm Suchotin übergab, einen Brief voll Zärtlichkeit und Schmerz[120], doch nichts vermag mehr das Eis in Lew Nikolajewitschs Herzen zu brechen. (Ich habe diesen Brief in das Heft abgeschrieben, in das ich all meine Briefe an meinen Mann übertragen habe.)

Auf diesen Brief antwortete mir Lew Nikolajewitsch kurz und trocken[121], in den folgenden zehn Tagen haben wir einander nicht mehr geschrieben, was in unserer achtundvierzigjährigen Ehe bisher nicht vorgekommen war.

Erschöpft und zerschunden zurückgekehrt, vermochte ich mich kaum auf den Beinen zu halten. Und dennoch lebe ich noch, nichts wirft mich endgültig um, ich magere nur ständig ab und spüre, daß mein Ende naht. Gott sei Dank!

13. September. Habe sehr viel an den Korrekturen gearbeitet, versuchte ruhiger zu werden und Lew Nikolajewitschs Worten zu vertrauen: „Ich werde dir schon sehr bald folgen." Annenkowa und Kletschkowski haben mich besucht.

Es gab viele bedrückende Unterredungen, alle halten mich für nicht normal und meinem Mann gegenüber für ungerecht, aber ich schreibe in diesem Tagebuch nur wahrheitsgetreu die *Fakten* auf. Mag daraus jeder seine Schlüsse ziehen.

14. September. Um meine von Sohn Ljowa gefertigte Büste abzuholen, kam Fräulein Natalja Alexandrowna Almedingen hierher. Sie ist klug und temperamentvoll. Vor Kummer und Einsamkeit habe ich ihr die Geschichte mit Tschertkow erzählt.

Erfuhr, daß Ljowas Prozeß auf den 20. November vertagt worden ist.

15. September. Wieder ein Tag voller Gram, ohne Brief, ohne Nachricht. Ging allein spazieren, pflückte Blumen, weinte – um mich nichts als Stille und Einsamkeit!

16. September. Alles unverändert.

17. September. Zerstoben sind meine Träume, mein Mann kehre zu meinem Namenstag zurück; nicht einmal einen Brief hat er geschrieben. Nur meine liebe Enkelin Tanetschka gratulierte mir mit einer entzückenden Zeichnung, ansonsten sandte man mir aus Kotschety nur ein trockenes, liebloses Kollektivtelegramm![122]

Dabei ist mein Namenstag der Tag, an dem Lew Nikolajewitsch um meine Hand anhielt. *Was* hat er aus jener achtzehnjährigen Sonetschka Behrs gemacht, die ihm voll Liebe und Vertrauen ihr *ganzes* Leben weihte? *Gemartert* hat er mich in den letzten Monaten mit seiner kalten Grausamkeit und seinem Egoismus.

Fuhr mit Warwara Michailowna nach Taptykowo. Olga (die erste Frau von Sohn Andrjuscha) und ihre Kinder – meine mir namensgleiche Enkelin Sofja Andrejewna und Enkel Iljuschok – waren sehr lieb und zärtlich zu mir; ohne diesen Stein auf meinem Herzen hätte ich meinen Namenstag sehr genossen.

18. September. Kehrte morgens nach Jasnaja Poljana zurück, weinte dann ständig, litt unaussprechlich. Erhielt viele Glückwunschbriefe, aber nichts von meinem Mann oder den Kindern. Grauenhaft traurig ist es in diesem öden Haus. Las Korrekturen, entzündete mir die Augen mit dem Weinen und der vielen Arbeit. Zeitweilig dachte ich sogar voll Verdruß an den Menschen, der mich so martert, weil ich sein Idol Tschertkow hasse.

19. September. (Moskau). Las Korrekturen, packte und fuhr am Abend wegen der Geschäfte nach Moskau. Wäre im Zug fast erstickt. Zu meiner Freude traf ich in Tula Sohn Serjoscha, der mir sagte, daß auch seine Frau und sein Sohn im gleichen Coupé mit mir nach Moskau reisen würden.

21. September. Den 20. und 21. September verbrachte ich mit den Besorgungen in Moskau. Fuhr auch bei der alten Kinderfrau Tanejews vorbei, um etwas von ihm zu hören. Er lebt noch immer auf dem Land. Würde ihn gern wiedersehen und seinem Spiel lauschen.

Dieser gütige ruhige Mensch hat mir einst nach Wanetschkas Tod zu ein wenig mehr Seelenfrieden verholfen.

Jetzt aber wäre das unmöglich, ich liebe ihn schon nicht mehr so tief, und aus irgendeinem Grund sehen wir einander nicht mehr, und ich habe nichts, schon lange nichts mehr dafür getan. Hörte auch von den Maslows.

2. *September.* Kehrte morgens nach Jasnaja Poljana zurück. Es ist frostklar, mein Herz höllisch verzweifelt. Ging durch den Garten und weinte wahnsinnig, bis ich schreckliche Kopfschmerzen bekam. Und dennoch lebe ich, gehe umher, atme und esse, schlafe jedoch nicht. Erfroren wie die Blumen ist mein Leben. Wird mir jemals noch Glück und Freude beschert sein? Wohl nie mehr, solange Tschertkow in der Nähe ist.

Von Lew Nikolajewitsch kein Sterbenswörtchen.[123] Opfert mir nicht einen einzigen Tag von seinem Epikureerdasein bei Suchotins, wo er ständig Schach und Wint spielen kann; ich warte schon nicht mehr so liebevoll wie früher auf ihn.

In der Nacht sind Lew Nikol., Sascha und der Doktor eingetroffen; statt mit Freude empfing ich ihn mit Vorwürfen, brach in Tränen aus und zog mich in mein Zimmer zurück, damit er sich von der Reise ausruhen konnte.

23. *September.* Heute also ist unser Hochzeitstag. Lange weinte ich in meinem Zimmer allein vor mich hin. Als ich zu meinem Mann gehen wollte, hörte ich an der Tür, daß er Bulgakow etwas diktierte. Da machte ich mich auf den Weg, lief durch Jasnaja Poljana und gedachte der glücklichen Zeiten – sie waren nicht allzu zahlreich – meines achtundvierzigjährigen Ehelebens.

Später bat ich Lew Nikolajewitsch, uns gemeinsam photographieren zu lassen. Er stimmte zu, doch die Photographie ist nicht schön geworden, der unerfahrene Bulgakow hat sich nicht darauf verstanden.

Gegen Abend wurde L. N. zugänglicher und freundlicher, ich atmete auf, wurde ruhiger, als hätte ich tatsächlich aufs neue meine *andere Hälfte* gefunden.

24. *September.* Doch es blieb nicht lange so ruhig. Nachdem ich in Taptykowo von der Französin, der ehemaligen Gouvernante der Diterichs erfahren hatte, daß bei Tschertkow L. N.s Erzählung

„Kinderweisheit“[124] gelesen werde, bat ich jetzt ebenfalls darum, sie lesen zu dürfen. Es fand sich jedoch im ganzen Haus kein Exemplar, auch nicht bei Lew Nikolajewitsch. Da sagte ich traurig und bitter, Tschertkow habe natürlich so rasch wie möglich das Manuskript in seinen Besitz gebracht, denn er sei ja ein *Sammler* und sonst gar nichts. Lew Nikolajewitsch wurde rasend, schrie mich so furchtbar an, daß ich wieder untröstlich weinte. Ich ging ins Tannenwäldchen, sägte dort Äste aus, kopierte Photographien, aß fast den ganzen Tag nichts.

25. September. Bin froh, daß wenigstens *faktisch* mein Mann bei mir ist, und beruhige mich allmählich. Doch wie fern ist er mir innerlich! Ich liebe ihn mehr als er mich.

26. September. Heute früh war alles friedlich und gut. Sascha und Warwara Michailowna fuhren zu Olga nach Taptykowo, Marja Alexandrowna blieb bei uns; ich kopierte Photographien. Als ich durch Lew Nikolajewitschs Arbeitszimmer ging, entdeckte ich Tschertkows Porträt wieder über dem Sessel, in dem L. N. immer sitzt. Ich aber hatte dieses Porträt während der Abwesenheit von L. N. gegen das Bild von L. N.s Vater ausgetauscht und es weit weggehängt, denn jedesmal wenn ich ihm guten Morgen wünschte, hatte es mir weh getan, das Porträt des mir verhaßten Menschen über ihm erblicken zu müssen.

Daß es Lew Nikolajewitsch nun aber wieder an seinen alten Platz gehängt hat, erschütterte mich zutiefst: da er ihn nicht sieht, konnte er sich nicht von seinem Porträt trennen! Ich nahm es herunter, riß es in kleine Fetzen und warf sie ins Klosett. Natürlich erzürnte das Lew Nikolajewitsch und zu Recht warf er mir vor, ihm seine Freiheit zu rauben (das ist neuerdings seine fixe Idee). Früher hat er sich darum überhaupt nicht gekümmert. Und wozu braucht man auch *Freiheit*, wenn man sich liebt?

Wiederum weinte ich in meiner wahnsinnigen Verzweiflung und rasenden Eifersucht, bis mir der Kopf zu zerspringen drohte. Dachte an Selbstmord, wollte mich aus Lew Nikolajewitschs Leben stehlen, um ihm seine gewünschte Freiheit zu geben. Ich ging in mein Zimmer mit einer Schreckschußpistole, und in der Absicht, mir eine richtige zu beschaffen, versuchte ich mich im Schießen. Als Lew Nikolajewitsch von seinem Ritt zurückkam, feuerte ich einen weiteren Schuß ab, doch er hörte ihn nicht. M. A. Schmidt aber meinte, ich würde ernstlich schießen, schrieb darauf Sascha nach Taptykowo, sie möge zurückkommen, da ihre Mama sich erschossen habe oder so ähnlich.

Ich hatte davon keine Ahnung, hörte nur nachts, daß eine Equipage vorfuhr und jemand klopfte. Es war sehr finster, und verwundert überlegte ich, wer das wohl sein mochte. Ich ging hinaus und sah Sascha und Warwara Michailowna. „Was ist denn passiert?“ fragte ich verwundert. Da fingen sie plötzlich im Chor an, mich derart flegelhaft zu beschimpfen, daß ich überhaupt nicht wußte, wie mir geschah. Ich ging hoch, Sascha und Warwara Michailowna kreischend hinter mir her. Schließlich verlor ich die Geduld. Was habe ich den beiden angetan?

Leider schrie auch ich los, drohte, sie aus dem Hause zu jagen, morgen mit Warwara Michailowna abzurechnen, der Gesellschafterin, die sich so an Sascha gehängt hat. Marja Alexandrowna, die ihren Fehler erkannt hatte, forderte weinend die schamlosen Schreihälse auf, ihr Zimmer zu verlassen.

Doch diese beiden Hyänen beruhigten sich noch lange nicht, packten ihre Sachen und reisten am nächsten Morgen mit Pferden, Hunden und dem Papagei zu Sascha nach Teljatinki. Wie abscheulich haben sie sich verhalten! Sie sind selbst an allem schuld.

27. September. Zurückgeblieben sind nur wir Alten. Lew Nikolajewitsch ritt allein auf der Chaussee aus, ich folgte ihm im Kabriolett. Er ritt immer weiter, sich wiederholt umblickend. Offensichtlich erwartete er, daß ich, zu leicht bekleidet, schließlich frierend umkehren würde. Aber obwohl ich mich verkühlte und später Schnupfen bekam, kehrte ich erst gemeinsam mit ihm zurück. Siebzehn Werst haben wir so zurückgelegt. Er schlief dann bis halb acht, und um acht aßen wir.

Abends spielte Lew Nikolajewitsch mit Chirjakow Schach, schläfrig und matt. Der Ausritt bei diesem gräßlichen kalten Wetter ist nicht spurlos an ihm vorübergegangen.

Trotz aller Schwierigkeiten habe ich viel an der neuen Ausgabe gearbeitet.

28. September. Arbeite unablässig weiter – einsam und sehr bedrückt. Niemand hilft mir, gesund zu werden, sondern verstärkt ganz im Gegenteil nur noch meine Qualen! Selbst der Zufall ist gegen mich! Als Lew Nikolajewitsch zu Marja Alexandrowna nach Owsjannikowo reiten wollte, begegnete er Tschertkow, der zu Olga nach Taptykowo unterwegs war. Wie hat sich mein Herz zusammengekrampft, als ich mir ihre Freude vorstellte! Doch Lew Nikolajewitsch hielt sich nicht lange auf, stieg nicht ab, die Gegenwart von Dima und Rostowzew verhinderte ein *aparté*. Den ganzen Tag aß L. N. nur wenig, bekam Schnupfen und hustet zuweilen. Natürlich ist der gestrige Ausritt nicht ohne Folgen geblieben; schließlich ist es nach Owsjannikowo recht weit; überhaupt sind L. N. die Ritte dorthin immer teuer zu stehen gekommen.

29. September. Ruhig und freundschaftlich komme ich mit Lew Nikolajewitsch aus. Als er frühstückte, setzte ich mich zu ihm und aß auch etwas, Quarkplinsen. Seine Freude hätte man sehen sollen: „Ach, wie freue ich mich, daß du endlich etwas ißt!“ Später brachte er mir liebevoll eine Birne und bat mich, sie sogleich zu kosten. Überhaupt ist er, wenn wir allein sind, wieder so gütig und zärtlich wie früher zu mir, und ich fühle, er ist *mein*. Aber zu meinem Kummer ist er nicht ganz auf dem Posten. Ich selbst war heute den ganzen Tag unterwegs; sägte im Tannenwäldchen Zweige aus, fuhr nach Kolpna, um Roggen und Mehl einzukaufen. Es ist klar und frostig, herbstlich schön.

30. September. Seit heute morgen hat Lew Nikolajewitsch starkes Sodbrennen. Das ist immer ein beunruhigendes Zeichen, noch dazu, weil er recht verzagt ist. Saschas Abreise war für ihn ein neuer unerwarteter Schlag. Ist ihr seelischer Panzer tatsächlich so unerschütterlich, daß es sie nicht einmal reut, mit ihrer Flucht aus dem Elternhaus ihrem alten Vater Kummer zu bereiten? Doch trotz seiner Unpäßlichkeit ritt Lew Nikolajewitsch heute lange mit dem törichten Dušan durch Wälder und Schluchten. Ich sage: *töricht;* denn wozu hält man sich einen Doktor, wenn er nicht besser auf die Gesundheit von L. N. achtet und ihn von unvernünftigen Unternehmungen abhält? Wieder ein eisiger Wind und Sonnenschein. Ich habe mich verkühlt, bin traurig gestimmt. Habe Zeitungsabschnitte eingeklebt, Zeitschriften weggeschafft, Anordnungen für die Wirtschaft getroffen, mich mit der Ausgabe befaßt; bin aber nicht mehr so gesund und voller Energie, kann nicht mehr so viel tun wie früher. Werde bald sterben.

1. Oktober. Morgens kam Goldenweiser, spielte abends mit Lew Nikolajewitsch Schach. Im Laufe des Tages brachte Sascha Goldenweiser zu Tschertkow. Ich hatte Lew Nikolajewitsch vorschlagen wollen, ebenfalls mitzufahren. Doch kaum begann ich, mit meinem Mann darüber zu sprechen, überkam mich ein Zittern, schoß mir das Blut zum Kopf. Noch dazu, als ich in Lew Nikolajewitschs Gesicht den Widerschein der Freude über die Vorstellung sah, sich wieder mit Tschertkow zu treffen. Verzweifelt weinend zog ich mich in mein Zimmer zurück. Dank sei meinem lieben Mann, daß er nicht mit zu Tschertkow gefahren ist. Statt dessen ritt er wieder durch Wald und Schlucht, ist sehr müde. Ich habe die Arbeit an der „Kindheit" abgeschlossen und „Über das Geld"[126] Korrektur gelesen.

2. Oktober. Heute morgen kam der liebe P. I. Birjukow zu uns, er ist immer so mitfühlend und klug. Weinend erzählte ich ihm meinen Kummer. Auch er liebt Tschertkow überhaupt nicht und versteht mich. Lew Nikolajewitsch geht es zunehmend schlechter. Er hat Durchfall, blieb deshalb zu Hause und schlief ständig. Nach dem Essen kam es zu einem guten Gespräch. Sohn Serjoscha ist bei uns. Alle spielten Schach.

3. Oktober. In der Frühe ging Lew Nikolajewitsch spazieren, später ritt er ein wenig, bekam jedoch froststarre Beine. Er fühlte sich so schwach, daß er sich, ohne die Stiefel auszuziehen, auf sein Bett warf und sofort einschlummerte. Zu meiner Beunruhigung erschien er lange nicht zum Essen, da ging ich zu ihm. Verwirrt blickte er um sich, griff immer wieder zur Uhr, wollte wissen, wie spät es sei, erinnerte sich ans Essen, fiel aber sogleich in Bewußtlosigkeit, begann schrecklich zu phantasieren. Es war entsetzlich: sein Gesicht zuckte krampfartig, er war völlig bewußtlos, stammelte im Fieberwahn Sinnloses und schlug wie wild mit den Beinen, so daß zwei oder drei Männer sie nicht hätten festhalten können. Gott sei Dank verlor ich nicht den Kopf. In Eile füllte ich Wärmflaschen mit kochendem Wasser, legte ihm Senfpflaster auf die Waden, benetzte ihm Stirn und Nacken mit Eau de Cologne, ließ ihn Kaffee mit Rum trinken, Tanja gab ihm Riechsalz, wir hüllten seine noch immer eisigen Beine ganz warm ein, doch die Anfälle dauerten an, die Krämpfe wiederholten sich fünfmal. Als ich die zuckenden Beine meines Mannes umfing, erfüllten bei der verzweifelten Vorstellung, ihn zu verlieren, wahnsinnige Liebe und tiefste Reue mein Herz. Und inbrünstig gelobte ich, alles für ihn zu tun, wenn er nur am Leben bliebe und wieder gesund würde, damit ich nicht zurückbleiben müsse mit dem unerträglichen Schuldbewußtsein, ihm mit meiner Nervosität und krankhaften Erregbarkeit so viel Aufregung bereitet zu haben.

Ich befestigte an seinem Bett auch jenes Heiligenbild, mit dem einst Tante Alexandrowna ihren Ljowotschka gesegnet hatte, bevor er in den Krieg zog. In der Nacht kam Lew Nikolajewitsch wieder zu sich, konnte sich an überhaupt nichts erinnern, hatte Kopf- und Gliederschmerzen. Zunächst betrug seine Temperatur 37,7, fiel aber allmählich auf 36,7.

Ich saß die ganze Nacht auf einem Stuhl neben ihm und betete für ihn. Er schlief nicht schlecht, stöhnte manchmal auf, doch die Krämpfe hatten aufgehört. In dieser Nacht war Tochter Tanja Suchotina zu uns gekommen.

4. Oktober. Tanja hat heute Geburtstag, alle waren fröhlicher gestimmt, fuhren zu Tschertkow. Lew Nikolajewitsch geht es erheblich besser, er bleibt jedoch noch im Bett. Er ist wieder bei vollem Bewußtsein, kann sich erinnern, interessiert sich jedoch sehr dafür, was mit ihm war und was er gesagt hat. Seine Zunge ist belegt, die Galle schmerzt leicht, nichts hat er gegessen. Wir haben aus Tula einen Arzt kommen lassen (Schtscheglow), gaben ihm Rharbarber mit Soda, Vichy; ich machte ihm heute nacht eine Kompresse mit Wodka.

Habe mich sehr herzlich mit Sascha versöhnt; wollen alles vergessen sein lassen und gemeinsam nur dem einen Ziel dienen: Lew Nikolajewitsch das Leben so ruhig und glücklich wie möglich zu machen. Doch, mein Gott! wie schwer wird mir das sein, wenn dafür auch die Wiederbegegnung mit Tschertkow erforderlich ist; ich glaube, das halte ich nicht aus! Aber es muß sein, und dieses Opfer geht über meine Kraft. So wie Gott es fügt, wird alles kommen. Vorerst sind alle ruhiger und gütiger, glücklich über Lew Nikolajewitschs Genesung.

5. Oktober. Lew Nikolajewitsch geht es seit heute früh bedeutend besser; er nahm soviel Kaffee mit Milch, Zwiebäcke und einen ganzen Kalatsch zu sich, daß mir ganz bang wurde. Trank Vichy und aß mit uns gemeinsam zu Mittag. Serjoscha ist heute morgen abgereist, Tanja war den ganzen Tag in Owsjannikowo. Sascha und Warwara Michailowna sind da, so lebt es sich leichter und fröhlicher. Tanja ist störrisch, macht ständig Vorwürfe, droht und versichert anschließend, ihr gehe es um den Familienfrieden. Fühle mich ganz zerschlagen, habe Magenweh und linksseitigen Kopfschmerz.

Sergejenko ist zu Besuch; ich mag ihn nicht, falsch wie er ist; exploitiert uns, wo er nur kann, sagt zuckersüße Schmeichelworte, wenn er sie für nützlich hält.

Lew Nikolajewitsch ist sehr zärtlich zu mir; hat gesehen, wie schwer mir um seinetwillen zumute war, wie sehr ich es bereue, nicht Rücksicht auf ihn genommen zu haben, wie aufopfernd und gut ich ihn pflegte!

6. Oktober. Lew Nikolajewitsch geht es besser, aber er ist noch schwach, klagt über Gallenbeschwerden und Sodbrennen. Ging morgens ein wenig herum, hatte eigentlich auch am Tag spazierengehen wollen, bekam dann aber so große Lust auszureiten, daß er sich ohne mein Wissen heimlich mit Bulgakow auf den Weg machte, was mich sehr aufgeregt hat.

Strachow mit seiner Tochter, Bulygin und Boulanger sind bei uns zu Besuch. Schön, wenn Gäste da sind, weniger trübsinnig. Zog sie wegen der Ausgabe zu Rate. Abends führten wir ein ruhiges Gespräch. Sascha fuhr zu Tschertkow und lud ihn mit meiner Einwilligung zu Lew Nikolajewitsch ein. Tschertkow schrieb einen unfreundlichen und wie immer unverständlichen Brief und – kam nicht.[127] Weiß nicht, ob L. N. sehr enttäuscht war. Wohl schon. Doch Gott sei Dank, wenigstens noch einen Tag ohne diesen verhaßten Menschen!

7. Oktober. Wieder kam das Gespräch auf Tschertkows Besuch, Tanja und Sascha fuhren zu ihm, er versprach, abends gegen acht zu kommen. Ich wollte, daß der Doktor Lew Nikolajewitsch für den Abend ein Bad verordnete: das tut der Galle gut und würde Tschertkows Besuch abkürzen.

Und so kam es. Bereitete mich den ganzen Tag auf den verhaßten Besuch vor, war aufgeregt, zu keiner Arbeit fähig. Als ich durch das geöffnete Oberfenster die gefederte Equipage kommen hörte, bekam ich so rasendes Herzjagen, daß ich meinte, auf der Stelle zu sterben. Rasch wollte ich durch die Glastür ihr Wiedersehen beobachten, da entdeckte ich, daß L. N. gerade die Vorhänge geschlossen hatte. Ich stürzte in sein Zimmer, riß den Vorhang zurück und spähte durch das Opernglas. Doch L. N. wußte genau, daß ich schauen würde, drückte Tschertkow darum nur die Hand und setzte eine undurchdringliche Miene auf. Sie sprachen lange miteinander, Tschertkow zeigte ihm etwas und neigte sich zu ihm hinüber. Doch ich drängte mit dem Bad, ließ Ilja Wassiljewitsch ausrichten, das Bad sei fertig und dürfe nicht abkühlen, Tschertkow erhob sich, sie verabschiedeten sich und – trennten sich.

Das schreckliche Zittern ließ nicht nach; ich habe nicht geweint, hatte aber das Gefühl, gleich sterben zu müssen. Mehrmals fing Lew Nikolajewitsch an, mich damit zu quälen, daß ihm Tschertkow der *allernächste* Mensch sei, bis ich mir schließlich die Ohren zuhielt und schrie: „Ich kann es nicht mehr hören, zwanzigmal habe ich das schon gehört, jetzt reicht's."

Ach, *welche* Qualen es gibt, das läßt sich überhaupt nicht ermessen! Völlig verzweifelt und erschöpft schlief ich endlich ein.

Was hat es mich gekostet, diesen Idioten in unser Haus zu lassen, und wie habe ich mich zu beherrschen gesucht! Aber ich kann ihn einfach nicht ertragen – diesen Teufel. L. N. ist wieder mißmutig, tut mir leid, doch um wieviel mehr leide ich!

Habe wenig gearbeitet, ging nicht spazieren, tat mich im Haus um, die Winterrahmen wurden eingesetzt. Der Tag ist überraschend schön, klar, sonnig und still. Lew Nikolajewitsch ritt recht lange aus, sprang so leicht und behende auf das Pferd, daß ich ganz sprachlos war. Doch gegen Abend wurde sein Gang wieder schleppend, er ist matt, böse auf mich, weil ich Tschertkows Kommen nicht verkraftet habe.

Nahm traurig von Tanja Abschied, bekümmert, daß Sascha und ihr meine Einstellung gegenüber Tschertkow, den der Vater so liebt, die Mutter so haßt, soviel Aufregung bringt! Wie soll das nur weitergehen? Gott wird eine Lösung finden. Am besten wäre es, wenn Tschertkow abreiste. Dann wird einer von uns sterben. Am schlimmsten wäre es, wenn L. N. sterben würde. Will jetzt nicht mehr an Selbstmord denken, nicht fortlaufen, mich nicht martern. Fühle mich körperlich und seelisch so elend, daß ich ohnehin bald sterben werde, habe begriffen, daß ich meinen Organismus ohnehin nicht nach *meinem* Willen vernichten kann.

8. Oktober. Gab heute früh Tochter Tanja das Geleit, legte mich aber noch einmal hin, fühlte mich so matt und krank. Später kam Lew Nikolajewitsch zu mir. Da ich schon angekleidet war, folgte ich ihm sogleich in sein Zimmer. Er war sehr erregt und offensichtlich empört. Er forderte mich auf, ihm schweigend zuzuhören, doch unwillkürlich habe ich ihn wohl zweimal unterbrochen. Es ging natürlich um meine Eifersucht und meinen Haß auf Tschertkow. Aufgebracht behauptete er, ich habe mir irgendwelche „Flausen" in den Kopf gesetzt, die ich mir selbst wieder austreiben müsse – er liebe Tschertkow keineswegs *ausschließlich*[128], sondern es gäbe durchaus Menschen, die ihm näher stünden, wie z. B. Leonid Semjonow und irgendein völlig unbekannter Nikolajew, der ihm ein Buch geschickt hat und in Nizza wohnt.[129] Das stimmt natürlich nicht. Ich habe ihm das Versprechen abgenommen, Tschertkow nicht zu treffen. Er hat doch gestern selbst gesehen, was mich sein Wiedersehen mit diesem widerlichen Idioten gekostet hat, und heute wirft er mir vor, er könne nicht ruhig leben, wenn über ihm ständig das Damoklesschwert hinge, daß ich so sehr unter seinen Begegnungen mit Tschertkow leide. Aber wozu sind sie denn nötig!

Lew Nikolajewitsch ist Gott sei Dank wiederhergestellt. Heute aß er mit solchem Appetit so viel, daß ich ganz erschrocken war. Aber er hat alles vertragen, aß abends noch eine Melone, trank Tee und legte sich ruhig nieder, voller Mitgefühl für mich. Wie gut läßt es sich leben, wenn man nicht ständig die Begegnung mit Tschertkow fürchten muß, wenn wir allein sind mit all unseren Aufgaben, unserer Arbeit, unserer Freundschaft füreinander!

Könnten wir nur einen Monat lang so leben, fände ich Ruhe und könnte genesen. Doch jetzt schmerzt mein ganzes Inneres allein bei dem beängstigenden Gedanken, Lew Nikolajewitsch könne zu Tschertkow reiten. Das ist kein Leben, so kann ich nicht glücklich sein!

Lew Nikolajewitsch ritt heute mit dem Doktor aus, ich sägte im Wäldchen die Zweige der Tannen und jungen Eichen. L. N. befaßte sich mit Nikolajews Buch, ich las für die Ausgabe „Das Ende des Jahrhunderts"[130] und Korrekturen, katalogisierte Bücher. Überhaupt habe ich so viel zu tun und bin doch kaum gesund und ruhig!

9. Oktober. Still, ganz still verging der Tag, Gott sei Dank! Ohne

Besucher, ohne Vorwürfe, ohne hitzige Gespräche. Und doch sind alle irgendwie bedrückt und benommen. Lew Nikolajewitsch ging in die Volksbibliothek im Dorf, wollte wissen, was man dort vor allem liest. Dann ritt er mit dem Doktor durch Barburino und den Sasseka-Forst; ich fürchtete, er würde zu Tschertkow reiten. Abends las er viel, schrieb wie immer vor dem Schlafengehen Tagebuch. Liebevoll betrachtete ich durch die Balkontür sein ernstes Gesicht, fühlte wieder die ewige Angst, er könne mich tatsächlich verlassen, wie er es in letzter Zeit so oft angedroht hat. Seit diesem Jahr verschließt er sein Tagebuch vor mir. Ja, all mein Unglück begann im Sommer mit seinem Besuch bei Tschertkow.

Habe die Bücher geordnet, eine langweilige Arbeit! Bin so erschöpft, daß ich den ganzen Abend schlief oder zumindest lag. Las ein wenig im Buch des unbekannten Nikolajew aus Nizza, das mir sehr gefiel, logisch, gut durchdacht. Leider gibt es solche Menschen nicht in der Umgebung von L. N.

Wie körperlich und seelisch rein haben L. N. und ich gelebt! Doch unser Privatleben wird jetzt in den häufig Tschertkow angepaßten Tagebüchern, den Briefen beschrieben, und dieser widerliche Mensch zieht aus allem seine eigenen Schlüsse, was er Lew Nikolajewitsch auch ganz deutlich geschrieben hat: „*1. Oktober 1909.* Ich sammle besonders all Ihre diesbezüglichen Briefe, um zu gegebener Zeit aus ihnen eine *Erläuterung* Ihrer Lage zusammenzustellen im Interesse derjenigen, die es tatsächlich nach solch generelleren Erläuterungen verlangt ...“[131]

Ich kann mir vorstellen, welche Erläuterungen dieser böswillige, widerliche Mensch geben, welche *Auslese* er treffen wird, um die Familie zu entlarven! Besonders wenn er sie in den Zeiten des Kampfes trifft ...

10. Oktober. Bin heute ein wenig ruhiger, von Tschertkow wurde nicht gesprochen, vorerst auch hat ihn L. N. nicht besucht. Heute morgen beendete ich die Katalogisierung der Bücher, Schwiegertochter Sonja Tolstaja kam mit Enkelin Werotschka zu Besuch, eine große Freude. L. N. ging morgens und auch im Laufe des Tags allein recht lange spazieren. Immer wieder peinigt mich die Vorstellung, er könne Tschertkow treffen, plagt mich die Neugier zu erfahren, was in seinen Tagebüchern steht.

Beschäftigte mich mit der Ausgabe, ordnete Artikel. Schwierig ist das alles! Zu Besuch kamen Boulanger und I. F. Naschiwin. Es ist leichter, wenn Gäste da sind, auch Lew Nikolajewitsch lebte auf.

Neblig draußen, zwei Grad minus in der Frühe; später wurde es sonnig, gegen Abend wärmer. Lew Nikolajewitsch und ich sind einander nicht sehr nah, doch offensichtlich denkt er öfter an mich. Ich lebe *ganz und gar* nur durch ihn.

11. Oktober. Den Auszug aus dem vorjährigen Brief Tschertkows habe ich heute Lew Nikolajewitsch auf den Tisch gelegt, versehen mit meinen Kommentaren, in denen ich die ganze Verlogenheit einer *geistigen* Gemeinschaft mit Tschertkow aufdecke. Soll er doch endlich seinen Irrtum erkennen, begreifen, wie dumm und gemein dieser Idiot ist. Aber natürlich will er nur ungern die innere Leere seines Idols einsehen.

Schlief die ganze Nacht nicht und fühle mich heute sehr elend. Ging in das Tannenwäldchen, sägte Zweige ab, saß ermattet auf einer Bank und lauschte in die Stille. Ich liebe meine kleine Schonung; hier bin ich einst mit Wanetschka spazierengegangen, habe lange hier mit ihm gesessen. Konnte nur wenig arbeiten, fühle mich allzu elend an Leib und Seele.

Lew Nikolajewitsch ritt mit Dušan Petrowitsch aus, wollte auch zu mir ins Tannenwäldchen kommen, aber ich war schon weg. Später brachte er mir liebevoll eine Birne. Ich sagte ihm, er solle doch Galja Tschertkowa besuchen, die nach seinen Worten fürchtet, er könne die Beziehung zu ihnen abbrechen. Aber er wollte absolut nicht; sagte, vielleicht morgen. Bevor er von ihnen nicht wieder zurück ist, habe ich keine ruhige Minute. Galja ist natürlich nur ein Vorwand, um ihren mir verhaßten Mann zu sehen.

Sonja, meine Schwiegertochter, ist abgereist. Die Arme hat mit Ilja auch viel Kummer erlebt. Erst strebte er zu hoch hinaus, dann kam der Ruin, und das mit sieben Kindern! Als Frauen und Mütter haben wir uns gut unterhalten können. Auch Naschiwin ist abgereist, ich habe ihm alles erzählt, was ich von Mann, Töchtern und Tschertkow zu erdulden habe.

Ich habe mir abends in der Akademieausgabe von Puschkin die Beschreibung seiner Bibliothek angesehen.[132] Er hat sie selbst zusammengetragen, unsere Bibliothek dagegen ist eher ein Zufallsprodukt.

Lew Nikolajewitsch hat sich selten etwas *selbst* gekauft, zumeist kamen die Bücher von allen Enden der Welt hierher, selbstverständlich kostenlos, oft mit Widmungen. Manchmal waren es gute Bücher, oft aber der reinste Plunder, und so ist die Bibliothek völlig willkürlich angewachsen.

Bulgakow ist wieder hier, will morgen nach Moskau, um sich zu exmatrikulieren, dann will er den Wehrdienst verweigern.

12. Oktober. Allmählich gewinne ich ein genaueres Bild von den Abscheulichkeiten, die Tschertkow angezettelt hat. Er hat Lew Nikolajewitsch eine Verfügung aufgenötigt, daß nach L. N.s Tod die Autorenrechte – wie bereits bei den letzten Werken – von jedermann genutzt werden können, statt daß sie seinen Kindern zugute kommen.[133] Als L. N. das der Familie mitteilen wollte, *verdroß* das Herrn Tschertkow, und er erlaubte es nicht. Dieser ekelhafte Despot übt großen Einfluß auf den armen Alten aus und verleitet ihn zu bösartigen Taten. Doch sollte ich L. N. überleben, werde ich mich in einer subtilen Weise an ihm rächen. Hat mir die Liebe meines Mannes gestohlen, stiehlt meinen Kindern ihren letzten Bissen Brot[134]; dabei hat sein eigener Sohn eine Million auf der Bank in England, ein anderes Sümmchen, als mein Mann und ich uns erarbeiten konnten, denn schließlich habe ich ihm ja viel geholfen. Als ich heute Lew Nikolajewitsch sagte, ich wisse von dieser Verfügung, sah er erbarmungswürdig und schuldbewußt aus, schwieg aber beharrlich. Ich sagte, das sei eine böse Sache, er säe damit Zwietracht, denn kampflos würden seine Kinder ihre Rechte nicht abtreten. Und mir täte es weh, wenn sich über dem Grab meines geliebten Mannes so viele Vorwürfe, endlose Streiterei und ähnliche Aufregungen erheben würden. Ja, der Teufel bedient sich Tschertkows, nicht umsonst heißt er nach dem Teufel (tschert). Nicht umsonst auch hat L. N. in seinem Tagebuch notiert:

„Tschertkow hat mich in einen Kampf hineingezogen, und dieser Kampf ist sehr schwer, und er widerstrebt mir.“[135]

Jetzt weiß ich auch, warum er mich nicht mehr liebt. Er hat alles vergessen, selbst, daß er einst in sein Tagebuch schrieb: „Falls sie mir eine Absage erteilt, erschieße ich mich.“[136] Ich aber habe ihm nicht nur keine Absage erteilt, sondern habe achtundvierzig Jahre lang mit ihm zusammengelebt, ohne auch nur einen Augenblick ihn nicht zu lieben.

Ich will mich mit der Ausgabe beeilen, solange Lew Nikolajewitsch noch keinen jener äußersten Schritte unternommen hat, die man bei seiner augenblicklichen Verfassung ständig von ihm zu gewärtigen hat. L. N. ritt Sascha entgegen, aber sie kam zu spät, er legte sich hin, aß um sieben allein.

Er hat Tanja einen Brief geschrieben.[137] Liebt seine Töchter, liebt keinen seiner Söhne, einige haßt er sogar. Sie sind nicht so infam wie Tschertkow. Abends zeigte ich Lew Nikolajewitsch eine Abschrift seines Tagebuchs von 1862, als er sich in mich verliebt hatte und mir den Antrag machte. Er verwunderte sich geradezu, sagte später: „Wie bedrückend."

Meine Vergangenheit ist mein einziger Trost. Und natürlich bedrückt ihn das. Er hat alles klare, reine, wahrhaftige Glück gegen Verlogenheit und Schmutz eingetauscht. Er leidet sehr, wälzt alles auf mich ab, hat mir, wie ich es oft vorausgesagt habe, die Rolle der Xanthippe zugeschoben um seiner eigenen Popularität willen. Aber wie will er denn selbst vor seinem Gewissen, vor Gott, vor seinen Kindern und Enkeln dastehen? Wir müssen alle sterben, auch mein Feind wird seinen letzten Seufzer tun, was aber werden wir empfinden in unserem letzten Stündlein? Werde ich dann meinem Feind verzeihen können?

Ich kann mich nicht für schuldig halten, weil ich durch und durch fühle, daß ich, wenn ich Lew Nikolajewitsch von Tschertkow fernhalte, ihn vor seinem Feind, dem Teufel, *rette*. Ich flehe Gott an, daß wieder das Himmelreich in unser Haus einkehre: „*Dein* Reich komme", nicht aber das des Menschenfeindes ...

13. Oktober. Der Gedanke an den Selbstmord reift erneut in mir und weitaus heftiger als früher. Las heute in der Zeitung von einer Fünfzehnjährigen, die sich mit Opium vergiftet hat, sie starb leicht, schlummerte ein. Ich blickte auf meine große Ampulle, rang mich aber noch nicht dazu durch.

Ich kann einfach nicht mehr leben, fühle mich ständig von Tschertkows Anschlägen bedroht, seit Lew Nikolajewitsch ihn im Juni besucht hat und gänzlich unter seinen Einfluß geriet. „Il est despote, c'est vrai", sagte sogar seine Mutter von ihm.

Und dieser Despot hat den unglücklichen Alten zu seinem Sklaven gemacht. Dazu kommt, daß L. N. bereits in seinem Jugendtagebuch schrieb, daß er, wenn er von einem Freund begeistert sei, alles tun wolle, ihm zu *gefallen* und ihn nicht zu verdrießen, worauf er in Petersburg einmal acht Monate verschwendete ... Und so ist es jetzt wieder. Er will unbedingt diesem Idioten geistig *gefallen*, richtet sich gänzlich nach ihm ...

All das hat damit angefangen, daß dieser Despot alle Handschriften von Lew Nikolajewitsch an sich brachte und mit nach England nahm.[138] Dann bemächtigte er sich der Tagebücher, die ich um den Preis meines Lebens zurückgeholt habe (vorerst sind sie auf der Bank). Dann hielt er, solange er nur konnte, Lew Nikolajewitsch in seinem Haus zurück und erhob sowohl offen als auch hinter meinem Rücken die abgeschmacktesten Vorwürfe gegen mich: ich versuche mein Leben lang, meinen Mann zugrunde zu richten, wie er beispielsweise zu Sohn Ljowa sagte.

Schließlich hat er L. N. dazu verführt, die Familie nach L. N.s Ableben um die Rechte an seinen Werken zu bringen (ich weiß nicht, in welcher Form), und hat damit Kinder und Enkel um ihren zukünftigen Bissen Brot gebracht. Aber die Kinder und ich werden unser Recht erkämpfen.

Wie kommt dieses Scheusal dazu, sich in unsere Familienangelegenheiten zu mischen?

Bestimmt denkt sich dieser böse Pharisäer noch etwas aus! Hat mich früher mit seinen Beteuerungen getäuscht, er sei der *allerbeste Freund unserer Familie.*

Bin heute morgen durch Jasnaja Poljana gelaufen. Es ist frostklar, unwahrscheinlich schön. Doch ich denke am liebsten an den Tod; meine Qualen müssen ein Ende haben. Sonst verfügt Herr Tschertkow nicht nur über die Manuskripte, sondern auch noch über *mich* – daß ich ins Irrenhaus müsse. Und um ihm zu *gefallen*, willfährt ihm L. N., alt und schwach wie er ist, trennt mich von aller Welt; dann habe ich nicht einmal mehr den Selbstmord als letzten Ausweg. Oder Tschertkow bringt in seiner Wut darüber, daß ich ihn *entlarvt* habe, meinen Mann dazu, mit ihm fortzugehen. Da bliebe mir nur der Teich oder der Fluß in Tula oder ein Ast im Tschepysch oder Opium, das wirkt am schnellsten und besten. Brauche dann wenigstens nicht mehr all die entsetzlichen Streitigkeiten und Auseinandersetzungen mit unserem Feind über dem Grab meines einst geliebten Mannes mitzuerleben; muß dann nicht mehr unter dem Gefühl leiden, das jetzt die unter dem despotischen Einfluß Tschertkows ersonnenen heimtückischen Maßnahmen des Vaters und Großvaters einer so vielköpfigen Familie in mir hervorrufen. Bemühe mich verzweifelt darum, all das nicht wahrzunehmen.

Als ich gestern zu Lew Nikolajewitsch sagte, ein übler Schritt sei diese Verfügung, seine Autorenrechte nach seinem Tod der ganzen Welt, nur nicht seiner Familie abzutreten, schwieg er beharrlich und erbittert. Überhaupt hat er jetzt oft so eine Art, mir zu bedeuten: „Du bist krank, das muß ich ertragen; ich werde schweigen, dich aber in meinem Herzen verabscheuen."

Die infame Einflüsterung Tschertkows, daß vor allem Eigennutz mich bestimme, hat jetzt auch Lew Nikolajewitsch angesteckt. Von welchem Eigennutz kann denn die Rede sein bei einer kranken sechsundsechzigjährigen Alten, die Haus, Land, Wald und Kapital besitzt – „Aufzeichnungen", Tagebücher, Briefe – alles, was ich drucken lassen kann?!

Weh tut mir dieser üble *Einfluß* von Tschertkow. Weh, daß allenthalben etwas vor mir versteckt wird; weh, daß Lew Nikolajewitschs Testament so viel Streitigkeiten, Prozesse, Klatsch über dem Grab des Alten heraufbeschwört, der während seines Lebens selbst alles genossen hat, es aber nicht seiner zahlreichen Nachkommenschaft als Erbe hinterlassen will.

Der Einflüsterung von Tschertkow folgend hat er in all seinen Schriften die Regierung mit den gröbsten Ausdrücken beschimpft, jetzt aber verschanzt er sich mit seinen abscheulichen Machenschaften hinter ihr und hinter dem Gesetz, übergab seine Tagebücher der *Staats*bank, ließ sein Testament notariell beglaubigen und will es auch noch von der Regierung bestätigen lassen.[139]

Ich muß an das Märchen denken, das ich einmal den Kindern vorgelesen habe, in dem von einem bösen Mädchen erzählt wird, das bei den Räubern lebte. Nichts tat es lieber, als den Tieren – Hirsch, Pferd und Esel – das Messer an die Kehle zu setzen und ihnen zu drohen, gleich werde es zustechen. So macht es jetzt mein Mann mit mir, stößt ständig Drohungen aus, er wolle die Autorenrechte abtreten, mich heimlich verlassen ... Wir sprechen über das Wetter, über Bücher, sprechen davon, daß so viele tote Bienen im Honig stecken.

Doch von dem, was jeder auf dem Herzen hat, wird beharrlich geschwiegen.

Ich bin so erschreckt von dem bitterbösen Geschrei meines Mannes, daß ich schon Angst vor jedem Gespräch mit ihm habe. Er aber meint wohl, sein Schreien mache mich ruhiger und gesund.

Bin viel spazierengegangen, vier Grad Frost, fuhr nach Jassenki zur Post.

14. Oktober. Schrieb heute morgen, früh aufgewacht, meinem Mann einen Brief.[140] Kaum öffnete ich die Tür zu seinem Arbeitszimmer, sagte er schon: „Kannst du mich denn nicht in Ruhe lassen?" Wortlos schloß ich die Tür hinter mir, ging nicht mehr zu ihm. Er kam jedoch wieder voller Vorwürfe, weigerte sich, meine Fragen zu beantworten, sprach voller Haß![141]

Lodyschenskaja war zu Besuch, viel Überflüssiges habe ich ihr erzählt. Lew Nikolajewitsch ritt aus, kam auch bei der Station Sasseka vorbei und erkundigte sich dort, ob ich dagewesen sei, wie ich es vorhatte. Das freute mich. Er kehrte erschöpft zurück. Begrüßte Lodyschenskaja, an die er sich nicht mehr erinnerte, und legte sich nieder. Stand zum Essen frischer auf, Gorbunow war gekommen. Lew Nikolajewitsch liest die „Karamasows" von Dostojewski, findet sie gar nicht gut. Ihm gefallen die Beschreibungen, aber die Gespräche überhaupt nicht. Aus allen Figuren spräche nur Dostojewski selbst.

Habe sehr viel, aber mühselig an der Ausgabe gearbeitet. Mein Kopf tut weh, manchmal nicke ich regelrecht ein. Gestern abend habe ich an Andrjuscha geschrieben. Herrliches Wetter: sternklar, frostig und hell; blieb aber heute nur zu Hause.

15. Oktober. Heute morgen kamen M. A. Stachowitsch, Dolgorukow und Seropolko, um sich die Volksbibliothek anzusehen[142], abends Sohn Serjoscha. Habe alles Stachowitsch erzählt; er tat so, als sei alles ganz einfach zu erklären und als gäbe es keinen Grund zur Aufregung. Aber mit bloßen Worten bin ich nicht zu beruhigen. Daß Lew Nikolajewitsch nicht zu Tschertkow geritten ist, beruhigt mich vorerst. Aber er ist schwach und traurig. Heute ist er mit Dušan Petrowitsch ausgeritten; sein Pferd scheute vor dem Fluß, als es dann endlich sprang, warf es L. N. ab, so daß er sofort Magenweh bekam und den ganzen Abend über Sodbrennen hatte. Verbrachte den Tag mit Gesprächen; leichter lebt es sich mit Gästen. Nachts las ich Korrekturen. Die anderen gingen mit den Gästen in die Volksbibliothek. Immer noch das gleiche klare trockene Frostwetter.

16. Oktober. Stand ruhig auf, wenn auch *nicht* gesund. Konnte in der Frühe nicht schlafen, grübelte, wie ich an Lew Nikolajewitschs Tagebücher in der Staatsbank von Tula kommen könne. Beim Frühstück erklärte Lew Nikolajewitsch plötzlich, er habe vor, Tschertkow aufzusuchen. Die listige Galja hatte nach Dušan Petrowitsch schicken lassen, da sie angeblich eine Neuralgie habe. L. N. packte die Gelegenheit beim Schopf, sagte, er müsse sie besuchen und auch wegen irgendwelcher Briefe mit Tschertkow sprechen; natürlich nichts als ein Vorwand.[143]

Ich vermag nicht zu beschreiben, wie mir zumute war. Unter diesen Drohungen habe ich jetzt beständig zu leben! Ich sagte leise: „Heute ist gerade der zweite Tag, an dem ich mich ein wenig wohler fühle“, und ging in mein Zimmer, kleidete mich an, wollte spazierengehen, kehrte jedoch um, rief meinen Mann und sagte leise, fast flüsternd, zärtlich zu ihm: „Wenn du kannst, Ljowotschka, warte noch mit dem Ritt zu Tschertkow, deine Entscheidung belastet mich schrecklich!“

Zunächst wurde er nicht böse, sagte, er würde nichts versprechen, wolle aber alles so gut wie möglich tun. Als ich aber meine Bitte erneut vortrug, wiederholte er, bereits sehr verdrossen, er wolle nichts versprechen. Da ging ich fort, kroch irgendwelche Schluchten entlang, in denen man mich kaum hätte finden können, wenn ich das Bewußtsein verloren hätte. Kam dann auf das Feld und rannte geradezu in Richtung Teljatinki, suchte mit einem Opernglas alles ringsum in der Ferne ab. In Teljatinki legte ich mich in einen kleinen Graben unweit der Tore, die zu Tschertkows Haus führen, und wartete auf Lew Nikolajewitsch. Ich weiß nicht, was ich gemacht hätte, wenn er gekommen wäre. Dauernd stellte ich mir vor, ich läge auf der Brücke über dem Graben und Lew Nikolajewitschs Pferd zerstampfe mich. Doch zum Glück kam er nicht. Ich sah den jungen Sergejenko und Pjotr, der Wasser brachte.[144] Unter dem Vorwand einer christlichen Gemeinschaft hat Tschertkow junge Leute um sich geschart, die ihm zu Diensten sind wie uns das Gesinde.

Gegen fünf Uhr brach ich auf und lief weiter, kam bei Anbruch der Dunkelheit in den Garten und lag lange auf der Bank unter der großen Tanne am unteren Brunnen. Unsinnig litt ich unter der Vorstellung, Lew Nikolajewitsch könne Tschertkow wieder nahekommen und ausschließlich nur ihn lieben. Ich sah sie vor mir, eingeschlossen in einem Zimmer mit ihren ewigen *geheimen* Unterredungen. Und diese Qualen ließen mich wieder an den Teich, an das kalte Wasser denken, in dem ich auf der Stelle ewiges Vergessen und Erlösung von meiner quälenden, verzweifelten Eifersucht finden könnte. Doch wieder hinderte mich meine Feigheit; ich gelangte, ich weiß nicht mehr wie, nach Hause. Ging aber nicht ins Haus, sondern setzte mich auf die Bank unter die Tanne, legte mich auf die Erde und schlummerte ein.

Als es schon ganz finster war und Lew Nikolajewitschs Zimmer erleuchtet war (das hieß, er war aufgewacht), kamen sie mich mit Laternen suchen. Alexei, der Knecht, fand mich. Ich stand auf, erblickte Warwara Michailowna, war völlig von Sinnen von all dem, was ich durchgemacht hatte.

Starr vor Kälte und Erschöpfung, ganz abgestumpft, saß ich zu Hause da, ohne die Jacke, den Hut, die Überschuhe abzulegen – wie eine Mumie. So kann man einen Menschen zugrunde richten, so gezielt, man braucht nicht einmal eine Waffe dazu.

Es stellte sich heraus, daß Lew Nikolajewitsch, der statt zu Tschertkow durch den Sasseka-Forst geritten war, zuvor Dušan Petrowitsch beauftragt hatte, mir auszurichten, daß er nicht zu Tschertkow reite. Dušan Petrowitsch aber fand mich nicht, da ich bereits nach Teljatinki unterwegs war.

Abends fragte ich Lew Nikolajewitsch, warum er mich mit seiner Weigerung gequält habe, mir zu sagen, ob er zu Tschertkow fahre. Da schrie er mich an: „Ich möchte meine Freiheit, will mich nicht deinen Launen unterordnen; ich möchte mit meinen zweiundachtzig Jahren nicht unter dem Pantoffel meiner Frau stehen!“ Grausam leidend, hörte ich ihm zu und sagte schließlich: „Darum geht es ja doch gar nicht. Das Heldenhafteste, was ein Mensch tun kann, ist sein Glück opfern, damit sein Nächster nicht leiden muß.“ Das aber gefiel ihm gar nicht, er schrie in einem fort: „All meine Versprechungen nehme ich zurück, verspreche nichts; was ich tun möchte, das werde ich auch tun“ usw.

Natürlich ist es für ihn unerträglich, keinen Umgang mit Tschertkow zu haben. Und er zürnt mir, weil ich es nicht *zu ertragen* vermag, daß er die Beziehung zu diesem Schuft wieder aufnimmt.

Wohl zweimal noch ging ich spätabends zu ihm und versuchte, mich mit ihm zu versöhnen. Mit Mühe gelang es mir; wir küßten einander und wünschten uns eine gute Nacht. Er sagte unter anderem, er wolle alles tun, um mich nicht weiter zu bekümmern. Aber wie wird es morgen sein?

Kaum hatte ein friedliches, ruhiges Leben begonnen, da ist schon wieder alles finster; lange noch werde ich schwach und krank sein. Wiederum hat sich Lew Nikolajewitsch auch um die eigene Kraft und Gesundheit gebracht, kann nicht arbeiten. Und all das nur wegen seiner neuen idée fixe, daß er *frei* sein möchte (worin ist er denn unfrei, außer, daß er Tschertkow nicht sehen kann?) und unbedingt Tschertkow sehen will.

17. Oktober. Der Tag verlief friedlich. Habe viel für die Ausgabe gearbeitet, Korrekturen gelesen. In der „Lehre Christi für Kinder“ schreibt Lew Nikolajewitsch unter anderem (nach dem Evangelium) über den Zorn: „Wenn du meinst, daß dein Bruder übel gehandelt hat, dann wähle Zeit und Ort, um zu ihm zu gehen und mit ihm zu sprechen. Lege ihm kurz dar, was du gegen ihn vorzubringen hast. Wenn er auf dich hört, wird er nicht länger dein Feind sein, sondern dein Freund werden. Wenn er aber nicht auf dich hört, dann fühle Mitleid für ihn, *doch habe nichts mehr mit ihm zu schaffen.*“[145]

Das eben wünsche ich mir, daß wir nichts mehr mit Tschertkow zu tun und zu schaffen haben.

Der liebe Gorbunow ist wieder abgereist. Hatten noch den sympathischen Jakubowski und einen unangenehmen Juden zu Besuch, der eine Zeitschrift für Vegetarier herausgibt. Perker, glaube ich, heißt er. Es schneit schon richtig wie im Winter.

Ich bin geistig und körperlich so erschöpft, daß ich schon keinen Gedanken mehr fassen kann, nichts schreiben möchte. Mich plagt die Neugierde, was wohl mein Mann in seinem Tagebuch schreibt. Seine jetzigen Tagebücher sind diktiert von der Überlegung, welche

Schlüsse aus ihnen zu ziehen sind. Aus meinem Tagebuch dagegen spricht nur mein aufrichtiges Gefühl. Auch Sascha schreibt jetzt Tagebuch. Kann mir vorstellen, wie sie in ihrem Haß auf mich und noch dazu mit ihrem abscheulichen Charakter mich zu entlarven sucht und meine Worte und Gefühle auf ihre Weise deutet! Manchmal fühle ich Zärtlichkeit und Mitleid für sie. Sie aber ist jetzt wieder schroff und ungerecht zu mir, ich gehe ihr am liebsten aus dem Weg. Ihrem Vater dient sie ergeben, mir aber droht sie mit ihren Tagebüchern.

Habe beschlossen, nirgends mehr hinzufahren, nicht nach Moskau, nicht in Konzerte, nirgendwohin. Für mich ist jetzt jede Minute mit Lew Nikolajewitsch so teuer; ich liebe ihn so sehr, als sei das erlöschende Feuer noch ein letztes Mal aufgeflammt, daß ich mich nicht von ihm trennen möchte. Und vielleicht trennt auch er sich nur ungern von mir, wenn ich zärtlich zu ihm bin. Aber Gott allein kennt ihn! Er hat sich sehr zum Schlechten verändert, selten nur ist er wirklich gütig, viel häufiger verdrossen. Abgesehen von meiner Eifersucht auf Tschertkow erfährt er soviel Zärtlichkeit, Liebe und Fürsorge von mir, daß jeder andere nur zutiefst dankbar dafür wäre. Er aber ist verwöhnt von der ganzen Menschheit, die ihn nur von seinen Büchern (seinen Worten) her kennt, ihn nicht nach seinen Taten, seinem Leben beurteilt. Um so besser!

18. Oktober. Bin spät aufgestanden, ganz zerschlagen und verzweifelt, habe ständig Angst vor einer bösen Überraschung und Auseinandersetzung. Wenn ich an die vergangenen qualvollen vier Monate zurückdenke, kommt mir das, was Lew Nikolajewitsch mit mir gemacht hat, wie das Spiel der Katze mit der Maus vor. In meiner Qual darüber, daß sich sieben Tagebuchhefte bei Tschertkow befanden, habe ich Lew Nikolajewitsch angefleht, sie zurückzuholen. Zwei oder drei Monate lang hat er mich mit seiner Weigerung zur Verzweiflung gebracht; als er sie dann schließlich zurückforderte, deponierte er sie bei einer Bank. Bereits vor dieser Geschichte hatte ich einen Nervenzusammenbruch, doch er zögerte seine Abreise von Tschertkow noch um einen weiteren Tag hinaus, was meinen Zustand empfindlich verschlechterte.

In Kotschety blieb er absichtlich lange, kam nicht nach Jasnaja Poljana, obwohl er wußte, daß ich wegen der neuen Ausgabe in der

Nähe von Moskau arbeiten mußte. Unter dieser Trennung und der Unruhe, die sie für mich bedeutete, habe ich schrecklich gelitten.

Als ich während meines letzten Aufenthalts in Kotschety ihn unter Tränen bat, mir wenigstens den annähernden Termin für seine Rückkehr zu nennen, wenigstens zu meinem Namenstag zurückzukehren – wurde er wütend und lehnte es kategorisch ab.

Als ich ihn fragte, welches Papier oder Testament er kürzlich Tschertkow ausgehändigt habe, wurde er wütend und verweigerte kategorisch jede Auskunft.

Jeden Augenblick muß man damit rechnen, daß er einem wieder etwas verweigert, und dieses ewige Warten, daß wieder eine schlimme Entscheidung über die Tagebücher, Manuskripte und das Testament getroffen werden könnte, macht mir das Leben unerträglich schwer.

Aber als er heute vor dem Essen aufwachte, matt war und nicht essen wollte, überfiel mich eine so qualvolle Sorge, daß ich zu jedem Opfer bereit war, sogar dazu, daß er sich erneut mit Tschertkow treffen würde, der jetzt, nachdem ihn Lew Nikolajewitsch drei Monate lang nicht besucht hat, noch mehr mein Feind ist als zuvor. Doch es ist, als habe sich L. N. besonnen, stünde mir und Sascha wieder näher, die sich ganz dem Dienst an ihrem Vater geweiht hat und sonst nur noch Interesse für ihr kleines Gut in Teljatinki und für ihre Pferde hat.

Habe heute nur wenig zuwege gebracht, fühle mich innerlich allzu zerrissen. Habe sogar im Beten nachgelassen. Klebte gestern nach einem kurzen Schlaf Zeitungsausschnitte ein und schrieb Briefe. Das Wetter ist gräßlich: Schneesturm, gegen Abend war alles weiß, sechs Grad minus.

19. Oktober. Haben Je. W. Molostwowa zu Besuch, die sich für das Studium verschiedener Sekten interessiert und darüber schreibt. Sie ist klug, feinfühlig und verständnisvoll. Habe ihr von meinen Kümmernissen erzählt; sie hat mich getadelt, Tschertkow eine ganz unbedeutende Größe genannt und hinzugefügt, es sei unwürdig zu denken, er könne *meinen* Platz bei Lew Nikolajewitsch einnehmen. Aber mich hat das nicht überzeugt, fürchte auch weiterhin, sie könnten einander wieder treffen.

Ständig gehen Lew Nikolajewitsch und ich getrennt spazieren.

Gestern abend war er sehr angetan von der Lektüre der „Brüder Karamasow“, sagte: „Heute habe ich begriffen, warum die Leute Dostojewski lieben, es finden sich bei ihm herrliche Gedanken.“ Später aber kritisierte er wiederum, daß alle Figuren nur in der Sprache Dostojewskis redeten.

Gestern nacht geriet ich in Aufruhr, weil Lew Nikolajewitschs Tagebuch von seinem Tisch verschwunden war, auf dem er es in einer verschlossenen Schreibmappe aufzubewahren pflegt. Als er nachts aufwachte, fragte ich ihn, ob er es etwa Tschertkow übergeben habe. „Sascha hat es“, erwiderte L. N., was mich etwas beruhigte, obwohl es mich kränkt, daß nicht ich es habe. Sascha schreibt sicher die *Gedanken* für den verhaßten Tschertkow heraus, der *selbst* nichts Gutes zu denken vermag.

Draußen ist es frostklar, acht Grad minus, Sterne und Stille. Alles schläft.

20. Oktober. Gestern hat mir Molostwowa folgendes erzählt: Als sie im vergangenen Herbst Tschertkows besuchten, wollte ihr Mann, ein gütiger Adliger alten Schlags, möglichst bald wieder abreisen, weil es dort allenthalben so bedrückend ist. Alle sind unzufrieden, finster und unglücklich. Ich schreibe das deshalb auf, weil bei uns heute die Atmosphäre so ungetrübt und heiter war. Sascha war mit ihren kranken Pferden und den Schriften ihres Vaters beschäftigt, ging außerdem noch zu einer Versammlung ins Dorf, um mit unseren Bauern über einen Konsumladen hier in Jasnaja Poljana zu sprechen.

Lew Nikolajewitsch arbeitete an seinen Schriften, legte Patiencen, ritt durch den Sasseka-Forst, kam mehrfach zu mir ins Zimmer und sprach teilnahmsvoll mit mir. Hatte Bauern zu Besuch: den klugen Nowikow, der Zeitungsartikel schreibt[146], und zwei junge Bauern von hier, von denen einer zwei Jahre lang wegen revolutionärer Umtriebe im Gefängnis saß.[147] Heute morgen war es sehr frostig, 12 Grad unter Null; klar und still. Gegen Abend wurde es wärmer, aber windig und neblig. Arbeite ständig an der Ausgabe, klebe Zeitungsausschnitte ein. Wie brennend begierig Lew Nikolajewitsch in den Zeitungen alles liest, was mit ihm zu tun hat. Er bleibt doch immer der alte!

21. Oktober. Entdeckte heute in der Zeitung „Iskra“ das Photo, das an unserem letzten Hochzeitstag von L. N. und mir aufgenommen wurde. Nun können uns hunderttausend Menschen zusammen sehen, wie wir einander an der Hand halten, so wie es immer war. Habe heute lange mit Sascha gesprochen. Sie hat überhaupt keine Ahnung vom Leben und von Menschen, ihr Horizont reicht nicht über Teljatinki hinaus, wo sie in der unmittelbaren Nachbarschaft der stumpfsinnigen, langweiligen Tschertkows ihren kleinen Haushalt hat.

Lese weiterhin für die neue Ausgabe Lew Nikolajewitschs Flugschriften, die recht eintönig sind. Ich lehne ebenfalls leidenschaftlich Krieg und Gewalt, Hinrichtungen und Morde ab. Aber ich verstehe nicht, wie man die Regierung ablehnen kann. Die Menschen sind so sehr auf Führung und Leitung angewiesen, daß ohne sie jegliche menschliche Gemeinschaft undenkbar ist. Es kommt nur darauf an, daß das Staatsoberhaupt weise und gerecht ist, das Wohl der Untertanen über das eigene stellt.

Lew Nikolajewitsch klagt über starke Gallenbeschwerden, ist wohl deshalb matt und traurig. Vielleicht aber auch, weil er Tschertkow vermißt, obwohl heute sogar Sascha sagte, ihrem Vater mache es überhaupt nichts aus, Tschertkow *nicht zu sehen*, vielmehr bekümmere es ihn, daß ich diesen Menschen so hasse und aufgrund dieser Tatsache ihn in seiner Handlungsfreiheit einschränke. Jeden Tag denke ich: „Gott sei Dank, wieder ist ein Tag vergangen, an dem Lew Nikolajewitsch nicht zu Tschertkow geritten ist."

Bete inbrünstig, Gott möge das Herz meines Mannes von dieser Leidenschaft erlösen und mir zurückgeben.

Haben den lauten, aber sympathischen Dunajew zu Besuch. Das Wetter ist schrecklich: Frost, Schneesturm, Eiskörner hageln gegen die Scheiben, unbeschreiblich traurig ist mir zumute. Nadja Iwanowa ist bei uns. Habe an die Druckerei geschrieben.

22. Oktober. Habe wieder nicht geschlafen, quälte mich mit dem Gedanken an die Tagebücher in der Bank und versuchte mir vorzustellen, ob ich es ertragen könnte, wenn sich Lew Nikolajewitsch und Tschertkow wiedersähen. Doch so sehr ich mich auch bemühe, ich kann mich damit einfach nicht abfinden.

Ja, Lew Nikolajewitsch, der die Liebe zu *allen* Menschen predigt, hat sich einen *Abgott* geschaffen, damit hat er mich zutiefst gekränkt und verletzt, und ich vermag diesen *allernächsten Menschen* ganz und gar nicht wiederzusehen. Da sie jetzt einander nicht begegnen, kommt es wenigstens nicht zur unmittelbaren Nähe, und die geistige ist allzu unbedeutend, mit einem solchen Dummkopf kann man sie nicht lange aufrechterhalten. Solange er noch im Ausland L. N.s Werke drucken ließ, gab es zumindest noch einen vorgeschützten Grund, doch jetzt hat diese *geistige Gemeinschaft* keine Grundlage mehr.

Habe mit Dunajew gesprochen, auch er versteht mich nicht, weiß nichts anderes, als mir zu einer Auslandsreise zu raten. Das einzige, worin ich mit ihm und allen anderen übereinstimme, ist, zu bedenken, daß Lew Nikolajewitsch dem Tode nahe ist und deshalb in jeder Weise geschont werden muß. Doch wird es für ihn leichter sein, wenn ich dafür mit dem Leben bezahle oder mein Haus verlasse, als daß er auf das Wiedersehen mit Tschertkow verzichtet?

Ich kann noch nicht für mich bürgen, *weiß nicht*, wie ich mich dazu stellen werde, *aber ich fühle*, daß ich es nie und nimmer ertragen kann, wenn L. N. und Tschertkow einander nahekommen.

Bulgakow und einer dieser unglücklichen Jünglinge, die sich in Tschertkows Netzen verfangen haben, sind bei uns zu Besuch, außerdem Nadja Iwanowa. Habe Korrektur gelesen, wenig gearbeitet, fühle mich seelisch wie körperlich völlig am Ende. Lew Nikolajewitsch ist heute munterer, aß mit Appetit, ging im Garten spazieren und hat sich offensichtlich ein wenig erholt. Spielte mit dem Jüngling Schach, was ihm aber keine Freude bereitete, da er schlecht spielte, hat zweimal gegen ihn gewonnen. Draußen ist Tauwetter und Glatteis; Ausfahren ist völlig unmöglich.

23. Oktober. Auf Tschertkows *Nähe* notgedrungen verzichtend, ist Lew Nikolajewitsch mir wieder nähergekommen, beginnt manchmal ein Gespräch mit mir. Konnte mich heute zweimal darüber freuen, daß mein lieber Ljowotschka mir aufmerksam begegnete. Als heute morgen Nadja Iwanowa fortfuhr, dachte er, ich wolle fort; er sorgte sich um mich und sagte es mir auch. Als er später eine schmackhafte Birne aß, brachte er sie mir, um sie mit mir zu teilen.

Wird es länger so ruhig wie heute bei uns bleiben? Er ist mit Dušan Petrowitsch durch den Sasseka-Forst geritten, wo Soldaten einen Fuchs jagten. Hat morgens wie immer gearbeitet. Schreibt jetzt viel, ist aber nie damit zufrieden. Hat etwas über den Sozialismus, den

Selbstmord und den Wahnsinn angefangen.[148] Weiß nicht, woran er heute morgen arbeitete.[149] Abends sortierte er aufmerksam die Billigausgaben nach guten, mittleren und schlechten Texten, weiterhin für gebildete und weniger gebildete Leser.

Ich folgte im Sakas mit den Hunden Marquise und Belka den von Lew Nikolajewitsch und dem Doktor hinterlassenen Spuren der Pferde. Schwermütig ist es im Herbst! Das mag ich nicht. War nach dem Spaziergang recht verstimmt: all meine idées fixes sind wieder hochgekommen und peinigen mich.

Tauwetter, die Wege sind nicht befahrbar, es ist grau und windig.

Habe sehr viel für die Ausgabe gearbeitet, meine schlechten Augen ermüden dabei leicht; mich belastet, daß die letzten Werke von Lew Nikolajewitsch soviel Zensurwidriges enthalten.[150]

24. Oktober. Haben zu Besuch: Fräulein N. A. Almedingen, die Redakteurin von Kinderzeitschriften, den im Kaukasus lebenden Gastew, schon lange Tolstojaner, und Bulgakow. Heute rief Lew Nikolajewitsch aus Versehen die vorübergehende Natalja Alexejewna „Sofja Andrejewna", dann „Sonja". Sie hat es mir erzählt, und ich habe mich gefreut, daß ich ihm zumindest nicht ganz fern bin. Er ritt heute allzu lange mit Bulgakow auf diesem schrecklich vereisten Weg aus, kehrte um fünf erschöpft zurück. War abends aber frisch, sprach über Bücher, über die allzu einseitige Richtung des Verlags „Posrednik" und hörte gerne zu, als Gastew sehr interessant von Lew Nikolajewitschs einstigem Liebling, dem Sektierer W. K. Sjutajew (1881) erzählte.[151]

Ging mit Fräulein Almedingen spazieren. Plötzlich entdeckten wir auf dem Hügel in der Nähe der Badestelle zwei Reiter – Lew Nikolajewitsch und Bulgakow. Ich freute mich sehr, denn gerade hatte ich gedacht, ob L. N. wohl während meiner Abwesenheit zurückgekehrt und ob ihm auch nichts auf dem glatten Weg passiert sei.

Gegen Abend setzte Regen ein, es wurde warm. Habe heute nichts über Tschertkow gehört, befürchte jeden Morgen, wenn sich Lew Nikolajewitsch auf seinen gewohnten Spaziergang macht, er könne zu ihm fahren. Kann dann vor Aufregung nicht arbeiten; erst, wenn ich sehe, daß er die andere Richtung einschlägt, beruhige ich mich wieder, ist der Tag für mich gerettet. Wir sprechen jetzt nicht von Tschertkow, alles ist ruhig und gut. Ob das so bleibt? Gott, rette uns!

25. Oktober. Stand früh auf, verbrachte den Morgen mit Fräulein Almedingen, las sechs Bogen Korrektur. Besuchte unsere Dorfschule: ein junger unerfahrener Lehrer unterrichtet dort vierundachtzig Schüler und Schülerinnen.

Abends kam Sohn Serjoscha, spielte mit dem Vater Schach, dann Klavier. Sein Besuch ist immer eine Freude. Ich habe Fräulein Almedingen meine „Aufzeichnungen" von meinem Jungmädchenleben und meiner Hochzeit vorgelesen.[152] Ihr hat es offensichtlich gefallen.

Heute haben Lew Nikolajewitsch und Galja Tschertkowa einander geschrieben.[153] Ich fragte, worüber? Er aber mißbrauchte wieder seine neue Ausrede, er habe es vergessen. Ich bat ihn um Galjas Brief, er behauptete, nicht zu wissen, wo er läge – natürlich wieder gelogen. Statt daß er sagt: „Ich will ihn dir nicht zeigen", lügt er ewig, gebraucht Ausflüchte ... Wie sehr mangelt es ihm an Güte, Aufrichtigkeit und Wahrhaftigkeit! Traurig ist das, unendlich traurig! Wieder hat sich sein Herz verschlossen, wieder steht Unheilverkündendes in seinem Blick.[154] Ich will nicht mehr leben, alles fällt mir aus der Hand.

Der teuflische Geist herrscht noch immer in unserem Hause und im Herzen meines Mannes.

„Möge der Herr auferstehen und sich seine Feinde zerstreuen!"

Ich beende jetzt und versiegle für lange Zeit dieses schreckliche Tagebuch, die Geschichte meiner kaum zu ertragenden Leiden!

Verflucht sei Tschertkow, der sie mir bereitet hat! Herr, vergib mir.

7. November. Am 7. November um sechs Uhr morgens ist Lew Nikolajewitsch gestorben.

9. November. Was am 26. und 27. geschah, habe ich nicht aufgeschrieben. Am 28. Oktober 1910 hat sich Lew Nikolajewitsch um fünf Uhr in der Frühe heimlich mit D. P. Makovický aus dem Haus gestohlen. Anlaß zu seiner Flucht war angeblich, daß ich nachts in seinen Papieren gewühlt hätte, aber ich habe, wenn ich auch tatsächlich ganz kurz sein Arbeitszimmer betrat, nicht ein einziges Blatt angerührt, ja es lag überhaupt *kein einziges* Blatt auf dem Tisch. In seinem Brief an mich (für die ganze Welt) nennt er als Begründung für seine Flucht das Leben im Luxus und seinen Wunsch, sich in die *Einsamkeit* zu begeben, in einer Hütte zu leben wie die Bauern.[155] Aber warum mußten dann Tochter Sascha und ihre Gesellschafterin Warwara Michailowna herbeigerufen werden?

Als ich von Sascha und aus dem Brief von L. N.s Flucht erfahren hatte, warf ich mich verzweifelt in den Teich. Sascha und Bulgakow haben mich herausgezerrt, leider![156] Dann habe ich fünf Tage lang keinen einzigen Bissen angerührt, am 31. Oktober erhielt ich um halb acht Uhr morgens von der Redaktion des „Russkoje slowo" folgendes Telegramm: „Lew Nikolajewitsch in Astapowo erkrankt, 40 Fieber." Mit Sohn Serjoscha und Tochter Tanja fuhr ich im Sonderzug von Tula nach Astapowo. Zu Lew Nikolajewitsch ließ man mich nicht, hielt mich mit Gewalt zurück, verriegelte die Türen, zerriß mir das Herz.[157] Am 7. November um sechs Uhr morgens starb Lew Nikolajewitsch. Am 9. November wurde er in Jasnaja Poljana begraben.

Anmerkungen

Russische Namen und Begriffe wurden in der Duden-Transkription wiedergegeben, lediglich bei den bibliographischen Angaben in den Anmerkungen wurde die wissenschaftliche Transliteration verwendet. Daher die unterschiedliche Schreibung z. B. des Namens „Tolstoi" (Transkription) bzw. „Tolstoj" (Transliteration).

Abkürzungsverzeichnis

Bulgakov – V. Bulgakov: „L. N. Tolstoj v poslednij god ego žizni" (L. N. Tolstojs letztes Lebensjahr), Moskau 1960.

B. ved. – „Birževye vedomosti."

DST – „Dnevniki S. A. Tolstoj" (Die Tagebücher der S. A. Tolstaja). Teil I–IV, Moskau 1928–1936.

GMT – Gosudarstvennyj muzej L. N. Tolstogo (Staatliches Tolstoj-Museum).

Gol'denvejzer – A. B. Gol'denvejzer: „Vblizi Tolstogo" (In Tolstojs Nähe). Buch 2, Moskau 1923.

GTG – Gosudarstvennaja Tret'jakovskaja galereja (Staatliche Tret'jakov-Galerie).

Gusev – N. N. Gusev: „Dva goda s L. N. Tolstym" (Zwei Jahre mit L. N. Tolstoj), Moskau 1973.

Gusev, Materialy, I–IV – N. N. Gusev: „Lev Nikolaevič Tolstoj. Materialy k biografii s 1828 po 1855 gg." (Lev Nikolaevič Tolstoj. Materialien zur Biographie der Jahre 1828 bis 1855), Moskau 1954 (I); dass., 1855–1869, Moskau 1957 (II); dass., 1870–1881, Moskau 1963 (III); dass., 1881–1885, Moskau 1970 (IV).

I. L. Tolstoj – I. L. Tolstoj: „Moi vospominanija" (Meine Erinnerungen), Moskau 1969.

IRLI – Institut russkoj literatury. Puškinskij Dom (Institut für russische Literatur. Puškin-Haus).

JaPb – Jasnopoljanskaja biblioteka (Bibliothek von Jasnaja Poljana).

Jasn.sb. – „Jasnopoljanskij sbornik", Tula.

JaZ – D. P. Makovickij: „Jasnopoljanskie zapiski" (Aufzeichnungen aus Jasnaja Poljana). Manuskript, GMT.

JaZ, I, II – D. P. Makovickij: „Jasnopoljanskie zapiski" (Aufzeichnungen aus Jasnaja Poljana), Bd. I, Moskau 1922; Bd. II, Moskau 1923.

Kuzminskaja – T. A. Kuzminskaja: „Moja žizn' doma i v Jasnoj Poljane" (Mein Leben zu Hause und in Jasnaja Poljana), Tula 1973 / dt.: *Kusminskaja*, Tanja: „Ihr Leben und ihre Freundschaft mit Lew Tolstoi – erzählt von ihr selbst", Weimar 1970.

Letopisi – „Letopisi gosudarstvennogo Literaturnogo muzeja."
LN – „Literaturnoe nasledstvo."
Moja žizn' – S. A. Tolstaja: „Moja žizn'" (Mein Leben). Typoskript, GMT!
N.vr. – „Novoe vremja."
PS – „Perepiska L. N. Tolstogo s. N. N. Strachovym" (L. N. Tolstojs Briefwechsel mit N. N. Strachov), St. Petersburg 1914.
PSS – L. N. Tolstoj: „Polnoe sobranie sočinenij v 90 tomach" (Gesamtausgabe der Werke in neunzig Bändern), Moskau 1928–1958 / dt. auszugsweise in: Lew Tolstoi: „Gesammelte Werke in zwanzig Bänden", Berlin 1964–1978; bei Verweisen auf diese deutsche Ausgabe wird jeweils nur die Band-Nummer genannt.
PST – S. A. Tolstaja: „Pis'ma k L. N. Tolstomu. 1862–1910" (Briefe an L. N. Tolstoj. 1862–1910), Moskau-Leningrad 1936.
PTG – „L. N. Tolstoj i N. N. Ge. Perepiska" (L. N. Tolstoj und N. N. Ge. Briefwechsel), Moskau-Leningrad 1930.
R.sl. – „Russkoe slovo".
RV – „Russkij vestnik".
R.ved. – „Russkie vedomosti."
S. L. Tolstoj – S. L. Tolstoj: „Očerki bylogo" (Skizzen aus der Vergangenheit), Tula 1975.
TbST – Tagebuch S. A. Tolstaja (d. i. die vorliegende Ausgabe).
TE – „Tolstovskij ežegodnik".
T. L. Suchotina – T. L. Suchotina-Tolstaja: „Vospominanija" (Erinnerungen), Moskau 1976 / dt. auszugsweise in: *Tatjana Tolstoi:* „Ein Leben mit meinem Vater. Erinnerungen an Leo Tolstoi", Köln 1978.
Tolstoj. Perepiska – L. N. Tolstoj: „Perepiska s russkimi pisateljami" (Briefwechsel mit russischen Schriftstellern), Moskau 1962.
Tolstoj v vospominanijach – „L. N. Tolstoj v vospominanijach sovremennikov" (L. N. Tolstoj in der Erinnerung seiner Zeitgenossen). 2 Bde., Moskau 1960.
Turgenev, Pis'ma – I. S. Turgenev: „Polnoe sobranie sočinenij i pisem v 28-i tomach. Pis'ma" (Gesamtausgabe der Werke und Briefe in achtundzwanzig Bänden. Briefe), Akademie-Ausgabe.
VE – „Vestnik Evropy".

1898

1 W. W. Stassow schrieb am 9. Januar 1898 an Je. M. Bem: „Auch ich bin unbeschreiblich begeistert von dem wundervollen ‚Was ist Kunst?', wenngleich ich da mit manchem nicht übereinstimme. Wir hatten sogar einen größeren Wortwechsel und Streit über Richard Wagner (den Lew in diesem Aufsatz unangemessen behandelt)." In: „Zabytym byt' ne

možet" (Das darf nicht dem Vergessen anheimfallen), Moskau 1963, S. 175.

2 Vgl. *TbST* vom 21. Februar 1895.

3 Vgl. *TbST* vom 30. November und 21. Dezember 1897.

4 Die Oper „Sadko" von N. A. Rimski-Korsakow wurde auf der privaten Moskauer Opernbühne von S. I. Mamontow aufgeführt.

5 Nach dem Zeugnis von W. W. Stassow schenkte der Graveur W. W. Maté Tolstoi ein Album mit seinen Stichen, darunter auch Porträts von Tolstoi nach den Zeichnungen von I. Je. Repin. Vgl. V. V. Stasov: „Pis'ma k rodnym" (Briefe an die Familie), Band III, Teil 1, Moskau 1962, S. 202.

6 Die Bekanntschaft von Tolstoi mit N. A. Rimski-Korsakow kam auf die Initiative von W.W. Stassow zustande, der zusammen mit Rimski-Korsakow zur Premiere von dessen Oper „Sadko" nach Moskau gefahren war.

7 Tolstois Ansichten über die Schönheit sind in den Kapiteln 2–7 von „Was ist Kunst?" dargelegt (*PSS*, Bd. 30, S. 32–80 / dt.: Bd. 14, S. 42–104).

8 Den Pianisten, Komponisten und Musikkritiker W. I. Pol lernte Tolstoi im Dezember 1897 kennen und führte zweimal mit ihm Gespräche über Kunst. Vgl. V. Pol': „Vstreči s Tolstym" (Begegnungen mit Tolstoj). In: „Novyj mir", 1960, Nr. 12, S. 244–247.

9 Zu dieser Zeit setzte Tolstoi die Arbeit an der Novelle „Hadschi Murat" fort. Am 13. Januar notierte Tolstoi in seinem Tagebuch: „Versuche ständig, eine befriedigende Form für ‚Hadschi Murat' zu finden, aber immer vergebens" (*PSS*, Bd. 53, S. 176 / dt.: Bd. 19, S. 335).

10 Am 3. Februar ließ Tolstoi Repin durch S. A. Stachowitsch folgendes Thema empfehlen: „Der Moment, als die Dekabristen zum Galgen geführt werden. Der junge Bestuschew-Rjumin ist von Murawjow-Apostol hingerissen – mehr von seiner Persönlichkeit als seinen Ideen; die ganze Zeit ist er aufrecht neben ihm geschritten, erst vor der Hinrichtung wird er schwach, bricht in Tränen aus; Murawjow umarmt ihn, und so treten sie gemeinsam unter den Galgen" (*T. L. Suchotina*, S. 229). I. Je. Repin fertigte eine Skizze „Die Dekabristen" an.

11 N. D. Kaškin: „‚Sadko' – opera-bylina v semi kartinach N. A. Rimskogo-Korsakova" („Sadko" – eine Oper nach einer Heldensage in sieben Bildern von N. A. Rimskij-Korsakov). In: *R.ved.*, Nr. 7 vom 7. Januar 1898 (Unterschrift: N.K-in).

12 Die XVII. Ausstellung der Gesellschaft der Kunstfreunde im Historischen Museum.

13 Am 20.(?) Januar 1898 schrieb Tolstoi an L. L. und D. F. Tolstoi: „Nur was die Unrast des Stadtlebens anbetrifft, geht es bei uns nicht

gut. Muß häufig an das abgeschiedene Leben zwischen Schnee und Himmel denken ... Ich kann nicht genügend Energie zum Arbeiten aufbringen“ (*PSS*, Bd. 71, S. 260).

14 Im Januar 1898 druckten viele Zeitungen Auszüge aus den ersten Kapiteln von „Was ist Kunst?“ aus der Zeitschrift „Woprossy filossofii i psichologii“ ab und fügten kritische Anmerkungen hinzu.

15 „Sočinenija gr. L. N. Tolstogo“, Bde. I–XVI. Zehnte Auflage, Moskau 1897 (Band I). 1897 hatte S. A. Tolstaja mit der Herausgabe dieser Werkausgabe begonnen, im Laufe des Jahres 1898 las sie Korrektur.

16 Über dieses Zeitungsprojekt ist weiter nichts bekannt.

17 Vgl. *TbST* vom 25. Dezember 1897.

18 Der Brief kam von S. S. Sokolowa aus dem Dorf Nikolskoje im Gouvernement Woronesch. Im Brief an den Redakteur der Zeitung „Russkije wedomosti“ vom 4. Februar 1898 nannte Tolstoi noch einige andere Landkreise, in denen die Bauern Hunger litten, und rief dazu auf, „dieser Not zu steuern“ (*PSS*, Bd. 71, S. 270–271 / dt.: Bd. 17, S. 290–291). Tolstois Brief wurde zusammen mit dem Schreiben von S. S. Sokolowa am 8. Februar in Nr. 39 der *R.ved.* abgedruckt.

19 P. I. Birjukow, der 1897 wegen seiner Hilfe für die Duchoborzen nach Bausk verbannt worden war (vgl. Anmerkung 43 zu *TbST*, 1897), erhielt im Januar 1898 die Erlaubnis, sich ins Ausland zu begeben. Tolstoi schickte ihm, offenbar durch Je. I. Popow, einen (nicht datierten) Brief und eine „Karte von den Japanern“, die für Birjukow bei ihm eingegangen war (*PSS*, Bd. 71, S. 262). Über die Japaner ist weiter nichts bekannt.

20 Für F. I. Samoschkin, einen dieser Molokanen, verfaßte Tolstoi ein Bittgesuch an Nikolai II.; außerdem bat er die damals gerade in Petersburg weilende T. L. Tolstaja, sich in die Bemühungen der Molokanen einzuschalten (Brief an T. L. Tolstaja vom 25. Januar und Text des Bittgesuchs in: *PSS*, Bd. 71, S. 263–264). Zur gleichen Zeit wandte er sich auch an A. F. Koni mit der Bitte, die Molokanen zu unterstützen (ebda., S. 265).

21 Die Aufsätze „Differencial'nyj tarif“ (Der Differentialtarif), „Arifmetika differencial'nych tarifov“ (Arithmetik der Differentialtarife) und „Velikorusskaja obščina“ (Das großrussische bäuerliche Gemeinwesen) erschienen in dem Buch: E. A. Bers: „O pričinach razorenija zemledel'českoj Rossii“ (Über die Gründe des Ruins von Rußlands Landwirtschaft), Sankt Petersburg 1899 *(JaPb)*.

22 Für die Veröffentlichung in der Zeitschrift „Voprosy filosofii i psichologii“, Heft I, 1898.

23 Paul et Victor Margueritte: „Le Désastre“, Paris 1897. Die Verfasser hatten Tolstoi das Buch mit einer handschriftlichen Widmung geschickt: „Für Herrn Lew Tolstoi, in Ehrfurcht und Bewunderung. Paul und Victor Margueritte“ *(JaPb)*.

24 T. L. Tolstaja hatte sich in Petersburg nach dem Absatz eines von ihr herausgebrachten Kunstalbums erkundigen wollen: „Kartinnaja galereja ‚Posrednika'. ‚Poslednij luč', kartina Ž. Bretona i drugie kartiny francuzskich chudožnikov" (Die Gemäldegalerie von „Posrednik". „Der letzte Strahl", ein Gemälde von J. Breton, und andere Gemälde französischer Maler), Moskau 1898 (das Album enthielt 12 Reproduktionen). Außerdem bereitete sie ein Album mit deutscher Malerei vor, das jedoch nicht erschien.

25 Vgl. hierzu ausführlich: *T. L. Suchotina,* S. 229–233. Ende Februar 1898 wurden die Kinder der Molokanen ihren Eltern zurückgegeben.

26 S. I. Tanejew bearbeitete offenbar seine Oper „Orestie" (1895) für eine neue Ausgabe (ersch. im Verlag M. P. Beljajew, 1900) und sprach wahrscheinlich von seinem vierten Streichquartett, das er im Juli 1898 in Angriff nahm.

27 „Rodnik", 1898, Nr. 1–4 (Sonderdrucke in *JaPb*).

28 Vgl. *TbST* vom 22. April 1891 und Anmerkung 54.

29 I. N. Kramskojs Zeichnung „Vstreča vojsk" (Der Empfang der Truppe), 1879 (Kunstmuseum der Stadt Iwanowo).

30 S. A. Tolstaja gibt hier den Inhalt von V. Hugos Erzählung „Les pauvres gens" wieder, die Tolstoi für die „Lesefrüchte" umarbeitete. Vgl.: „Tolstoj-redaktor" (Tolstoj als Redakteur), Moskau 1965, S. 268–273.

31 „Princesse M. Ouroussoff. Histoire d'une âme". Souvernirs recueillis par sa mère. Paris 1904. Tolstoi las wahrscheinlich das Manuskript des Buches.

32 Brief von M. L. Obolenskaja vom 30. Januar, Brief von L. L. Tolstoi vom 31. Januar *(GMT).*

33 Außer den von S. A. Tolstaja genannten Besuchern waren noch N. Ja. Tarowaty, M. F. Gulenko und L. A. Sulerschizki zugegen (*PSS*, Bd. 53, S. 178 / dt.: Bd. 19, S. 335).

34 Hierbei handelt es sich um das Heft mit den Tagebucheinträgen vom 28. Oktober 1895 bis 17. Dezember 1897 (*PSS*, Bd. 53 /dt.: Bd. 19). S. A. Tolstaja war dagegen, daß W. G. Tschertkow das Tagebuch zur Abschrift erhielt, da sie nicht wünschte, daß es von Leuten außerhalb der Familie gelesen wurde. Später übergab sie dieses Tagebuch zusammen mit Manuskripten Tolstois dem Rumjanzew-Museum zur Aufbewahrung (vgl. Anmerkung 42 zu *TbST*, 1887).

35 Als S. A. Tolstaja „Beethovens Leben" von K. Nohl (in russischer Übersetzung) gelesen hatte, schrieb sie am 19. November 1897 Tolstoi nach Jasnaja Poljana: „Nach der Lektüre von Beethovens Biographie wurde mir endgültig klar, daß Menschen, die der ganzen Menschheit dienen und die dafür höchsten Ruhm ernten, dieser Versuchung nicht mehr widerstehen können und alles wegschieben, was sie auf ihrem Weg zum Ruhm und bei ihrem Werk stören könnte" (*PST*, S. 688). Am

26. November 1897 antwortete Tolstoi seiner Frau: „Ungerecht ... sind Deine Erörterungen ..., das Ziel meiner Tätigkeit sei der Ruhm. Nur ein Jüngling oder ein sehr seichter Mensch kann sich den Ruhm zum Ziel setzen ... Ein weniger dummer und lebenserfahrenerer Mensch – und für einen solchen halte ich mich – wird sich stets im klaren sein, daß das Gewissen nur eines für gut befindet, nämlich jenes Werk zu tun, auf das man sich am besten versteht und das man als nützlich für die Menschen erachtet ... Eine solche Tätigkeit wünsche ich auch Dir ... ganz bestimmt liegt sie jedoch nicht im Klavierspielen und dem Besuch von Konzerten" (*PSS*, Bd. 84, S. 304–305).

36 Tissot: „La vie de notre seigneur Jésus Christ." 365 Kompositionen zu den vier Evangelien mit Anmerkungen und erläuternden Zeichnungen. 2 Bde., Tours 1896–1897.

37 Im September 1882 hatte S. A. Tolstaja Seneca auf französisch gelesen: „Oeuvres complètes de Sénèque", übers. von Y. Baillard, 2 Bde., Paris 1860–1861 (*JaPb*, mit Randnotizen von Tolstoi). Tolstoi schätzte Seneca als Vertreter des Stoizismus und erwähnte ihn mehrfach in seinen Briefen und Werken. Aussprüche von Seneca nahm er in die „Lesefrüchte" auf (*PSS*, Bd. 41–42).

38 Während der Arbeit an dem Aufsatz „Was ist Kunst?" hatte Tolstoi zu dem von seinem Sohn S. L. Tolstoi übersetzten Artikel „Moderne Wissenschaft" von E. Carpenter ein Vorwort verfaßt. Wie Tolstoi bekennt, trug das Vorwort zu Carpenters Artikel zur „Klärung" seiner „Arbeit über die Kunst bei" (*PSS*, Bd. 71, S. 274 / dt.: Bd. 17, S. 292).

39 I. P. Braschnin.

40 Vgl. *TbST* vom Oktober 1878.

41 In der englischen Übersetzung von A. Maude erschien Tolstois Aufsatz „Was ist Kunst?" („What ist art?") als Beilage zu der Zeitschrift „The New Order" (Januar 1898 – Kap. I–IX; März 1898 – Kap. X–XIV; Mai 1898 – Kap. XV–XX).

42 Während Tolstoi an dem Aufsatz „Was ist Kunst?" arbeitete, las er erneut die Klassiker der Weltliteratur, u. a. auch Schillers Dramen. W. F. Lasurski notierte am 14. Februar 1898: „Ganz erfüllt von seiner Schrift über die Ästhetik sprach er [Tolstoi] beim Tee davon, daß er sich aus der Weltliteratur Beispiele aussuche, um zu zeigen, was seiner Ansicht nach echte Kunst sei." In: „Dnevnik V. F. Lazurskogo" (Tagebuch von V. F. Lazurskij), in: *LN*, Bd. 37/38, S. 495.

43 In dem schwarzen Wachstuchheft steht auf den Blättern 1–8 der erste Entwurf zu dem Aufsatz „Wo ist der Ausweg?" mit der Datumsangabe Tolstois: „17. Mai 1897, Jas.Pol." (*PSS*, Bd. 34). Darauf folgen Entwürfe zur fünften Fassung von „Hadschi Murat" (Januar 1898).

44 Am 19. Februar vermerkt Tolstoi in seinem Tagebuch: „Habe in der Zwischenzeit unaufhörlich die letzten Kapitel über die Kunst berichtigt, ergänzt und verdorben" (*PSS*, Bd. 53, S. 182 / dt.: Bd. 19, S. 336).

45 P. A. Sergeenko begann mit den Vorbereitungen zu dem Buch: „Kak živet i rabotaet gr. L. N. Tolstoj“ (Wie Graf L. N. Tolstoj lebt und arbeitet), Moskau 1898.

46 E. Carpenters Artikel „Moderne Wissenschaft“ erschien mit Tolstois Vorwort in Nr. 3 des „Severnyj vestnik“ von 1898. Vgl. Anmerkung 38.

47 Das Drama „Sandra“, das nicht veröffentlicht wurde *(GMT)*.

48 Tolstoi hatte das Haus im Herbst 1854 verkauft. In P. A. Sergejenkos Buch „Kak živet i rabotaet gr. L. N. Tolstoj“ wurden Photographien von der Ansicht des Hauses und einiger Zimmer wiedergegeben (Photograph: P. Preobraschenski). Tolstois Zeichnung wird im *GMT* aufbewahrt und wurde in *LN*, Bd. 69, Teil 1, S. 505 veröffentlicht.

49 F. I. Tjutschew: „Verdächtiges Schweigen im Osten ...“ (1865).

50 Der Zweizeiler stammt aus A. A. Puschkins Gedicht „Ob ich im Lärm der Straßen wandle ...“ (1829).

51 Tolstoi beantwortete diesen Brief am 25. Februar 1898 (*PSS*, Bd. 71, S. 293 /dt.: Bd. 17, S. 293–294).

52 Am 25. Februar 1898 notierte Tolstoi in seinem Tagebuch: „Heute Briefe geschrieben ... Bin aber außerstande, etwas anderes zu schreiben, obwohl ich unaufhörlich an ‚Hadschi Murat‘ ... denke“ (*PSS*, Bd. 53, S. 184 / dt.: Bd. 19, S. 337).

53 A. Saint-John hatte unter dem Einfluß von Tolstois Ideen seinen Abschied von der Armee genommen und sich in einer landwirtschaftlichen Kommune im Süden Englands angesiedelt. Im September 1897 brachte er Geld nach Moskau, das die englischen Quäker für die Duchoborzen gespendet hatten. Da er die Duchoborzen näher kennenlernen wollte, fuhr er in den Kaukasus; dort wurde er verhaftet und aus Rußland ausgewiesen.

54 An diesem Tag schrieb Tolstoi zehn Briefe (*PSS*, Bd. 71, S. 286–296; Bd. 88, S. 79 / dt. der Brief an den Bruder: Bd. 17, S. 293–294), darunter auch die erwähnten Briefe an P. I. Birjukow, S. N. Tolstoi und S. O. Krassowski.

55 „Polčasa u grafa L. N. Tolstogo“ (Eine halbe Stunde bei Graf L. N. Tolstoj). In: „Russkij listok“, Nr. 57 vom 26. Februar 1898. Zu T. L. Tolstajas Besuch bei Pobedonoszew vgl. *TbST* vom 29. Januar 1898. Zu Tolstois Ansicht über die Dreyfusaffäre vgl. seinen Aufsatz „Über Shakespeare und das Drama“ (*PSS*, Bd. 35, S. 260–260 / dt.: Bd. 14, S. 307–308).

56 Tolstoi schrieb am 28. Februar an A. W. und A. M. Olsufjew: „... kann nun nicht ohne Tränen schreiben und an Eure gute, bewundernswert gute Lise denken, die ich still und herzlich geliebt habe“ (*PSS*, Bd.71, S. 297).

57 Tolstoi trug in die Korrekturbogen von Bd. 15 der „Sočinenija gr. L. N. Tolstogo“ (10. Auflage) Verbesserungen und Zusätze ein, die in

der Zeitschriften-Veröffentlichung von „Was ist Kunst?" nicht enthalten sind.

58 Dies hatte N. Ja. Grot Tolstoi in seinem Brief vom 3. März 1898 mitgeteilt *(GMT)*. Vgl. Anmerkung 60.

59 Billett von S. I. Tanejew vom 7. März 1898 *(GMT)*.

60 An den Kapiteln VI–XX des Aufsatzes „Was ist Kunst?" hatte die Zensur starke Kürzungen und Textänderungen vorgenommen, die Tolstois Gedanken entstellten. Tolstoi hielt den Aufsatz für „verstümmelt" (Brief an W. G. Tschertkow vom 17. März 1898 in: *PSS*, Bd. 88, S. 84).

61 Brief Tolstois an G. Gibson, Mitglied einer „Christlichen Gemeinschaft", vom 11. März 1898 (*PSS*, Bd. 71, S. 306–310).

62 Hier ist eine Photographie eingeklebt: L. N. Tolstoi hoch zu Roß im Hof des Moskauer Hauses; dabei ein handschriftlicher Zusatz von S. A. Tolstaja: „Am 6. März 1898 in Moskau, Chamownitscheski-Gasse 21, von mir photographiert."

63 Vgl. *TbST* vom 16. Dezember 1897.

64 Vgl. *TbST* vom 2. April.

65 Nachdem die Duchoborzen von der russischen Regierung die Erlaubnis zum Auswandern erhalten hatten, wandten sie sich mit der Bitte um Hilfe an Tolstoi. Am 17. März schrieb Tolstoi einen Brief an die Redaktion der „S.-Peterburgskije wedomosti", in dem er die Öffentlichkeit um Hilfe für die Duchoborzen ersuchte; gleichzeitig schickte er auch ein Schreiben an E. E. Uchtomski, Redakteur dieser Zeitung (*PSS*, Bd. 71, S. 314–318). Der Aufruf wurde nicht veröffentlicht. S. A. Tolstajas Abschrift wird bei den Entwürfen von Tolstois Brief aufbewahrt (*PSS*, Bd. 71, S. 317).

66 Nach der Begegnung und dem Gespräch mit Tolstoi veröffentlichte M. M. Antokol'skij den Artikel: „Po povodu knigi grafa L. N. Tolstogo ob iskusstve" (Anläßlich des Buches über Kunst von dem Grafen L. N. Tolstoj). In: „Iskusstvo i chudožestvennaja promyšlennost'", Nr. 1–2, Oktober-November 1898.

67 Am 30. März 1898 kamen die Duchoborzen P. W. Planidin und D. Tschernow zu Tolstoi, um sich mit ihm über die bevorstehende Auswanderung zu beraten. E. E. Uchtomski, Redakteur der „S.-Peterburgskije wedomosti", der den Duchoborzen gegenüber wohlwollend eingestellt war, machte den Vorschlag, sie sollten nach Turkestan übersiedeln. Dieses Projekt gefiel den Duchoborzen nicht.

68 Vgl. *PSS*, Bd. 71, S. 345–347. Die Bittschrift wurde nicht eingereicht. Vgl. *TbST* vom 26., 27. August und Anmerkung 124.

69 „Sočinenija grafa L. N. Tolstogo". Fünfzehnter Teil, 1. Auflage 1898. Die Anzeige über das Erscheinen des Bandes wurde in Nr. 94 der *R.ved.* vom 5. April 1898 abgedruckt.

70 Offenbar wurde Tolstoi an diesem Tag in der Zeitungsredaktion Geld

ausgehändigt, das für die Übersiedelung der Duchoborzen gespendet worden war. Vgl. *TbST* vom 7. April und Anmerkung 73.

71 Vgl. *TbST* vom 20. April und Anmerkung 80.

72 Brief von M. O. Menschikow vom 6. April 1898 *(GMT)*.

73 In Nr. 93 der *R.ved.* vom 4. April stand eine Notiz über die für die Duchoborzen eingegangenen Spenden. Durch eine Verfügung des obersten Polizeichefs Trepow wurde die Spendensammlung verboten. Am 21. April 1898 mußte die Zeitung für zwei Monate ihr Erscheinen einstellen.

74 Die Novelle „Ein Lied ohne Worte" *(GMT)*.

75 A. F. Koni hielt seinen Vortrag über W. F. Odojewski im Historischen Museum. Vgl. *R.ved.*, Nr. 100 vom 13. April 1898.

76 Die XXVI. Gemäldeausstellung der „Gemeinschaft zur Veranstaltung von Wanderausstellungen" (Peredwischniki).

77 Die Sechste Gemäldeausstellung der Petersburger Malervereinigung. Das Bild von H. Siemiradzki: „Nero und die Christin Circea".

78 Auf Vorschlag von S. I. Tanejew übersetzte S. L. Tolstoi aus dem Englischen das Buch von E. Prout: „Musical form", London 1893 (russ. Moskau-Leipzig 1900; *JaPb*). Vgl. *S. L. Tolstoj*, S. 383.

79 Seit der Familienbesitz im Jahre 1891 zwischen S. A. Tolstaja und den Kindern aufgeteilt worden war, gehörte das Moskauer Haus L. L. Tolstoi. Vgl. *TbST* vom 22. April 1891.

80 Ende März oder Anfang April 1898 hatte Tolstoi von „La Vita Internazionale" (Mailand) und „L'Humanité Nouvelle" (Paris) einen Fragebogen über seine Einstellung zu Krieg und Militarismus erhalten. Als Antwort darauf verfaßte Tolstoi einen Aufsatz, der den Titel „Carthago delenda est" erhielt und am 23. April 1898 fertiggestellt wurde (*PSS*, Bd. 39 / dt.: Bd. 15). Ins Italienische übersetzt wurde der Aufsatz am 20. September 1898 in „La Vita Internazionale" veröffentlicht.

81 Wahrscheinlich handelt es sich hier um den Aufsatz von I. S. Listovskij: „Biografija grafa P. V. Zavadovskogo" (Biographie des Grafen P. V. Zavadovskij). In: „Russkij archiv", 1883, Heft 2.

82 Eine Gips-Kopie von P. P. Trubezkois Tolstoi-Büste wird im *GMT* aufbewahrt.

83 Tolstoi hielt sich vom 24. April bis 27. Mai in Grinjowka auf. Sein Sohn Ilja Lwowitsch, der ihn auf seinen Fahrten begleitete, schrieb später: „... die allerschwierigste Arbeit – nämlich zu bestimmen, wieviel Personen aus jeder Bauernfamilie Essen erhalten sollten – führte der Vater fast überall selbst durch, und darum fuhr er ganze Tage über die Dörfer, häufig bis tief in die Nacht" (*I. L. Tolstoj*, S. 226). Insgesamt wurden 20 Garküchen eröffnet. Über seine Tätigkeit in der Hungersnot des Jahres 1898 schrieb Tolstoi den Aufsatz „Hunger oder nicht?" (*PSS*, Bd. 29).

84 Tolstoi schrieb am 27. April 1898, dem Tag, als seine Frau abreiste, in

sein Tagebuch: „Fühle mich wohl. Nicht ganz gesund. Sonja ist heute weggefahren – traurig und verstimmt. Sie hat es sehr schwer. Sie tut mir leid, und ich vermag ihr noch nicht zu helfen“ (*PSS*, Bd. 53, S. 191 / dt.: Bd. 19, S. 340).

85 Brief von S. N. Tolstaja vom 29. April 1898 *(GMT)*.

86 Briefe vom 29., 30. April und 1. Mai 1898 (*PSS*, Bd. 84, 308–311).

87 Brief vom 3. Mai 1898 (*PSS*, Bd. 84, S. 311–312).

88 Brief vom 9. Mai 1898 (*PST*, S. 701–702).

89 Darum hatte Tolstoi in seinem Brief vom 6. Mai gebeten (*PSS*, Bd. 84, S. 315). Nach Grinjowka fuhr Je. P. Murawskaja, eine Mathematikstudentin.

90 Brief von W. G. Tschertkow vom 2. Mai (neuen Stils) 1898. A. Škarvan wird darin nicht erwähnt *(GMT)*.

91 Von England aus hatte W. G. Tschertkow in seinen Briefen vom 8. und 9. Mai (neuen Stils) 1898 T. L. Tolstaja gebeten, ihm Geld zu borgen *(GMT)*. Am 14. Juli teilte Tolstoi A. K. Tschertkowa mit, sein Sohn L. L. Tolstoi sei bereit, Tschertkow die benötigte Summe leihweise zu überlassen (*PSS*, Bd. 88, S. 108–109).

92 Im April 1898 hatte A. N. Trubnikow, Gouverneur von Orjol, I. L. Tolstoi die Erlaubnis gegeben, für notleidende Bauern eine Garküche zu eröffnen. Zugleich schickte er jedoch eine geheime Anordnung an den Chef der Landpolizei von Mzensk, die Garküche zu überwachen. Der Polizeichef A. A. Iwanow berichtete in seinen Rapporten über die Tätigkeit von L. N. und I. L. Tolstoi und schrieb, die Gutsbesitzer seien darüber beunruhigt und behaupteten, in ihrer Gegend herrsche keine Hungersnot (vgl. „Novyj mir“, 1956, Nr. 7, S. 275–276). Am 19. Mai schickte A. N. Trubnikow I. L. Tolstoi ein Schreiben mit der Bitte, keine weiteren Garküchen zu eröffnen (*PSS*, Bd. 84, S. 319–320). Vgl. außerdem: *I. L. Tolstoj*, S. 224–227.

93 Vgl. *TbST* vom 26. Juni.

94 S. A. Tolstaja schrieb am 20. Mai 1898: „Lieber Ljowotschka, muß ständig an Deine Unpäßlichkeit denken und es quält mich, daß ich nichts von Dir weiß ... Wie steht es um Eure Garküchen? Seit meinem Aufenthalt bei Euch fühle ich mich Euren Interessen wieder sehr verbunden“ *(GMT)*.

95 Wahrscheinlich las S. A. Tolstaja das Buch von A. M. Kalmykova: „Grečeskij učitel' Sokrat“ (Der griechische Lehrer Sokrates), Moskau 1886 (im Verlag „Posrednik“ erschienen; *JaPb*). Tolstoi hatte 1885 das Buch redigiert und das VII. Kapitel selbst verfaßt (*PSS*, Bd. 25, S. 429–461).

96 Am 27. Mai 1898 waren Tolstoi und S. N. Tolstaja aus Grinjowka in den Landkreis Jefremow gereist, um zu sehen, wie die Saaten standen. An diesem Tag schrieb Tolstoi seiner Frau: „Entschied, daß dies unumgänglich ist, um die eingehenden Gelder am besten einzuteilen“

(*PSS*, Bd. 84, S. 322). Unterwegs erkrankte er an Ruhr und war genötigt, bei einem Bekannten, dem Gutsbesitzer P. I. Lewizki, auf dessen Gut Alexejewskoje zu bleiben. Von dort wurden am 30. Mai Sofja Andrejewna Tolstaja zwei Telegramme geschickt (*PSS*, Bd. 84, S. 323).

97 1895 und 1896 hielt sich S. I. Tanejew im Sommer in Jasnaja Poljana auf.

98 Zwischen dem 7. und 10. Juni 1898 schrieb Tolstoi an S. N. und I. L. Tolstoi: „Bitte, setzt die Arbeit fort, wie sie begonnen wurde, weitet sie eher noch aus, wenn es nötig sein sollte. Ich könnte noch 300 Rubel schicken. ... Bitte, Iljuscha, schickt mir eine möglichst genaue Abrechnung über die restlichen Gelder, damit ich sie an die Zeitung weiterleiten kann" (*PSS*, Bd. 71, S. 376).

99 *N.vr.*, 1898, Nr. 7996, 8002 und 8009 vom 3., 9. und 16. Juni. Tolstoi hielt die Erzählung für „töricht und untalentiert" (*PSS*, Bd. 53, S. 199 / dt.: Bd. 19, S. 345).

100 Der französische Physiologe und Psychologe Charles Richet hatte am 20. August 1891 Jasnaja Poljana besucht.

101 Aufgrund dieser Vorfälle schrieb Tolstoi einen „Leserbrief" (*PSS*, Bd. 90, S. 138).

102 1898 gab S. A. Tolstaja zur neunten Ausgabe von Tolstois Werken (Moskau 1893) einen zusätzlichen 14. (nicht 15.) Band heraus, der, zeitlich ungeordnet, die Werke der Jahre 1887–1898 enthielt.

103 An diesem Tag notierte Tolstoi in seinem Tagebuch: „Bin am 16. schwer erkrankt. Habe mich noch nie so schwach und dem Tode so nahe gefühlt. Schäme mich, die Pflege in Anspruch zu nehmen, die meine Umgebung mir angedeihen läßt. Konnte nichts tun" (*PPS*, Bd. 53, S. 199 / dt.: Bd. 19, S. 344–345).

104 Der Prozeß endete damit, daß das Eigentumsrecht der Tolstois an dem umstrittenen Stück Land anerkannt wurde (*PST*, S. 683).

105 Dieser Brief ist unbekannt.

106 Der genaue Wortlaut von Tolstois Notizbucheintrag vom April 1898: „Eine Frau kann nur frei sein, wenn sie Christin ist. Ist eine befreite Frau keine Christin, so ist sie ein fürchterliches Tier" (*PSS*, Bd. 53, S. 331).

107 Vgl. Anmerkung 41.

108 Raphael Löwenfeld bereitete die zweite Auflage (nicht den zweiten Teil) seines Buches: „Leo N. Tolstoj, sein Leben, seine Werke, seine Weltanschauung" (Berlin 1892) vor. In seinem Brief vom 11. Juni 1898 schrieb er an S. A. Tolstaja, er würde gerne ihre „Hilfe und Zensur" in Anspruch nehmen *(GMT)*.

109 Wahrscheinlich handelt es sich dabei um das Drama „Sandra", das T. L. Tolstaja zusammen mit P. A. Sergejenko verfaßt hatte.

110 Tolstois Aufsatz „Hunger oder nicht?" war erschienen in der Zeitung „Rus"', Nr. 4 und 5 vom 2. und 3. Juli 1898.

111 Vgl. Tolstois Brief an W. G. Tschertkow (*PSS*, Bd. 88, S. 109–110) und

sein Tagebucheintrag vom 17. Juli 1898 (*PSS*, Bd. 53, S. 203 / dt.: Bd. 19, S. 347).

112 Im Juni 1898 hatte Tolstoi die Arbeit an der bereits 1890 begonnenen Novelle „Vater Sergius“ wieder aufgenommen, er arbeitete jedoch nicht daran weiter, als er nach Jasnaja Poljana zurückkehrte. Die Novelle wurde zu Lebzeiten Tolstois nicht veröffentlicht (*PSS*, Bd. 31 /dt.: Bd. 12).

113 Tolstoi beabsichtigte, drei Werke, die noch unvollendet waren und bearbeitet werden mußten, herauszubringen: „Vater Sergius“, „Der Teufel“ und „Auferstehung“. Schließlich beschränkte er sich jedoch auf „Auferstehung“, woran er bis Ende 1899 arbeitete.

114 Am 3. August waren die Duchoborzen P. W. Planidin und S. S. Postnikow nach Jasnaja Poljana gekommen; sie hatten keine Pässe und mußten sich deshalb vor den Behörden verstecken.

115 Der Aufsatz „Zwei Kriege“ (*PSS*, Bd. 31). Er wurde erstmals in England von W. G. Tschertkow veröffentlicht, in Nr. 1 der „Listki Svobodnogo slova“ von 1898.

116 Es handelt sich hierbei um Band 14 der neunten Ausgabe von Tolstois Werken, der noch 1898 erschien. Vgl. *TbST* vom 21. Juni.

117 Vgl. *TbST* vom 19. Dezember.

118 R. Löwenfeld, der am 1. und 2. Juli 1898 Jasnaja Poljana besucht hatte (vgl. Anmerkung 108), schickte S. A. Tolstaja seinen Artikel über diesen Besuch. Am 25. August 1898 schrieb er ihr, sie möge diesen Artikel bitte durchlesen und ausstreichen, was sie für nötig erachte *(GMT)*. Unter dem Titel „U grafa Tolstogo“ (Bei Graf Tolstoj) wurde der Artikel auf russisch in Nr. 244 der *B.ved.* vom 10. September 1898 veröffentlicht.

119 Anfang August 1898 wandte sich Tolstoi brieflich an reiche Moskauer (L. I. Brodski, W. A. Morosowa, S. T. Morosow, A. M. Sibirjakow, K. T. Soldatenkow) und bat sie, für die Übersiedelung der Duchoborzen Geld zu spenden (*PSS*, Bd. 71, S. 417–424).

120 Zu diesen Themen schrieb Tolstoi folgende Novellen: „Aufzeichnungen einer Mutter“, begonnen 1891 (*PSS*, Bd. 29 / dt.: Bd. 12); „Der gefälschte Kupon“, begonnen in den 80er Jahren (*PSS*, Bd. 36 / dt.: Bd. 13); „Nachgelassene Aufzeichnungen des Mönches Fjodor Kusmitsch“, verfaßt 1905 (*PSS*, Bd. 36 / dt.: Bd. 13). Alle Novellen blieben unvollendet.

121 Anläßlich des Aufrufs der russischen Regierung an die anderen Großmächte, in Den Haag eine Friedenskonferenz abzuhalten, schickte die New Yorker Zeitung „The Sunday World“ am 19. August 1898 Tolstoi ein Telegramm. Tolstoi antwortete zwischen dem 20. und 22. August (*PSS*, Bd. 71, S. 430).

122 Der Name des Deutschen ist nicht bekannt. Tolstoi notierte an diesem Tag in seinem Tagebuch: „Ein Bayer berichtete über das dortige Leben.

Er brüstete sich mit dem hohen Grad an Freiheit, dabei haben sie dort den obligatorischen und primitivsten katholischen Religionsunterricht. Das ist fürchterlichster Despotismus. Schlimmer als bei uns" (*PSS*, Bd. 53, S. 210 / dt.: Bd. 19, S. 351).

123 W. G. Tschertkow war Mitglied des Hilfskomitees für die Duchoborzen, das englische Quäker in London gegründet hatten. Auf Vorschlag von Tolstoi fuhren die Duchoborzen N. S. Sibarow und I. P. Obrossimow am 29. August 1898 zu Tschertkow nach England, um sich nach den Siedlungsbedingungen in Kanada und den Preis für die Überfahrt zu erkundigen.

124 Vgl. Tolstois Brief an die Duchoborzen vom 27. August 1898 (*PSS*, Bd. 71, S. 433–434). In diesem Brief versprach Tolstoi, sich dafür einzusetzen, daß die schon früher von ihm verfaßte Bittschrift dem Zaren ausgehändigt werde (vgl. *TbST* vom 2. April und Anmerkung 68).

125 In der ersten abgeschlossenen Fassung (1895) endet der Roman mit der Heirat von Nechljudow und Katjuscha und ihrer Abreise nach London (*PSS*, Bd. 33, S. 93–94).

126 Der Aufsatz „Hunger oder nicht?" war in Nr. 4 und 5 der Zeitung „Rus"' vom 2. und 3. Juli 1898 erschienen, worauf der Innenminister der Redaktion eine erste Verwarnung erteilte.

127 Vgl. *TbST* vom 24. August.

128 Brief von S. I. Tanejew vom 27. August 1898 *(GMT)*.

129 Tolstoi gab seinem Sohn eine detaillierte Liste von Aufträgen für W. G. Tschertkow (*PSS*, Bd. 88, S. 120–121). Außerdem sollte S. L. Tolstoi klären, wieviel Geld für die Publikation von „Auferstehung" in Übersetzungen zu erwarten wäre (*PSS*, Bd. 71, S. 439).

130 Vgl. *TbST* vom 19. September 1891.

131 Zu den weiteren Verhandlungen mit A. F. Marx vgl. *TbST* vom 6. Oktober und Anmerkung 140.

132 *Moltschalin* – Gestalt des beschränkten, kriecherischen Sekretärs aus Gribojedows satirischer Komödie „Verstand schafft Leiden" (Anm. d. Übers.).

133 D. Je. Troizki.

134 Tolstoi hatte „Auferstehung" am 6. und 7. August 1895 in Jasnaja Poljana Verwandten und Gästen vorgelesen.

135 Brief von M. N. Tolstaja vom 17. September 1898 *(GMT)*.

136 Vgl. *TbST* vom 8. Januar 1899.

137 Da Tolstoi keine Erlaubnis erhalten hatte, das Gefängnis in Tula zu besichtigen, fuhr er nach Orjol; aufgrund der Fürsprache von M. A. Stachowitsch konnte er das dortige Gefängnis besuchen (*Gusev*, S. 88).

138 Wahrscheinlich der Redakteur der Pariser Wochenzeitschrift „Le Monde Illustré" mit seiner Frau. Tolstoi beriet sich mit ihnen, wie man die Publikation von „Auferstehung" in französischer Übersetzung vorfi-

nanzieren könne (vgl. Tolstois Brief an W. G. Tschertkow in *PSS*, Bd. 88, S. 130).

139 L. O. Pasternak hielt sich einige Tage in Jasnaja Poljana auf. Wie er später in seinen Erinnerungen schrieb, wollte er „nicht einfach Illustrationen zu bestimmten Stellen schaffen", sondern „das russische Leben künstlerisch, stark und lebendig wiedergeben, wie das auch Tolstoi in seinen Porträts von den verschiedenen Schichten der russischen Gesellschaft tat." In: L. O. Pasternak: „Zapisi raznych let" (Aufzeichnungen aus verschiedenen Jahren), Moskau 1975, S. 194. Der Roman wurde 1899 in der französischen Zeitung „Echo de Paris" publiziert.

140 Im Auftrag von A. F. Marx war Ju. O. Grjunberg nach Jasnaja Poljana gekommen. Der endgültige Vertragsabschluß wurde auf Tolstois Bitte aufgeschoben. Am 12. Oktober 1898 schrieb er an A. F. Marx, er sei einverstanden, den Roman für „Niwa" zur Verfügung zu stellen, und zwar zu einem Honorar von 1000 Rubel pro Druckbogen und einem Vorschuß von 12 000 Rubel, nicht 20 000, was er zunächst verlangt hatte (*PSS*, Bd. 71, S. 466–467).

141 Die Erzählung war veröffentlicht in der Zeitschrift „Russkaja mysl'", 1898, Heft VIII.

142 Brief vom 19. Oktober 1898 (*PSS*, Bd. 84, S. 329).

143 Brief vom 21. Oktober 1898 (*PST*, S. 711–712).

144 Undatierter Brief von L. L. Tolstoi aus Jasnaja Poljana *(GMT)*. Tolstoi arbeitete an „Auferstehung".

145 S. L. Tolstoi suchte die Mutter zu überreden, auf die Honorare für Tolstois Werke, die vor 1881 verfaßt wurden, zu verzichten und ihre honorarfreie Publikation zu gestatten. Zu Tolstois Verzicht auf das Urheberrecht vgl. *TbST* vom 19. September 1891.

146 P. A. Sergeenko: „Daisy", Moskau 1899.

147 S. Maksimov: „Sibir' i katorga" (Sibirien und die Zwangsarbeit), 3 Bde., Sankt Petersburg 1891 (*JaPb* – Teil 1 und 3).

148 Brief von M. L. Obolenskaja vom 29. Oktober 1898 *(GMT)*; Brief von Tolstoi vom 30. Oktober 1898 (*PSS*, Bd. 84, S. 330–331).

149 Den Auszug aus der unvollendeten Novelle „Geschichte einer Mutter" (*PSS*, Bd. 29, S. 251–259 / dt.: Bd. 12, S. 505–518 – unter dem Titel „Die Mutter") hatte T. L. Tolstaja geschickt. Am 3. November 1898 schrieb sie: „Liebe Mamà, ... wir haben einen ganzen Abend lang den Auszug abgeschrieben, den ich Euch für den ‚Tolstoi-Abend' schicke. ... Papá bittet, Wladimir Nemirowitsch-Dantschenko den Text vorlesen zu lassen – Papá hat einmal gehört, wie er liest, und es hat ihm gefallen" *(GMT)*. W. I. Nemirowitsch-Dantschenko trug den Text am 19. Dezember im Korsch-Theater vor.

150 S. I. Tanejew: „Voller Unrast schlägt das Herz" – Romanze nach einem Gedicht von N. A. Nekrassow.

151 Brief vom 2. November 1898 (*PSS*, Bd. 84, S. 333–334).

152 Das Stück wurde im Moskauer Künstlertheater gegeben.

153 D. A. Chomjakov: „Graf L. N. Tolstoj. Predislovie k rasskazam Mopassana“ (Graf L. N. Tolstoj. Das Vorwort zu Maupassants Erzählungen). In: „Russkij archiv“, 1898, Nr. 11.

154 „Ostrov Sachalin“ (Die Insel Sachalin). In: „Russkaja mysl'“, 1893, Nr. 10–12; 1894, Nr. 2–7.

155 Direktor des Katkowschen Lyzeums war L. A. Georgijewski.

156 Hierbei handelt es sich um Tolstois „Einleitung zur Geschichte einer Mutter“. Vgl. *TbST* vom 6. November und Anmerkung 149. Vgl. ausführlich: I. A. Pokrovskaja: „Sud'ba dvuch proizvedenij“ (Das Schicksal von zwei Werken). In: „Oktjabr"‘, 1978, Nr. 2.

157 Vgl. *TbST* vom 17. Februar und Anmerkung 45.

158 Brief vom 17. November 1898 (*PSS*, Bd. 84, S. 334–335).

159 Brief vom 18. November 1898 (*PSS*, Bd. 84, S. 335–336).

160 Brief vom 19. November 1898 (*PST*,, S. 717–718).

161 Am 25. November 1898 fand in der Moskauer privaten russischen Oper die Premiere von N. A. Rimski-Korsakows Oper „Mozart und Salieri“ statt. Die Partie des Salieri sang F. I. Schaljapin. Am gleichen Abend wurde Ch. W. Glucks Oper „Orfeo ed Euridice“ gegeben.

162 Brief vom 25. November 1898 (*PSS*, Bd. 84, S. 337).

163 Brief von S. A. Tolstaja an T. L. Tolstaja vom 23. November 1898 *(GMT)*.

164 S. I. Tanejew: „Von Land zu Land, von Stadt zu Stadt ...“. Doppelchor für gemischte Stimmen, nach einem Gedicht von F. I. Tjutschew (1899).

165 Korrespondenzkarte vom 27. November 1898 (*PSS*, Bd. 84, S. 338).

166 Telegramm Tolstois vom 1. Dezember 1898 an S. N. Tolstaja (*PSS*, Bd. 71, S. 496).

167 Brief vom 1. Dezember 1898 (*PSS*, Bd. 84, S. 338–339).

168 Im Auftrag von S. L. Tolstoi kam D. Tschernow angereist. In einem Brief an S. L. Tolstoi vom 5. Dezember 1898 legte Tolstoi seine Argumente gegen eine Übersiedelung nach Arkansas dar (*PSS*, Bd. 71, S. 498–499).

169 Vgl. *TbST* vom 29. April.

170 Dieser Satz wurde später hinzugefügt. – Je. K. Gurjelis Verwundung war nicht tödlich. Sie starb im Jahre 1900.

171 Tolstoi hatte das Buch im November 1898 von E. Crosby geschickt bekommen. Später wurde es auf Tolstois Initiative ins Russische übersetzt und herausgebracht (im Verlag „Posrednik“, Moskau 1902; die russische Ausgabe trug den Untertitel „Bericht des englischen Offiziers Fielding über sein Leben in Birma“).

172 Brief und Telegramm von S. L. Tolstoi sind nicht bekannt. Vgl. ausführlich: L. A. Suleržickij: „V Ameriku s duchoborami“ (Mit den

Duchoborzen nach Amerika), Moskau 1905 (Verlag „Posrednik“); *S. L. Tolstoj*, S. 184–203.

1899

1 Brief an S. L. Tolstoi vom 5. Januar 1899 *(GMT)*.

2 M. O. Men'šikov: „Načalo žizni. Deti“ (Beginn des Lebens. Die Kinder). In: „Knižki Nedeli“, 1898, Nr. 12.

3 A. L. Tolstoi heiratete O. K. Diterichs. Am 12. Januar 1899 schrieb Tolstoi über die beiden an A. K. und W. G. Tschertkow: „Das junge Paar habe ich am Tag der Hochzeit gesehen. Gott gebe ihnen eine Aufgabe. Sie sind lieb, besonders Olga“ (*PSS*, Bd. 88, S. 150).

4 H. Sudermann: „Das Glück im Winkel“, russ. Übersetzung von I. Vladimirov, Moskau 1898.

5 Zehn Briefe Tolstois vom 12. Januar sind bekannt (*PSS*, Bd. 72, S. 17–34 / dt.: Bd. 88, S. 149–150). In diesen Januartagen arbeitete Tolstoi außerdem an seinem Antwortschreiben auf den Brief von M. P. Schalaginow vom 18. Dezember 1898, in dem dieser ihn gefragt hatte, ob Christentum und Krieg vereinbar seien (*PSS*, Bd. 72, S. 37–42). Die letzte Fassung dieses Schreibens wurde als Aufsatz unter dem Titel „Brief an einen Feldwebel“ veröffentlicht (*PSS*, Bd. 90). Darüberhinaus befaßte sich Tolstoi auch mit seinem Antwortbrief an eine Gruppe schwedischer Intellektueller (*PSS*, Bd. 72, S. 9–17), dessen letzte Fassung als Aufsatz unter dem Titel „Aus Anlaß des Friedenskongresses. Brief an Schweden“ veröffentlicht wurde (*PSS*, Bd. 90, S. 60–66).

6 A. P. Čechov: „Dušečka“ (Herzchen), in: „Sem'ja“, 1899, Nr. 1. Nach der Lektüre der Erzählung sagte Tolstoi: „Das ist ein Juwel, ein echtes Juwel der Kunst“; vgl.: P. A. Sergeenko: „Tolstoj i ego sovremenniki“ (Tolstoj und seine Zeitgenossen), Moskau 1911, S. 227--228. Die Erzählung wurde in Tolstois Bearbeitung (*PSS*, Bd. 42, S. 610) und mit seinem Vorwort in die „Lesefrüchte“ aufgenommen (*PSS*, Bd. 41). Bei der zweiten Erzählung handelt es sich um „Po delam služby“ (Auf der Dienstreise), in: „Knižki Nedeli“, 1899, Nr. 1.

7 M. Ja. Shanks und N. A. Ienken.

8 „Wir sprachen über meinen Aufenthalt in der Einsiedelei“, notierte S. I. Tanejew am 15. Januar in seinem Tagebuch (Manuskript, Tschaikowski-Haus). S. I. Tanejew zog sich zum Arbeiten häufig in eine Einsiedelei des Troize-Sergijew-Klosters unweit Moskaus zurück.

9 N. N. Mjassojedow; vgl. *DST*, II, S. 273.

10 Tolstoi hatte I. M. Winogradow, Aufseher im Moskauer Durchgangsgefängnis Butyrka, zu sich gebeten, damit er die Korrekturfahnen von „Auferstehung“ durchsah. Tolstoi notierte seine Anmerkungen (*PSS*, Bd. 33, S. 322–323, Nr. 2) und benützte sie bei der weiteren Arbeit am

Roman. Vgl. außerdem: I. M. Vinogradov: „K istorii sozdanija ‚Voskresenija'" (Zur Entstehungsgeschichte von „Auferstehung"), in: „Tolstoj i o Tolstym" (Tolstoj und über Tolstoj), 3. Folge, Moskau 1927, S. 48–53.

11 Die XVIII. Gemäldeausstellung der Moskauer Gesellschaft der Kunstfreunde.

12 Die belgische Kunstausstellung war am 10. Januar 1899 in der Stroganow-Schule in Moskau eröffnet worden.

13 Brief von A. L. und O. K. Tolstoi an S. A. Tolstaja vom 19. Januar 1899 *(GMT)*.

14 „Die Möwe" von A. P. Tschechow wurde im Moskauer Künstlertheater gegeben.

15 Am 27. Januar 1899 schickte S. A. Tolstaja den Text der Bibelzitate mit einem Brief an A. F. Marx. Vgl.: „Sbornik Puškinskogo Doma na 1923 god" (Jahrbuch des Puškin-Hauses für 1923), Petrograd 1922, S. 305.

16 Während der Arbeit an „Auferstehung" wandte sich Tolstoi mehrfach um Auskunft an seinen Bekannten, den Rechtsanwalt Maklakow. Vgl.: „Zapisi P. A. Sergeenko" (Die Aufzeichnungen von P. A. Sergeenko), in: *LN*, Bd. 37/38, S. 539; außerdem W. A. Maklakows Brief an Tolstoi vom 15. September 1898, in: „Golos minuvšego", 1918, Nr. 4–6, S. 295.

17 S. L. Tolstois Romanze „Wir trafen uns wieder ..." nach einem Gedicht von A. A. Fet; L. N. Tolstoi fand sie „von Herzen kommend" (*S. L. Tolstoj*, S. 416).

18 Vgl. Tolstois Brief an K. T. Soldatenkow vom 5. August 1898 (*PSS*, Bd. 71, S. 423–424).

19 Die Kapitel XVII–XX des Traktats „Was sollen wir denn tun" (*PSS*, Bd. 25, S. 247–281 / dt.: Bd. 15, S. 253–297) wurden unter dem Titel „Den'gi" (Geld) gesondert veröffentlicht (Genf 1890).

20 Brief an P. I. Tschaikowski vom 19.–21. Dezember 1876 (*PSS*, Bd. 62, S. 297 / dt.: Bd. 16, S. 497–498).

21 „Hunger oder nicht?"; vgl. *TbST* vom 29. April 1898 und Anmerkung 83.

22 Die Erste sinfonische Versammlung der Russischen musikalischen Gesellschaft (Moskauer Sektion) hatte am 22. November 1860 stattgefunden; Dirigent: N. G. Rubinstein.

23 Vgl. Tolstois Brief an S. T. Morosow vom 5. August 1898 (*PSS*, Bd. 71, S. 420–421).

24 Vgl. *TbST* vom 7.–21. Februar.

25 Wahrscheinlich las S. A. Tolstaja die Erinnerungen im Manuskript; sie wurden erst später veröffentlicht (im Verlag „Posrednik"): V. Mikulič: „Vstreča so znamenitost'ju" (Begegnung mit einer Berühmtheit), Moskau 1903.

26 „Izobraženija iz sv. Evangelija i Psaltyrja v svobodnych podražanijach drevnejšim istočnikam" (Abbildungen zum hl. Evangelium und den Psalmen, alten Quellen frei nachempfunden), Sankt Petersburg 1884.

27 S. A. Tolstaja war am 8. Februar 1899 nach Kiew gefahren. Auf ihren Brief vom 9. Februar, in dem sie mitteilte, T. A. Kusminskajas Zustand sei beinahe hoffnungslos, antwortete Tolstoi am 11./12. Februar: „Ich weiß, daß wir alle sterben, daß der Tod nichts Schlimmes ist, aber es tut weh. Ich liebe sie sehr" (*PST*, S. 723–724; *PSS*, Bd. 84, S. 340).

28 Der Musikabend im Hause Tolstoi hatte am 7. Februar 1899 stattgefunden. „Wie gewöhnlich nahm Lew Nikolajewitsch an den Musikern lebhaften Anteil"; vgl.: „Dnevnik V. F. Lazurskogo" (Das Tagebuch von V. F. Lazurskij), in: *LN*, Bd. 37/38, S. 496.

29 Brief von S. L. Tolstoi an S. A. Tolstaja vom 26. Januar/7. Februar 1899 *(GMT)*.

30 Edouard *Sinet* – ein Maler, der aus religiösen Gründen den Kriegsdienst verweigert hatte. In den Jahren 1899–1900 stand er mit Tolstoi in Briefwechsel. „Es gibt einen interessanten und regen Franzosen, Sinet. Der erste religiöse Franzose", notierte Tolstoi am 21. Februar 1899 in seinem Tagebuch (*PSS*, Bd. 53, S. 210 / dt.: Bd. 19, S. 362).

31 P. P. Trubezkoi modellierte Tolstoi mehrfach hoch zu Roß. Im *GMT* wird eine Bronzeskulptur von Trubezkoi (1904) und eine Büste aufbewahrt (Gips, bronzefarben getönt, 1900), die S. A. Tolstaja für die beste von Trubezkois Porträtskulpturen hielt (*Moja žizn'*, 1899).

32 Tolstoi erwähnt in dem Brief an A. S. Prugawin vom 10. März 1899 nur Ju. M. Komarowa, die auch später noch im Gouvernement Samara in der Hungerhilfe tätig war (*PSS*, Bd. 72, S. 91).

33 Tolstoi hatte in seinen Briefen vom 2. und 9. März 1899 W. G. Tschertkow die Entsendung der Gelder mitgeteilt (*PSS*, Bd. 88, S. 159 und 160–161). Der Teil der Duchoborzen, der schon früher nach Zypern übersiedelt war, begab sich im Mai 1899 ebenfalls nach Kanada.

34 S. L. Tolstoi war am 4. April 1899 nach Moskau zurückgekehrt.

35 Offenbar handelte es sich dabei um den Brief, den Tolstoi im Schreiben an seine Frau vom 19. Mai 1899 erwähnt (*PSS*, Bd. 84, S. 285–288). Vgl. außerdem Tolstois Tagebuch vom 16.–17. Mai 1899 (*PSS*, Bd. 53, S. 145–147).

36 Brief von T. L. Suchotina an S. A. Tolstaja vom Oktober 1899 *(GMT)*.

37 Die Aquarellzeichnungen „Der Leinwandmesser in der Jugend" und „Der Leinwandmesser im Alter" (1887) hatte der Maler N. Je. Swertschkow Tolstoi geschenkt *(GMT)*. Über den Verbleib von S. A. Tolstajas Kopien ist nichts bekannt.

38 „Ein Lied ohne Worte"; vgl. Anmerkung 48 zu *TbST*, 1897.

1 An dem Drama „Der lebende Leichnam“ (ursprünglicher Titel: „Der Leichnam“) arbeitete Tolstoi von Ende Januar bis November 1900. Das Drama blieb unvollendet und wurde zu Lebzeiten Tolstois nicht veröffentlicht (*PSS*, Bd. 34 / dt.: Bd. 10).

2 P. A. Boulanger trug sich mit dem Projekt, eine illustrierte Wochenzeitschrift literarisch-politischen und wissenschaftlichen Inhalts herauszubringen. Als die Oberste Behörde für das Pressewesen erfuhr, daß Tolstoi sich daran beteiligen sollte, wurde die Zeitschrift nicht zugelassen. Vgl.: „Sud'ba eženedel'nika ‚Utro'“ (Das Schicksal der Wochenzeitschrift „Utro“). In: „Golos minuvšego“, 1910, Nr. 4–6, S. 300–303.

3 Die Oper „Das Haus aus Eis“ von A. N. Koreschtschenko (Libretto: M. I. Tschaikowski, nach dem Roman von I. I. Laschetschnikow) wurde 1900 im Bolschoi Theater inszeniert.

4 Vgl. A. B. Gol'denvejzer: „Vblizi Tolstogo“ (In Tolstojs Nähe), Moskau 1959, S. 77–78 (Aufzeichnung vom 9. November 1900).

5 Vgl. *TbST* vom 16. Oktober 1891 und Anmerkung 106.

6 Vom Januar 1900 bis Februar 1902 war S. A. Tolstaja Kuratorin einer Bewahranstalt für obdachlose Kinder.

7 Vgl. A. B. Gol'denvejzer: „Vblizi Tolstogo“, a.a.O., S. 78 (Aufzeichnung vom 10. November 1900).

8 Eine Anspielung auf die biblische Martha, die in den Sorgen des Alltagsleben aufging (Lukas 10,40–42).

9 Im Tagebucheintrag vom 12. November 1900 legte Tolstoi seine Auffassung von Konfuzius' „Unterweisung der Mitte“ dar (*PSS*, Bd. 53, S. 57–62).

10 Am 19. November 1900 erhielt Tolstoi Besuch von dem Holländer Engelenberg, der auf der Insel Java einen Verwaltungsposten bekleidete, und dessen Freund (sein Name konnte nicht festgestellt werden). Am 5. Dezember waren sie noch einmal bei Tolstoi. „Engelenberg habe ich sehr liebgewonnen“, schrieb Tolstoi am 6. Dezember 1900 an P. I. Birjukow (*PSS*, Bd. 72, S. 509). Zu Engelenberg und seiner Begegnung mit Tolstoi vgl. ausführlich: *PSS*, Bd. 72, S. 507.

11 S. I. Tanejew: Zwei Chöre a capella für vier gemischte Stimmen. Nr. 1: „Sterne“ („Zu mitternächtlicher Stunde“), nach einem Gedicht von A. S. Chomjakow. Nr. 2.: „Die Alpen“ („Durch das azurblaue Dunkel der Nacht“), nach einem Gedicht von F. I. Tjutschew.

12 Wahrscheinlich handelte es sich um einen Musikabend in der psychiatrischen Klinik von Professor S. S. Korsakow.

13 Die Kinderbewahranstalt, deren Kuratorin S. A. Tolstaja war, finanzierte sich aus wohltätigen Spenden. S. A. Tolstaja wollte einen Literatur- und Musikabend zugunsten der Anstalt organisieren. Vgl. *TbST* vom 26. März 1901.

14 Am 27. November 1900 hatte Tolstoi das Manuskript des Aufsatzes „Stimme eines Bauern“ von M. P. Nowikow gelesen; in seinem Tagebuch notierte er: „... bin sehr beeindruckt: ich erinnerte mich an das, was ich vergessen hatte: an das Leben des Volkes – seine Not und Erniedrigung und unsere Schuld“ (*PSS*, Bd. 54, S. 65 / dt.: Bd. 19, S. 393). Der Aufsatz wurde im Ausland (im Verlag „Svobodnoe slovo“) anonym publiziert: „Golos krest'janina“ (Stimme eines Bauern), Nr. 86, 1904.

15 Von 1900 bis 1908 war S. L. Tolstoi Stadtverordneter bei der Moskauer städtischen Duma.

16 Vgl. *TbST* vom 20. November und Anmerkung 9.

17 A. M. Bodjanski, der zusammen mit den Duchoborzen in Kanada lebte, hatte Tolstoi in einem Brief mitgeteilt, einige Duchoborzen-Frauen wollten nach Rußland ins Gebiet von Jakutsk zurückkehren. Am 7. Dezember wandte sich Tolstoi an Nikolai II. mit der Bitte, dies zu gestatten. Seinem Brief legte er das Schreiben von A. M. Bodjanski bei (*PSS*, Bd. 72, S. 514–520). Vgl. außerdem Tolstois Tagebucheintragungen vom 8. und 15. Dezember (*PSS*, Bd. 54, S. 69 und 71 / dt.: Bd. 19, S. 393 und 394) und sein Brief an A. M. Bodjanski vom 6. Dezember (*PSS*, Bd. 72, S. 510).

18 Entspricht etwa 71 kg (Anm. d. Übers.).

19 Tolstoi hatte einen Text aus seiner unvollendeten Erzählung „Wer hat recht?“ vorgeschlagen (*PSS*, Bd. 29, S. 264–277 / dt.: Bd. 12, S. 519–542). Vgl. *TbST* vom 26. März 1901.

1901

1 Brief von L. L. Tolstoi an S. A. Tolstaja vom 24. Dezember 1900 *(GMT)*.

2 Brief von T. L. Suchotina in Kotschety an S. A. Tolstaja in Jasnaja Poljana vom 27. Dezember 1900 *(GMT)*.

3 N. N. Tschernogubow war mit dem „Sammeln und Bearbeiten von Materialien für die Biographie“ von A. A. Fet beschäftigt. In einem Brief an S. A. Tolstaja vom 7. Juni 1900 hatte er um die Erlaubnis gebeten, in Fets Briefe an L. N. und S. A. Tolstoi Einsicht zu nehmen *(GMT)*. Vgl. *TbST* vom 6. Juni.

4 Brief vom 8. Januar 1901. In: Lev Tolstoj i V. V. Stasov: „Perepiska. 1878–1906“ (Briefwechsel). Leningrad 1929, S. 256.

5 S. A. Tolstaja hat hier versehentlich die Titel von zwei Komödien zusammengezogen: „Die verseuchte Familie“ (1863–1864) und „Der Nihilist“ (1866). Offensichtlich hatte sie aus dem Rumjanzew-Museum die erste erhaltene Fassung der Komödie „Der Nihilist“ geholt, auf deren Umschlag in S. A. Tolstajas Handschrift steht: „Fortsetzung der Komödie [Der Nihilist]. ‚Die verseuchte Familie‘“. Vgl.: „Opisanie rukopisej

chudožestvennych proizvedenij L. N. Tolstogo" (Beschreibung der Handschriften von L. N. Tolstojs schöngeistigen Werken), Nr. 1, Moskau 1955, S. 92.

6 V. M. Doroševič: „Za den"' (Im Laufe eines Tages). In: „Rossija", Nr. 608, 4. Januar 1901.

7 Nach den Erinnerungen von T. L. Suchotina sah Tolstoi sich das Stück von E. Labiche im Maly Theater an. „In der Pause begegnete er im Foyer einem Professor, den er kannte ... ,Auch Sie sind hier und schauen sich diesen Unsinn an, Lew Nikolajewitsch', sagte dieser. ,Es war stets mein Traum, etwas Derartiges zu schreiben', erwiderte der Vater, ,aber ich hatte nicht genügend Talent dazu.'" (*T. L. Suchotina*, S. 441).

8 Die XX. Ausstellung der Moskauer Gesellschaft der Kunstfreunde.

9 Nach dem Zeugnis von W. F. Lasurski fand Tolstoi das Panorama von Jan Styka „interessant, wenngleich die Gesichter darauf zu banal sind". Vgl.: „Dnevnik V. F. Lazurskogo" (Das Tagebuch von V. F. Lazurskij), in: *LN*, Bd. 37/38, S. 501.

10 Der für das Benefizkonzert ausgewählte Text aus Tolstois Novelle wurde vorher der Zensur vorgelegt, denn die Obrigkeit befürchtete – wie S. A. Tolstaja schreibt – einen aufsehenerregenden Erfolg: „Der Polizeichef Trepow fragte bei mir an, ob ich denn auch das Publikum wieder zur Ruhe bringen könne, wenn es zu Lärm und Unruhen komme" (*Moja žizn'*, 1901). Vgl. *TbST* vom 26. März.

11 Brief von S. A. Tolstaja vom 7. Dezember 1864 (*PST*, S. 49–51).

12 Brief von S. A. Tolstaja vom 21. Januar 1901. In: Lev Tolstoj i V. V. Stasov: „Perepiska", a.a.O., S. 257–258.

13 Brief von M. L. Obolenskaja an Tolstoi vom 26. Januar 1901 *(GMT)*. Zu Tolstois Briefen an sie vom Ende Januar und 15. Februar vgl. *PSS*, Bd. 73, S. 30 und 35. Vgl. außerdem *TbST* vom 12. Februar.

14 Vgl. *TbST* vom 30. November 1900 und Anmerkung 14.

15 Vgl. *TbST* vom 26. März.

16 I. I. Janschul hatte Tolstoi am 10. Februar besucht. Am nächsten Tag vermerkte Tolstoi in seinem Tagebuch: „Ich fragte ihn, was er über den Tod denke, ob er Vernichtung bedeute oder nicht. Er begriff nicht" (*PSS*, Bd. 54, S. 89). Vgl. außerdem: I. I. Janžul: „Strach smerti (razgovor s L. N. Tolstym)" (Die Furcht vor dem Tode. Ein Gespräch mit L. N. Tolstoj). In: „Russkaja starina", 1910, Nr. 12, S. XV–XVI.

17 G. Ohnet: „La Ténébreuse", Paris 1901 *(JaPb)*.

18 Am 24. Februar 1901 wurde in Nr. 8 der „Cerkovnye vedomosti" der Beschluß des heiligen Synods vom 20.–22. Februar veröffentlicht, in dem es über Tolstoi hieß: „Die Kirche zählt ihn nicht zu ihren Mitgliedern und kann dies auch nicht tun, solange er keine Reue zeigt und nicht in ihre Gemeinschaft zurückkehrt." Am 25. Februar stand dieses Dokument in den Zeitungen. Dies war Tolstois offizielle Exkommunizierung. Im Tagebuch ist ein Zeitungsausschnitt eingeklebt.

19 Am 26. Februar 1901 schickte S.A. Tolstaja einen Brief an K. P. Pobedonoszew, Ober-Prokurator beim Synod, und an die Metropoliten, welche den Beschluß unterzeichnet hatten. Als Tolstoi vom Inhalt des Briefes erfuhr, sagte er: „Über diese Frage sind so viele Bücher geschrieben worden, daß dieses Haus sie nicht fassen könnte, und du möchtest sie mit deinem Brief belehren" (*Moja žizn'*, 1901). S. A. Tolstajas Brief wurde am 24. März 1901 im Anhang zu Nr. 17 des inoffiziellen Teils der „Cerkovnye vedomosti" abgedruckt, dazu das Antwortschreiben des Metropoliten Antoni vom 16. März 1901. S. A. Tolstaja hat in ihrem Tagebuch einen Zeitungsausschnitt mit dieser Veröffentlichung und eigenen Randbemerkungen eingeklebt. Sie hatte geschrieben: „... Mein Kummer und meine Entrüstung kennen keine Grenzen. Nicht etwa im Hinblick darauf, daß mein Mann durch dieses Papier geistig zugrundegehen könnte: dies ist nicht der Menschen, sondern Gottes Sache. Niemand außer Gott weiß, was in eines Menschen Seele in religiöser Hinsicht vor sich geht, und zum Glück ist sie auch niemandem untertan. Aber im Hinblick auf jene Kirche, der ich angehöre und von der ich auch niemals lassen werde, die von Christus geschaffen wurde, auf daß alle bedeutsamen Augenblicke des Menschenlebens – Geburten, Eheschließungen, Todesfälle, die menschlichen Freuden und Leiden – im Namen des Herrn gesegnet würden ... die laut und vernehmlich das Gesetz der Liebe und allseitigen Vergebung, Liebe zu den Feinden und zu denen, die uns hassen, verkünden soll und die für alle beten soll – im Hinblick darauf ist die Anordnung des Synods für mich unfaßlich. Sie wird unter den Menschen keine Sympathie wecken (höchstens bei den ‚Moskowskije wedomosti'), sondern Entrüstung, große Liebe und Mitgefühl für Lew Nikolajewitsch. Wir erhalten bereits derartige Bekundungen aus der ganzen Welt, und sie werden kein Ende nehmen."

20 183 Studenten der Kiewer Universität wurden zu den Soldaten einberufen, weil sie Anfang Januar 1901 an Studentenunruhen teilgenommen hatten. Daraufhin setzten sich in Petersburg und anderen Städten die Studenten für die Gemaßregelten ein. Am 25. Febraur fand in Moskau eine Arbeiter- und Studentendemonstration statt.

21 S. A. Tolstajas Brief wurde nur in ausländischen Zeitungen veröffentlicht. In Rußland fand er in hektographierter Form Verbreitung. Das Moskauer Zensur-Komitee hatte ein Zirkular ausgegeben, wonach es verboten war, Telegramme oder andere Dokumente zu drucken, die „Sympathie" für Tolstoi zum Ausdruck brächten.

22 Tolstois Aufruf „An den Zaren und seine Gehilfen" (*PSS*, Bd. 34 / dt.: Bd. 15) war eine Reaktion auf die Verfolgungsmaßnahmen der Regierung gegen die Teilnehmer der Studentenunruhen (vgl. Anmerkung 20). Tolstoi schickte ihn am 26. März 1901 mit einem Brief (*PSS*, Bd. 73, S. 55) an Nikolai II., außerdem an die Großfürsten und alle Minister.

23 Das Benefizkonzert fand am 17. März 1901 statt. Das Programm ist im Tagebuch eingeheftet.

24 Dieser Satz wurde später hinzugefügt.

25 Der Metropolit Antoni schrieb in seinem Brief vom 16. März 1901 an S. A. Tolstaja: „... Nicht das ist grausam, was der Synod tat, als er verkündete, Ihr Mann sei von der Kirche abgefallen, grausam ist vielmehr, was er sich selbst angetan hat, als er sich lossagte vom Glauben an Jesus Christus, den lebendigen Sohn Gottes, unseren Heiland und Erlöser. Dagegen hätte sich Ihr Kummer und Ihre Entrüstung schon seit langem wenden sollen. Und natürlich wird Ihr Mann nicht an einem Stück bedruckten Papieres zugrundegehen, sondern weil er sich vom Quell des ewigen Lebens abgewandt hat ... Sie erhalten Sympathiebezeugungen aus der ganzen Welt. Ohne darob verwundert zu sein, glaube ich allerdings, daß dies kein Anlaß für Genugtuung sein sollte. Denn es gibt die Ehre bei den Menschen, und es gibt die Ehre bei Gott ..." *(GMT)*.

26 Auf der XXIX. Ausstellung der Peredwischniki in Petersburg wurde I. Je. Repins Bild „Beim Gebet" (Tolstoi im Wald) gezeigt. Am 25. März schickten Ausstellungsbesucher Tolstoi ein Grußtelegramm mit 398 Unterschriften, einen Brief und 25 Rubel, die sie für die Armen gesammelt hatten. Das Telegramm erreichte Tolstoi nicht, denn es war verboten worden, ihm Sympathietelegramme auszuliefern. Im Brief an O. I. Iwanowa vom 20. April 1901 dankte Tolstoi allen für das Geld und ihre „freundlichen ... Gefühle" (*PSS*, Bd. 73, S. 61).

27 L. O. Pasternak hielt sich vom 2. bis 14. Juni 1901 in Jasnaja Poljana auf und fertigte eine Reihe von Skizzen für das Bild „Tolstoi in der Familie" an. Wie L. O. Pasternak in seinen Erinnerungen schrieb, war aus dem Pariser Palais du Luxembourg der Vorschlag gekommen, „fünf russische Maler sollten für das Museum je ein Bild aus dem russischen Leben malen. Ich entschied mich für Tolstoi im Familienkreis, als interessantestem russischen Sujet, und führte das Bild, bei künstlichem Abendlicht, in Pastell aus". In: L. O. Pasternak: „Zapisi raznych let" (Aufzeichnungen aus verschiedenen Jahren), Moskau 1975, S. 206. Das Bild befindet sich im Russischen Museum.

28 Vgl. *TbST* vom 6. Januar und Anmerkung 3.

29 Außer den erwähnten Arbeiten fertigte der Bildhauer N. L. Aronson während seines Aufenthalts noch zwei Bleistiftzeichnungen von Tolstoi und ungefähr achtzig Entwürfe an (fünf davon befinden sich im *GMT*). Die Büsten – von Tolstoi in Bronze, von S. A. Tolstaja in Gips – werden im *GMT* aufbewahrt.

30 Tolstoi schrieb A. L. Tolstoi später, am 22.–23. August, was er von ihm und seinem Lebenswandel hielt (*PSS*, Bd. 73, S. 129–131 / dt.: Bd. 17, S. 346–349).

31 Der letzte Satz steht zwischen den Zeilen und wurde wahrscheinlich später hinzugefügt.

32 Der Aufsatz „Das einzige Mittel" (*PSS*, Bd. 34).
33 In dieser Ausgabe des Evangeliums (Sankt Petersburg 1894) steht auf dem Titelblatt eine Bemerkung von S. A. Tolstaja: „Die Stellen, die Graf Lew Nikolajewitsch Tolstoi angestrichen hat, sieht er als die wichtigsten des Evangeliums an. Gräfin S. Tolstaja" *(GMT)*.
34 Der Aufsatz „Das einzige Mittel".
35 Brief von Königin Elisabeth (Pseudonym: Carmen Sylva) vom 16./29. Juli *(GMT)*. Am 28. Juli/10. August dankte Tolstoi Königin Elisabeth für den Brief und teilte ihr mit, er habe die Sendung mit ihrem Buch nicht erhalten (*PSS*, Bd. 73, S. 106–107). In *JaPb* ist es nicht vorhanden.
36 Brief von T. L. Suchotina an S. A. Tolstaja vom 19. Juli 1901 *(GMT)*.
37 Im *GMT* wird nur der Brief an S. L. Tolstoi vom 1. Dezember 1901 aufbewahrt.
38 Brief an S. A. Tolstaja vom 3. Dezember 1901 *(GMT)*.
39 Doktor Dušan Makovický war zweimal in Jasnaja Poljana zu Besuch gewesen: 1894 und 1897.
40 A. M. Gorki hielt sich in Oleis auf, ca. 2 km von Gaspra entfernt. Zwischen dem 23. und 30. Dezember teilte er K. P. Pjatnizki mit: „... Tolstoi war bei mir ... Er ließ sich sehr lobend über Leonid [Andrejew] und den ersten Teil meiner ‚Drei Menschen' aus, über den zweiten sagte er jedoch, das sei ‚böser, grausamer Anarchismus'". In: M. Gor'kij: „Sobr.soč. v 30-ti tomach" (Ges. Werke in 30 Bänden), Bd. 28, Moskau 1954, S. 210

1902

1 Brief von S.N. Tolstaja vom 10. Dezember 1901 und Brief von A. W. Tolstaja (geb. Glebowa) vom 19. Dezember 1901 *(GMT)*.
2 I. Madzini (d. i. Giuseppe Mazzini): „Ob objazannostjach čeloveka" (I doveri dell'uomo), Moskau 1902 *(JaPb)*. Tolstoi hielt dies für ein „großartiges Buch" (*PSS*, Bd. 54, S. 118 / dt.: Bd. 20, S. 7). Vgl. außerdem Tolstois Brief an Mazzinis Sohn Luciano Mazzini vom 7./20. März 1905 (*PSS*, Bd. 75, S. 233).
3 L. L. Tolstoj: „Poiski i primirenie" (Suche und Versöhnung). In: „Ežemesjačnye sočinenija", 1902, Nr. 1–12 (Redakteur der Zeitschrift war I. I. Jassinski). Anhänger Tolstois hatten als Vorbilder für verschiedene negative Figuren des Romans gedient, womöglich war S. A. Tolstaja deshalb in Sorge. Vgl. *TbSt* vom 10. Februar.
4 Tolstoi hatte den Brief an Nikolai II., in dem er den Zaren über die schwere Lage des Volkes aufklärte und ihm sagte, die „himmelschreiende und augenfällige Ungerechtigkeit" des Grundeigentums müsse beseitigt werden, am 26. Dezember 1901 begonnen. Am 16. Januar 1902 schloß er ihn ab (*PSS*, Bd. 73, S. 184–191 / dt.: Bd. 17, S. 356–364). Tolstoi bat den

Großfürsten Nikolai Michailowitsch, dem Zaren diesen Brief zu übergeben. Als er die Zustimmung des Großfürsten erhielt, schickte er diesem den Brief an den Zaren unversiegelt, damit Nikolai Michailowitsch den Brief lesen und „noch einmal entscheiden" könne, ob ihm die Übergabe des Briefes „genehm" sei (Begleitbrief vom 16. Januar, *PSS*, Bd. 73, S. 183–184). Der Großfürst erfüllte Tolstois Bitte. Vgl. Tolstois Brief an ihn vom 15. April 1902 (*PSS*, Bd. 73, S. 228–230).

5 A. P. Tschechow, der in Jalta lebte und Tolstoi gleich nach seiner Ankunft auf der Krim das erste Mal besucht hatte, traf sich mehrfach mit ihm.

6 Satire über die Zarenfamilie von A. V. Amfiteatrov: „Gospoda Obmanovy" (Die Herren Betrüger). In: „Rossija", Nr. 974, 12. Januar 1902. Der Autor wurde nach Minussinsk verbannt, die Zeitung verboten.

7 Brief von S. I. Tanejew vom 18. Januar 1902 (*GMT*).

8 In der Glosse von V. P. Burenin: „Kritičeskie očerki. Razgovor s razočarovannym. Razgovor tretij" (Kritische Skizzen. Gespräch mit einem Enttäuschten. Drittes Gespräch), in: *N.vr.*, Nr. 9294 vom 18. Januar 1902, hatte Tolstoi folgenden Vierzeiler aus einem Volkslied gelesen:

Väterchen hat schon zu ächzen begonnen,
Väterchen hat schon zu husten begonnen,
Nächstens schon muß es das Leintuch wohl nehmen,
Das Leintuch, und muß sich ins Grab hineinlegen.

Am 23. Januar 1902 hielt Tolstoi diese „herrlichen Verse" in seinem Tagebuch fest und bemerkte dazu: „Wie wundervoll ist die Sprache des Volkes. Bildhaft, rührend und ernst" (*PSS*, Bd. 54, S. 119–120 / dt.: Bd. 20, S. 7).

9 Vgl. Anmerkung 4.

10 In Tolstois Tagebuch steht, in der Handschrift von M. L. Obolenskaja: „Altersweisheiten steigen im Wert wie Brillanten – je nach Karat: das Wichtigste kommt zuletzt, vor dem Tod. Man muß um ihren Wert wissen und sie zum Nutzen der Menschen aussprechen" (*PSS*, Bd. 54, S. 120–121).

11 Tolstoi führte die Arbeit an seinem Aufsatz „Über Glaubenstoleranz" weiter.

12 Über den Tod von A. W. Olsufjew, einem Bekannten der Familie Tolstoi, der am 9. September 1901 an Zuckerkrankheit gestorben war, schrieb Tolstoi seinem Bruder S. N. Tolstoi am 6. November 1901: „... morgens war er noch auf, 10 Minuten vor dem Tod begann er zu sprechen, er wußte, daß er starb, verabschiedete sich von allen, gab den Kindern Ratschläge und sagte eins ums andere Mal: ich hätte nie gedacht, daß Sterben so leicht ist" (*PSS*, Bd. 73, S. 158).

13 Der Notizbucheintrag vom 31. Januar 1902 trägt die Handschrift von P. A. Boulanger (*PSS*, Bd. 54, S. 267). In diesen Tagen diktierte Tolstoi außerdem Zusätze zu den Artikeln „Über Glaubenstoleranz" und „Was ist Glaubenstoleranz und worin besteht ihr Wesen?"

14 Telegramm an S. N. Tolstoi vom 31. Januar 1902 (über Tolstois Gesundheitszustand; *PSS*, Bd. 73, S.206).

15 Der Tagebucheintrag vom 1. Februar 1902 wurde von M. L. Obolenskaja „nicht nach Diktat, sondern aus dem Gedächtnis" vorgenommen (*PSS*, Bd. 54, S. 123).

16 Zu I. L. Tolstois Aufenthalt in Gaspra vgl.: *I. L. Tolstoj*, S. 227–229.

17 Offenbar die erste Fassung des Vorworts zu „Merkblatt für den Soldaten" und „Merkblatt für den Offizier". Der Text ist in M. L. Obolenskajas Handschrift niedergeschrieben und trägt das Datum 8. Februar (nicht veröffentlicht, *GMT*).

18 Wahrscheinlich die zweite Fassung des Vorworts (vgl. Anmerkung 17; *PSS*, Bd. 34, S. 278–279).

19 Aus dem Aufsatz „Die christliche Lehre", Kap. 7 und 9 (*PSS*, Bd. 39, S. 125 und 127).

20 Der Veröffentlichung von L. L. Tolstois Roman „Suche und Versöhnung" (vgl. Anmerkung 3) war eine Werbeanzeige in den „Birževye vedomosti" (Nr. 343 und 346 vom 16. und 19. Dezember 1901) vorausgeschickt worden, in der es hieß, der Roman von „Lew Tolstoi, dem Sohn" stelle das „Tolstojanertum" dar. Über Tolstois Einstellung zum Werk seines Sohnes schrieb O. K. Tolstaja am 3. Dezember 1901 aus Gaspra an A. K. Tschertkowa: „Gestern abend grämte und empörte Lew Nikolajewitsch sich fürchterlich über Ljowas Geschreibsel, seine Taktlosigkeit, Talentlosigkeit und Selbstgerechtigkeit" *(GMT)*. Am 29. Januar 1902 kam L. L. Tolstoi für einige Tage nach Gaspra. Nach seiner Abreise schrieb er am 5. Februar 1902 an S. A. Tolstaja: „Sagt ihm, daß ich ihn liebe, küßt seine Hand und bittet ihn in meinem Auftrag, er möge verzeihen, daß ich ihm Kummer bereitet habe" *(GMT)*. Die Antwort, die Tolstoi diktierte, wurde von M. L. Obolenskaja in Tolstois Notizbuch festgehalten (*PSS*, Bd. 54, S. 263; Bd. 73, S. 207).

21 Vgl. „Die christliche Lehre", Kap. 60 und 64 (*PSS*, Bd. 39, S. 184–185, 190–191).

22 Die Erzählung „Puppengerippe" ist enthalten in dem Buch: S. A. Tolstaja: „Kukolki-skeletcy i drugie rasskazy" (Puppengerippe und andere Erzählungen), Moskau 1910 *(JaPb)*.

23 Auf den Brief des Metropoliten Antoni an S. A. Tolstaja vom 11. Februar 1902 *(GMT)* antwortete am 21. Februar 1902 S. L. Tolstoi: „Euer Eminenz, mein Vater Lew Nikolajewitsch Tolstoi hat mir aufgetragen, Ihnen mitzuteilen, daß er Sie inständig bittet, ihn wie auch seine Gattin, also meine Frau Mutter, in Ruhe zu lassen, da Ihnen und den anderen Vertretern der orthodoxen Kirche bereits alles, was zu sagen war, gesagt

worden ist, und dem ist nichts mehr hinzuzufügen. Erlaube mir meinerseits anzumerken, daß die Ärzte meinem Vater absolute innere Ruhe verordnet haben, jegliche Störung derselben hat erhebliche Auswirkungen auf seine Genesung" *(GMT)*.

24 Möglicherweise hat Tolstoi die Korrekturen zu dem Vorwort diktiert (vgl. Anmerkung 17), die am Rand des Manuskripts vermerkt sind.

25 Der Brief wurde nicht abgeschickt (Entwurf im *GMT*). Vgl. *TbST* vom 15. Februar und Anmerkung 23.

26 Brief von K. A. Chreptowitsch-Butenew vom 16. Februar 1902 *(GMT)*. Vgl. *TbST* vom 12. November 1900.

27 Brief von M. M. Dondukowa-Korsakowa an S. A. Tolstaja vom 19. Februar 1902 *(GMT)*.

28 Brief Tolstois an den Arzt L. B. Bertenson vom 3. März 1902 (*PSS*, Bd. 73, S. 211–212).

29 P. A. Boulanger hatte sich vom 30. Januar bis 22. Februar 1902 in Gaspra aufgehalten und den kranken Tolstoi gepflegt; vgl. hierzu seine Erinnerungen: „Bolezn' L. N. Tolstogo v 1901–1902 gg." (L. N. Tolstojs Krankheit in den Jahren 1901–1902), in: „Minuvšie gody", 1908, Nr. 9. Nach seiner Abreise schrieb Tolstoi ihm fast täglich – aus der Zeit zwischen dem 23. Februar und 27. März sind 17 nach Diktat geschriebene Briefe an P. A. Boulanger bekannt (*PSS*, Bd. 73, S. 208–227 / davon ein Brief dt.: Bd. 17, S. 367).

30 A. O. Ogandschanjan.

31 Tolstoi paraphrasierte A. S. Puschkins Gedicht „Gold und Dolch".

32 R. W. Emerson: „Vysšaja duša" (The Over-Soul), Moskau 1902 (im Verlag „Posrednik"; *JaPb*).

33 Brief an Je. W. Obolenskaja vom 15. März 1902 (*PSS*, Bd. 73, S. 218).

34 D. S. Sipjagin wurde am 2. April 1902 von S. W. Balmaschew ermordet.

35 Brief an Großfürst Nikolai Michailowitsch vom 5. April 1902 (*PSS*, Bd. 73, S. 228–230).

36 Die XXX. Gemäldeausstellung der „Gemeinschaft zur Veranstaltung von Wanderausstellungen" (Peredwischniki).

37 Brief des Großfürsten Nikolai Michailowitsch vom 11. Mai 1902 (in: *LN*, Bd. 37/38, S. 308–309), die Antwort auf Tolstois Brief vom 25. April – 1. Mai 1902 über das Grundeigentum und das Henry-George-Projekt (*PSS*, Bd. 73, S. 236–240).

38 Der diktierte Text bezieht sich seinem Inhalt nach auf den Aufsatz „An das arbeitende Volk" (*PSS*, Bd. 35).

39 Fielding: „Duša odnogo naroda. Rasskaz anglijskogo oficera o žizni ego v Birme" (The soul of a people. Der Bericht eines englischen Offiziers über sein Leben in Birma), Moskau 1902 (im Verlag „Posrednik"). Das in *JaPb* aufbewahrte Exemplar trägt die Widmung: „Dem teuren Lew Nikolajewitsch Tolstoi von dem ihm ergebenen und für

alles zu Dank verpflichteten Übersetzer. 13. April 1902. Moskau. P. Boulanger." Vgl. *TbST* vom 24. Dezember 1898.

40 Tolstoi führte die Arbeit an dem Aufsatz „An das arbeitende Volk" weiter.

41 Dies bezieht sich auf die Meinungsverschiedenheiten zwischen Tolstoi und S. A. Tolstaja über die Frage, ob des Kumys wegen Baschkiren nach Jasnaja Poljana geholt werden sollten – auf Anraten der Ärzte sollte Tolstoi unbedingt Kumys trinken; vgl. die Briefe Tolstois an P. A. Boulanger vom 22. Mai und an M. L. Obolenskaja vom 11. Juni 1902 (*PSS*, Bd. 73, S. 245 256–257).

42 Tolstoi hat Je. A. Baratynskis Gedicht „Der Tod" (1828) in die erste Ausgabe der „Lesefrüchte" aufgenommen (erschienen im Verlag „Posrednik", Moskau 1906, Bd. 2, S. 193–194). S. A. Stachowitsch deklamierte wahrscheinlich eines der folgenden Gedichte von A. F. Fet: „An den Tod" (1856 oder 1857), „Der Tod" (1878) oder „An den Tod" (1884).

43 Tolstoi hatte die Arbeit an „Hadschi Murat" am 24. Juli 1902 wieder aufgenommen. „Hadschi Murat ganz durchgesehen", vermerkte er an diesem Tag in seinem Tischkalender (*PSS*, Bd. 54, S. 308).

44 S. A. Tolstaja begann mit den Vorbereitungen zur elften Auflage der „Sočinenija grafa L. N. Tolstogo", Bd. 1–14, Moskau 1903.

45 S. I. Taneev: „Podvižnoj kontrapunkt starogo pis'ma" (Der bewegbare Kontrapunkt in der alten Notation), vollendet 1908, veröffentlicht 1909 (*JaPb*, mit Widmung).

46 A. Maude blieb vom 9. bis 13. Juli in Jasnaja Poljana; sein Aufenthalt hing mit seiner Arbeit an Tolstois Biographie zusammen.

47 Was für eine Broschüre S. A. Tolstaja geschickt bekam, konnte nicht festgestellt werden. Tolstoi notierte am 8. August 1902 in seinem Tagebuch: „Die Broschüre des Geistlichen tut mir weh. Warum hassen sie mich?" (*PSS*, Bd. 54, S. 136 / dt.: Bd. 20, S. 11).

48 Auf Einladung von S. A. und L. N. Tolstoi hielten sich W. W. Stassow und I. Ja. Ginzburg vom 10. bis 14. August in Jasnaja Poljana auf; vgl. Lev Tolstoj i V. V. Stasov: „Perepiska", a.a.O., S. 275–276. Während dieser Begegnung gab Tolstoi W. W. Stassow eine Liste von Materialien (*PSS*, Bd. 73, S. 276–277) für die Arbeit an „Hadschi Murat" und bat ihn, ihm diese Materialien zu schicken.

49 Dieser Vorfall (vom Ende des Jahres 1855) wird in einigen Biographien erwähnt, die zu Lebzeiten Tolstois verfaßt wurden. Tolstois letzter Biograph N. N. Gussew, der alle Fakten überprüfte, behauptet, es sei unmöglich, genau festzustellen, „wer der Initiator dieser Abkommandierung war" (*Gusev, Materialy*, I, S. 560–561).

50 Der Entwurf für ein Märchen zu diesem Sujet (ohne Titel) ist in einem Brief Tolstois an W. G. Tschertkow enthalten (*PSS*, Bd. 86, S. 62–63) und wurde veröffentlicht unter dem Titel „Das weise Mädchen" (*PSS*, Bd. 26). Tolstoi schlug dieses Sujet auch N. S. Leskow vor (vgl. A. B.

Gol'denvejzer: „Vblizi Tolstogo", a.a.O., S. 133), der dazu die Novelle „Čas voli božiej" (Die Stunde nach Gottes Willen) verfaßte („Russkoe obozrenie", 1890, Nr. 11). Im Brief an N. S. Leskow vom 3. Dezember 1890 legte Tolstoi seine Ansicht über die Novelle dar (*PSS*, Bd. 65, S.198 / dt.: Bd. 17, S. 102). Später diente der Märchenentwurf „Das weise Mädchen" Tolstoi als Grundlage für das Märchen „Drei Diebe" (1903) (*PSS*, Bd. 34).

51 Am 11. Oktober 1902 schrieb Tolstoi an W. G. Tschertkow: „Habe mit ‚Hadschi Murat' aufgehört, habe es gänzlich unfertig beiseite gelegt und werde es zu meinen Lebzeiten nicht veröffentlichen" (*PSS*, Bd. 88, S. 278). Tolstoi arbeitete jedoch bis 1905 an der Novelle weiter.

52 Tolstoi begann mit der Arbeit an dem Aufsatz „An die Geistlichkeit" (*PSS*, Bd. 34).

53 Vgl. *TbST* vom 22. April 1891 und Anmerkung 54.

54 Tolstoi schrieb sein erstes Testament am 27. März 1895 in seinem Tagebuch nieder (*PSS*, Bd. 53, S. 14–16 / dt.: Bd. 19, S. 238–240). M. L. Obolenskaja kopierte diesen Eintrag und legte ihn im August 1901 dem Vater zur Unterschrift vor. Dabei bat Tolstoi seine Tochter, das Dokument aufzubewahren (vgl. ausführlich: *PSS*, Bd. 54, S. 640–644).

55 Am 13. Juli 1902 war N. S. Zetlin, Inhaber des Verlags „Prosweschtschenije", mit dem Vorschlag zu S. A. Tolstaja gekommen, „für eine Million Rubel die Ausgabe für alle Zeiten zu erwerben". S. A. Tolstaja war auf den Vorschlag nicht eingegangen.

56 Vgl. Anmerkung 44.

57 Als letzter Datumsvermerk des Verfassers steht auf der Handschrift der 1. November. Der Aufsatz erschien 1903 im Verlag „Swobodnoje slowo".

58 Die Legende „Die Zerstörung der Hölle und ihre Wiederherstellung", an der Tolstoi vom 1. November 1902 bis zum Jahresende arbeitete, war als Illustrationsmaterial zu dem Aufsatz „An die Geistlichkeit" gedacht. Sie gefiel S. Ja. Jelpatjewski nicht; vgl. S. Elpat'evskij: „Literaturnye vospominanija" (Literarische Erinnerungen), Moskau o. J., S. 48.

59 P. A. Kropotkin. „Zapiski revoljucionera" (Aufzeichnungen eines Revolutionärs), London 1902. Nach Tolstois Eingeständnis trug „die Lektüre der großartigen ‚Aufzeichnungen' Kropotkins" dazu bei, daß er sich über seine eigenen Erinnerungen Gedanken machte und im Januar 1903 mit der Niederschrift begann. Vgl. Brief an Tschertkow vom 11. Januar 1903 (*PSS*, Bd. 88, S.284–285 / dt.: Bd. 17, S. 396–397).

60 Tolstois Brief wurde veröffentlich in *R.ved.*, Nr. 343 vom 12. Dezember 1902 (*PSS*, Bd. 73, S. 341). Trotz des Briefes brachten die Zeitungen auch weiterhin Nachrichten über Tolstois Gesundheitszustand.

61 M. Taube: „Istorija zaroždenija sovremennogo meždunarodnogo prava" (Entstehungsgeschichte des modernen Völkerrechts), Bd. 1–3,

Sankt Petersburg 1894–1902. Der 3. Band erschien unter dem Titel: „Meždunarodnyj stroj srednevekovoj Evropy vo vremja mira“ (Die völkerrechtliche Ordnung des mittelalterlichen Europa in Friedenszeiten), Sankt Petersburg 1902 (*JaPb*, mit Randbemerkungen Tolstois).

62 Vgl. *TbST* vom 1. Januar 1903 und Anmerkung 2.

1903

1 Brief von T. L. Suchotina an S. A. Tolstaja vom 23. Dezember 1902 *(GMT)*. Vgl. den Brief Tolstois an T. L. Suchotina vom 9. Januar 1903 (*PSS*, Bd. 74, S. 11).

2 In Jasnaja Poljana waren Tom Ferris und Bert Roi zu Besuch, die nach Rußland gereist waren, um mit Tolstoi über den Spiritismus zu diskutieren. Wegen Tolstois schlechtem Gesundheitszustand war die Unterredung jedoch nur kurz.

3 A. S. Arenskis „Kubok“, Ballade für Solo, Chor und Orchester, op. 61, ist eine Vertonung von Schillers „Taucher“ in der Übersetzung von W. A. Schukowski.

4 Im Dezember 1902 trug sich Tolstoi mit dem Plan für einen Kalender mit Philosophen-Aussprüchen zu jedem Tag. „Stellen Sie sich vor, statt irgendwelchen Gewäschs wird man dort täglich Aussprüche der bedeutendsten Weisen lesen können“, sagte er zu Ch. N. Abrikossow (Ch. N. Abrikosov. Dvenadcat’ let okolo Tolstogo / Zwölf Jahre in der Nähe Tolstois / *Letopisi*, Buch 12, S. 439–440). In den ersten Januartagen des Jahres 1903 begann Tolstoi mit der Auswahl der Aphorismen (vgl. das Quellenverzeichnis in *PSS*, Bd. 40, S. 479–480) und schloß die Arbeit am 23. Januar 1903 ab. Das Werk erschien am 28. August 1903 im Verlag „Posrednik“ unter dem Titel „Gedanken weiser Leute für jeden Tag“ (*PSS*, Bd. 40).

5 Am 7. Februar 1903 wurde in „Novoe vremja“, Nr. 9673, ein Brief von S. A. Tolstaja veröffentlicht, in dem sie sich ablehnend über L. N. Andreevs Erzählung „Bezdna“ (Der Abgrund) äußerte. S. A. Tolstaja schloß sich der Kritik von W. P. Burenin an (*N. vr.*, 31. Januar 1903, Nr. 9666).

6 Tolstoi brauchte diese Mitteilungen über die Epoche von Nikolai I. und den Kaukasus-Krieg für seine Arbeit an „Hadschi-Murat“.

7 Davon schrieb Iwanow in seinem Brief vom 8. Februar 1903 aus Odessa *(GMT)*.

8 Der Literaturkritiker W. W. Rosanow war mit seiner Frau zu den Tolstois gereist, um sie kennenzulernen und mit ihnen zu diskutieren. Tolstoi war „erschüttert ... über die geringe Bildung“ von W. W. Rosanow und fand ihn „nur wenig interessant“ (Brief an S. N. Tolstoi vom 10. März 1903, *PSS*, Bd. 74, S. 67. Vgl. auch L. L. Tolstoj. Iz

dnevnika / Aus dem Tagebuch / in „Stolica i usad'ba / Hauptstadt und Gutshof / 1914, Nr. 4, S. 4–5).

9 Verszeile aus F. I. Tjutschews Gedicht „Silentium!" (1830).

10 Tolstoi schrieb am 3. Juni 1903 an P. I. Birjukow: „... schlage mich jetzt mit dem Kapitel über Nikolai Pawlowitsch herum, das ... mir ... sehr wichtig erscheint, dient es doch als Illustration meiner Auffassung von Macht" (*PSS*, Bd. 74, S. 140 /dt.: Bd. 17, S. 405). In jenen Tagen begann er das Buch von N. K. Šil'der „Imperator Nikolaj I, ego žizn' i carstvovanie" (Der Imperator Nikolai I., sein Leben und seine Regierungszeit) Sankt Petersburg 1903 *(JaPb)* zu lesen und fand darin „sehr viel Interessantes" (*PSS*, Bd. 54, S. 177 / dt.: Bd. 20, S. 25).

11 Pater Semeri und der Theologie-Professor Monocci besuchten auf der Reise von Rom in die Mandschurei Jasnaja Poljana.

12 Der Bauer A. N. Agejew war im Januar 1903 wegen Gotteslästerei zur Zwangsansiedlung in Sibirien verurteilt worden. Tolstoi, der ihm und seiner Familie helfen wollte, nahm an seinem Prozeß aktiven Anteil. Auf seine Bitte erstellte N. W. Dawydow ein Begnadigungsgesuch, das Tolstoi in seinem Brief vom 7. April 1903 A. W. Olsufjew dem Zaren zu überreichen bat (*PSS*, Bd. 74, S. 103–104). Da der Justizminister N. W. Murawjow dieses Gesuch ablehnte, mußte A. N. Agejew am 29. August 1903 nach Sibirien aufbrechen.

13 Es sind vier verschiedene Fassungen dieses Briefes erhalten. Die letzte, die sich stark von dieser des Tagebuches unterscheidet, wurde veröffentlicht in *PST*, S. 617–618. Die zitierte Tagebuchnotiz Tolstois stammt vom 6. Oktober 1895, er hat später siebzehn Zeilen getilgt (*PSS*, Bd. 53, S. 59).

1904

1 Eine Delegation des Instituts für Bergbau überbrachte Tolstoi eine Grußadresse mit dem Ausdruck der tiefsten Liebe und Verehrung *(GMT)*. Sie wollte mit Tolstoi über die Agrarfrage und die revolutionäre Studentenbewegung diskutieren. Vgl. die Erinnerungen von A. N. Tichonow, der dieser Delegation angehört hat. N. Serebrov: Vremja i ljudi (Zeit und Menschen), Moskau 1955, S. 227–249.

2 Die Proben zu A. P. Tschechows „Kirschgarten" fanden im Moskauer Künstlertheater (heute MCHAT) statt.

3 Im Januar 1904 begann Tolstoi, die „Lesefrüchte" zusamen zu stellen.

4 Die Verse wurden im „Žurnal dlja vsech" 1904, Nr. 3, veröffentlicht.

5 Der russisch-japanische Krieg brach am 27. Januar 1904 aus; von diesem Tag an notiert Tolstoi seine Gedanken über dieses „fürchterliche Ereignis", wie er diesen Krieg nannte, in seinem Tagebuch (*PSS*, Bd. 55, S. 10–11 / dt.: Bd. 20, S. 39).

6 Mit der Erzählung „Der gefälschte Kupon" hatte Tolstoi in der zweiten Hälfte der achtziger Jahre begonnen; er hatte sich ihr wiederholt erneut zugewandt und am intensivsten vom Oktober 1902 bis Februar 1904 daran gearbeitet; sie blieb jedoch unvollendet und wurde zu Tolstois Lebzeiten nicht veröffentlicht (*PSS*, Bd. 36 / dt.: Bd. 13).

7 Im Mai 1851 war Tolstoi mit seinem älteren Bruder Nikolai Nikolajewitsch in den Kaukasus gereist, wo jener diente. L. N. Tolstoi nahm als Freiwilliger an einem Überfall teil, den er in seiner Erzählung „Nabeg" (*PSS*, Bd. 3 /dt.: Bd. 2) geschildert hat. Am 3. Januar wurde er zum Junker der Artilleriebrigade ernannt, im Januar 1854 zum Fähnrich befördert und seinem Wunsch entsprechend zur Donau-Armee versetzt, dann im November des gleichen Jahres in Sewastopol eingesetzt, wo er bis zum Ende des Krieges blieb.

8 Brief von A. L. Tolstoi an S. A. Tolstaja vom 10. August 1904 *(GMT)*.

9 Am 11. August 1904 reiste Tolstoi nach Pirogowo, er blieb dort bis zum 21. August. „Du meinst, ihm im Allerwesentlichen eine Hilfe sein zu können – in seiner seelischen Verfassung", schrieb er an seine Frau (*PSS*, Bd. 84, S. 366–367). S. N. Tolstoi starb am 23. August 1904.

1905

1 P. I. Birjukow wurde aus Rußland ausgewiesen, da er sich an der Hilfe für die Duchoborzen beteiligt hatte. Nach dem Amnestiemanifest vom 11. August 1904 durfte er nach Rußland zurückkehren. Er kam am 24. Dezember 1904 nach Jasnaja Poljana und blieb dort bis zum 3. Januar 1905.

2 Birjukow hatte bereits 1901 begonnen, Materialien für eine Tolstoi-Biographie zusammenzutragen. Der erste Band erschien 1906 unter dem Titel „Lev Nikolaevič Tolstoj. Biografija" im Verlag „Posrednik".

3 Im Januar 1905 (letzte Datierung des Autors: 2. Februar) schrieb Tolstoi den Artikel „Über die gesellschaftliche Bewegung in Rußland" (*PSS*, Bd. 36), mit dem er zahlreichen Bitten nachkam, sich über die Aktionen der Landstände zur Beschränkung der Selbstherrschaft und zur Einführung einer repräsentativen Regierungsform und zu den Petersburger Ereignissen vom 9. Januar 1905 zu äußern. Dieser Artikel wurde von W. G. Tschertkow in England im Verlag „Svobodnoe slovo" 1905, Nr. 92, veröffentlicht.

4 Von den Ereignissen des 9. Januars 1905 war man in Jasnaja Polana durch die Zeitungsmeldungen und die Berichte von P. A. Boulanger unterrichtet, der zu Besuch gekommen war (vgl.: *JaZ*, I, S. 82–84).

1 Tolstoi setzte die im August 1907 für eine zweite Ausgabe begonnene Umarbeitung der „Lesefrüchte" fort.

2 In dem Entwurf des Briefes, mit dem Tolstoi all den Menschen und Organisationen danken wollten, die seines Geburtstages gedacht hatten, schreibt er: „Ich danke auch all denjenigen, die mir geschrieben haben, und all jenen, die mich mit ihren Geschenken gerührt haben wie zum Beispiel die Petersburger Kellner, die mir einen prächtigen Samowar mit Eingravierungen übersandten" (*PSS*, Bd. 78, S. 242).

3 Das Album mit Zeichnungen von N. A. Kassatkin, Ap. M. Wasnezow, Baturin, L. O. Pasternak u. a. (in Aquarell, Pastell und Bleifeder) übersandte die Moskauer Gesellschaft der Kunstfreude Tolstoi. Dieses Album wird im Guts-Museum von Jasnaja Poljana aufbewahrt.

4 Je. Tschertschopowa hatte die Stickerei „Tolstoi auf dem Feld" angefertigt, der Maler Gusikjanz das Porträt.

5 Brief an die Tabakfabrik „Ottoman" (in Petersburg) vom 3. September 1908 (*PSS*, Bd. 78, S. 224–225).

6 Dieses Päckchen traf am 1. September 1908 ein. Auf dem abgerissenen Kupon stand als Absender: O. A. Markowa und eine Moskauer Adresse. Am 3. September 1908 schrieb Tolstoi an O. A. Markowa: „Sie würden mir eine große Freude machen, wenn Sie mir die Gründe für Ihre feindlichen Gefühle mitteilen wollten" (*PSS*, Bd. 78, S. 223). Später stellte Gussew fest, daß O. A. Markowa nicht unter der genannten Adresse wohnte (vgl. ausführlicher dazu: *Gusev*, S. 201–202).

7 C. Wright, der Bibliothekar am Britischen Museum, kam am 28. August 1908 nach Jasnaja Poljana und überbrachte Tolstoi eine Glückwunschadresse seiner englischen Verehrer, in der es u. a. heißt: „Jene Kühnheit und Wahrhaftigkeit, mit der Sie vor das Bewußtsein der Menschheit neue und erhabenere Ideale gerückt haben, hat die Liebe der Menschheit für Sie geweckt" *(GMT)*. Diese Adresse war von Malern, Schauspielern, Musikern, Schriftstellern (u. a. Shaw), Trägern des öffentlichen Lebens unterzeichnet.

8 Brief von G. Ja. Politkowski vom 5. September 1908 *(GMT)*, den N. N. Gussew am 13. September 1908 im Auftrage Tolstois beantwortete (*PSS*, Bd. 78, S. 358).

9 Die hier beschriebenen Ereignisse hatten sich am 13. Juni 1853 zugetragen. Einige Einzelheiten dieser Episode verwandte Tolstoi später für seine Erzählung „Der Gefangene im Kaukasus" (*PSS*, Bd. 21, S. 304–306).

10 Dieser Brief ist in fünf Entwürfen überliefert, der erste stammt vom 8. September, der letzte vom 5. Oktober. Der Brief wurde am 8. Oktober 1908 in vielen Zeitungen veröffentlicht (*PSS*, Bd. 78, S. 239–242 / dt.: Bd. 17, S. 493–494).

11 Das Gedicht „Wieder zittert der herbstliche Glanz der Morgenröte" sandte A. A. Fet am 14. September 1891 mit einem Brief an S. A. Tolstaja *(GMT)*.

12 Diese Proklamation veröffentlichten Sozialrevolutionäre in Tula. Auf Bitten Tolstois kamen vier (und nicht acht) Setzer aus Tula, die dieser Partei angehörten, zu ihm. Eine ausführliche Beschreibung ihrer Unterredung findet sich in N. N. Gusev: Lev Tolstoj protiv gosudarstva i cerkvi (Lev Tolstoj gegen Staat und Kirche) Berlin 1913, S. 42–55. Vgl. ebenfalls Tolstois Brief an eine Gruppe von Arbeitern in Tula vom 15. September 1908 (*PSS*, Bd. 78, S. 229–230).

13 Der Name dieses Besuchers ist nicht bekannt. Nach der Begegnung notierte Tolstoi am 14. September 1908 in seinem Tagebuch: „Hinterließ einen deprimierenden Eindruck" (*PSS*, Bd. 56, S. 151 / dt.: Bd. 20, S. 183).

14 Nicht wörtliches Zitat aus A. A. Fets Gedicht „Herbstliche Rose" (1886).

15 Brief von M. N. Tolstaja an L. N. Tolstoi vom 6. September 1908 *(GMT)*.

16 Im April 1907 erhielt Tolstoi von N. A. Morozov: „Otkrovenie v groze i bure. Istorija vozniknovenija Apokalipsisa" (Offenbarung in Gewitter und Sturm. Die Entstehungsgeschichte der Apokalypse), P. 1907, mit folgender Widmung: „Lew Nikolajewitsch Tolstoi zum Zeichen der tiefen Verehrung des Autors. 31. März. *N. Morosow*" *(JaPb)*. Tolstoi setzte sich mit diesem Buch in einem Brief auseinander, den er zwischen dem 6. und dem 11. April 1907 an N. A. Morosow schrieb (*PSS*, Bd. 77, S. 78).

17 W. D. Lebedewa erinnert sich: „Den ganzen Abend ... fragte der Graf Morosow nach dem Leben in der Festung" und bat ihn beim Abschied „für einige Tage wiederzukommen ... Er sagte, daß er erstmals in seinem Leben einem Menschen begegnet sei, der zwanzig Jahre im Gefängnis verbracht habe" (Vera L., Vstreči s L. N. Tolstym / Begegnungen mit L. N. Tolstoj / in: Sovremennik 1912, Nr. 4).

1909

1 S. A. Tolstaja schrieb die Rohfassung der Erzählung „Wer sind die Mörder? Pawel Kudrjasch" ab, an der Tolstoi vom Dezember 1908 bis zum 25. Februar 1909 arbeitete. Das Werk blieb unvollendet und wurde zu Tolstois Lebzeiten nicht veröffentlicht (*PSS*, Bd. 37).

2 Die Pianistin Wanda Landowska besuchte Jasnaja Poljana zum zweiten Mal. Über ihr Spiel schrieb Tolstoi am 15. Januar 1909 an M. S. Suchotin: „... sie spielt lieb und angenehm, doch ohne die Seele aufzuwühlen, wie ich es liebe, so schwer es auch immer zu ertragen ist" (*PSS*, Bd. 79, S. 31).

1 In der ersten Hälfte des Jahres 1910 führte S. A. Tolstaja kein Tagebuch. Es ist ihre erste Aufzeichnung in diesem Jahr.

2 Tolstoi führte 1910 in zwei Heften Tagebuch, das zweite begann er am 14. Juni in Otradnoje (vgl. *PSS*, Bd. 58, S. 65). Tschertkow hatte sieben Tagebuchhefte von L. N. (19. Mai 1900–13. Juni 1910).

3 Tolstoi: „Will versuchen, Sonja bewußt durch Güte, durch Liebe zu überwinden" (vgl. *PSS*, Bd. 58, S. 67 / dt.: Bd. 20, S. 317 – Aufzeichnung vom 20. Juni).

4 Am 22. Juni verschlechterte sich jäh der krankhaft hysterische Zustand von S. A. Tolstaja. Auf ihr Drängen wurde folgendes Telegramm abgeschickt: „Sofja Andrejewna nervlich völlig zerrüttet, schläft nicht, weint. Puls hundert, erbittet Telegramm. *Warja* (vgl. *PSS*, Bd. 84, S. 398). W. M. Feokritowa hat beschrieben, wie ihr S. A. Tolstaja dieses Telegramm diktierte.

5 Aufzeichnung vom 22. Juni (*PSS*, Bd. 58, S. 68).

6 Vgl. *PSS*, Bd. 82, S. 59.

7 Vgl. *PSS*, Bd. 84, S. 398.

8 Tschertkow wurde es gestattet, sich so lange in Teljatinki aufzuhalten, wie seine Mutter dort weilen würde. Er traf am 27. Juni dort ein.

9 Wurde in den XII. Band der Ausgabe von 1910–1911 aufgenommen.

10 Wurden in den XII. Band der Ausgabe von 1910–1911 aufgenommen.

11 Brief vom 1. Juli, in dem S. A. Tolstaja darlegte, warum sich ihre Einstellung zu Tschertkow geändert hatte. Als wesentlichsten Grund nennt sie, daß Tschertkow Tolstois Tagebücher habe: „Wenn Ihnen auch nur im geringsten an einer guten Beziehung zu mir und an dem Seelenfrieden von Lew Nikolajewitsch gelegen ist, der sich vollkommen wiederherstellen wird, wenn Sie und ich einander in den letzten Lebensjahren von Lew Nikolajewitsch freundlich begegnen", schreibt sie, „dann bitte ich Sie mit schmerzlich bewegtem Herzen, mit der ganzen Bereitschaft, Sie noch mehr zu lieben und zu schätzen, treten Sie mir Lew Nikolajewitschs Tagebücher ab! ... Sollten Sie meine Bitte erfüllen, werden wir bessere Freunde sein, als wir es je waren. Falls aber nicht, wird Lew Nikolajewitsch unter unserer Beziehung leiden. Denn mein Herz umzukehren, vermag ich nicht. Allzusehr hat mich das Verschwinden der Tagebücher verletzt." (Diesen Brief übertrug sie in ihr Tagebuch, er wurde in *DST*, IV, S. 258–259, veröffentlicht).

12 Tschertkow schrieb folgende Notiz an Tolstoi: „Lieber L. N. Hinsichtlich Ihres Wunsches, Ihre Tagebücher von mir zurückzuerhalten, die Sie mir gegeben hatten, damit ich das von Ihnen Gezeigte exzerpieren sollte, beeile ich mich mit der Erledigung dieser Arbeit und gebe Ihnen sogleich nach Abschluß dieser Arbeit die Hefte zurück. *1. Juli 1910. W. Tschertkow* (zit. *DST*, IV, S. 305).

A. L. Tolstaja schrieb in ihrem Tagebuch: „Es wurde beschlossen, diejenigen Stellen auszuwählen, die man Sofja Andrejewna nicht zeigen wollte, indem man diese Seiten herausriß, und ihr das Übrige zu übergeben" *(GMT).*

13 Vgl. die Aufzeichnung vom 16. Juli und die Anmerkungen 35, 37.

14 L. L. Tolstoi traf am 2. Juli aus Paris kommend in Jasnaja Poljana ein, blieb bis zum 1. September.

15 Anhänger des Dichters und religiösen Predigers A. M. Dobroljubow, der zur Landarbeit und zum einfachen Leben aufgerufen hatte.

16 Je. I. Tschertkowa war Anhängerin des englischen religiösen Führers Granville Redstock: aus seiner Bibelauslegung folgte, daß der Mensch durch seinen Glauben an die Erlösung des Menschengeschlechts durch den Tod Christi von seinen Sünden erlöst wird.

17 Der Brand ereignete sich in dem T. L. Suchotina gehörenden Dorf. Man mutmaßte, daß der Brand entweder von dem Geisteskranken W. A. Repin oder aber von einem Bauernjungen gelegt worden war, dessen sich M. A. Schmidt angenommen hatte.

18 In *PSS* sind einundzwanzig Briefe Tolstois an M. A. Schmidt veröffentlicht, die er ihr vor dem Brand geschrieben hatte. Sie wurden mit Ausnahme des Briefes vom 3. August 1887 nach Kopien publiziert, die Tschertkow aufbewahrt hatte. Er bewahrte ebenfalls die von M. A. Schmidt angefertigten Kopien „Untersuchungen der dogmatischen Theologie", die letzte Redaktion des Märchens „Der Arbeiter Jemeljan" u. a. auf.

19 „Die Geschichte der Reise Lew Nikolajewitschs zu Tschertkow nach Krekschino im September 1909" *(GMT).*

20 In Otradnoje griff Tolstoi wieder die im März begonnene Arbeit an dem Artikel „Über den Selbstmord" auf, der jetzt den Titel „Über den Wahnsinn", später „Über den Wahnwitz" erhielt. Er blieb unveröffentlicht. Vgl. *PSS,* Bd. 38.

21 Sofja und Ilja – die Kinder von A. L. Tolstoi aus seiner ersten Ehe mit O. K. Diterichs, die bei Tschertkow in Teljatinki lebten.

22 Die Broschüre „Anstrengung" – XX. Kapitel des Sammelbandes „Weg des Lebens" (Moskau 1910), der aus einzelnen Lieferungen der „Büchlein" (*PSS,* Bd. 45) zusammengestellt worden war.

23 Tolstoi bewahrte die Korrekturen der „Auferstehung" mit seinen Anmerkungen auf. Normalerweise wurden an die Druckerei „Niwa", in der der Roman gesetzt wurde, die Duplikate mit den übertragenen Autorenkorrekturen geschickt. S. A. Tolstaja brauchte diese Korrekturen für die Vorbereitung ihrer Ausgabe. Vgl. Anmerkung 29.

24 Vgl. *TbST* 1887 Anmerkung 42.

25 Tschertkow, der den aufgebrochenen Konflikt entschärfen wollte, schrieb in seinem Brief: „Meine Worte, daß ich Ihnen, wenn ich wollte, ‚Unannehmlichkeiten' bereiten könnte, waren durch das Mißtrauen

und die Verdächtigungen hervorgerufen, die Sie mir gegenüber bekundeten, indem Sie ohne jede Berechtigung annahmen, daß ich mich zwischen L. N. und Sie stellen, mich irgendwelcher Materialien bemächtigen und überhaupt L. N.s Vertrauen zu mir und meine freundschaftlichen Beziehungen zu Ihrer Familie irgendwie ausnutzen wollte ... Ich habe Sie darauf hingewiesen, daß ich bisher noch niemals mir Nahestehende dank besonders intimer Kenntnis deren persönlichen Lebens ausgenutzt, noch nie solche indiscrétions begangen habe und das auch in Zukunft niemals tun werde *ungeachtet der Tatsache,* daß ich schon seit langem über Sie kompromittierende Informationen verfüge, mit denen ich Ihnen schaden könnte, wenn ich das wollte. Doch Sie ließen mich damals in Ihrer Erregung nicht aussprechen, erfaßten nicht den Gesamtsinn meiner Worte, griffen sich nur Einzelnes heraus, dem Sie eine drohende Absicht unterstellten, die nun wirklich überhaupt nicht von mir gewollt war" (zit. nach *DST,* IV, S. 307).

26 S. A. Tolstaja schrieb all ihre Briefe an Tolstoi ab; einige von ihnen wollte sie in dem Band „Briefe Tolstois an seine Frau" mitveröffentlichen.

27 Tolstoi las den Band von Erzählungen „La Biche écrasée", Paris 1909 *(JaPb),* den ihm P. Mille am 13. April mit einem Brief übersandt hatte (vgl. den Brief *PSS,* Bd. 58, S. 442–443). Die Erzählung „La Biche écrasée" fand Tolstoi „prächtig" (ebda. S. 77 / dt.: Bd. 20, S. 321), doch auch die anderen Erzählungen dieses Bandes gefielen ihm.

28 Vgl. Anmerkung 83.

29 Auf Bitten von S. A. Tolstaja beteiligte sich N. W. Dawydow an der Textgestaltung der „Auferstehung" für ihre Ausgabe. Am 27. Juni schrieb er: „Ich habe die übernommene Aufgabe erfüllt, Tschertkows Auslandsausgabe durchgesehen und in einem Heft all das vermerkt, was meiner Meinung nach unbedingt weggelassen werden muß, will man nicht die Ausgabe der Konfiszierung und die Herausgeberin einer Bestrafung anheimfallen lassen. Nun käme ich gern mit Buch und Heft am 9. oder 10. Juli zu Ihnen nach Jasnaja Poljana" *(GMT).*

30 Es ist hier die Rede von André Gides „Le Retour de l'Enfant prodigue", Paris 1909 *(JaPb),* das Ch. Salomon auf Bitten des Autors Tolstoi überbracht hatte, dem es nicht gefiel (vgl. *PSS,* Bd. 58, S. 47 und 445 / dt.: Bd. 20, S. 321).

31 Ch. Salomon erinnert sich in seinem Brief an Tschertkow vom 4. April 1932: „*La Biche écrasée* hatte einen sehr großen Erfolg, besonders eine Stelle, die mich Tolstoi vorlesen und am nächsten und am übernächsten Tag vor neuen Gästen immer wieder vorlesen ließ" (zit. nach *PSS,* Bd. 58, S. 444).

32 Am 18. Juni, gleich nach der Ankunft Tolstois in Otradnoje, veröffentlichten viele Zeitungen Tschertkows Brief vom 13. Juni: „Da bereits in der Presse mitgeteilt worden ist, daß Lew Nikolajewitsch Tolstoi bei

mir zu Besuch weilt, halte ich es für unablässig, jenen Personen, die das Verlangen hegen könnten, hier mit ihm zusammenzutreffen, davon in Kenntnis zu setzen, daß Lew Nikolajewitsch, wenn er vorübergehend Jasnaja Poljana verläßt, der Ruhe bedarf und die größtmögliche Einsamkeit sucht. Deshalb haben diejenigen, die ihn mit Ruhe und Gesundheit beschenken wollen, kein besseres Mittel, um ihm ihre Liebe zu erweisen, als daß sie von jeglichen Besuchen absehen ... Ich erkläre dies mit Wissen von L. N. und bin überzeugt, daß diejenigen, die ihn lieben, die Haltung verstehen werden, die meine Bitte veranlaßt hat und sich ihr entsprechend verhalten werden."

33 Brief vom 12. Juli – vgl. *PSS*, Bd. 89, S. 192.

34 Goldenweiser überbrachte diesen Brief am 12. Juli aus Teljatinki. Nach seinen Worten gab ihn Sofja Andrejewna „Tschertkow nicht zurück, sondern sagte, sie habe ihn verloren" (*Gol'denvejzer* II, S. 116). Er wird nach einer Kopie von P. A. Sergejenko zitiert.

35 Der am Morgen des 14. Juli geschriebene Brief, in dem Tolstoi seine Entscheidung mitteilt: „1. Mein jetziges Tagebuch gebe ich niemandem, ich behalte es selbst. 2. Die alten Tagebücher werde ich mir von Tschertkow geben lassen und selber wahrscheinlich in einer Bank deponieren." Außerdem legte Tolstoi in diesem Brief die Gründe seiner Auseinandersetzungen mit seiner Frau dar und nannte „Bedingungen für ein gutes Leben in Frieden", schrieb aber, daß er aus Jasnaja Poljana „fortgehen werde", wenn sie nicht angenommen werden würden (vgl. *PSS*, Bd. 84, S. 398–401 / dt.: Bd. 17, S. 536–539).

36 Ein Journal, das die von S. A. Tolstaja abgeschriebenen Briefe Tolstois enthält.

37 Brief Tolstois vom 14. Juli mit der Bitte, ihm durch A. L. Tolstaja jene sieben Hefte der Tagebücher zurückzugeben, die Goldenweiser am 3. Juli aus Moskau mitgebracht hatte – vgl. *PSS*, Bd. 89, S. 193.

38 S. A. Tolstaja wollte in Rudakowo ein Haus kaufen und es in Owsjannikowo anstelle des dort abgebrannten Hauses von T. L. Suchotina errichten lassen. Vgl. *TbST*, 3. Juli.

39 Matthew Gering, Magister der Jurisprudenz der Universität von Edinburgh.

40 „Der dankbare Boden (Aus dem Tagebuch)" wurde am 14. Juli in den Zeitungen „Retsch", „Russkie wedomosti", „Utro Rossii" unter der Überschrift „Aus dem Tagebuch" (*PSS*, Bd. 38) veröffentlicht.

41 S. I. Tanejew.

42 Im Jahr 1910 führten A. L. Tolstaja, W. M. Feokritowa, W. F. Bulgakow und D. P. Makovický sowie A. B. Goldenweiser Tagebuch. Sie alle beschreiben sehr eingehend das Familienleben der Tolstois und das Verhalten von Sofja Andrejewna. Ihr gegenüber besonders tendenziös sind das Tagebuch von A. L. Tolstaja, W. M. Feokrito-

was Skizze „Poslednij god žizni L. N. Tolstogo" (Tolstojs letztes Lebensjahr) – *GMT* – sowie *Gol'denvejzer.*

43 Am Ende ihrer „Täglichen Aufzeichnungen" von 1910 findet sich das von S. A. Tolstaja erstellte Verzeichnis aller sieben Hefte, über das achte schreibt sie: „Es befindet sich einstweilen bei Lew Nikolajewitsch, er schreibt darin und verbirgt es sorgfältig vor mir. *Oktober 1910*" (GMT).

44 Unter anderem arbeitete Tolstoi 1910 an „Drei Tage auf dem Lande", „Es gibt keine Schuldigen in der Welt", „Chodynka" und den Artikel „Über den Wahnwitz".

45 Brief vom 1. Juli – vgl. Anmerkung 11.

46 An diesem Tag ritt Tolstoi selbst zu Tschertkow. Es war sein letzter Besuch in Teljatinki.

47 Vgl. Anmerkung 12.

48 S. A. Tolstaja spricht von jener Notiz, die Tolstoi am 29. November 1851 auf einem gesonderten Blatt aufgeschrieben hatte (*PSS*, Bd. 46, S. 237–238 / dt.: Bd. 18, S. 84), die sie voreingenommen und falsch interpretiert.

49 Am 22. Juli unterschrieb Tolstoi ein von dem Juristen N. K. Murawjow aufgesetztes Testament, in dem er all seine literarischen Werke, die veröffentlichten wie die nichtveröffentlichten, die vollendeten wie die unvollendeten, alles von ihm Geschriebene A. L. Tolstaja „als uneingeschränktes Eigentum" vermachte (dt.: Bd. 20, S. 499). Tolstoi war gezwungen, eine Person als Erben zu benennen, da anderenfalls das Testament juristisch nicht rechtsgültig gewesen wäre. Der eigentliche Wille des Schriftstellers, daß „all meine Werke ... und Schriften jeglicher Art *niemandes Eigentum*" seien und „das Recht auf ihre Herausgabe nach meinem Wunsch und Willen jedermann zustehen soll", wurde in einer von Tschertkow verfaßten „Erläuterung" dem Testament hinzugefügt. Tschertkow wurde das Recht auf Durchsicht und Edition des handschriftlichen Nachlasses des Schriftstellers übertragen (*PSS*, Bd. 82, S. 227–230).

50 Die Korrektur des XVII. Bandes der Ausgabe von 1910–1911, die Tolstois Vorworte zu Werken verschiedener Autoren, zu Aphorismensammlungen enthält (u. a. Vorwort zu „Ausgewählte Gedanken La Bruyères unter Beifügung ausgewählter Aphorismen und Maximen von La Rochefoucauld, Vauvenarque und Montesquieu", *PSS*, Bd. 40).

51 Es handelt sich um das unvollendete Drama „Alles kommt von ihm" (*PSS*, Bd. 38 / dt.: Bd. 10). Möglicherweise wollte Tolstoi mit der Stereotype „Und backe und koche" eine der Figuren sprachlich charakterisieren. Der Vorwurf der Ungenauigkeit ist unberechtigt, da aus der Autorenanmerkung nicht hervorgeht, wohin das Paket gelegt worden ist.

52 Es ist hier die Rede von zwei Korrekturen, die Tolstoi an den Erläuterungen vornahm, vgl. Anmerkung 49.

53 Vgl. *TbST* 1891, Anmerkungen 88 und 91.

54 Vgl. *PST*, S. 789. Der Brief, der datiert ist „Nacht vom 24. zum 25. Juli" findet sich im Tagebuch nach dieser Eintragung. Hier ist ebenfalls die Notiz „Die Fakten kann man an Ort und Stelle verifizieren" angefügt, die nicht an die Zeitungen verschickt wurde. Vgl. *DST*, IV, S. 130.

55 Tatsächlich nahm W. F. Bulgakow nicht an der Abfassung des Testaments teil (vgl. *Bulgakov*, S. 307). Zeugen waren A. D. Radynski und A. P. Sergejenko. Bei der Unterzeichnung war auch A. B. Goldenweiser zugegen.

56 Auf Bitte von S. A. Tolstaja las M. A. Stachowitsch Tolstois publizistische Arbeiten der letzten Jahre, um zu entscheiden, ob man sie mit Rücksicht auf die Zensur in die Ausgabe übernehmen könne; er holte dafür den Rat des Vorsitzenden des Zensurkommitees A. W. Belgrad ein. Zu „Das Reich Gottes ...", „Brief an die Liberalen" und „Über Glaubenstoleranz" schrieb er am 20. Juli an S. A. Tolstaja: „Ich habe sie aufmerksam durchgelesen, mich über strittige Passagen mit Belgrad beraten. Wir sind beide überzeugt, daß sie keinesfalls Anlaß bieten werden, daß dem Band droht, unter Arrest gestellt zu werden" *(GMT)*. S. A. Tolstaja sandte darüber hinaus auch „Christentum und Patriotismus", „An den Zaren und seine Gehilfen" sowie die Briefe an den Zaren Nikolai II. an Stachowitsch; ihr Brief ist nicht erhalten.

57 Die „Kosaken" wurden in den zweiten Band der Ausgabe von 1910–1911 aufgenommen.

58 Tolstoi kam nicht bis nach Owsjannikowo, da er unterwegs Gorbunow traf und zusammen mit ihm nach Jasnaja Poljana zurückkehrte. Tolstoi korrigierte „Leben im Gegenwärtigen", „Das Wort", „Demut", „Der Tod" für den Band „Weg des Lebens" (*PSS*, Bd. 45).

59 W. A. Molotschnikow, ein Anhänger Tolstois, wurde zweimal, 1908 und 1910, wegen Aufbewahrung und Verbreitung verbotener Werke Tolstois zur gerichtlichen Verantwortung gezogen. Er hatte Tolstoi 1907 kennengelernt, jedoch bereits 1906 mit ihm Briefe gewechselt. Tolstoi hegte große Sympathie für ihn und führte einen ausgedehnten Briefwechsel mit ihm (es sind mehr als vierzig Briefe bekannt).

60 S. W. Tschirkin.

61 Band XVII der Ausgabe von 1910–1911. Vgl. Anmerkung 50.

62 Birjukow sah einige publizistische Arbeiten Tolstois aus den letzten Jahren im Hinblick auf die Frage durch, ob man sie mit Rücksicht auf die Zensur in die Ausgabe 1910–1911 aufnehmen könne. „Von Serjoscha erhielt ich eine Liste jener Werke, die ich durchsehen soll, ich werde mich schon in den nächsten Tagen daran begeben", schrieb Birjukow noch am 24. April an S. A. Tolstaja *(GMT)*. Birjukow beschäftigte sich ebenfalls mit der Textgestaltung für den Druck, da viele

Werke Tolstois in Rußland mit Zensureingriffen, im Ausland jedoch (im Verlag Swobodnoje slowo) ohne diese erschienen waren.

63 Wahrscheinlich Erzählungen des Bandes „Puppengerippe" (Moskau 1910).

64 A. Maude sandte Tolstoi einen Teil des Geldes, das er für seine Übersetzung des Romans „Auferstehung" erhalten hatte. Tolstoi beschloß, dafür Roggensaat zu kaufen und sie an die ärmsten Bauern zu verteilen. Außer Alexei Schidkow kamen Taras Fokanow und Daniil Koslow zu Tolstoi (*JaZ*, 1. August).

65 Vgl. *TbST* 24. Juli und Anmerkung 52.

66 A. Maude sandte S. A. Tolstaja eine Kopie des Briefes, den ihm Tolstoi am 23. Juli geschrieben hatte, sowie die seiner eigenen Antwort. Tolstoi zeigte sich verärgert, daß Maude im zweiten Band seiner Biographie die Einstellung seiner Tochter M. L. Tolstaja Tschertkow gegenüber als „feindlich" bezeichnet hatte und bat ihn, diese Passage zu streichen. „Überhaupt macht mich Ihre feindliche Haltung Tschertkow gegenüber traurig, da eine solche Haltung einem Biographen nicht geziemt, falsch ist und den Leser täuschen muß", schrieb Tolstoi und bat abschließend, diese „Anmerkungen zu berücksichtigen" (vgl. *PSS*, Bd. 82, S. 82). Maude antwortete: „Ich werde diese Passage tilgen, wie Sie es forderten, doch gestatten Sie mir zu sagen, daß ich mich Ihrem Freund gegenüber keineswegs als feindlich gesonnen erachte ... Ich glaube, Sie wissen selbst, wie eng auch immer Ihre Beziehung zu diesem Freund sein mag, so müssen Sie in Ihren Überlegungen ihm gegenüber genauso unvoreingenommen wie mir gegenüber sein. Doch sei es wie es wolle – es ist Ihre Entscheidung, über die zu urteilen mir nicht ansteht" (zit. nach *DST*, IV, S. 320, der englischgeschriebene Brief war in das Tagebuch gleich nach der Eintragung eingeklebt worden).

67 Brief vom 3. August (vgl. *DST*, IV, S. 320–321).

68 S. A. Tolstaja beschuldigte in ihrem Brief Tschertkow, einen despotischen Einfluß auf ihren Mann zu haben, ihn gegen sie aufzuhetzen und Handschriften und Photographien zu sammeln. „Ja, ich bin wahnsinnig eifersüchtig auf Lew Nikolajewitsch und trete ihn nicht ab, selbst wenn es mir das Leben kosten sollte", schrieb sie, „und halte den Einfluß von Wladimir Grigorjewitsch auf unser ganzes Leben für schädlich" (*DST*, IV, S. 321–322).

69 Vgl. Anmerkung 48.

70 D. P. Makovický notierte an diesem Tag: „Ich las aus der tschechischen Zeitschrift ‚Vaše Doba' I. S. Machars Gedicht ‚Chelčický' vor. L. N. hörte aufmerksam zu, sagte aber nichts (*JaZ*, 3. August).

71 S. A. Tolstaja arbeitete an den Korrekturen des Traktats „Was ist Kunst?" (für den XVII. Band der Ausgabe 1910–1911); sie legte den Text der Erstausgabe zugrunde (1898), verglich ihn mit dem Manus-

kript und Korrekturen und fügte eine Reihe der von der Zensur gestrichenen Stellen oder Auslassungen wieder ein.

72 Worte des Vaterunsers (vgl. Matthäus-Evangelium VI, 9–13).

73 V. G. Korolenko: Bytovoe javlenie. Zametki publicista o smertnoj kazni (Eine alltägliche Erscheinung. Anmerkungen eines Publizisten zur Todesstrafe). In: Russkoe bogatstvo 1910, Nr. 3 und 4.

74 In der Bibliothek finden sich drei Romane des französischen Schriftstellers J. H. Rosny (*JaPb* mit Widmungen).

75 Die Diskussion zwischen Tolstoi und Korolenko wurde von A. L. Tolstaja in ihrem Tagebuch und von W. F. Bulgakow (vgl. *Bulgakov*, S. 320–325) festgehalten.

76 Vgl. den Brief Tolstois an Tschertkow vom 7. August, in dem es heißt: „... mir ist es in letzter Zeit peinlich, lächerlich und zugleich unangenehm, Ihnen auszuweichen, doch ich kann und vermag nichts anderes zu tun. Sie tut mir leid, ist zweifelsohne elender als ich, so daß es mir widerlich erschiene, aus Selbstmitleid ihre Leiden zu vergrößern" (*PSS*, Bd. 89, S. 201). Am 23. Juli notierte Goldenweiser: „Tschertkow sagte mir, Lew Nikolajewitsch habe ihm geraten, vorerst nicht nach Jasnaja Poljana zu kommen oder vorher seine Beziehung zu Sofja Andrejewna zu klären" (*Gol'denvejzer* II, S. 159).

77 An diesem Tag sollten fünf Bauern-Rekruten kommen, die den Wehrdienst verweigern wollten. Tolstoi schrieb für sie das Zirkular „An die Unbekannten" (vgl. *PSS*, Bd. 82, S. 100–101).

78 An diesem Abend spielte Goldenweiser für Tolstoi Beethovens „Appassionata" (*Gol'denvejzer* II, S. 223).

79 Das Traktat „Christentum und Patriotismus" (*PSS*, Bd. 39) war in Rußland verboten und wurde illegal verbreitet. In seinem Brief vom 7. August teilte M. A. Stachowitsch S. A. Tolstaja mit, daß er in allen von ihr übersandten Texten, u. a. auch in diesem Werk, die „fraglichen" und „zweifelsohne gefährlichen Stellen" vermerkt habe. Der Traktat wurde im XVIII. Band der Ausgabe von 1910–1911 mit großen Auslassungen abgedruckt.

80 In ihren „Täglichen Aufzeichnungen" vermerkte S. A. an diesem Tag: „Morgens diktierte er mir einen Brief an die Bauern über den Glauben" (*DST* IV, S. 153) – es handelt sich um den Brief an A. Mirow (vgl. *PSS*, Bd. 82, S. 106–107).

81 Je. W. Tolstaja – die Frau von A. L. Tolstoi.

82 An diesem Tag schrieb Tolstoi an W. I. Jermochin, N. Petrow, I. M. Schechowzew und Schri Paramachams, dem er auf seine Anfrage, ob er ihn in Jasnaja Poljana besuchen könne, antwortete (*PSS*, Bd. 82, S. 108–110).

83 Der Prozeß fand am 20. November statt. L. L. Tolstoi wurde freigesprochen.

84 Auf Bitten ihres Vaters übertrug A. L. Tolstaja seine Gedanken aus dem

Notizbuch in sein Tagebuch (vgl. *PSS*, Bd. 58, Notiz vom 7. August, dt.: Bd. 20, S. 320).

85 Aus diesem Anlaß schrieb T. L. Suchotina am 16. August an W. G. Tschertkow: „Es war ein einziger bitterer Verdruß, wie sie (d. h. S. A. Tolstaja – Anm. des Hrsg.) abends L. N. auflauerte, der wegen seiner Tagebücher zu Sascha ging. Heute hat sie ihm deswegen geschrieben. Doch schließlich hörte sie auf meine Bitte, nicht darüber zu sprechen und sagte, sie wolle sich beherrschen" (*DST*, IV, S. 327).

86 Im „Vorwort" zum ersten Band schreibt S. A. Tolstaja, daß Tolstois Brief an seinen Bruder Sergei, in dem er sich über die Eingriffe der Zensur bei der Veröffentlichung der „Kindheit" im „Sowremennik" beklagte (vgl. *PSS*, Bd. 59, S. 217 / dt.: Bd. 16, S. 183), sie veranlaßt habe, alle Manuskripte der „Kindheit" zu lesen, um auf ihrer Grundlage den originalen Text wieder herzustellen ohne all die von Lew Nikolajewitsch beanstandeten *„Verschandelungen"*. „Da ich davon ausgehe, daß die Edition der ‚Kindheit' nach den nur von Lew Nikolajewitsch selbst handschriftlich verfaßten Manuskripten ohne Eingriffe der Redaktion und Streichungen der Zensur von großem Interesse sein dürfte, habe ich beschlossen, nach diesen Manuskripten die ‚Kindheit' neu zu edieren." Nach ihren Worten stand ihr jedoch nicht jenes Manuskript zur Verfügung, aufgrund dessen „Kindheit" gedruckt worden war („Die Werke des Grafen L. N. Tolstoi", Bd. I, Moskau 1911, S. 5–6). Deshalb nahm sie die Handschrift der dritten, unvollendeten Redaktion, ergänzte sie nach der vierten Redaktion und erstellte auf diese Weise einen kontaminierten Text.

87 W. Ja. Grigorjew.

88 A. B. Goldenweiser notierte am 15. August: „Alexandra Lwowna sagte mir, L. N. habe Sachen mitgenommen, die er normalerweise nie zu einer Reise mitnähme. Offensichtlich denkt er an die Möglichkeit, sehr lange oder vielleicht überhaupt nie zurückzukehren" (*Gol'denvejzer* II, S. 264).

89 Am 14. August erhielt Tschertkow die offizielle Mitteilung, daß das Verbot, im Gouvernement Tula und insbesondere in Teljatinki zu wohnen, aufgehoben sei. Diese Mitteilung erschien am 18. August in vielen Zeitungen.

90 Inszenierung der Erzählung „Der Übeltäter". „War zu einer Schulaufführung. Sehr schön", notierte Tolstoi (*PSS*, Bd. 58, S. 94 / dt.: Bd. 20, S. 328).

91 Vgl. Anmerkung 83.

92 „Sofja Andrejewna hat den Brief an Stolypin in halbwahnsinnigem Zustand geschrieben, aber nicht abgesandt", teilte am 25. August T. L. Suchotina Tschertkow mit. „Am folgenden Tag nahm sie wieder Vernunft an" *(GMT)*.

93 An Bulgakow wurden drei Briefe übersandt, die Tolstoi erhalten und

mit Anmerkungen versehen hatte (vgl. *PSS* Bd. 82, S. 261–262), weiterhin ein Brief von A. L. Tolstaja mit einer Aufstellung von Büchern, die an die genannten Adressaten verschickt werden sollten (vgl. *Bulgakov*, S. 334) und ein Brief an Tschertkow (*PSS*, Bd. 89, S. 207).

94 Zitate aus der dritten Redaktion von „Kindheit" (Teil I), Ausgabe 1910–1911, S. 91 / dt.: Bd. 1, S. 76).

95 Die Korrekturen des zweiten Bandes der Ausgabe 1910–1911, der den „Überfall", die Sewastopoler Erzählungen, den „Holzschlag", die „Kosaken" und den „Morgen eines Gutsbesitzers" enthält.

96 Birjukow schickte mit einem Brief am 18. August die Artikel Tolstois „Eines ist not", „Über das Leben" u. a., die für die Ausgabe bestimmt waren. Im ersten hatte er die „zensurverdächtigen Stellen" gekennzeichnet.

97 Vgl. Anmerkung 86.

98 Brief an W. F. Krasnow (*PSS*, Bd. 82, S. 118–119).

99 Wurde in Band XV der Ausgabe 1910–1911 aufgenommen.

100 Vgl. Anmerkung 29. Am 27. Juli teilte S. A. Tolstaja M. A. Stachowitsch mit: „Nik. Wass. Dawydow hat die von ihm durchgesehene ‚Auferstehung' mir bereits gebracht, es gibt aber noch viel daran zu tun. Damit ist jetzt Serjoscha beschäftigt" *(GMT)*. Es wurden in diesen Roman Passagen wieder eingefügt, die bei seiner Veröffentlichung in der Zeitschrift ‚Niwa' gestrichen worden waren. Die Kapitel und Zeilen, die mit Rücksicht auf die Zensur nicht gedruckt werden konnten, wurden mit Auslassungspunkten sichtbar gemacht (Band XVIII der Ausgabe 1910–1911).

101 Tolstoi diskutierte mit Iwan Tschepurin, der das Manuskript seiner Autobiographie mitgebracht hatte.

102 S. A. Tolstaja bereitete die Bände XIII, XV und XVIII der Ausgabe 1910–1911 vor.

103 Tolstoi schrieb Tschertkow am 14. (zwei Briefe), am 20., am 24. (Postskript zu A. L. Tolstajas Brief) und am 25. August (vgl. *PSS*, Bd. 89, S. 204–208 / dt.: Bd. 17, S. 540–544).

104 Tolstoi schrieb an diesem Tag in sein „Tagebuch nur für mich": „Mit Sofja Andrejewna wird es immer unerträglicher. Das ist nicht Liebe, sondern ein Heischen nach Liebe, das nicht weit entfernt von Haß ist und in Haß übergeht ... Ihre Rettung waren die Kinder – die animalische, aber dennoch selbstlose Liebe. Doch als das zu Ende war, blieb nur entsetzlicher Egoismus zurück. Doch Egoismus ist der unnormalste Zustand – ist Wahnsinn" (*PSS*, Bd. 58, S. 135 / dt.: Bd. 20, S. 355).

105 Auszug aus Tolstois Tagebuch vom 29. November 1851 (vgl. die Notiz vom 19. Juli und Anmerkung 48).

106 „The World's Work", Bd. XVI, Nr. 94 *(JaPb)*.

107 L. L. Tolstoi beendete eine Büste von S. A. Tolstaja, sie steht im Guts-Museum von Jasnaja Poljana.

108 Brief vom 29. August. Tolstoi schrieb: „Wie schön wäre es, Du könntest in Dir jenes – ich weiß nicht, wie ich es nennen soll – jenes Etwas besiegen, das Dich selbst quält. Wie schön wäre dies für Dich und für mich" (*PSS,* Bd. 84, S. 401 / dt.: Bd. 17, S. 544–545).

109 Für den XVII. Band las S. A. Tolstaja die Korrektur der Artikel „Vorwort" zur Erzählung von L. D. Semjonow „Todesstrafe" (Brief an die Redaktion), „Über die falsche Wissenschaft", „Antwort an einen Bauern" u. a.

110 Brief vom 1. September, der A. L. Tolstaja mitgegeben worden war (vgl. *PST,* S. 792).

111 S. A. Tolstaja hatte den Geistlichen T. A. Kudrjawzew eingeladen, im Haus einen Bittgottesdienst abzuhalten, bei dem Wasser geweiht werden sollte, um den Geist Tschertkows auszutreiben. Als Tolstoi davon erfuhr, vermerkte er am 3. und 4. September in seinem „Tagebuch nur für mich": „Verbrennt Porträts und hält zu Hause Gottesdienste ab ... Will mich bemühen, daran zu denken, daß sie krank ist" (*PSS,* Bd. 58, S. 136 / dt.: Bd. 20, S. 356).

112 Gemeint ist Tschertkows Schreiben an Nikolai II. vom März 1910 mit der Bitte um Aufhebung der Verbannung aus dem Gouvernement Tula. Auf Anregung Tolstois hatte Tschertkow die erste Fassung umgearbeitet und gekürzt (vgl. *PSS,* Bd. 89, S. 177).

113 Brief vom 1. September (vgl. *PSS,* Bd. 84, S. 401–402).

114 Im Winter 1909/1910 in Jasnaja Poljana gedrehter Film.

115 Henry Bordeaux: La Peur de vivre (Paris [1]1902).

116 In seinem Brief vom 6. September bemüht sich Tschertkow, seine Beziehung darzulegen und S. A. Tolstaja zu veranlassen, in sich „die verkrustete Feindschaft" ihm gegenüber zu überwinden. „Auf jeden Fall hat niemand von Ihnen auch nur den geringsten Anlaß, meinen Einfluß auf Lew Nikolajewitsch zu *fürchten;* denn, ich wiederhole es noch einmal, ich erfülle eine rein vollstreckende Funktion: ich erfülle nur mit aller Sorgfalt die Wünsche und Aufträge von Lew Nikolajewitsch hinsichtlich seiner Schriften", versicherte Tschertkow. Am Schluß seines ausführlichen Schreibens wendet er sich an S. A. Tolstaja mit der Bitte „um Lew Nikolajewitschs willen, den alles Vorgefallene so sehr erschöpft hat, ... wieder jenem Guten zu seinem Recht zu verhelfen, das so viele Jahre lang die gegenseitigen Beziehung zwischen Ihnen bestimmt hat" (vgl. *DST,* IV, S. 332–336).

117 Tolstoi vermerkte in seinem „Tagebuch nur für mich": „Gestern, am 9., war sie den ganzen Tag hysterisch, aß nichts und weinte. Sie war sehr bedauernswert" (*PSS,* Bd. 58, S. 136 / dt.: Bd. 20, S. 356).

118 „... eine schwere Auseinandersetzung wegen meiner Abreise. Ich habe meine Freiheit behauptet. Werde fahren, wann *ich* will", notierte Tolstoi an diesem Tag in seinem Tagebuch (*PSS,* Bd. 58, S. 101 / dt.: Bd. 20, S. 330).

119 Am 9. September schrieb S. A. Tolstaja Tschertkow einen kurzen Brief: „Ihren Brief habe ich erhalten und werde ihn ausführlich beantworten, wenn ich gesund und klarer im Kopf bin. Ich werde aus Jasnaja Poljana schreiben, sobald ich dorthin mit Lew Nikolajewitsch zurückgekehrt bin“ (zit. nach *Gol'denvejzer* II, S. 286).

120 Brief vom 11. September, in dem S. A. Tolstaja schreibt: „Ich bitte Dich zu verstehen, daß all meine *Wünsche* – nicht *Forderungen*, wie Du sagst – sich nur aus meiner Liebe zu Dir speisen, aus meinem Verlangen, mich so selten wie möglich von Dir zu trennen, und zugleich aus meiner Verbitterung darüber, daß sich ein fremder, mir feindlich gesonnener Einfluß in unser langes, zweifelsohne liebevolles Eheleben einzuschleichen begann. Wird es diesen Einfluß nicht mehr geben, wenngleich Du ihn leider sicher sehr vermissen wirst, werde ich Dir grenzenlos dankbar sein für dieses große Opfer, das mir das Leben und Glück zurückschenkt, und ich schwöre Dir, alles in meiner Macht Stehende zu tun, für Deinen Geist und Deinen Körper liebevoll zu sorgen.“ Sie gestand auch selbst ein, daß ihre „Mittel, das zu erreichen, sehr ungeschickt, unglücklich und häßlich, quälerisch“ für sie beide gewesen seien (*PST*, S. 793).

121 Es ist nur ein Brief Tolstois aus Kotschety bekannt, ohne Anrede, knapp und zurückhaltend im Ton, datiert vom 14. September; er traf am 15. September ein. In ihren „Täglichen Aufzeichnungen“ notiert S. A. Tolstaja: „Erhielt einen Brief von L. N., daß es mich kalt überlief“ (*DST*, IV, S. 195). Tolstoi hatte seiner Frau geschrieben: „Ich möchte nicht über unsere Beziehungen reden, möchte nur versuchen, sie zu verbessern, und bin hinreichend überzeugt, daß mir das gelingen wird, wenn Du mir dabei hilfst (*PSS*, Bd. 84, S. 403).

122 Vgl. *PSS*, Bd. 84, S. 403.

123 Am 22. September wurde aus Kotschety ein Telegramm nach Jasnaja gesandt, das Tolstois Ankunft mitteilte, es kam jedoch offensichtlich erst zu spät an (vgl. *PSS*, Bd. 84, S. 403).

124 „Kinderweisheit“ – ein publizistisches Werk Tolstois, das aus einundzwanzig Dialogen zwischen Kindern und Erwachsenen besteht (vgl. *PSS*, Bd. 37).

125 Es handelt sich um das Buch von I. A. Malinowski „Blutige Rache und Todesstrafe“, Tomsk 1910, das der Autor Tolstoi mit folgender Widmung übersandte: „Für Lew Nikolajewitsch Tolstoi, der jegliche Gewalt und vor allem jenes ungeheure Böse, das man Todesstrafe nennt, entlarvt hat“ *(JaPb)*. Tolstoi fand in diesem Buch „viel gutes und notwendiges Material“ (*PSS*, Bd. 58, S. 107 / dt.: Bd. 20, S. 335).

126 Es handelt sich um den Traktat „Was sollen wir denn tun?“, der in den XV. Band der Ausgabe 1910–1911 aufgenommen wurde. S. A. Tolstaja gebraucht einen Arbeitstitel Tolstois, der Anfang April 1885 an Tschertkow geschrieben hatte: „Ich bin ganz und gar beschäftigt mit

dem Artikel ‚Was sollen wir denn tun?' – immer noch über das Geld" (*PSS*, Bd. 85, S. 160).

127 Am 6. Oktober schrieb Tschertkow Tolstoi zwei Briefe. Im ersten heißt es: „... Ich denke, Sie dürfen vorerst die Frage nach mir um nichts in der Welt anschneiden, einmal, um Sofja Andrejewnas liebevolleren Verhalten Ihnen gegenüber freien Raum zu lassen, zum anderen aber auch, damit Sie selbst die Erleichterung, die Ihnen ihr geändertes Verhalten bringt, voll auskosten können, solange dieser Zustand bei Sofja Andrejewna anhält" (zit. nach *DST*, IV, S. 350). Als er die Einladung nach Jasnaja Poljana erhielt, nahm er sie im zweiten Brief nur unter der Bedingung an, daß „Sofja Andrejewna bei ihrer Begegnung nicht zugegen" sei *(GMT)*.

128 Im „Tagebuch nur für mich" notierte Tolstoi: „Ich habe ihr alles gesagt, was ich für nötig hielt. Sie widersprach, und ich regte mich auf" (*PSS*, Bd. 58, S. 140 / dt.: Bd. 20, S. 360).

129 P. P. Nikolajew sandte Tolstoi sein Buch „Der Gottesbegriff als vollkommene Grundlage des Bewußtseins (monistisch geistliche Weltsicht)", Teil 1, Genf 1907, der zweite Teil wurde als Korrekturexemplar übersandt (erschien 1910 in Genf).

130 Der Artikel war vorgesehen für den XIX. Band der Ausgabe 1910–1911.

131 Zu dieser Tagebuchnotiz hatte S. A. Tolstaja einen Auszug aus Tschertkows Brief vom 21. September 1909 mit ihren ausführlichen Kommentaren geklebt und ihn später durch Tschertkows Brief an Tolstoi vom 1. Oktober 1909 ergänzt (vgl. *DST*, IV, S. 217–218).

132 Es handelt sich um den Artikel von B. L. Modzalevskij „Biblioteka Puškina. Bibliografičeskoe opisanie" (Die Bibliothek Puškins. Eine bibliographische Beschreibung) in dem Sammelband „Puškin i ego sovremenniki. Materialy i issledovanija" (Puškin und seine Zeitgenossen. Materialien und Untersuchungen), Band 9–10, St. Petersburg 1909.

133 Möglicherweise hatte S. A. Tolstaja den umfangreichen Brief Tschertkows vom 11. August mit dem beigefügten Auszug aus seinem Tagebuch vom 4. Dezember 1908 gelesen, wo er ausführlich die Geschichte des von Tolstoi aufgesetzten Testaments darlegt, und mit dem Hinweis auf die eigennützigen Absichten der Familienmitglieder, die angeblich nach Tolstois Tod sein literarisches Erbe beanspruchen wollten, die Notwendigkeit eines notariell beglaubigten Testaments betont (vgl. *Gol'denvejzer* II, S. 230–242).

134 S. A. Tolstaja hatte das sorgsam vor ihr verborgene „Tagebuch nur für mich" gefunden, aus dem sie (Notiz vom 29. Juli, vgl. *PSS*, Bd. 58, S. 129 / dt.: Bd. 20, S. 348) auch von der Existenz des geheimen Testaments erfuhr (vgl. Anmerkung 49).

135 Notiz vom 30. Juli im „Tagebuch nur für mich" (vgl. *PSS*, Bd. 58, S. 129 / dt.: Bd. 20, S. 349).

136 Gemeint ist die Aufzeichnung vom 12. September 1862. Tolstoi hatte

geschrieben: „Ich bin von Sinnen, ich erschieße mich, wenn das so weitergeht" (*PSS*, Bd. 48, S. 44 / dt.: Bd. 18, S. 290).

137 Brief v. 12. Oktober (*PSS*, Bd. 82, S. 188–189 / dt.: Bd. 17, S. 555f.).

138 Tolstoi hatte Tschertkow die Manuskripte seiner Werke nach England zur Aufbewahrung wie auch zur Edition übersandt, da viele von ihnen aus Zensurgründen nicht in Rußland veröffentlicht werden konnten. Nach Tolstois Tod wurden die Manuskripte 1913 nach Rußland zurückgebracht. W. G. Tschertkow übergab sie der Akademie der Wissenschaften.

139 Auf einer Öffentlichen Sitzung bestätigte das Tulaer Kreisgericht am 16. November 1910 die Rechtsgültigkeit von Tolstois Testament.

140 Brief vom 14. Oktober, den sie in das Tagebuch eingeklebt hatte (*PST*, S. 794–795).

141 Tolstoi notierte an diesem Tag: „Auf dem Tisch liegt ein Brief von Sofja Andrejewna mit Vorwürfen ... Als sie kam, bat ich sie, mich in Ruhe zu lassen. Sie ging. Ich spüre einen Druck in der Brust und habe über 90 Puls" (*PSS*, Bd. 58, S. 118 / dt.: Bd. 20, S. 508).

142 Die Eröffnung der Volksbibliothek der Moskauer Gesellschaft zur Förderung des Lesens und Schreibens hatte zu Ehren des achtzigsten Geburtstags von Tolstoi am 31. Januar 1910 in der Hütte des Bauern A. Jelissejew im Beisein Tolstois in Jasnaja Poljana stattgefunden. Tolstoi schrieb über die Eröffnung der Bibliothek in seinem Tagebuch, vgl. *PSS*, Bd. 58, S. 14 /dt.: Bd. 20, S. 290).

143 A. K. Tschertkowa war tatsächlich krank, was D. P. Makovický Tolstoi mitteilte (*JaZ*, 16. Oktober).

144 Diese Begegnung mit S. A. Tolstaja hat Sergejenko beschrieben (vgl. *Gol'denvejzer* II, S. 319–320).

145 Zitat aus dem Artikel „Die Lehre Christi – dargelegt für Kinder" (vgl. *PSS*, Bd. 37, S. 116), aufgen. in Band XV der Ausgabe 1910–1911.

146 Das Treffen mit Tolstoi hat M. P. Nowikow in seiner Skizze „Meine letzte Begegnung" beschrieben, die in der Zeitschrift „Golos Tolstogo i edinenie" und „Istinnaja svoboda", 1922, Nr. 7, veröffentlicht wurde. Tolstoi erzählte Nowikow von seiner Absicht, aus Jasnaja Poljana „fortzugehen". „Ich möchte ruhig sterben, möchte bei Gott sein", sagte er zu ihm, „aber man versteht mich nicht ... ich werde fortgehen, werde unbedingt fortgehen" (S. 12). Am 24. Oktober bat Tolstoi Nowikow in einem Brief: „... könnten Sie dann vielleicht in Ihrem Dorf ein wenn auch noch so kleines, aber eigenes und warmes Häuschen für mich finden" (*PSS*, Bd. 82, S. 211). Nowikow zögerte mit seiner Antwort, da er „tagelang darüber nachdachte ... wie man ihn am besten von seiner Absicht abbringen könnte, Jasnaja Poljana zu verlassen" (S. 12f.). Sein Brief wurde Tolstoi bereits in Astapowo überbracht.

147 „Dann kamen noch Perewosnikow und Titow, der Sohn, ein Revolutio-

när", notierte Tolstoi (*PSS*, Bd. 58, S. 121 / dt.: Bd. 20, S. 342). „Titus, der Sohn", M. T. Polin, war damals gerade erst aus dem Gefängnis entlassen worden, zu dem er wegen seiner Teilnahme an revolutionären Umtrieben verurteilt worden war. Perewosnikow, ein Schlosser, Mitglied eines Arbeiterzirkels, lebte bei Tschertkow.

148 Tolstoi überarbeitete in jenen Tagen seinen Artikel „Über den Sozialismus". Entwürfe des Artikels „Über den Selbstmord", die er im März 1910 geschrieben hatte, griff er in der ausführlicher konzipierten Abhandlung „Über den Wahnwitz" auf, die jedoch nicht vollendet wurde (vgl. *PSS*, Bd. 38).

149 Tolstoi korrigierte erneut den Artikel „Über den Sozialismus".

150 S. A. Tolstaja arbeitete an der Vorbereitung der letzten Bände der neuen Ausgabe, in die die späten Abhandlungen Tolstois aufgenommen wurden, von denen viele in Rußland verboten und konfisziert waren.

151 Auf Rat Tolstois schrieb P. N. Gastew seine Erinnerungen an W. K. Sjutajew, dem er 1890 in der Landkommune des Dorfes Nowossjolowo bei Twer begegnet war (vgl. „Vegetarinskoe obozrenie" 1912, Nr. 1–2).

152 S. A. Tolstaja las aus ihren Erinnerungen „Mein Leben" *(GMT)*.

153 Es ist nur der Brief vom 23. Oktober an A. K. Tschertkowa bekannt (vgl. *PSS*, Bd. 89, S. 229 / dt.: Bd. 17, S. 556).

154 Später fügte S. A. Tolstaja hier an: „Wahrscheinlich hat er damals seine Flucht geplant, und ich fühlte, daß etwas Schreckliches auf uns zukam."

155 In seinem Abschiedsbrief schrieb Tolstoi an seine Frau: „Ich vermag nicht länger in jenem Luxus zu leben, in dem ich gelebt habe, und ich tue, was Greise meines Alters gewöhnlich tun: sie kehren dem weltlichen Leben den Rücken, um ihre letzten Tage in Einsamkeit zu verbringen. Bitte begreife das und reise mir nicht nach, selbst wenn Du erfahren solltest, wo ich bin" (*PSS*, Bd. 84, S. 404 / dt.: Bd. 17, S. 558).

156 A. K. Tschertkowa teilte nach den Worten Bulgakows Goldenweiser am 29. Oktober mit: „Sofja Andrejewna geriet in einen Erregungszustand, versuchte mehrfach, sich das Leben zu nehmen" (*Gol'denvejzer* II, S. 335).

157 Von den Familienmitgliedern waren bei Tolstoi die Töchter Tatjana und Alexandra sowie der Sohn Sergei. In dem „Medizinischen Gutachten über Krankheit und Tod von L. N. Tolstoi" vom 9. November, das D. P. Makovický, D. W. Nikitin und G. M. Berkengeim unterzeichnet haben, findet sich folgende Erklärung: „Im Familienrat wurde auf Empfehlung der Ärzte beschlossen, keine weiteren Verwandten zu L. N. zuzulassen, da Anlaß zu der Annahme bestand, daß L. N. durch das Erscheinen neuer Personen sehr erregt werden könnte, was sich in verhängnisvoller Weise auf sein Leben auswirken würde, das nur noch an einem seidenen Faden hing" (zit. nach V. A. Gotval't: Poslednie dni L'va Nikolaeviča Tolstogo / Die letzten Tage von Lev Nikolaevič Tolstoj /, Moskau 1911, S. 39).

Personenregister

Die kursiven Zahlen beziehen sich auf Vorwort und Anmerkungsteil. Namen, die *nur* in den Anmerkungen erwähnt sind, wurden nicht in das Register aufgenommen.

Abamelek-Lasarew, Semjon Semjonowitsch
(1857–1916), Grund- und Fabrikbesitzer – I: 142
Abrikossow, Chrisanf Nikolajewitsch
(1877–1957), Anhänger Tolstois – II: 72, 160, 242, 361, *438*
Adlerberg, N. A.
– II: 262
Afremows,
die Familie von N. T. Afremowa, alte Bekannte der Tolstois – II: 66
Agafja Michailowna
(1808–1896), Stubenmädchen bei Tolstois Großmutter P. N. Tolstaja; lebte später in Jasnaja Poljana – I: 153, 190
Agafjin, Michail Iwanowitsch
Bildhauer und Former – II: 372
Agejew, Afanassi Nikolajewitsch
(1861–1908), Bauer aus dem Dorf Kasnatschejewka im Gouvernement Tula – II: 263, *439*
Albert, Eugen d'
(1864–1932) Komponist und Pianist – I: 390
Albertini (geb. *Suchotina*), Tatjana Michailowna
(Tanjuschka, Tanetschka; * 1905), Tochter von T. L. Suchotina – II: 279, 353, 356, 358, 359, 364, 365, 376, 379, 380
Aldridge, Ira
(um 1805–1867), amerikanischer Tragöde – I: 33
Alexander I.
(1777–1825), Zar – I: *438*; – II: 86
Alexander II.
(1818–1881), Zar – I: 27, 121, *408, 417, 423*; – II: 85
Alexander III.
(1845–1894), Zar – I: *7, 8,* 132, 180–182, 191, 192, 199–201, 203–209, 211, 217, 220, 221, *427, 430, 441, 442, 444, 462*
Alexander Newski
(um 1220–1263), Großfürst – I: 118
Alexei Mitrofanowitsch
siehe Nowikow, A. M.
Alexejew, Pjotr Semjonowitsch
(1849–1913), Arzt in der sibirischen Stadt Tschita – I: 216, *445*
Alexejew, Wassili Iwanowitsch
(1848–1919), Hauslehrer bei den Tolstois – I: 107, 112, *421*
Aljochin, Arkadi Wassiljewitsch
(1854–1918), Anhänger Tolstois – I: 217, 227, *432, 445*
Aljoscha

siehe Tolstoi, Alexei L.
Aljoscha Gorschok
Bauer aus Jasnaja Poljana, Wächter auf dem Gut der Tolstois – I: 75
Almasow, Alexei Iwanowitsch
(1838–1900), Moskauer Psychiater, Anhänger Tolstois – I: 176; – II: 134, 136
Almasowa (verehel. *Wendrich*), Wera Alexejewna
(* 1876), Tochter von A. I. Almasow, Ärztin – II: 136, 169
Almedingen, Natalija Alexejewna
(* 1883), Redakteurin von Kinderzeitschriften – II: 379, 405, 406
Altschuller, Isaak Naumowitsch
(1870–1943), Arzt in Jalta – II: 190, 194–196, 199, 200, 205, 208, 209, 216, 222
Altschuller, Marija Abramowna
(1868–1928), Frau von I. N. Altschuller – II: 231
Amfiteatrow, Alexander Walentinowitsch
(1862–1938), Schriftsteller – II: 201, *453*
Amwrossi (d. i. *Grenko,* Alexander Michailowitsch)
(1812–1891), Mönch im Kloster Optina Pustyn – I: 224, ,295, 312
Anastassija Michailowna
(* 1860), Prinzessin von Mecklenburg – I: 204
Andrejew, Leonid Nikolajewitsch
(1871–1919), Schriftsteller – II: 256, 257, *432, 438*
Andrejew, Wassili Wassiljewitsch
(1861–1918), Musiker, Balalaika-Virtuose – II: 157
Andrejew-Burlak, Wassili Nikolajewitsch
(1843–1888), Schauspieler – I: 139, 159, *430*
Andrjuscha
siehe Behrs, A. A.
oder Tolstoi, A. I.
oder Tolstoi, A. L.
Anke, Nikolai Bogdanowitsch
(1803–1872), Arzt, Freund von A. Je. Behrs – I: 36
Annenkow,
Fuhrwerksunternehmer in Tula – I: 17, 25
Annenkow, Konstantin Nikanorowitsch
(1843–1910), Mann von L. F. Annenkowa, Jurist – I: 220, *446*
Annenkowa, Leonila Fominitschna
(1844–1912), Bekannte der Tolstois – I: 176, 181, 185, 186, 219, 220, 329, 395, 396, 402, *442, 459;* – II: 76, 78, 134–136, 379
Annenkows
– II: 130
Annotschka
siehe Tolstaja, A. I.
Antokolski, Mark Matwejewitsch
(1843–1902), Bildhauer, Akademiemitglied – II: 44, *416*
Antoni
(* 1846), Metropolit – II: 173, 215, 217, *430, 431, 434*
Arbusow, Sergei Petrowitsch
(1849–1904), Diener bei den Tolstois, Verfasser von Erinnerungen an Tolstoi – I: 119, *423*

Arbusowa (verehel. *Kondaurowa*), Alexandra Pawlowna
(Saschka; 1877–1971), lebte als Kind bei den Tolstois – I: 188, 198, 355
Arbusowa, Marija Afanassjewna
(* 1884), Kinderfrau der älteren Tolstoi-Kinder – I: 86, 114, *416, 423*
Arbusowa (verehel. *Ljapunowa*), Wera Sergejewna
(Werotschka; 1881–1975), Stubenmädchen bei S. A. Tolstaja, später Frau des Dichters W. D. Ljapunow – I: 338, 352; – II: 27, 50, 92
Archangelski, Andrei Dmitrijewitsch
(1879–1940), Student an der Moskauer Universität, Nachhilfelehrer von M. L. Tolstoi – II: 139
Arenski, Anton Stepanowitsch
(1861–1906), Komponist – II: 89, 155, 165, 227, 254, 266, 280, *438*
Aristow
– II: 31, 59
Aronson, Naum Lwowitsch
(1872–1943), Bildhauer – II: 176, 177, *431*
Arschenewski, Lew Nikandrowitsch
Arzt – II: 242
Arsenjew, Alexei Alexandrowitsch
(1850–1915), Adelsmarschall im Gouvernement Tula – I: 173
Arsenjewa, Walerija Wladimirowna
(1836–1909), Jugendfreundin Tolstois – I: 61, 270, *411*
Aubert,
Gouvernante bei den Tolstois – I: 291, 300, 303, 311, 368, 378, 399; – II: 54, 59
Auer, Leopold Semjonowitsch
(1845–1930), Geiger und Dirigent – I: 390; – II: 150
Auerbach, German Andrejewitsch
– I: 53, 60, *411*
Auerbach (geb. *Bergholz*), Julija Fjodorowna,
Vorsteherin des Tulaer Mädchengymnasiums – I: 20, 60
Auerbach (geb. *Bergholz*), Sofja Pawlowna
(Sonetschka; * 1844) – I: 20, 204
Auerbachs
– I: 60, 203, 210

Bach, Johann Sebastian
(1685–1750) – I: 193, 331, 357, 360, 375, 384; – II: 75, 90, 93, 130, 133, 134
Bannikow, Mitrofan Nikolajewitsch
Wächter und Zureiter auf dem Gut der Tolstois – I: 97, *419*
Bannikow, Nikolai Dmitrijewitsch,
Diener bei den Tolstois – I: 19, *407*
Bannikowa, Awdotja Iwanowna
(Duschka; * um 1850), Stubenmädchen bei S. A. Tolstaja – I: 65, *412*
Bannikowa (verehel. *Orechowa*), Jewdokija Nikolajewna
(Dunjascha), Stubenmädchen bei den Tolstois – I: 18, 19, 79, *407, 415*
Baranows,
die Familie von N. P. Baranow, der am Landgericht Tula bestallt war – II: 111
Baratynskaja (geb. *Timirjasewa*), Jekaterina Iwanowna
Übersetzerin, Mitarbeiterin des Verlags „Posrednik“ – II: 21, 256

Baratynski, Jewgeni Abramowitsch
(1800–1844), Dichter – II: 235, *436*
Barjatinski, Alexander Iwanowitsch
(1815–1879), Generalfeldmarschall; 1856 Oberbefehlshaber und Statthalter im Kaukasus – II: 271, 272
Bartenew, Pjotr Iwanowitsch
(1829–1912), Herausgeber und Redakteur der Zeitschrift „Russki archiv" – II: 56, 57
Baschilows,
die Familie des Malers M. S. Baschilow – I: 88
Basilewitsch,
Tulaer Gutsbesitzer – I: 240
Basykina (geb. *Anikanowa*), Axinja Alexandrowna
(1836–1919), Bäuerin aus Jasnaja Poljana – I: *10,* 51, 55, 80, *410, 411, 415*; – II: 288
Beaunier, A.
Korrespondent der franz. Zeitungen „Temps" und „Débats" – I: 393, *468*
Beethoven, Ludwig van
(1770–1827), – I: 107, 122, 140, 146, 166, 175, 182, 214, 215, 302, 311, 312, 316, 318, 331, 332, 336–338, 357, 367, 369, 373, 374, 380–384, 386–390, 394, 395, 401, *466*; – II: 15, 17, 26, 27, 42, 60, 88, 97, 98, 106, 107, 130, 134–136, 139, 141, 144, 148, 149, 151, 155, 172, 190, 239, 258, 305, 349, 353, *413, 450*
Behrs, Alexander Alexandrowitsch
(1844–1921), Vetter von S. A. Tolstaja – I: 152, 172, 303, 305
Behrs, Alexander Alexandrowitsch
(Sascha; 1883–1907), Neffe von S. A. Tolstaja – I: 357, 399; – II: 59, 76, 90, 148, 237
Behrs, Alexander Andrejewitsch
(Sascha; 1845–1918), Bruder von S. A. Tolstaja, Offizier – I: 30, 36, 53, 65, 66, 99, 243, 271, 373, 401, 402, *411, 412, 419, 454*; – II: 12, 34, 51
Behrs, Andrei Alexandrowitsch
(Andrjuscha), Neffe von S. A. Tolstaja – I: 142
Behrs, Andrei Jewstafjewitsch
(1808–1868), Vater von S. A. Tolstaja, Arzt am Moskauer Hofkomptoir – I: *9, 10,* 26–28, 34–37, 47, 61, 63, 82, 94, *409*
Behrs (geb. *Mitrofanowa*), Anna Alexandrowna
(Anetschka), Frau von S. A. Tolstajas Bruder A. A. Behrs – I: 271, 373, *454*
Behrs (verehel. *Mjassojedowa*), Jelisaweta Alexandrowna
(Wetotschka; geb. 1884), Nichte von S. A. Tolstaja – I: 303, 305
Behrs, Jelisaweta Andrejewna
(Lisa; 1843–1919), die ältere Schwester von S. A. Tolstaja – I: 17, 19, 24–26, 28, 30–32, 37, 47, 70, 301, 302, 373, *413*; – II: 17, 47, 63, 83, *412*
Behrs, Jewgenija Petrowna
(Schenja), Nichte von S. A. Tolstaja – I: 387
Behrs (geb. *Islawina*), Ljubow Alexandrowna
(1826–1886), Mutter von S. A. Tolstaja – I: *9, 10,* 17, 19–21, 23–26, 29, 31–35, 37, 46, 47, 55, 57, 63, 64, 67, 82, 86, 94, 120, 132, 190, *412, 428*; – II: 270
Behrs, Ljubow Alexandrowna
(Ljuba; 1842–1920), Kusine von S. A. Tolstaja – I: 160
Behrs, Marija Petrowna
Frau von S. A. Behrs, Schauspielerin an Provinztheatern – I: 143, *432;* – II: 19, 20

Behrs, Pjotr Andrejewitsch
(Petja; 1849–1910), Bruder von S. A. Tolstaja, Literat – I: 35, 37, 88, 95, 386, 387, *416*
Behrs, Stepan Andrejewitsch
(Stjopa; 1855–1909), Bruder von S. A. Tolstaja, Untersuchungsrichter – I: 98, 103, 105, 143, 385, *418–420, 432;* – II: 13, 14, 19, 20, 26, 40, 41, 111, 153
Behrs, Tatjana Andrejewna,
siehe Kusminskaja, T. A.
Behrs, Wjatscheslaw Andrejewitsch
(1861–1907), Bruder von S. A. Tolstaja, Ingenieur – I: 37, 167, 190, 191, 199, *442*; – II: 258
Behrs, Wladimir Andrejewitsch
(Wolodja; 1853–1874), Bruder von S. A. Tolstaja – I: 17, 19, 25, 26, 35
Beketow, A. N.
– I: 178, *438*
Belezki,
Offizier – II: 269
Beloborodow, Jakow Fjodorowitsch
(1826–1912), Notar in Tula – I: 233, 252
Belogolowy, Nikolai Andrejewitsch
(1834–1895), Arzt – I: 269, 310, *462*
Belskaja (verehel. *Naryschkina*), Marija Michailowna
Bekannte der Tolstois – II: 327
Belskis
– *II:* 29, 45
Bergholz, Sonetschka
siehe Auerbach, S. P.
Berger, Iwan Alexandrowitsch
(1867–1916), Gutsverwalter in Jasnaja Poljana und Owsjannikowo – I: 162, 174, 182, 183, 226, 228
Berger, Sergei Alexandrowitsch
(Serjoscha), Bruder von I. A. Berger – I: 174
Berkengeim, Grigori Moissejewitsch
(1872–1919), Arzt – II: 266, *457*
Berlioz, Hector
(1803–1869), franz. Komponist – I: 384
Bernschtam, Leopold Adolfowitsch
(1859–1939), Bildhauer – I: 220, *446*
Bertenson, Lew Bernardowitsch
(1850–1929), Petersburger Arzt – II: 200–202, 219, 231, *435*
Bessey-Lewina, Rosina
(1880–1976), amerikanische Pianistin und Pädagogin, absolvierte 1898 das Moskauer Konservatorium – II: 65
Bestuschew-Rjumin, Wassili Nikolajewitsch
(1835–1910), Generalleutnant, 1876–1889 Direktor der Tulaer Waffenfabrik – I: 220
Bibikow, Alexander Nikolajewitsch
(1827–1889), Gutsherr im Gouvernement Tula, Besitzer des Guts Teljatinki – I: 90, 98, *411*
Bibikow, Alexei Alexejewitsch

(1837–1914), Verwalter der Tolstoischen Ländereien bei Samara – I: 110, 115, 123, 331, *422*
Bibikow, Wassili Nikolajewitsch
(1830–1899), Tulaer Gutsbesitzer – I: 251
Bibikow, Wladimir Alexandrowitsch
(* 1877), Sohn von A. N. Bibikow – I: 371, 372; – II: 62, 63, 74
Bibikowa (geb. *Tolstaja*), Marija Sergejewna
(Mascha; 1872–1954), Tochter von S. N. Tolstoi – I: 293, 364; – II: 58
Birjukow, Pawel Iwanowitsch
(Poscha; 1860–1931), Freund und Biograph Tolstois – I: 142, 148–152, 162, 164, 165, 170, 267, 284, *417, 428, 431, 433, 434, 436, 440, 453, 463, 465*; – II: 16, 36, 147, 277, 325, 338, 341, 343, 344, 353, 363, 385, *412, 415, 427, 439, 440, 448, 452*
Boborykin, Konstantin Nikolajewitsch
(1829–1904), Kriegskamerad Tolstois in Sewastopol – II: 18, 48
Bobrinski, Lew
Kamerad von M. L. Tolstoi – II: 77
Boldyrews
– II: 125, 129
Bool (Bol), Klara Karlowna
(* 1869), Pädagogin, Gouvernante in A. N. Dunajews Familie – II: 264
Boratynskaja (geb. *Suchotina*), Jelisaweta Sergejewna
(1851–1902), Schwester von M. S. Suchotin – I: 384; – II: 130
Bordeaux, Henry
(1870–1963), franz. Schriftsteller – II: 377, *453*
Borel,
Erzieher von A. L. und M. L. Tolstoi – I: 155, 185, 227, 230, 246
Borodin, Alexander Porfirjewitsch
(1833–1887), russ. Komponist – II: 118
Botkin, Wassili Petrowitsch
(1812–1869), Schriftsteller und Kritiker – II: 235
Boulanger, Nikolai Pawlowitsch
(1888–1942), Sohn von P. A. Boulanger – I: 362
Boulanger, Pawel Alexandrowitsch
(1865–1925), Anhänger Tolstois, Angestellter bei der Eisenbahnlinie Moskau-Kursk – I: 146, 147, 301, 330, 331, 344, 348, 354, 355, 362, *434, 452, 465, 466*; – II: 23, 147, 151, 155, 164, 175, 190, 191, 208, 210, 212, 217, 219, 228, 232, 233, 243, 247, 249, 252, 257, 262, 352, 387, 391, *427, 434–436, 440*
Bourget, Paul
(1852–1935), franz. Schriftsteller – I: 177, 182, 187, 239, 240, *438*
Brahms, Johannes
(1833–1897) – I: 374; – II: 305
Brandukow, Anatoli Andrejewitsch
(1856–1930), Cellist – I: 262
Braschnin, Iwan Petrowitsch
(1826–1898), Kaufmann, Anhänger Tolstois – II: 28, 50, 51, *414*
Braschnina,
Frau von I. P. Braschnin – II: 58
Buch, L. K.
– I: 397, *468*

Buchman, Alexander Nikolajewitsch
(* 1877), Zögling von N. P. Dawydow – I: 194
Bugajewa, Alexandra Dmitrijewna
(* 1922), Frau von N. W. Bugajew, Mathematikprofessor an der Moskauer Universität – I: 271
Bujukli, Wsewolod Iwanowitsch
(1873–1920/21), Pianist – II: 258
Bulachow, Pjotr Alexejewitsch
Altgläubiger aus dem Gouvernement Smolensk – I: 337, *463*; – II: 46
Bulgakow, Walentin Fjodorowitsch
(1886–1966), Sekretär Tolstois im Jahre 1910 – II: 294, 295, 310, 323, 324, 333, 335, 340–342, 346, 360, 361, 365, 368, 372, 373, 379, 381, 387, 392, 404, 405, 407, *446*, *448*, *450*, *451*, *457*
Bulygin, Michail Wassiljewitsch
(1863–1943), Anhänger Tolstois, Besitzer des Anwesens Chatunka im Landkreis Krapiwna – I: 152, 153, 163–165, 354; – II: 124, 170, 174, 304, 372, 387
Bulygin, Sergei Michailowitsch
(1889–1943), Sohn von M. W. Bulygin – II: 351
Burenin, Wiktor Petrowitsch
(1841–1926), Dichter und Publizist, Mitarbeiter der Zeitung „Nowoje wremja" – II: 153, 256, *433*, *438*
Butenew, Konstantin Apollinarjewitsch
siehe Chreptowitsch-Butenew, K. A.
Butenew, Pawel Konstantinowitsch
Student an der Moskauer Universität, Kamerad von M. L. Tolstoi – I: 359, 360, 400; – II: 21, 55, 59, 77, 112, 135
Butenews,
die Familie von K. A. Butenew – I: 398; – II: 29, 37
Butkewitsch, Anatoli Stepanowitsch
(1869–1942), Bienenzüchter, Sohn des Tulaer Gutsbesitzers – I: 141–143, 146, 147, 149, 227, 230, 231, *434*
Butkewitsch, Andrei Stepanowitsch
(* 1865), Arzt – I: 183; – II: 36
Buturlin, Alexander Sergejewitsch
(1845–1916), Naturwissenschaftler, hatte im Zusammenhang mit der Netschajew-Affäre vor Gericht gestanden – I: 130, 132; – II: 353
Byron, George Gordon Noel
(1788–1824) – II: 216

Carlyle, Thomas
(1795–1881), schott. Philosoph und Publizist – II: 298
Carpenter, Edward
(1844–1929), engl. Publizist – I: 398, *467*; – II: 28, 31, 45, *414*, *415*
Chelčický, Petr
(um 1390 – um 1460), tschech. Laientheologe, Verfasser des Werks „Netz des Glaubens" – II: 343, *449*
Cherbuliez, Victor
(1829–1899), franz. Schriftsteller – I: 112, 114, *422*; – II: 16
Chilkow, Dmitri Alexandrowitsch

(1857–1914), Offizier, Anhänger Tolstois – I: 175
Chirjakow, Alexander Michailowitsch
(1863–1946), Journalist – II: 383
Chmelnizki, Bogdan Michailowitsch
(um 1595–1657), ukrain. Hetman – II: 80
Chochlow, Pjotr Galaktinowitsch
(1863–1896), Student an einem Moskauer Technikum, Anhänger Tolstois – I: 155, 227, 240, 250, 263, 264, 279, *434, 449*
Cholewinskaja, Marija Michailowna
(* 1856), Landärztin im Kreis Krapiwna – I: 306, 309, *461, 462*
Chomjakow, Alexei Stepanowitsch
(1804–1860), Schriftsteller – II: 152, 250, *427*
Chomjakow, Dmitri Alexejewitsch
(1841–1919), Sohn von A. S. Chomjakow – II: 108, *423*
Chomjakow, Wassili Alexejewitsch
Gutsherr aus dem Landkreis Krapiwna – I: 110
Chopin, Frédéric
(1810–1849) – I: 81, 177, 212, 317, 318, 335, 336, 339, 376, 384, 402; – II: 15, 19, 29, 36, 47, 60, 70, 79, 83, 88, 111, 127, 128, 130, 131, 139, 152, 156, 157, 190, 230, 235, 236, 256, 258, 280, 289, 305, 310, 323, 336, 345, 349, 353
Chowrins
– I: 401
Chrennikowa, Jelena Nesterowna
Bekannte der Tolstois – II: 168
Chreptowitsch-Butenew, Konstantin Apollinarjewitsch
– II: 130, 151, 161, 217, *435*
Comte, Auguste
(1798–1857), franz. Philosoph – II: 126
Creelman, James
(1859–1915), amerikan. Journalist – I: 191, *442*

Danilewski, Sergei Dmitrijewitsch
(Serjoscha; 1882–1919), Freund von M. L. Tolstoi – I: 397; – II: 7, 90
Danilewskis,
Bekannte der Tolstois in Poltawa – I: 325, 334, 336, 357, 359; – II: 7
Daudet, Alphonse
(1840–1897), franz. Schriftsteller – I: 271, 272, *454*
Dawydow, Karl Juljewitsch
(1838–1889), Komponist und Cellist – I: 332
Dawydow, Nikolai Wassiljewitsch
(1848–1920), Freund der Tolstois, Jurist, Vorsitzender des Tulaer, später des Moskauer Kreisgerichts – I: 147, 160, 168, 184, 191, 194, 214, 215, 220, 249, 401, *426*; – II: 130, 257, 281, 311–313, 325, 353, 365, 373, *439, 445, 452*
Dawydowa, Jekaterina Michailowna,
Frau von N. W. Dawydow – I: 386; – II: 111, 153
Dawydowa, Sofja Nikolajewna
(* 1871), Tochter von N. W. Dawydow – I: 194, 214, 249
Dawydows
– I: 147, 157, 162, 168, 183, 189, 192, 193, 195, 222, 249; – II: 111

Deirenfurt, Richard
– I: 221, *446*
Delibes, Léo
(1836–1891), franz. Komponist – I: 401
Delwig, Anton Alexandrowitsch
(1861–1919), Nachbar von M. N. Tolstaja – I: 106, 107
Delwig (geb. *Tschapkina*), Chionija Alexandrowna
(1840–1903), Bekannte der Tolstois – I: 109
Delwig, Nadeschda Alexandrowna
(Nadja; * 1863), Schwester von A. A. Delwig – I: 106
Delwig, Rossa Alexandrowna
(* 1859), Schwester von A. A. und N. A. Delwig – I: 106, 107, 109
Delwigs
– I: 107, 108, 118, 120
Den (geb. *Filossofowa*), Natalija Nikolajewna
(Natascha; 1872–1926), Schwester von S. N. Tolstaja, Frau von W. E. Den – I: 156, 157, 257, 373, 376, 383, 387, 395, 397, *435*; – II: 51, 95, 111, 117
Den, Wladimir Eduardowitsch
(1867–1933), Wirtschaftsgeograph und Statistiker, Professor der Politökonomie – I: 376, 387, 397; – II: 51, 117
Dickens, Charles
(1812–1870), engl. Schriftsteller – I: 114 , 118, 282, *423*, *457*; – II: 283
Dillon, Emili Michailowitsch
(1854–1930), Korrespondent der Zeitung „Daily Telegraph", Übersetzer von Tolstois Werken ins Englische – I: 151, 152, *433*, *451*, *452*
Diterichs, Iossif Konstantinowitsch
(1868–1932), Bruder von A. K. Tschertkowa – II: 73
Diterichs,
die Familie des Generals K. A. Diterichs – II: 83, 126, 381
Djakow, Alexei Dmitrijewitsch
(Aljoscha; 1878–1919), Freund von Tolstois Söhnen – I: 232; – II: 177, 236
Djakow, Dmitri Alexejewitsch
(1823–1891), Gutsherr, Freund von Tolstoi – I: 81, 86, 110, 116, 175, 180, 211, 254, *417*
Djakow, Dmitri Dmitrijewitsch
(Mitja; 1880–1943), Sohn von D. A. Djakow, Freund von Tolstois Söhnen – I: 317, 325, 344–346, 350, 357–359; – II: 7, 96
Djakowa, Marija Dmitrijewna
siehe Kolokolzewa, M. D.
Djakows
– I: 86, 87, 91
Dmitrijew-Mamonow, Alexander Emmanuilowitsch
Sohn des Malers E. A. Dmitrijew-Mamonow – I: 275
Dmitrijewa-Mamonowa, Sofja Emmanuilowna
(Sonja; 1860–1946), Freundin von T. L. Suchotina, Malerin – I: 186, 188, 190, 240, 285, 397, 398; – II: 14, 15, 55, 56, 60, 130, 131, 163
Dobroljubow, Alexander Michailowitsch
(1874–1944), Dichter – II: 301, *444*
Dokutschajew, Wassili Wassiljewitsch

(1846–1903), Geologe, Professor an der Petersburger Universität – II: 37, 38
Dolgorukow, Pawel Dmitrijewitsch
(1866–1927), Gutsherr, Politiker – II: 233, 396
Dondukowa-Korsakowa, Marija Michailowna
(1828–1909), Tochter von M. A. Dondukow-Korsakow, dem Vizepräsidenten der Akademie der Wissenschaften – II: 218, *435*
Dora
siehe Tolstaja, D. F.
Doroschewitsch, Wlas Michailowitsch
(1864–1922), Journalist, Theaterkritiker – II: 164, *429*
Dostojewskaja, Anna Grigorjewna
(1846–1918), Frau von F. M. Dostojewski – I: 287, *458*
Dostojewski, Fjodor Michailowitsch
(1821–1881) – II: 135, 396, 402
Drankow, Alexander Ossipowitsch
(* 1880), Begründer der Kinematographie in Rußland – II: 376, 377
Dreier, Rudolf Awgustowitsch
(* 1856), Tulaer Arzt – II: 178, 245
Dreyfus, Alfred
(1859–1935), franz. Offizier – II: 14, 36, *415*
Dubenski, Iwan Iwanowitsch
(1854–1917), Chefarzt am Gouvernementskrankenhaus Kaluga – I: 350; – II: 179, 184
Dudtschenko, Mitrofan Semjonowitsch
(1867– 1946), Anhänger Tolstois – I: 224
Dumas, Alexandre, der Ältere
(1802–1870), franz. Schriftsteller – I: 110–112, 114, 117, *422*
Dunajew, Alexander Nikiforowitsch
(1850–1920), Anhänger Tolstois, Direktor der Moskauer Handelsbank – I: 152, 157, 175, 176, 192, 194, 198, 211–213, 261, 268, 271, 273, 290, 291, 346, 347, 350, 354, 368, 384, 387, 397, 402, *453, 456, 466*; – II: 13, 17, 22, 31, 41, 48, 52, 57, 59, 60, 73, 78, 90, 92, 95, 133, 134, 136, 147, 148, 151, 154, 157, 163, 164, 169, 171, 175, 207, 236, 252, 257, 326, 403, 404
Dunajewa, Jekaterina Adolfowna
(1851–1923), Frau von A. N. Dunajew – I: 386; – II: 111, 153, 163
Dunjascha, Dunetschka
siehe Bannikowa, Je.N.
oder Popowa, A. W.
Durnowo, Iwan Nikolajewitsch
(1834–1903), Innenminister – I: 213, 216, 259, *444, 445, 451*
Duschka
siehe Bannikowa, A. I.
Duse, Eleonora
(1858–1924), italien. Schauspielerin – I: 203

Elisabeth (Pseud. *Carmen Sylva*)
(1843–1916), Königin von Rumänien, Schriftstellerin – II: 182, *432*
Emerson, Ralph Waldo
(1803–1882), amerikan. Philosoph und Dichter – II: 222, 224, *435*

Enfantin, Barthélemy Prosper (genannt Père)
(1796–1864), franz. Sozialist – I: 214, 231, *445*
Engelhardt, Michail Alexandrowitsch
(1861–1915), Journalist – I: 137, *430*
Epiktet
(um 50 – um 138), griech. Philosoph – I: 130, 315, 367; – II: 223, 245
Erdeli, Iwan Jegorowitsch
(Wanja; Wanetschka; * 1870), Mann von M. A. Erdeli – I: 157, 158, 160, 163, 165, 167, 172, 173, 210, 218, 225, 226, 238, 241–244, *435*; – II: 365, 367
Erdeli (geb. *Kusminskaja*), Marija Alexandrowna
(Mascha; 1869–1923), Tochter von T. A. Kusminskaja – I: 157, 158, 160, 163, 165, 167, 168, 172, 173, 175, 199, 218, 219, 222, 223, 225, 226, 232, 237–239, 241–244, *435*
Erdenko, Michail Gawrilowitsch
(1886–1940), Geiger – II: 291
Eschlman (Eschelman),
Musiker – II: 192

Fabre, Ferdinand
(1827–1898), franz. Schriftsteller – I: 119, *423*
Falzfein, Nikolai
(* 1873), Gutsherr aus dem Taurischen Gouvernement – II: 183
Feinerman (Fainerman), Issaak Borissowitsch
(1862–1925), Literat – I: 132, 134, 138, *427*
Feokritowa, Warwara Michailowna
(1875–1950), Freundin von A. L. Tolstaja, Abschreiberin in Jasnaja Poljana – II: 278, 281–284, 286, 290, 291, 303, 313, 323, 324, 328, 329, 339, 340, 372, 373, 375, 379, 380, 382, 383, 387, 398, 407, *443, 446*
Feoktistow, Jewgeni Michailowitsch
(1828–1898), Chef der obersten Pressebehörde – I: 201, 216
Feoktistowa (geb. *Beklemischewa*), Sofja Alexandrowna
Frau von Je. M. Feoktistow – I: 201
Fere (geb. *Sinowjewa*), Nadeschda Nikolajewna
(Nadja; 1870–1942), Tochter von N. A. Sinowjew – I: 160, 211, 212, 219, 227, 238, 291, 330; – II: 70, 86
Fere, Wassili Juljewitsch
(* 1864), Vizegouverneur von Smolensk, Beamter für besondere Aufträge beim Tulaer Gouverneur – I: 291; – II: 86, 349
Fessenko, S. A.
– I: 219, *446*
Fet, Afanassi Afanassjewitsch
(1820–1892), Dichter – I: 86, 146, 157, 167, 175, 212, 218, 329, *420, 421, 423, 435, 436, 445*; – II: 132, 163, 176, 235, 281, 282, 284, *425, 428, 436, 442*
Fet (geb. *Botkina*), Marija Petrowna
(1828–1894), Frau von A. A. Fet – I: 86, 218, *445*
Fetler,
Baptistenprediger – II: 315
Feuillet, Octave
(1821–1890), franz. Schriftsteller – I: 106, *421*

Fewson,
Gouvernante bei den Tolstois – I: 133
Fielding
– II: 122, 230, *423, 435*
Figner (geb. *Mei*), Medeja Iwanowna
(1859–1952), Opernsängerin – I: 241
Figner, Nikolai Nikolajewitsch
(1857–1918), Opernsänger – I: 233, 241, 244
Filatow, Nil Fjodorowitsch
(1847–1902), Kinderarzt, Professor an der Moskauer Universität – I: 271, 273, 281–283
Filossofow, Wladimir Nikolajewitsch
(Waka; * 1874), Bruder von S. N. Tolstaja – I: 328
Filossofowa, Alexandra Nikolajewna
(Sascha; 1878–1897), Schwester von S. N. Tolstaja – I: 156, 340
Filossofowa, Natascha
siehe Den, N. N.
Filossofowa (geb. *Pissarewa*), Sofja Alexejewna
(1847–1901), Frau des Direktors an der Moskauer Malerei- und Bildhauerei-Schule – I: 147, 161, 265, 287, *436, 458*; – II: 30, 33, 34, 37, 39, 108, 161
Filossofowa, Sonja
siehe Tolstaja, S. N.
Filossofows
– I: 161, 218, 220, 324
Flerow, Fjodor Grigorjewitsch
(1838–1910), Arzt – II: 113
Fletscher (Flexer), Akim Lwowitsch
(1863–1926), Redakteur der Zeitschrift „Sewerny westnik" – I: 333, *463, 468*
Florinski, Wassili Markowitsch
(1833–1899), Arzt – I: 138, *430*
Fokanow, Timofei Michailowitsch
Bauer aus Jasnaja Poljana, Verwalter der Tolstoischen Ländereien bei Samara – I: 223
Fomitsch
siehe Krjukow, M. F.
Fonwisin, S. I.
– I: 265, *453*
France, Anatole
(1844–1924), franz. Schriftsteller – II: 47, 84
Franck, César
(1822–1890), franz. Komponist – I: 401
Frederix (geb. *Mengden*), Olga Wladimirowna
(† 1921), Bekannte Tolstois – I: 299
Fridman (geb. Kaschewskaja), Jekaterina Nikolajewna,
(1862–1939), Musik- und Französisch-Lehrerin bei den Tolstois – II: 47, 65

Gabrilowitsch, Ossip Solomonowitsch
(1878–1936), Pianist – I: 402; – II: 15
Gachet

Gouvernante von T. L. und M. L. Tolstaja – I: 107, 108, 111, 112, 115, 117, 121
Gagarin, Grigori Grigorjewitsch
(1810–1893), Zeichner – II: 135
Gagarina (geb. *Golizyna-Prosorowskaja*), Marija Alexandrowna
Bekannte der Tolstois – II: 158
Gaideburow, Pawel Alexandrowitsch
(1841–1893), Publizist – I: 176, 212, *444*
Gajarin (Gajarinow), Fjodor Iwanowitsch
Gutsherr im Landkreis Tschern, Bekannter von S. L. Tolstoi – II: 296
Gajarinowa
– II: 158
Galperins
– II: 239
Ganja,
Bäuerin aus Jasnaja Poljana, Stubenmädchen bei den Tolstois – I: 129, 131, *426*
Gascha,
Stubenmädchen bei M. N. Tolstaja – II: 94
Gastew, Pjotr Nikolajewitsch
(* 1866), Anhänger Tolstois – I: 257; – II: 405, *457*
Gay, Anna Petrowna
(1832–1891), Frau des Malers N. N. Gay – I: 183, 184, 213, 214
Gay, Nikolai Nikolajewitsch
(1831–1894), Maler – I: 132, 166, 174, 182, 184, 213, 214, 295, 310, *426*, *427*, *432*, *440*, *462*
Gay, Nikolai Nikolajewitsch
(Koletschka; 1857–1940), Sohn des Malers N. N. Gay, Freund der Tolstois – I: 135, 162–168, 174, *429*, *434*, *436–438*, *443*; – II: 117, 118, 124, 126, 139, 142, 164, 167, 180, 228, 295–297, 304, 311, 312, 316, 325, 351, 352, 366
Gedgoft, Erasm Leopoldowitsch
Moskauer Arzt – II: 257
Gedike, Alexander Fjodorowitsch
(1877–1957), Komponist und Organist – II: 65
George, Henry
(1839–1897), amerikan. Nationalökonom – II: 226, 295, 338, *435*
Georgi Alexandrowitsch
(1871–1899), Großfürst – I: 210
Georgijewski, Grigori Petrowitsch
(1866–1948), Leiter der Handschriften-Abteilung im Rumjanzew-Museum – II: 268
Georgijewski, Lew Alexandrowitsch
Direktor des Katkowschen Lyzeums – II: 110, 133, *423*
Gercy
– II: 99
Gering, Matthew,
amerikan. Jurist – II: 321, *446*
Gide, André
(1869–1951), franz. Schriftsteller – II: 311, *445*
Gil

Besitzer von Kohlegruben und einer Kalkbrennerei im Landkreis Krapiwna – I: 115
Ginzburg, Ilja Jakowlewitsch
(1859–1939), Bildhauer – I: 233, 234, 237, 238, 240, 332, 334–339, 341, 342, *462–464;* – II: 7, 9, 237, *436*
Glasunow, Alexander Konstantinowitsch
(1865–1936), Komponist – I: 384, 401; – II: 47
Glebow, Wladimir Petrowitsch
(1848–1926), Vater von A. W. Tolstaja – II: 149
Glebowa, Lina
siehe Tolstaja, A. W.
Glebowa (verehel. *Golizyna*), Ljubow Wladimirowna
(Ljuba), Schwester von A. W. Tolstaja – II: 237
Glebowa (geb. *Trubezkaja*), Sofija Nikolajewna
(* 1854), Mutter von A. W. Tolstaja – II: 12, 29, 123, 159, 237
Glebows
– I: 266, 270, 271, 401; – II: 152, 157, 166
Glinka, Michail Iwanowitsch
(1804–1857), Komponist – I: 302; – II: 152
Gluck, Christoph Willibald
(1714–1787) – I: 394; – II: 112, 119, *423*
Gogol, Nikolai Wassiljewitsch
(1809–1852) – I: 112, 143, *422, 432*
Goldenweiser, Alexander Borissowitsch
(1875–1961), Freund der Tolstois, Pianist, Professor am Moskauer Konservatorium – I: 335, 336, 338–340, 357, 376, 384, 394; – II: 12, 24, 29, 39, 47, 51, 65, 83, 84, 87, 88, 95, 96, 108, 112, 113, 116, 128, 131, 136, 148, 150, 152, 156, 159, 162, 174, 177, 191–194, 196, 235, 236, 254, 266, 279–281, 295, 297, 300, 302–305, 308, 309, 314, 316, 321–324, 327–330, 336, 337, 341, 345, 346, 349, 350, 352, 353, 365, 367, 368, 385, *446, 448, 450, 451, 457*
Goldenweiser (geb. *Sofiano*), Anna Alexejewna
(1881–1929), Frau von A. B. Goldenweiser – II: 279, 300, 315, 349, 353
Goldenweiser, Nadeschda Afanassjewna
(1869–1934), Frau von N. B. Goldenweiser – II: 300
Goldenweiser, Nikolai Borissowitsch
(1871–1924), Bruder von A. B. Goldenweiser, Jurist – II: 300
Golizyn, Nikolai Manuilowitsch
(* 1879), Kamerad von M. L. Tolstoi – I: 359
Golizyna, L. A.
– II: 244
Golizyna (geb. *Deljanowa*), Sofja Nikolajewna
Frau des Moskauer Gouverneurs W. M. Golizyn – I: 401; – II: 131
Golizyna, Wera Pawlowna
Nachbarin der Suchotins – II: 364
Golizyns
– I: 397
Golochwastow, Pawel, Dmitrijewitsch
(1838–1892), Schriftsteller – I: 141, *431*
Golochwastowa (geb. *Rostoptschina*), Olga Andrejewna
Frau von P. D. Golochwastow – I: 142, 287, *431, 458*

Golochwastowa, Warwara
– I: 142, *431*
Golzew, Wiktor Alexandrowitsch
(1850–1906), Publizist – I: 272
Gorbunow, Iwan Fjodorowitsch
(1831–1895), Schauspieler und Schriftsteller – I: 139, *430, 431;* – II: 51
Gorbunow, Nikolai Iwanowitsch
(1861–1931), Bruder von I. I. Gorbunow-Possadow, Schauspieler – II.: 48
Gorbunow-Possadow, Iwan Iwanowitsch
(1864–1940), Freund Tolstois, Lektor im Verlag „Posrednik“ – I: 185, 186, 395, *453;* – II: 18, 23, 36, 45, 48, 84, 136, 147, 151, 155, 158, 164, 233, 279, 301, 305, 313, 325, 339, 349, 367, 396, 399, *448*
Gorbunows
– II: 59, 76, 301, 302
Goremykin, Iwan Loginowitsch
(1839–1917), Innenminister – I: 355, *461*
Gorjainowa, Anna Alexandrowna
(† 1919), Bekannte der Tolstois – II: 164
Gorki (d. i. *Peschkow*), Maxim (Alexei Maximowitsch)
(1868–1936) – I: *437;* – II: 191, 193, 194, 201, 346, *432*
Gorochow
Gutsherr im Dorf Dolgoje, Gouvernement Tula – II: 32
Gortschakow, Nikolai Michailowitsch
(1823–1874), Verwandter Tolstois, Kommandant der Krim-Armee in der Schlacht um Sewastopol – II: 238, 272
Gortschakowa
– I: 88, 91
Gribojedow, Alexander Sergejewitsch
(1795–1829), Dramatiker – I: 387; – II: *421*
Grieg, Edvard
(1843–1907), norweg. Komponist – I: 339, 384; – II: 101, 136, 159
Griffin
siehe Vielé-Griffin
Grigori
Büffetier im Hause der Tolstois – I: 122, 135, *423, 430*
Grigorjew, Wassili Jakowlewitsch
(1848–1926), Skopze – II: 357, 363, 376, *451*
Grimm, Jakob und Wilhelm
– I: 266, 268, 269, 282, *453*
Grjunberg, Juli Ossipowitsch
(1853–1900), – II: 100, *422*
Gromow, Fjodor Wassiljewitsch
Tulaer Architekt – I: 108
Gromowa (geb. *Karpowa*), Jelisaweta Nikolajewna
Frau von F. W. Gromow – I: 20
Grot, Nikolai Jakowlewitsch
(1852–1899), Philosoph, Professor an der Moskauer Universität, Herausgeber der Zeitschrift „Woprossy filossofii i psichologii“ – I: 243, 252, *449, 452;* – II: 18, 23–25, 27, 33, 36, 40, 47, 51, *416*

Grschimali, Iwan Woizechowitsch
(1844–1915), Geiger, Professor am Moskauer Konservatorium – I: 175, 262; – II: 107
Gruschezki, Wjatscheslaw Petrowitsch
(* 1859), Tulaer Landarzt – II: 321
Grusinskis
die Familie von N. I. Grusinski, einem Bekannten der Tolstois – I: 350; – II: 91
Gurewitsch, Ljubow Jakowlewna
(1866–1940), Schriftstellerin, Herausgeberin der Zeitschrift „Sewerny westnik" – I: 275, 277, 278, 338, 339, 389, 391, 393, 394, 398, *456, 464, 468;* – II: 28
Gurjeli, Jelena Konstantinowna
(1878–1900), Bekannte von A. L. Tolstoi – II: 84, 118, 119, *423*
Gussew, Nikolai Nikolajewitsch
(1882–1967), Sekretär Tolstois 1907–1909 – I: *446;* – II: 278, 281, 284, *436, 441*

Hajek
Chirurg – II: 139
Händel, Georg Friedrich
(1685–1759) – I: 384; – II: 79
Hauptmann, Gerhart
(1862–1946) – II: 250
Haydn, Joseph
(1732–1809) – I: 114, 115, 119, 138, 182, 369; – II: 85, 234, 239
Helbig (geb. *Schachowskaja*), Nadeschda Dmitrijewna
(1845–1924), Frau des deutschen Archäologen W. Helbig – I: 142, 302
Helbigs
Sohn und Tochter von N. D. Helbig – I: 142, 233
Herzen, Alexander Iwanowitsch
(1812–1870), russ. Schriftsteller und Publizist – I: 310, *462*
Hofman, Józef
(1876–1957), poln. Pianist, Pädagoge und Komponist – I: 295, 402; – II: 251, 256
Hugo, Victor
(1802–1885) – II: 22, *413*
Hummel, Johann Nepomuk
(1778–1837), östr. Komponist und Pianist – II: 184

Ienken, Natalija Alexandrowna
(1863–1927) – II: 128, *424*
Igumnow, Konstantin Nikolajewitsch
(1873–1948), Pianist, Professor am Moskauer Konservatorium – I: 375, 394; – II: 12, 36, 51, 127, 128, 149
Igumnowa, Julija Iwanowna
(Julie; 1871–1940), Malerin, Freundin von T. L. Suchotina – II: 143, 151, 153, 154, 167, 174, 175, 183, 224, 228, 229, 233, 234, 236, 257, 259
Ilja
siehe Tolstoi, I. L.
oder Sidorkow, I. W.
Iljin, Pjotr Wassiljewitsch,
Arzt – II: 169

Iljuscha
siehe Tolstoi, I. I.
oder Tolstoi, I. L.
Iljuschok
siehe Tolstoi, I. A.
oder Tolstoi, I. I.
Ioann von Kronstadt (d. i. *Sergijew*, Ioann Iljitsch)
(1829–1908), Oberpriester, Religionslehrer in den Kronstadter Lehranstalten – I: 224, 295
Islawin, Konstantin Alexandrowitsch
(Onkel Kostja; 1827–1903), Onkel von S. A. Tolstaja – I: 175, 220, 359, 372, 374, 384, 393; – II: 31, 39, 41, 90, 95, 97, 101, 102, 108, 117, 134, 175, 207, 227, 256
Islawin (Islenjew), Michail Alexandrowitsch
(1819–1905), Onkel von S. A. Tolstaja – I: 35
Islenjew, Alexander Michailowitsch
(1794–1882), Großvater von S. A. Tolstaja, Fähnrich, ab 1819 Hauptmann im Ruhestand – I: *9*, 17, 21–23, 44, *407*, *409*
Islenjewa, Aglaja Alexandrowna
(* 1844), Tochter von A. M. Islenjew – I: 17, *407*
Islenjewa (verehel. *Schdanowa*), Natalija Alexandrowna
(* 1847), Tochter von A. M. Islenjew – I: 17, *407*
Islenjewa (verehel. *Kirjakowa*), Olga Alexandrowna
(1845–1909), Tochter von A. M. Islenjew – I: 17, 22, 47, *407*, *409*, *410*
Islenjewa (geb. *Schdanowa*), Sofja Alexandrowna
(1812–1880), Stiefmutter von S. A. Tolstajas Mutter L. A. Behrs – I: 17, 22
Istomin, Dmitri Wladimirowitsch
Mann von S. A. Tolstajas Kusine W. P. Sewerzewa – II: 91, 98
Istomin, Wladimir Konstantinowitsch
(1847–1914), Bekannter der Behrs – I: 386
Istomins
– II: 7
Iwan,
Diener der Tolstois – I: 310, 322, 361; – II: 14, 37, 110
Iwan Alexandrowitsch
siehe Berger, I. A.
Iwan III. Wassiljewitsch
(1440–1505), Großfürst von Moskau – I: 121
Iwanow, Alexander Petrowitsch
(1836–1912), ehem. Offizier, schrieb Tolstois Manuskripte ab – I: 129, 380, *426*; – II: 86, 109, 112, 128, 149
Iwanowa
– II: 93
Iwanowa, Nadeschda Pawlowna
(Nadja; † 1926), Tulaer Bekannte der Tolstois – I: 311, 312, 336; – II: 73, 283, 373, 403, 404
Iwanowa, Stepanida Trifonowna
(† 1886), Wirtschafterin bei den Behrs und den Kusminskis – I: 37, *407*; – II: 41
Ixkul Hildebrant (geb. *Lutkowskaja*), Warwara Iwanowna von
(* 1852), in der Volksbildung tätig – I: 170, *437*

Jakubowski, Juri Ossipowitsch
(1857–1929), Bankbeamter aus Samarkand – II: 399
Jakuschkin, Semjon Iwanowitsch
(* 1828) – I: 297, 298
Janschul, Iwan Iwanowitsch
(1845–1914), Nationalökonom – II: 168, *429*
Jarzew, Alexander Wiktorowitsch
(1850–1919 oder 1920), Anhänger Tolstois – I: 328
Jassinski, Ieronim Ieronimowitsch
(1850–1931), Schriftsteller – I: *465*; – II: 197, *432*
Jasykowa,
Heilgehilfin – II: 353
Jegorow, Filipp Rodionowitsch
(1839–1895), Kutscher bei den Tolstois, später Gutsverwalter in Jasnaja Poljana – I: 156, 226, 229, 238, *435*
Jegorow, Michail Filippowitsch
Sohn von F. R. Jegorow, Kutscher bei den Tolstois – I: 219
Jegorow, Mitrofan Filippowitsch
(Mitrocha), Sohn von F. R. Jegorow – I: 165, 169, 176, *436*
Jegorow, Pjotr Filippowitsch
(* 1886), Sohn von F. R. Jegorow – I: 238
Jegorowa, Jewlanja
Frau von F. R. Jegorow – I: 176
Jelisaweta Fjodorowna
(1864–1918), Großfürstin – I: 204; – II: 98, 112
Jelissejew, Adrian (Andrian) Pawlowitsch
(* 1869), Kutscher bei den Tolstois – II: 104, *456*
Jelpatjewski, Sergei Jakowlewitsch
(1854–1933), Belletrist, Publizist, Arzt – II: 200, 205, 207, 209, 231, 244, *437*
Jergolskaja, Tatjana Alexandrowna
(1792–1874), Tolstois Tante dritten Grades, die ihn und seine Schwester aufgezogen hatte – I: 18, 19, 24, 25, 38, 39, 47, 50, 51, 56–59, 74–76, 81, 87, *409*, *415*, *416*; – II: 136, 262, 345, 386
Jermolowa, Jekaterina Petrowna
Hofdame – I: 386; – II: 111, 131, 153
Jerome, Jerome K.
(1859–1927), engl. Schriftsteller – II: 117, 118
Jerschowa, Olga
Bäuerin aus Jasnaja Poljana, Schülerin in Tolstois Schule – I: 186
Jerschows
– II: 67
Junge, Alexander Eduardowitsch
– II: 134
Junge (geb. *Tolstaja*), Jekaterina Fjodorowna
(1843–1913), Kusine zweiten Grades von Tolstoi, Malerin – I: 265; – II: 47, 134, 153, 325, 327
Jurassowa, Julija Afanassjewna
Kusine der Maslows – II: 133
Juschkow, Wladimir Iwanowitsch

(1789–1869), Mann von P. I. Juschkowa – II: 92
Juschkowa (geb. *Tolstaja*), Pelageja Iljinitschna
(1801–1875), Tante von Tolstoi – I: 35, 101, *420*; – II: 25, 271
Jussupows, Fürsten,
Besitzer eines Anwesens in der Nähe von Gaspra auf der Krim – II: 194, 231–233

Kalatschows
– II: 28
Kamolow
– II: 148
Kandidow, Pawel Petrowitsch
(* 1867), Lehrer von A. L. und M. L. Tolstoi, Sekretär von S. A. Tolstaja in Verlagsangelegenheiten – I: 274, *455*
Kapnist (geb. *Lopuchina*), Emilija Alexejewna
(1847–1903), Frau des Schriftstellers P. A. Kapnist – I: 275
Karnowitsch (geb. *Islawina*), Nadeschda Alexandrowna
(† 1900), Tante von S. A. Tolstaja – I: 17
Kartuschin, Pjotr Prokofjewitsch
(1880–1916), Donkosake, Anhänger Tolstois – II: 301
Kasakowa, Natalija
Bäuerin aus Jasnaja Poljana, Amme von S. L. Tolstoi – I: 70, *413*
Kaschkin, Nikolai Dmitrijewitsch
(1839–1920), Musikkritiker und Pädagoge, Musiklehrer von S. L. Tolstoi – I: 369; – II: 10, *411*
Kaschkina, Sofja Nikolajewna
Tochter von N. D. Kaschkin, Lehrerin von A. L. Tolstaja – I: 369, 401; – II: 11
Kassatkin, Nikolai Alexejewitsch
(1859–1930), Maler – I: 285, 338, 339, *457*, *464*; – II: 9, 21, 26, 37, *441*
Katja
siehe Tolstaja, Je. W.
Katkow, Michail Nikiforowitsch
(1818–1887), Publizist – I: *417*, *419*; – II: 100
Kaufman, Fjodor Fjodorowitsch
(* 1837), Erzieher der ältesten Tolstoi-Söhne – I: 100, *419*
Keller, Gustaw Fjodorowitsch
Lehrer an der Schule in Jasnaja Poljana – I: 85, *415*
Kennan, George
(1845–1924), amerikan. Publizist – I: 137, *430*
Kern, Eduard Eduardowitsch
Förster – I: 155, 176
Kirpitschnikow, Alexander Pawlowitsch
(1845–1903), Literaturhistoriker, ab 1898 Professor an der Moskauer Universität – II: 105
Klassen, Karl Christianowitsch
Verwalter von S. W. Paninas Gut in Gaspra – II: 186, 191, 194, 199, 200, 232
Klawer,
Generalleutnant – II: 274, 275
Kleinmichel, Nikolai Wladimirowitsch
(* 1877), Kamerad von M. L. Tolstoi – I: 275

Kletschkowski, Mawriki Metscheslawowitsch
(1868–1938), Jurist und Musiklehrer – II: 379
Klopski (Klobski), Iwan Michailowitsch
(1852–1898), Seminarist, Anhänger Tolstois – I: 169, *437*
Kogan
– II: 18
Kolja
siehe Obolenski, N. L.
Kolokolzew, Grigori Apollonowitsch
(* 1845), Offizier – I: 92
Kolokolzewa (geb. *Djakowa*), Marija Dmitrijewna
(Mascha; 1850–1903), Tochter von D. A. Djakow – I: 116, 176, 265, 271, 358, 375, *423;* – II: 127
Kolokolzewa, Natalija Nikolajewna
(Natascha), Tochter von M. D. Kolokolzewa – I: 340, 342; – II: 10
Kolokolzewa, Sofja Nikolajewna
(Sonja), Tochter von M. D. Kolokolzewa – I: 291, 376, 385, 389; – II: 57, 119, 120, 123, 124, 126
Kolokolzews
– I: 265, 357, 368, 373, 400; – II: 50, 55, 59, 117
Konfuzius
(551–479 v. Chr.), chin. Philosoph – II: 121, *427*
Koni, Anatoli Fjodorowitsch
(1844–1927), Staatsanwalt am Petersburger Kreisgericht, Schriftsteller – I: 364, 401, *461, 466;* – II: 50–52, *412, 417*
Konjus, Georgi Eduardowitsch
(1862–1933), Komponist und Musikwissenschaftler – II: 51
Koptewa
– II: 59
Koreschtschenko, Arseni Nikolajewitsch
(1870–1921), Komponist und Musikwissenschaftler – II: 148, *427*
Korolenko, Wladimir Galaktionowitsch
(1853–1921), Schriftsteller – II: 345–347, *450*
Koschewnikow, Alexei Jakowlewitsch
(1836–1902), Neuropathologe, Professor an der Moskauer Universität – I: 275
Koslow, Danila
Bauer aus Jasnaja Poljana – II: 342, *449*
Koslowskaja (geb. *Sawadowskaja*), Sofja Petrowna
(† 1830), Großmutter von S. A. Tolstaja – I: *9,* 21, 35, *407*
Koslowski, Wladimir Nikolajewitsch
(* 1790), Mann von S. P. Koslowskaja – I: *9,* 21
Kothing,
Gouvernante von A. L. Tolstaja – II: 61–63
Kramskoi, Iwan Nikolajewitsch
(1837–1887), Maler – I: *432;* – II: 22, *413*
Krasnow, Wassili Filippowitsch
(* 1878) – II: 363, *452*
Krjukow, Adrian Alexandrowitsch
(1849–1908), Augenarzt, Professor an der Moskauer Universität – II: 146

Krjukow, Michail Fomitsch
(* 1854), Büffetier bei den Tolstois – I: 228, 246
Kropotkin, Pjotr Alexejewitsch
(1842–1921), Anarchist – II: 249, *437*
Kudrjawzewa
– I: 229
Kuleschow (Kulischew), Lew Dmitrijewitsch
(† 1921), Gutsbesitzer aus Krapiwna, Kamerad von M. L. Tolstoi – I: 296
Kun, Alexander Wladimirowitsch
(1842–1916), General, Direktor der Tulaer Waffenfabrik – II: 126
Kurnossenkow, Jakow Petrowitsch
Bauer aus Jasnaja Poljana – I: 162
Kursinski, Alexander Antonowitsch
(* 1872), Dichter, Hauslehrer von M. L. Tolstoi – I: 359
Kuschnerjow und Co.
Druckerei – I: 309
Kusminskaja, Darja Alexandrowna
(Dascha; 1868–1873), Tochter von T. A. Kusminskaja – I: 95
Kusminskaja, Mascha
siehe Erdeli, M. A.
Kusminskaja (geb. *Behrs*), Tatjana Andrejewna
(Tanja, Tanetschka; 1846–1925), die jüngere Schwester von S. A. Tolstaja – I: *10,* 17–20, 24, 25, 29, 30, 35, 37, 47, 53, 57, 61, 64–66, 75–78, 82, 84–87, 91, 92, 95–97, 109, 110, 112, 117, 121, 125, 145, 152, 166, 182, 199–201, 203, 204, 210, 218, 219, 221–223, 226, 229, 239, 242, 246–249, 270, 284, 286, 288, 324, 342, 355, 365, *407, 409–412, 414, 415, 417, 418, 421, 424, 425, 433, 442, 445, 451, 457, 458;* – II: 67, 73, 79, 80, 81, 136, 137, 184, 258, 266, 268, 362, *426*
Kusminskaja, Wera Alexandrowna
(1871– nach 1940), Tochter von T. A. Kusminskaja – I: 145, 146, 219, 222, 229, 232, 241, 247, 248, 259, 381–383, 385, 387, 394, 398; – II: 79, 86, 98, 103, 104, 109, 136
Kusminski, Alexander Michailowitsch
(Sascha; 1843–1917), Mann von T. A. Kusminskaja, Justizbeamter – I: 53, 65, 66, 95, 175, 210, 232, 235, 236, 238, 243, *412, 418, 420, 425, 451;* – II: 79
Kusminski, Dmitri Alexandrowitsch
(Mitja; Mitetschka; * 1888), Sohn von T. A. Kusminskaja – I: 225, 226, 229, 233, 239, 245, 247, 252; – II: 79
Kusminski, Konstantin Stanislawowitsch
– II: 268
Kusminski, Michail Alexandrowitsch
(Mischa; * 1875), Sohn von T. A. Kusminskaja – I: 223, 228, 229, 238, 245, 246, 248; – II: 55, 83, 167
Kusminski, Wassili Alexandrowitsch
(Wassja; 1882–1933), Sohn von T. A. Kusminskaja – I: 219, 226, 230, 238, 239, 247, 249
Kusminskis
– I: 199, 217, 218, 259, 276, 303; – II: 79, 80
Kusnezowa, Marija Kirillowna
(* 1867), Schneiderin bei den Tolstois – I: 257, 262
Kutelewa, Jelisaweta Prochorowna

(1862–1913), Hebamme – II: 129
Kwast, James
(1852–1927), dt. Pianist – II: 104

La Bruyère, Jean de
(1645–1696), franz. Schriftsteller – II: 164, *447*
Labiche, Eugène
(1815–1888), franz. Dramatiker – II: 164, *429*
Lamanski, Wladimir Iwanowitsch
(1833–1914), Historiker, Akademiemitglied – II: 231
Lambert,
– II: 169
Landowska, Wanda
(1879–1959), poln. Pianistin und Cembalistin – II: 289, *442*
Larionowa, Marija
– I: 240, *448*
Lasurski, Wladimir Fjodorowitsch
(1869–1943), Literaturhistoriker, Nachhilfelehrer von A. L. und M. L. Tolstoi – II: 159, *414*, *429*
Lawrowskaja (verehel. *Zereteli*), Jelisaweta Andrejewna
(1847–1919), Sängerin, Professorin am Moskauer Konservatorium – II: 102, 105, 106, 116, 117, 133, 139, 149, 156
Lebedewa, Wera Dmitrijewna
– II: 287, *442*
Leontjewa, Marija Jewgenjewna
Frau von M. M. Leontjew, dem Gouverneur von Wladimir – II: 18
Lermontow, Michail Jurjewitsch
(1814–1841), Dichter – I: 112, 139, 237, *422*, *448*; – II: 34
Leskow, Nikolai Semjonowitsch
(1831–1895), Schriftsteller – I: 147, 247, *433*, *448*, *449*; – II: 238, *436*, *437*
Lewinski, Joseph
(1835–1907), östr. Schauspieler – I: 394
Lewizkaja (geb. *Olsufjewa*), Anna Wassiljewna
Schwester von A. W. Olsufjew – I: 401
Lewizkis,
die Familie von P. I. Lewizki, einem Nachbarn der Tolstois – II: 66
Lewschin, Lew Lwowitsch
(1842–1911), Professor an der Moskauer Universität – II: 38
Lida (Liddie, Lidija, Lydia),
Gouvernante bei den Tolstois – I: 151, 157 , 177, 198, 211, 212, 223, 230, 232, 248
Lisa
siehe Behrs, Je. A.
oder Malikowa, Je. A.
oder Obolenskaja, Je. W.
Liszt, Franz von
(1811–1886), ungar.-dt. Komponist – II: 29, 36
Litwinow, Alexander Alexandrowitsch
(1861–1933), Opernregisseur – II: 159
Litwinowa (geb. *Schidlowskaja*), Nadeschda Wjatscheslawowna

Kusine von S. A. Tolstaja – I: 271
Litwinows
– II: 50
Liwen
– I: 99, *419*
Liwen, Alexandra Andrejewna
Bekannte von S. A. Tolstaja – II: 156
Ljassota, Juli Iwanowitsch
(* 1868), Geiger, Musiklehrer von L. L. und M. L. Tolstoi – I: 138, 140
Ljolja
siehe Tolstoi, L. L.
oder Suchotina, Je. P.
Ljowa
siehe Tolstoi, L. L.
oder Tolstoi, L. N.
Ljowotschka
siehe Tolstoi, L. N.
Ljowuschka
siehe Tolstoi, L. L.
Ljubomudrow, Pjotr Wassiljewitsch
(* 1859), Arzt – I: 338
Lodyschenskaja
– II: 340, 396
Lodyschenski, Mitrofan Wassiljewitsch
(* 1855), Literat – II: 233, 340
Lodyschenskis
– I: 228; – II: 344
Lombroso, Cesare
(1835–1909), italien. Psychiater und Anthropologe – I: 340, 341, *464*
Lomonossow
– I: 181, *440*
Longinow, W. W.
– I: 329, *463*
Lopatin, Lew Michailowitsch
(1855–1920), Philosoph und Psychologe, Professor an der Moskauer Universität – I: 270
Lopatin, Nikolai Michailowitsch
(1854–1897), Sänger und Sammler von Volksliedern – I: 127
Lopuchin, Nikolai Sergejewitsch
(Kolja; * 1879), Kamerad von M. L. Tolstoi – I: 309, 359
Lopuchina, Lidija Alexejewna
(† 1895) – I: 270
Lopuchins
– I: 160
Lorenzo, Tina de
italienische Schauspielerin – I: 387
Löwenfeld, Raphael
(1854–1910), Literaturkritiker und -historiker, Übersetzer von Tolstois Werken ins Deutsche, Biograph Tolstois – I: 221, 228, 323, *446;* – II: 77, 85, *419, 420*

Luginins,
die Familie von W. F. Luginin, einem Teilnehmer der Belagerung von Silistra und der Schlacht um Sewastopol – II: 9
Lwow, Jewgeni Wladimirowitsch
(1817–1896), Tulaer Gutsherr – I: 91, 214

Maccarthy,
Bonne bei den Kusminskis – I: 117
Maklakow, Alexei Alexejewitsch
(1870–1918), Augenarzt, Professor an der Moskauer Universität – I: 359, 372, 383
Maklakow, Nikolai Alexejewitsch
(1871–1918), Staatsmann – I: 340; – II: 150, 274
Maklakow, Wassili Alexejewitsch
(Wassja; 1869–1957), Moskauer Rechtsanwalt – I: 291, 300, 301, 342, 375; – II: 45, 56, 132, 161, 234, *425*
Maklakowa, Marija Alexejewna
(Marussja; * 1877), Bekannte der Tolstois – II: 11, 13, 15, 20, 22, 25, 41, 49, 51, 59, 75, 91, 96, 97, 102–104, 106, 108–113, 126, 127, 134, 135, 138, 139, 151–153, 163, 170, 186, 227, 239, 251, 289, 338
Maklakowa (geb. *Obolenskaja*), Marija Leonidowna
(Mascha; * 1874), Enkelin von M. N. Tolstaja – I: 248, 340; – II: 150
Maklakows
– II: 10, 22, 59, 95, 101, 148
Makovický, Dušan Petrowitsch
(1866–1921), slowak. Arzt, Freund Tolstois – I: 389, *467;* – II: 190, 193, 278, 295, 305, 312, 314, 336, 343, 345, 350, 353, 360, 384, 391, 396–398, 404, 406, *432, 446, 449, 456, 457*
Malikowa, Jelisaweta Alexandrowna
(Lisa; * um 1878), Pflegetochter von W. I. Alexejew – I: 107, 110, 111, 114, 115, 118, *421*
Malinowski, Ioaniki Alexejewitsch
(1868–1932), Rechtshistoriker, Professor an der Tomsker Universität – II: 382, *454*
Maljutin, Jewgeni Nikolajewitsch
Arzt, Privatdozent an der Moskauer Universität – II: 17
Mallarmé, Stéphane
(1842–1898), franz. Dichter – I: 367
Mamonow, Mischa
– II: 130, 133
Mamonowa, Sonja
siehe Dmitrijewna-Mamonowa, S. E.
Mamonows
– I: 175
Manja
siehe Tolstaja, M. K.
Marc Aurel
(121–180), röm. Kaiser – I: 315, 367; – II: 245
Margueritte, Paul
(1860–1918), franz. Schriftsteller – II: 18, 244, *412*
Margueritte, Victor

(1866–1942), franz. Schriftsteller – II: 18, *412*
Marija Fjodorowna
(1759–1828), Zarin, Frau von Pawel I. – I: 203
Marija Fjodorowna
(1847–1928), Frau von Alexander III. – I: 182, 208–210
Marija Iwanowna
Frau des Gutsverwalters in Jasnaja Poljana – I: 89, 90, 91, *416*
Marija Nikolajewna
(1819–1876), Großfürstin – I: 199
Marja Alexandrowna
siehe Schmidt, M. A.
Marja Wassiljewna
siehe Sjaskowa, M. W.
Martynowa, Nadeschda Nikolajewna
(Nadja), Freundin von A. L. Tolstaja – I: 273
Martynowa (geb. *Katenina*), Sofja Michailowna
(Safo), Bekannte der Tolstois – I: 265, 275, 284, 285; – II: 152, 158
Martynows
– I: 263; – II: 64, 166
Marussja
siehe Maklakowa, M. A.
Marx, Adolf Fjodorowitsch
(1838–1904), Verleger – II: 89, 90, 131, 139, 241, *421, 422, 425*
Mascha
siehe Erdeli, M. A.
oder Obolenskaja, M. L.
oder Tolstaja, M. A.
oder Tolstaja, M. N.
Maschenka
siehe Tolstaja, M. N.
Maslow, Fjodor Iwanowitsch
(1840–1915), Chef des Ersten Departements im Moskauer Justizpalast – I: 395; – II: 21, 42, 57, 65, 67, 78, 92, 93, 175, 183, 251
Maslowa, Anna Iwanowna
Gutsbesitzerin aus dem Gouvernement Orjol, befreundet mit S. I. Tanejew – I: 372, 374, 395; – II: 11, 24, 78, 79, 119, 135, 136, 161, 322, 327, 361
Maslowa, Sofja Iwanowna
(† 1902), Schwester von A. I. Maslowa – I: 395
Maslowa, Warwara Iwanowna
(† 1905), Schwester von A. I. Maslowa – II: 133, 148, 157, 175, 145, 170
Maslows
– I: 291; – II: 38, 67, 78–80, 90, 111, 117, 133, 137, 156, 175, 186, 227, 236, 237, 269, 270, 381
Maté, Wassili Wassiljewitsch
(1856–1917), Graveur – II: 9, *411*
Matwejew
– II: 135
Maude, Aylmer
(Alexei Franzewitsch; 1858–1938), Übersetzer von Tolstois Werken ins Englische,

Biograph Tolstois – I: 330–333, 380, 398, *459, 468;* – II: 237, 302, 325, 328, 341–343, 347, 348, *414, 436, 449*
Maupassant, Guy de
(1850–1893), franz. Schriftsteller – I: *436;* – II: 108, *423*
Mawruscha,
Amme von I. L. Tolstoi – I: 90
Maximow, Sergei Wassiljewitsch
(1831–1901), Schriftsteller und Ethnograph – II: 104, *422*
Maznewa
– II: 364
Mazzini, Giuseppe
(1805–1872), italien. Revolutionär – II: 195, *432*
Mei, Albert Iwanowitsch
(1840–1913), Moskauer Photograph – I: 267, *453*
Melgunowa
– II: 168
Mendelssohn-Bartholdy, Felix
(1809–1847), Komponist – I: 214, 292, 296, 302, 306, 311, 332, 371, 374, 383, 401, *466;* – II: 127, 151, 152, 174
Mengden (geb. *Bibikowa*), Jelisaweta Iwanowna
(1822–1902), Mutter von D. D. Obolenski – I: 203, 288
Mengden, Wladimir Michailowitsch
(1826–1910), Mitglied des Staatsrats – I: 203, 265
Menschikow, Michail Ossipowitsch
(1859–1919), Publizist – I: 287, 367, *457, 466;* – II: 23, 48, 50, 84, 85, 126, *417, 424*
Merenberg, Sofja Nikolajewna
(1868–1927), Enkelin von A. S. Puschkin, Frau des Großfürsten Michail Michailowitsch – I: 200
Meschtscherinowa, Wera Wjatscheslawowna
Kusine von S. A. Tolstaja – II: 91
Meschtscherinows
– I: 175
Meschtscherski
– II: 97
Michail Alexandrowitsch
(1878–1918), Großfürst, Sohn von Alexander III. – I: 210
Michail Michailowitsch
(1861–1929), Großfürst – I: 200
Michail Nikolajewitsch
(1832–1909), Großfürst – I: 200
Michailow, Konstantin Anempodistowitsch
(1863–1931), Maler – II: 155, 163, 164
Michailowski, Nikolai Konstantinowitsch
(1842–1904), Publizist, Soziologe und Literaturkritiker – II: 118
Mille, Pierre
(1864–1941), franz. Schriftsteller und Journalist – II: 308, 311, 338, *445*
Miroljubow, Wiktor Sergejewitsch
(1860–1939), Journalist, ab 1898 Herausgeber und Redakteur der Zeitschrift „Journal dlja wsech" – II: 246

Mischa
siehe Kusminski, M. A.
oder Tolstoi, M. I.
oder Tolstoi, M. L.
Misserbijew, Sado
(† 1901), Tschetschene, Freund Tolstois – II: 280
Mitascha
siehe Obolenski, D. D.
Mitetschka
siehe Kusminski, D. A.
Mitja
siehe Djakow, D. D.
oder Kusminski, D. A.
oder Olsufjew, D. A.
Mitrocha
siehe Jegorow, Mitrofan F.
Mitschurin, Alexander Grigorjewitsch
Musiklehrer bei den Tolstois – I: 107, 114, 118, 120, *421*
Mjassojedow, Nikolai Nikolajewitsch
(1839–1908), Jurist – II: 129, *424*
Molostwowa (geb. *Ber*), Jelisaweta Wladimirowna
(1875–1936), Verfasserin von Schriften zur Geschichte des Sektenwesens – II: 401, 402
Molotschnikow, Wladimir Aifslowitsch
(1871–1936), Schlosser aus Nowgorod, Anhänger Tolstois – II: 339, *448*
Molotschnikowa, Anna Jakowlewna
(* 1873), Frau von W. A. Molotschnikow – II: 339
Monocci
– II: 262, *439*
Moréas, Jean
(1856–1910), franz. Dichter – I: 367
Morosow, Nikolai Alexandrowitsch
(1854–1946), Naturwissenschaftler und Revolutionär – II: 286, 287, *442*
Morosow, Sawwa Timofejewitsch
(1862–1905), Moskauer Fabrikant, Mäzenat, Studienkollege von S. L. Tolstoi – II: 55, 134, *420, 425*
Morosowa, Margarita Kirillowna
Moskauer Mäzenatin – II: 129
Mozart, Wolfgang Amadeus
(1756–1791) – I: 107, 117, 138, 148, 185, 272, 311, 316–318, 332, 388; – II: 113, 131, 152, 165, 174, 184, 227, 230, 239, 256, 258, 276, 289
Muromzewa (geb. *Klimentowa*), Marija Nikolajewna
(1857–1946), Sängerin, Pädagogin – I: 316, 317, 401; – II: 9, 12, 15, 17, 87, 88, 129, 135, 168, 193, 251

Nagornow, Boris Nikolajewitsch
(1877–1899), Großneffe von Tolstoi – I: 238, 350
Nagornow, Ippolit Michailowitsch
Geiger – I: 104, 107, *420*

Nagornow, Nikolai Michailowitsch
(1845–1896), Mann von W. W. Nagornowa – I: 98, *419*
Nagornowa (geb. *Tolstaja*), Warwara Walerianowna
(Warja; Warenka; Waretschka; 1850–1922), Tochter von M. N. Tolstaja – I: 82, 86, 91, 98, 168, 169, 175, 192, 233, 265, 313, 357, 358, 384, 385, *415*, *416*; – II: 26, 31, 45, 50, 52, 98, 118, 148, 150, 155, 156, 172, 178, 184, 187, 207, 210, 213, 276, 284, 296, 338, 368, 370
Nagornows
– I: 145, 266
Nakaschidse, Ilja Petrowitsch
(1866–1923), georgischer Publizist, Anhänger Tolstois – I: 347; – II: 37, 42, 48, 90, 128, 129, 136, 147
Nakaschidse, Jelena Petrowna
(1868–1943), Schwester von I. P. Nakaschidse – I: 347
Nakrochin, P. Je.
– I: 183, *440*
Naryschkin, Alexei Iwanowitsch
(† 1918), Offizier und Dichter – I: 197
Naryschkin, Juri Alexandrowitsch
(Juscha), Bekannter der Tolstois – II: 151
Naryschkins
– II: 131, 151
Naschiwin, Iwan Fjodorowitsch
(1874–1940), Schriftsteller – II: 391
Nawrozki, Alexander Alexandrowitsch
(1839–1914), Herausgeber der Zeitschrift „Russkaja retsch" – I: 113, *422*
Nefjodow, Filipp Diomidowitsch
(1838–1902), Schriftsteller – I: 186, *441*
Neljubow, Iwan Sergejewitsch
– I: 220
Nief,
Erzieher der älteren Tolstoi-Söhne – I: 106–111, 115, 117, 121
Nikiforow, Lew Pawlowitsch
(1844–1917), Übersetzer, Mitarbeiter des Verlags „Posrednik" – I: 191, 214, *423*, *445*; – II: 129
Nikisch, Arthur
(1855–1922), ungar. Dirigent – I: 393; – II: 50, 51, 139, 250
Nikitin, Dmitri Wassiljewitsch
(1874–1960), Hausarzt der Tolstois 1902–04 – II: 228, 233, 234, 239, 242, 247, 248, 262, 327, *457*
Nikolai I.
(1796–1855), Zar – II: 238, 256, 262, *438*, *439*
Nikolai II.
(1868–1918), Zar – I: 272, 355, 361, *455*, *460*, *465*, *466*; – II: 85, 86, 88, 134, 199, 205, 269, 275, *412*, *428*, *430*, *432*, *448*, *453*
Nikolai Michailowitsch
(1859–1918), Großfürst – II: 199, 205, 225, 229, *433*, *435*
Nikolajew, Pjotr Petrowitsch
(1873–1928), Gutsherr und Philosoph – II: 389, 390, *455*

Nikolajew, Sergei Dmitrijewitsch
(1861–1920), Nationalökonom, Übersetzer der Werke von Henry George ins Russische, Anhänger Tolstois – II: 279, 283, 300, 305, 308, 309, 321, 338, 352, 374
Nikolajewa, Larissa Dmitrijewna
(* 1875), Frau von S. D. Nikolajew – II: 279, 312, 327, 353, 375
Nikon
(1605–1681), Patriarch – I: 141
Nobel, Alfred
(1833–1896), schwed. Erfinder – I: 350, 352, 353, *465*
Nordman (Pseud. *Sewerowa*), Natalija Borissowna
(1863–1914), Frau von I. Je. Repin, Schriftstellerin – II: 367
Nowikow, Alexei Mitrofanowitsch
(1865– 1925), Hauslehrer bei den Tolstois – I: 155, 167, 170, 173, 182, 190, 215, 246, *435, 436;* – II: 105
Nowikow, Michail Petrowitsch
(1871–1939), Bauer aus dem Gouvernement Tula – II: 155, 167, 402, *428, 456*
Nowosselow, Michail Alexandrowitsch
(* 1864), Lehrer, Anhänger Tolstois – I: 207, *443, 444, 449*

Obolenskaja (geb. *Djakowa*), Alexandra Alexejewna
(1831–1890), Gründerin eines privaten Mädchengymnasiums in Petersburg – I: 88
Obolenskaja, Jekaterina Alexejewna
(Katja; * 1850) – I: 33
Obolenskaja, Jelisaweta Dmitrijewna
(Lili), Tochter von D. D. Obolenski – I: 175
Obolenskaja (geb. *Tolstaja*), Jelisaweta Walerianowna
(Lisa; Lisonka; 1852–1935), Tochter von M. N. Tolstaja – I: 82, 86, 91, 121, 175, 248, 347, 348, 363–365, *415, 416;* – II: 26, 31, 91, 127, 189, 190, 206, 207, 214, 217, 221, 224, 237, 247, 282, 324, 326–328, 338, *435*
Obolenskaja, Marija Leonidowna
(Mascha), siehe Maklakowa, M. L.
Obolenskaja (geb. *Tolstaja*), Marija Lwowna
(Mascha; 1871–1906), Tochter der Tolstois – I: *12,* 98, 107, 111, 113–123, 129, 131, 133, 135, 144, 146, 148–152, 156–158, 162–166, 168, 170, 176, 177, 179–185, 187, 188, 190, 192, 197, 198, 211, 212, 217, 218, 220, 221, 228–230, 237–243, 247, 249, 251, 255–257, 259, 261–265, 267, 269–271, 273, 275, 279, 281–283, 290–293, 296–298, 300, 305, 307, 311, 313–315, 318, 320, 322, 324, 325, 336, 337, 339–348, 352, 353, 362, 363, 366, 372, 375, 386, 395, 400, 402, *419, 427, 429, 432, 433, 436, 439, 440, 446, 448, 452, 453, 456, 459, 460;* – II: 7–9, 11, 12, 23, 27, 35, 50, 67, 70, 78, 83, 85, 86, 100, 104, 108, 109, 113, 119, 124–127, 131, 144, 165, 167, 170, 175, 180, 183, 184, 187, 197, 203, 206–208, 210, 213, 214, 216, 224, 227, 232, 234, 240–242, 244–246, 251, 257, 260–263, 268, 343, *413, 422, 429, 433, 434, 436, 437, 449*
Obolenskaja (verehel. *Abrikossowa*), Natalija Leonidowna
(Natascha; * 1881), Großnichte Tolstois – I: 340, 342; – II: 186, 189, 228, 242, 243, 257, 259
Obolenski, Dmitri Dmitrijewitsch
(Mitascha; * 1844), Tulaer Gutsbesitzer – I: 120, *423;* – II: 87, 153, 234
Obolenski, Nikolai Leonidowitsch
(Kolja; 1872–1934), Mann von Obolenskaja, Marija Lwowna – I: 285, 291, 292,

296, 300, 307, 311, 315, 322, 325, 336, 337, 339, 340, 342, 348, 362, 363, 366, *433*, *459*; – II: 8, 12, 67, 70, 112, 119, 126, 145, 175, 182, 183, 199, 200, 224, 240–242, 244, 257, 261–263
Obolenskis
– II: 59, 91, 92, 188, 193
Ochotnizkaja, Natalja Petrowna
Gesellschafterin von T. A. Jergolskaja – I: 18, 25, 39, 50, 51, *407*, *410*
Odojewski, Wladimir Fjodorowitsch
(1803–1869), Schriftsteller – II: 52, *417*
Ofrossimowa (geb. *Stolypina*), Marija Arkadjewna
(† 1927), Bekannte von S. A. Tolstaja – II: 22
Ogandschanjan, Amasassi Oganessjowitsch
(* 1874), Arzt – II: 221, *435*
Ogranowitsch, Michail Petrowitsch
(1848–1904), Neuropathologe – I: 280, *456*
Ohnet, Georges
(1848–1918), franz. Schriftsteller – II: 169, *429*
Okulow
– II: 148
Olenina d'Algeim, Marija Alexejewna
(1869–1970), Kammersängerin – II: 201
Olga
siehe Tolstaja, O. K.
Olga Fjodorowna (geb. *Cäcilia von Baden*)
(1831–1891), Großfürstin – I: 200
Olsufjew, Adam Wassiljewitsch
(1833–1901), naher Bekannter Tolstois – I: *454*; – II: 207, *415*, *433*
Olsufjew, Alexander Wassiljewitsch
(1843–1907), Generaladjutant von Nikolai II. – I: *466*; – II: 263, *439*
Olsufjew, Dmitri Adamowitsch
(Mitja; 1862–1930), Sohn von A. W. Olsufjew, Kamerad von S. L. Tolstoi – I: 267, 347, 384, 401; – II: 33, 34, 131, 359–361
Olsufjew, Michail Adamowitsch
(Mischa; 1860–1918), Sohn von A. W. Olsufjew, Kamerad von S. L. Tolstoi – I: 249, 268, 271; – II: 15, 131
Olsufjew, Sergei Dmitrijewitsch
(Serjoscha), Sohn von D. A. Olsufjew – II: 359
Olsufjewa, Jelisaweta Adamowna
(Lisa; 1857–1898), Tochter von A. W. Olsufjew, Freundin von T. L Suchotina – I: 249, 395, 396, *431*, *438*; – II: 37, 38, 40, *415*
Olsufjews
– I: 127, 160, 163, 164, 192, 263, 269, 271, 272, 313, *454*; – II: 27, 29, 37, 84, 137
Orechow, Alexei Stepanowitsch
(† 1882), Diener, später Gutsverwalter in Jasnaja Poljana – I: 19, 34, 36, 37, *407*
Orlow, Wladimir Fjodorowitsch
(1843–1898), Lehrer – I: 214, *445*
Orlow-Dawydow, Sergei Wladimirowitsch
(1849–1905) Onkel von M. P. Stachowitsch – II: 84

Orlows
– II: 296
Osmidow, Nikolai Lukitsch
(1844–1908), Anhänger Tolstois – I: 137, *430*
Ostrowski, Alexander Nikolajewitsch
(1823–1886), Dramatiker – II: 197, 200

Pabst, August
(1811–1885), dt. Komponist – I: 375
Paderewski, Ignacy Jan
(1860–1941), poln. Pianist und Komponist – II: 135, 136
Panina, Sofja Wladimirowna
(1871–1957), Besitzerin eines Anwesens in Gaspra auf der Krim – II: 183
Pasternak, Leonid Ossipowitsch
(1862–1945), Maler, Illustrator von Tolstois Werken – I: 262; – II: 100, 110, 176, *422, 431, 441*
Pasternak (geb. *Kaufman),* Rosalija Issidorowna
(1867–1940), Frau von L. O. Pasternak, Pianistin – I: 262
Pastuchow, Alexei Alexejewitsch
(* 1868), Student an der Kunstakademie, Anhänger Tolstois – I: 162
Pauer, Max
(1866–1945), dt. Pianist, Pädagoge und Komponist – II: 190
Perewosnikow, Fjodor Semjonowitsch
(* 1888), Schlosser – II: 402, *456*
Perfiljew, Wassili Stepanowitsch
(1826–1890), Freund Tolstois – I: 34
Perfiljewa (geb. *Tolstaja*), Praskowja Fjodorowna
(1831–1887), Kusine zweiten Grades von Tolstoi – I: 34
Perfiljews
– I: 88
Perper, Iossif Ossijewitsch
(1886–1966), Herausgeber der Zeitschrift „Wegetarianskoje obosrenije“ – II: 399
Persidskaja, Jelena Michailowna
(* 1865), Heilgehilfin – I: 257, 258
Peschkowa (geb. *Wolschina*), Jekaterina Pawlowna
(1867–1965), Frau von A. M. Gorki – II: 194
Petja
siehe Behrs, P. A.
oder Tolstoi, P. L.
Petrowskaja (geb. *Marinina*), Darja Nikolajewna
(* 1862), Frau des Kiewer Psychiaters A. G. Petrowski – I: 270
Petrowskis
– II: 151
Phillips, Anna
Gouvernante bei den Tolstois – I: 106, 107, 113, 115, 117, 122, *421*
Pirogow, Nikolai Iwanowitsch
(1810–1881), Arzt, korrespondierendes Mitglied der Russischen Akademie der Wissenschaften – I: 360, *465;* – II: 80
Pissarew, Rafail Alexejewitsch

(1850–1906), Gutsherr aus dem Jepifaner Landkreis im Gouvernement Tula – I: 251, 254; – II: 37, 164
Pissarewa (geb. *Baranowa*), Jewgenija Pawlowna
Frau von R. A. Pissarew – II: 37
Pissarews
– I: 160
Platon
(428 oder 427–348 oder 347 v. Chr.), griech. Philosoph – I: 315; – II: 245
Plewako, Fjodor Nikiforowitsch
(1842–1908), Jurist – I: 375; – II: 233
Plewe, Wjatscheslaw Konstantinowitsch
(1846–1904), Staatsmann, Innenminister – I: 259
Pobedonoszew, Konstantin Petrowitsch
(1827–1907), Oberprokurator des Synods – I: 355, *430, 465;* – II: 19, 36, 171, *415, 430*
Pogoschew, Wladimir Petrowitsch
(1851–1933), Verwaltungsdirektor an den Kaiserlichen Theatern, Theaterhistoriker – I: 202
Pogoschewa, Anna Wassiljewna
(† 1908), Mitarbeiterin der „Gesellschaft für Volksvergnügungen" – II: 105, 107, 112
Pol, Wladimir Iwanowitsch
(* 1875), Pianist, Musikkritiker – II: 10, *411*
Polin, Michail Titowitsch
(1890–1915), Bauer aus Jasnaja Poljana – II: 402, *457*
Poliwanow, Lew Iwanowitsch
(1838–1899), Pädagoge, Gründer und Direktor eines Knabengymnasiums in Moskau – I: 124, 216, 255, 274, *424*
Poliwanow, Mitrofan Andrejewitsch
(1842–1913), Gardeoffizier – I: 36, 43, 88, *409, 416*
Polonski, Jakow Petrowitsch
(1819–1898), Dichter – I: 185, *436, 440*
Poltorazki, Wladimir Alexejewitsch
(1828–1889), Generalmajor – II: 280
Pomeranzew, Juri Nikolajewitsch
(Juscha; 1878–1934), Komponist und Dirigent, Schüler von S. I. Tanejew – I: 316, 317, 319, 357–359, 375; – II: 12, 21, 65, 90, 95, 103, 128, 159
Popow, Iwan Iwanowitsch,
Bruder von Je. I. Popow – I: 364
Popow, Jewgeni Iwanowitsch
(1864–1938), Pädagoge und Übersetzer, Anhänger Tolstois – I: 155, 250, 254, 264, 402, *434, 449, 453;* – II: 16, 23, 190, 193, *412*
Popow, Nil Alexandrowitsch
(1833–1897), Historiker, korrespondierendes Mitglied der Petersburger Akademie der Wissenschaften – I: 70
Popowa, Awdotja Wassiljewna
(Dunjascha; Dunetschka), Stubenmädchen, später Wirtschafterin; verbrachte 30 Jahre bei den Tolstois – I: 298; – II: 103, 121, 166, 255
Poscha,

siehe Birjukow, P. I.
Posnanskaja (verehel. *Rabzewitsch*), Sofja Kasimirowna
(* 1873), Pianistin – I: 175
Potapenko, Ignati Nikolajewitsch
(1856–1929), Schriftsteller – I: 190, 222; – II: 87
Potechin, Alexei Antipowitsch
(1829–1908), Dramatiker, in den 80er Jahren zuständig für das Repertoire der Kaiserlichen Bühnen in Petersburg – I: 135, *429, 430*
Praskowja Sawischna (Issajewna)
(† 1839), Wirtschafterin bei den Tolstois – II: 32
Preobraschenski, Pjotr Wassiljewitsch
(* 1851), Professor an der Moskauer Universität – II: 42, 51, 52, 55, 87
Prévost, Eugène Marcel
(1862–1941), franz. Schriftsteller – I: 313, 315, *462*
Prugawin, Alexander Stepanowitsch
(1850–1920), Literat, verfaßte historische Werke über russ. Sekten und die Altgläubigen – II: 138, *426*
Puschkin, Alexander Sergejewitsch
(1799–1837) – I: 112, 118, 267, *422;* – II: 221, 338, 391, *415, 435*
Pusin, Pawel Alexandrowitsch
(1879–1918), Gutsherr aus dem Landkreis Nowossil im Gouvernement Tula – II: 156
Putilina, Anna Iwanowna
Heilgehilfin – II: 371, 378

Rachmaninow, Sergei Wassiljewitsch
(1873–1943), Komponist, Pianist und Dirigent – I: 376; – II: 113, 155, 156
Rachmanow, Wladimir Wassiljewitsch
(1865–1918), Arzt – I: 143; – II: 51, 153
Rajewskaja (geb. *Jewreinowa*), Jelena Pawlowna
(1840–1907), Frau von I. I. Rajewski – I: 170, 172, 173, 194, 256, 264, 265, 271, 309, 372, 373; – II: 96, 108, 117, 148, 156
Rajewski, Grigori Iwanowitsch
(1875–1905), Sohn von I. I. Rajewski – I: 186; – II: 151
Rajewski, Iwan Iwanowitsch
(1835–1891), Freund von Tolstoi – I: 172, 184, 194, 219, 220, 251, 254, 256, 257, *451*
Rajewski, Iwan Iwanowitsch
(Wanja; 1871–1931), Sohn von I. I. Rajewski – I: 163, 168, 174, 176, 186, 332, 372, 386
Rajewski, Pjotr Iwanowitsch
(Petja; 1873–1920), Sohn von I. I. Rajewski, Arzt – I: 146, 147, 163, 168, 174, 176, 185, 186, 193, 223, 254, 264
Rajewskis
– I: 155, 173, 186, 187, 194, 195, 219, 222, 257
Ratschinskaja, Manja
siehe Tolstaja, M. K.
Redstock, Granville
(1831–1913), engl. Prediger – II: 301, *444*
Repin, Ilja Jefimowitsch

(1844–1930), Maler – I: 143, 232, 233, *431*, *447*; – II: 10, 174, 346, *411*, *431*
Rey, Jules
(* 1848), Erzieher der Tolstoi-Söhne – I: 104, *421*
Richet, Charles
(1850–1935), franz. Physiologe und Psychologe – I: 243, *448*; – II: 70, *419*
Rimskaja-Korsakowa (geb. *Purgold*), Nadeschda Nikolajewna
(1848–1919), Frau des Komponisten N. A. Rimski-Korsakow, Pianistin – II: 9
Rimski-Korsakow, Nikolai Andrejewitsch
(1844–1908), Komponist – II: 8–10, 12, 14, 23, 112, 116, *411*, *423*
Ris, Fjodor Fjodorowitsch
Druckereibesitzer in Moskau – I: 99, *419*
Riskina (geb. *Zinger*), Jelisaweta Wassiljewna
Tochter des Mathematikprofessors W. A. Zinger – II: 373
Ritter, Hermann
(1849–1926), Geiger und Pädagoge – I: 383
Rod, Édouard
(1857–1910), schweizer. Schriftsteller – I: 158–160, 248, *435*, *449*
Rosanow, Wassili Wassiljewitsch
(1856–1919), Schriftsteller und Literaturkritiker – II: 258, 438
Rosanowa, Apollinarija Prokofjewna
(1839–1917 oder 1918), Frau von W. W. Rosanow – II: 258, *438*
Rosny, J.-H.
(1856–1940), franz. Schriftsteller – II: 345, *450*
Rossolimo, Grigori Iwanowitsch
(1860–1928), Arzt, Professor an der Moskauer Universität – II: 327
Rostowzew, Nikolai Dmitrijewitsch
(1846–1922), Gutsherr aus dem Gouvernement Woronesch, Anhänger Tolstois – I: 350; – II: 130, 384
Rousseau, Jean-Jacques
(1712–1778), franz. Schriftsteller und Philosoph – I: 314, *463*; – II: 260
Rtischtschew, Dmitri Iwanowitsch
(1840–1904), Semstwo-Mitarbeiter – II: 274
Rubinstein, Anton Grigorjewitsch
(1829–1894), Komponist und Pianist – I: 328, 329, 331, 332, 337, 339, 384, 401, *463*; – II: 89, 119, 127
Rubinstein, Nikolai Grigorjewitsch
(1835–1881), Pianist und Dirigent, Direktor des Moskauer Konservatoriums – II: 134, *425*
Rudnew, Alexander Matwejewitsch
(* 1842), Chefarzt am Tulaer Gouvernements-Krankenhaus – I: 217, 224, 314, 340, 341, 347, 348, *441*; – II: 85, 124
Rumjanzew, Kolja
Sohn von M. N. Rumjanzew – I: 263
Rumjanzew, Matwei Nikititsch
Kontordiener, Verwalter von S. A. Tolstajas Buch-Depot – I: 263, 266, 300, 349, 383; – II: 13, 90, 91, 117, 118, 142, 154, 216, 251, 268, 327, 348
Rumjanzew, Semjon Nikolajewitsch
(1866–1932), Koch bei den Tolstois – I: 281; – II: 169
Rumjanzewa, Marija Wassiljewna

(Mascha), Frau von S. N. Rumjanzew – II: 34
Ruschenzow, Nikolai Iwanowitsch
– II: 273
Russanow, Andrei Gawrilowitsch
(1874–1949), Arzt, später Medizinprofessor – II: 135, 155
Russanow, Gawriil Andrejewitsch
(1846–1907), naher Bekannter Tolstois, bis 1884 Beamter am Charkower Bezirksgericht – I: 146, 147, *434;* – II: 7, 16, 26, 33, 134
Russanowa, Antonina Alexejewna
Frau von G. A. Russanow – I: 396
Russanows
– I: 387; – II: 33, 48

Sabanejew, Leonid Pawlowitsch
(1844–1898), Zoologe, Herausgeber der Zeitschrift „Priroda i ochota“ – I: 324
Sabaschnikowa, Margarita Alexejewna
– II: 105
Sabelin, Iwan Jegorowitsch
(1820–1908), Historiker und Archäologe – II: 267
Sacharjin, Grigori Antonowitsch
(1829–1896), Arzt, Professor an der Moskauer Universität – I: 105, 136, 138, 261, *421*
Safonow, Wassili Iljitsch
(1852–1918), Pianist und Dirigent, ab 1889 Direktor des Moskauer Konservatoriums – I: 371, 383; – II: 56, 65, 105, 107, 113, 136
Safonowa, Alexandra Wassiljewna
(Sascha; 1883–1898), Tochter von W. I. Safonow – I: 389; – II: 113, 116
Safonowa, Anastassija Wassiljewna
(Nastja; 1881–1898), Tochter von W. I. Safonow – I: 389; – II: 113, 116
Safonowa (geb. *Wyschnegradskaja*), Warwara Iwanowna
Frau von W. I. Safonow – I: 389; – II: 113, 116, 156
Saikowskaja, Olga Dmitrijewna
(1844–1919), Jugendfreundin von S. A. Tolstaja – I: 33, 265, 271, *408*
Saint-John, Arthur
ehem. engl. Offizier, Quäker – I: 354, 399, *465;* – II: 35, *415*
Saint-Saëns, Charles Camille
(1835–1921), franz. Komponist – II: 65
Salomon, Charles
(1862–1936), franz. Literat, Verfasser von Aufsätzen über Tolstoi – II: 234, 311, 312, 314, 315, 373, *445*
Salomon, Lucien
(† 1914), Neffe von Ch. Salomon – II: 351
Samarin, Pjotr Fjodorowitsch
(1830–1901), Tulaer Gutsbesitzer – I: 123, 220
Samarina, Sofja Dmitrijewna
– I: 401
Sascha
siehe Behrs, A. A.
oder Tolstaja, A. L.

Saschka
siehe Arbusowa, A. P.
Sassodimski, Pawel Wladimirowitsch
(1843–1912), Schriftsteller – I: 166, *436*
Sawadowski, Pjotr Wassiljewitsch
(1739–1812), Urgroßvater von S. A. Tolstaja, Staatsmann – II: 57, *417*
Sawwin, Witt Nikolajewitsch
(* 1874), Arzt – II: 181
Saz, Ilja Alexandrowitsch
(1875–1912), Komponist – II: 33, 136
Schachowskoi, Dmitri Iwanowitsch
(1861–1940), Politiker, Duma-Abgeordneter – I: 274, *455;* – II: 157
Schaljapin, Fjodor Iwanowitsch
(1873–1938), Sänger – II: 155, 266, *423*
Schenschins
– I: 321
Scheremetew, Pawel Sergejewitsch
– I: 323
Scheremetewa (geb. *Stroganowa*), Jelena Grigorjewna
(1861–1908) – I: 199, 204, 221, 259, *451*
Schewtschenko, Taras Grigorjewitsch
(1814–1861), ukrain. Dichter – II: 22
Schibunin, Wassili
– I: 90, 91, *416, 417*
Schidkow, Alexei
Bauer aus Jasnaja Poljana – II: 341, *449*
Schidlowskaja (geb. *Islenjewa*), Wera Alexandrowna
(1825–1910), Tante von S. A. Tolstaja – I: 249, 359, 374, 385; – II: 7, 22, 59, 91
Schidlowski, Stepan Wassiljewitsch
(* 1876), Bauer – I: 315, *463*
Schidlowskis
– I: 175, 263, 265, 269
Schiljajew, Nikolai Sergejewitsch
(Kolja; * 1881), Schüler von S. I. Tanejew – II: 34, 66, 152
Schiljajewa (geb. *Arnautowa*), Warwara Pawlowna
(1851–1924), Mutter von N. S. Schiljajew, Gutsbesitzerin aus Kursk – II: 34
Schiller, Friedrich von
(1759–1805) – I: 177, 181, *438;* – II: 30, 254, *414, 438*
Schirinski-Schichmatow, Andrei Alexandrowitsch
– II: 154, 155
Schirkewitsch, Alexander Wladimirowitsch
(1857–1927), Militärjurist, Dichter, Belletrist – I: 155, 287, *458*
Schischkin, Iwan Iwanowitsch
(1832–1898), Maler – I: 194; – II: 52
Schmidt, Karl Maximilianowitsch
(* 1857), Arzt – I: 338
Schmidt, Marija Alexandrowna
(1844–1911), Anhängerin Tolstois, befreundet mit der Familie Tolstoi – I: 142, 262, 297, 310–312, 319, 322, 331, 347, 370, 374; – II: 59, 66, 71, 76, 92, 103, 114, 120,

160, 162, 167, 234, 236, 279, 284, 300–306, 323, 325, 329, 352, 353, 372–374, 382–384, *444*
Schopenhauer, Arthur
(1788–1860) – I: 194, *442*
Schostak (geb. *Islenjewa*), Jekaterina Nikolajewna
(† 1904), Tante zweiten Grades von S. A. Tolstaja – I: 209
Schostak, Anatoli Lwowitsch
(1841–1914), Gouverneur von Tschernigow – I: 65, 66, *412*
Schtscheglow, Michail Alexandrowitsch
Arzt – II: 386
Schtscherbatow, Alexander Alexejewitsch
(1829–1902), Adelsmarschall und Stadtoberhaupt von Moskau – II: 9
Schtscherbatow, Nikolai Sergejewitsch
Direktor des Moskauer Historischen Museums – II: 267, 268
Schtscherbatowa, Marija Nikolajewna
(Marussja), Tochter von N. S. Schtscherbatow – II: 268
Schtscherbatowa (geb. *Apraxina*), Sofja Alexandrowna
Frau von N. S. Schtscherbatow – II: 268
Schtschurowski, Wladimir Andrejewitsch
(1852–1939), Arzt – II: 181, 200, 201, 203, 205, 207, 209, 213, 215, 216, 228, 239, 245, 247
Schubert, Franz
(1797–1828) – I: 114, 146, 272, 318, 339, 376, 383–385, 402; – II: 15, 36, 79, 98, 127, 165, 174, 280
Schukowski, Pawel Wassiljewitsch
(1845–1912), Sohn von W. A. Schukowski, Maler – I: 221
Schukowski, Wassili Andrejewitsch
(1783–1852), Dichter – I: 119; – II: *438*
Schulgin
– II: 274
Schuliani (Giuliani),
Sängerin – I: 160
Schumann, Robert
(1810–1856) – I: 337, 338, 378; – II: 65, 88, 96, 117, 157, 165, 174, 227, 235, 336, 353
Schuyler, Eugene
(1840–1890), amerikan. Literat, Bekannter Tolstois – I: 112, *422*
Scribe, Eugène
(1791–1861), franz. Dramatiker – I: 387
Semeri,
Pater – II: 262, *439*
Semjonow, Leonid Dmitrijewitsch
(1880–1917), symbolistischer Dichter – II: 389, *453*
Semjonow, Sergei Terentjewitsch
(1868–1922), Bauernschriftsteller – II: 158
Seneca, Lucius Annaeus
(um 4 v. Chr.–65 n. Chr.), röm. Politiker, Philosoph und Schriftsteller – I: 356, 366, 367, 388, 389; – II: 26, 27, 48, *414*
Sergei Alexandrowitsch
(1857–1905), Moskauer Generalgouverneur – I: 216, 259; – II: 98, 142, 166

Sergei Iwanowitsch,
siehe Tanejew, S. I.
Sergejenko, Alexei Petrowitsch
(1886–1961), Sohn von P. A. Sergejenko, Literat, 1906–10 Sekretär von W. G. Tschertkow – II: 292, 324, 326, 397, *448*
Sergejenko, Pjotr Alexejewitsch
(1854–1930), Literat – I: 350, 362, 387, 402; – II: 31, 32, 41, 42, 47, 48, 52, 83, 87, 96, 102, 104, 135, 292, 387, *415, 419, 422, 446, 456*
Serjoscha
siehe Tolstoi, S. L.
oder Tolstoi, S. N.
oder Tolstoi, S. S.
Seropolko, Stepan Onissimowitsch
Verwalter des Buch-Depots bei dem Verleger D. Tichomirow – II: 396
Seuron, Anna
(† 1922), Gouvernante von T. L. und M. L. Tolstaja – I: 129, 303
Sewerzew, Alexei Petrowitsch
(† 1905), Verwandter von S. A. Tolstaja – I: 275
Sewerzewa, Olga Wjatscheslawowna
Kusine von S. A. Tolstaja – I: 401
Sewerzewa (verehel. *Istomina*), Wera Petrowna
(† 1900), Nichte zweiten Grades von S. A. Tolstaja – I: 285, 359, 400; – II: 91, 98
Sewerzews
– I: 175
Shakespeare, William
(1564–1616) – I: 133; – II: *415*
Shanks, Marija Nikolajewna
(* 1866), Schwägerin von A. Maude, Studienbekannte von T. L. Suchotina – II: 41, 128, *424*
Shelley, Percy Bysshe
(1792–1822), engl. Dichter – II: 216
Sidorkow, Ilja Wassiljewitsch
(1858–1940), siebzehn Jahre lang Diener bei den Tolstois – I: 362; – II: 92, 192, 309, 340, 388
Sidorkowa, Wera Iljinitschna
(* 1891), Tochter von I. W. Sidorkow, Frau von Tolstois Enkel I. A. Tolstoi – I: 362
Siemiradzki, Henryk
(1843–1902), poln. Maler – II: 52, 53, *417*
Siloti, Alexander Iljitsch
(1863–1945), Pianist und Dirigent – II: 155, 156, 254
Sinet, Édouard
franz. Maler, Anhänger Tolstois – II: 137, *426*
Sinowjew, Alexei Alexejewitsch
Bruder von N. A. Sinowjew, Ingenieur – I: 222, 291
Sinowjew, Nikolai Alexejewitsch
(1839–1917), 1887–1893 Gouverneur von Tula, später Mitglied des Staatsrats – I: 191, 219, 222, 249, 330, 331, *437*
Sinowjewa, Marija Iwanowna

Frau von N. A. Sinowjew – I: 170, 173, 227
Sinowjewa, Marija Nikolajewna
(Manja), Tochter von N. A. Sinowjew – I: 170, 212, 219, 227, 238, *437*
Sinowjewa, Nadja
siehe Fere, N. N.
Sinowjews
– I: 147, 160, 172, 189, 192, 212, 223, 231, 233, 291
Sipjagin, Dmitri Sergejewitsch
(1853–1902), Innenminister – II: 201, 225, 226, *435*
Sisserman, Arnold Lwowitsch
(1824–1897), Militärhistoriker, hatte im Kaukasus gedient – I: 356
Sjabrew, Konstantin Nikolajewitsch
(1846–1896), Bauer aus Jasnaja Poljana – I: 129, *426*
Sjabrew, Pjotr Ossipowitsch
(1843–1908), Sohn von Tolstois Amme A. W. Sjabrewa – I: 338
Sjaskowa, Marija Wassiljewna
Abschreiberin im Verlag „Posrednik“ – I: 293, 295, 296, 298, 300, 302, 304–307, 311; – II: 154, 163, 174
Sjutajew, Wassili Kirillowitsch
(1819–1892), Bauer aus Schewelino im Gouvernement Twer, Sektierer – I: 254; – II: 405, *457*
Skalkowski, Alexander Apollonowitsch
(1841–1893), Assistent des Postverwaltungschefs – I: 200
Skarvan, Albert
(1870–1926), slowak. Arzt, Anhänger Tolstois – II: 60, *418*
Skrjabin, Alexander Nikolajewitsch
(1871–1915), Komponist und Pianist – I: 375; – II: 136
Sliosberg, Iossif Borissowitsch
Verwalter von Druckerei und Buch-Depot bei dem Verleger M. M. Stassjulewitsch – II: 163
Sliwizki, Iwan Moissejewitsch
Arzt – II: 215, 216, 221
Smirnow, A. A.
– I: 188, *441*
Snegirjow, Wladimir Fjodorowitsch
(1847–1916), Arzt, Professor an der Moskauer Universität – I: 280; – II: 150
Snesserew, (Snessarew)
Mitarbeiter der Zeitung „Nowoje wremja“ – II: 154
Sobinow, Leonid Witaljewitsch
(1872–1934), Sänger – II: 159
Sobolew,
General – II: 272
Sobolew, Michail Nikolajewitsch
(* 1869), Hauslehrer von M. L. Tolstoi, später Privatdozent an der Moskauer Universität – I: 326, 332, 337–339
Sokolowa
– I: 252
Sokrates
(um 470–399 v. Chr.), griech. Philosoph – II: 64, 121, 223, 224, 245, 342, *418*

Soldatenkow, Kusma Terentjewitsch
(1818–1901), Verleger – II: 133, *420, 425*
Sollogub
– II: 131
Sollogub, Wera Wladimirowna
Tochter von W. A. Sollogub, Musikerin, Schauspielerin und Malerin – II: 29
Sollogub, Wladimir Alexandrowitsch
(1813–1882), Schriftsteller – I: 91, 120, *423*
Solotarjow, Wassili Petrowitsch
(* 1866), Anhänger Tolstois – I: 250, *449*
Solowjow, M. P.
(1841–1901), Mitglied des Obersten Presserats – II: 84
Solowjow, Wladimir Sergejewitsch
(1853–1900), Philosoph, Dichter und Publizist – I: 167, 255
Solowjows
– I: 395
Sonja
siehe Tolstaja, S. N.
Sonjuschka
siehe Tolstaja, S. A.
Sonow, Alexei Sergejewitsch
(1870–1919), Mitarbeiter des Verlags „Posrednik" – II: 129
Sossja
siehe Stachowitsch, S. A.
Spiers,
Engländerin, Hauslehrerin bei den Tolstois – I: 262, 266, 267, 272
Spinoza, Baruch
(1632–1677), niederl. Philosoph – I: 164, 172, 188, 192, *437, 441, 442*
Spir, Afrikan Alexandrowitsch
(1837–1890), Philosoph – I: 349, 352, *464*
Stachowitsch, Alexei Alexandrowitsch
Adjutant des Großfürsten Sergei Alexandrowitsch – I: 389; – II: 11, 12
Stachowitsch (verehel. *Rydsewskaja*), Marija Alexandrowna
(Manja; 1866–1923), Schwester von M. A. Stachowitsch – I: 178, 210, 340; – II: 86, 135
Stachowitsch, Michail Alexandrowitsch
(Mischa; 1861–1923), Gutsherr, Mitglied des Staatsrats – I: 169, 176–178, 181, 182, 199, 210, 244, 249, 271, 287, 395, *440, 458;* – II: 19, 87, 92, 98, 131, 167, 172, 233, 239, 263 , 279, 336, 396, *421, 448, 450, 452*
Stachowitsch, Pawel Alexandrowitsch
(Pawlik), Bruder von M. A. Stachowitsch – II: 29, 123
Stachowitsch, Sofja Alexandrowna
(Sossja; 1862–1942), Schwester von M. A. Stachowitsch, nahe Bekannte der Tolstois – I: 199, 204, 210, 212, 340; – II: 86, 123, 235, 236, 257, 325, 337–339, 377, *411, 436*
Stachowitschs
– I: 203; – II: 169
Stankewitsch, Alexei Iwanowitsch
(† 1921), Oberbibliothekar am Moskauer Historischen Museum – II: 268

Stassjulewitsch, Michail Matwejewitsch
(1826–1906), Historiker und Publizist, Herausgeber der Zeitschrift „Westnik Jewropy" – I: 112; – II: 163
Stassow, Wladimir Wassiljewitsch
(1824–1906), Kunst- und Musikkritiker – I: 306, 309, 462; – II: 7–9, 162, 163, 237, 238, *410, 411, 436*
Stellowski, Fjodor Timofejewitsch
(† 1875), Verleger und Druckereibesitzer in Petersburg – I: 34, *408*
Stolypin, Arkadi Dmitrijewitsch
(1812–1899), Kamerad Tolstois im Krimkrieg – I: 402; – II: 12
Stolypin, Pjotr Arkadjewitsch
(1862–1911), Staatsmann – II: 358–360, *451*
Storoschenko, Nikolai Iljitsch
(1836–1906), Professor für westeuropäische Literatur an der Moskauer Universität – I: 267, 277, 389; – II: 47
Strachow, Fjodor Alexejewitsch
(1861–1923), Anhänger Tolstois – I: *437;* – II: 60, 131, 151, 387
Strachow, Nikolai Nikolajewitsch
(1828–1896), Literaturkritiker und Philosoph – I: 112, 114, 121, 139, 140, 141, 143, 170, 199, 240, 262, 287, 302, *419–423, 425, 431, 455–457*
Strekalowa, Alexandra Nikolajewna
Moskauer Wohltäterin – II: 156
Strumenski, Stepan Jewgenjewitsch
Student, half 1902 W. G. Tschertkow bei seiner verlegerischen Tätigkeit in England – II: 134
Styka, Jan
(1858–1926), poln. Maler – II: 165, *429*
Subowa, Alexandra Wassiljewna
(1838–1913), Schwiegermutter von S. L. Tolstoi – II: 7
Subowa, Mascha
siehe Tolstaja, M. N.
Suchotin, Alexei Michailowitsch
(Alja; 1888–1942), Sohn von M. S. Suchotin, Orientalist – II: 196
Suchotin, Fjodor Michailowitsch
(Dorik; 1896–1921), Sohn von M. S. Suchotin – II: 196
Suchotin, Lew Michailowitsch
(Ljowa; * 1879), Sohn von M. S. Suchotin – II: 29, 130, 222
Suchotin, Michail Lwowitsch
(Mika, Mikuschka), Enkel von M. S. Suchotin – II: 356, 376, 379
Suchotin, Michail Michailowitsch
(Mischa; 1884–1921), Sohn von M. S. Suchotin – II: 148, 150, 167, 227
Suchotin, Michail Sergejewitsch
(1850–1914), Mann von T. L. Suchotina – I: 298, 311, 313, 317, 318, 332, 333, 339, 344, 346, 348, 353, 372, 384, *433;* – II: 10, 55, 98, 99, 137, 142–144, 150, 152, 153, 160, 168, 176, 181, 186, 187, 189, 196, 230, 234–236, 238, 240, 279, 315–317, 319, 321, 323, 325, 356, 357, 359, 361, 367, 375, 379, *442*
Suchotin, Sergei Michailowitsch
(Serjoscha; 1887–1926), Sohn von M. S. Suchotin – II: 189
Suchotina (geb. *Basiljewskaja*), Jelena Petrowna

(Ljolja), Frau von L. M. Suchotin – II: 361–363
Suchotina (geb. *Bode-Kolytschewa*), Marija Michailowna
(1856–1897), erste Frau von M. S. Suchotin – I: 265, 311
Suchotina (verehel. *Obolenskaja*), Natalija Michailowna
(Natascha; 1882–1925), Tochter von M. S. Suchotin, zweite Frau von N. L. Obolenski – II: 162
Suchotina (geb. *Tolstaja*), Tatjana Lwowna
Tanja; Tanetschka; 1864–1950), älteste Tochter der Tolstois – I: 78, 79, 83, 84, 86–88, 103, 104, 107–111, 114–119, 121–125, 129, 132, 134, 135, 140, 144, 146–148, 150–152, 155–158, 160, 161, 165, 166, 168, 173, 175–179, 181–186, 190, 192, 193, 195–198, 211, 215, 218, 219, 222, 223, 225, 231–233, 240, 241, 243, 244, 248–251, 255, 256, 259, 261–264, 266, 268, 269, 271, 272, 282–285, 290, 292, 293, 296, 298–300, 303–307, 309–313, 316–319, 321–329, 331–336, 338, 339, 341, 344, 346, 348, 352, 353, 355–357, 362, 363, 365, 366, 372, 374, 375, 381, 382, 384, 386, 387, 389–393, 397–401, *414, 417, 424, 427, 429, 431, 433, 438–440, 442, 445, 446, 448, 449, 453, 454, 457, 461–468;* – II: 7, 9–13, 16, 17, 19, 21, 22, 26–29, 31, 32, 34, 36, 37, 49, 50, 52, 54, 61, 63, 64, 66, 67, 71–73, 77, 78, 84, 85, 97–99, 101, 103, 104, 109, 112–115, 119, 120, 123, 126, 127, 130–132, 137, 139, 142–144, 147, 148, 150–153, 159, 161, 162, 166–170, 174–179, 181, 183, 187, 189, 194, 196–199, 204, 205, 207, 215, 219, 221, 222, 225, 228, 230, 235, 236, 238, 240, 253, 254, 260, 266, 270, 271, 279, 287, 296, 315, 317, 319–323, 327, 333, 335, 338, 344, 348, 350–353, 355–361, 364, 365, 372, 376, 378, 379, 385–389, 393, 407, *412, 413, 415, 418, 419, 423, 426, 428, 432, 438, 444, 446, 451, 457*
Suchotins
– II: 153, 156, 177, 189, 191, 204, 215, 225, 240, 266, 364, 375, 377, 381
Sudermann, Hermann
(1857–1928), Schriftsteller – II: 127, *424*
Sukolenowa, Anna Stepanowna
(1828–1917), Kinderfrau der jüngeren Tolstoi-Kinder – I: 160, 170, 189, 198, 211, 213, 219, 220, 223, 229, 232, 269, 282, 383, 285, 298, 301, 323, 333, 356–359, 361, 391; – II: 23, 34, 64, 89, 90, 92, 99, 126
Sulerschizki, Leopold Antonowitsch
(1872–1916), Literat und Regisseur – I: 387, 399, *465;* – 18, 19, 33, 36, 42, 47, 48, 86, 104, 105, 122, 128, 153, 174, 201, *413, 423*
Sumbatow-Juschin, Alexander Iwanowitsch
(1857–1927), Schauspieler und Dramatiker – I: 393, *467*
Surikow, Wassili Iwanowitsch
(1848–1916), Maler – II: 22
Sutkowoi, Nikolai Grigorjewitsch
(1872–1930), Jurist – II: 297, 301, 305, 308
Suworin, Alexei Sergejewitsch
(1834–1912), Publizist, Verleger, Herausgeber der Zeitung „Nowoje wremja" – I: 220, 446; – II: 46, 153
Swedomski, P. A.
Maler – II: 79
Sweginzewa, Anna Jewgenjewna
Tulaer Gutsbesitzerin – II: 83, 305
Swerbejewa, Ljubow Dmitrijewna
(* 1879), Schwester von M. D. Swerbejewa – I: 174, 195

Swerbejewa, Marija Dmitrijewna
(Mascha; * 1876), Tochter des Tulaer Vizegouverneurs D. D. Swerbejew – I: 174, 374
Swerbejewa, Sofja Dmitrijewna
Schwester des Tulaer Vizegouverneurs D. D. Swerbejew – I: 194; – II: 131
Swerbejews
– I: 173, 194; – II: 150, 153
Swertschkow, Nikolai Jegorowitsch
(1817–1898), Maler – II: 145, *426*
Swetschin, Fjodor Alexandrowitsch
(1844–1894), Gutsbesitzer im Landkreis Jefremow – I: 251
Sytin, Alexei Wladimirowitsch
(* 1868), Landeshauptmann im Landkreis Krapiwna – I: 152
Sytin, Iwan Dmitrijewitsch
(1850–1934), Verleger – II: 16

Tabor, Emily
engl. Gouvernante bei den Tolstois – I: 100, *419*
Taine, Hippolyte
(1828–1893), franz. Philosoph, Literaturkritiker und -historiker – I: 344–347, *464*
Tanejew, Sergei Iwanowitsch
(1856–1915), Komponist – I: *8, 13,* 291–293, 295, 296, 298, 300, 302, 303, 306, 311, 315–320, 324, 327, 329, 332, 333, 335, 346, 349, 352, 357–361, 363, 368–370, 372–375, 378, 382, 384, 387–396, 398, 401–403, *459, 460, 465, 468;* – II: 9, 11, 12, 18–20, 23, 24, 30, 33–35, 38, 39, 43, 44, 46, 47, 50, 51, 53, 56, 59, 60, 61, 65–68, 77–81, 87–91, 95–97, 101–103, 105–107, 111–113, 116–120, 127, 128, 130, 135–137, 139, 142, 148, 150–152, 155, 156, 159, 161, 168, 174, 175, 201, 213, 227, 236, 237, 240, 250, 251, 254, 256, 258, 259, 322, 380, *413, 416, 417, 419, 421–424, 427, 433, 436, 446*
Tanetschka
siehe Albertini, T. M.
oder Suchotina, T. L.
Tanja
siehe Kusminskaja, T. A.
oder Suchotina, T. L.
Tanjuschka
siehe Albertini, T. M.
Tapsel, Thomas
(† 1915), Photograph – II: 359
Tarsey (verehel. *Matschutadse*), Hanna
(* 1845), Engländerin, Erzieherin der ältesten Tolstoi-Kinder – I: 92, 99, *417*
Tatarinowa (geb. *Wsewoloschskaja*), Sofja Wladimirowna
(Sonja; 1859–1923), Gutsbesitzerin aus Twer – II: 231
Tatischtschwes,
die Familie von N. D. Tatischtschew, dem Gouverneur von Jaroslawl – I: 135
Taube, Michail Alexandrowitsch
(* 1869), Professor für Völkerrecht an der Petersburger Universität – II: 252, *437*
Theuriet, André
(1833–1907), franz. Schriftsteller – I: 117, *423*
Tichonow, Wladimir Alexandrowitsch

(* 1859), Arzt – II: 194–196
Timirjasew, Fjodor Iwanowitsch
(* 1832) Untersuchungsrichter – I: 34
Tissot, James
(1836–1902), franz. Maler – II: 26, *414*
Tjutschew, Fjodor Iwanowitsch
(1803–1873), Dichter – II: 34, 35, 103, 106, 113, 152, 260 *415, 423, 427, 439*
Tokarski, A. A.
– II: 40
Toliwerowa (Peschkowa-Toliwerowa), Alexandra Nikolajewna
(1842–1918), Redakteurin der Zeitschriften „Igruschetschka" und „Schenskoje delo" – I: 287, *458;* – II: 45
Tolmatschowa, Anna Leonidowna
Bekannte von A. L. Tolstoi – II: 272
Tolstaja, Alexandra Andrejewna
(Alexandrine; 1817–1904), Tante zweiten Grades von Tolstoi – I: 72, 73, 76, 142, 159, 181, 191, 192, 194, 203, 204, 221, 232, 242, 259, *408, 413, 414, 416, 417, 419, 423, 431, 436, 440, 442, 446;* – II: 187, 271
Tolstaja, Alexandra Lwowna
(Sascha; 1884–1979), jüngste Tochter der Tolstois – I: *11, 12,* 152, 154–156, 161–163, 166, 167, 172, 177, 179, 185, 186, 188, 193, 197, 198, 212, 219, 222, 223, 228, 230, 232, 234, 238, 239, 241, 242, 247, 248, 252–254, 256, 261–263, 265, 266, 268, 271, 273, 280, 282, 286, 288, 291, 293, 295, 296, 298, 300, 303–305, 307, 309–312, 315, 319, 320, 322, 323, 327–329, 331, 333–335, 337–339, 348, 352, 354, 356, 359, 365, 366, 368, 369, 372, 376, 378, 379, 381–383, 385, 387, 389, 394, 397–400, *433, 447;* – II: 7, 9, 10, 11, 13–15, 17, 21, 22, 25, 27–31, 33, 34, 36, 39, 40, 47, 49, 50–53, 57, 59, 61–64, 68, 71, 72, 75, 77, 85, 89, 97, 101, 104, 105, 108, 109, 111–113, 116, 117, 119, 120, 123–125, 127, 130, 134, 138, 139, 144, 147–151, 157, 162, 163, 166, 169, 170, 172–174, 176–178, 183, 186, 188, 192, 193, 196, 197, 199, 200, 213, 215–218, 222, 226, 228, 230, 232–235, 237, 239, 242, 243, 245, 255–257, 259, 260, 262, 266, 271, 278, 280–284, 286, 290, 295–297, 300, 302, 303, 308, 310, 313–316, 319, 323–326, 328–332, 335, 336, 338–341, 344, 346, 348, 349, 352, 354–356, 364, 365, 368, 371–375, 381–388, 393, 400–403, 407, *444, 446, 447, 450–453, 457*
Tolstaja (geb. *Glebowa*), Alexandra Wladimirowna
(Lina; * 1880), Frau von M. L. Tolstoi – II: 151, 152, 157, 162, 164–167, 175, 189, 194, 234, 237, 271, 275, 331, *432, 444*
Tolstaja, Anna Iljinitschna
(Annotschka; 1888–1954), Tochter von I. L. Tolstoi – I: 253, 322, 323; – II: 33, 34, 57, 123–125, 179, 235–237, 266
Tolstaja (geb. *Westerlund*), Dora Fjodorowna
(1878–1933), Frau von L. L. Tolstoi – I: 343, 345, 346, 348, 362, 367–369, 371, 372, 377, 378, 380, 383, 390, 391, 393, 394, 400; – II: 7, 27–29, 31, 58, 59, 61–63, 67, 70, 74, 78, 83, 86, 104, 120, 125, 126, 137, 139, 155, 159, 160, 162, 163, 166, 167, 175–177, 193, 235, 242, 257, 258, 260, 262, *411*
Tolstaja (in erster Ehe *Arzimowitsch*), Jekaterina Wassiljewna
(Katja; * 1876), zweite Frau von A. L. Tolstoi – II: 279, 284, 327, 339, 352, 353, 362, 372, 373, *450*
Tolstaja (verehel. *Denissenko*), Jelena Sergejewna
(Lenotschka; 1863–1942), Tochter von M. N. Tolstaja – I: 225, 232

Tolstaja (geb. *Jergolskaja*), Jelisaweta Alexandrowna
(1790–1851), Schwester von T. A. Jergolskaja – I: 25, *407*
Tolstaja, Marija Andrejewna
(Mascha; * 1908), Tochter von A. L. Tolstoi – II: 353
Tolstaja (geb. *Ratschinskaja*), Marija Konstantinowna
(Manja; 1865–1900), erste Frau von S. L. Tolstoi – I: 266, 268, 285, 312, 349, 378, 397; – II: 59, 87, 96
Tolstaja, Marija Lwowna
siehe Obolenskaja, M. L.
Tolstaja (geb. *Schischkina*), Marija Michailowna
(Mascha; „die Zigeunerin"; 1829–1919), Frau von S. N. Tolstoi – I: 75, 85, 144, 379, *409, 414, 415;* – II: 158, 276
Tolstaja (geb. *Wolkonskaja*), Marija Nikolajewna
(1790–1830), Tolstois Mutter – I: *11*
Tolstaja (geb. *Tolstaja*), Marija Nikolajewna
(Mascha; Maschenka; 1830–1912), Tolstois Schwester – I: 17–21, 24–26, 81, 86, 91, 106–108, 110, 224–227, 280, 282–284, 289, *407, 413, 415, 416, 419, 458;* – II: 86–89, 92, 96, 98, 165, 184, 187, 236, 285, *421, 442*
Tolstaja (geb. *Subowa*), Marija Nikolajewna
(Mascha; 1867–1939) zweite Frau von S. L. Tolstoi – I: 268, 396; – II: 279, 368, 370, 380
Tolstaja, Marija Sergejewna
siehe Bibikowa, M. S.
Tolstaja (geb. *Gromowa*), Nadeschda Fjodorowna
(Nadja; 1859–1934), Frau von N. W. Tolstoi – I: 106, 108, *421*
Tolstaja (geb. *Diterichs*), Olga Konstantinowna
(1872–1951), erste Frau von A. L. Tolstoi – II: 97, 126, 130, 139, 144–146, 160, 163, 167, 178, 186, 191, 194, 196–199, 210, 234, 236, 237, 247, 253, 257, 262, 272, 275, 287, 289, 309, 329, 331–333, 346, 380, 382, 384, *424, 425, 434, 444*
Tolstaja, Sofja Andrejewna
(1824–1895), Schwester von A. A. Tolstaja – I: 204, 232
Tolstaja, Sofja Andrejewna
(Sonjuschka; 1900–1957), Tochter von A. L. Tolstoi – II: 177, 186, 197, 226, 237, 252, 275, 287, 304, 330, 331, 380
Tolstaja (geb. *Filossofowa*), Sofja Nikolajewna
(Sonja; 1867–1934), Frau von I. L. Tolstoi – I: 140, 156, 157, 244, 253, 313, 322, 324, 326, 328, 329, 331, *426, 435*; – II: 34, 57–59, 62, 66, 88, 116, 123, 151–153, 161, 178, 194, 207, 208, 234, 236, 253, 272, 274, 279, 390, 391, *418, 423, 432*
Tolstaja, Tatjana Lwowna
siehe Suchotina, T. L.
Tolstaja, Tatjana Michailowna
(Tanja; Tanetschka; * 1903), Tochter von M. L. Tolstoi – II: 258, 331
Tolstaja, Warwara Lwowna
(1875–1875), Tochter der Tolstois – I: *12*
Tolstaja, Warwara Sergejewna
(Warja; 1871–1923), Tochter von S. N. Tolstoi – I: 233
Tolstaja, Wera Iljinitschna
(Werotschka; * 1901), Tochter von I. L. Tolstoi – II: 390
Tolstaja, Wera Sergejewna

(Werotschka; 1865–1923), Tochter von S. N. Tolstoi – I: 144, 146, 168, 233, 285, 293, 364, 365, 379, 383; – II: 35, 63, 110, 324

Tolstoi, Alexei Konstantinowitsch
(1817–1875), Dichter und Dramatiker – II: 107

Tolstoi, Alexei Lwowitsch
(Aljoscha; 1881–1886), Sohn der Tolstois – I: *12, 13,* 125, 126, 272, 281, 285, 357, *425, 457;* – II: 64, 175, 185

Tolstoi, Andrei Andrejewitsch
(1771–1844), Vater von A. A. Tolstaja, Oberst, Adelsmarschall des Landkreises Belew – II: 271

Tolstoi, Andrei Iljitsch
(Andrjuscha; 1895–1920), Sohn von I. L. Tolstoi – I: 328, 365, 381; – II: 61, 87, 151

Tolstoi, Andrei Lwowitsch
(Andrjuscha; 1877–1916), Sohn der Tolstois – I: *13,* 106–108, 111–120, 122, 123, 129, 131, 140, 145, 147, 149, 151, 153, 155, 156, 160, 164, 166, 167, 169, 170, 174, 177–179, 181, 182, 184, 185, 187, 192–194, 197, 198, 215, 216, 223, 227, 228, 230, 238, 239, 241, 245, 246, 249, 253–256, 261–263, 266, 268, 269, 271, 272, 275, 280, 291, 292, 298, 309, 310, 318, 323–326, 328, 331, 332, 338, 344–346, 348–350, 355, 364, 365, 374, 381, 383, 385, 387, 402, *435, 455;* – II: 7, 11, 18, 21, 23, 27, 29, 45, 49, 52, 57, 61, 76, 84, 85, 96, 97, 104, 105, 111, 117–119, 126, 130, 139, 141, 145, 148, 158, 160, 162, 163, 174, 177, 178, 185–188, 191, 198, 206, 208, 225, 227, 236, 247, 252, 253, 257, 258, 260–263, 266, 272–275, 277, 279, 284, 287, 333, 334, 340, 362, 380, 396, *424, 425, 431, 440, 444, 450*

Tolstoi, Grigori Sergejewitsch
(Grischa; 1853–1928), Sohn von S. N. Tolstoi – I: 46, 85, *409, 415*

Tolstoi, Ilja Andrejewitsch
(1813–1879), Senator, Bruder von A. A. Tolstaja – II: 271

Tolstoi, Ilja Andrejewitsch
(Iljuschok; 1903–1970), Sohn von A. L. Tolstoi – II: 257, 287, 304, 331, 380, *444*

Tolstoi, Ilja Iljitsch
(Iljuscha; Iljuschok; 1896–1970), Sohn von I. L. Tolstoi – I: 328; – II: 87, 179

Tolstoi, Ilja Lwowitsch
(Iljuscha; 1866–1933), Sohn der Tolstois – I: 89–91, 95, 98, 99, 103, 106, 111–122, 124, 129, 130, 133, 135, 138, 139, 141, 143, 144, 152, 154–157, 161, 182, 183, 187, 188, 195–197, 214, 218, 219, 225, 227, 230, 253, 257, 263, 266, 268, 269, 280, 285, 307–309, 312, 322–326, 328, 344, 346, 349, 351, 365, 387, *421, 424, 426, 427, 429, 432, 435–437;* – II: 13, 14, 20, 45, 53, 55, 57, 62, 67, 69, 70, 75, 83, 87, 96, 118, 119, 123, 124, 126, 129, 142, 145, 156–159, 161–163, 179, 186, 187, 194, 204, 207, 209, 228, 230, 231, 234–236, 247, 253, 260, 272, 274, 279, 391, *417–419, 434*

Tolstoi, Iwan Lwowitsch
(Wanja; Wanetschka; 1888–1895), jüngster Sohn der Tolstois – I: *12,* 147, 150, 152, 154, 155, 157, 159–161, 163, 166, 168–172, 174, 177–179, 185–188, 190, 197, 198, 211–213, 219, 220, 222–226, 229, 230, 232–234, 236, 239, 242, 247, 252–254, 256, 261, 263, 265, 266, 268–274, 280–290, 293, 294, 297–299, 301, 307, 308, 323, 324, 326, 327, 336, 340, 354, 357, 359, 365, 367, 368, 389, 395–397, *433, 447, 456–460, 465;* – II: 10, 22, 23, 29, 30, 34, 37, 49, 64, 67, 69, 73, 79, 92, 96, 115, 144, 161, 162, 169, 175, 185, 189, 194, 224, 230, 247, 263, 264, 275, 303, 336, 380, 391

Tolstoi, Iwan Michailowitsch
(Wanetschka; * 1901), Sohn von M. L. Tolstoi – II: 189, 194, 234, 237, 331

Tolstoi, Konstantin Andrejewitsch
Bruder von A. A. Tolstaja – II: 271
Tolstoi (Pseud. *L. Lwow*), Lew Lwowitsch
(Ljolja; Ljowa; Ljowuschka; 1869–1945), Sohn der Tolstois – I: 96, 97, 106, 107, 110–112, 114–122, 124, 125, 129, 134, 135, 138, 139, 144, 146, 150–152, 154–160, 163–165, 168–170, 172, 175, 176, 178, 179, 181–189, 191, 193, 194, 197–199, 210–213, 218, 219, 221–223, 227, 228, 232, 233, 235, 238, 240–242, 244–246, 248, 249, 251, 253, 254, 259–263, 265–271, 273–275, 280, 286, 298, 299, 304, 306, 310, 319, 323, 326, 332, 333, 335, 343, 345–348, 351, 358, 362, 365–369, 371, 374, 377, 380, 386, 390, 391, 393, 394, *418, 424, 438, 440, 444, 450, 453, 456;* – II: 7, 18, 20, 23, 27–31, 54, 55, 58, 61, 63, 67, 69, 70, 74, 76, 86, 98, 102–104, 109, 119, 120, 125, 126, 137, 139, 144, 158, 160, 162, 163, 166, 167, 175–177, 179, 184, 197, 204, 206, 213, 235, 238, 257–259, 261–263, 270, 272, 274, 276, 299, 301–303, 305, 307, 309, 310, 312–316, 319–321, 324–326, 328, 329, 331, 335–338, 344–347, 349, 350, 352, 353, 358, 359, 371–373, 375, 379, 380, 394, *411, 413, 417, 422, 428, 432, 434, 444, 450, 452*
Tolstoi, Lew Lwowitsch
(Ljowuschka; 1898–1900), Sohn von L. L. Tolstoi – II: 67, 69, 70, 74, 78, 83, 85, 98, 109, 120, 121, 123, 127, 137, 139, 159, 161–163
Tolstoi, Lew Nikolajewitsch
(Ljowotschka; Ljowa; 1828–1910)
Alles kommt von ihm – II: 331, *447*
An das arbeitende Volk – II: 229, 231, 232, *435, 436*
An den Zaren und seine Gehilfen – II: 172, *430, 448*
An die Geistlichkeit (Aufruf an die Geistlichkeit) – II: 240, 244, *437, 449*
Anna Karenina – I: 36, *409, 412, 421, 423;* – II: 258
Auferstehung – I: *438;* – II: 51, 82, 83, 87, 89, 90, 93–95, 99–104, 106, 108, 117, 127, 129, 131, 132, 138, 139, 141, 144, 257, 306, 311, 365, 367, 368, 374, 375, *420–422, 424, 425, 444, 445, 452*
Beichte – I: *5, 420*
Carthago delenda est – II: 55, *417*
Christentum und Patriotismus – II: 351, *448, 450*
Dankbarer Boden (Aus dem Tagebuch) – II: 321, *446*
Das einzige Mittel – II: 180, 181, *432*
Das Ende des Jahrhunderts – II: 389
Das neue Alphabet – I: 97, 239, *419, 448*
Das Reich Gottes ist in euch (Über das Nichtwiderstreben) – I: 156, 164, 187, 190, 214, 225, *435, 436, 439, 441, 443, 445, 446;* – II: *448*
Der erste Branntweinbrenner – II: 331
Der gefälschte Kupon – I: *432, 438;* – II: 86, 269, *420, 439*
Der Gefangene im Kaukasus – II: 280, *441*
Der lebende Leichnam – II: 147, *427*
Der Leinwandmesser – I: 170, *437*
Der Morgen eines Gutsbesitzers – II: *452*
Der Nihilist – II: 164, *428*
Der Teufel – I: *410;* – II: *420*
Der Tod des Iwan Iljitsch – I: 275, 455
Der Überfall – II: 271, *440, 452*
Die christliche Lehre – II: 212, 213, *434*
Die Dekabristen – I: 109, 110, 112, 116, *421–423*

Die erste Stufe – I: *447*
Die Früchte der Bildung – I: 201–203, 206, 253, 256, *436;* – II: 148, 149, 297, 306
Die Kosaken – I: 82, 112, *415;* – II: 100, 244, 338, *448, 452*
Die Kreutzersonate – I: *7, 8,* 153, 159, 167, 168, 171–174, 180, 181, 188, 191, 193, 201, 206, 207, 213, 216, 219, 220, 223, 237, 296, *406, 430, 434, 436–438, 441, 442, 449;* – II: 257
Die Lehre Christi – dargelegt für Kinder – II: 399, *456*
Die Macht der Finsternis – I: *8,* 129–132, 135, 292, *426, 427, 429, 430, 460;* – II: 257, 297, 331
Die Mutter (Aufzeichnungen einer Mutter; Geschichte einer Mutter) – I: 218, *438, 445;* – II: 86, 105, 110, *420, 422, 423*
Die verseuchte Familie – II: 164, *428*
Die Zerstörung der Hölle und ihre Wiederherstellung – II: 244, 245, 247, 256, *437*
Eine schreckliche Frage – I: 255, *450*
Eines ist not – II: 363, *452*
Ein Idyll – I: *410*
Gedanken weiser Männer für alle Tage – II: 254, *438*
Gott sieht die Wahrheit – II: 22
Hadschi Murat – I: *468;* – II: 41, 42, 50, 82, 94, 168, 236, 237, 239, 240, 242, 262, *411, 414, 415, 436–438*
Herr und Knecht – I: 273, 275, 277, 389, *454, 456;* – II: 8, 94
Hunger oder nicht? – II: 78, 88, 133, *417, 419, 421, 425*
Kinderweisheit – II: 382, *454*
Kindheit – I: 17, 25; – II: 15, 17, 20, 26, 94, 356, 361–364, 385, *451, 452*
Knabenjahre – II: 15, 25, 26
Krieg und Frieden – I: 83, 84, 92, 93, 167, 206, 347, *407, 414, 415, 417, 418, 429;* – II: 53, 108, 254
Kritik der Dogmatischen Theologie – I: 130, *426*
Lesefrüchte – II: 268, 278, 282, 284, 286, *413, 414, 424, 436, 439, 441*
Lipunjuschka – I: 239, *448*
Merkblatt für den Offizier – II: 210, *434*
Merkblatt für den Soldaten – II: 210, *434*
Nachgelassene Aufzeichnungen des Mönches Fjodor Kusmitsch – I: *438;* – II: 86, *420*
Nachwort zur „Kreutzersonate“ – I: 174, 216, *437*
Nikolai Palkin – I: 207, *443, 444*
Polikuschka – I: 170, *437*
Religion und Sittlichkeit – I: *455*
Sewastopoler Erzählungen – II: 363, *452*
Tichon und Malanja – I: *410*
Über das Leben (Über das Leben und den Tod) – I: 133–137, 139, 140, 142, 201, *428, 431, 443*
Über die gesellschaftliche Bewegung in Rußland – II: 277, *440*
Über den Sozialismus – II: 404, *457*
Über den Wahnwitz (Über den Selbstmord) – II: 323, 405, *444, 457*
Über die Hungersnot – I: 252, *449, 451*
Über die Volkszählung in Moskau – I: *436;* – II: 368
Über die Glaubenstoleranz – II: 206–208, *433, 434, 448*
Über Shakespeare und das Drama – II: *415*

Vater Sergius – I: *438;* – II: 82, 94, 168, *420*
Vorwort zu „Ausgewählte Gedanken La Bruyères" – II: 329, 340, *447*
Vorwort zu Carpenters Aufsatz „Die moderne Wissenschaft" – I: 389–391, 393, 394, 398, *467;* – II: 28, 31, 45, *414, 415*
Vorwort zu den Werken Guy de Maupassants – II: 108, *423*
Wandelt, dieweil ihr das Licht habt – I: 132, *428, 433*
Warum berauschen sich die Menschen? – I: 216, *445*
Was ist Glaubenstoleranz und worin besteht ihr Wesen? – II: 207, *434*
Was ist Kunst? (Über die Kunst) – I: 290, 292, 293, 300, 306, 310, 314, 319, 321, 322, 326, 328, 334, 335, 337, 339–341, 343, 344, 348, 349, 352, 354–356, 362, 365–367, 369, 370, 377, 380, 381, 397, *459, 462–464, 468;* – II: 8, 9, 12, 15, 18–21, 23–28, 30, 31, 33, 34, 36–40, 42, 44, 48, 77, 108, 344, 346, 368, *410–412, 414, 416, 449*
Was ist Religion und worin besteht ihr Wesen? (Über die Religion) – I: *452;* – II: 192–197
Was sollen wir denn tun? – I: 201, *436, 443;* – II: 364, 385, *425, 454*
Weg des Lebens – II: 305, *444, 448*
Wer hat recht? – II: 165, 172, *428*
Wer sind die Mörder? (Pawel Kudrjasch) – II: 288, *442*
Wo ist der Ausweg? – II: 30, *414*
Worin mein Glaube besteht? – I: 126, *425, 428, 461*

Tolstoi, Michail Iljitsch
(Mischa; 1893–1919), Sohn von I. L. Tolstoi – 312, 322, 328; – II: 44, 45, 57, 61, 67–70, 125, 151, 161

Tolstoi, Michail Lwowitsch
(Mischa; 1879–1944), Sohn der Tolstois – I: 123, 129, 131, 145–147, 149, 151–153, 155, 156, 160, 162–164, 166, 168–172, 174, 177–179, 181, 182, 184–187, 190, 194, 197, 215, 216, 223, 227, 228, 230, 238, 239, 241, 248, 249, 253–256, 261–263, 265–272, 274, 280–283, 291, 296, 298, 300, 303, 305, 307–310, 313–316, 319, 321, 322, 324, 325, 332–337, 339, 342, 344–346, 348–350, 354–356, 358, 360–362, 365, 366, 369, 378, 379, 381–388, 397, 398, 402, *435, 455, 467;* – II: 7, 11, 13–15, 18, 21, 25, 27, 29, 31, 33, 34, 36, 49, 50, 53, 62–65, 76, 77, 83–86, 88–91, 95–100, 102, 104, 105, 107–111, 113, 116–118, 123, 126–128, 130, 131, 133, 135, 139, 142, 143, 145, 147, 149, 151, 153, 156, 159, 162–167, 175, 180, 189, 194, 206, 207, 209, 234, 236, 237, 258, 260, 263, 271, 272, 274, 275, 279, 298, 300, 329, 331, 332

Tolstoi, Nikita Lwowitsch
(* 1902), Sohn von L. L. Tolstoi – II: 235

Tolstoi, Nikolai Iljitsch
(1794–1837), Tolstois Vater – I: 23; – II: 251

Tolstoi, Nikolai Iljitsch
(1890–1893), Sohn von I. L. Tolstoi – I: 156, 253, *435*

Tolstoi, Nikolai Lwowitsch
(1874–1875), Sohn der Tolstois – I: *12*

Tolstoi, Nikolai Nikolajewitsch
(1823–1860), ältester Bruder Tolstois – I: *10, 410;* – II: 271, *440*

Tolstoi, Nikolai Sergejewitsch
(1863–1865), Sohn von S. N. Tolstoi – I: 82, *415*

Tolstoi, Nikolai Walerianowitsch
(Nikolenka; 1850–1879), Sohn von Tolstois Schwester M. N. Tolstaja – I: 106, 108, 109, *420, 421*

Tolstoi, Pawel Lwowitsch
(Pawlik; * 1900), Sohn von L. L. Tolstoi – II: 176, 177
Tolstoi, Pjotr Lwowitsch
(Petja; 1872–1873), Sohn der Tolstois – I: *12,* 99–101, 177, *419, 420*
Tolstoi, Sergei Lwowitsch
(Serjoscha; 1863–1947), ältester Sohn der Tolstois – I: 67–69, 71, 72, 75–83, 86, 88, 91, 95, 98, 103, 104, 106–111, 113, 114, 116, 117, 120–122, 124, 129, 133, 140, 141, 144, 155–157, 160, 163, 164, 170, 173, 187, 188, 197, 203, 212, 218, 225, 232, 233, 240, 249, 252–254, 261, 266, 279, 280, 290, 297–299, 301, 312, 313, 325–327, 340, 349, 351, 369, 376, 378, 385–388, 397–400, *412–414, 419, 422, 424, 426, 428, 429, 431, 433, 434, 442, 443, 447, 460;* – II: 13, 14, 17, 19–21, 25–29, 31, 34, 37, 40, 41, 52, 43, 58–62, 75–77, 87, 89, 90, 96, 101, 103–105, 116, 122, 126, 128, 129, 132, 135, 137–139, 149–154, 156, 159, 163, 170, 174, 178, 180, 184, 186, 191, 194, 197, 198, 205, 207, 208, 219, 221, 228, 229, 232–234, 247, 248, 255, 260, 266, 271, 279, 283, 294–296, 311, 313, 333, 336, 353, 361, 365, 380, 385, 386, 406, 407, *414, 417, 419, 421–426, 428, 432, 434, 438, 452, 457*
Tolstoi, Sergei Nikolajewitsch
(Serjoscha; 1826–1904), Bruder Tolstois – I: 34, 38, 75, 82–86, 110, 111, 144, 180, 250, 265, 270, 273, 368, 377, 379, *409, 414, 415, 420, 453;* – II: 35, 36, 58, 82, 158, 207, 276, *415, 433, 434, 451*
Tolstoi, Sergei Sergejewitsch
(Serjoscha; 1897–1974), Sohn von S. L. Tolstoi – I: 349, 378, 397; – II: 59, 87, 96, 175, 365, 380
Tolstoi, Walerian Petrowitsch
(1813–1865), Mann von Tolstois Schwester M. N. Tolstaja – I: 25, 71, *407, 413*
Tolstoi, Wladimir Iljitsch
(1899–1967), Sohn von I. L. Tolstoi – II: 179
Tomaschewitsch, Jewgeni Stanislawowitsch
Lehrer am Tulaer Gymnasium – I: 363
Tonjo
Musiker – II: 150
Torba, Nikolai Ossipowitsch
– II: 353
Trepow, Dmitri Fjodorowitsch
(1855–1906) – I: 260, 400, *452;* – II: *417, 429*
Trepowa
– II: 131
Trepows
– I: 401
Trochimowskis
– I: 203
Troizki, Dmitri Jegorowitsch
Priester – II: 92, *421*
Trubezkoi, Pawel (Paolo) Petrowitsch
(1866–1938), Bildhauer – I: *447;* – II: 53–57, 118, 129, 138, *417, 426*
Trubezkoi, Sergei Nikolajewitsch
(1862–1905), Philosoph, Professor an der Moskauer Universität, Redakteur der Zeitschrift „Woprossy filossofii i psichologii“ – II: 40
Trubezkois

– II: 55, 157
Trubnikow, Alexander Nikolajewitsch
(1852–1914), Gouverneur von Orjol – II: 62, *418*
Tschaikowski, Modest Iljitsch
(1850–1916), Bruder von I. I. Tschaikowski, Librettist und Übersetzer – II: 13, 39, 127, 128, 133, *427*
Tschaikowski, Pjotr Iljitsch
(1840–1893) – I: 336, 337, 376, 378, 394; – II: 98, 104, 127, 128, 133, 155, 256, *425*
Tschechow, Anton Pawlowitsch
(1860–1904) – I: 384, *466;* – II: 100, 109, 128, 131, 199, 201, 266, 267, 359, *424, 425, 433, 439*
Tschekan,
Chefarzt am Tulaer Gouvernementskrankenhaus – II: 247, 248
Tschelokajewa (geb. *Dawydowa*), Jelisaweta Wassiljewna
Schwester von N. W. Dawydow – I: 168
Tschepurin, Iwan
(* 1880), Bauer aus dem Gouvernement Saratow – II: 367, *452*
Tscherkasskaja (verehel. *Boldyrewa*), Mary
– II: 125, 127, 273
Tscherkasski, Alexander Alexejewitsch
(* 1873), Offizier – I: 363; – II: 83
Tscherkasskis
– II: 125
Tschernogubow, Nikolai Nikolajewitsch
(* 1877), Moskauer Literaturforscher – II: 163, 176, *428*
Tschertkow, Grigori Iwanowitsch
(1828–1884), Vater von W. G. Tschertkow, Generaladjutant – I: 207
Tschertkow, Michail Grigorjewitsch
(Mischa; 1867–1875), Bruder von W. G. Tschertkow – II: 301, 310
Tschertkow, Wladimir Grigorjewitsch
(1854–1936), Freund und Anhänger Tolstois, Herausgeber seiner Werke – I: *7,* 134, 135, 138, 165, 207, 208, 250, 260, 296, 306, 344, 347, 354, 355, 364, *428, 429, 431, 433, 439, 440, 446, 452, 453, 462–465, 468;* – II: 24, 33, 60, 72, 86, 89, 93, 138, 147, 244, 279, 282–285, 287, 289–312, 314–338, 341–350, 352, 354–382, 384–406, *413, 416, 418, 419, 421, 422, 424, 426, 436, 437, 440, 443–447, 449–457*
Tschertkow, Wladimir Wladimirowitsch
(Dima; 1889–1964), Sohn von W. G. Tschertkow – II: 279, 287, 289, 321, 328, 331, 353, 384
Tschertkowa (geb. *Diterichs*), Anna Konstantinowna
(Galja; 1859–1927), Frau von W. G. Tschertkow – I: 208; – II: 73, 279, 391, 406, *418, 424, 434, 456, 457*
Tschertkowa (geb. *Tschernyschewa-Kruglikowa*), Jelisaweta Iwanowna
(1832–1922), Mutter von W. G. Tschertkow – I: 207; – II: 295, 301, 304, 310, 315, 343, 346, 393, 397, *443, 444*
Tschetwerikow, Dmitri Iwanowitsch
(1868–1908), Gutsherr – II: 192
Tschirkin, S. W.
russ. Konsul in Indien – II: 340, *448*
Tschischowa, Pelageja (Praskowja) Wassiljewna

(† 1910), Kinderfrau von S. I. Tanejew – II: 18, 152, 380
Tschitscherin, Boris Nikolajewitsch
(1828–1904), Philosoph, Professor an der Moskauer Universität – I: 270, 274, 396, *454*, *455*; – II: 129, 131, 154
Tschitscherina (geb. *Kapnist*), Alexandra Alexejewna
(1854–1920), Frau von B. N. Tschitscherin – I: 288
Tschudow, Nikolai Alexandrowitsch
– I: 305, *460*, *461*
Tulubjewa (geb. *Jerschowa*), Marija Dmitrijewna
(† 1898) – II: 67
Turgenew, Iwan Sergejewitsch
(1818–1883) – I: 114, 275, 276, 320, *422*, *455*; – II: 235
Turkin, Nikolai Wassiljewitsch
Hauslehrer von M. L. Tolstoi – I: 291, 293, 297, 299, 301, 303, 305, 314, 315, 318, 320, 321, 324, 326, 349

Uchtomski, Esper Esperowitsch
(1861–1921), Publizist und Dichter, ab 1896 Pächter und Redakteur der Zeitung „S.-Peterburgskije wedomosti" – I: 368; – II: 46, 87, 88, *416*
Uljaninski, Dmitri Wassiljewitsch
(1861–1918), Nachhilfelehrer von S. L. Tolstoi – I: 106, 108, 111, 117, 119
Urussow, Leonid Dmitrijewitsch
(† 1885), Tulaer Vizegouverneur – I: 106, 108, 126, 127, 130, 158, 212, 215, 276, 367, 382, *421*, *425*, *426*, *436*, *441*, *466*
Urussow, Sergei Leonidowitsch
Sohn von L. D. Urussow, Diplomat – I: 175; – II: 47
Urussow, Sergei Semjonowitsch
(1827–1897), Kamerad Tolstois im Krimkrieg – I: 287, 358
Urussowa, Irina Leonidowna
(Ira), Tochter von L. D. Urussow – I: 215
Urussowa, Marija Leonidowna
(Mary; 1867–1895), Tochter von L. D. Urussow, Musikerin – I: 215, 276; – II: 23, *413*
Urussowa (geb. *Malzewa*), Marija Sergejewna
Frau von L. D. Urussow – I: 215, 221; – II: 23, *413*
Uschakow, Fjodor Andrejewitsch
Anhänger Tolstois – II: 129
Ussow, Pawel Sergejewitsch
(1867–1917), Arzt, Professor an der Moskauer Universität – I: 399; – II: 17, 131, 138, 145, 150, 157, 169, 239, 247
Ustinows
– II: 28

Verdi, Giuseppe
(1813–1901) – II: 38
Verhaeren, Emile
(1855–1916), belg. Dichter – I: 367
Verne, Jules
(1828–1905) – I: 265, *453*

Vielé-Griffin, Francis
(1863–1937), franz. Dichter – I: 367
Vogüé, Eugène Melchior de
(1848–1910), franz. Schriftsteller – I: 190, *436, 442*

Wadbolski, Wassili Alexejewitsch
(1793–1877) – I: 181, *440*
Wagner, Richard
(1813–1883), – I: 302, 316; – II: 13, 40, 44, 47, *410*
Wanetschka
siehe Tolstoi, I. L.
oder Tolstoi, I. M.
Wanja
siehe Tolstoi, I. L.
Wannowski, Pjotr Semjonowitsch
(1822–1904), Erziehungsminister – II: 173
Ward, Humphry (d. i. *Mary Augusta)*
1851–1920), engl. Schriftstellerin – I: 263, *453*
Warja, Warenka, Waretschka
siehe Nagornowa, W. W.
Wasnezow, Wiktor Michailowitsch
(1848–1926), Maler – II: 79
Weber, Carl Maria von
(1786–1826) – I: 107, 114, 138, 331, 389; – II: 50, 61, 174, 184, 190, 258
Welitschkina (verehel. *Bontsch-Brujewitsch*), Wera Michailowna
(1868–1918), Ärztin, Literatin, Revolutionärin – I: 257, 258, *451*
Welsh, Anna
Engländerin, Musiklehrerin von A. L. und S. A. Tolstaja – I: 291, 298, 300, 303, 311, 312, 316, 383, 385, 387, 395; – II: 23, 33, 36, 51, 95, 139, 176
Wera
siehe Kusminskaja, W. A.
Wereschtschagin, Alexander Wassiljewitsch
(1850–1900), Schriftsteller, Bruder von W. W. Wereschtschagin – II: 7
Wereschtschagin, Wassili Wassiljewitsch
(1842–1904), Maler – I: 350
Werigin, Pjotr Wassiljewitsch
(1862–1924), ab 1886 Führer der Duchoborzen – II: 46
Werotschka
siehe Arbusowa, W. S.
Wesselitskaja-Boschidarowitsch (Pseud. W. *Mikulitsch*), Lidija Iwanowna (1857–1936), Schriftstellerin – I: 266–268, *453;* – II: 135, 136, *425*
Wessjolkin
Gymnasiast – II: 58
Westerlund, Ernest Theodor
(1839–1924), Vater von D. F. Tolstaja – II: 63, 67–70, 72–76, 162
Westerlund (geb. *Oluderus*), Nina
(1839–1922), Mutter von D. F. Tolstaja – II: 63, 69, 70, 74
Williams, Howard
– I: 230, *446, 447*

Winer, Zezilija Wladimirowna
(1860–1922), Frau von D. A. Chilkow – II: 16
Winogradow, Iwan Michailowitsch
Gefängnisaufseher – II: 129, *424*
Wipper,
Nonne – II: 163
Witte, Sergei Juljewitsch
(1849–1915), Finanzminister – II: 17
Wladimir Swjatoslawitsch
(† 1015), Großfürst von Kiew – II: 79, 80
Wojeikow, Nikolai Sergejewitsch
(* 1803), Mönch – II: 149
Wolchowskaja (*Wolchonskaja,* geb. *Sweginzewa*)
Tochter von A. Je. Sweginzewa – II: 83, 125
Wolchowski (Wolchonski)
– II: 87, 125, 157
Wolkonski, Nikolai Semjonowitsch
(1715–1784), Tolstois Großvater – I: 18, 93
Wolkow, Jefim Jefimowitsch
(1843–1920), Maler – I: 194
Wolkow, Konstantin Wassiljewitsch
(1871–1938), Landarzt im Kreis Jalta – II: 205, 213, 216, 217, 231
Wolkow, Nikolai Nikolajewitsch
(1839–1909), Gutsbesitzer im Landkreis Tschern – I: 86
Wolkows,
die Familie von K. W. Wolkow – II: 192, 231
Woronzow-Daschkow, Illarion Iwanowitsch
(1837–1916), zarist. Hof- und Apanagenminister – I: 253, 256, *450*
Wright, C. Hagberg
(1862– nach 1940), Bibliothekar am Britischen Museum – II: 279, *441*
Wsewoloschski, Iwan Alexandrowitsch
(1835–1909), Direktor der Kaiserlichen Bühnen – I: 202, 203, 256
Wsewoloschski, Michail Wladimirowitsch
(Mischa; 1860–1909), Freund von S. L. Tolstoi – I: 192; – II: 191
Wulf, Jekaterina Nikolajewna
Moskauer Bekannte der Tolstois – I: 356

Zertelew, Dmitri Nikolajewitsch
(1852–1911), Schriftsteller und Publizist – II: 155
Zetlin, Natan Sergejewitsch
Verleger – II: 241, *437*
Zinger, Alexander Wassiljewitsch
(1870–1934), Physiker, Professor an der Moskauer Universität – I: 152, 153, 222, 223, 332, 402, *468;* – II: 47, 151
Zola, Emile
(1840–1902) – II: 36, 126
Zurikow, Alexander Alexandrowitsch
(1850–1912), Amtskollege von S. L. Tolstoi, Jurist, Gutsherr aus dem Landkreis Tschern – I: 187, 188, 197; – II: 18, 104, 105, 251

Zurikowa, Marija Alexandrowna
(1854–1924), Frau von I. I. Dubenski – I: 350
Zurikowa, Warwara Alexandrowna
(1851–1922), Schriftstellerin – I: 270
Zurikows
– II: 66
Zwetajew, Iwan Wladimirowitsch
(1847–1913), Philologe und Archäologe, Direktor des Rumjanzew-Museums und Professor an der Moskauer Universität – II: 267
Zwetkowa, Lidija Alexandrowna
Moskauer Mäzenatin – II: 158

Bildnachweis

Alle Fotos mit freundlicher Genehmigung des Tolstoi-Museums, Moskau.